GUIDE PRATIQUE

DIAGNOSTICS INFIRMIERS ET INTERVENTIONS

3e édition

GUIDE PRATIQUE

DIAGNOSTICS INFIRMIERS ET INTERVENTIONS

3e édition

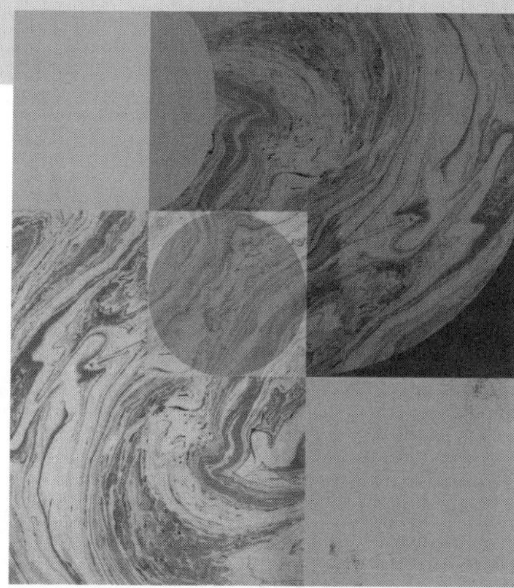

Marilynn E. Doenges, R.N., B.S.N., M.A., C.S.
Infirmière clinicienne
Soins infirmiers en psychiatrie
et en santé mentale aux adultes

Monique Lefebvre, INF., B.SC., M.ED.
Conseillère en formation
Présidente de l'ANADIM

Mary Frances Moorhouse, R.N., CRRN
Consultante en soins infirmiers

5757, RUE CYPIHOT, SAINT-LAURENT (QUÉBEC) H4S 1R3
TÉLÉPHONE: (514) 334-2690 TÉLÉCOPIEUR: (514) 334-4720
ADRESSE ÉLECTRONIQUE: erpicu@odyssee.net

Cet ouvrage est la traduction française de la cinquième édition de *Nurse's Pocket Guide: Nursing Diagnoses with Interventions* de Marilynn E. Doenges et Mary Frances Moorhouse. La version originale anglaise a été publiée par F.A. DAVIS, Philadelphia, Pennsylvania, U.S.A.

Adaptation française:
avec la collaboration de Suzanne Fournier, inf. M.ed.

Supervision éditoriale:
Sylvie Chapleau

Traduction:
Suzie Toutant et Annie Desbiens

Correction d'épreuves:
Annie Desbiens

Maquette de couverture:
Jacqueline Côté

Photocomposition et montage:
Info Inova

Conception graphique et couverture:
ERPI

Afin de faciliter la lecture du texte, nous avons utilisé le terme «infirmière» et avons féminisé les titres de quelques professions. Il est entendu que cette désignation n'est nullement restrictive et englobe les infirmiers et les membres masculins de ces autres professions. De même, tous les termes masculins désignant des personnes englobent le féminin.

Dépôt légal: 3e trimestre 1996
Bibliothèque nationale du Québec
Bibliothèque nationale du Canada
Imprimé au Canada

ISBN 2-7613-0958-8

2 3 4 5 6 7 8 9 0 IG 98
20048 ABCD VO6

PRÉFACE

L'élaboration d'une nomenclature pour l'identification et la classification des diagnostics infirmiers est issue d'un mouvement qui a vu le jour en 1973 à l'université de St. Louis dans l'État du Missouri aux États-Unis. Ce mouvement, qui au départ ne réunissait qu'une centaine d'infirmières, est devenu en 1982 la North American Nursing Diagnosis Association (NANDA), connue en français sous le nom d'Association nord-américaine du diagnostic infirmier (ANADI). C'est donc en anglais que furent nommées pour la première fois ce qu'il est convenu d'appeler les catégories de diagnostics infirmiers. Par ailleurs, assez rapidement, les infirmières d'autres pays se sont intéressées à l'utilisation du diagnostic infirmier, car les concepts n'ont pas de frontières. Lorsqu'il faut nommer ces concepts, toutefois, on constate que chaque communauté linguistique emploie des termes qui lui sont propres.

De plus, il arrive qu'une même communauté linguistique utilise des expressions variées pour un même concept, et c'est d'ailleurs ce qui fait la richesse d'une langue. Lorsqu'il faut établir une nomenclature, cependant, les exigences sont tout autres. Si, dans une langue donnée, des termes distincts sont utilisés pour nommer un des éléments d'une nomenclature particulière, il y a lieu de s'interroger sur la justesse de l'une ou de l'autre des expressions choisies. C'est à cette difficulté que les infirmières de la francophonie qui s'intéressent à l'utilisation du diagnostic infirmier se heurtent encore. En effet, si les infirmières de langue anglaise utilisent les termes adoptés par la NANDA pour nommer les catégories de diagnostics infirmiers, les infirmières francophones utilisent plutôt les termes proposés par les traducteurs des ouvrages sur le diagnostic infirmier. Par conséquent, les termes utilisés pour une même catégorie sont parfois très différents d'un ouvrage à l'autre. Par exemple, *Feeding Self-Care Deficit* emprunte les variations suivantes : manque d'autonomie pour accomplir les auto-soins : alimentation ; déficit dans les soins personnels : s'alimenter ; déficit d'auto-soins : alimentation ; ou, encore, incapacité (partielle ou totale) de s'alimenter. À chacun sa version, mais qu'en sera-t-il dans 10 ans ! Dans ces conditions, l'utilisation du diagnostic infirmier, qui vise notamment l'amélioration des communications, risque plutôt de les embrouiller. Beaucoup d'infirmières d'expression française trouvent cette situation inquiétante. C'est l'inquiétude de certaines infirmières qui fut, en 1990, à l'origine du Regroupement francophone pour la traduction des diagnostics infirmiers (RFTDI). La traduction alors établie par le RFTDI témoignait d'une collaboration entre linguistes et infirmières des deux côtés de l'Atlantique.

Pour mieux relever les défis que posait la traduction des catégories de diagnostics infirmiers et faciliter le processus de décision, le RFTDI a proposé les quatre critères suivants :

- les exigences de la langue française
- la signification du concept
- le contexte de la pratique des soins infirmiers
- le contexte culturel.

Le RFTDI s'est dissous après avoir jeté les bases d'une méthodologie pour la traduction des diagnostics infirmiers, mais nous continuons à accorder une attention toute particulière aux exigences de la langue française. La question « le terme est-il juste ? » est fréquemment posée aux linguistes.

Toutefois, trouver l'expression correcte, c'est aussi une affaire de sens. Cette recherche de sens s'avère d'autant plus difficile que certains titres de diagnostics infirmiers ne correspondent pas à la définition du concept proposée par l'ANADI. Des situations de ce genre nous amènent à constater à quel point le fait de nommer un concept est un acte tout à fait arbitraire et qu'en aucune façon il ne crée le concept. Ainsi, il a souvent été nécessaire de se référer à la définition pour déterminer la nature du qualificatif faisant partie d'une catégorie particulière. À la notion de sens s'ajoutent des préoccupations d'ordre contextuel. Pour que les catégories de diagnostics infirmiers fassent partie du discours courant des infirmières, les termes choisis doivent trouver une résonance dans la pratique des soins infirmiers. Le mouvement pour l'utilisation des diagnostics infirmiers ne vise pas la création d'un nouveau discours, mais l'identification et la classification des phénomènes qui relèvent du domaine propre aux soins infirmiers, d'où l'importance de consulter les infirmières qui sont sur le terrain.

Des 124 catégories de diagnostics infirmiers qui composent la liste adoptée par l'ANADI en 1994, 3 seulement n'ont pu faire l'objet d'un consensus. Dans ces trois cas, deux expressions ont été retenues : *Potential for aspiration* se traduit par Risque d'aspiration ou Risque de fausse route ; *Dysfunctional grieving* par Chagrin dysfonctionnel ou Deuil dysfonctionnel ; *Anticipatory Grieving* par Chagrin par anticipation ou Deuil par anticipation.

Par ailleurs, la démarche pour l'identification et la classification des diagnostics infirmiers est loin d'être achevée. Depuis quelques années, l'ANADI s'intéresse à une classification qui puisse être reconnue par l'Organisation mondiale de la Santé (OMS). Cela entraînera très certainement des modifications dans les divisions diagnostiques utilisées présentement. Toutefois, la présence d'infirmières de la francophonie à l'ANADI ainsi que les liens qui se sont tissés entre les infirmières, les linguistes et les éditeurs nous permettent d'espérer que les infirmières d'expression française vont, d'une part, se doter d'une nomenclature qui soit conforme aux exigences de la langue et du savoir en soins infirmiers et, d'autre part, participer à la clarification de ces concepts sans frontières.

Cécile Boisvert
Cécile Lambert
Monique Lefebvre

TABLE DES MATIÈRES

Mode d'emploi du guide pratique 1

CHAPITRE 1
Démarche de soins infirmiers 7

CHAPITRE 2
Application de la démarche de soins infirmiers 13

CHAPITRE 3
De la théorie à la pratique 23

SECTION 1
Modèle d'instrument servant à recueillir les données nécessaires à la validation des diagnostics infirmiers 27
Modèle d'instrument servant à recueillir les données dans un contexte de soins psychiatriques (extrait) 46
Modèle d'instrument servant à recueillir les données dans un contexte de soins obstétricaux : soins anténatals (extrait) 49
Modèle d'instrument servant à recueillir les données dans un contexte de soins obstétricaux : travail et accouchement (extrait) 52

SECTION 2
Divisions diagnostiques 55

SECTION 3
Profil du patient et modèle de plan de soins 62

SECTION 4
Systèmes d'inscription au dossier: S.O.A.P.-S.O.A.P.I.E.R. et FOCUS (D.I.R.) 87

CHAPITRE 4
Diagnostics infirmiers par ordre alphabétique 95

Chaque diagnostic infirmier comprend les informations suivantes:
– Taxinomie I
– Division diagnostique
– Définition
– Facteurs favorisants ou facteurs de risque
– Caractéristiques: données subjectives et objectives (les caractéristiques majeures sont marquées d'une croix et les caractéristiques essentielles marquées d'une double croix)
– Résultats escomptés (objectifs)/critères d'évaluation
– Interventions infirmières: priorités de soins
– Données essentielles à consigner

CHAPITRE 5
Affections, problèmes médicaux et diagnostics infirmiers associés 885

Chaque affection ou problème médical comprend les informations suivantes:
– Diagnostic infirmier
– Facteurs favorisants ou facteurs de risque
– Manifestations possibles

APPENDICES
1 Taxinomie I révisée (1992) 1045
2 Définitions des modes de réactions humaines (ANADI, 1990) 1053
3 Qualificatifs des intitulés diagnostiques 1055
4 1989: Projet de taxinomie CIM—10 de l'ANADI 1057

5 Classification des diagnostics infirmiers selon les modes fonctionnels de santé de Gordon 1063
6 Classification des interventions infirmières 1069
7 Bibliographie 1075

INDEX 1087

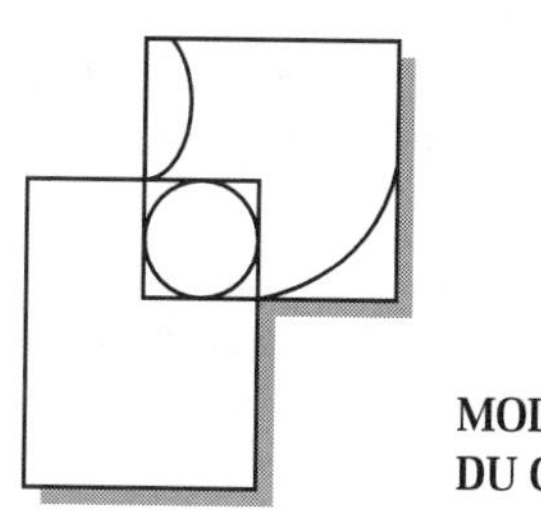

MODE D'EMPLOI DU GUIDE PRATIQUE

La prise de position sociale adoptée en 1980 par l'American Nurses Association (ANA) indique que la pratique infirmière consiste à diagnostiquer et à traiter les modes de réaction humaine aux problèmes de santé réels ou potentiels. Lorsqu'on l'a greffée aux normes de compétence élaborées par l'ANA, cette définition a servi de tremplin à l'utilisation des diagnostics infirmiers dans beaucoup de milieux de soins. Une telle prise de position ne peut que consolider les convictions d'une population de plus en plus sensibilisée au fait que les soins infirmiers jouent un rôle clé dans la survie du patient, dans le maintien et le recouvrement de la santé ainsi que la prévention de la maladie. Les changements apportés au système de santé au cours des 10 dernières années ont créé la nécessité de bâtir une infrastructure commune dans le but de faciliter la communication et l'échange d'informations, afin d'assurer la continuité des soins au patient qui se déplace d'un service à l'autre dans le réseau des services de santé.

Diagnostics infirmiers et interventions s'inscrit dans cette ligne de pensée, en ce sens qu'il propose un modèle d'intervention et inventorie toute une série d'actions infirmières généralement associées aux problèmes de soins infirmiers proposés par l'Association nord-américaine du diagnostic infirmier (ANADI). Ce modèle d'intervention décrit ce que l'infirmière doit faire pour dispenser et évaluer les soins au patient ainsi que pour consigner les données au dossier.

Aux chapitres 1 et 2, nous présentons de brèves explications sur la démarche de soins infirmiers, la collecte des données et la formulation d'un plan de soins.

Le chapitre 3 contient la liste des divisions diagnostiques de l'Association nord-américaine du diagnostic infirmier (ANADI), quelques exemples d'instruments servant à la collecte des données, un plan de soins type et des outils permettant de le réaliser et de l'enregistrer au dossier.

Le chapitre 4 est entièrement consacré aux **diagnostics infirmiers**, qui y sont inscrits par ordre alphabétique afin d'en faciliter la consultation. Dans ce chapitre sont inclus tous les diagnostics infirmiers adoptés par l'ANADI jusqu'en 1994.

On trouvera d'abord sous chaque diagnostic sa **définition**. Pour faciliter la consultation des diagnostics infirmiers, l'ANADI a choisi de les répertorier en divisions correspondant au niveau 2 de la taxonomie I. Ces divisions apparaissent sous chaque titre de diagnostic infirmier. Puis, pour chaque diagnostic à l'étude, les **facteurs favorisants ou les facteurs de risque** et les caractéristiques du problème sont inscrits tels que l'ANADI les a inventoriés. Ils représentent les facteurs contribuant au problème et permettent à l'infirmière de déterminer si le diagnostic relève du domaine de l'intervention infirmière. Les **caractéristiques** (signes et symptômes ou indices) sont divisées en données subjectives et objectives, et elles fournissent à l'infirmière des repères supplémentaires pour valider ses diagnostics, formuler les objectifs et choisir ses interventions. Les **caractéristiques majeures** sont marquées par une croix (†), alors que les **caractéristiques**

essentielles sont marquées par une double croix (‡). Une caractéristique est dite majeure lorsqu'elle est présente chez 80% des patients pour lesquels on pose un diagnostic donné. Une caractéristique est dite essentielle lorsqu'elle est présente chez tous les patients pour lesquels on pose un diagnostic donné. Les auteures n'ont omis ni modifié aucun élément de la liste de l'ANADI. Elles ont parfois enrichi les divers éléments afin de préciser certaines notions et d'en clarifier le sens. Tous ces ajouts ont été placés entre crochets [ ].

Avant la septième conférence nationale de l'ANADI (1986), il n'existait qu'une liste alphabétique des diagnostics infirmiers. Lors de cette conférence, l'ANADI adoptait pour la première fois un système de classification, la taxinomie I, qui fut révisée lors des conférences subséquentes. En divisant la liste alphabétique des diagnostics infirmiers en neuf modes de réactions, l'ANADI a voulu d'abord mettre de l'ordre dans la notion de diagnostic infirmier et ensuite créer un système qui se prêterait éventuellement à l'informatisation des diagnostics infirmiers. Les modes de réactions sont: **Choix**: sélection entre diverses possibilités; **Communication:** transmission de messages; **Connaissances:** sens associé à une information; **Échanges:** don réciproque; **Mouvement:** activité; **Perceptions:** réception d'informations; **Relations:** établissement de liens; **Sensations et sentiments:** conscience subjective de l'information; **Valeurs:** assignation d'un mérite relatif. Une définition plus détaillée des neuf modes de réactions a ensuite été élaborée et elle apparaît à l'appendice 2. Quant à la **taxinomie II** révisée, elle est présentée sous chaque catégorie de diagnostic. De plus, nous présentons à l'appendice 3 une liste des qualificatifs des intitulés diagnostiques les plus utilisés, avec leur définition.

Des associations d'infirmières, de concert avec l'ANADI, ont proposé d'inscrire les diagnostics infirmiers approuvés dans la Classification Internationale des Maladies (CIM), dans la «famille des classifications paramédicales». L'Organisation mondiale de la Santé étudie actuellement cette proposition. Nous avons donc décidé de présenter le projet de nomenclature CIM à l'appendice 4, à titre d'information seulement.

Pour chaque diagnostic infirmier, des **résultats escomptés (objectifs)/critères d'évaluation** sont proposés afin d'aider l'infirmière à formuler les objectifs s'appliquant à la situation particulière d'un patient et à évaluer ses interventions.

Les **interventions infirmières** présentées dans ce guide sont surtout conçues en fonction des soins de courte durée à l'adulte en milieu hospitalier. C'est pour cette raison que nous avons retenu le terme «patient» pour désigner le bénéficiaire des soins. Les interventions sont énumérées pour chaque domaine de **priorité de soins infirmiers**. Les trois domaines de priorité apparaissant le plus souvent sont l'évaluation initiale, l'assistance au patient et l'enseignement. À l'intérieur des priorités de soins, certaines interventions sont des actes de collaboration ou d'interdépendance. La justification de certaines interventions étant parfois ajoutée, nous l'avons inscrite en italique. Bien que nous ayons énuméré toutes les caractéristiques d'un problème donné, nous ne proposons pas toutes les interventions s'appliquant dans des contextes de soins particuliers tels que la santé communautaire, l'obstétrique, la pédiatrie, la gynécologie, etc., à l'exception des diagnostics infirmiers concernant le nourrisson (allaitement inefficace, désorganisation comportementale chez le nourrisson, risque élevé de perturbation de l'attachement parent-enfant, etc.). Par exemple, dans le diagnostic de déficit de volume liquidien [perte active: hémorragie], les interventions indiquent comment réprimer l'hémorragie mais n'expliquent pas comment masser le fond utérin.

Les **données essentielles à consigner** sont notées à la fin de chaque diagnostic infirmier pour rappeler à l'infirmière qu'il est important d'inscrire ses observations et les résultats de ses interventions pour chaque étape de la démarche de soins.

En reconnaissance des travaux menés par de nombreuses chercheures depuis une quinzaine d'années, nous avons décidé de présenter (dans l'appendice 6) les classifications taxinomiques et conceptuelles de l'Iowa Intervention Project (Bulechek et McCloskey). Ce groupe de recherche a classé les interventions infirmières en six domaines: domaine physiologique: éléments de base, domaine physiologique: éléments complexes, domaine comportemental, sécurité et protection, famille, système de santé. Ces domaines constituent le niveau 1 de la classification. Au niveau 2, on trouve 27 classes d'interventions dans lesquelles sont réparties plus de 400 interventions (niveau 3). Pour plus d'informations sur les travaux de Bulechek et McCloskey, l'infirmière consultera leurs publications.

Comme nous l'avons déjà dit, nous avons présenté dans ce guide les propositions de l'ANADI telles qu'elles ont été formulées et ce, à quelques exceptions près. Nous croyons que les infirmières praticiennes et les chercheures doivent étudier, utiliser et évaluer les diagnostics infirmiers dans la forme où ils ont été adoptés.

Au fur et à mesure que de nouveaux diagnostics infirmiers seront élaborés, l'infirmière devra s'assurer que les informations qu'ils englobent s'intégreront dans la collecte des données.

CHAPITRE 1

DÉMARCHE DE SOINS INFIRMIERS

Il y a plusieurs années, la profession infirmière a mis de l'avant un processus de résolution de problèmes qui « combine par la méthode scientifique les meilleurs aspects de l'art de la pratique infirmière avec les éléments les plus pertinents de la théorie des systèmes » (Shore, 1988). Le terme *nursing process* a été utilisé pour la première fois aux États-Unis dans les années 50 ; depuis, la prestation de soins infirmiers efficaces repose sur la démarche de soins infirmiers. Ce processus fait aujourd'hui partie du cadre conceptuel de tous les programmes d'études en soins infirmiers et a été intégré dans la définition des soins infirmiers de la plupart des lois sur l'exercice de la profession d'infirmier et d'infirmière. Quel que soit le milieu de soins, la démarche de soins infirmiers constitue la clé de voûte des interventions infirmières, car il s'agit d'une méthode efficace d'organisation de la pensée pour la prise de décisions cliniques et la résolution de problèmes.

La démarche de soins infirmiers exige l'acquisition de certaines habiletés : (1) évaluation initiale et évaluations subséquentes (collecte systématique de données sur le patient et sa situation); (2) formulation d'un diagnostic infirmier (analyse et interprétation des données); (3) choix de solutions (planification); (4) mise en application du plan (interventions infirmières); (5) appréciation de l'efficacité du plan et modification du plan en fonction des nouveaux besoins (évaluation). Bien que chaque étape soit définie séparément, elles sont toutes reliées dans la pratique et forment une boucle ininterrompue de réflexion et d'action.

Pour appliquer cette démarche, l'infirmière doit maîtriser les connaissances, les habiletés et les attitudes nécessaires : se montrer digne de confiance et faire preuve de créativité, de souplesse, de détermination et de leadership. L'intelligence, les habiletés interpersonnelles et les habiletés psychomotrices sont donc essentielles.

La prise de décisions étant d'une importance cruciale à chaque étape de la démarche de soins infirmiers, l'infirmière doit l'appuyer sur des principes. Voici les plus importants :

- Le patient est un être humain qui a sa valeur et sa dignité.
- Chez l'être humain, il existe des besoins fondamentaux qui doivent être satisfaits. S'ils ne sont pas satisfaits, la personne aura besoin de l'intervention d'autrui jusqu'à ce qu'elle puisse se reprendre en main.
- Le patient a droit à une bonne qualité de vie et à des soins infirmiers prodigués avec respect, compassion et compétence, axés sur la promotion de la santé et la prévention de la maladie.
- La relation thérapeutique infirmière-patient constitue un aspect important de la démarche de soins.

Les infirmières ont lutté pendant des années pour obtenir un statut professionnel en définissant leur profession à partir de paramètres de soins infirmiers. Pour obtenir ce statut, des infirmières se sont regroupées et ont mené des recherches pour déterminer les problèmes des patients qui relèvent de leur compétence et pour en faire l'énoncé (diagnostic infirmier). Les diverses associations professionnelles d'infirmières et d'infirmiers, par leur prise de position sociale et l'élaboration de critères de compétence de la profession, ont préconisé l'utilisation des diagnostics infirmiers en milieu clinique.

L'utilisation des diagnostics infirmiers s'inscrit dans le cadre de la démarche de soins. Ils donnent aux infirmières un vocabulaire commun pour la description des problèmes de leurs patients, ils facilitent leur choix d'interventions et constituent des points de repère pour l'évaluation des soins. Plusieurs raisons justifient l'emploi d'un vocabulaire propre aux soins infirmiers :

- Il assure une meilleure communication entre les infirmières, entre les équipes de soins, entre les unités de soins, entre les divers professionnels de la santé et entre les établissements de santé.
- Il offre un point d'appui aux cliniciennes, aux enseignantes et aux chercheures pour recueillir des données sur la démarche de soins, en analyser les composantes et l'améliorer.

Bien qu'il existe actuellement différentes définitions des diagnostics infirmiers, l'ANADI a entériné la définition suivante : « Le diagnostic infirmier est l'énoncé d'un jugement clinique sur les réactions d'une personne, d'une famille ou d'une collectivité à des problèmes de santé présents ou potentiels, ou à des processus de vie.

C'est à partir des diagnostics infirmiers que l'infirmier choisit les interventions visant la promotion ou le recouvrement de la santé. »

Même si elle n'est pas encore complète, la liste des diagnostics infirmiers de l'ANADI fournit aux infirmières les informations dont elles ont besoin pour porter un jugement professionnel. Les infirmières doivent se familiariser avec les paramètres des diagnostics, et en dégager les forces et les faiblesses. Elles seront ainsi en mesure de contribuer à la recherche et à l'avancement dans ce domaine. La pratique infirmière ne se limite pas à la seule utilisation des diagnostics infirmiers, mais ceux-ci peuvent contribuer à mieux définir et à perfectionner l'exercice de la profession. Ils peuvent être utilisés à l'intérieur des cadres conceptuels existants, car ils s'inscrivent dans une approche universelle qui s'adapte bien à tous les modèles de soins infirmiers.

Les diagnostics infirmiers modifient en profondeur la pratique. Alors qu'elle reposait auparavant sur des variables telles que les signes et symptômes, les examens et les diagnostics médicaux, elle se fonde aujourd'hui sur l'analyse des réactions du patient, formulées en termes de diagnostics infirmiers. Ceux-ci constituent l'élément clé qui oriente l'acte infirmier professionnel. En effet, c'est à partir du diagnostic infirmier que l'infirmière pourra nommer et résoudre des problèmes précis et donner un sens à sa pratique. Le diagnostic exact du problème d'un patient devient alors une norme de la pratique infirmière que tous ceux qui travaillent avec le plan de soins peuvent comprendre. La prestation des soins s'en trouve par le fait même améliorée.

Les soins infirmiers et la médecine sont des professions étroitement reliées. Cette relation suppose l'échange d'informations, d'idées et de points de vue ainsi que l'élaboration de plans d'interventions où figurent toutes les données pertinentes à un patient particulier, à sa famille et aux personnes clés dans sa vie. Ce lien interprofessionnel s'étend également à toutes les disciplines avec lesquelles le patient ou la famille entrent en contact. Les interventions infirmières autonomes font partie intégrante de ce processus. Les interventions de collaboration, elles, se fondent tant sur le traitement médical que sur les conseils et prescriptions des autres disciplines participant aux soins du patient.

Même si les infirmières travaillent dans les domaines médical et psychosocial, leur centre d'intérêt demeure les modes de réaction humaine et *non* les processus morbides. Par conséquent, les diagnostics infirmiers n'équivalent habituellement pas les diagnostics médicaux ou psychiatriques ; toutefois, ils font appel à des interventions autonomes aussi bien qu'à des interventions de collaboration. Le plan de soins écrit dépasse donc largement le cadre des ordonnances médicales. Il comprend une série de prescriptions infirmières ainsi que les prescriptions et plans de soins des autres disciplines concernées. L'infirmière est la personne responsable de la coordination de ces différentes interventions en un tout fonctionnel.

C'est cette coordination des efforts de chacun qui permet d'offrir au patient et à la famille des soins holistiques.

RÉSUMÉ

En intégrant les diagnostics infirmiers à la démarche de soins infirmiers, les infirmières ont établi une base de connaissances qui contribue à la prévention de la maladie ainsi qu'au maintien et ou au recouvrement de la santé du patient (ou au soulagement des douleurs et malaises dans le cas où le rétablissement n'est pas possible). Comme la démarche de soins infirmiers est à la base de toutes les interventions infirmières, elle constitue l'essence même des soins infirmiers. La démarche de soins infirmiers est un processus souple mais suffisamment structuré pour servir de fondement aux interventions infirmières. Elle peut être utilisée dans n'importe quel milieu de soins ou de formation, dans n'importe quel cadre théorique ou conceptuel et dans le contexte de n'importe quelle philosophie des soins infirmiers.

Les chapitres qui suivent aideront l'infirmière à appliquer la démarche de soins infirmiers afin de se familiariser avec la liste des diagnostics infirmiers approuvés par l'ANADI, avec leur définition, avec leurs facteurs favorisants ou de risque et avec leurs caractéristiques (classifiées dans certains cas comme majeures ou mineures selon les critères de l'ANADI). En consultant également les résultats escomptés et les interventions les plus utilisées pour chaque diagnostic, l'infirmière pourra élaborer, appliquer et évaluer des plans de soins individualisés.

CHAPITRE 2

APPLICATION DE LA DÉMARCHE DE SOINS INFIRMIERS

À cause de leur emploi du temps chargé, de nombreuses infirmières ont l'impression que le temps passé à la rédaction d'un plan de soins est du temps perdu pour les soins directs à leurs patients. Elles ne le voient souvent que comme une tracasserie administrative. Et pourtant, pour prodiguer des soins de qualité aux patients, il faut les planifier et les coordonner. Un plan de soins bien formulé et bien utilisé permet d'assurer la continuité des soins en facilitant la communication entre les infirmières et les autres membres de l'équipe de soins. Il permet également de noter correctement toutes les informations pertinentes et il constitue un instrument d'évaluation pour l'ensemble des soins prodigués au patient.

COLLECTE DES DONNÉES OBJECTIVES ET SUBJECTIVES

Les composantes du plan de soins sont celles de la démarche de soins infirmiers : il commence par la collecte des données. Le profil du patient se compose de données objectives et subjectives. Les données subjectives sont les informations fournies par le patient (et les personnes clés dans sa vie), rapportées dans ses propres mots. Elles comprennent la façon dont le patient perçoit la situation et les sujets dont il souhaite discuter. Il est important d'accepter la description du patient sans porter de jugement, car c'est lui le « spécialiste » de sa situation. Les données objectives sont des données observées, décrites (en termes quantitatifs ou qualitatifs) et vérifiées par des personnes autres que le patient. Elles comprennent également les résultats des examens diagnostiques et des examens physiques.

ANALYSE ET INTERPRÉTATION DES DONNÉES

L'analyse et l'interprétation des données recueillies permet à l'infirmière de déceler les problèmes ou les besoins du patient, qu'elle formulera en termes de diagnostics infirmiers.

Un diagnostic infirmier est tout problème reconnu par le patient, la personne clé dans sa vie ou l'infirmière. Ce problème exige une intervention infirmière et empêche le patient d'avoir la qualité de vie qu'il avait auparavant ou qu'il souhaite. Le diagnostic infirmier se concentre sur une réaction physique ou comportementale, qu'elle soit présente ou potentielle. Lorsque l'infirmière énonce le problème et qu'elle y incorpore les facteurs favorisants ou de risque et les caractéristiques propres à la situation du patient, elle formule un diagnostic infirmier. (Le tableau 2-1 présente la liste des diagnostics infirmiers.) Celui-ci oriente les interventions infirmières. Étant donné que l'infirmière ne pourra jamais être totalement objective face à un problème de soins infirmiers, elle doit suivre la démarche de soins et utiliser les outils nécessaires pour confirmer ses hypothèses afin de formuler un diagnostic infirmier approprié.

La formulation judicieuse d'un diagnostic infirmier repose sur la collecte et l'analyse des données.

La section 1 du chapitre 3 présente un modèle de collecte de données destiné à aider l'infirmière à formuler le diagnostic infirmier pertinent à partir des données recueillies. À la section 2 du même chapitre, les diagnostics infirmiers sont classés en divisions diagnostiques. L'infirmière ne doit pas craindre de se tromper lorsqu'elle met par écrit un diagnostic infirmier car, contrairement aux diagnostics médicaux, les diagnostics infirmiers changent au fur et à mesure que le patient franchit les différents stades d'un problème de santé ou d'adaptation et qu'il se dirige vers la résolution du problème.

OBJECTIFS

Les objectifs du patient, ou résultats escomptés, servent à orienter le plan de soins et à évaluer les soins prodigués. Ces résultats escomptés sont issus de l'énoncé du diagnostic infirmier et constituent les objectifs que le patient souhaite atteindre. Ils servent de critères d'évaluation en permettant de déterminer si le problème a été résolu ou s'il convient de modifier le plan de soins. Dans ce guide, les objectifs sont énoncés en termes généraux afin de permettre à la praticienne de les individualiser en fonction de chaque situation, d'y inscrire un délai de réalisation et d'ajouter des éléments qu'elle juge pertinents. Ils doivent être formulés de façon concise, réaliste et mesurable, dans des mots que le patient peut comprendre. Pour que la formulation soit mesurable, il faut orienter l'objectif par un verbe d'action. Par exemple, « Le patient comprendra le lien entre la maladie chronique (diabète sucré) et les changements circulatoires d'ici deux jours », et « Le patient effectuera correctement l'auto-surveillance de son taux de glycémie et l'auto-injection d'insuline en connaissant la raison justifiant ses gestes d'ici 72 heures ».

INTERVENTIONS INFIRMIÈRES

Les interventions sont les diverses opérations permettant d'atteindre les objectifs du patient. Elles communiquent clairement au personnel soignant les mesures à prendre pour atteindre les résultats escomptés. Une solide base de connaissances est essentielle à l'exécution de cette étape, car les interventions doivent viser à répondre aux besoins particuliers de chaque patient. Il peut s'agir d'interventions autonomes, de collaboration ou d'interdépendance. Les interventions écrites qui orientent les soins au patient doivent être datées et signées. Pour faciliter la planification des soins, nous avons établi des priorités de soins nous permettant de présenter les interventions infirmières par ordre d'importance. Toutefois, l'infirmière se doit d'adapter ces priorités en fonction de la situation de chaque patient. Lorsqu'elle élaborera son plan de soins, la praticienne chevronnée pourra induire ses interventions à partir de ces priorités générales de soins infirmiers. Quant à l'étudiante ou à l'infirmière débutante, elles pourront puiser dans les interventions énumérées sous chaque priorité de soins infirmiers pour mieux détailler leur plan de soins. Enfin, il est essentiel d'élaborer un plan de soins qui correspond à la réalité du patient, c'est-à-dire à ses perceptions et à ses attentes.

Le plan de soins fournit toutes les données nécessaires sur les soins au patient en termes de responsabilité et d'assurance de la qualité. L'infirmière se doit de planifier les soins de concert avec le patient, dans la mesure où ils sont tous deux responsables des soins et de l'atteinte des objectifs visés.

RÉSUMÉ

Il incombe aux professionnels de la santé d'élaborer avec le patient et la famille un plan de soins qui leur permettra d'atteindre un état de bien-être optimal ou de mourir dans la dignité. Pour dispenser des soins de qualité, il est essentiel que l'infirmière établisse des priorités, formule des objectifs et choisisse des interventions permettant de les atteindre. Ce sont là les phases de l'étape de planification de la démarche de soins infirmiers, et elles sont consignées dans chaque plan de soins indivi-dualisé. Partie intégrante du dossier permanent du patient, le plan de soins offre les deux avantages suivants : il permet à l'infirmière qui s'occupe du patient d'être au courant de ses problèmes de soins infirmiers (diagnostics infirmiers), des objectifs visés et des mesures à prendre ; et il fournit une preuve des soins donnés (laquelle peut être requise pour des assurances, une autorisation quelconque ou des procédures judiciaires).

TABLEAU 2-1

DIAGNOSTICS INFIRMIERS
Approuvés pour la clinique et la recherche (1995)

Accident, risque d'
Adapter à un changement dans l'état de santé, incapacité de s'
Alimenter, incapacité (partielle ou totale) de s'
Allaitement maternel efficace
Allaitement maternel inefficace
Allaitement maternel interrompu
Anxiété [préciser le degré]
Aspiration (fausse route), risque d'
*Attachement parent-enfant, risque de perturbation de l'
Automutilation, risque d'
Avaler, incapacité (partielle ou totale) d'
*Bien-être spirituel : actualisation potentielle
*Blessure en périopératoire, risque de

*Capacité adaptative intracrânienne, diminution de la
Chagrin (deuil) dysfonctionnel
Chagrin (deuil) par anticipation
*Champ énergétique, perturbation du
Communication verbale, altération de la
Conflit décisionnel (préciser)
Conflit face au rôle parental
*Confusion aiguë
*Confusion chronique
Connaissances [besoin d'apprentissage], manque de (préciser)
Constipation
Constipation colique
Croissance et développement, perturbation de

Débit cardiaque, diminution du
Déficit nutritionnel
Dégagement inefficace des voies respiratoires
Déni non constructif
*Désorganisation comportementale chez le nourrisson
*Désorganisation comportementale chez le nourrisson, risque de
Détresse spirituelle
Diarrhée
Douleur [aiguë]
Douleur chronique
Dynamique familiale, perturbation de la
*Dynamique familiale : alcoolisme, perturbation de la
Dysfonctionnement neurovasculaire périphérique, risque de
Dysfonctionnement sexuel
Dysréflexie

Échanges gazeux, perturbation des
Élimination urinaire, altération de l'
Estime de soi, perturbation chronique de l'
Estime de soi, perturbation de l'

Estime de soi, perturbation situationnelle de l'
Excès nutritionnel
Excès nutritionnel, risque d'
Exercice du rôle, perturbation dans l'
Exercice du rôle de l'aidant naturel,
défaillance dans l'
Exercice du rôle de l'aidant naturel,
risque de défaillance dans l'
Exercice du rôle parental, perturbation dans l'
Exercice du rôle parental,
risque de perturbation dans l'

Fatigue

Habitudes de sommeil, perturbation des
Hyperthermie
Hypothermie

Identité personnelle, perturbation de l'
Image corporelle, perturbation de l'
Incontinence fécale
Incontinence urinaire à l'effort
Incontinence urinaire complète
Incontinence urinaire fonctionnelle
Incontinence urinaire par réduction du temps d'alerte
Incontinence urinaire réflexe
Infection, risque d'
Intégrité de la muqueuse buccale, atteinte à l'
Intégrité de la peau, atteinte à l'
Intégrité de la peau, risque d'atteinte à l'
Intégrité des tissus, atteinte à l'
Interactions sociales, perturbation des
Intolérance à l'activité [préciser le degré]
Intolérance à l'activité, risque d'
Intoxication, risque d'
Irrigation tissulaire, diminution de l':
cardio-pulmonaire, cérébrale, gastro-intestinale,
périphérique, rénale
Isolement social

Laver/effectuer ses soins d'hygiène, incapacité
(partielle ou totale) de se
Loisirs, manque de

Maintenir en santé, difficulté à se
Maintenir une respiration spontanée, incapacité de
Mécanismes de protection, altération des
*Mémoire, troubles de la
Mobilité physique, altération de la
Mode d'alimentation inefficace chez
le nourrisson
Mode de respiration inefficace

Négligence de l'hémicorps (droit ou gauche)
Non-observance (préciser)

Opérations de la pensée, altération des
*Organisation comportementale du nourrisson :
potentiel d'amélioration
Organiser et entretenir le domicile, incapacité d'

Perception sensorielle, altération de la (préciser):
auditive, gustative, kinesthésique, olfactive,
tactile, visuelle
Perte d'espoir
Peur
*Prise en charge efficace du programme
thérapeutique par l'individu
Prise en charge inefficace du programme
thérapeutique
*Prise en charge inefficace du programme
thérapeutique par la famille
*Prise en charge inefficace du programme
thérapeutique par une collectivité
Pseudo-constipation

Réaction post-traumatique
Recherche d'un meilleur niveau de santé
(préciser les comportements)
Rétention urinaire [aiguë ou chronique]

*Sentiment de solitude, risque de
Sentiment d'impuissance
Sevrage de la ventilation assistée, intolérance au
Sexualité, perturbation de la
Stratégies d'adaptation défensives
*Stratégies d'adaptation d'une collectivité : potentiel d'amélioration
Stratégies d'adaptation familiale efficaces : potentiel de croissance
Stratégies d'adaptation familiale inefficaces : absence de soutien
Stratégies d'adaptation familiale inefficaces : soutien compromis
Stratégies d'adaptation individuelle inefficaces
*Stratégies d'adaptation inefficaces d'une collectivité
Suffocation, risque de
Syndrome d'immobilité, risque de
Syndrome d'inadaptation à un changement de milieu
*Syndrome d'interprétation erronée de l'environnement
Syndrome du traumatisme de viol
Syndrome du traumatisme de viol : réaction mixte
Syndrome du traumatisme de viol : réaction silencieuse

Température corporelle, risque d'altération de la
Thermorégulation inefficace
Trauma, risque de

Utiliser les toilettes, incapacité (partielle ou totale) d'

Vêtir/soigner son apparence, incapacité (partielle ou totale) de se
Violence envers soi ou envers les autres, risque de
Volume liquidien, déficit de [perte active]

Volume liquidien, déficit de [dysfonctionnement des mécanismes de régulation]
Volume liquidien, excès de
Volume liquidien, risque de déficit de

[]Recommandations des auteures

* Nouveaux diagnostics infirmiers

CHAPITRE 3

DE LA THÉORIE À LA PRATIQUE

C'est en établissant le profil du patient à partir de la collecte des données que l'infirmière peut reconnaître les besoins, les réactions et les problèmes de chaque patient. Afin de faciliter la collecte, l'analyse et l'interprétation des données dans le cadre de la démarche de soins infirmiers, nous avons élaboré un modèle d'instrument servant à recueillir les données nécessaires à la validation des diagnostics infirmiers (voir la section 1). Ce modèle présente l'originalité d'être conçu dans une perspective de soins infirmiers, et non dans le cadre médical classique d'examen des systèmes et appareils. Cette perspective incite l'infirmière à formuler des hypothèses de diagnostics infirmiers et à les valider plutôt qu'à essayer de poser des diagnostics médicaux.

Pour mettre en évidence cette perspective de soins infirmiers, nous avons regroupé à la section 2 les diagnostics infirmiers de l'ANADI en divisions diagnostiques. Ces divisions se fondent sur un mélange de théories, principalement la hiérarchie des besoins de Maslow et la philosophie des soins personnels. Les divisions diagnostiques servent de cadre à une collecte de données axée sur l'objet de la pratique infirmière : les réactions d'un être humain à des problèmes de santé réels ou potentiels. De plus, elles restreignent le champ de recherche en orientant l'infirmière vers le diagnostic correspondant aux données recueillies.

Ces divisions étant fondées sur des réactions humaines et des besoins, et non sur des « systèmes et appareils » particuliers, certaines données recueillies pourront être inscrites dans plusieurs divisions. Pour cette raison, nous incitons l'infirmière à garder l'esprit ouvert, à explorer toutes les pistes et à recueillir toutes les données avant de choisir le diagnostic infirmier qui traduit le mieux la situation du patient.

À partir des données recueillies auprès du patient, l'infirmière pourra déceler les facteurs favorisants ou de risque ainsi que les signes et symptômes qui s'appliquent à sa situation. Par exemple, elle pourra formuler un diagnostic infirmier de manque de connaissances [besoin d'apprentissage] sur le diabète, *relié* à la mauvaise interprétation ou à l'oubli des informations reçues, *se manifestant* par une mauvaise application des directives concernant l'autosurveillance des taux de glycémie et les soins au pied, ainsi que par la non-reconnaissance des signes ou des symptômes d'hyperglycémie.

L'établissement des objectifs du patient (résultats escomptés) sert à faciliter le choix d'interventions judicieuses et à évaluer à la fois les soins infirmiers et la réaction du patient. Ces objectifs constituent également le cadre à partir duquel l'infirmière consigne les données au dossier.

Les interventions infirmières servent à préciser l'action de l'infirmière, du patient et/ou des personnes clés. Elles doivent aider le patient non seulement à atteindre un certain équilibre physiologique mais aussi à promouvoir sa santé et à devenir plus autonome. Pour cela, le patient doit participer à ses propres soins et notamment prendre part aux décisions concernant les soins et les objectifs de soins.

La section 3 présente un profil du patient établi à partir des données recueillies dans une perspective de soins infirmiers. On y trouvera également un protocole de soins médicaux pour un cas de diabète sucré et un plan de soins formulé à partir des données recueillies par l'infirmière. On y retrouve l'énoncé des diagnostics concernant le patient et les résultats escomptés (avec des précisions concernant la durée prévue de l'hospitalisation et les attentes du patient et de l'infirmière). Les interventions ont été choisies en fonction des problèmes et des besoins déterminés par le patient et l'infirmière lors de la collecte des données, ainsi qu'en fonction des ordonnances médicales.

Même si elles ne sont habituellement pas comprises dans le plan de soins, les raisons justifiant les interventions figurent dans le modèle présenté parce que nous avons voulu expliquer ou clarifier le choix des interventions et favoriser l'apprentissage de l'infirmière.

Enfin, pour compléter l'apprentissage, nous avons inclu dans la section 4 des exemples d'inscription au dossier selon la situation du patient.

Le plan de soins infirmiers fait état de la planification effectuée dans le but d'aider une personne à recouvrer ou à promouvoir la santé. Il sert également de cadre ou de guide pour l'enregistrement des soins prodigués. L'infirmière responsable du patient doit analyser périodiquement les progrès de celui-ci, évaluer l'efficacité du plan d'interventions et consigner ces informations au dossier. En rédigeant des notes structurées, elle aide les personnes qui consultent le dossier à se former une idée nette et précise de l'évolution de la situation du patient et à porter un jugement éclairé sur le suivi à donner. La meilleure façon d'arriver à rédiger des notes claires et structurées consiste à les disposer sous forme d'énoncés descriptifs ou d'observations. Les notes sur les comportements du patient et ses réactions au traitement fournissent à l'équipe soignante de précieuses informations grâce auxquelles chaque intervenant pourra vérifier si les résultats escomptés ont été atteints, s'il faut interrompre ou modifier les interventions en cours et si l'établissement de nouveaux objectifs ou la planification de nouvelles interventions s'impose.

Les notes d'évolution ou d'observation de l'infirmière font partie intégrante du dossier et doivent faire mention de tous les événements importants de la vie quotidienne du patient. Elles reflètent la façon dont le plan d'interventions a été appliqué. Elles constituent une preuve que les mesures et les précautions appropriées ont été prises. Par conséquent, aussi bien les interventions exécutées que les progrès accomplis vers l'atteinte des résultats escomptés doivent y figurer. Ces notes doivent être rédigées de façon claire et objective ; on doit y trouver la date et l'heure précises de chaque intervention et la signature de la personne qui les a inscrites.

Lorsqu'elle utilise un système d'enregistrement de notes clair et précis, l'infirmière favorise l'individualisation des soins. Si elle a une idée précise de l'évolution du patient, il lui est plus facile d'assurer la continuité des soins et de vérifier la progression du patient vers l'atteinte des objectifs. Voilà qui démontre pourquoi il relève du devoir et de la responsabilité de chaque infirmière d'utiliser la démarche de soins infirmiers pour dispenser des soins personnalisés et rentables.

MODÈLE D'INSTRUMENT SERVANT À RECUEILLIR LES DONNÉES NÉCESSAIRES À LA VALIDATION DES DIAGNOSTICS INFIRMIERS

Ce guide permettra à l'utilisateur, qu'il s'agisse d'une personne ou d'un centre de soins, de créer un instrument qui servira à recueillir des données en fonction des grandes divisions de diagnostics infirmiers de l'ANADI. Pour faciliter la consultation, ces divisions sont présentées par ordre alphabétique, mais on pourra tout aussi bien les classer par ordre de priorité ou les réorganiser selon les besoins particuliers de l'utilisateur. De plus, ce modèle peut être adapté de façon à répondre aux besoins de groupes particuliers de patients. À la fin de cette section se trouvent des extraits de collecte de données effectuée dans des contextes de soins obstétricaux et de soins psychiatriques.

RENSEIGNEMENTS GÉNÉRAUX

Nom : ______________________________
Âge : ______ Date de naissance : ______________
Sexe : ________ Race : ____________________
Date d'admission : __________ Heure : ________
Provenance : ______________________________
Source des renseignements : ______________
Fiabilité (1-4) : ___________________________
Membre de la famille
ou personne clé : __________________________

ACTIVITÉ

DONNÉES SUBJECTIVES

Profession : ________ Activités physiques : ________
Loisirs : ________
Plaintes d'ennui-d'insatisfaction : ________
Contraintes physiques : ________
Adynamie : ________

DONNÉES OBJECTIVES

Réactions observables à l'activité : ________
Cardio-vasculaires : ________
Pulmonaires : ________
État mental (repli sur soi, léthargie, etc.) : ________
Évaluation neuromusculaire :
Masse musculaire : ________
Tonus musculaire : ________
Posture : ________ Tremblements : ________
Amplitude des mouvements : _____ Force : _____
Difformités : ________

ACTIVITÉS DE LA VIE QUOTIDIENNE

DONNÉES SUBJECTIVES

Autonomie : ______ Dépendance (préciser) : ______
Facteurs de stress signalés par le patient : ________
Mécanismes d'adaptation au stress : ________
Problèmes financiers : ________
Rapports interpersonnels : ________
Facteurs culturels : ________

ADAPTATION

DONNÉES SUBJECTIVES

Facteurs de stress signalés par le patient : ________
Mécanismes d'adaptation au stress : ________
Problèmes financiers : ________
Rapports interpersonnels : ________
Facteurs culturels : ________
Croyances et pratiques en matière de santé : ________

Habitudes particulières en matière de promotion de la santé : ___

Rôle au sein de la cellule familiale : ___

Problèmes familiaux ou sociaux reliés à la maladie signalés par le patient : ___

DONNÉES OBJECTIVES

État affectif (cocher) :

Calme : ___ Anxiété : ___ Colère : ___

Repli sur soi : ___ Crainte : ___ Irritabilité : ___

Agitation : ___ Euphorie : ___

Autre (préciser) : ___

Communication verbale et non verbale avec la famille ou les personnes clés : ___

Modèle de comportement intrafamilial : ___

BIEN-ÊTRE

DONNÉES SUBJECTIVES

Siège de la douleur : ___

Intensité (1 à 10, 10 correspondant à une douleur intense) : ___

Fréquence : ___ Caractéristiques : ___

Irradiation douloureuse : ___ Durée : ___

Facteurs déclenchants : ___

Méthodes de soulagement : ___

Symptômes associés : ___

Effet sur les activités : ___

Sur les rapports interpersonnels : ___

DONNÉES OBJECTIVES

Expression du visage : ___

Comportement de protection de la région atteinte :

___

Réaction émotive : ___ Baisse de concentration : ___

CIRCULATION

DONNÉES SUBJECTIVES

Antécédents :

Hypertension : ___ Troubles cardiaques : ___

Fièvre rhumatismale : ________ Phlébite : ________
Œdème chevilles-jambes : ____ Guérison lente : ____
Claudication : ___________ Dysréflexie : _________
Tendance à faire des hémorragies : _______________
Palpitations : ____________ Syncope : ___________
Membres :
Engourdissements : ______ Picotements : _______
Toux : _____________ Hémoptysie : _____________
Changements dans la fréquence ou la quantité des mictions : ____________________________________

DONNÉES OBJECTIVES

Pression artérielle :
Droite/ Couché : _____ Assis : _____ Debout : ____
Gauche/ Couché : ____ Assis : _____ Debout : ____
Pression différentielle : ___ Trou auscultatoire : ___
Pouls (palpation) :
Carotidien : ____________ Temporal : __________
Jugulaire : _____________ Radial : _____________
Fémoral : ______________ Poplité : ___________
Pédieux : ______________ Tibial postérieur : _____
Cœur (palpation) :
Frémissement palpatoire : ___________________
Choc en dôme : ____________________________
Bruits du cœur :
Fréquence : _____________ Rythme : __________
Qualité : _______________ Souffles : __________
Frottement pleural : _________________________
Bruits respiratoires : ______________________________
Bruits vasculaires (préciser) : _______________________
Œdème :
Généralisé : _____________ Déclive : __________
Palpébral : ______________ Ascite : ___________
Gonflement de la veine jugulaire : _________________
Membres :
Température : ___________ Couleur : __________
Varices : ________ Remplissage capillaire : ________
Signe d'Homans : __________________________
Ongles (anomalies) : _________________________
Pilosité et caractéristiques : ____________________
Changements cutanés trophiques : ______________

Coloration : Générale : ___
Muqueuses : ___ Lits unguéaux : ___
Lèvres : ___ Conjonctive : ___
Sclérotique : ___ Diaphorèse : ___

COMMUNICATION

DONNÉES SUBJECTIVES

Langue d'usage : ___
Capacité de lire et d'écrire : ___

DONNÉES OBJECTIVES

Désorientation : ___ Temps : ___
Lieu : ___ Personnes : ___
Discours : ___ Contenu : ___
Vocabulaire : ___ Congruence : ___
Communication verbale et non verbale avec la famille ou les personnes clés : ___
Élocution :
Clarté : ___ Dysarthrie : ___
Intelligibilité : ___ Aphasie : ___
Troubles de la parole : ___
Aides à la parole utilisées : ___

CONCEPT DE SOI

DONNÉES SUBJECTIVES

Facteurs de stress signalés par le patient : ___
Mécanismes d'adaptation au stress : ___
Problèmes financiers : ___
Rapports interpersonnels : ___
Facteurs culturels : ___
Mode de vie : ___ Changements récents : ___
Sentiment d'harmonie intérieure : ___
Sentiments de : Vulnérabilité : ___
Désespoir : ___ Impuissance : ___

DONNÉES OBJECTIVES

État affectif (cocher) :
Calme : ___ Anxiété : ___
Colère : ___ Repli sur soi : ___

Crainte : ______________ Irritabilité : ____________
Agitation : ____________ Euphorie : ____________
Réactions physiologiques observées : ____________
Modification du flux énergétique : ______________
Température : ____ Couleur: ____ Répartition : ____
Mouvement : ______________________________
Sons : __________________________________

CONNAISSANCES

DONNÉES SUBJECTIVES

Langue d'usage : ______________________________
Capacité de lire et d'écrire : ____________________
Degré de scolarité : ___________________________
Difficultés d'apprentissage (préciser) : ___________
Déficits cognitifs (préciser) : ___________________
Croyances et pratiques en matière de santé (reliées aux pratiques religieuses ou culturelles) : ________
Habitudes particulières en matière de promotion de la santé : ____________________
Objectifs en matière de santé : __________________

DONNÉES OBJECTIVES

État mental (repli sur soi, léthargie, etc.) : ___________
Mémoire :
Récente : ______________ Lointaine : ____________
État affectif (cocher) :
Calme : ________________ Anxiété : ______________
Colère : ________________ Repli sur soi : __________
Crainte : ______________ Irritabilité : ____________
Agitation : ____________ Euphorie : ____________
Autre (préciser) : ______________________________

CROISSANCE ET DÉVELOPPEMENT

DONNÉES SUBJECTIVES

Facteurs de risque familiaux
(préciser le lien de parenté) :
Diabète : ________________ Tuberculose : __________
Trouble thyroïdien (préciser) : ___________________
Cardiopathie : ____________ Hypertension : ________

Épilepsie : ______________ Néphropathie : ________
Cancer : ______ Accident vasculaire cérébral : ______
Problème de santé mentale : ____________________
Autre : ______________________________________
Antécédents de problèmes de santé, d'hospitalisations, de chirurgies : ____________________________
Signes d'absence de progrès : ___________________

DONNÉES OBJECTIVES

Niveau de conscience-agitation : _______________
Discours : ______________ Contenu : ____________
Vocabulaire : ___________ Congruence : __________

ÉLIMINATION

DONNÉES SUBJECTIVES

Habitudes d'élimination intestinale : ____________
Usage de laxatifs : ______________________________
Caractéristiques des selles : ____ Dernière selle : ____
Antécédents de :
Saignements : _________ Hémorroïdes : _______
Constipation : _________ Diarrhée : __________
Habitudes d'élimination vésicale : _____________
Incontinence : _____ Moment de la journée : ______
Mictions impérieuses : _______ Pollakiurie : ______
Rétention : _____ Caractéristiques de l'urine : ______
Douleur, brûlures, difficulté à la miction : _______
Antécédents de problème de santé rénal ou vésical :
____
Changements dans la fréquence ou la quantité des mictions : ________________________________
Usage de diurétiques : _____________________________

DONNÉES OBJECTIVES

Abdomen : Sensible : ____________________________
Mou-ferme : ________ Masse palpable : _________
Taille-circonférence : ______________________
Bruits intestinaux : ________ Siège : _____ Type : ____
Hémorroïdes : ___________________________________
Présence de sang occulte dans les selles : _________
Vessie palpable : ________ Regorgement : _________

Culture et antibiogramme des urines-Chemstix : ____
Douleur à l'angle costo-lombaire : ______________

INTÉGRITÉ ÉMOTIONNELLE

DONNÉES SUBJECTIVES

Sentiments de :
  Vulnérabilité : ________ Désespoir : ____________
  Impuissance : ______________________________
  Harmonie intérieure : _________________________
Expression d'idées de violence (envers soi ou envers les autres) : ______________________________

DONNÉES OBJECTIVES

État affectif (cocher) :
  Agitation : ____________ Euphorie : ___________
  Calme : ______________ Anxiété : _____________
  Colère : ______________ Repli sur soi : __________
  Crainte : _____________ Irritabilité : ___________
  Agitation : ____________ Euphorie : ____________
  Autre (préciser) : ______________________
Réactions physiologiques observées : ____________

INTÉGRITÉ PHYSIQUE

DONNÉES SUBJECTIVES

Allergies-sensibilité : _______________________
  Type de réaction : _______________________
Exposition à des maladies infectieuses : __________
Altérations antérieures du système immunitaire :
____
  Cause : ______________________________
Antécédents de maladies transmissibles sexuellement (date et type) : _________________________
Comportements à risque : ______ Examens : _______
Transfusions sanguines :
  Nombre : _____________ Date : _____________
  Réaction (décrire) : ______________________
Lieu de résidence, pays visités : _______________
Utilisation de la ceinture de
  sécurité-du casque protecteur : ______________

Antécédents d'accidents : ______________________
Fractures-luxations : ______________________
Arthrite-instabilité des articulations : __________
Maux de dos : ______________________
Modification des grains de beauté : __________
Tuméfaction ganglionnaire : ______________
Cicatrisation lente : ______________________
Déficits cognitifs : ______________________
Déficience :
Visuelle : ____________ Auditive : __________
Prothèses-orthèses : ______________________
Appareils d'aide à la motricité : ____________
Exposition à des vapeurs toxiques : __________
Convulsions : _______ Signes précurseurs : _______
Moyens de prévention : ______________________

DONNÉES OBJECTIVES

Température : __________ Diaphorèse : __________
Intégrité de la peau (inscrire sur un schéma) :
Cicatrices : __________ Éruptions : __________
Lacérations : __________ Ulcérations : __________
Ecchymoses : __________ Ampoules : __________
Brûlures (degré et %) : ______________________
Écoulement : ______________________
Marquer le siège sur le diagramme suivant :

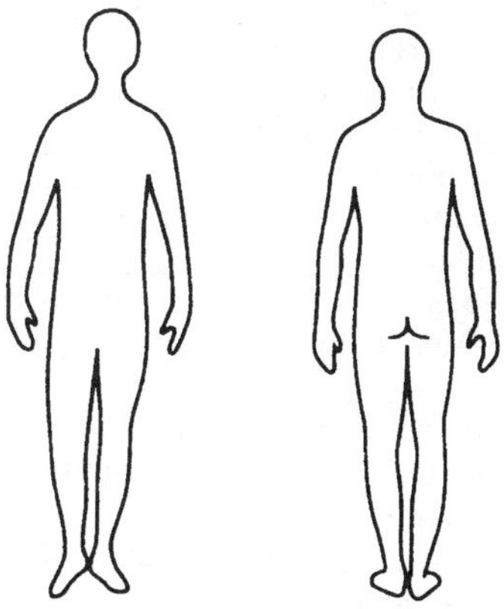

Force générale : ________ Tonus musculaire : ______
Démarche : ____ Amplitude des mouvements :______
Paresthésie-paralysie : ________________________
Résultats des cultures : ________________________
Examen du système immunitaire : ________________
Dépistage de la tuberculose : ____________________
Turgor de la peau : _____________________________
Muqueuses humides-sèches : _____________________
Hernies-masses : ______________________________

LOISIRS

DONNÉES SUBJECTIVES

Profession : ________ Activités physiques : ________
Loisirs : _____________________________________
Plaintes d'ennui :_______________________________
Contraintes physiques : __________________________

DONNÉES OBJECTIVES

État mental (repli sur soi, léthargie, etc.) : _________

NUTRITION

DONNÉES SUBJECTIVES

Régime alimentaire habituel : ___________________
Nombre de repas par jour :______________________
Dernier repas (ration) : _________________________
Habitudes alimentaires aux 3 repas : _____________
Apport en lipides : ____________________________
Usage de suppléments vitaminiques
ou alimentaires : ____________________________
Inappétence : ______ Nausées-vomissements : ______
Brûlures d'estomac-indigestion : _________________
Reliées à : __________ Soulagées par : __________
Allergies-intolérances alimentaires : _____________
Problèmes de mastication ou de déglutition : _______
Prothèse dentaire : ____________________________
Poids habituel : ____ Changements pondéraux : _____
Usage de diurétiques :__________________________

DONNÉES OBJECTIVES

Poids actuel : ____________ Taille : ________________
Configuration morphologique : ____________________
Turgor de la peau : ______________________________
Muqueuses humides-sèches : ______________________
Œdème :
Généralisé : ____________ Déclive : ______________
Palpébral : _____________ Ascite : _______________
Gonflement de la veine jugulaire : _________________
Hypertrophie de la thyroïde : _____ Halitose : _____
État des dents-gencives : ________________________
Apparence de la langue : _________________________
Apparence des muqueuses : _______________________
Bruits intestinaux : _____________________________
Hernies-masses : ________________________________
Glucose sérique : _______________________________

OPÉRATIONS DE LA PENSÉE

DONNÉES SUBJECTIVES

Degré de scolarité : ______________________________
Difficultés d'apprentissage (préciser) : ______________
Déficits cognitifs (préciser) : ____________________
Problème de santé mentale : _______________________
Autre (préciser) : _______________________________
Médicaments prescrits : ___________________________
Nom : __________ Dose : ______ Fréquence : ____
Prise régulière : ________ But : _______________
Accident vasculaire cérébral (séquelles) : __________

DONNÉES OBJECTIVES

Discours : ______________ Contenu : _____________
Vocabulaire : ___________ Congruence : __________

OXYGÉNATION

DONNÉES SUBJECTIVES

Dyspnée (reliée à) : _______________________________
Toux-expectorations : _____________________________

Antécédents de :
Bronchite : __________ Asthme : __________
Tuberculose : __________ Emphysème : __________
Pneumonies à répétition : __________
Autre : __________
Exposition à des vapeurs toxiques : __________
Tabagisme : __________ Paquets par jour : __________
Nombre d'années : __________
Emploi d'un respirateur : ____ Oxygénothérapie : ____

DONNÉES OBJECTIVES

Respiration : Rythme : __________
Amplitude : __________ Symétrie : __________
Utilisation des muscles accessoires : __________
Battement des ailes du nez : __________
Râles : __________
Bruits respiratoires : __________
Égophonie : __________
Cyanose : __________ Hippocratisme digital : __________
Caractéristiques des expectorations : __________
Niveau de conscience-agitation : __________
Autre : __________

PARTICIPATION

DONNÉES SUBJECTIVES

Croyances et pratiques en matière de santé : __________
Habitudes particulières en matière de promotion de la santé : __________
Médicaments prescrits (entourer la dernière dose) :
Nom : __________ Dose : _____ Fréquence : _____
Prise régulière : __________ But : __________
Effets secondaires, problèmes : __________
Médicaments en vente libre : __________
Drogues : __________ Tabac : ______ Chique : __________
Alcool : Quantité et fréquence : __________
Diagnostic à l'admission (médecin) : __________
Motif de l'hospitalisation (selon le patient) : __________
Problème actuel (décrire) : __________
Attentes à l'égard du personnel soignant : __________

Antécédents de problèmes de santé, d'hospitalisations, de chirurgies : ______________________
Signes d'absence de progrès : ______________________
Objectifs en matière de santé : ______________________

DONNÉES OBJECTIVES

État affectif (cocher) :
Calme : __________ Anxiété : _____ Colère : ______
Repli sur soi : ____ Crainte : _____ Irritabilité : ____
Agitation : ______ Euphorie : _____
Autre (préciser) : ______________________
Réactions physiologiques observées : ______________

PERCEPTION SENSORIELLE

DONNÉES SUBJECTIVES

Évanouissements : ______ Étourdissements : ______
Céphalées : Siège : _________ Fréquence : _________
Picotements-engourdissements-faiblesse (siège) : ____
Accident vasculaire cérébral-lésion cérébrale (séquelles) : ______________________
Convulsions : ____________ Type : ____________
Signes précurseurs : ______________________
Fréquence : ______________________
État postcritique : ______________________
Moyens de prévention : ______________________
Nez : Épistaxis : __________ Odorat : __________
Yeux : Baisse de l'acuité visuelle : ______________
Dernier examen : ______ Glaucome : ____________
Cataractes : ___________
Oreilles : Baisse de l'acuité auditive : ____________
Droite : ____ Gauche : ____ Dernier examen : ______

DONNÉES OBJECTIVES

État mental (noter la durée du changement) :
Désorientation : ________ Temps : ____________
Lieu : ______________ Personnes : __________
Lucidité : ______________ Collaboration : _______
Somnolence : __________ Léthargie : __________
Stupeur : ______________ État comateux : _______
Agressivité : ___________ Idées délirantes : ______

Hallucinations : _______ Affect (décrire) : ______
Autre : ______________________________________
Mémoire : Récente : ________ Lointaine : _________
Discours : _____________ Contenu : _____________
Vocabulaire : _________ Congruence : _________
Lunettes : ________ Lentilles cornéennes : ________
Appareil auditif : ______________________________
Pupilles : Forme : _____ Diamètre et réaction : ___
Droite : _______________ Gauche : _____________
Affaissement des traits : ______ Déglutition : ______
Capacité de préhension et de relâchement : _______
Droite : ______ Gauche : ______ Posture : ______
Réflexes ostéotendineux profonds : ______________
Paralysie : _____________________________________

RÉGULATION PHYSIQUE

DONNÉES SUBJECTIVES

Antécédents :
Hypertension : _____ Troubles cardiaques : ______
Fièvre rhumatismale : _______ Phlébite : _______
Guérison lente : ___ Œdème chevilles-jambes : ___
Claudication : ___________ Autres : ___________
Membres : Engourdissements : ___ Picotements : ___

DONNÉES OBJECTIVES

Membres : Température : _______ Couleur : _______
Coloration : Générale : _______ Muqueuses : _______
Lèvres : ____________ Lits unguéaux : ____________
Diaphorèse : ___________________________________
Capacité de préhension et de relâchement : _______
Droite : ______ Gauche : ______ Posture : ______
Réflexes ostéotendineux profonds : ______________
Paralysie : _____________________________________

REPOS

DONNÉES SUBJECTIVES

Sommeil : Nombre d'heures : ___________________
Heure du coucher : _________ Siestes : _________

Aides au sommeil : ____________________
Insomnie : ____________ Reliée à : ____________
Reposé au réveil : ____________________
Adynamie : ____________________

DONNÉES OBJECTIVES

État mental (repli sur soi, léthargie, etc.) : __________

RÔLE

DONNÉES SUBJECTIVES

État matrimonial : ______ Durée de la relation : _____
Personnes partageant le même domicile : __________
Facteurs de stress : ____________________
Famille élargie : ____________________
Autres soutiens : ____________________
Rôle au sein de la cellule familiale : ____________
Problèmes familiaux ou sociaux reliés à la maladie signalés par le patient : ____________

DONNÉES OBJECTIVES

Communication verbale et non verbale avec les enfants ou les personnes clés : ____________
Modèle de comportement intrafamilial : __________

SENS DE LA VIE

DONNÉES SUBJECTIVES

Sentiment d'harmonie intérieure : ____________
Sentiments de : Vulnérabilité : ____________
Désespoir : __________ Impuissance : __________

DONNÉES OBJECTIVES

État affectif (cocher) :
Calme : _______ Anxiété : _______ Colère : _______
Repli sur soi : ____ Crainte : ____ Irritabilité : ____
Agitation : ________ Euphorie : ________
Autre (préciser) : ____________________

SEXUALITÉ

Femme

DONNÉES SUBJECTIVES

Âge à la puberté : ______ Cycle menstruel : ______
Durée : ______
Nombre de serviettes hygiéniques par jour : ______
Dernière menstruation : ______
Pertes vaginales : ______
Saignements entre les règles : ______
Ménopause : ______
Problèmes de lubrification vaginale : ______
Chirurgies : ______
Hormonothérapie-suppléments de calcium : ______
Auto-examen des seins : ______
Mammographie : ______
Dernier frottis vaginal (PAP) : ______
Méthode de contraception : ______
Sexuellement active : ____ Emploi du condom : ____
Inquiétudes ou difficultés d'ordre sexuel : ______
Changements récents : Fréquence et intérêt : ______

DONNÉES OBJECTIVES

Degré d'aisance à parler de sa sexualité : ______
Pertes vaginales : ______
Examen des seins : ______
Condylomes-lésions génitales : ______

Homme

DONNÉES SUBJECTIVES

Pertes péniennes : ____ Trouble de la prostate : ____
Circoncision : ______ Vasectomie : ______
Auto-examen : Seins : ______ Testicules : ______
Dernière proctoscopie : ______
Dernier examen de la prostate : ______
Sexuellement actif : ____ Emploi du condom : ____
Inquiétudes ou difficultés d'ordre sexuel : ______
Changements récents : Fréquence et intérêt : ______

DONNÉES OBJECTIVES

Degré d'aisance à parler de sa sexualité : ___________
Examen : Seins : _____ Pénis : _____Testicules : _____
Condylomes-lésions génitales :___________________
Écoulement : ____________________________________

SOCIALISATION

DONNÉES SUBJECTIVES

État matrimonial : ______ Durée de la relation : _____
Personnes partageant le même domicile : __________
Facteurs de stress : _____________________________
Famille élargie : ________________________________
Autres soutiens : ________________________________
Rôle au sein de la cellule familiale : _____________
Perception des relations familiales : _____________
Sentiments : ______ Méfiance : ______ Rejet :______
Tristesse : __________ Solitude, isolement :______
Problèmes familiaux ou sociaux reliés à la maladie signalés par le patient : ______________________
Problèmes de communication : __________________
Utilisation d'aides à la communication : _________
Mécanismes d'adaptation : ______________________
Personnes à charge : ___________________________
Degré d'autonomie : ___________________________
Fréquence des rapports sociaux (autres qu'au travail) : _____________________________________

DONNÉES OBJECTIVES

Élocution : Clarté : __________ Dysarthrie : _________
Intelligibilité : _____________ Aphasie : __________
Troubles de la parole : _______________________
Laryngectomie : _______ Aide à la parole : _______
Communication verbale et non verbale avec la famille ou les personnes clés : _______________
Modèle de comportement intrafamilial : __________

SOINS PERSONNELS

DONNÉES SUBJECTIVES

Activités de la vie quotidienne : ________________

Autonomie : ______________________________
Dépendance (préciser) : ______________________
Mobilité physique : ______ Alimentation : ______
Hygiène : ____ Capacité de se vêtir, de soigner son apparence : _______ Utilisation des toilettes : ____
Autre : ______________________________
Heure préférée pour le bain et les soins personnels: ___
Appareils ou prothèses requis : ________________
Source d'aide : ______________________________

DONNÉES OBJECTIVES

Apparence générale : __________________________
Tenue vestimentaire : _________________________
Habitudes d'hygiène personnelle : _______________
Odeurs corporelles : _______ Cuir chevelu : _______
Parasites : _________________________________

SPIRITUALITÉ

DONNÉES SUBJECTIVES

Religion : ____________ Pratiquant : ____________

DONNÉES OBJECTIVES

État affectif (cocher) : _______________________
Calme : ______ Anxiété : ______ Colère : ______
Repli sur soi : ____ Crainte : ____ Irritabilité : ____
Agitation : ___________ Euphorie : ___________
Autre (préciser) : ____________________________

PLAN DE CONGÉ

Date de l'entrevue : ___________________________

1) Date prévue du congé : _______________________
2) Ressources fiables : Humaines : ______________
Matérielles :__________________________________
Communautaires : ____ Groupes de soutien : ____
3) Prévoyez-vous des changements dans votre mode de vie après votre congé ou avoir besoin d'aide ?
____
4) Si oui, dans quel domaine : ___________________
Préparation des repas : ______ Courses : ______

Transport : _____ Marche : _____ Autre : _________
Traitement médicamenteux, y compris intraveineux : ______________________________
Autres traitements : ______________________
Soin des plaies : _____ Matériel nécessaire : _____
Aide pour les soins personnels (préciser) : _______
Aménagement du domicile (préciser) : _________

5) Autres changements prévus après le congé : _____
Possibilité de logement ailleurs qu'au domicile (préciser) : __________________________

Demandes de consultations :
Service sociaux : ________ Réadaptation : ________
Diététique : _____________ Soins à domicile : _____
Inhalothérapie : ________ Équipement : _________
Matériel : ______________________________
Autre : _________________________________

Ce modèle pourra être enrichi ou modifié en fonction de différents contextes de soins. À titre d'exemple, nous présentons dans les pages qui suivent des questionnaires destinés aux patients hospitalisés dans des contextes de soins psychiatriques ou obstétricaux.

MODÈLE D'INSTRUMENT SERVANT À RECUEILLIR LES DONNÉES DANS UN CONTEXTE DE SOINS PSYCHIATRIQUES (EXTRAIT)

CONCEPT DE SOI

DONNÉES SUBJECTIVES

Quelle sorte de personne êtes-vous (négative, positive, etc.)? ______________________________
Quelle perception avez-vous de votre corps ? ______
À combien évaluez-vous l'estime que vous avez de vous-même(1 à 10, 10 correspondant à une haute estime) : ______________________________
Caractérisez vos humeurs : Dépression : __________
Culpabilité : ______ Sentiment d'irréalité : ______
Hauts et bas : ___________ Apathie : ___________
Coupure d'avec le réel : _____ Détachement : _____
Êtes-vous une personne nerveuse ? ______________
Êtes-vous une personne sensible ? ______________
Facteurs de stress : ___________________________
Mécanismes antérieurs d'adaptation au stress : _____
Rapports interpersonnels : ____________________
Préoccupations d'ordre financier : ______________
Mode de vie : ______________________________
Changements récents : _______________________
Pertes ou changements importants (date) : _________
Manifestations de chagrin ou étapes du processus de deuil : ______________________________
Sentiments de : Vulnérabilité : __________________
Désespoir : ___________ Impuissance : __________
Antécédents professionnels-service militaire :_____

DONNÉES OBJECTIVES

État affectif (cocher) :
Calme : ______ Amical : _____ Coopératif : _______
Évasif : ______ Craintif : ______ Anxieux : _______
Irritable : ______ Renfermé : ______ Agité : _______
Passif : ______ Dépendant : _____ Euphorique : ____
Agressif ou hostile : _____ Autre (préciser) : ______

Stabilité du comportement : ____________________
Verbal : ____________________
Non verbal : ____________________
Caractéristiques du discours : ____________________
Motricité : ____________ Posture : ____________
Hyper ou hypoactif : ________ Stéréotypé : ________
Mécanismes de défense :
Projection : ____________ Déni : ____________
Annulation rétroactive : ____________________
Rationalisation : ____________________
Agressivité passive : ____________________
Répression : ____________________
Intellectualisation : _______ Somatisation : ______
Régression : _________ Identification : _________
Introjection : ________ Type de réaction : ________
Isolement : ___ Déplacement : ___ Substitution : ___
Réactions physiologiques observées : ____________
Autre : ____________________

PERCEPTION SENSORIELLE

DONNÉES SUBJECTIVES

Onirisme : _________ Somnambulisme : _________
Écriture automatique : ____________________
Dépersonnalisation : ____________________
Perceptions personnelles différentes des autres : ____
Capacité de suivre des instructions : __________
Capacité de calculer : ____________________
Capacité d'accomplir les activités quotidiennes : ____________________

DONNÉES OBJECTIVES

État mental (noter la durée du changement) : _______
Désorientation :
Temps : _______ Lieu : _______ Personnes : _______
État affectif (cocher) :
Lucidité : ____ Somnolence : ____ Stupeur : _______
Léthargie : ____ État comateux : ___ Collaboration : ___
Agressivité : _________ Idées délirantes : _________
Hallucinations : ________ Affect (décrire) : _________

Mémoire :
Immédiate : _____ Récente : _____ Lointaine : _____
Compréhension : ____________________
Discours : ____________________
Structure du discours (ex.: silences spontanés/soudains) : ____________________
Contenu : ____________________
Coq-à-l'âne : ____________________
Idées délirantes : _______ Hallucinations : ________
Illusions : ____________________
Débit verbal : ____________________
Progression claire et logique : ______________
Élocution : Dysarthrie : ________ Aphasie : _________
Troubles de la parole : ____________________
Humeur : ____________________
Affect : À-propos : _________ Intensité : __________
Gamme d'émotions : ____________________
Capacité d'introspection : ____________________
Capacité d'attention-de calcul : ______________
Jugement : ____________________
Capacité de suivre des instructions : ____________
Capacité de résoudre des problèmes : ____________

MODÈLE D'INSTRUMENT SERVANT À RECUEILLIR LES DONNÉES DANS UN CONTEXTE DE SOINS OBSTÉTRICAUX : SOINS ANTÉNATALS (EXTRAIT)

INTÉGRITÉ PHYSIQUE

DONNÉES SUBJECTIVES

Allergies-sensibilité : ____________________
 Type de réaction : ____________________
Altérations antérieures du système immunitaire : ___
 Cause : ____________________
Antécédents de maladies transmissibles
 sexuellement (date et type) : ____________________
Antécédents d'infections gynécologiques
 (date et type) : ____________________
 Comportements à risque :______ Examens : ______
Transfusion sanguine (nombre) : ____________________
 Date :__________ Réaction (décrire) : __________
Maladies infantiles : ____________________
 Vaccins reçus : ____________________
Exposition récente aux oreillons : ____________________
Autres infections virales : ____________________
Exposition à des radiations : ____________________
Animaux domestiques :____________________
Problèmes obstétricaux antérieurs : ____________________
 Hypertension de la grossesse : ____________________
 Néphropathie : ____________________
 Hémorragies : ________ Cardiopathie : __________
 Diabète : ____________ Infection : __________
 Infection des voies urinaires : ____________________
 Chirurgie utérine : ____________________
 Anémie : ____________ Autre : __________
 Incompatibilité ABO ou Rh : ____________________
Date de la dernière grossesse : ____________________
 Sorte d'accouchement : ____________________
Antécédents d'accidents : ____________________
 Fractures-luxations : ____________________
 Sévices : ____________________

Arthrite-instabilité des articulations : ______________
Maux de dos : ______________
Modification des grains de beauté : ______________
Tuméfaction ganglionnaire : ______________
Déficience : Visuelle : ______ Auditive : ______
Prothèses : ______________
Aides à la motricité : ______________

DONNÉES OBJECTIVES

Peau : Température : ______ Diaphorèse : ______
Intégrité : ______ Cicatrices : ______
Éruptions : ______ Ecchymoses : ______
Condylomes-lésions vaginales : ______________
Force générale : ______ Tonus musculaire : ______
Démarche : _____ Amplitude des mouvements : _____
Paresthésie-paralysie : ______________
Fœtus : Fréquence cardiaque : _____ Position : _____
Méthode d'auscultation : ______________
Hauteur du fond utérin : ______________
Estimation de l'âge gestationnel : ______________
Mouvements : ______ Ballottement : ______
Groupe sanguin et facteur Rh :
Mère : ______________ Père : ______________
Dépistage : Anémie à hématies falciformes : ______
Rubéole : ______________ Hépatite : ______________
Alpha-fœtoprotéine : ______________
Examen sérologique de la syphilis : ______________
Pos.: ________ Nég.: ________ Date : ______
Résultats des cultures (cervicales, rectales) : ______
Examen du système immunitaire : ______________

SEXUALITÉ

DONNÉES SUBJECTIVES

Préoccupations d'ordre sexuel : ______________
Âge à la puberté : ______ Cycle mentruel : ______
Durée : ______________
Dernière menstruation : ______ Quantité : ______
Saignements-crampes depuis la dernière menstruation : ______________

Pertes vaginales : ______________________________
Date présumée de la conception : __________________
Date présumée de l'accouchement : ______________
Auto-examen des seins : ________________________
Dernier frottis vaginal (PAP) : __________________
Méthode de contraception utilisée récemment : _____
Profil obstétrical : Nombre de grossesses : _________
Nombre d'accouchements : ____________________
Avortements : _______ Enfants vivants : _______
Naissances à terme : ______ Prématurité : _______
Grossesse multiple : ________________________
Pour chaque accouchement, préciser : ____________
Date : _____________________________________
Lieu de l'accouchement : _____________________
Durée de la gestation : _______________________
Durée du travail : ___________________________
Mode d'accouchement : _______________________
Naissance : Vivant/mort : _____________________
Masse du bébé : ____________________________
Apgar : ____________________________________
Complications chez la mère et le bébé : ___________

DONNÉES OBJECTIVES

Bassin : Vulve : ________ Périnée : ______________
Vagin : ________ Col de l'utérus : _______
Utérus : _______ Annexes : ____________
Diamètre promontorétropubien : ______________ cm
Diamètre transverse : Détroit inférieur : ________ cm
Forme du sacrum : ________ Arc pubien : ________
Coccyx : _______ Échancrures ischiatiques : _______
Épines ischiatiques :
Adéquates ___ À la limite ___ Espace réduit ___
Détroit supérieur : ____________________________
Détroit moyen : _______________________________
Détroit inférieur : _____________________________
Mode d'accouchement prévu : _________________
Examen des seins : _________ Mamelons : ________
Test de grossesse : _____________________________
Sérologie : _____________ Date : _____________
Résultats du frottis vaginal : ____________________

MODÈLE D'INSTRUMENT SERVANT À RECUEILLIR LES DONNÉES DANS UN CONTEXTE DE SOINS OBSTÉTRICAUX : TRAVAIL ET ACCOUCHEMENT (EXTRAIT)

BIEN-ÊTRE

DONNÉES SUBJECTIVES

Déclenchement du travail (date et heure) : ________
Début des contractions régulières (heure) : ________
Type de contractions : ________ Fréquence : ________
Durée : __________
Siège de la douleur : Abdominale : ______________
Lombaire : ______________________________
Intensité de la douleur : Légère : ______________
Modérée : ______________ Intense : ____________
Méthode de soulagement :
Techniques de respiration-relaxation : __________
Position : _____ Massage de la région sacrée : _____
Effleurage : _____________________________

DONNÉES OBJECTIVES

Expression faciale : ___ Difficulté à se concentrer : ___
Mouvement du corps : ___________________
Modification de la pression artérielle : __________
Pouls : ___________________________________

INTÉGRITÉ PHYSIQUE

DONNÉES SUBJECTIVES

Allergies-sensibilité : ______________________
Réaction (décrire) : _______________________
Antécédents de maladies trasmissibles sexuellement (date et type) : ____________________
État de santé des enfants vivants : _____________
Première visite prénatale (mois) : ______________

Problèmes ou traitements obstétricaux antérieurs et actuels :

Facteur inhibiteur de la prolactine : ______
Néphropathie : ______ Hémorragies : ______
Cardiopathie : ______ Diabète : ______
Infection (préciser) : ______
Infection des voies urinaires : ______
Chirurgie utérine : ______
Incompatibilité ABO ou Rh : ______
Anémie : ______

Temps écoulé depuis la dernière grossesse : ______
Mode d'accouchement antérieur : ______
Transfusions sanguines :

Nombre : ______ Date : ______
Réaction (décrire) : ______

Stature-taille de la mère : ______
Fractures-luxations : ______
Taille du bassin : ______
Arthrite-instabilité des articulations : ______
Problèmes-déformation du rachis : ______

Cyphose : ______ Scoliose : ______
Traumatisme : ______ Chirurgie : ______
Prothèse-aides à la motricité : ______

DONNÉES OBJECTIVES

Peau : Température : ______

Intégrité de la peau : ______ Éruptions : ______
Lésions : ______ Ecchymoses : ______ Cicatrices : ______

Paresthésie-paralysie : ______
État du fœtus : Rythme cardiaque : ___ Position : ___

Méthode d'auscultation : ______
Hauteur du fond utérin : ______
Estimation de l'âge gestationnel : ______
Activité-mouvements : ______
Tests de réactivité fœtale (O/N) : ______
Date et test : ______ Résultats : ______

Déroulement du travail :

Dilatation : ______ Effacement : ______

Fœtus : Descente : ______ Engagement : ______

Présentation : ______ Station : ______
Position : ______

Membranes :
Intactes : ______ Rompues (date et heure) : ______
Épreuve à la nitrazine : ______________________
Quantité de liquide amniotique : ______________
Caractéristiques : ___________________________
Groupe sanguin-facteur Rh : Mère : ____ Père : ____
Dépistage : Anémie à hématies falciformes : ________
Rubéole : ______ Hépatite : ______ VIH : ______
Examen sérologique de la syphilis : ______________
Pos.: ___________ Nég.: ___________
Cultures cervicale-rectale : Pos.: _____ Nég.: _____
Condylomes-lésions vaginales : _______________
Varices périnéales : ___________________________

SECTION 2

DIVISIONS DIAGNOSTIQUES

DIAGNOSTICS INFIRMIERS CLASSÉS EN FONCTION DES DIVISIONS DIAGNOSTIQUES

Une fois que les données ont été recueillies et que les difficultés et besoins du patient ont été décelés, l'infirmière consulte la liste des catégories de diagnostics infirmiers classée par divisions correspondant au niveau 2 de la taxinomie de l'ANADI. Ce classement l'aidera à choisir la catégorie diagnostique qui correspond le mieux aux données recueillies. En ajoutant à cette catégorie diagnostique les facteurs favorisants ou de risque (le cas échéant), et les signes et symptômes (caractéristiques), elle aura formulé un diagnostic infirmier complet.

ACTIVITÉ

Blessure en périopératoire, risque de

Dysfonctionnement neurovasculaire périphérique, risque de

Fatigue

Intolérance à l'activité

Intolérance à l'activité, risque d'

Mobilité physique, altération de la

ACTIVITÉS DE LA VIE QUOTIDIENNE

Maintenir en santé, difficulté à se

Organiser et entretenir le domicile, incapacité d'

ADAPTATION

Adapter à un changement dans l'état de santé, incapacité de s'

Déni non constructif

Stratégies d'adaptation défensives

Stratégies d'adaptation d'une collectivité : potentiel d'amélioration

Stratégies d'adaptation familiale efficaces : potentiel de croissance

Stratégies d'adaptation familiale inefficaces : absence de soutien

Stratégies d'adaptation familiale inefficaces : soutien compromis

Stratégies d'adaptation individuelle inefficaces

Stratégies d'adaptation inefficaces d'une collectivité

Syndrome d'inadaptation à un changement de milieu

BIEN-ÊTRE

Douleur [aiguë]

Douleur chronique

CIRCULATION

Débit cardiaque, diminution du

Irrigation tissulaire, diminution de l' (préciser) : cardio-pulmonaire, cérébrale, gastro-intestinale, périphérique, rénale

Volume liquidien [dysfonctionnement des mécanismes de régulation], déficit de

Volume liquidien [perte active], déficit de

Volume liquidien, excès de

Volume liquidien, risque de déficit de

COMMUNICATION

Communication verbale, altération de la

CONCEPT DE SOI

Estime de soi, perturbation chronique de l'

Estime de soi, perturbation de l'

Estime de soi, perturbation situationnelle de l'

Identité personnelle, perturbation de l'

Image corporelle, perturbation de l'

CONNAISSANCES

Connaissances, manque de (préciser)

CROISSANCE ET DÉVELOPPEMENT

Croissance et développement, perturbation de

Désorganisation comportementale chez le nourrisson

Désorganisation comportementale chez le nourrisson, risque de

Organisation comportementale du nourrisson : potentiel d'amélioration

ÉLIMINATION

Constipation

Constipation colique

Diarrhée

Élimination urinaire, altération de l'

Incontinence fécale

Incontinence urinaire à l'effort

Incontinence urinaire complète

Incontinence urinaire fonctionnelle

Incontinence urinaire par réduction du temps d'alerte

Incontinence urinaire réflexe

Pseudo-constipation

Rétention urinaire [aiguë/chronique]

INTÉGRITÉ ÉMOTIONNELLE

Anxiété [préciser le degré]

Automutilation, risque d'

Chagrin (deuil) dysfonctionnel

Chagrin (deuil) par anticipation

Peur

Réaction post-traumatique

Syndrome du traumatisme de viol

Syndrome du traumatisme de viol : réaction mixte

Syndrome du traumatisme de viol : réaction silencieuse

Violence envers soi ou envers les autres, risque de

INTÉGRITÉ PHYSIQUE

Accident, risque d'

Aspiration (fausse route), risque d'

Capacité adaptative intracrânienne, diminution de la

Champ énergétique, perturbation du

Intégrité de la muqueuse buccale, atteinte à l'

Intégrité de la peau, atteinte à l'

Intégrité de la peau, risque d'atteinte à l'

Intégrité des tissus, atteinte à l'

Intoxication, risque d'

Mécanismes de protection, altération des

Suffocation, risque de

Syndrome d'immobilité, risque de

Trauma, risque de

LOISIRS

Loisirs, manque de

NUTRITION

Déficit nutritionnel

Excès nutritionnel

Excès nutritionnel, risque d'

OPÉRATIONS DE LA PENSÉE

Confusion aiguë

Confusion chronique

Mémoire, troubles de la

Opérations de la pensée, altération des

Syndrome d'interprétation erronée de l'environnement

OXYGÉNATION

Dégagement inefficace des voies respiratoires

Échanges gazeux, perturbation des

Maintenir une respiration spontanée, incapacité de

Mode de respiration inefficace

Sevrage de la ventilation assistée, intolérance au

PARTICIPATION

Conflit décisionnel (préciser)

Non-observance (préciser)

Prise en charge efficace du programme thérapeutique par l'individu

Prise en charge inefficace du programme thérapeutique

Prise en charge inefficace du programme thérapeutique par la famille

Prise en charge inefficace du programme thérapeutique par une collectivité

Recherche d'un meilleur niveau de santé (préciser les comportements)

PERCEPTION SENSORIELLE

Négligence de l'hémicorps (droit ou gauche)

Perception sensorielle, altération de la (préciser) : auditive, gustative, kinesthésique, olfactive, tactile, visuelle

RÉGULATION PHYSIQUE

Dysréflexie

Hyperthermie

Hypothermie

Infection, risque d'

Température corporelle, risque d'altération de la

Thermorégulation inefficace

REPOS

Habitudes de sommeil, perturbation des

RÔLE

Attachement parent-enfant, risque de perturbation de l'

Conflit face au rôle parental

Dynamique familiale, perturbation de la

Dynamique familiale : alcoolisme, perturbation de la

Exercice du rôle, perturbation dans l'

Exercice du rôle de l'aidant naturel, défaillance dans l'

Exercice du rôle de l'aidant naturel, risque de défaillance dans l'

Exercice du rôle parental, perturbation dans l'

Exercice du rôle parental, risque de perturbation dans l'

SENS DE LA VIE

Perte d'espoir

Sentiment d'impuissance

SEXUALITÉ

Dysfonctionnement sexuel

Sexualité, perturbation de la

SOCIALISATION

Interactions sociales, perturbation des

Isolement social

Sentiment de solitude, risque de

SOINS PERSONNELS

Alimenter, incapacité (partielle ou totale) de s'

Allaitement maternel efficace

Allaitement maternel inefficace

Allaitement maternel interrompu

Avaler, incapacité (partielle ou totale) d'

Laver/effectuer ses soins d'hygiène, incapacité (partielle ou totale) de se

Mode d'alimentation inefficace chez le nourrisson

Utiliser les toilettes, incapacité (partielle ou totale) d'

Vêtir/soigner son apparence, incapacité (partielle ou totale) de se

SPIRITUALITÉ

Bien-être spirituel : actualisation potentielle

Détresse spirituelle

SECTION 3

PROFIL DU PATIENT ET MODÈLE DE PLAN DE SOINS

DONNÉES DE BASE

M. Roger Dupont, qui souffre depuis cinq ans d'un diabète non insulinodépendant (type II), consulte son médecin au sujet d'une plaie ulcéreuse au pied gauche qui dure depuis trois semaines. Les examens effectués indiquent un taux de glycémie de 256 sur bandelette et le Clinitest se lit à 1 % – peu élevé.

PROTOCOLE DE SOINS MÉDICAUX À L'ADMISSION

Culture et antibiogramme de la plaie

Glycémie I.V. à l'admission et sur bandelette tous les matins par la suite

Numération globulaire, électrolytes, hémoglobine glycolysée le matin

Radiographie et ECG ce matin

15 UI d'insuline NPH tous les matins

Commencer l'enseignement sur l'insulino-thérapie en vue du congé

Dicloxacilline 500 mg po, q 6 h après le prélèvement de plaie

Darvon 65 mg, q 4 h prn, si douleur

Diète à 10 000 kilojoules à consommer en 3 repas et 2 collations

Peut s'asseoir à volonté dans un fauteuil, les pieds surélevés

Arceau de lit pour les pieds

Trempage du pied gauche avec Bétadine tid x 15 min, suivi d'un pansement sec stérile

Signes vitaux qid

RENSEIGNEMENTS GÉNÉRAUX

Nom : Roger Dupont

Âge : 69 Date de naissance : 27-05-02 Sexe : M

Race : Caucasienne

Date d'admission : 96-06-28 Heure : 19 h

Provenance : Domicile

Source d'informations : Patient Fiabilité (1-4) : 3

Membre de la famille ou personne clé : Épouse

Facteurs de risque familiaux (préciser le lien de parenté) :

Diabète : Oncle maternel

Tuberculose : Frère mort à 27 ans

Épilepsie : 0 Néphropathie : 0 Cancer : 0

Cardiopathie : Père mort à 78 ans d'une crise cardiaque

Accident vasculaire cérébral : Mère morte à 81 ans

Hypertension : Mère

Problème de santé mentale : 0

Antécédents de problèmes de santé, d'hospitalisations, de chirurgies : Herniorraphie inguinale droite en 1968

ACTIVITÉ ET REPOS

DONNÉES SUBJECTIVES

Profession : Agriculteur

Loisirs : Lecture, cartes. « Je n'ai pas le temps de faire grand chose. De toute façon, la plupart du temps je suis trop fatigué après le travail pour faire quoi que ce soit. »

Contraintes physiques : « Quand je mange ailleurs, il faut que je fasse attention. Je ne peux pas manger n'importe quoi. »

Sommeil : Nombre d'heures : 6 à 8 heures par nuit

Siestes : Non

Aides au sommeil : Non

Insomnie : « Seulement si je bois du café le soir après dîner. »

Reposé au réveil : Généralement, réveil à 4 h 30

DONNÉES OBJECTIVES

Réactions à l'activité observées : Protège le pied gauche quand il marche

État mental : Éveillé, actif

Évaluation neuromusculaire :

Masse musculaire : Muscles symétriques

Tonus musculaire : Muscles fermes

Posture : Se tient droit

Amplitude des mouvements : Complète

Force : Égalité pour trois membres. Protège habituellement le pied gauche

Difformités : 0

État mental : Éveillé, bonne orientation spatio-temporelle, reconnaît les personnes

BIEN-ÊTRE

DONNÉES SUBJECTIVES

Siège de la douleur : Face latérale, talon du pied gauche Intensité (1-10) : 5

Fréquence et durée : « Ça me fait mal tout le temps. »

Caractéristiques : Sourde

Irradiation douloureuse : Non

Facteurs déclenchants : Chaussures, marche

Méthodes de soulagement : Aspirine, inefficace

Autres malaises : Parfois, maux de dos après un effort soutenu, soulagés par de l'aspirine et une friction avec du liniment

DONNÉES OBJECTIVES

Expression du visage : Grimaces lorsqu'on palpe les bords de la plaie ulcéreuse

Comportement de protection de la région atteinte : Retire le pied

Réaction émotive à la douleur : Tendu, irrité

Baisse de concentration : Non

CIRCULATION

DONNÉES SUBJECTIVES

Guérison lente : La lésion dure depuis 3 semaines

Claudication : 0

Membres : Engourdissements et picotements : « J'ai les pieds froids et des picotements quand je marche beaucoup. »

Toux : Parfois

Hémoptysie : 0

Changements dans la fréquence ou la quantité des mictions : Oui, mictions plus fréquentes dernièrement

DONNÉES OBJECTIVES

Pression artérielle : Droite/Couché : 146/90

Assis : 140/86 Debout : 138/90

Gauche/Couché : 142/88

Assis : 138/88 Debout : 138/84

Pouls périphériques : Radial : 3+ Poplité : 1+
Pédieux : 1+ Tibial postérieur : 1+

Pouls : Apexien : 86 Radial : 86
Rythme : Régulier Qualité : Bien frappé

Souffles : 0 Frottement pleural : 0

Bruits respiratoires : Quelques râles disparaissant à la toux, pas de souffle

Gonflement de la veine jugulaire : 0

Membres :

Température : Les deux pieds froids, le reste chaud

Couleur : Pâle aux jambes

Varices : Quelques veines superficielles augmentées de volume aux deux mollets

Remplissage capillaire : Lent dans les deux pieds

Signe d'Homans : 0

Ongles (anomalies) : Ongles d'orteils épais, jaunes, cassants

Pilosité et caractéristiques : Poil dru jusqu'à mi-mollet, pas de poil sur les chevilles et les orteils

Couleur : Générale : Figure et bras rouge foncé Muqueuses-lèvres : Roses

Conjonctive et sclérotique : Blanches

CONCEPT DE SOI ET ADAPTATION

DONNÉES SUBJECTIVES

Facteurs de stress signalés par le patient : « Les problèmes habituels de l'agriculteur : le temps, les insectes, le gérant de banque, etc. »

Mécanismes d'adaptation au stress : « Je me tiens occupé et je parle à mes bêtes. Elles m'écoutent très bien. »

Problèmes financiers : Pas d'assurances, nécessité d'embaucher quelqu'un pour le remplacer pendant son séjour au centre hospitalier

Facteurs culturels : Milieu rural ; parents originaires d'Europe de l'Est

Mode de vie : Classe moyenne. Agriculteur autosuffisant   Changements récents : 0

Sentiments : « En général, j'ai la situation bien en main, sauf pour la température et ce diabète. »

DONNÉES OBJECTIVES

État affectif : Calme la plupart du temps

Autre : S'inquiète du changement possible de traitement « des pilules aux piqûres »

Réactions physiologiques observées : De temps à autre, soupire profondément, fronce les sourcils, hausse les épaules

CONNAISSANCES ET PARTICIPATION

DONNÉES SUBJECTIVES

Langue d'usage : Français

Capacité de lire et d'écrire : Oui

Degré de scolarité : Deux ans de cours technique

Croyances et pratiques en matière de santé : « Je règle moi-même mes petits bobos. Je vais chez le médecin seulement quand quelque chose est cassé. »

Médicaments prescrits (entourer la dernière dose) :

Nom : Orinase   Dose : 250 mg

Fréquence : 8 h - 18 h

Dernière dose : 18 h ce soir   But : Équilibrer le diabète

Autosurveillance du taux de glycémie : « J'ai arrêté il y a plusieurs mois quand j'ai manqué de *Testape*. De toute façon, c'était toujours négatif. »

Médicaments en vente libre : Aspirine à l'occasion

Consommation d'alcool : Lors de rencontres sociales

Fréquence : Une bière à l'occasion

Diagnostic à l'admission (médecin) : Hyperglycémie, lésion au pied gauche

Motif de l'hospitalisation (selon le patient) : « Ma lésion au pied et mon taux de sucre élevé. »

Problème actuel : « Il y a trois semaines, je me suis fait une ampoule au pied en portant des bottes neuves. Comme ça me faisait mal, j'ai crevé l'ampoule, mais ça n'a pas amélioré le problème. »

Attentes à l'égard du personnel soignant : « Me débarrasser de cette infection et équilibrer mon taux de sucre. »

Antécédents de problèmes de santé, d'hospitalisations, de chirurgies : Herniorraphie inguinale droite en 1965

Signes d'absence de progrès : Lésion au pied gauche depuis trois semaines

Dernier examen médical : Examen complet il y a un an, suivi médical il y a trois mois

DONNÉES OBJECTIVES

État mental : Éveillé, bonne orientation spatio-temporelle, reconnaît les personnes

Mémoire : Récente et lointaine : Bonne

État affectif : Calme

Autre : S'inquiète du changement possible de traitement « des pilules aux piqûres »

ÉLIMINATION

DONNÉES SUBJECTIVES

Habitudes d'élimination intestinale : Presque tous les soirs

Usage de laxatifs : Jus de pruneau chaud

Caractéristiques des selles : Fermes, brunes

Dernière selle : Hier soir

Antécédents de : Saignements : 0 Hémorroïdes : 0

Constipation : Parfois

Caractéristiques de l'urine : Jaune pâle

Antécédents de problème de santé rénal ou vésical : 0

Changements dans la fréquence ou la quantité des mictions : Oui, mictions plus fréquentes dernièrement

DONNÉES OBJECTIVES

Abdomen : Sensible : Non

Mou-ferme : Mou

Masse palpable : Aucune

Bruits intestinaux : Présents aux quatre quadrants

INTÉGRITÉ PHYSIQUE

DONNÉES SUBJECTIVES

Allergies-sensibilité : 0

Antécédents de maladies sexuellement transmissibles (date et type) : 0

Transfusions sanguines : 0

Fractures-luxations : Clavicule gauche – est tombé du tracteur en 1965

Arthrite-instabilité des articulations : « Je pense que j'en fais un peu dans les genoux »

Maux de dos : Parfois, douleur lombaire

Déficience : Visuelle : Lunettes pour lire

Auditive : Légère (oreille droite), compensée en tournant « la bonne oreille » vers la personne qui parle

DONNÉES OBJECTIVES

Température : 37,5 °C

Intégrité de la peau : Plaie ulcéreuse au pied gauche

Cicatrices : Herniorraphie droite

Éruptions : 0 Lacérations : 0 Ecchymoses : 0

Ampoules : 0

Ulcérations : Plaie, face médiane du pied gauche, 2,5 cm de diamètre, environ 3 mm de profondeur, petite quantité d'écoulement séreux de couleur crème, teinte rosée, aucune odeur

Force générale : Égale aux quatre membres

Tonus musculaire : Muscles fermes

Démarche : Protège le pied gauche

Amplitude des mouvements : Bonne

Paresthésie-paralysie : 0

NUTRITION

DONNÉES SUBJECTIVES

Régime alimentaire habituel : 10 000 kilojoules. « Je triche parfois au dessert, mais ma femme me surveille de près. »

Nombre de repas par jour : Trois et une collation

Dernier repas (portion) : Dîner : Sandwich au rosbif, soupe aux légumes, poire, fromage, café décaféiné

Habitudes alimentaires :

Petit déjeuner : Jus de fruit, pain grillé, jambon, café

Déjeuner : Viande, pommes de terre, légume, fruit, lait

Dîner : Sandwich à la viande, soupe, fruit, café

Collation : Lait et biscuits au coucher

Boisson habituelle : Lait écrémé, 2 à 3 tasses de café décaféiné, beaucoup d'eau

Inappétence : « Jamais ! Mais depuis quelque temps, j'ai moins d'appétit que d'habitude. »

Nausées-vomissements : 0

Brûlures d'estomac-indigestions-intolérances alimentaires : Le chou lui cause des flatulences, et le café d'après souper, des brûlures d'estomac

Allergies : Aucune

Problèmes de mastication ou de déglutition : Non

Prothèse dentaire : Supérieure : partiel

Masse habituelle : 80 kg

Changements pondéraux : A perdu environ 2 kg ce mois-ci

Usage de diurétiques : Non

DONNÉES OBJECTIVES

Masse actuelle : 78 kg   Taille : 1,78 m

Configuration morphologique : Trapu

Turgescence de la peau : Bonne, peau tannée

État des dents-gencives : Bon, aucun problème de saignement ni irritation

Apparence de la langue : Bien centrée, rose

Apparence des muqueuses : Intactes, roses

Bruits intestinaux : Présents aux quatre quadrants

OXYGÉNATION

DONNÉES SUBJECTIVES

Dyspnée : 0   Toux : Parfois le matin   Expectorations : Blanchâtres

Emphysème : 0   Bronchite : 0   Asthme : 0   Tuberculose : 0

Tabagisme : Cigarettes filtre   Nombre de paquets par jour : 1/2   Nombre d'années : +40 ans

Emploi d'un respirateur : 0

DONNÉES OBJECTIVES

Respiration : Rythme : 22   Amplitude : Bonne profondeur   Symétrie : Bilatérale, égale

Râles : Quelques-uns, disparaissent à la toux

Cyanose : 0 Hippocratisme digital : 0

Caractéristiques des expectorations : Non observées

Niveau de conscience-agitation : Éveillé, bien orienté, détendu

PERCEPTION SENSORIELLE

DONNÉES SUBJECTIVES

Céphalées : Siège : « Parfois, derrière les yeux quand je m'inquiète trop. »

Picotements et engourdissements : Aux pieds, parfois

Accident vasculaire cérébral : 0

Convulsions : 0

Nez : Épistaxis : 0 Odorat : Pas de problème

Yeux : Baisse de l'acuité visuelle : Myopie

Dernier examen : Il y a deux ans

Oreilles : Baisse de l'acuité auditive :

Droite : « Un peu » Gauche : Non

Dernier examen : N'a pas été examiné

DONNÉES OBJECTIVES

État mental : Éveillé, bonne orientation spatio-temporelle, reconnaît les personnes

Affect : Soucieux

Mémoire récente et lointaine : Bonne

Élocution : Langage clair et cohérent

Lunettes : Pour lire

Appareil auditif : Non

Circonférence-réaction des pupilles : Pupilles égales, rondes, réaction à la lumière, accommodation (PERRLA)

Capacité de préhension et de relâchement : Forte, symétrique

SEXUALITÉ

DONNÉES SUBJECTIVES

Pertes péniennes : 0 Trouble de la prostate : 0

Vasectomie : 0

Auto-examen : Seins : Non

Testicules : Non

Dernière proctoscopie : Il y a deux ans

Dernier examen de la prostate : Il y a un an

Inquiétudes ou difficultés d'ordre sexuel : « Je n'ai aucun problème, mais il faudrait demander à ma femme si elle a des sujets de plainte. »

DONNÉES OBJECTIVES

Examen : Seins : Pas de masse

Pénis : Examen reporté

Testicules : Examen reporté

SOCIALISATION ET RÔLE

DONNÉES SUBJECTIVES

État matrimonial : Marié

Durée de la relation : Depuis 43 ans

Personnes partageant le même domicile : Épouse

Facteurs de stress signalés par le patient : « Les problèmes habituels de l'agriculteur : le temps, les insectes, le gérant de banque, etc. »

Famille élargie : Une fille qui vit en ville (à 50 km), une fille mariée et un petit-fils vivant dans une autre province

Rôle au sein de la cellule familiale : Dirige seul la ferme. Mari, père, grand-père

Problèmes familiaux ou sociaux reliés à la maladie : Aucun jusqu'à maintenant

Mécanismes d'adaptation : « Ma femme et moi, on s'est toujours parlé. Vous connaissez le 11e commandement : Ne va pas te coucher fâché ! »

Autonomie : Dans tous les domaines

Fréquence des rapports sociaux (autres qu'au travail) : Fréquente quelques couples, son épouse et lui jouent aux cartes deux à trois fois par mois

DONNÉES OBJECTIVES

Élocution : Langage clair et cohérent

Communication verbale et non verbale avec les enfants ou les personnes clés : Parle calmement avec son épouse, la regarde dans les yeux ; attitude détendue

Modèle de comportement intrafamilial : Épouse à son chevet, détendue ; lisent tous deux le journal et se font quelques commentaires

SOINS PERSONNELS

DONNÉES SUBJECTIVES

Activités de la vie quotidienne : Autonomie dans tous les domaines

Heure préférée pour le bain : Le soir

DONNÉES OBJECTIVES

Apparence générale : Propre, rasé, cheveux courts ; mains sèches et rudes

Cuir chevelu et sourcils : Plaques blanches

PLAN DE CONGÉ

Date de l'entrevue : 96-06-28

1) Date prévue du congé : 96-07-01 (3 jours)

2) Ressources fiables :

Humaines : Lui-même, son épouse

Matérielles : « Si ça ne prend pas trop de temps à guérir, nous avons des économies qui nous permettront de tenir le coup. »

3) Prévoyez-vous des changements dans votre mode de vie après votre congé ? Aucun

4) Prévoyez-vous avoir besoin d'aide après votre congé ? Oui

5) Si oui, dans quel domaine : Peut avoir besoin d'aide à la ferme pendant plusieurs jours.

6) Enseignement : Doit se familiariser avec sa nouvelle pharmacothérapie, les modifications de sa diète et les soins de la plaie.

7) Autre soutien : Groupe de soutien pour diabétiques

8) Demandes de consultation :
Matériel : Pharmacie du centre-ville
Équipement : Glucomètre

PLAN DE SOINS INFIRMIERS : DIABÈTE SUCRÉ

ÉNONCÉ DU PROBLÈME

Atteinte à l'intégrité de la peau reliée à une pression, à une altération de l'état métabolique, à un trouble circulatoire et à une perte de sensation, se manifestant par une plaie avec écoulement au pied gauche

RÉSULTATS ESCOMPTÉS (OBJECTIFS)

L'état métabolique sera corrigé et le taux de glucose sanguin sera dans les limites de la normale d'ici 36 heures (06-30, 7 h).

La plaie ne produira plus d'écoulement purulent d'ici 48 heures (06-30, 19 h).

Les tissus atteints montreront des signes de guérison : les lèvres de la plaie seront propres et roses d'ici 60 heures (07-01, 7 h).

INTERVENTIONS	JUSTIFICATION
Prélever pour culture un échantillon de l'écoulement de la plaie à l'admission.	Pour déceler l'agent infectieux et choisir le traitement approprié.
Administrer la dicloxacilline prescrite, 500 mg po, q 6 h, à compter de 00 h. Relever tout signe de toxicité (prurit, urticaire, éruptions).	Pour traiter l'infection et prévenir les complications. La nourriture interférant avec l'absorption du médicament, ne pas administrer à l'heure des repas. Même si le patient n'a jamais eu de réaction à la pénicilline, cela peut se produire à n'importe quel moment.

INTERVENTIONS	JUSTIFICATION
Faire tremper le pied dans une solution à la température de la pièce composée d'eau stérile et de Betadine tid pendant 15 min.	Pour nettoyer les plaies superficielles, la Betadine est un bactéricide efficace.
Évaluer la plaie à chaque changement de pansement.	L'examen de la plaie renseigne sur l'efficacité du traitement et permet de déterminer si d'autres mesures s'imposent.
Masser doucement la région entourant la plaie.	Pour stimuler la circulation et l'activité des globules blancs, des fibroblastes et des nutriments nécessaires à la cicatrisation de la plaie et à l'évacuation des débris phagocytés.
Couvrir la plaie d'un pansement stérile sec ; utiliser un bandage Micro-pore.	Pour garder la plaie propre et réduire la contamination croisée. Le ruban adhésif peut être abrasif pour des tissus fragiles.
Administrer les 15 UI d'insuline NPH prescrites, tous les matins après avoir reçu les résultats de la glycémie quotidienne.	Pour traiter le dysfonctionnement métabolique sous-jacent, réduire l'hyperglycémie et favoriser la guérison.

ÉNONCÉ DU PROBLÈME

Douleur reliée à un agent physique (plaie au pied gauche), se manifestant par l'expression verbale d'un malaise et un comportement de protection

RÉSULTATS ESCOMPTÉS (OBJECTIFS)

Le patient se dira soulagé de sa douleur d'ici 48 heures (06-30, 19 h).

Le patient pourra marcher normalement, en répartissant également son poids, avant sa sortie du centre hospitalier.

INTERVENTIONS	JUSTIFICATION
Noter les caractéristiques de la douleur à partir de la description qu'en fait le patient.	Pour établir un critère d'évaluation des améliorations ou des changements.
Poser un arceau de lit pour le pied. Conseiller au patient de porter des pantoufles amples pour marcher.	Pour éviter la pression directe sur la région atteinte, ce qui peut entraîner une vasoconstriction et une augmentation de la douleur.
Administrer le Darvon prescrit, 65 mg po q 4 h prn. Noter s'il soulage efficacement la douleur.	Pour soulager la douleur si aucune autre mesure n'est efficace.

ÉNONCÉ DU PROBLÈME

Diminution de l'irrigation tissulaire périphérique reliée à la diminution du débit artériel, se manifestant par des pouls ralentis, des pieds pâles et froids, des ongles épais et cassants, des engourdissements et des picotements aux pieds lorsque le patient « marche beaucoup »

RÉSULTATS ESCOMPTÉS (OBJECTIFS)

Le patient comprendra la relation entre sa maladie chronique (diabète sucré) et les changements circulatoires d'ici 48 heures (06-30, 19 h).

Le patient connaîtra les mesures de sécurité requises et les soins de pieds appropriés d'ici 72 heures (07-01, 19 h).

INTERVENTIONS	JUSTIFICATION
Surélever le pied du patient lorsqu'il s'assoit dans un fauteuil. Changer la position des jambes fréquemment en évitant la position déclive pendant de longues périodes.	Pour empêcher l'interruption du débit sanguin et réduire la stase veineuse.
Rechercher les signes de déshydratation. Mesurer les ingesta et les excreta. Inciter le patient à boire beaucoup de liquides.	La glycosurie peut provoquer une déshydratation, qui entraîne une diminution du volume sanguin circulant et de l'irrigation tissulaire périphérique.
Recommander au patient de porter des vêtements ou des chaussettes amples et des chaussures bien ajustées.	Une circulation entravée et une diminution des sensations peuvent provoquer ou aggraver une lésion des tissus.

INTERVENTIONS	JUSTIFICATION
Insister sur la nécessité de prendre les précautions nécessaires en ce qui concerne l'utilisation de coussins chauffants et de bouillottes, et les bains de pieds chauds.	La chaleur accroît les besoins métaboliques des tissus atteints. L'insuffisance vasculaire, en modifiant la sensation de douleur, augmente les risques de lésion.
Expliquer les complications de la maladie (ulcérations, gangrène, changements dans la structure des muscles ou des os) qui entraînent des changements vasculaires.	Une bonne équilibration du diabète sucré ne peut prévenir toutes les complications, mais elle peut en réduire la gravité.
Passer en revue avec le patient les soins au pied (décrits dans le plan d'enseignement).	La diminution de l'irrigation tissulaire dans les membres inférieurs peut entraîner des complications graves et persistantes au niveau cellulaire.

ÉNONCÉ DU PROBLÈME

Manque de connaissances (besoin d'apprentissage) relié à la mauvaise interprétation ou à l'oubli des informations reçues, se manifestant par une mauvaise application des directives concernant l'autosurveillance des taux de glycémie et les soins au pied, ainsi que par la non-reconnaissance des signes ou des symptômes d'hyperglycémie

RÉSULTATS ESCOMPTÉS (OBJECTIFS)

Le patient comprendra le processus morbide et le traitement d'ici 48 heures (06-30, 19 h).

Le patient effectuera correctement l'autosurveillance de son taux de glycémie d'ici 48 heures (06-30, 19 h).

Le patient effectuera correctement l'auto-injection d'insuline d'ici 60 heures (07-01, 19 h).

INTERVENTIONS	JUSTIFICATION
Apprécier le degré de connaissances du patient ; établir un ordre de priorité de ses besoins d'apprentissage ; lui demander s'il souhaite ou a besoin que son épouse reçoive aussi l'enseignement.	Pour établir avec précision les connaissances que le patient doit acquérir ; pour orienter l'enseignement et la planification. L'épouse, si sa participation est désirée, pourra rafraîchir la mémoire du patient et l'aider à suivre les directives.
Procurer au patient un guide d'apprentissage sur le diabète (06-29). Lui faire visionner un film sur le diabète (06-29, 16 h) lors de la visite de l'épouse. L'inscrire à une séance d'information (06-30) dans la matinée. Revoir avec le patient les informations obtenues et en discuter avec lui et son épouse.	Ces différentes méthodes servent à donner de l'information, à renforcer l'enseignement et à faciliter l'apprentissage et la compréhension.
Discuter avec le patient des facteurs influant sur le diabète (stress, maladie, exercice, etc.).	Le traitement médicamenteux et la diète devront être modifiés en fonction des facteurs de stress à court ou à long terme.

INTERVENTIONS	JUSTIFICATION
Expliquer les signes et les symptômes de l'hyperglycémie (fatigue, nausées, vomissements, polyurie, polydipsie); discuter des méthodes de prévention et d'évaluation de la maladie et expliquer quand il faut consulter. Demander au patient d'indiquer les mesures appropriées face à l'hyperglycémie.	Si le patient comprend et reconnaît ces signes et ces symptômes, et s'il sait quand et comment intervenir, il lui sera plus facile d'éviter les rechutes et de prévenir les complications.
Informer le patient sur la façon de procéder à un examen minutieux et régulier des pieds et sur les soins appropriés (examen quotidien pour déceler les lésions, les points de pression, les cors et les callosités ; façon correcte de couper les ongles ; bain quotidien ; port de chaussettes amples ; port graduel des chaussures neuves ; bain à l'eau savonneuse et pansement sec stérile en cas de lésion au pied ou de rupture	Pour réduire les risques de lésion tissulaire ; pour aider le patient à comprendre et à prévenir les ulcères variqueux et les problèmes de cicatrisation.

INTERVENTIONS	JUSTIFICATION
de l'épiderme ; examen de la plaie et changement quotidien du pansement ; consultation rapide en cas de rougeur, d'œdème ou d'écoulement).	
Enseigner au patient la technique d'auto-injection de l'insuline.	Il peut s'agir d'un traitement temporaire en cas d'hyperglycémie avec infection, ou d'une thérapie permanente pour remplacer les hypoglycémiants oraux.
Insuline NPH	Insuline à action intermédiaire, d'une durée de 18 à 24 heures, pic d'action après 6 à 12 heures.
Garder la fiole d'insuline d'usage courant à la température de la pièce, remiser les réserves au réfrigérateur.	La réfrigération élimine les grandes variations de température et prolonge la durée de vie du médicament, mais elle peut en entraver l'absorption.
Rouler la fiole entre les mains et la renverser pour bien mélanger. S'abstenir d'agiter vigoureusement.	En secouant vigoureusement la fiole, on produit une mousse qui empêche de prélever la dose exacte, et on peut endommager la molécule d'insuline.

INTERVENTIONS	JUSTIFICATION
Recommander au patient de pratiquer la rotation des points d'injection et lui fournir un diagramme (rotation en « Z » sur la partie inférieure de l'abdomen).	Pour régulariser l'absorption du médicament ; la partie inférieure de l'abdomen est facile d'accès pour le patient ; la rotation en « Z » réduit les lésions tissulaires.
Faire la démonstration de la technique d'injection et observer ensuite le patient pendant qu'il remplit la seringue d'insuline, vérifie la graduation et procède à l'auto-injection. Noter son degré de maîtrise.	Il faudra sans doute plusieurs démonstrations et exercices avant que le patient et son épouse puissent facilement remplir la seringue et injecter le médicament.
Renseigner le patient sur les signes et symptômes de la réaction à l'insuline et de l'hypoglycémie (fatigue, nausées, céphalées, sensation de faim, sueurs, irritabilité, tremblements, anxiété, difficulté à se concentrer.	En sachant ce qu'il faut surveiller et ce qu'il faut faire (par exemple, prendre un jus de raisin pour un effet immédiat et du fromage pour un effet prolongé), le patient pourra prévenir ou réduire les complications.
Revoir les « Règles à suivre les jours de maladie » (appeler le médecin si trop	La connaissance des mesures à prendre en cas de maladie, bénigne ou grave, favorise

INTERVENTIONS	JUSTIFICATION
malade pour se nourrir normalement ou rester actif ; prendre l'insuline selon l'ordonnance, etc.). Noter ses observations dans un carnet.	la compétence en matière de soins personnels et réduit les risques d'hyperglycémie ou d'hypoglycémie.
Enseigner au patient ou au conjoint comment effectuer les tests sur bandelettes pour surveiller la glycémie et leur demander d'en faire la démonstration.	Les tests sur bandelettes sont plus rapides et fournissent des données plus précises sur la glycémie. La démonstration effectuée par le patient ou son conjoint permet à l'infirmière de vérifier si les mesures enseignées ont été correctement apprises.
Inciter le patient à noter par écrit les résultats des tests sur bandelettes, les doses d'insuline et les points d'injection, toute réaction physiologique inhabituelle et son régime alimentaire.	Pour fournir au personnel soignant des données précises lui permettant d'évaluer l'efficacité du traitement et les besoins du patient.
Diriger le patient vers une diététicienne pour une révision de la diète.	Le patient pourra consommer la même quantité de kilojoules, qui sera redistribué sur trois repas et deux collations. En choisissant judicieusement ses

INTERVENTIONS	JUSTIFICATION
	aliments (par exemple en augmentant son apport en vitamine C), le patient peut favoriser la cicatrisation.
Discuter d'autres sujets en matière de santé (par exemple : tabagisme, auto-examen pour le dépistage du cancer [seins, testicules] et signalement de toute altération de l'état de santé en général).	Ce genre de discussion encourage le patient à participer à ses soins, à être davantage conscient de sa santé et à la prendre en main. La discussion favorise également le bien-être du patient.

SECTION 4

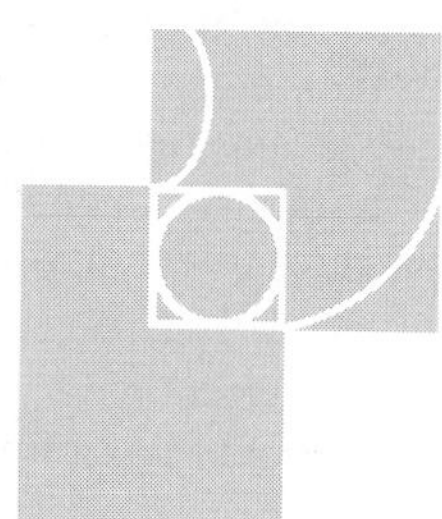

SYSTÈMES D'INSCRIPTION AU DOSSIER : S.O.A.P.-S.O.A.P.I.E.R ET FOCUS

Il existe divers systèmes d'enregistrement des données : l'inscription unique pour chaque quart de travail, les notes narratives et le dossier orienté vers les problèmes (méthode S.O.A.P.-S.O.A.P.I.E.R), pour n'en nommer que quelques-uns. Cette dernière méthode fournit des données complètes, mais elle a été élaborée par des médecins pour des soins donnés épisodiquement et elle exige que toutes les inscriptions au dossier soient faites en fonction d'un problème puisé dans une liste (voir l'exemple 1).

Le système Focus (voir l'exemple 2) permet de considérer le patient dans une perspective de santé, et non de maladie, et de noter avec précision chaque étape de la démarche de soins infirmiers. L'enregistrement des données se fait en fonction de l'état du patient et des problèmes de soins infirmiers relevés à l'étape de l'évaluation initiale. Le *focus* est habituellement un problème ou un diagnostic infirmier, mais ce n'est *jamais* un diagnostic médical ni une intervention infirmière (soin d'une plaie, insertion d'une sonde à demeure, gavage).

Les résultats de l'évaluation initiale, les interventions et l'évaluation sont inscrits en trois volets (données, interventions et réactions), ce qui permet de toujours savoir où en est le patient. Voici donc les quatre composantes du système Focus :

1) *Focus :* Diagnostic infirmier ou problème du patient, signes ou symptômes potentiellement importants (fièvre, arythmie, œdème, etc.), événement important ou altération importante de l'état du patient, critère de soins particuliers ou directives particulières de l'établissement.

2) Données : Informations subjectives et objectives décrivant le problème ou confirmant l'exactitude du diagnostic infirmier.

3) Interventions : Soins infirmiers, immédiats ou futurs, définis en fonction des données recueillies et correspondant aux objectifs du patient ainsi qu'aux interventions infirmières formulées dans le plan de soins.

4) Réactions : Résultats des interventions qui permettent de vérifier si les objectifs ont été atteints.

Les exemples suivants se fondent sur les données tirées du profil du patient souffrant d'un diabète sucré (M. R. Dupont) présenté à la section 3 de ce chapitre.

EXEMPLE 1 : MODÈLE S.O.A.P.-S.O.A.P.I.E.R. EN FONCTION D'UN PLAN DE SOINS INFIRMIERS

DATE ET HEURE	PROBLÈME*	S = DONNÉES SUBJECTIVES O = DONNÉES OBJECTIVES A = ANALYSE DES DONNÉES P = PLANIFICATION
96-06-30 14 h	Atteinte à l'intégrité de la peau	S : « Ça fait mal »(quant on palpe les tissus autour de la plaie). O : Petite quantité d'écoulement séreux sur le pansement. Bords de la plaie rosés. Aucune odeur. A : Premiers signes de guérison de la plaie, pas d'infection. P : Continuer les soins cutanés décrits dans le plan de soins.

Afin de mieux documenter la démarche de soins infirmiers, certains établissements ajoutent les étapes suivantes :

I = Intervention
E = Évaluation
R = Révision (si le plan n'a pas été efficace)

I : Bain de pied avec Betadine selon l'ordonnance. Couvrir d'un pansement sec stérile et fixer avec un bandage Micropore.
E : La plaie est propre, sans écoulement.
R : Aucune révision nécessaire.
E. Marsan, inf.

DATE ET HEURE	PROBLÈME*	S/O/A/P
96-06-28 21 h	Douleur	S : Se plaint d'une douleur sourde et pulsative (au pied gauche). Douleur non irradiante. O : Muscles tendus. Change souvent de position dans son lit, semble inconfortable. A : Douleur persistante.

*Tel qu'inscrit dans le plan de soins.

MODÈLE S.O.A.P.-S.O.A.P.I.E.R. EN FONCTION D'UN PLAN DE SOINS INFIRMIERS *(suite)*

Date et heure	Problème*	S = données Subjectives O = données Objectives A = Analyse des données P = Planification
		A : Douleur persistante. P : Arceau de lit pour le pied. 65 mg Darvon p.o. *M. Fleury, inf.* E : Douleur soulagée. Semble détendu. *B. Joseph, inf.*
96-06-30 11 h	Manque de connaissances sur le diabète	S : Liste de questions préparée par le patient et son épouse. O : Une copie de la liste de questions est jointe au plan d'enseignement. A : Le patient et son épouse doivent revoir les informations reçues et s'exercer à l'auto-injection d'insuline. P : Le patient et son épouse assisteront à des séances d'information et rencontreront la diététicienne. Ils liront « Vivre avec son diabète ». I : M. Dupont s'est administré de l'insuline devant son épouse. Je leur ai remis la brochure sur la technique d'auto-injection, qu'ils pourront consulter au besoin. J'ai pris rendez-vous pour eux avec la diététicienne à 13 h pour qu'elle réponde aux autres questions de la liste. E : M. Dupont est plus à l'aise avec l'auto-injection ; il la fait sans hésitation, correctement

*Tel qu'inscrit dans le plan de soins.

MODÈLE S.O.A.P.-S.O.A.P.I.E.R. EN FONCTION D'UN PLAN DE SOINS INFIRMIERS *(suite)*

DATE ET HEURE	PROBLÈME*	S = DONNÉES SUBJECTIVES O = DONNÉES OBJECTIVES A = ANALYSE DES DONNÉES P = PLANIFICATION
		et sans trembler. Il explique à son épouse les étapes de l'intervention et leur raison d'être. Le couple sait à qui s'adresser s'il a des problèmes ou des questions. *E. Marsan, inf.*

*Tel qu'inscrit dans le plan de soins.

EXEMPLE 2 : MODÈLE FOCUS EN FONCTION D'UN PLAN DE SOINS INFIRMIERS

DATE ET HEURE	FOCUS:	D = DONNÉES I = INTERVENTIONS R = RÉACTIONS
96-06-30 14 h	Atteinte à l'intégrité de la peau au pied gauche	D : Petite quantité d'écoulement séreux sur le pansement ; bords de la plaie rosés ; aucune odeur ; dit ne pas avoir mal sauf lorsqu'on palpe les tissus environnants. I : Bain de pied avec Betadine selon l'ordonnance. Pansement stérile fixé avec un bandage Micropore. R : Plaie propre, sans écoulement. *E. Marsan, inf.*
96-06-28 21 h	Douleur au pied gauche	D : Se plaint d'une douleur sourde et pulsative au pied gauche ; douleur non irradiante. Muscles tendus. Est agité au lit. I : Arceau de lit pour le pied gauche. J'ai administré du Darvon 65 mg p.o. *M. Fleury, inf.*
22 h	Douleur au pied gauche	R : Dit que la douleur est soulagée. Semble détendu. *B. Joseph, inf.*
96-06-30 11 h	Manque de connaissances sur le diabète	D : A assisté à une séance d'information avec son épouse. Tous deux ont lu « Vivre avec son diabète ». I : J'ai relu la liste de questions préparée par M. Dupont et son épouse (copie jointe au plan d'enseignement). M. Dupont montre à son épouse comment administrer l'insuline. Je leur ai remis la

MODÈLE FOCUS EN FONCTION D'UN PLAN DE SOINS INFIRMIERS *(suite)*

DATE ET HEURE	FOCUS:	D = DONNÉES I = INTERVENTIONS R = RÉACTIONS
		brochure sur la technique d'auto-injection pour consultation ultérieure. J'ai pris rendez-vous avec la diététicienne à 13 h pour qu'elle réponde aux autres questions.
		R : M. Dupont est plus à l'aise avec l'auto-injection ; il la fait sans hésiter, correctement et sans trembler. Il explique à son épouse les étapes du procédé et leur raison d'être. Le couple sait à qui s'adresser s'il a des problèmes ou des questions.
		E. Marsan, inf.

L'exemple qui suit illustre une difficulté du patient qui ne constitue pas pour le moment un problème (diagnostic infirmier). Comme il ne peut figurer au plan de soins, le modèle S.O.A.P. ne convient guère :

96-06-29 20 h 20	Malaises épigastriques	D : Réveillé d'un sommeil léger, le patient se plaint d'avoir « mal à l'estomac, une sensation de brûlure » en posant la main sur la région épigastrique. Peau chaude et sèche, couleur rosée, signes vitaux inchangés.
		I : J'ai administré du Mylanta 30 mg p.o. J'ai surélevé la tête du lit à environ 15°.
		R : Le patient dit que le malaise est soulagé. Il semble détendu et repose tranquillement.
		B. Joseph, inf.

Source : Lampe, Susan, RN, M.A. *Focus Charting.* Creative Nursing Management Inc., 614 East Grant Street, Minneapolis, MN 55404.

CHAPITRE 4

DIAGNOSTICS INFIRMIERS PAR ORDRE ALPHABÉTIQUE

ACCIDENT, risque d'

Taxinomie I : Échanges (1.6.1)

[Division diagnostique : Intégrité physique]

Définition

Situation dans laquelle une personne risque de se blesser parce que les conditions dans lesquelles elle se trouve dépassent ses capacités d'adaptation et de défense.

Note des auteures : Le risque d'accident diffère d'une personne à l'autre et d'une situation à l'autre. Nous sommes d'avis que l'environnement est dangereux et qu'il est impossible d'énumérer tout ce qui peut représenter un risque pour quelqu'un. Nous pensons plutôt qu'il incombe aux infirmières d'enseigner aux individus, quel que soit leur âge, à vivre de façon sûre dans leur environnement.

FACTEURS DE RISQUE

FACTEURS INTRINSÈQUES

Facteurs biochimiques ou mécanismes régulateurs (dysfonctionnement sensoriel, dysfonctionnement d'intégration, dysfonctionnement des organes effecteurs ; hypoxie tissulaire) ; auto-immunité ; malnutrition ; hémogramme anormal (leucocytose, leucopénie, modification des facteurs de coagulabilité, thrombopénie, drépanocytose, thalassémie, baisse du taux d'hémoglobine)

Facteurs physiques (effraction cutanée ou rupture de l'épiderme ; réduction de la mobilité)

Facteurs liés au développement (physiologique, psychosocial)

Facteurs psychologiques (affectivité, orientation)

FACTEURS EXTRINSÈQUES

Facteurs biologiques (niveau d'immunité de la collectivité, microorganismes)

Facteurs chimiques (polluants, poisons, drogues, agents pharmaceutiques, alcool, caféine, nicotine, agents de conservation, produits de beauté et colorants), matières nutritives (vitamines, protéines, minéraux, etc.)

Facteurs physiques (aménagement, structure et organisation du quartier, de l'immeuble et/ou du matériel), mode de transport et infrastructure routière

Facteurs humains (agents nosocomiaux, mode d'affectation du personnel ; facteurs cognitifs, affectifs et psychomoteurs)

Remarque : Il ne peut y avoir de signes ou de symptômes (caractéristiques) lorsque l'on diagnostique un risque de problème, car celui-ci n'existe pas encore ; les interventions infirmières sont donc axées sur la prévention.

RÉSULTATS ESCOMPTÉS (OBJECTIFS) / CRITÈRES D'ÉVALUATION

- Le patient comprend les facteurs contribuant au risque d'accident.
- Le patient élimine graduellement les facteurs de risque.
- Le patient adopte de nouvelles habitudes de vie et des conduites visant la réduction des risques et la prévention des accidents.
- Le patient rend son environnement plus sûr.
- Le patient n'a pas d'accident.

INTERVENTIONS INFIRMIÈRES

De nombreux aspects de ce diagnostic infirmier recoupent d'autres diagnostics. Pour cette raison, nous avons choisi de présenter ici des interventions s'appliquant à tout risque d'accident. Bien que les situations présentant des risques d'accident aient certains points communs, nous recommandons à la lectrice de consulter les autres diagnostics infirmiers pertinents à la situation du patient, par exemple : risque d'intoxication, de suffocation ou de trauma ; altération de la mobilité physique ; altération des opérations de la pensée ; altération de la perception sensorielle ; incapacité (partielle ou totale) d'organiser et d'entretenir le domicile ; déficit nutritionnel ; atteinte ou risque d'atteinte à l'intégrité de la peau ; perturbation des échanges gazeux ; diminution de l'irrigation tissulaire ; diminution du débit cardiaque ; risque d'infection ; risque de violence ; perturbation ou risque de perturbation dans l'exercice du rôle parental.

PRIORITÉ N° 1 – Évaluer le degré de risque et l'origine du risque inhérent à la situation du patient :

- Noter l'âge et le sexe du patient. **Remarque**: Les enfants, les jeunes adultes, les personnes âgées et les hommes courent des risques plus élevés.
- Apprécier le niveau de développement, l'aptitude à prendre des décisions, le degré d'habileté et les capacités cognitives du patient.
- Recueillir des données sur l'humeur, l'aptitude à s'adapter et la personnalité du patient : tempérament, type de réactions (agressivité, impulsivité), degré d'estime de soi l'amenant à agir à la légère ou à prendre plus de risques sans penser aux conséquences.
- Analyser la réaction du patient à la violence du milieu (voisins, télévision, groupes de pairs) *afin de déterminer si cette réaction risque de compromettre sa sécurité ou celle des autres.*

- S'enquérir des connaissances du patient en matière de sécurité et de prévention des accidents, ainsi que des facteurs de motivation l'incitant à prévenir les accidents à son domicile, dans son quartier et à son travail.
- Recueillir des données sur les interactions du patient avec les membres de sa famille, les personnes clés dans sa vie ou ses pairs *afin de déterminer s'il risque d'être victime de négligence ou de violence.*
- Noter la situation socio-économique du patient et les ressources disponibles.
- Recueillir des données sur la force musculaire du patient ainsi que sur sa motricité fine et globale.
- Rechercher les signes de blessure et préciser s'ils sont récents (ecchymoses, antécédents de fractures, absentéisme scolaire ou professionnel).

PRIORITÉ N° 2 – Aider le patient et les personnes qui en prennent soin à réduire ou à éliminer les facteurs de risque :

- Informer le patient sur les problèmes de santé ou les situations susceptibles d'accroître les risques d'accident.
- Dresser la liste des mesures ou des dispositifs susceptibles de favoriser la sûreté du milieu physique et la sécurité du patient. Consulter le médecin ou l'ergothérapeute au besoin.
- Expliquer les conséquences des facteurs de risque énumérés précédemment (augmentation de l'incidence du cancer de la bouche chez les jeunes qui utilisent de la chique ; incidence élevée d'avortements spontanés, risques de syndrome d'alcoolisme fœtal et de symptômes de sevrage du nouveau-né chez les femmes

enceintes qui fument ou qui consomment de l'alcool et d'autres drogues, etc.).

- Inviter le patient à exprimer des émotions comme la colère ou l'agressivité à l'aide de certaines techniques de réduction et de contrôle du stress.
- Amener le patient à reconnaître et à contrôler les situations ou les émotions à l'origine des accidents (fatigue, colère, irritabilité, etc.).
- Inciter le patient à participer aux programmes d'entraide visant à rehausser l'estime de soi (ateliers sur l'affirmation de soi, sur la pensée positive, etc.).
- Discuter avec le patient de ses besoins en matière de surveillance et des services d'aide disponibles (gardiennage avant et après l'école, centre de jour pour personnes âgées, etc.).
- Inviter le personnel soignant à exprimer ses attentes en matière de sécurité face aux membres de la famille des personnes les plus vulnérables (enfants, personnes atteintes d'un déficit cognitif et/ou personnes âgées).
- Discuter avec le patient de ses inquiétudes face à l'éducation des enfants, la discipline, etc.

PRIORITÉ N° 3 – Prodiquer un enseignement visant le mieux-être du patient :

- Diriger le patient vers les services pertinents, au besoin (counseling, psychothérapie, conseils sur l'établissement d'un budget, cours destinés aux parents, etc.).
- Fournir au patient de la documentation écrite et la revoir avec lui plus tard.
- Conseiller au patient de participer à des programmes d'éducation sanitaire sur les mesures de sécurité.

- Informer le patient sur les services communautaires pertinents à sa situation.
- Sensibiliser l'entourage du patient aux problèmes de conception architecturale, de matériel, de transport et de pratiques en milieu de travail susceptibles d'entraîner des accidents.
- Dresser une liste des services communautaires, des voisins ou des amis pouvant fournir aux personnes âgées ou handicapées des services d'entretien domiciliaire, d'enlèvement de la neige ou de la glace des trottoirs et des escaliers, etc.

DONNÉES ESSENTIELLES À CONSIGNER

ÉVALUATIONS (INITIALE ET SUBSÉQUENTES)

- Inscrire les facteurs de risque et les données physiques observées (ecchymoses, coupures, etc.).
- Inscrire le degré de compréhension du patient et des personnes qui s'en occupent relativement aux risques et problèmes de sécurité qui les concernent.

PLANIFICATION

- Rédiger le plan de soins et inscrire le nom de chacun des intervenants.
- Rédiger le plan d'enseignement.

APPLICATION /VÉRIFICATION DES RÉSULTATS

- Noter les réactions du patient aux interventions et à l'enseignement, ainsi que les mesures qui ont été prises.
- Noter les objectifs atteints ou les progrès accomplis vers l'atteinte des objectifs.
- Noter les modifications apportées au plan de soins.

PLAN DE CONGÉ

- Noter les besoins du patient après son congé, les changements à apporter dans ses habitudes et son milieu de vie ainsi que les mesures entreprises.
- Noter les demandes de consultation qui ont été faites.

Remarque

Les informations entre crochets ont été ajoutées par les auteures afin de clarifier les diagnostics infirmiers et d'en faciliter l'utilisation.

ADAPTER À UN CHANGEMENT DANS L'ÉTAT DE SANTÉ, incapacité de s'

Taxinomie I : Choix (5.1.1.1.1)

[Division diagnostique : Adaptation]

Définition

Incapacité de modifier son mode de vie ou ses comportements en fonction d'un changement dans l'état de santé.

FACTEURS FAVORISANTS

Invalidité exigeant une modification du mode de vie

Réseau de soutien inadéquat

Problème cognitif, excès de stimulation sensorielle

Attaque contre l'estime de soi, abandon du pouvoir d'agir et de décider (devient dépendant)

Chagrin (deuil) non résolu [perte importante sur le plan affectif]

[Incapacité physique et/ou difficulté d'apprentissage]

[Maladie à pronostic sombre]

CARACTÉRISTIQUES

DONNÉES SUBJECTIVES

†Refus d'accepter le changement dans l'état de santé

†Caractéristique majeure

DONNÉES OBJECTIVES

†Incapacité de chercher des solutions à ses problèmes ou de se fixer des objectifs

Aucun désir d'autonomie

Période prolongée de choc, de doute ou de colère face au changement dans l'état de santé

Incapacité d'envisager l'avenir

[Incapacité de restreindre ses exigences face à lui-même]

RÉSULTATS ESCOMPTÉS (OBJECTIFS) / CRITÈRES D'ÉVALUATION

- Le patient montre un intérêt accru pour ses soins personnels et y participe de plus en plus.
- Le patient assume de plus en plus la responsabilité de ses besoins personnels, dans la mesure du possible.
- Le patient connaît les situations stressantes lui causant des difficultés d'adaptation.
- Le patient élabore des stratégies visant la résolution de chacune des situations stressantes décelées.
- Le patient commence à changer son mode de vie, facilitant ainsi son adaptation à la situation actuelle.

INTERVENTIONS INFIRMIÈRES

PRIORITÉ N° 1 – Évaluer le degré de changement dans l'état de santé :

- Procéder à une évaluation physique et/ou psychosociale sommaire *afin de déterminer l'importance des limites imposées par le problème actuel.*

---

†Caractéristique majeure

- Écouter les explications du patient concernant son incapacité de s'adapter à ses problèmes de santé actuels.
- Inventorier avec le patient les réseaux de soutien (famille, église, groupes et organismes) connus et utilisés actuellement et antérieurement.
- Explorer les émotions liées à l'incapacité de s'adapter chez le patient et chez la personne clé dans sa vie (anxiété accablante, peur, colère, inquiétude, déni passif ou actif, etc.).

PRIORITÉ Nº 2 – Déterminer les facteurs favorisants liés à l'incapacité de s'adapter à un changement dans l'état de santé :

- Écouter le point du vue du patient concernant les facteurs favorisants de son incapacité actuelle de s'adapter à un changement dans son état de santé. Noter le moment où cela s'est produit ainsi que les problèmes d'ordre physique et les problèmes d'isolement social qui ont suivi.
- Recueillir des informations auprès de sources diverses (dossiers de santé, témoignages de personnes clés, notes des consultants, etc.) *afin d'avoir une meilleure connaissance de la situation actuelle.* **Remarque :** Lorsqu'il subit un stress physique et/ou émotionnel important, le patient est parfois incapable d'évaluer avec exactitude les événements qui ont mené au problème actuel.
- Discuter avec l'équipe multidisciplinaire des facteurs d'influence probables (inviter le patient et les services auxiliaires à participer à la réunion) et planifier la conduite à tenir.

PRIORITÉ Nº 3 – Aider le patient à mieux s'adapter au changement :

- Discuter avec le patient des situations de vie et des changements de rôle antérieurs ayant contribué à l'acquisition de ses stratégies d'adaptation.

- Inventorier les ressources utilisées par le patient pour s'adapter à des changements dans d'autres situations (changement de carrière, services de soutien psychosocial, etc.).
- Féliciter le patient pour ses efforts d'adaptation (« Vous avez fait votre possible »).
- Expliquer au patient, s'il y a lieu, la maladie dont il souffre, ses causes et son évolution, et l'inviter à poser des questions.
- Appliquer le plan d'action élaboré conjointement avec le patient *afin de répondre à ses besoins immédiats, tels que la sécurité physique et l'hygiène, le soutien émotionnel des spécialistes et des personnes clés, etc.*
- Inventorier les stratégies d'adaptation utilisées par le patient dans le passé et qui pourraient contribuer à améliorer la situation actuelle. Inviter le patient à améliorer les stratégies existantes et à en trouver de nouvelles si nécessaire.
- Inviter la personne clé dans la vie du patient à participer à la planification à long terme de stratégies visant à répondre aux besoins affectifs, psychologiques, physiques et sociaux de celui-ci.
- Créer un climat de compréhension *afin de favoriser une gestion réaliste des sentiments liés au changement dans l'état de santé.*
- Utiliser les techniques de communication thérapeutique : écoute active, acceptation inconditionnelle, silences, emploi du « je ».
- Résoudre avec le patient toute frustration engendrée par le quotidien. **Remarque :** En se concentrant sur les sources mineures de frustration, le patient est capable de voir le changement dans une perspective moins menaçante et de régler les choses les unes à la suite des autres.

PRIORITÉ N° 4 – Prodiguer un enseignement visant le mieux-être du patient :

- Faire ressortir les éléments de la situation actuelle reconnus comme positifs par le patient. **Remarque :** Il faut se concentrer sur le présent, la peur du futur pouvant être trop accablante.
- Intégrer d'autres services dans le plan de soins à long terme (ergothérapie, réadaptation professionnelle), au besoin.
- Expliquer au patient et à la personne clé dans sa vie la nécessité de se redonner le pouvoir d'agir et de décider, et discuter des moyens d'acquérir plus d'autonomie.
- Montrer à la personne clé dans la vie du patient des méthodes favorisant la satisfaction des besoins actuels de celui-ci.

§ Consulter les diagnostics infirmiers relatifs aux déficits s'appliquant au patient.

- Établir un horaire de séances d'enseignement adapté aux besoins du patient.
- Fournir au patient une rétroaction avant et après les séances d'enseignement (auto-cathétérisme, exercices d'amplitude des mouvements articulaires, soin des plaies, communication thérapeutique, etc.).

DONNÉES ESSENTIELLES À CONSIGNER

ÉVALUATIONS (INITIALE ET SUBSÉQUENTES)

- Inscrire les raisons du changement dans l'état de santé et l'importance du changement.
- Noter le point de vue du patient et de la personne clé sur la situation.
- Noter l'effet de l'incapacité de s'adapter sur la maladie ou l'état de santé du patient.

PLANIFICATION

- Consigner au dossier le plan de soins visant l'adaptation, les interventions permettant de l'appliquer et les réactions du patient à ces interventions.

- Rédiger le plan d'enseignement.

APPLICATION /VÉRIFICATION DES RÉSULTATS

- Noter la réaction du patient aux interventions et à l'enseignement, ainsi que les mesures qui ont été prises.
- Noter les objectifs atteints ou les progrès accomplis vers l'atteinte des objectifs.
- Noter les modifications apportées au plan de soins.

PLAN DE CONGÉ

- Inscrire les services dont le patient ou la personne clé dans sa vie peuvent disposer et les demandes de consultation.

Remarque

Les informations entre crochets ont été ajoutées par les auteures afin de clarifier les diagnostics infirmiers et d'en faciliter l'utilisation.

ALIMENTER, incapacité (partielle ou totale) de s'

Taxinomie I : Mouvement (6.5.1)

[Division diagnostique : Soins personnels]

Définition

Difficulté à s'alimenter (difficulté temporaire, permanente ou augmentant graduellement). [Note des auteures : La notion de soins personnels ne se limite pas aux soins d'hygiène ; elle englobe également les pratiques de promotion de la santé, l'aptitude à se prendre en main et la façon de penser.]

FACTEURS FAVORISANTS

Intolérance à l'activité ; baisse de la force et de l'endurance

Trouble neuromusculaire ou musculosquelettique

Dépression ; anxiété grave

Douleur, malaise

Trouble de perception ou déficit cognitif

[Contraintes mécaniques (plâtre, attelle, appareil de traction, ventilateur, etc.)]

CARACTÉRISTIQUES*

Incapacité de porter les aliments à la bouche

[Incapacité d'ouvrir les emballages, de cuisiner ou de préparer les aliments]

*** [On précisera le niveau de fonctionnement à l'aide de l'échelle d'évaluation présentée au diagnostic infirmier d'altération de la mobilité physique.]**

RÉSULTATS ESCOMPTÉS (OBJECTIFS) / CRITÈRES D'ÉVALUATION

- Le patient définit ses besoins ou ses carences.
- Le patient connaît les pratiques propices à la santé.
- Le patient adopte des techniques ou de nouvelles habitudes visant la satisfaction de ses besoins en matière de soins personnels.
- Le patient exécute ses soins personnels dans la mesure de ses capacités.
- Le patient dresse une liste des sources d'aide personnelles et communautaires.

INTERVENTIONS INFIRMIÈRES

PRIORITÉ N° 1 – Déterminer les facteurs favorisants :

- Rechercher les éléments de la situation du patient contribuant à l'incapacité de répondre à ses besoins : accident vasculaire cérébral, sclérose en plaques, Alzheimer, etc.
- Noter les problèmes médicaux concomitants à prendre en considération dans la prestation des soins (maladie cardiaque, malnutrition, douleur, médicaments, etc.).
- Noter les facteurs favorisants présents, y compris les déficiences visuelles, l'instabilité ou l'incapacité affective.
- Déceler les obstacles à la participation du patient au traitement : manque de temps pour les explications ; problèmes psychologiques et/ou familiaux intimes difficiles à confier ; peur d'avoir l'air stupide ou ignorant ; problèmes sociaux, économiques, professionnels ou domestiques.

PRIORITÉ N° 2 – Évaluer le degré d'invalidité :

- Mesurer le degré d'invalidité et le niveau de fonctionnement en fonction de l'échelle d'évaluation apparaissant au diagnostic infirmier d'altération de la mobilité physique.
- Apprécier le fonctionnement mnémonique et intellectuel du patient.
- Noter à quel stade de développement le patient a régressé ou progressé.
- Inventorier les forces et les habiletés du patient.
- Noter la durée et la gravité du problème : temporaire ou permanent, susceptible de s'aggraver ou de diminuer avec le temps.

PRIORITÉ N° 3 – Aider le patient à corriger la situation ou à s'y adapter :

- Établir une entente « contractuelle » avec le patient et la personne clé dans sa vie.
- Amener le patient à participer à l'identification des problèmes et à la prise de décisions.
- Établir un horaire d'activités efficace et aussi proche que possible de l'horaire normal du patient et l'inscrire au plan de soins *afin de répondre efficacement à ses besoins individuels.*
- Prendre le temps d'écouter le patient et la personne clé dans sa vie *afin de déceler les obstacles qui l'empêchent de participer au traitement.*
- Organiser des rencontres entre les personnes qui soignent ou aident le patient.
- Établir un programme de remotivation ou de resocialisation, au besoin.
- Collaborer au programme de réadaptation visant à accroître les capacités du patient.
- Laisser suffisamment de temps au patient pour qu'il puisse accomplir ses tâches en allant au bout de ses capacités.

- S'abstenir de parler au patient ou de l'interrompre inutilement pendant qu'il accomplit ses soins personnels.
- Seconder le patient dans l'adoption des changements nécessaires à l'accomplissement des activités de la vie quotidienne.
- Amener le patient à progresser graduellement dans l'accomplissement des activités de la vie quotidienne en commençant par des tâches familières et faciles.
- Procurer au patient les aides techniques dont il a besoin (ustensiles adaptés, etc.).
- Proposer au patient des façons de ménager ses forces.
- Élaborer un programme nutritionnel et liquidien adéquat qui tient compte des goûts et des capacités du patient. Lui procurer les aides techniques nécessaires et faire l'essai de diverses méthodes d'alimentation, s'il y a lieu.
- Assister le patient dans l'application de son traitement médicamenteux, au besoin, et noter les effets secondaires ou les risques d'effets indésirables.
- Faire une visite au domicile du patient *afin d'évaluer l'assistance nécessaire au moment du congé et les modifications à apporter.*

PRIORITÉ Nº 4 – Prodiguer un enseignement visant le mieux-être du patient :

- Expliquer au patient ses droits et ses responsabilités en matière de soins de santé et d'hygiène.
- Amener le patient à reconnaître ses points forts sur les plans physique, affectif et intellectuel.
- Inciter le patient à prendre ses propres décisions concernant sa santé, à adopter de bonnes prati-

ques d'hygiène et à se fixer des objectifs favorisant la santé.

- Noter régulièrement les progrès du patient et les changements à apporter *afin de réévaluer le programme de soins personnels.*
- Modifier le programme de soins de façon à favoriser une adhésion maximale du patient au plan de soins.
- Inciter le patient à tenir un journal dans lequel il notera ses progrès.
- Relever les problèmes de sécurité et modifier les activités ou le milieu de vie de façon à réduire les risques d'accident.
- Diriger le patient vers des services de soins à domicile, des services sociaux, un physiothérapeute ou un ergothérapeute, un spécialiste en réadaptation ou en counseling, au besoin.
- Revoir avec le patient les directives données par les autres membres de l'équipe de soins et les lui donner par écrit afin de les clarifier, ou de les expliquer, au besoin.
- Expliquer à la famille la nécessité de s'accorder du répit et l'informer sur les services susceptibles de lui permettre de prendre quelques heures de liberté.
- Proposer à la famille des formes de placement temporaire, au besoin.
- Se montrer disponible pour discuter avec le patient de ses sentiments face à la situation (chagrin, colère, etc.).

§ Consulter les diagnostics infirmiers pertinents : risque d'accident ou de trauma ; perturbation de l'estime de soi ; altération de la mobilité physique ; intolérance à l'activité ; sentiment d'impuissance, etc.

DONNÉES ESSENTIELLES À CONSIGNER

ÉVALUATIONS (INITIALE ET SUBSÉQUENTES)

- Inscrire les données d'évaluation, le degré de fonctionnement et les limites du patient.
- Noter les services et les aides techniques dont le patient a besoin.

PLANIFICATION

- Rédiger le plan de soins et inscrire le nom de chacun des intervenants.
- Rédiger le plan d'enseignement.

APPLICATION /VÉRIFICATION DES RÉSULTATS

- Noter les réactions du patient aux interventions et à l'enseignement, ainsi que les mesures qui ont été prises.
- Noter les objectifs atteints ou les progrès accomplis vers l'atteinte des objectifs.
- Noter les modifications apportées au plan de soins.

PLAN DE CONGÉ

- Noter les besoins à long terme du patient et le nom des responsables des mesures à prendre.
- Noter le type d'aides techniques dont le patient a besoin et l'endroit où il peut se les procurer.
- Noter les demandes de consultation qui ont été faites.

Remarque

Les informations entre crochets ont été ajoutées par les auteures afin de clarifier les diagnostics infirmiers et d'en faciliter l'utilisation.

ALLAITEMENT MATERNEL EFFICACE [besoin d'apprentissage]

Taxinomie I : Mouvement (6.5.1.3)

[Division diagnostique : Nutrition]

Définition

La mère et le bébé maîtrisent suffisamment bien le processus d'allaitement et en tirent satisfaction.

FACTEURS FAVORISANTS

Connaissances de base sur l'allaitement au sein

Morphologie normale des seins

Morphologie normale de la bouche du bébé

Âge gestationnel du bébé supérieur à 34 semaines

Sources d'aide [disponibles]

Assurance de la mère

CARACTÉRISTIQUES

DONNÉE SUBJECTIVE

Satisfaction de la mère à l'égard de l'allaitement

DONNÉES OBJECTIVES

†Capacité de la mère d'installer le bébé de façon à ce qu'il puisse saisir facilement le sein

†Satisfaction évidente du bébé après l'allaitement

---

†Caractéristiques majeures

†Succion régulière et continue ; 8 à 10 tétées par 24 heures

†Poids dans les limites normales pour son âge

†Mode de communication efficace entre la mère et son bébé (indices donnés par le bébé, interprétation et réaction de la mère)

Signes et/ou symptômes de libération d'ocytocine (réflexe d'émission de lait)

Mode d'élimination du bébé satisfaisant pour son âge ; [selles molles ; plus de six couches mouillées d'urine non concentrée par jour]

Empressement du bébé à téter

RÉSULTATS ESCOMPTÉS (OBJECTIFS) / CRITÈRES D'ÉVALUATION

- La mère comprend le processus d'allaitement.
- La mère connaît la technique reliée à l'allaitement.
- La famille offre son soutien et sa collaboration.
- La mère suit des cours ou fait les lectures appropriées.

Ce diagnostic infirmier est difficile à traiter, car les facteurs favorisants et les caractéristiques sont en fait les objectifs/critères d'évaluation. Nous sommes d'avis que le processus d'allaitement efficace s'apprend et doit être encouragé par des interventions infirmières axées sur l'apprentissage.

INTERVENTIONS INFIRMIÈRES

PRIORITÉ N° 1 – Évaluer les besoins d'apprentissage de la mère :

- Recueillir des données sur les connaissances de la mère et sur ses expériences d'allaitement antérieures.

---

†Caractéristiques majeures

- Prendre note de l'efficacité de l'allaitement.
- Inventorier les réseaux de soutien dont la mère et la famille peuvent disposer.

PRIORITÉ Nº 2 – Promouvoir des méthodes d'allaitement efficaces :

- Mettre le nouveau-né au sein dans la première heure suivant l'accouchement.
- Répondre à toute demande d'information de la mère.
- Inviter la mère à s'entraîner à la pratique de la méthode démontrée.
- Rectifier certaines pratiques au besoin.
- Laisser la mère allaiter le bébé aussi longtemps et aussi souvent qu'il le faut.

PRIORITÉ Nº 3 – Prodiguer un enseignement visant le mieux-être de la mère et de l'enfant :

- Veiller à ce qu'un suivi soit assuré au domicile 48 heures après la sortie du centre hospitalier.
- Susciter par l'écoute active auprès de la mère et des autres membres de la famille l'expression des sentiments et des inquiétudes *afin de déceler la nature du problème, le cas échéant.*
- Revoir avec la mère les techniques d'expression et de conservation du lait maternel.
- Aider la mère à trouver des moyens satisfaisants pour faire face aux situations nécessitant le recours au biberon (retour au travail, utilisation d'un service de garde, etc.).
- Diriger la mère vers un groupe de soutien tel que la ligue La Leche, au besoin.

§ Pour plus d'information, consulter le diagnostic infirmier d'allaitement inefficace.

DONNÉES ESSENTIELLES À CONSIGNER

ÉVALUATIONS (INITIALE ET SUBSÉQUENTES)

- Inscrire les données d'évaluation relatives à la mère et au bébé.
- Inscrire le nombre de couches mouillées et le poids du bébé (pesé à intervalles réguliers).

PLANIFICATION

- Rédiger le plan de soins et inscrire le nom de chacun des intervenants.
- Rédiger le plan d'enseignement.

APPLICATION /VÉRIFICATION DES RÉSULTATS

- Noter les réactions de la mère au programme d'enseignement et aux interventions, ainsi que les mesures qui ont été prises.
- Noter le degré d'efficacité des tétées.
- Noter les objectifs atteints ou les progrès accomplis vers l'atteinte des objectifs.
- Noter les modifications apportées au plan de soins.

PLAN DE CONGÉ

- Noter les besoins à long terme, les demandes de consultation et le nom des responsables des mesures à prendre.

Remarque

Les informations entre crochets ont été ajoutées par les auteures afin de clarifier les diagnostics infirmiers et d'en faciliter l'utilisation.

ALLAITEMENT MATERNEL INEFFICACE

Taxinomie I : Mouvement (6.5.1.2)

[Division diagnostique : Nutrition]

Définition

La mère ou le bébé ont de la difficulté à maîtriser le processus d'allaitement et n'en tirent pas satisfaction.

FACTEURS FAVORISANTS

Prématurité, anomalie chez le bébé, mauvais réflexe de succion

Alimentation au biberon [fréquente ou répétée] en plus de l'allaitement au sein

Anxiété ou ambivalence de la mère

Manque de connaissances

Échec antérieur de l'allaitement au sein

Interruption de l'allaitement au sein

Manque de soutien du conjoint ou de la famille

Anomalie mammaire ; chirurgie mammaire antérieure ; mamelon douloureux ou engorgement mammaire

CARACTÉRISTIQUES

DONNÉES SUBJECTIVES

†Allaitement insatisfaisant

†Douleur au mamelon persistant après la première semaine d'allaitement

†Caractéristiques majeures

Vidage insuffisant de chaque sein après l'allaitement

Manque de lait, réel ou non

DONNÉES OBJECTIVES

†Signes observables d'apport lacté inadéquat chez le bébé [baisse du nombre de couches mouillées, perte pondérale ou gain pondéral inadéquat]

Impossibilité pour le bébé de téter de façon ininterrompue ou assez longtemps

Incapacité pour le bébé de saisir correctement le sein

Refus de saisir le sein ou résistance manifestée par des pleurs et un raidissement

Malaises et pleurs du bébé dans l'heure qui suit l'allaitement ; il ne réagit pas aux autres mesures de réconfort

Aucun signe observable de libération d'ocytocine (réflexe d'émission de lait)

RÉSULTATS ESCOMPTÉS (OBJECTIFS) / CRITÈRES D'ÉVALUATION

- La mère comprend les facteurs favorisants.
- La mère fait la démonstration des techniques visant l'amélioration de l'allaitement.
- La mère assume la responsabilité de l'efficacité de l'allaitement.
- La mère et le bébé manifestent de la satisfaction par rapport à l'allaitement.
- Le bébé prend du poids de façon satisfaisante.

---

†Caractéristique majeure

INTERVENTIONS INFIRMIÈRES

PRIORITÉ Nº 1 – Déterminer les facteurs favorisants chez la mère :

- Recueillir des données sur les connaissances de la mère par rapport à l'allaitement.
- Inviter la mère à discuter de ses expériences actuelles et antérieures d'allaitement.
- Relever les expériences insatisfaisantes que la mère a eues antérieurement et dont elle a entendu parler.
- Examiner attentivement les seins et les mamelons : symétrie et volume des seins, proéminence et intégrité des mamelons.
- Noter l'apparence des seins et des mamelons.
- Préciser si le problème d'allaitement inefficace est irrémédiable (déficience en prolactine ou concentrations insuffisantes de prolactine sérique chez la mère, tissu de la glande mammaire inadéquat, chirurgie mammaire ayant endommagé le mamelon ou l'aréole) ou traitable (mamelons douloureux, engorgement grave, obstruction des canaux galactophores, mastite, inhibition du réflexe d'émission du lait, séparation de la mère et du bébé avec arrêt de l'allaitement au sein).
- Prendre note des antécédents de grossesses, de travail et d'accouchement (par voie vaginale ou par césarienne) ; des chirurgies récentes ; des problèmes médicaux préexistants (diabète, épilepsie, cardiopathie, handicaps, etc.).
- Inventorier les réseaux de soutien de la mère (personnes clés, famille élargie, amis, etc.).
- Prendre note de l'âge de la mère, du nombre d'enfants à la maison et de l'obligation ou non de retourner au travail.

- Préciser les sentiments de la mère par rapport à l'allaitement (peur, anxiété, ambivalence, dépression).

PRIORITÉ N° 2 – Déterminer les facteurs favorisants chez le bébé :

- Rechercher la présence de problèmes de succion (voir les facteurs d'étiologie et les caractéristiques).
- Prendre note de la prématurité et/ou de toute anomalie du bébé (fissure palatine, etc.).
- Noter tout accroissement de la demande (en moyenne : 8 fois par jour, tétée aux 2 seins pendant plus de 15 minutes de chaque côté) ainsi que les suppléments de lait donnés au biberon.
- Modifier l'horaire d'allaitement, au besoin.
- Noter les signes observables d'apport lacté inadéquat chez le bébé (prend le sein et tète de façon ininterrompue, mais fait très peu de bruits de déglutition ; se cambre et pleure lorsqu'on lui présente le sein et refuse de le saisir ; élimination urinaire et fréquence des selles diminuées ; gain pondéral inadéquat).
- Apprécier le degré d'insatisfaction ou de malaise du bébé après la tétée (fait des difficultés et pleure moins d'une heure après l'allaitement, etc.).
- Noter toute corrélation entre l'ingestion de certains aliments par la mère et les coliques du bébé.

PRIORITÉ N° 3 – Aider la mère à acquérir les habiletés nécessaires à un bon allaitement :

- Créer un climat propice à l'allaitement.
- Informer la mère en ne lui donnant qu'une nouvelle consigne à la fois (à chaque tétée), *afin de lui laisser le temps d'assimiler l'information.*

- Informer la mère que certains bébés ne pleurent pas lorsqu'ils ont faim, mais qu'ils le manifestent en faisant des mouvements de succion avec la bouche et en suçant leurs doigts.
- Conseiller à la mère de réduire l'utilisation de la sucette et des suppléments de lait au biberon, à moins d'indication contraire.
- Conseiller à la mère de n'utiliser la téterelle que temporairement pour sortir le mamelon. Dès que le but est atteint, il faut enlever la téterelle et placer la bouche du bébé directement sur le mamelon.
- Montrer à la mère comment utiliser un tire-lait électrique lorsqu'elle en a besoin pour maintenir ou augmenter sa production de lait.
- Inciter la mère à faire des siestes fréquentes et à partager les tâches domestiques et les soins aux enfants.
- Conseiller à la mère de réduire ou de cesser sa consommation de tabac, de caféine, d'alcool, de médicaments et de sucres concentrés.
- Initier un traitement rapide des problèmes d'allaitement tels que :

  Engorgement

  - Procéder à des applications de chaud et/ou de froid sur les seins ;
  - Masser le sein à partir de la paroi thoracique vers le mamelon ;
  - Utiliser un aérosol nasal d'ocytocine synthétique (sur ordonnance) *afin de favoriser le réflexe d'émission du lait*;
  - Apaiser le « bébé qui fait des difficultés » avant de lui présenter le sein ;
  - Placer correctement la bouche du bébé sur le sein ou le mamelon ;

- Alterner le sein présenté en premier au début de chaque tétée ;
- Allaiter même la nuit et/ou utiliser un tire-lait électrique au moins 8 à 12 fois par jour, 15 minutes par sein.

Mamelons douloureux

- Porter des vêtements en pur coton ;
- Ne pas utiliser de savon, d'alcool ni d'agents asséchants sur les mamelons ;
- Éviter d'utiliser la téterelle ou des coussinets de soutien-gorge en plastique ;
- Sécher les mamelons à l'air ;
- Appliquer une mince couche de lanoline (si la mère et le bébé ne sont pas allergiques à la laine) ;
- Exposer les seins au soleil ou à une lampe solaire avec grande prudence ;
- Prendre un analgésique léger (sur ordonnance) ;
- Appliquer de la glace sur le mamelon avant la tétée ;
- Mouiller le mamelon avec de l'eau chaude avant la tétée *afin de le ramollir et d'enlever le lait séché*;
- Placer correctement la bouche de l'enfant sur le sein et le mamelon en commençant par le côté le moins douloureux ou en exprimant le lait manuellement juste avant la tétée pour déclencher la sécrétion lactée ;
- Varier les positions pour la tétée.

Obstruction des canaux galactophores

- Utiliser un soutien-gorge plus grand ;
- Éviter toute pression sur les canaux galactophores obstrués ;
- Appliquer une chaleur sèche ou humide ;

– Masser doucement au-dessus de la région obstruée vers le mamelon ;
– Après le massage, donner la tétée, exprimer du lait manuellement ou utiliser un tire-lait ;
– Faire téter le bébé plus souvent du côté atteint.

Inhibition du réflexe d'émission du lait

– Exécuter des techniques de relaxation avant l'allaitement (climat de calme, position confortable, massage des seins, application de chaleur sur les seins, boisson [jus de fruit ou autre] à portée de la main) ;
– Établir des habitudes d'allaitement ;
– Se concentrer sur le bébé ;
– Prendre de l'ocytocine synthétique en aérosol nasal (sur ordonnance).

Mastite

– Garder le lit (avec le bébé) pendant plusieurs jours ;
– Prendre les antibiotiques prescrits ;
– Appliquer une chaleur humide avant et pendant la tétée ;
– Vider les seins complètement ;
– Continuer à allaiter le bébé au moins 8 à 12 fois par jour, ou extraire le lait pour 24 heures puis reprendre l'allaitement au sein.

PRIORITÉ N° 4 – Entraîner progressivement le bébé à l'allaitement au sein :

• Conseiller à la mère de mettre du lait maternel sur un coussinet de soutien-gorge et de le laisser dans le lit du bébé avec sa photo lorsque le bébé est séparé d'elle pour des raisons médicales (prématurité, etc.).
• Inciter la mère à augmenter la fréquence des contacts de peau à peau.

- Suggérer à la mère de présenter le sein à l'enfant pour qu'il puisse s'exercer à la tétée.
- Conseiller à la mère d'exprimer de petites quantités de lait dans la bouche du bébé.
- Demander à la mère d'extraire du lait après la tétée pour accroître la production de lait.
- Conseiller à la mère de donner le biberon au bébé seulement lorsqu'il est impossible de faire autrement.
- Dresser une liste des interventions particulières à appliquer si le bébé a une fissure labiale et/ou palatine.

PRIORITÉ N° 5 – Prodiguer un enseignement visant le mieux-être de la mère et du bébé :

- Veiller à ce qu'un professionnel de la santé effectue des visites de suivi 48 heures après la sortie du centre hospitalier et 2 semaines après la naissance *afin de s'assurer que le bébé reçoit un bon apport lacté et que l'allaitement se déroule bien.*
- Inciter le conjoint à s'informer et à donner du soutien à la mère, au besoin. Vérifier si la mère a besoin de se reposer, de se détendre et de passer du temps avec ses autres enfants.
- Expliquer à la mère qu'il est important d'avoir une alimentation et un apport liquidien appropriés, de prendre des vitamines pour femmes enceintes ou d'autres minéraux ou vitamines, notamment de la vitamine C.
- Prendre des mesures adaptées aux problèmes particuliers du bébé (problèmes de succion, prématurité, anomalies).
- Informer la mère que le retour des règles moins de trois mois après la naissance du bébé peut indiquer que les concentrations de prolactine sont insuffisantes.

- Diriger la mère vers des groupes de soutien (Ligue La Lèche, groupes de parents, activités de détente et de relaxation ou autres ressources communautaires pertinentes).
- Proposer à la mère des lectures complémentaires sur l'allaitement maternel.

DONNÉES ESSENTIELLES À CONSIGNER

ÉVALUATIONS (INITIALE ET SUBSÉQUENTES)

- Inscrire les données d'évaluation relatives à la mère et à l'enfant (engorgement mammaire, gain pondéral du bébé adéquat sans suppléments, etc.).

PLANIFICATION

- Rédiger le plan de soins et inscrire le nom de chacun des intervenants.
- Rédiger le plan d'enseignement.

APPLICATION /VÉRIFICATION DES RÉSULTATS

- Noter les réactions de la mère et du bébé aux interventions et à l'enseignement, ainsi que les mesures qui ont été prises.
- Noter les objectifs atteints ou les progrès accomplis vers l'atteinte des objectifs.
- Inscrire les modifications apportées au plan de soins.

PLAN DE CONGÉ

- Noter les demandes de consultation ainsi que les programmes auxquels la mère a choisi de participer.

Remarque

Les informations entre crochets ont été ajoutées par les auteures afin de clarifier les diagnostics infirmiers et d'en faciliter l'utilisation.

ALLAITEMENT MATERNEL INTERROMPU

Taxinomie I : Mouvement (6.5.1.2.1)

[Division diagnostique : Nutrition]

Définition

Suspension du processus de l'allaitement maternel parce que la mère se trouve dans l'impossibilité d'allaiter ou que l'allaitement maternel est contre-indiqué.

FACTEURS FAVORISANTS

Maladie de la mère ou du bébé

Prématurité

Retour au travail de la mère

Contre-indications à l'allaitement (traitement médicamenteux ou ictère lié au lait maternel, par exemple)

Nécessité de sevrer brusquement le bébé

CARACTÉRISTIQUES

DONNÉES SUBJECTIVES

†Interruption de l'allaitement au sein pour une partie ou pour l'ensemble des tétées

Désir de maintenir la lactation et de nourrir (maintenant ou plus tard) le bébé avec son lait

Manque de connaissances sur les méthodes d'expression et de conservation du lait maternel

---

†Caractéristique majeure

DONNÉE OBJECTIVE

Séparation de la mère et du bébé

RÉSULTATS ESCOMPTÉS (OBJECTIFS) / CRITÈRES D'ÉVALUATION

- La mère sait comment maintenir la lactation jusqu'à la reprise de l'allaitement au sein.
- La mère s'exerce à appliquer les méthodes recommandées jusqu'à la reprise de l'allaitement au sein.
- L'allaitement se déroule de façon satisfaisante pour la mère et le bébé.
- Le bébé semble content après les tétées et prend suffisamment de poids.
- La mère sèvre le bébé et met fin à la lactation si elle le désire.

INTERVENTIONS INFIRMIÈRES

PRIORITÉ N° 1 – Évaluer les facteurs favorisants :

- Évaluer les connaissances et le point de vue de la mère sur l'allaitement au sein, et l'enseignement qu'elle a reçu.
- Inviter la mère à parler de ce qu'elle vit actuellement et de ce qu'elle a vécu par rapport à l'allaitement au sein.
- Déterminer les obligations de la mère, ses habitudes et son emploi du temps (autres enfants à sa charge, travail à la maison ou à l'extérieur, horaire de cours ou de travail des membres de la famille, capacité de visiter le bébé au centre hospitalier, etc.).
- Noter les contre-indications à l'allaitement au sein (maladie de la mère, consommation de médicaments ou de drogues, par exemple).
- Noter également si la mère désire ou doit sevrer le bébé.

- Vérifier si la mère a des attentes ou conflits d'ordre culturel.

PRIORITÉ Nº 2 – Aider la mère à continuer l'allaitement au sein si elle le désire ou à y mettre fin si elle le doit ou le désire :

- Respecter la décision de la mère de cesser ou de poursuivre l'allaitement.
- Donner à la mère un soutien émotionnel.
- Montrer à la mère comment utiliser un tire-lait manuel et/ou électrique.
- Conseiller à la mère de réduire ou de cesser sa consommation de tabac, de caféine, d'alcool, de médicaments ou de sucres concentrés, selon le cas, si elle reprend l'allaitement.
- Informer la mère sur le processus de sevrage (lui conseiller de porter un soutien-gorge confortable et bien ajusté, d'éviter la stimulation des seins et de prendre un médicament pour soulager la douleur, par exemple).

PRIORITÉ Nº 3 – Favoriser un allaitement efficace :

- Montrer à la mère comment conserver ou utiliser le lait extrait.
- Expliquer à la mère quand et comment utiliser les suppléments alimentaires et les méthodes d'alimentation spéciales (biberon, seringue, etc.).
- Enseigner à la mère les précautions à prendre (vérifier si la tétine assure un bon rythme d'écoulement du lait, faire éructer le bébé à intervalles réguliers, tenir son biberon au lieu de le caler dans le berceau, préparer et stériliser correctement le lait maternisé).
- Déterminer si la mère peut venir au centre hospitalier à heures régulières ou prévenir à l'avance de son arrivée de façon que le bébé ait faim ou soit prêt à boire.

- Respecter l'intimité de la mère quand elle allaite au centre hospitalier et l'installer dans une pièce tranquille.

PRIORITÉ N° 4 – Prodiguer un enseignement visant le mieux-être de la mère et du bébé :

- Recommander à la mère de se reposer suffisamment, de maintenir un bon apport liquidien et nutritionnel et d'extraire son lait toutes les trois heures durant la journée, s'il y a lieu.
- Proposer à la mère d'autres façons de renforcer ses liens d'attachement avec le bébé (le réconforter, le consoler, jouer avec lui, etc.).
- Diriger la mère vers un groupe de soutien (Ligue La Leche, par exemple) ou vers des ressources communautaires (infirmière en santé communautaire, spécialiste en allaitement, etc.).
- Donner à la mère des suggestions de lectures.

DONNÉES ESSENTIELLES À CONSIGNER

ÉVALUATIONS (INITIALE ET SUBSÉQUENTES)

- Inscrire les données initiales sur la mère et le bébé.
- Inscrire le nombre de couches mouillées par jour et le poids du bébé à chaque pesée.

PLANIFICATION

- Rédiger le plan de soins et inscrire le nom de chacun des intervenants.
- Rédiger le plan d'enseignement.

APPLICATION /VÉRIFICATION DES RÉSULTATS

- Noter la réaction de la mère aux interventions et à l'enseignement, ainsi que les mesures qui ont été prises.
- Noter la réaction du bébé à l'allaitement et à la méthode utilisée.

- Noter si le bébé semble satisfait ou semble avoir encore faim après l'allaitement.
- Inscrire les objectifs atteints ou les progrès accomplis vers l'atteinte des objectifs.
- Noter les modifications apportées au plan de soins.

PLAN DE CONGÉ

- Inscrire les demandes de consultation, le plan de suivi ainsi que le nom des personnes responsables du suivi.

Remarque

Les informations entre crochets ont été ajoutées par les auteures afin de clarifier les diagnostics infirmiers et d'en faciliter l'utilisation.

ANXIÉTÉ [légère, modérée, grave, panique]

Taxinomie I : Sensations et sentiments (9.3.1)

[Division diagnostique : Intégrité émotionnelle]

Définition

Vague sentiment de malaise d'origine généralement indéterminée ou inconnue.

FACTEURS FAVORISANTS

Conflit inconscient face aux valeurs [croyances] et aux buts fondamentaux dans la vie

Crise de situation et/ou de croissance

Contagion de l'anxiété

Atteinte au concept de soi [réelle ou non]; [conflit inconscient]

Risque de mort [réel ou non]

Changement ou risque de changement dans l'état de santé [maladie évolutive ou invalidante, phase terminale d'une maladie], dans le rôle, dans l'environnement [sécurité], dans les modes d'interaction, [dans la situation socio-économique]

Besoins non satisfaits

[Monologue intérieur d'encouragement ou de découragement]

[Facteurs physiopathologiques, tels que l'hyperthyroïdie, le phéochromocytome, les traitements médicamenteux (stéroïdes, par exemple)]

CARACTÉRISTIQUES

DONNÉES SUBJECTIVES

[‡]Tension accrue ; appréhension

Regrets ; sentiment d'incompétence

Effarement ; instabilité ; incertitude

Surexcitation ; bouleversement ; détresse

Crainte de conséquences indéterminées

Inquiétude face aux changements de la vie

Souci ; angoisse

Intensification d'un sentiment d'impuissance douloureux et persistant

[Plaintes somatiques (notamment, douleur à la poitrine, au dos ou au cou)]

[Insomnie]

[Crainte d'un malheur imminent]

[Désespoir]

[Pertes de mémoire, incapacité de se concentrer]

DONNÉES OBJECTIVES

‡Stimulation sympathique : augmentation de l'activité cardiovasculaire, vasoconstriction périphérique, dilatation des pupilles

Défiance ; regards obliques et fuyants

Mouvements inutiles (piétinements ; mouvements des bras ou des mains)

Augmentation de la transpiration

Tremblements du corps ou des mains ; agitation

Insomnie

Tension faciale ; voix tremblotante

---

‡Caractéristiques essentielles

Égocentrisme
[Pleurs, larmoiements]
[Mictions fréquentes]
[Questions répétitives]
[Va-et-vient dans la pièce ; gestes vides de sens]
[Dysfonctionnement, immobilité]

RÉSULTATS ESCOMPTÉS (OBJECTIFS) / CRITÈRES D'ÉVALUATION

- Le patient présente des signes de relaxation.
- Le patient se sent moins anxieux.
- Le patient est conscient de son anxiété.
- Le patient trouve des façons saines de résoudre et d'exprimer son problème d'anxiété.
- Le patient démontre une bonne maîtrise de quelques techniques de résolution de problèmes.
- Le patient se sert efficacement des ressources et des réseaux de soutien à sa disposition.

INTERVENTIONS INFIRMIÈRES

PRIORITÉ N° 1 – Évaluer le niveau d'anxiété :

Remarque : Il est important que l'infirmière soit capable de prendre conscience de sa propre anxiété pour pouvoir reconnaître et traiter l'anxiété du patient.

- Passer en revue les médicaments pris actuellement et antérieurement, et les facteurs d'influence familiaux et physiologiques (maladie dépressive, antécédents de problèmes thyroïdiens ; déséquilibres métaboliques, pneumopathie, anémie, arythmies ; thyrothérapie, anorexiants, consommation de corticostéroïdes, etc.).
- Interroger le patient sur sa perception de la gravité de la situation actuelle.

- Recueillir des données sur les réactions physiques : palpitations, pouls rapide, gestes répétitifs, va-et-vient.
- Rechercher les comportements révélateurs du niveau d'anxiété du patient :

  Légère : Vigilance, conscience plus aiguë de ce qui l'entoure, attention centrée sur l'environnement et les événements immédiats

  Agitation, irritabilité, insomnie

  À ce niveau, le patient est disposé à faire face à ses problèmes.

  Modérée : Champ de perception plus étroit, capacité de concentration accrue, aptitude à ne pas se laisser distraire de la résolution de ses problèmes

  Voix tremblotante ou tonalité changeante, dans certains cas

  Tremblements, accélération du pouls et de la respiration

  Grave : Réduction du champ de perception ; incapacité de fonctionner efficacement à cause de l'anxiété

  Sentiment de malaise ou crainte d'un malheur imminent

  Accélération du pouls et de la respiration, accompagnée de plaintes d'étourdissements, de sensations de picotements, de maux de tête, etc.

  Panique : Capacité de concentration fortement perturbée ; comportements désintégrés ; interprétation faussée et irréaliste de la situation. Parfois, terreur, confusion, incapacité de parler ou de bouger (paralysé par la terreur)
- Noter les signes de repli sur soi (consommation de drogues ou d'alcool pour oublier les problèmes, par exemple).
- Noter les troubles du sommeil (insomnie, excès de sommeil, etc.).

- Noter la diminution ou l'évitement des relations avec les autres.
- Reconnaître les mécanismes de défense utilisés par le patient : déni, régression, etc.
- Inventorier les stratégies d'adaptation utilisées couramment par le patient : colère, rêvasseries, oubli, nourriture, tabagisme, techniques de résolution de problèmes.
- Prendre note des stratégies d'adaptation déjà employées par le patient.

PRIORITÉ N° 2 – Aider le patient à discerner ses sentiments et à faire face à ses problèmes :

- Faire preuve d'empathie et d'une acceptation inconditionnelle.
- Se montrer disponible pour écouter le patient et lui parler.
- Inciter le patient à reconnaître et à exprimer ses sentiments : larmes (tristesse), rires (peur, déni), jurons (peur, colère).
- Inciter le patient à reconnaître les comportements verbaux et non verbaux ayant un lien avec son anxiété.
- Dire au patient comment on interprète ses sentiments et ses gestes.
- Confirmer l'exactitude de ses interprétations auprès du patient.
- Parler ouvertement avec le patient de son anxiété ou de sa peur.
- Rassurer le patient de manière réaliste face à sa peur et à son anxiété.
- Fournir au patient des informations exactes sur la situation actuelle.
- Préciser avec le patient les éléments de la réalité de sa situation.

- Appliquer des mesures de bien-être (ambiance calme et reposante, musique douce, bain chaud, massage du dos, etc.).
- Permettre au patient d'exprimer à sa manière ses sentiments et ses émotions face à la situation. **Remarque :** L'adoption d'une certaine conduite peut être nécessaire à un moment donné (déni après un diagnostic de maladie mortelle, par exemple).
- Remettre au patient la responsabilité de ses comportements et de ses gestes.
- Inciter le patient à se servir des nouvelles capacités engendrées par son niveau d'anxiété. [Une anxiété modérée élève le niveau de conscience et permet au patient de concentrer ses forces sur la résolution du problème.]

Panique

- Rester auprès du patient en faisant preuve de calme et d'assurance.
- S'exprimer en phrases brèves, avec des mots simples.
- Créer un climat de sécurité et de stabilité.
- Réduire les stimuli au maximum.
- Noter les visites et les interactions des visiteurs avec le patient.
- Fixer des limites aux conduites inadaptées. **Remarque :** Il se peut que l'on doive mettre le patient dans un milieu protégé ou surveillé jusqu'à ce qu'il puisse se dominer.
- Rechercher avec le patient des façons acceptables de faire face à son anxiété.
- Augmenter graduellement les activités et/ou les relations sociales du patient à mesure que l'anxiété diminue.

- Recourir à la thérapie cognitivo-comportementale pour aider le patient à ne pas dramatiser ses symptômes physiques.
- Administrer les anxiolytiques prescrits (tranquillisants ou sédatifs).

PRIORITÉ N° 3 – Prodiguer un enseignement visant le mieux-être du patient :

- Fournir au patient des informations sur les facteurs déclenchants et sur de nouvelles façons de faire face à une anxiété invalidante.
- Passer en revue et analyser les événements, les pensées et les sentiments ayant précédé la crise d'anxiété.
- Inventorier les moyens utilisés par le patient dans les moments d'anxiété et de nervosité.
- Dresser une liste des ressources et des gens susceptibles d'aider le patient, y compris les services d'écoute téléphonique ou d'intervention en situation de crise.
- Inciter le patient à élaborer un programme d'activités ou d'exercices visant à diminuer son anxiété.
- Proposer au patient des façons d'éliminer les idées noires (prendre conscience des pensées négatives, dire « non » lorsqu'elles surviennent et leur substituer des pensées positives, etc.). **Remarque :** La thérapie comportementale semble donner de meilleurs résultats chez le patient qui présente de légères phobies.
- Proposer au patient des stratégies permettant de faire face aux situations anxiogènes : jeux de rôles, visualisation, imagerie mentale, prière, méditation, etc.
- Expliquer au patient les risques d'interactions entre les médicaments sur ordonnance et les médicaments en vente libre, l'alcool, etc. Si des

interactions indésirables surviennent, inciter le patient à rechercher des solutions auprès d'autres intervenants.

- Conseiller au patient de demander au médecin les précautions à prendre dans la conduite du traitement médicamenteux ou de modifier son ordonnance. (Parmi les médicaments susceptibles de causer de l'anxiété figurent l'aminophylline, la théophylline, les anticholinergiques, la dopamine, la lévodopa, les salicylés et les stéroïdes.)
- Orienter le patient souffrant d'anxiété chronique vers une personne-ressource appropriée s'il a besoin d'une thérapie individuelle ou de groupe.

DONNÉES ESSENTIELLES À CONSIGNER

ÉVALUATIONS (INITIALE ET SUBSÉQUENTES)

- Inscrire le niveau d'anxiété et les facteurs déclenchants.
- Décrire les sentiments exprimés par le patient.
- Noter dans quelle mesure il est capable de les reconnaître et de les exprimer.
- Noter, le cas échéant, les substances consommées par le patient ayant un lien avec son anxiété.

PLANIFICATION

- Rédiger le plan de traitement et inscrire les activités qui relèvent de la responsabilité du patient.
- Rédiger le plan d'enseignement.

APPLICATION /VÉRIFICATION DES RÉSULTATS

- Inscrire le degré de participation du patient et ses réactions aux interventions et à l'enseignement ; noter les mesures qui ont été prises.

- Noter les objectifs atteints ou les progrès accomplis vers l'atteinte des objectifs.
- Noter les modifications apportées au plan de soins.

PLAN DE CONGÉ

- Noter les mesures de suivi et les demandes de consultation.

Remarque

Les informations entre crochets ont été ajoutées par les auteures afin de clarifier les diagnostics infirmiers et d'en faciliter l'utilisation.

ASPIRATION (FAUSSE ROUTE), risque d'

Taxinomie I : Échanges (1.6.1.4)

[Division diagnostique : Intégrité physique]

Définition

Risque d'inhaler des sécrétions gastriques et/ou oropharyngées, des solides ou des liquides dans la trachée et les bronches [à cause d'une dysfonction ou de l'absence des mécanismes de protection normaux].

FACTEURS DE RISQUE

Diminution du niveau de conscience

Inhibition de la toux et du réflexe pharyngé

Problèmes de déglutition [parce que l'épiglotte et les cordes vocales ne peuvent bouger pour fermer la trachée]

Intervention chirurgicale ou traumatisme au visage, à la bouche ou au cou ; mâchoires immobilisées par des fils métalliques

Situation empêchant de surélever le haut du corps (faiblesse, paralysie)

[Hernie hiatale ou autre maladie de l'œsophage affectant les valvules de l'estomac]

Retard de la vidange gastrique ; diminution du transit gastro-intestinal ; augmentation de la pression intragastrique ; augmentation du contenu résiduel de l'estomac

Trachéotomie ou intubation endotrachéale ; [ballonnet de la sonde trop ou mal gonflé]

Intubation gastro-intestinale ; gavage ou administration rapide de médicaments

Remarque : Il ne peut y avoir de signes ou de symptômes (caractéristiques) lorsque l'on diagnostique un risque de problème, car celui-ci n'existe pas encore ; les interventions infirmières sont donc axées sur la prévention.

RÉSULTATS ESCOMPTÉS (OBJECTIFS) / CRITÈRES D'ÉVALUATION

- Le patient n'inhale aucune substance : respiration silencieuse, bruits respiratoires normaux et sécrétions claires et inodores.
- Le patient connaît les facteurs favorisants ou de risque.
- Le patient maîtrise les techniques visant la prévention ou le traitement de l'aspiration (la fausse route).

INTERVENTIONS INFIRMIÈRES

PRIORITÉ N° 1 – Évaluer les facteurs favorisants :

- Noter le niveau de conscience du patient et tout déficit cognitif.
- Préciser le degré de faiblesse neuromusculaire (syndrome de Guillain et Barré, sclérose latérale amyotrophique, etc.) en tenant compte, le cas échéant, des groupes de muscles touchés, du degré d'affaiblissement et de la nature de la faiblesse (aiguë ou chronique).
- Mesurer la quantité de sécrétions pulmonaires.
- Décrire la consistance des sécrétions pulmonaires ainsi que la force des réflexes pharyngé et tussigène.
- Vérifier s'il y a œdème au cou ou au visage après une intervention chirurgicale à la tête ou au cou, ou si la trachée ou les bronches sont atteintes (brûlures à la partie supérieure du torse, brûlure chimique).

- Rédiger des notes d'observation précises sur l'alimentation par voie digestive, étant donné les risques de régurgitation et de mauvaise mise en place de la sonde.
- Recueillir des données sur les habitudes de vie du patient (consommation d'alcool, de tabac et d'autres drogues affectant le niveau de conscience et les muscles servant au réflexe pharyngé et à la déglutition).

PRIORITÉ Nº 2 – Aider le patient à corriger les facteurs qui peuvent entraîner l'aspiration (la fausse route) :

- Vérifier l'emploi du masque à oxygène chez les patients qui risquent de vomir. (Ne pas utiliser le masque à oxygène pour les patients comateux.)
- Laisser des ciseaux ou une pince coupante en permanence au chevet du patient ayant les mâchoires immobilisées par des fils métalliques ou portant des bandages à la mâchoire *afin de lui permettre de couper les fils ou de relâcher la tension des bandes en cas d'urgence.*
- Garder un appareil d'aspiration en bon état au chevet du patient.
- Aspirer les sécrétions de la cavité buccale, du nez et du tube de trachéotomie ou de la canule trachéale, au besoin. Éviter de déclencher une réaction nauséeuse en procédant à l'aspiration ou aux soins bucco-dentaires.
- Placer le patient en position de drainage postural *afin de mobiliser les sécrétions épaisses entravant la déglutition.*
- Ausculter souvent les bruits respiratoires (surtout si le patient tousse souvent ou ne tousse pas du tout).
- Surélever la tête du lit le plus haut possible lorsque le patient mange et boit et lors des gavages.

- Donner au patient des aliments mous (comme des plats en sauce, des poudings, des ragoûts).
- Inciter le patient à manger lentement et à mâcher longuement.
- Donner au patient des aliments semi-solides ; éviter les purées (qui accroissent les risques d'aspiration ou de fausse route) et les aliments qui engendrent des mucosités (lait).
- Donner au patient des liquides très chauds ou très froids. Ajouter des agents épaississants aux liquides, si besoin est. **Remarque :** La déglutition se fait en partie par l'activation des thermorécepteurs de la bouche.
- S'abstenir de faire descendre les aliments solides avec des liquides.
- Ausculter les bruits respiratoires et les bruits péristaltiques intestinaux avant et pendant l'alimentation par voie digestive.
- S'assurer que la sonde d'alimentation est bien placée.
- Mesurer le contenu résiduel de l'estomac, au besoin.
- Administrer les médicaments oraux sous forme d'élixir ou écraser les comprimés, au besoin.
- Adresser le patient à un orthophoniste, qui pourra lui prescrire des exercices de renforcement de la musculature et des méthodes visant à améliorer la déglutition.

PRIORITÉ N° 3 – Prodiguer un enseignement visant le mieux-être du patient :

- Passer en revue les facteurs de risque ou d'aggravation s'appliquant au patient.
- Informer le patient sur les effets de l'aspiration (fausse route) au niveau des poumons.
- Informer le patient sur les mesures de sécurité à

prendre lors de l'alimentation (par voie buccale ou par sonde).

§ Consulter le diagnostic infirmier d'incapacité (partielle ou totale) d'avaler.

- Montrer au patient ou à un membre de sa famille (si possible) la technique d'aspiration des sécrétions, surtout si le patient a des sécrétions buccales constantes ou abondantes.
- Demander au patient d'éviter les facteurs susceptibles d'augmenter la pression intra-abdominale (vêtements serrés, effort, exercices fatigants, etc.).

DONNÉES ESSENTIELLES À CONSIGNER

ÉVALUATIONS (INITIALE ET SUBSÉQUENTES)

- Inscrire les données d'évaluation susceptibles de constituer des facteurs de risque d'aspiration (de fausse route).
- Noter la position de la sonde gastrique et les données physiques observées.

PLANIFICATION

- Noter les interventions visant à prévenir l'aspiration ou à réduire les facteurs de risque et inscrire le nom de chacun des intervenants.

APPLICATION /VÉRIFICATION DES RÉSULTATS

- Inscrire les réactions du patient aux interventions et à l'enseignement, ainsi que les mesures qui ont été prises.
- Noter les aliments et les liquides que le patient avale facilement et ceux qu'il avale avec difficulté.
- Noter la quantité et la fréquence des ingesta.
- Noter les objectifs atteints ou les progrès accomplis vers l'atteinte des objectifs.

• Noter les modifications apportées au plan de soins.

PLAN DE CONGÉ

• Inscrire les besoins à long terme du patient et le nom des responsables des mesures à prendre.

Remarque

Les informations entre crochets ont été ajoutées par les auteures afin de clarifier les diagnostics infirmiers et d'en faciliter l'utilisation.

ATTACHEMENT PARENT-ENFANT, risque de perturbation de l'

Taxinomie I : Relations (3.2.1.1.2.1)

[Division diagnostique : Socialisation]

Définition

Risque de perturbation du processus interactif favorisant la création d'une relation de protection et d'éducation entre un parent, ou son substitut, et l'enfant.

FACTEURS DE RISQUE

Incapacité des parents de répondre aux besoins personnels de l'enfant

Anxiété associée au rôle parental

Abus de substances addictives

Nouveau-né prématuré ; incapacité de l'enfant malade d'établir efficacement le contact avec ses parents en raison de perturbations de l'organisation comportementale

Séparation ; barrières physiques

Absence d'intimité

[Parents ayant eux-mêmes vécu une perturbation du lien d'attachement]

[Paternité incertaine ; grossesse consécutive à un viol ou à une agression sexuelle]

[Grossesse ou accouchement difficiles ou perçus comme tels)]

Remarque : Il ne peut y avoir de signes ou de symptômes (caractéristiques) lorsque l'on diagnostique un risque de problème, car celui-ci n'existe pas encore ; les interventions infirmières sont donc axées sur la prévention.

RÉSULTATS ESCOMPTÉS (OBJECTIFS) /CRITÈRES D'ÉVALUATION

- Le parent ou son substitut reconnaît les forces et les besoins de sa famille et établit des priorités.
- Le parent ou son substitut montre de l'affection à l'enfant et a une attitude protectrice envers lui.
- Le parent ou son substitut connaît et utilise les ressources susceptibles de contribuer à répondre aux besoins des membres de la famille.
- Le parent ou son substitut favorise l'organisation comportementale de l'enfant en utilisant des moyens appropriés.
- Le parent ou son substitut entretient avec l'enfant une relation qui est source de satisfaction pour les deux.

INTERVENTIONS INFIRMIÈRES

PRIORITÉ N° 1 – Évaluer les facteurs favorisants :

- S'entretenir avec les parents et noter leurs préoccupations respectives et leur perception de la situation.
- Apprécier les interactions parent-enfant.
- Noter les ressources disponibles et l'utilisation qui en est faite en tenant compte de la famille élargie, des groupes de soutien et des ressources financières.
- Recueillir des données sur l'aptitude du parent à assurer la protection de son enfant et à s'engager dans une relation de réciprocité.

PRIORITÉ N° 2 – Aider les parents à améliorer l'organisation comportementale de leur enfant :

- Relever les forces et les limites de l'enfant.
- S'enquérir des perceptions des parents et en tenir compte avant de les informer sur le processus de croissance et de développement.
- Montrer aux parents comment adapter leur milieu de vie de façon à fournir à l'enfant une stimulation appropriée.
- Renforcer les comportements des parents qui favorisent l'organisation comportementale, et leur en proposer d'autres au besoin.
- Manifester de l'affection à l'enfant chaque fois qu'on entre en contact avec lui.

PRIORITÉ N° 3 – Aider les parents à fonctionner de manière optimale :

- Établir une relation thérapeutique avec les parents. Créer un climat chaleureux où les parents ne se sentent pas jugés.
- Inviter les parents à préciser les forces et les besoins de leur famille et à établir des priorités.
- Seconder les parents dans leur recherche des ressources dont ils ont besoin.
- Inciter les parents à participer avec l'enfant à des activités gratifiantes.
- Commenter de façon positive toutes les manifestations parentales d'affection et de protection à l'égard de l'enfant.
- Réduire au minimum le nombre d'intervenants avec qui les parents doivent interagir *afin de faciliter l'établissement de relations empreintes de confiance.*

PRIORITÉ N° 4 – Favoriser l'attachement parent-enfant lors d'une séparation :

- S'assurer que les parents peuvent communiquer par téléphone avec le personnel qui prend soin de l'enfant. Convenir avec les parents d'une heure à laquelle ils téléphoneront tous les jours. Prendre l'initiative de les appeler, s'il y a lieu.

- Inviter les parents à séjourner près du centre hospitalier et leur fournir une liste des services locaux, si l'enfant est hospitalisé loin de son lieu de résidence.
- Prendre des dispositions pour que les parents reçoivent « de la part de l'enfant » des photos et des rapports d'évolution.
- Suggérer aux parents de laisser une photo d'eux ou un enregistrement de leur voix à l'intention de l'enfant.
- Établir si nécessaire une entente de soins dans laquelle les attentes des parents et celles du personnel sont stipulées clairement.
- Suggérer aux parents de tenir un journal des progrès de l'enfant.
- Créer un environnement qui rappelle la maison si la visite des parents doit se faire sous surveillance.

PRIORITÉ N° 5 – Prodiguer un enseignement visant le mieux-être du parent et de l'enfant :

- Diriger les parents vers les services d'aide pertinents (counseling ou thérapie pour toxicomanes, thérapie individuelle, thérapie familiale, etc.).
- Informer les parents sur les services de transport, d'aide financière, de logement, etc.
- Seconder les parents désireux de se former un réseau de soutien (famille élargie, amis, travailleur social, etc.).
- Répertorier avec les parents les services communautaires qui pourraient les aider (groupe paroissial, service de bénévoles, service de garde, soins de répit, etc.).

DONNÉES ESSENTIELLES À CONSIGNER

ÉVALUATIONS (INITIALE ET SUBSÉQUENTES)

- Inscrire les données d'évaluation concernant les comportements des parents et de l'enfant.
- Noter les facteurs de risque et les perceptions de chacun des parents.

PLANIFICATION

- Rédiger le plan de soins et inscrire le nom de chacun des intervenants.
- Rédiger le plan d'enseignement.

APPLICATION /VÉRIFICATION DES RÉSULTATS

- Noter les réactions des parents et de l'enfant aux interventions et à l'enseignement, ainsi que les mesures qui ont été prises.
- Noter les objectifs atteints ou les progrès accomplis vers l'atteinte des objectifs.
- Noter les modifications apportées au plan de soins.

PLAN DE CONGÉ

- Noter les besoins à long terme des parents et le nom des responsables des mesures à prendre.
- Prévoir des visites à domicile pour aider les parents et s'assurer de la sécurité et du bien-être de l'enfant.
- Noter les demandes de consultation.

Remarque

Les informations entre crochets ont été ajoutées par les auteures afin de clarifier les diagnostics infirmiers et d'en faciliter l'utilisation.

AUTOMUTILATION, risque d'

Taxinomie I : Sensations et sentiments (9.2.2.1)

[Division diagnostique : Intégrité émotionnelle]

Définition

Risque de se blesser sans intention de se tuer, produisant des lésions tissulaires et une sensation de soulagement.

FACTEURS DE RISQUE

GROUPES À RISQUE :

Femmes âgées de 16 à 25 ans ayant des troubles de la personnalité à la limite du pathologique

Personnes en état de psychose, principalement de jeunes hommes adultes

Enfants perturbés émotionnellement et/ou maltraités

Personnes atteintes [de troubles organiques, tels] un handicap mental, l'autisme, [une encéphalite, le syndrome de Gilles de la Tourette, une intoxication aiguë, la maladie d'Addison]

Personnes ayant des antécédents d'automutilation

Victimes de mauvais traitements physiques ou psychologiques, ou d'agression sexuelle

[Les facteurs suivants, initialement classés par l'ANADI parmi les facteurs de risque, sont maintenant considérés comme des caractérisques. Toutefois, étant donné qu'il ne peut y avoir de signes ou de symptômes (c'est-à-dire de caractéristiques) lorsque l'on diagnostique un risque de problème, nous continuerons de classer ces facteurs dans les facteurs de risque.]

Incapacité de supporter une augmentation de tension psychologique ou physiologique.

Sentiments de dépression, rejet, dégoût de soi, angoisse de séparation, culpabilité ou dépersonnalisation

Labilité affective

Hallucinations auditives : obéit à des ordres lui intimant de se mutiler

Besoin de stimulation sensorielle

Carence affective

Famille dysfonctionnelle

Remarque : Il ne peut y avoir de signes ou de symptômes (caractéristiques) lorsque l'on diagnostique un risque de problème, car celui-ci n'existe pas encore ; les interventions infirmières sont donc axées sur la prévention.

RÉSULTATS ESCOMPTÉS (OBJECTIFS) / CRITÈRES D'ÉVALUATION

- Le patient dit comprendre pourquoi il a agi comme il l'a fait.
- Le patient connaît les facteurs qui déclenchent la crise.
- Le patient reconnaît l'état d'alerte qui précède la crise.
- Le patient dit qu'il a une meilleure image de soi et une plus haute estime de soi.
- Le patient démontre une plus grande maîtrise de soi : les épisodes d'automutilation sont moins nombreux ou ne se produisent plus.
- Le patient utilise d'autres façons de contrôler ses émotions.

INTERVENTIONS INFIRMIÈRES

PRIORITÉ N° 1 – Évaluer les facteurs favorisants :

- Préciser la dynamique de la situation du patient en se fondant sur les facteurs de risque précités.
- Noter les antécédents de comportements d'automutilation (coupures, écorchures, ecchymoses, etc.).
- Vérifier si le patient souffre de troubles susceptibles de l'empêcher de se maîtriser (psychose, arriération mentale, autisme, etc.).
- Noter les croyances et les pratiques culturelles ou religieuses qui peuvent exercer une influence sur la décision du patient d'adopter un comportement autodestructeur.
- Vérifier si le patient consomme ou abuse de substances qui peuvent entraîner l'accoutumance.
- Vérifier si le patient présente des caractéristiques d'intransigeance ou d'inadaptation révélatrices d'un trouble de la personnalité (comportement impulsif, imprévisible, ou outrancier ; colère intense ou incapacité de maîtriser sa colère, etc.).
- Évaluer le degré de dysfonctionnement social et professionnel du patient.
- Étudier les résultats des examens de laboratoire (taux d'alcool dans le sang, glycémie, dosage des électrolytes, etc.).

PRIORITÉ N° 2 – Organiser le milieu de façon à assurer la sécurité du patient :

- Aider le patient à discerner les émotions et les comportements qui précèdent le désir d'automutilation.
- Imposer au patient des limites ou d'autres formes de contrôle extérieur afin de réduire son besoin d'automutilation.

- Faire participer le patient à la planification des soins *afin de l'aider à redéfinir les frontières de son moi et à atténuer son besoin d'automutilation.*
- Aider le patient à reconnaître ses sentiments et à les exprimer verbalement de manière acceptable.
- Veiller à ce que le patient ne soit pas laissé sans surveillance et aller vérifier personnellement que tout va bien *afin d'assurer sa sécurité.*
- Établir un programme d'activités saines, constructives et axées sur la réussite : activités de groupe comme les outre-mangeurs anonymes ou autre programme en plusieurs étapes basé sur les besoins individuels ; activités permettant de rehausser l'estime de soi comme les techniques de pensée positive et les rencontres avec des amis ; exercice ; etc.
- Créer un climat qui favorise une communication franche, claire et sans équivoque entre le personnel et le patient ; il doit être évident pour tous que « les secrets ne sont pas tolérés » et qu'ils seront dévoilés.
- Noter les sentiments des membres du personnel soignant par rapport au patient (frustration, colère, attitude de défense, distraction, désespoir, sentiment d'impuissance, besoin de le sauver). **Remarque :** Il se peut que le patient manipule les membres du personnel soignant, les divise et les mette ainsi sur la défensive, ce qui suscite des conflits. Il est donc nécessaire d'exposer ces sentiments au grand jour et d'en parler ouvertement avec le personnel et le patient.

PRIORITÉ Nº 3 – Inciter le patient à prendre des mesures positives :

- Encourager le patient à participer à l'élaboration du plan de soins.

- Utiliser ses habilités de communication auprès du patient de façon à le valoriser, en lui conseillant de remplacer son discours intérieur de dénigrement de soi par des affirmations positives.
- Aider le patient à apprendre comment s'affirmer et comment substituer l'assurance à la timidité ou à l'agressivité.
- Conclure une entente avec le patient pour assurer sa sécurité (« je m'engage à ne pas m'infliger de blessures au cours des huit prochaines heures », par exemple). Cette entente doit être datée et signée par l'infirmière et le patient. Il faut la renouveler régulièrement et parer aux imprévus en prenant des dispositions pour que le patient puisse parler à l'infirmière quand il en a besoin.
- Inciter le patient à adopter des comportements sains et l'aider à évaluer les conséquences de ses actes. « Est-ce que cela vous permet d'obtenir ce que vous voulez ? » « En quoi ce comportement vous aide-t-il à atteindre vos buts ? »
- Aider le patient à reprendre sa vie en main (en intervenant sur le plan de l'expérience et de la connaissance).
- Faire participer le patient à une thérapie de groupe.

PRIORITÉ Nº 4 – Prodiguer un enseignement visant le mieux-être du patient :

- Expliquer au patient qu'on est là pour assurer sa sécurité et discuter avec lui des façons dont il pourrait neutraliser le problème dès que les signes précurseurs apparaissent.
- Mobiliser le réseau de soutien du patient.
- Évaluer les conditions de vie dans lesquelles le patient se retrouvera à sa sortie du centre hospi-

talier. Il peut avoir besoin qu'on l'aide à apporter les changements nécessaires pour éviter une rechute.

- Prendre les dispositions nécessaires pour que le patient puisse continuer sa thérapie de groupe.
- Faire participer la famille du patient ou les personnes clés dans sa vie au plan de congé.
- Informer le patient sur la pharmacothérapie, au besoin. Les antidépresseurs peuvent l'aider, mais il faut peser les risques de surdose avant de les recommander.

§ Consulter les diagnostics infirmiers de perturbation des interactions sociales et de perturbation (préciser) de l'estime de soi.

DONNÉES ESSENTIELLES À CONSIGNER

ÉVALUATIONS (INITIALE ET SUBSÉQUENTES)

- Inscrire les données d'évaluation, notamment les facteurs de risque présents, la dynamique de la situation et les antécédents d'automutilation.

PLANIFICATION

- Rédiger le plan de soins et inscrire le nom de chacun des intervenants.
- Rédiger le plan d'enseignement.

APPLICATION /VÉRIFICATION DES RÉSULTATS

- Noter la réaction du patient aux interventions et à l'enseignement, ainsi que les mesures qui ont été prises.
- Noter les objectifs atteints ou les progrès accomplis vers l'atteinte des objectifs.
- Noter les modifications apportées au plan de soins.

PLAN DE CONGÉ

- Inscrire les besoins à long terme du patient ainsi que le nom des responsables des mesures à prendre.
- Noter les services communautaires contactés ainsi que les demandes de consultation.

Remarque

Les informations entre crochets ont été ajoutées par les auteures afin de clarifier les diagnostics infirmiers et d'en faciliter l'utilisation.

AVALER, incapacité (partielle ou totale) d'

Taxinomie I : Mouvement (6.5.1.1)

[Division diagnostique : Nutrition]

Définition

Diminution de la capacité de faire passer volontairement des liquides et/ou des solides de la bouche à l'estomac.

FACTEURS FAVORISANTS

Atteinte neuromusculaire (diminution ou absence du réflexe pharyngé, diminution de la force ou relâchement des muscles assurant la mastication [et la déglutition], déficit sensoriel [perte de sensation dans la cavité buccale], paralysie faciale)

Obstruction mécanique (œdème, canule trachéale, tumeur, etc.)

Fatigue

Baisse de conscience

Rougeur et irritation de la cavité oropharyngée

CARACTÉRISTIQUES

DONNÉES OBJECTIVES

†Signes de difficulté à avaler (stase d'aliments dans la cavité buccale [accumulation ou formation de petites boules d'aliments dans les joues, aliments collant à la muqueuse], toux, étouffement ; bave, mucus en quantités excessives, incoordination de la déglutition : déglutitions répétées, régurgitation par le nez, voix rauque ou voilée)

†Caractéristique majeure

Signes d'aspiration (fausse route), mucus mousseux et abondant

[Affaissement facial, difficulté à mastiquer]

RÉSULTATS ESCOMPTÉS (OBJECTIFS) / CRITÈRES D'ÉVALUATION

- Le patient comprend les facteurs favorisants.
- Le patient connaît les interventions ou applique des mesures visant un apport liquidien suffisant et la prévention de l'aspiration (la fausse route).
- Le patient maîtrise les méthodes d'alimentation appropriées à sa situation.
- Le patient maintient une bonne hydratation, et par conséquent, une bonne turgor de la peau, des muqueuses humides et une diurèse adéquate.
- Le patient atteint ou maintient la masse corporelle désirée.
- Les aliments et les liquides passent sans danger de la bouche à l'estomac.
- La personne qui s'occupe du patient simule correctement les mesures d'urgence en cas d'étouffement (de fausse route alimentaire).

INTERVENTIONS INFIRMIÈRES

PRIORITÉ N° 1 – Évaluer les facteurs favorisants et le degré de perturbation :

- Rechercher si le réflexe pharyngé est présent.
- Demander au patient de manger de la glace pilée ou de boire de petites gorgées d'eau *afin d'évaluer sa capacité d'avaler.*
- Recueillir des données sur la force et la capacité d'étirement des muscles servant à la mastication.
- Inspecter la cavité oropharyngée à la recherche d'œdème, d'inflammation et d'atteinte à l'intégrité de la muqueuse buccale.

- S'assurer que l'hygiène bucco-dentaire du patient est adéquate.
- S'assurer que les prothèses dentaires sont bien adaptées.
- Ausculter les bruits respiratoires *afin de vérifier s'il y a aspiration (fausse route).*
- Recueillir des données sur l'état des perceptions sensorielles du patient (acuité sensorielle, orientation, concentration, coordination motrice).
- Noter la masse corporelle du patient et les changements pondéraux récents.

PRIORITÉ Nº 2 – Prévenir l'aspiration (la fausse route) et maintenir la liberté des voies aériennes :

- Déceler les facteurs qui peuvent déclencher l'aspiration (la fausse route) ou porter atteinte aux voies aériennes.
- Surélever la tête du lit à un angle de 90° en plaçant la tête dans l'alignement anatomique, légèrement fléchie vers l'avant pendant l'alimentation. Garder la tête du lit surélevée pendant 30 à 45 minutes après l'alimentation.
- Installer du côté non atteint le patient souffrant d'un problème affectant un côté de la bouche (hémiplégie, par exemple), placer les aliments de ce côté et lui demander d'utiliser sa langue pour introduire les aliments.
- Procéder à une succion de la cavité buccale, au besoin. S'il y a lieu, montrer au patient comment effectuer lui-même cette intervention.

PRIORITÉ Nº 3 – Équilibrer les apports liquidiens et énergétiques en fonction des besoins du patient :

- Diriger le patient vers un gastro-entérologue, au besoin. **Remarque :** Une dilatation de l'œsophage peut se révéler nécessaire si une insuffisance du sphincter ou une sténose de l'œsophage entrave la déglutition.

- Mesurer les ingesta et les excreta et peser le patient *afin de vérifier si l'apport liquidien et énergétique est suffisant.*
- Inviter le patient à se reposer avant les repas *afin de réduire la fatigue.*
- Administrer au patient les analgésiques prescrits avant le repas, *afin d'améliorer son bien-être.* **Remarque**: Il faut toutefois veiller à ce que la dose ne soit pas assez forte pour réduire son niveau de conscience ou sa perception sensorielle.
- Appliquer des soins d'hygiène bucco-dentaire avant les repas.
- Réduire les stimuli qui risquent de distraire le patient pendant le repas *afin de l'amener à se concentrer sur son alimentation et sa déglutition.*
- S'enquérir des préférences alimentaires du patient et les intégrer à son régime, dans la mesure du possible. Présenter les aliments de manière attrayante.
- Donner au patient des aliments et des liquides à une température (chaude ou froide, et non tiède) qui permette de stimuler ses récepteurs sensoriels.
- Donner au patient des aliments et des liquides ayant une consistance qui les rend plus faciles à déglutir: desserts à la gélatine contenant moins d'eau, poudings et crème anglaise; liquides épais (yogourt, potages à la crème préparés avec moins d'eau); purées légères (céréales chaudes avec supplément d'eau); boissons épaisses telles que des nectars; jus de fruits congelés jusqu'à consistance de « barbotines »; œufs mollets ou brouillés; fruits en boîte; légumes bien cuits. **Remarque**: Il est très difficile de contrôler la déglutition des liquides légers.

- Éliminer du régime du patient les produits laitiers et le chocolat, qui peuvent épaissir les sécrétions buccales.
- Utiliser un gobelet laissant un espace pour le nez *afin d'éviter au patient d'avoir à renverser la tête pour boire.* Ne jamais verser de liquide dans la bouche du patient.
- S'abstenir de « faire descendre » les aliments avec des liquides.
- Offrir les aliments sans mêler les consistances ni les textures.
- Laisser au patient amplement de temps pour manger.
- Rester auprès du patient pendant le repas afin d'atténuer son anxiété et de lui offrir de l'aide au besoin.
- S'adapter au style et au rythme du patient *afin de lui éviter la fatigue et la frustration que peut entraîner l'alimentation.*
- Placer les aliments au milieu de la bouche ; préparer des bouchées de grosseur moyenne (environ 15 mL pour bien déclencher le réflexe de déglutition).
- Conseiller au patient de mâcher les aliments du côté non atteint, le cas échéant.
- Donner au patient des repères cognitifs pour l'aider à se concentrer et à réaliser la série de mouvements de déglutition (lui rappeler de mâcher et d'avaler, par exemple).
- Masser délicatement les muscles laryngopharyngiens (côtés de la trachée et du cou) *afin de stimuler la déglutition.*
- Féliciter le patient de ses efforts.
- Demander au patient d'explorer ses joues avec la langue pour s'assurer qu'il ne reste plus d'aliments.

- Examiner la cavité buccale du patient après chaque bouchée et enlever les aliments s'il est incapable de déglutir.
- Laisser le patient assis droit pendant 30 minutes après le repas.
- Demander au patient d'effectuer des soins d'hygiène bucco-dentaire après chaque repas et les compléter au besoin.
- Administrer une alimentation par sonde ou parentérale au patient dont l'apport alimentaire par voie buccale est insuffisant. Au besoin, consulter un spécialiste de la dysphagie ou l'équipe de réadaptation.

PRIORITÉ Nº 4 – Prodiguer un enseignement visant le mieux-être du patient :

- Consulter une diététicienne pour établir le meilleur régime alimentaire possible.
- Donner les médicaments avec de la gélatine, de la gelée ou du pouding. **Remarque :** Il faudra demander au pharmacien si les pilules peuvent être écrasées ou si le médicament peut être obtenu sous forme de liquide ou de capsules.
- Montrer au patient et/ou à la personne clé dans sa vie les techniques d'alimentation appropriées et des exercices de déglutition.
- Montrer au patient et à la personne clé dans sa vie les mesures d'urgence à appliquer en cas d'étouffement.
- Inciter le patient à suivre un programme d'exercices faciaux *afin de maintenir ou d'améliorer sa force musculaire.*
- Établir un horaire régulier de pesées.

§ Consulter le diagnostic infirmier de risque de déficit nutritionnel.

DONNÉES ESSENTIELLES À CONSIGNER

ÉVALUATIONS (INITIALE ET SUBSÉQUENTES)

- Consigner les données d'évaluation, notamment la gravité du handicap et ses caractéristiques, la masse actuelle du patient et les changements pondéraux récents.
- Noter les effets du problème sur le mode de vie du patient, sa vie sociale et son état nutritionnel.

PLANIFICATION

- Rédiger le plan de soins et inscrire le nom de chacun des intervenants.
- Rédiger le plan d'enseignement.

APPLICATION /VÉRIFICATION DES RÉSULTATS

- Noter les réactions du patient aux interventions et à l'enseignement, ainsi que les mesures qui ont été prises.
- Noter les objectifs atteints ou les progrès accomplis vers l'atteinte des objectifs.
- Noter les modifications apportées au plan de soins.

PLAN DE CONGÉ

- Noter les besoins à long terme du patient, les demandes de consultation et le nom des responsables des mesures à prendre.
- Noter les ressources disponibles et les demandes de consultation.

Remarque

Les informations entre crochets ont été ajoutées par les auteures afin de clarifier les diagnostics infirmiers et d'en faciliter l'utilisation.

BIEN-ÊTRE SPIRITUEL : ACTUALISATION POTENTIELLE

Taxinomie I : Valeurs (4.2)

[Division diagnostique : Spiritualité]

Définition

Le bien-être spirituel est le cheminement d'une personne qui cherche à découvrir le sens caché de la vie en créant une unité harmonieuse entre soi et le monde grâce à sa force intérieure. [Le bien-être spirituel est la capacité de donner à la vie un sens, une valeur et un but qui soient source d'harmonie, de paix intérieure et de satisfaction. Il permet de maintenir des liens positifs avec soi-même, un Être suprême, la collectivité et l'environnement.]

FACTEURS FAVORISANTS

N'ont pas encore été répertoriés par l'ANADI

CARACTÉRISTIQUES

DONNÉES SUBJECTIVES

Forces intérieures : conscience immédiate, conscience de soi, source sacrée, force d'unification, centre intérieur, transcendance

Sens caché de la vie : interprétation personnelle du sens de la vie, des mystères, des crises qui jalonnent l'existence et des luttes à mener

Unité harmonieuse : harmonie avec soi, avec les autres, avec une force supérieure ou Dieu et avec l'environnement

RÉSULTATS ESCOMPTÉS (OBJECTIFS) /CRITÈRES D'ÉVALUATION

- Le patient reconnaît les forces intérieures nécessaires pour atteindre l'équilibre et le bien-être.
- Le patient trouve un sens et un but à la vie, ce qui favorise l'espoir, la paix intérieure et la satisfaction.
- Le patient dit avoir trouvé la paix, la satisfaction et la tranquillité de l'esprit.
- Le comportement du patient concorde avec ses paroles, et il y puise le soutien et la force dont il a besoin quotidiennement.

INTERVENTIONS INFIRMIÈRES

PRIORITÉ N° 1 – Évaluer l'état spirituel du patient et son désir d'un mieux-être spirituel :

- S'enquérir de la vie spirituelle ou religieuse antérieure du patient, des activités et des rituels qu'il pratique.
- Explorer le sens que le patient donne à la spiritualité, à la vie, à la mort et à la maladie ; préciser comment il rattache ces phénomènes à sa vie quotidienne ; prendre note de sa perception de la situation actuelle.
- Apprécier la valeur du réseau de soutien du patient relativement au bien-être spirituel.
- Discuter avec le patient de ses projets de vie et des desseins de Dieu en ce qui le concerne.
- Déterminer l'importance que le patient accorde dans sa vie quotidienne à ses croyances spirituelles et à sa pratique religieuse.
- Estimer l'influence de la spiritualité ou de la pratique religieuse sur la vie du patient et noter ses conséquences négatives et ses bienfaits.

- Explorer de quelle façon la spiritualité ou la pratique religieuse du patient donnent un sens à sa vie quotidienne.

PRIORITÉ N° 2 – Aider le patient à intégrer ses valeurs et ses croyances afin qu'il acquière un sentiment de complétude et un équilibre optimal dans sa vie quotidienne :

- Explorer de quelle façon les croyances peuvent donner sens et valeur à la vie quotidienne.
- Vérifier si les attentes du patient sont en concordance avec la perception qu'il a de lui-même.
- Discuter avec le patient de l'importance et de la valeur des rituels et des prières dans sa vie quotidienne.
- Spécifier avec le patient des moyens de parvenir à l'harmonie avec soi, avec les autres, avec la nature, avec un Être suprême (méditation, prière, rencontres ; activités dans la nature, jardinage, promenade ; participation à des activités religieuses).

PRIORITÉ N° 3 – Prodiguer un enseignement visant le mieux-être du patient :

- Préciser avec le patient des façons d'exprimer sa foi ou sa spiritualité.
- Encourager le patient à prendre le temps de se recueillir afin de trouver la paix et l'harmonie. Lui suggérer des activités relaxantes qui invitent à la méditation (yoga, taï chi, prière, etc.).
- Encourager le patient à pratiquer les activités qui lui permettent d'exprimer ses croyances tout en renforçant son intériorité (activités religieuses, consultation d'un conseiller spirituel, etc.).
- Discuter avec le patient des façons de réagir lorsque des membres de sa famille, des per-

sonnes clés dans sa vie ou la société expriment des opinions différentes des siennes. Créer des mises en situation lui permettant d'expérimenter d'autres façons de réagir, si nécessaire.
- Suggérer au patient de se joindre à un groupe de discussion sur le contenu des rêves, afin qu'il se familiarise avec la dimension spirituelle et qu'il poursuive sa croissance personnelle.
- Proposer au patient des lectures complémentaires et lui fournir une liste de ressources appropriées.

DONNÉES ESSENTIELLES À CONSIGNER

ÉVALUATIONS (INITIALE ET SUBSÉQUENTES)

- Inscrire les données d'évaluation, y compris la façon dont le patient perçoit ses besoins et son désir de changer.

PLANIFICATION

- Rédiger le plan de soins et inscrire le nom de chacun des intervenants.
- Rédiger le plan d'enseignement.

APPLICATION/VÉRIFICATION DES RÉSULTATS

- Noter les réactions du patient aux interventions et à l'enseignement, ainsi que les mesures qui ont été prises.
- Noter les objectifs atteints ou les progrès accomplis vers l'atteinte des objectifs.
- Noter les modifications apportées au plan de soins.

PLAN DE CONGÉ

- Noter les besoins à long terme du patient, ses attentes et les mesures à prendre.
- Noter les demandes de consultation.

Remarque

Les informations entre crochets ont été ajoutées par les auteures afin de clarifier les diagnostics infirmiers et d'en faciliter l'utilisation.

BLESSURE EN PÉRIOPÉRATOIRE, risque de

Taxinomie I : Mouvement (6.1.1.1.2)

[Division diagnostique : Intégrité physique]

Définition

Risque de lésions associé aux conditions prévalant dans le bloc opératoire.

FACTEURS DE RISQUE

Désorientation ; troubles de la perception sensorielle secondaires à l'anesthésie

Immobilisation, faiblesse musculaire ; [trouble musculosquelettique préexistant]

Obésité

Maigreur

Œdème

[Âge avancé]

Remarque : Il ne peut y avoir de signes ou de symptômes (caractéristiques) lorsque l'on diagnostique un risque de problème, car celui-ci n'existe pas encore ; les interventions infirmières sont donc axées sur la prévention.

RÉSULTATS ESCOMPTÉS (OBJECTIFS) /CRITÈRES D'ÉVALUATION

- Le patient ne subit aucune blessure due à la désorientation périopératoire.
- Le patient ne présente pas de lésion ni de problème cutané ou tissulaire au-delà de 24 à 48 heures après l'opération.

- Le patient dit ne plus ressentir d'engourdissement, de picotements ou de problèmes sensoriels reliés à la position opératoire moins de 24 à 48 heures après l'opération.

INTERVENTIONS INFIRMIÈRES

PRIORITÉ Nº 1 – Évaluer les facteurs de risque et les besoins du patient :

- Noter la durée prévue de l'intervention chirurgicale et la position opératoire. Surveiller l'apparition des complications possibles (par exemple, le décubitus dorsal peut causer des douleurs lombaires et comprimer la peau des talons, des coudes et de la région sacrée ; le décubitus latéral peut causer une douleur à l'épaule et au cou, ainsi que des lésions à l'œil et à l'oreille du côté déclive).
- Passer en revue les antécédents du patient, notamment son âge, son poids, sa taille, son état nutritionnel, ainsi que toutes les limitations physiques ou affections préexistantes qui peuvent influer sur le choix de la position et sur l'intégrité de la peau et des tissus durant l'intervention (manque de tissu sous-cutané protecteur chez une personne âgée, arthrite, syndrome de traversée thoraco-cervico-brachiale ou syndrome du canal carpien, diabète, obésité, présence d'une stomie abdominale, maladie des vaisseaux périphériques, déséquilibre hydrique, altération de la température des membres).
- Noter la réaction du patient aux sédatifs et aux autres médicaments préopératoires.
- Vérifier si le patient qui a reçu des sédatifs est en sécurité (s'assurer que les ridelles du lit ou de la civière sont levées, vérifier si une personne reste auprès du patient, etc.).

PRIORITÉ Nº 2 – Protéger le patient des blessures :

- S'assurer que les roulettes du lit ou de la civière sont bloquées et que le corps et les membres du patient sont soutenus durant les transferts ; demander l'aide d'autres membres du personnel.
- Placer la courroie de sécurité correctement (sans exercer de compression sur les membres), de façon à ce que le patient soit bien maintenu, pour les interventions qui le nécessitent.
- Maintenir autant que possible un bon alignement corporel, en utilisant des oreillers, des coussinets et des courroies pour soutenir le patient dans la position choisie.
- S'assurer que le corps du patient n'entre pas en contact avec les parties métalliques de la table d'opération *afin de prévenir les brûlures.*
- Placer les membres du patient de façon à pouvoir surveiller périodiquement la circulation sanguine, la compression des nerfs, l'alignement corporel et la stabilité des conditions mises en place pour assurer la sécurité du patient, surtout lorsque les dispositifs de contention doivent être replacés ou déplacés.
- Placer des coussinets protecteurs contre les points d'appui du corps (saillies osseuses comme les coudes et les chevilles ; zones neurovasculaires comme les seins et les genoux). Replacer les coussinets au besoin.
- Si l'intervention se fait en position gynécologique, installer les deux jambes de la patiente en même temps dans les étriers, en prenant soin d'en ajuster la hauteur et de maintenir une position symétrique. Placer des coussinets protecteurs sous l'espace poplité au besoin.
- Mesurer périodiquement les pouls périphériques et noter la couleur et la température de la peau du patient *afin de s'assurer que la circulation sanguine est adéquate.*

- Replacer doucement le patient avant le transfert à la civière ou au lit. **Remarque :** On prendra encore plus de précautions auprès du patient anesthésié à l'halothane.
- Protéger les voies respiratoires du patient et faciliter le travail ventilatoire après l'extubation.
- Installer le patient dans la position recommandée, selon le protocole de l'intervention (surélever la tête du lit après une rachianesthésie, installer ou non le patient sur le côté indemne après une pneumonectomie, par exemple).

PRIORITÉ N° 3 – Prodiguer un enseignement visant le mieux-être du patient :

- Informer le patient sur les précautions périopératoires à prendre : lui recommander de ne pas croiser les jambes durant une intervention pratiquée sous anesthésie locale ou légère, lui expliquer l'état dans lequel il sera après l'opération et l'informer sur les signes et les symptômes à signaler au médecin.
- Informer le patient et les personnes qui s'en occuperont après l'opération sur les réactions postopératoires qui devraient disparaître dans les 24 heures après l'intervention : douleur lombaire, engourdissement local, rougeurs ou marques sur la peau, etc.
- Prendre les mesures nécessaires pour protéger l'intégrité de la peau et des tissus du patient (soins de la peau, application de bas élastiques, mobilisation précoce, etc.).
- Inciter le patient à faire des exercices de mobilisation aussi souvent qu'il le peut, surtout s'il présente une raideur articulaire.
- Collaborer avec les autres membres de l'équipe soignante pour déceler les risques de problèmes ; prendre les mesures de prévention qui s'imposent.

- Diriger le patient vers les services appropriés.

DONNÉES ESSENTIELLES À CONSIGNER

ÉVALUATIONS (INITIALE ET SUBSÉQUENTES)

- Inscrire les données d'évaluation, notamment les facteurs de risque qui peuvent entraîner des problèmes périopératoires ou qui justifient la modification des soins ou des positions habituels.
- Noter les données des évaluations périodiques.

PLANIFICATION

- Rédiger le plan de soins et inscrire le nom de chacun des intervenants.
- Rédiger le plan d'enseignement.

APPLICATION /VÉRIFICATION DES RÉSULTATS

- Noter les réactions du patient aux interventions et les mesures qui ont été prises.
- Noter les objectifs atteints ou les progrès accomplis vers l'atteinte des objectifs.
- Noter les modifications apportées au plan de soins.

PLAN DE CONGÉ

- Noter les besoins à long terme du patient et le nom des responsables des mesures à prendre.

Remarque

Les informations entre crochets ont été ajoutées par les auteures afin de clarifier les diagnostics infirmiers et d'en faciliter l'utilisation.

CAPACITÉ ADAPTATIVE INTRACRÂNIENNE, diminution de la

Taxinomie I : Échanges (1.7.1)

[Division diagnostique : Circulation]

Définition

Déficience des mécanismes qui compensent normalement l'augmentation des volumes liquidiens intracrâniens. Divers stimuli, nociceptifs ou non, peuvent alors provoquer des augmentations disproportionnées et répétées de la pression intracrânienne.

FACTEURS FAVORISANTS

Lésions cérébrales

Augmentation soutenue de la pression intracrânienne de 10 à 15 mm Hg ou plus

Pression de l'irrigation cérébrale inférieure ou égale à 50 à 60 mm Hg

Hypotension systémique avec hypertension intracrânienne

CARACTÉRISTIQUES

DONNÉES OBJECTIVES

†Augmentations répétées de la pression intracrânienne supérieures à 10 mm Hg pendant plus de 5 minutes en réponse à des stimuli externes de diverses natures

---

†Caractéristique majeure

Augmentation disproportionnée de la pression intracrânienne en réponse à un seul stimulus provenant de l'environnement ou à une intervention du personnel soignant

Forme d'onde de la pression intracrânienne P2 élevée

Variation de la réponse à l'épreuve pression/volume (rapport pression/volume > 2, pression = index volumique < 10)

Pression intracrânienne de base égale ou supérieure à 10 mm Hg

Grande amplitude de l'onde de la pression intracrânienne

[Altération du niveau de conscience — coma]

[Changements dans les signes vitaux, le rythme cardiaque]

Note des auteures : Ce diagnostic semble reposer sur les signes mécaniques d'un problème et ne pas tenir compte de la façon dont le patient réagit au problème. L'infirmière prendra ce facteur en considération lorsqu'elle validera le diagnostic et qu'elle choisira les interventions appropriées.

RÉSULTATS ESCOMPTÉS (OBJECTIFS) /CRITÈRES D'ÉVALUATION

- Le patient présente une pression intracrânienne stable se manifestant par une normalisation des ondes et de la réaction aux stimuli.
- Les signes neurologiques sont améliorés.

INTERVENTIONS INFIRMIÈRES

PRIORITÉ N° 1 – Évaluer les facteurs favorisants :

- Relever les facteurs reliés à la situation du patient (cause du coma, par exemple).

- Surveiller et noter les changements dans les ondes de la pression intracrânienne et les événements qui coïncident avec ces changements (aspiration, changement de position, sonnerie d'alarme d'un appareil, visite de la famille, etc.).

PRIORITÉ N° 2 – Déterminer le degré de perturbation :

- Apprécier l'ouverture, la position et le mouvement des yeux, le diamètre, la forme, l'égalité et la réaction à la lumière des pupilles, l'état de conscience et l'état mental.
- Noter les réactions motrices volontaires et involontaires (changements de position, etc.) en comparant les côtés droit et gauche.
- Rechercher les réflexes (clignement des yeux, réflexe tussigène, réflexe nauséeux, signe de Babinski) et vérifier si la nuque est raide.
- Mesurer les signes vitaux et le rythme cardiaque avant, pendant et après une activité.

PRIORITÉ N° 3 – Réduire ou corriger les facteurs favorisants et maximiser l'irrigation sanguine :

- Surélever la tête du lit de 15° à 45°, selon l'état du patient.
- Maintenir la tête et le cou du patient en position neutre et les soutenir à l'aide de petits oreillers ou de petites serviettes enroulées. **Remarque :** On évitera de poser la tête du patient sur un gros oreiller ou de fléchir ses hanches à 90° ou plus.
- Réduire les stimuli et recourir à des mesures de bien-être (maintenir le calme autour du patient, parler d'une voix douce, lui faire écouter à l'aide d'écouteurs un enregistrement de voix familières, lui masser le dos, le toucher doucement selon sa tolérance, etc.).

- Limiter les interventions douloureuses (ponctions veineuses, évaluations neurologiques, etc.) à celles qui sont absolument nécessaires.
- Laisser le patient se reposer entre les soins et réduire au minimum la durée des interventions. Tamiser la lumière, atténuer le bruit et établir un horaire de soins qui favorise le repos et l'installation d'un rythme de sommeil régulier (par exemple, favoriser le rythme jour-nuit).
- Limiter ou éliminer les activités qui causent une augmentation de la pression intrathoracique ou abdominale (toux, vomissement, efforts de défécation, etc.). Éviter autant que possible les dispositifs de contention.
- Aspirer les sécrétions du patient avec précaution et seulement lorsqu'il le faut, en se limitant à deux aspirations de dix secondes chacune à une pression négative ne dépassant pas 120 mm Hg. Ne pas aller plus loin que l'extrémité de la sonde endotrachéale et ne pas toucher la paroi trachéale ou l'éperon trachéal. Administrer de la lidocaïne par voie intratrachéale (la lidocaïne atténue le réflexe tussigène), et donner un supplément d'oxygène avant l'aspiration s'il y a lieu.
- Maintenir la perméabilité du système de drainage urinaire.
- Peser le patient au besoin. Calculer le bilan hydrique toutes les huit heures ou chaque jour.
- Limiter l'apport liquidien au besoin ; administrer les liquides intraveineux à l'aide d'une pompe volumétrique ou d'un contrôleur afin de prévenir la surcharge vasculaire.
- Abaisser la température corporelle, de sorte que le métabolisme soit ralenti et les besoins en oxygène réduits. Régler la température ambiante

et utiliser une couverture hypothermique, s'il y a lieu.

- Si le patient est agité, rechercher les facteurs favorisants et prendre les mesures qui s'imposent.
- Appliquer les mesures de sécurité relatives aux convulsions ; administrer le traitement s'il y a lieu.
- Administrer un supplément d'oxygène ; hyperventiler s'il y a lieu. Mesurer les gaz du sang artériel, particulièrement la concentration de CO_2 et la PaO_2. Une $PaCO_2$ de 28 à 30 mm Hg réduit le débit sanguin cérébral tout en maintenant une oxygénation cérébrale adéquate, tandis qu'une PaO_2 de moins de 65 mm Hg peut causer une dilatation vasculaire cérébrale.
- Administrer les médicaments prescrits (antihypertenseurs, diurétiques, analgésiques/sédatifs, antipypétiques, vasopresseurs, anticonvulsivants, agents bloqueurs neuromusculaires, corticostéroïdes, etc.).
- Préparer le patient à l'intervention chirurgicale, le cas échéant (évacuation d'un hématome, excision d'une tumeur intracrânienne, etc.).

PRIORITÉ N° 4 – Prodiguer un enseignement visant le mieux-être du patient :

- Renseigner les personnes qui s'occupent du patient sur les situations susceptibles de causer une augmentation de la pression intracrânienne (suffocation, douleur, position inadéquate, constipation, obstruction de l'écoulement urinaire, etc.). Leur expliquer les mesures à prendre.
- Renseigner les personnes qui s'occupent du patient sur les signes et symptômes indiquant une augmentation de la pression intracrânienne (si le patient n'est pas relié à un moniteur de con-

trôle) : agitation, détérioration des signes neurologiques, etc. Leur expliquer les mesures à prendre.

DONNÉES ESSENTIELLES À CONSIGNER

ÉVALUATIONS (INITIALE ET SUBSÉQUENTES)

- Inscrire les données de l'évaluation neurologique, en prenant soin de noter séparément les données des côtés droit et gauche (pupilles, réaction motrice, réflexes ; agitation, raideur de la nuque, etc.).
- Noter les réactions du patient aux activités et aux événements (forme des ondes de la pression intracrânienne, changements dans les signes vitaux, etc.).
- Noter la présence de convulsions et leurs caractéristiques.

PLANIFICATION

- Rédiger le plan de soins et inscrire le nom de chacun des intervenants.
- Rédiger le plan d'enseignement.

APPLICATION /VÉRIFICATION DES RÉSULTATS

- Noter les réactions du patient aux interventions et les mesures qui ont été prises.
- Noter les objectifs atteints et les progrès accomplis vers l'atteinte des objectifs.
- Noter les modifications apportées au plan de soins.

PLAN DE CONGÉ

- Noter les besoins futurs du patient, les mesures à prendre pour y répondre et le nom des responsables de ces mesures.

• Noter les demandes de consultation.

Remarque

Les informations entre crochets ont été ajoutées par les auteures afin de clarifier les diagnostics infirmiers et d'en faciliter l'utilisation.

CHAGRIN (DEUIL) DYSFONCTIONNEL

Taxinomie I: Sensations et sentiments (9.2.1.1)

[Division diagnostique: Intégrité émotionnelle]

Définition

Réactions émotionnelles et intellectuelles à une perte ou au sentiment d'avoir subi une perte, auxquelles une personne a recours en vain depuis longtemps pour rééquilibrer le concept de soi.

FACTEURS FAVORISANTS

[Perte, ou sentiment d'avoir subi la perte, d'un objet important: il peut s'agir d'une personne, de biens, d'un emploi, de sa situation sociale ou matrimoniale, de sa maison, d'idéaux, de parties ou de fonctions du corps [amputation, paralysie, maladie chronique ou en phase terminale]

[Réaction refoulée de chagrin face à une perte]

[Réaction de chagrin antérieure non résolue]

[Absence de chagrin par anticipation]

CARACTÉRISTIQUES

DONNÉES SUBJECTIVES

Détresse face à la perte

Problèmes non résolus

Idéalisation de l'objet perdu

Déni de la perte

Colère ; tristesse

Altération des habitudes alimentaires, des habitudes de sommeil, de la nature des rêves, du niveau d'activité, de la libido

Retour sur des expériences passées

Sentiment de culpabilité

[Désespoir]

DONNÉES OBJECTIVES

Pleurs

Difficulté à parler de la perte

Répercussions sur les activités quotidiennes

Diminution de la capacité de se concentrer et/ou de terminer des tâches

Affect instable

Régression à un stade de développement antérieur

[Répli sur soi ; isolement]

RÉSULTATS ESCOMPTÉS (OBJECTIFS) / CRITÈRES D'ÉVALUATION

- Le patient reconnaît l'existence et l'incidence de la situation dysfonctionnelle.
- Le patient progresse à son propre rythme à travers les étapes du processus de deuil.
- Le patient participe à ses soins personnels et aux activités de la vie quotidienne dans la mesure de ses capacités.
- Le patient reconnaît ses progrès dans la résolution du deuil.
- Le patient envisage l'avenir avec optimisme.

INTERVENTIONS INFIRMIÈRES

PRIORITÉ N° 1 – Évaluer les facteurs favorisants :

- Décrire la perte par le patient. Rechercher des signes de tristesse (soupirs, regard perdu dans le vague, apparence négligée, distraction, etc.).
- Préciser le stade du processus de deuil à partir des sentiments exprimés par le patient : déni, colère, marchandage, dépression, acceptation (Kübler-Ross).
- Apprécier le degré de fonctionnement et d'autonomie du patient.
- Inventorier les sources de soutien et les ressources communautaires à la disposition du patient, et s'enquérir de l'utilisation qu'il en fait.
- Prendre note des comportements d'évitement (colère, repli sur soi, etc.).
- Recueillir des données sur les facteurs culturels influençant le patient et sur la façon dont il a fait face à des pertes antérieures.
- Noter la réaction de la famille et des personnes clés à la situation du patient. Déceler les besoins des personnes clés dans la vie du patient.

§ Consulter le diagnostic infirmier de chagrin (deuil) par anticipation, s'il y a lieu.

PRIORITÉ N° 2 – Aider le patient à faire face adéquatement à sa perte :

- Inviter le patient à se confier sans toutefois l'obliger à affronter la réalité *afin d'amorcer les étapes de résolution et d'acceptation.*
- Pratiquer l'écoute active auprès du patient lorsqu'il parle de ses sentiments et lui offrir aide et soutien. Lui parler d'une voix douce et compatissante.

- Inciter le patient à exprimer sa colère, sa peur ou son anxiété.
- Laisser le patient verbaliser sa colère et accepter ses sentiments tout en fixant des limites aux comportements destructifs.
- Admettre que le patient puisse se sentir coupable, se blâmer ou exprimer de l'hostilité envers Dieu.

§ Consulter le diagnostic infirmier de détresse spirituelle.

- Aider le patient à progresser vers l'étape de résolution du deuil.
- Respecter les désirs du patient et son besoin d'être seul, de rester silencieux et/ou de parler.
- Donner au patient la « permission » de se sentir déprimé.
- Assurer le confort du patient et faire preuve de disponibilité tout en s'occupant de ses besoins physiques.
- Inciter le patient à recourir aux stratégies d'adaptation qui se sont révélées efficaces par le passé. Lui montrer des techniques de visualisation et de relaxation et l'inciter à les utiliser.
- Soutenir les personnes clés dans la vie du patient qui doivent composer avec sa réaction. **Remarque** : Les réactions de la famille ou des personnes clés ne sont pas nécessairement dysfonctionnelles mais elles peuvent être intolérantes.
- Adapter les interventions selon l'âge des personnes concernées.
- Inviter la famille et les personnes clés à se fixer des objectifs réalistes qui permettront de répondre à leurs besoins.

PRIORITÉ Nº 3 – Prodiguer un enseignement visant le mieux-être du patient :

- Discuter avec le patient des façons efficaces de faire face aux situations difficiles.
- Expliquer au patient que ses sentiments ou ses actes sont normaux et reliés aux étapes du processus de deuil.
- Demander au patient d'énumérer les facteurs familiaux, religieux et culturels qu'il juge importants.
- Encourager le patient à poursuivre ses activités habituelles et à participer à un programme d'exercice approprié. Favoriser sa socialisation en tenant compte de ses capacités physiques et de son état psychologique.
- Discuter avec le patient de ses projets d'avenir ou des funérailles et l'aider à planifier, au besoin.
- Diriger le patient vers d'autres sources d'aide (animation pastorale, counseling, psychothérapie, groupes de soutien organisés), au besoin.

DONNÉES ESSENTIELLES À CONSIGNER

ÉVALUATIONS (INITIALE ET SUBSÉQUENTES)

- Inscrire les données d'évaluation, notamment la signification de la perte pour le patient, l'étape du processus de deuil où il se situe et les réactions de la famille ou de la personne clé dans sa vie.
- Noter les différentes ressources à la disposition du patient et l'utilisation qu'il en fait.

PLANIFICATION

- Rédiger le plan de soins et inscrire le nom de chacun des intervenants.
- Rédiger le plan d'enseignement.

APPLICATION /VÉRIFICATION DES RÉSULTATS

- Noter les réactions du patient aux interventions et à l'enseignement, ainsi que les mesures qui ont été prises.
- Noter les objectifs atteints ou les progrès accomplis vers l'atteinte des objectifs.
- Noter les modifications apportées au plan de soins.

PLAN DE CONGÉ

- Inscrire les besoins à long terme du patient et le nom des responsables des mesures à prendre.
- Noter les demandes de consultation.

Remarque

Les informations entre crochets ont été ajoutées par les auteures afin de clarifier les diagnostics infirmiers et d'en faciliter l'utilisation.

CHAGRIN (DEUIL) PAR ANTICIPATION

Taxinomie I : Sensations et sentiments (9.2.1.2)

[Division diagnostique : Intégrité émotionnelle]

Définition

Conduites ou réactions émotionnelles et intellectuelles à la perspective d'une perte, auxquelles une personne a recours pour rééquilibrer le concept de soi. [Note des auteures : Il peut s'agir d'une réaction saine n'exigeant que des interventions de soutien et de l'information.]

FACTEURS FAVORISANTS

N'ont pas encore été répertoriés par l'ANADI

[Impression que l'on risque de perdre : une personne clé dans sa vie ; son bien-être biopsychosocial (partie du corps ou fonctions corporelles, rôle social) ; son style de vie, ses biens personnels]

CARACTÉRISTIQUES

DONNÉES SUBJECTIVES

Tristesse ; culpabilité ; colère ; sentiments refoulés

Déni du risque de perte

Détresse face au risque de perte, [ambivalence, impression d'irréalité]

Altération du niveau d'activité ; perturbation des habitudes de sommeil

Changement dans les habitudes alimentaires

Altération de la libido

DONNÉES OBJECTIVES

Risque de perdre un objet important

Altération des modes de communication habituels

[Altération de l'affect]

[Larmes]

[Isolement social, repli sur soi]

RÉSULTATS ESCOMPTÉS (OBJECTIFS) / CRITÈRES D'ÉVALUATION

- Le patient exprime ses sentiments (tristesse, culpabilité, peur, etc.) spontanément et efficacement.
- Le patient reconnaît les effets du processus de deuil (problèmes physiques de manque d'appétit, d'insomnie, etc.).
- Le patient consulte pour recevoir l'aide dont il a besoin.
- Le patient pense au lendemain ou fait des projets un jour à la fois.

INTERVENTIONS INFIRMIÈRES

PRIORITÉ Nº 1 – Évaluer les facteurs favorisants :

- S'informer sur la perception de la perte par le patient et sur ce qu'elle signifie pour lui. « Qu'est-ce qui vous préoccupe ? » ; « De quoi avez-vous peur ? » ; « Quelle est votre plus grande peur ? » ; « À votre avis, comment votre vie en sera-t-elle affectée ? »
- Noter la réaction de la famille ou de la personne clé dans la vie du patient face à sa situation et à ses inquiétudes.

PRIORITÉ Nº 2 – Déterminer la réaction actuelle du patient face à la perte anticipée :

- Noter les réactions émotionnelles du patient (repli sur soi, colère, pleurs, etc.).

- Observer le langage corporel du patient et lui en demander le sens. Noter s'il y a congruence entre le geste et la parole.
- Noter les facteurs culturels susceptibles d'influer sur les réactions du patient.
- Noter les perturbations dans l'appétit du patient, son niveau d'activité, son désir sexuel, sa performance dans les rôles sociaux (au travail, en tant que parent, etc.).
- Noter les modes de communication ou d'interaction de la famille.
- Inventorier les sources de soutien et les ressources communautaires à la disposition du patient et s'enquérir de l'utilisation qu'il en fait.

PRIORITÉ Nº 3 – Aider le patient à faire face à la situation :

- Créer un climat de compréhension permettant au patient de discuter spontanément de ses sentiments et de ses inquiétudes.
- Appliquer les techniques de communication thérapeutique (écoute active, silences, acceptation inconditionnelle, etc.). Respecter la volonté du patient qui ne veut pas parler.
- Permettre au patient d'exprimer au moment opportun sa colère ou sa peur. Noter les sentiments d'hostilité envers un être suprême ou l'impression d'avoir été abandonné par lui.
- Expliquer au patient que la réaction de chagrin est normale.
- Répondre honnêtement aux questions du patient.
- Donner de l'espoir au patient, dans la mesure du possible, sans toutefois le rassurer indûment.
- Analyser les expériences passées et les pertes antérieures, les changements de rôle et les stratégies d'adaptation, en notant les forces et les

succès que le patient peut utiliser pour faire face à sa situation.

- Noter les besoins du patient en matière de résolution de problèmes.
- Discuter des changements qui dépendent de la volonté du patient et de ceux qui y échappent.
- Inviter la famille ou la personne clé dans la vie du patient à participer au processus de résolution de problèmes, à aider le patient à faire face à la situation et à répondre aux besoins de tous les membres de la famille.
- Montrer au patient des techniques de visualisation et de relaxation.
- Inciter le patient à poursuivre ses activités habituelles ou à conserver son horaire habituel.
- Administrer les sédatifs ou les tranquillisants avec prudence, car ils peuvent retarder l'évolution à travers les étapes du processus de deuil.

PRIORITÉ N° 4 – Prodiguer un enseignement visant le mieux-être du patient :

- Expliquer au patient qu'il est normal et bon d'avoir des sentiments et qu'il faut les exprimer au moment opportun.
- Encourager le patient à poursuivre ses activités habituelles, à reprendre son emploi du temps et à participer à un programme d'exercice approprié.
- Inventorier les réseaux de soutien du patient (famille, amis, etc.) et l'inciter à y avoir recours.
- Discuter avec le patient de ses projets d'avenir ou des funérailles et l'aider à planifier, au besoin.
- Diriger le patient et la famille ou les personnes clés vers d'autres sources d'aide (conseiller spirituel, counseling, psychothérapie, groupes de soutien organisés, etc.), au besoin.

DONNÉES ESSENTIELLES À CONSIGNER

ÉVALUATIONS (INITIALE ET SUBSÉQUENTES)

- Inscrire les données d'évaluation, notamment la façon dont le patient perçoit le risque de perte ainsi que les signes et symptômes qu'il présente.
- Noter les réactions de la famille et des personnes clés.
- Noter les différentes ressources à la disposition du patient et l'utilisation qu'il en fait.

PLANIFICATION

- Rédiger le plan de soins et inscrire le nom de chacun des intervenants.
- Rédiger le plan d'enseignement.

APPLICATION /VÉRIFICATION DES RÉSULTATS

- Noter la réaction du patient aux interventions et à l'enseignement, ainsi que les mesures qui ont été prises.
- Noter les objectifs atteints ou les progrès accomplis vers l'atteinte des objectifs.
- Noter les modifications apportées au plan de soins.

PLAN DE CONGÉ

- Inscrire les besoins à long terme du patient et le nom des responsables des mesures à prendre.
- Noter les demandes de consultation.

Remarque

Les informations entre crochets ont été ajoutées par les auteures afin de clarifier les diagnostics infirmiers et d'en faciliter l'utilisation.

CHAMP ENERGÉTIQUE, perturbation du

Taxinomie I : Échanges (1.8)

[Division diagnostique : Concept de soi]

Définition

Modification du flux énergétique [aura] entourant la personne, génératrice d'une dysharmonie du corps, de la pensée et/ou de l'esprit.

FACTEURS FAVORISANTS

N'ont pas encore été répertoriés par l'ANADI

[Blocage du champ énergétique]

[État dépressif]

[Anxiété accrue]

[Altération du système immunitaire]

[Douleur]

CARACTÉRISTIQUES

DONNÉES OBJECTIVES

Changement de température (chaleur/fraîcheur)

Changements visuels (image/couleur)

Fluctuation du champ (absence, maintien, pic, renflement)

Mouvement (onde, pic, fourmillement, dense, fluide)

Sons (ton/paroles)

RÉSULTATS ESCOMPTÉS (OBJECTIFS) /CRITÈRES D'ÉVALUATION

- Le patient prend conscience de son anxiété et de sa détresse.
- Le patient dit se sentir détendu et éprouver un sentiment de bien-être.
- L'intensité des symptômes et leur fréquence d'apparition est diminuée.

INTERVENTIONS INFIRMIÈRES

PRIORITÉ Nº 1 – Déterminer les facteurs favorisants :

- Établir une relation thérapeutique avec le patient, en acceptant d'exercer au début un rôle de guide ou de guérisseur, tel que le désire le patient.
- Inviter le patient à parler de sa maladie, de ses inquiétudes, de son passé, de son état émotionnel ou de tout autre sujet pertinent. Noter son langage corporel, le ton de sa voix et les mots qu'il choisit pour s'exprimer.
- Apprécier la motivation et le désir du patient de recevoir le traitement.
- Noter la consommation de médicaments et de drogues (alcool, par exemple) du patient.
- Apprécier l'anxiété du patient à l'aide d'instruments d'évaluation appropriés.

PRIORITÉ Nº 2 – Évaluer le champ énergétique du patient :

- Installer le patient en position assise ou en décubitus dorsal, les jambes et les bras décroisés. Utiliser des oreillers ou d'autres accessoires pour installer le patient confortablement.

- Se concentrer physiquement et psychologiquement afin de libérer son esprit et de porter toute son attention sur le malaise et son soulagement.
- Apprécier le champ énergétique du patient et le flux énergétique de son corps en déplaçant les mains autour de lui à environ 5 cm de la peau.
- Rechercher les zones de déséquilibre ou de blocage du champ énergétique (zones d'asymétrie ; sensation de chaleur ou de froid, picotement, congestion ou pression, etc.).

PRIORITÉ N° 3 – Appliquer les mesures thérapeutiques :

- Expliquer au patient le processus du toucher thérapeutique et répondre à ses questions. **Remarque :** Le toucher thérapeutique est essentiellement axé sur le soulagement et l'intégrité de la personne, et non sur la guérison des signes et symptômes de maladie.
- Discuter des résultats de l'évaluation avec le patient.
- Aider le patient à faire des exercices qui l'aideront à se « recentrer » et à augmenter ses capacités d'auto-guérison.
- Rééquilibrer le champ énergétique du patient en gardant les mains à environ 5 cm de son corps, *afin d'éliminer les obstacles à la circulation de l'énergie* (dans son corps et entre lui et l'infirmière).
- Se concentrer sur les zones de perturbation en mettant les mains sur la peau du patient ou juste au-dessus et\ou en plaçant une main derrière le corps du patient et l'autre main devant, *afin de lui permettre de rééquilibrer son énergie ou de tirer l'énergie dont il a besoin.* Se concentrer également sur l'objectif du traitement, c'est-à-dire aider le patient à se sentir soulagé.

- Aider le patient à se détendre en le guidant d'une voix douce (lui proposer des images mentales agréables et des visualisations, l'encourager à respirer profondément, etc.).
- Faire un massage ou exercer une pression sur les points d'acupuncture au besoin.
- Être à l'affût des changements qui se produisent dans le flux énergétique au cours de la séance. Cesser le toucher thérapeutique lorsque le champ énergétique est redevenu symétrique et que le patient se sent soulagé.
- Tenir les pieds du patient pendant quelques minutes à la fin de la séance (cette étape permet d'« ancrer » l'énergie corporelle).
- Laisser le patient se reposer tranquillement après la séance.

PRIORITÉ Nº 4 – Prodiguer un enseignement visant le mieux-être du patient :

- Permettre au patient de rester dépendant jusqu'à ce qu'il retrouve sa force intérieure, s'il en a besoin.
- Encourager le patient à travailler régulièrement sur le processus thérapeutique.
- Enseigner au patient des activités visant à réduire le stress (centration, méditation, relaxation, etc.) *afin de l'aider à conserver l'harmonie entre son corps et son esprit.*
- Discuter avec le patient de la possibilité d'intégrer ces techniques dans sa vie quotidienne de façon à préserver ou à augmenter son bien-être.
- Inciter le patient à se joindre à un groupe de soutien dont les membres s'aident les uns les autres à pratiquer et à apprendre le toucher thérapeutique.

- Adresser le patient aux services qui peuvent l'aider à poursuivre sa recherche d'un mieux-être intégral (psychothérapie, conseiller spirituel, traitement médical de sa maladie, etc.).

DONNÉES ESSENTIELLES À CONSIGNER

ÉVALUATIONS (INITIALE ET SUBSÉQUENTES)

- Noter les données d'évaluation, notamment les caractéristiques et les modifications du champ énergétique.
- Noter le point de vue du patient sur son problème et sur la nécessité d'un traitement.

PLANIFICATION

- Rédiger le plan de soins et inscrire le nom de chacun des intervenants.
- Rédiger le plan d'enseignement.

APPLICATION /VÉRIFICATION DES RÉSULTATS

- Noter les changements dans le champ énergétique.
- Noter les réactions du patient aux interventions et à l'enseignement, ainsi que les mesures qui ont été prises.
- Noter les objectifs atteints ou les progrès accomplis vers l'atteinte des objectifs.
- Noter les modifications apportées au plan de soins.

PLAN DE CONGÉ

- Noter les besoins à long terme et le nom des responsables des mesures à prendre.
- Noter les demandes de consultation.

Remarque

Les informations entre crochets ont été ajoutées par les auteures afin de clarifier les diagnostics infirmiers et d'en faciliter l'utilisation.

COMMUNICATION VERBALE, altération de la

Taxinomie I : Communication (2.1.1.1)

[Division diagnostique : Communication]

Définition

Inaptitude ou difficulté à utiliser ou à comprendre le langage dans les relations interpersonnelles.

FACTEURS FAVORISANTS

Ralentissement de la circulation cérébrale, tumeur cérébrale

Trouble anatomique, fissure palatine

Facteurs liés à l'âge ou au développement

Obstacle physique (trachéotomie, intubation)

Obstacle psychologique (psychose, manque de stimuli), [maladie dépressive, panique, colère]

Différences culturelles

[Consommation de drogues, déséquilibre chimique]

CARACTÉRISTIQUES

DONNÉE SUBJECTIVE

[Difficulté à s'exprimer]

DONNÉES OBJECTIVES

‡Incapacité de parler la langue dominante

‡Difficulté à parler ou à verbaliser

‡Refus ou incapacité de parler

---

‡Caractéristiques essentielles

Désorientation

Trouble de l'élocution

Dyspnée

Difficulté à former des mots ou des phrases

Difficulté à exprimer verbalement ses pensées

Verbalisation inadéquate [associations d'idées incessantes ou vagues, fuite des idées]

[Incapacité de moduler la parole]

[Message ne traduisant pas le contenu]

[Emploi de signes non verbaux (expression faciale, gestes, yeux suppliants, dérobade)]

[Frustration, colère, agressivité]

RÉSULTATS ESCOMPTÉS (OBJECTIFS) / CRITÈRES D'ÉVALUATION

- Le patient comprend ses problèmes de communication et planifie des moyens d'y remédier.
- Le patient met au point des moyens de communication lui permettant d'exprimer ses besoins.
- Le patient collabore à la communication thérapeutique (emploi des silences, acceptation inconditionnelle, pauses, paraphrase, écoute active et utilisation du « je »).
- Le patient s'exprime par une communication verbale et non verbale congruente.
- Le patient utilise adéquatement les ressources à sa disposition.

INTERVENTIONS INFIRMIÈRES

PRIORITÉ N° 1 – Évaluer les facteurs favorisants :

- Rechercher les antécédents de troubles neurologiques qui peuvent altérer la communication verbale (accident vasculaire cérébral, tumeur, sclérose en plaques, baisse de l'acuité auditive, etc.). Noter les résultats des examens neurologiques (électro-encéphalographie, tomodensitométrie, etc.).

- Apprécier le type d'aphasie en cause : motrice (d'expression : perte des images permettant une parole articulée), sensorielle (de réception : incapacité de comprendre les mots et de reconnaître l'anomalie), de conduction (compréhension lente, usage inadéquat des mots avec conscience des erreurs) et/ou globale (perte de la capacité de compréhension et d'expression du langage).
- Décrire les caractéristiques de l'élocution du patient (voir la liste précitée).
- Mesurer le degré d'altération de la communication.
- Recueillir des données sur l'état mental du patient et prendre note des problèmes psychotiques (psychose maniaco-dépressive, schizoïde, affective, etc.).
- Recueillir des données sur la réaction psychologique du patient au problème de communication et sur sa volonté de trouver d'autres moyens de communiquer.
- Noter la présence d'une trachéotomie, d'une sonde endotrachéale ou de tout autre obstacle physique à la capacité d'expression (fissure palatine, mâchoire immobilisée, etc.).
- Préciser la principale langue parlée par le patient et son origine culturelle.
- Mesurer le degré d'anxiété du patient et noter les comportements indiquant la colère ou l'agressivité.
- Recueillir des données sur les facteurs environnementaux susceptibles d'affecter la capacité de communiquer du patient (niveau de bruit, etc.).

PRIORITÉ Nº 2 – Aider le patient à trouver des moyens de communication efficaces pour exprimer ses besoins, ses désirs, ses idées et ses questions :

- Apprécier les aptitudes du patient pour la lecture et l'écriture. Estimer ses capacités locomotrices, y compris sa dextérité (sa capacité de tenir un crayon et d'écrire, par exemple).
- Demander un interprète ou utiliser un tableau de traduction ou d'illustrations, au besoin.
- Adresser le patient à un spécialiste de la vue ou de l'ouïe pour examen.
- Aider le patient à se procurer des correcteurs de la vue ou de l'ouïe et l'aider à s'y habituer.
- Établir une relation significative avec le patient en portant une attention particulière à ses expressions verbales et non verbales.
- Regarder le patient dans les yeux, de préférence à son niveau. **Remarque :** Il ne faut pas oublier toutefois que cela est jugé malséant dans certaines cultures (chez les Amérindiens, par exemple).
- Garder la communication à un niveau simple, en faisant appel à tous les sens pour obtenir l'information voulue : vue, ouïe, sens kinesthésique.
- Se montrer calme et ne pas se presser.
- Laisser suffisamment de temps au patient pour répondre. **Remarque :** Les patients aphasiques parlent plus facilement lorsqu'ils sont reposés et détendus et lorsqu'ils communiquent avec une personne à la fois.
- Préciser le sens des mots que le patient utilise : noter la congruence entre ses messages verbaux et non verbaux.
- Confirmer auprès du patient l'exactitude de l'interprétation des messages non verbaux. **Remarque :** Il ne faut pas faire de suppositions, car on peut se tromper.

- Faire preuve d'honnêteté (si on ne comprend pas, il faut demander de l'aide).
- À l'aide de techniques adaptées, assister le patient aphasique qui réapprend à parler : exercices de respiration pour détendre les cordes vocales, exercices machinaux (comme compter à voix haute), exercices de chant ou d'intonation mélodique.
- Prévoir les besoins du patient jusqu'à ce qu'une communication efficace soit établie.
- Énumérer dans le plan de soins des moyens de communication utiles dans le type d'invalidité du patient : ardoise, tableau avec des lettres ou des images, signaux avec les mains ou les yeux, dactylo, ordinateur.
- Inventorier les solutions utilisées antérieurement si la situation est chronique ou récurrente.
- Orienter le patient vers la réalité en lui parlant de façon simple, directe et honnête.
- Fournir au patient des stimuli environnementaux s'il a besoin de maintenir le contact avec la réalité.
- Réduire les stimuli susceptibles d'augmenter l'anxiété du patient ou d'aggraver le problème.
- Utiliser des techniques de confrontation, au besoin, *afin de clarifier les discordances entre les messages verbaux et non verbaux.*

PRIORITÉ Nº 3 – Prodiguer un enseignement visant le mieux-être du patient :

- Revoir avec le patient et la personne clé dans sa vie les données sur son état, le pronostic et le traitement.
- Discuter des moyens adaptés à ses besoins que le patient peut utiliser pour faire face à son handicap.
- Recommander au patient de placer, près du téléphone, un magnétophone contenant un message

d'urgence pré-enregistré. Le message devrait fournir les renseignements suivants : nom, adresse, numéro de téléphone, mode de respiration (trachéotomie, appareil, etc.) et devrait dire qu'une aide est requise d'urgence.

- Utiliser et enseigner les techniques de communication thérapeutique (acceptation inconditionnelle, écoute active et utilisation du « je »).
- Faire participer le plus souvent possible la famille et la personne clé dans la vie du patient aux interventions de soins.
- Diriger le patient vers les services appropriés (orthophonie, thérapie de groupe, counseling personnel ou familial et/ou soins psychiatriques).

§ Consulter les diagnostics infirmiers de stratégies d'adaptation individuelle inefficaces ; de stratégies d'adaptation familiale inefficaces ; d'anxiété ou de peur, au besoin.

DONNÉES ESSENTIELLES À CONSIGNER

ÉVALUATIONS (INITIALE ET SUBSÉQUENTES)

- Inscrire les données d'évaluation et les antécédents pertinents (problèmes d'ordre physique, psychologique ou culturel).
- Noter la signification des signes non verbaux et noter le niveau d'anxiété manifesté par le patient.

PLANIFICATION

- Rédiger le plan de soins (moyens de communication utilisés, recours à un interprète, etc.).
- Rédiger le plan d'enseignement.

APPLICATION /VÉRIFICATION DES RÉSULTATS

- Noter les réactions du patient aux interventions et à l'enseignement, ainsi que les mesures qui ont été prises.

- Noter les objectifs atteints ou les progrès accomplis vers l'atteinte des objectifs.
- Noter les modifications apportées au plan de soins.

PLAN DE CONGÉ

- Noter les besoins du patient après son congé, les demandes de consultation et les autres services dont le patient pourra disposer.

Remarque

Les informations entre crochets ont été ajoutées par les auteures afin de clarifier les diagnostics infirmiers et d'en faciliter l'utilisation.

CONFLIT DÉCISIONNEL (préciser)

Taxinomie I : Choix (5.3.1.1)

[Division diagnostique : Participation]

Définition

Incertitude quant à la ligne de conduite à adopter lorsque le choix entre des actes antagonistes implique un risque, une perte ou une remise en question des valeurs personnelles.

FACTEURS FAVORISANTS

Valeurs ou croyances personnelles imprécises ; impression que le système de valeurs est menacé

Manque d'expérience ou difficulté à prendre une décision

Manque d'informations pertinentes ; sources d'information multiples ou divergentes

Réseau de soutien déficient

[Âge, stade de développement]

[Réseau familial, facteurs socioculturels]

[Niveau de fonctionnement cognitif, émotionnel et comportemental]

CARACTÉRISTIQUES

DONNÉES SUBJECTIVES

†Incertitude quant au choix à faire ou aux conséquences indésirables des mesures envisagées

Angoisse ou remise en question des valeurs et des croyances personnelles devant une décision à prendre

†Caractéristique majeure

DONNÉES OBJECTIVES

†Hésitation entre plusieurs solutions ; remise à plus tard de la prise de décision

Égocentrisme

Signes physiques de détresse ou de tension (augmentation de la fréquence cardiaque ; accroissement de la tension musculaire ; agitation, etc.)

RÉSULTATS ESCOMPTÉS (OBJECTIFS) / CRITÈRES D'ÉVALUATION

- Le patient est conscient des aspects positifs et négatifs des choix possibles.
- Le patient reconnaît l'anxiété ou l'angoisse reliées à un choix ou à une prise d'une décision difficiles et est capable d'en parler.
- Le patient précise ses valeurs et ses croyances.
- Le patient se dit satisfait de ses décisions.
- Le patient répond à ses besoins psychologiques : expression pertinente de ses sentiments, reconnaissance des choix offerts, utilisation des ressources disponibles.
- Le patient se montre calme et détendu.
- Le patient ne présente aucun signe physique de détresse.

INTERVENTIONS INFIRMIÈRES

PRIORITÉ N° 1 – Évaluer les facteurs favorisants :

- Apprécier l'aptitude du patient à gérer ses propres affaires.
- Noter les expressions d'indécision et de dépendance envers autrui, la disponibilité des personnes clés et l'aide qu'elles fournissent (elles ne donnent pas leur avis ou se montrent contradictoires, par exemple). Rechercher l'existence de liens de

†Caractéristique majeure

dépendance envers le patient et de liens de codépendance ayant des repercussions sur son comportement.
- Pratiquer l'écoute active *afin de déceler les raisons de son indécision et de l'aider à clarifier le problème.*
- Noter l'efficacité des moyens que le patient utilise pour résoudre ses problèmes.
- Noter la présence et l'intensité des signes physiques d'anxiété (augmentation de la fréquence cardiaque, de la tension musculaire, etc.).
- Noter les plaintes significatives du patient : dit être incapable de trouver un sens à la vie ou une raison de vivre, que tout effort est futile ou qu'il se détache de Dieu ou de son entourage.

§ Consulter le diagnostic infirmier de détresse spirituelle, s'il y a lieu.

PRIORITÉ Nº 2 – Encourager le patient à utiliser des techniques de résolution de problèmes :
- Veiller à ce que le patient soit dans un milieu sécurisant et porteur d'espoir pendant qu'il retrouve sa maîtrise de soi.
- Inciter le patient à parler ouvertement de ses conflits.
- Accepter les expressions verbales de colère et de culpabilité, tout en fixant des limites aux comportements inadaptés.
- Aider le patient à formuler ses objectifs et à établir un ordre de priorité parmi ceux-ci, et lui faire préciser la place du conflit dans cet ordre.
- Relever les forces et les stratégies d'adaptation efficaces du patient (emploi de techniques de relaxation, facilité à exprimer ses sentiments, etc.).
- Souligner les aspects positifs de l'expérience et aider le patient à la considérer comme une occasion d'apprendre à concevoir des solutions nouvelles et originales.

- Corriger les idées fausses du patient et lui fournir des informations factuelles.
- Fournir au patient l'occasion de prendre des décisions simples concernant ses soins personnels et ses autres activités quotidiennes. S'il décide de ne pas le faire, respecter son choix. Lui fournir l'occasion de prendre des décisions de plus en plus complexes, selon ses progrès.
- Discuter du facteur temps en fixant des délais pour la réalisation de légers progrès et en examinant les conséquences entraînées par la remise à plus tard des décisions.
- Demander au patient de dresser une liste des solutions possibles sans faire l'effort immédiat de choisir (technique de brassage d'idées). S'il y a lieu, inviter la famille à participer à cette activité (dans le cas, par exemple, où elle doit décider si elle place le patient dans un centre de soins prolongés, où elle doit intervenir auprès d'un patient toxicomane, etc.).

§ Consulter les diagnostics infirmiers de perturbation de la dynamique familiale, de perturbation de la dynamique familiale : alcoolisme, et de stratégies d'adaptation familiale.

- Inciter le patient à utiliser la démarche de résolution de problèmes en l'appliquant à la situation ou à la décision actuelle.
- Discuter avec le patient de ses problèmes d'ordre spirituel ou les clarifier avec lui sans porter de jugements.

PRIORITÉ Nº 3 – Prodiguer un enseignement visant le mieux-être du patient :

- Donner au patient l'occasion d'utiliser les techniques de résolution des conflits et désigner chaque étape à mesure qu'il y parvient.
- Le féliciter de ses efforts et de ses progrès.

- Inciter la famille du patient ou la personne clé dans sa vie à lui fournir un soutien.
- Soutenir le patient dans ses décisions, surtout lorsque les conséquences en sont imprévisibles ou difficiles.
- Inviter le patient à participer à des séances de réduction du stress ou d'affirmation de soi.
- Diriger le patient vers d'autres personnes-ressources, au besoin (membre du clergé, psychiatre, spécialiste en thérapie familiale ou conjugale, groupe de soutien pour toxicomanes, etc.).

DONNÉES ESSENTIELLES À CONSIGNER

ÉVALUATIONS (INITIALE ET SUBSÉQUENTES)

- Inscrire les données d'évaluation, notamment les réactions comportementales du patient et le degré de perturbation du mode de vie.
- Noter le nom des personnes concernées par le conflit.
- Noter les croyances et les valeurs du patient.

PLANIFICATION

- Rédiger le plan de soins et inscrire le nom de chacun des intervenants.
- Rédiger le plan d'enseignement.

APPLICATION /VÉRIFICATION DES RÉSULTATS

- Noter la réaction du patient et des autres personnes concernées aux interventions et à l'enseignement, ainsi que les mesures qui ont été prises.
- Noter dans quelle mesure le patient est capable d'exprimer ses sentiments et de reconnaître les choix possibles ; noter comment il utilise les ressources disponibles.

- Noter les objectifs atteints ou les progrès accomplis vers l'atteinte des objectifs.
- Noter les modifications apportées au plan de soins.

PLAN DE CONGÉ

- Noter les recommandations relatives au plan de congé, les demandes de consultation, les mesures à prendre et le nom des personnes qui en sont responsables.

Remarque

Les informations entre crochets ont été ajoutées par les auteures afin de clarifier les diagnostics infirmiers et d'en faciliter l'utilisation.

CONFLIT FACE AU RÔLE PARENTAL

Taxinomie I : Relations (3.2.3.1)

[Division diagnostique : Rôle]

Définition

Situation de crise entraînant de la confusion et des contradictions dans le rôle parental.

FACTEURS FAVORISANTS

Séparation d'avec un enfant à cause d'une maladie chronique [ou d'un handicap]

Parents intimidés par les mesures effractives ou restrictives imposées à l'enfant (intubation, isolement, etc.), les centres de soins spécialisés, les règlements

Soins à domicile à un enfant ayant besoin de traitements spéciaux (moniteur d'apnée, drainage postural, alimentation parentérale, etc.)

Changement dans la situation matrimoniale

Interruption de la vie familiale due à l'administration de soins à domicile (traitements, personnel soignant, manque de répits)

CARACTÉRISTIQUES

DONNÉES SUBJECTIVES

†Peur d'être incapable de répondre aux besoins physiques et affectifs de l'enfant pendant qu'il est hospitalisé ou à la maison (exprimée par l'un des parents ou les deux)

---

†Caractéristique majeure

†Inquiétude des parents face aux changements dans leur rôle parental, le fonctionnement, les communications et la santé de la famille

Impression des parents de n'avoir plus rien à dire dans les décisions touchant leur enfant

Sentiments de culpabilité, de colère, de peur, d'anxiété et/ou de frustration face aux effets de la maladie de l'enfant sur la dynamique familiale

DONNÉES OBJECTIVES

†Perturbation observable dans la façon habituelle de s'occuper de l'enfant

Réticences à participer aux activités usuelles de soins à l'enfant, même avec des encouragements et du soutien

Manifestations de sentiments de culpabilité, de colère, de peur, d'anxiété et/ou de frustration face aux effets de la maladie de l'enfant sur la dynamique familiale

RÉSULTATS ESCOMPTÉS (OBJECTIFS) / CRITÈRES D'ÉVALUATION

- Les parents comprennent la situation, leur rôle et celui de leur enfant.
- Les parents expriment leurs sentiments par rapport à la maladie ou à la situation de l'enfant et à ses répercussions sur la vie familiale.
- Les parents adoptent les conduites appropriées à leur rôle parental.
- Les parents assument les soins à l'enfant de façon appropriée.
- Les parents règlent efficacement les perturbations familiales.

---

†Caractéristiques majeures

INTERVENTIONS INFIRMIÈRES

PRIORITÉ Nº 1 – Évaluer les facteurs favorisants :

- Analyser la situation, la façon dont les parents la perçoivent, leurs inquiétudes face aux circonstances et la façon dont ils perçoivent leur rôle.
- Examiner la situation des parents, notamment leur âge, leur maturité, la stabilité de leur relation et l'ensemble de leurs responsabilités.
- Apprécier le degré de connaissances des parents sur les stades de développement et leurs attentes quant à l'avenir. Déceler les idées fausses.
- Noter les stratégies d'adaptation actuellement utilisées et la façon dont chacun a fait face aux problèmes par le passé.
- Déceler les problèmes de toxicomanie (alcool et autres drogues, y compris les médicaments sur ordonnance) susceptibles de rendre la personne incapable de faire face au problème.
- Demander aux parents s'ils disposent d'une famille élargie ou d'autres réseaux de soutien et dans quelle mesure ils y ont recours ; se renseigner sur leurs ressources financières.
- Recourir à des instruments d'évaluation de la relation parent-enfant si une évaluation plus poussée s'impose.

PRIORITÉ Nº 2 – Aider les parents à faire face à la crise actuelle :

- Inciter les parents à exprimer librement leurs sentiments (y compris les sentiments négatifs de colère et d'agressivité), tout en fixant des limites aux comportements inadaptés.
- Reconnaître que leur situation est difficile et qu'il est normal pour eux de se sentir dépassés et impuissants. Les encourager à rencontrer des parents qui ont vécu une situation semblable avec un enfant et qui s'en sont bien sortis.

- Fournir des informations sur la situation en fonction des besoins des parents et des idées fausses à corriger. Leur donner des renseignements techniques s'il y a lieu.
- Favoriser la participation des parents à la prise de décisions ou aux soins, dans la mesure du possible ou s'ils le désirent.
- Favoriser les interactions et la communication entre les parents et les enfants.
- Conseiller aux parents et aux enfants d'utiliser les techniques d'affirmation de soi ou de relaxation pour mieux faire face à la situation ou à la crise.
- Enseigner aux parents comment administrer correctement les médicaments prescrits.
- Recommander aux parents de s'allouer des périodes de répit afin d'améliorer leur bien-être émotionnel.

PRIORITÉ N° 3 – Prodiguer un enseignement visant le mieux-être des parents :

- Conseiller aux parents d'avoir recours au counseling préventif *afin de les inciter à prévoir leurs besoins futurs.*
- Encourager les parents à se fixer des objectifs communs qui soient réalistes.
- Proposer aux parents de participer à des séances d'information portant sur leurs besoins particuliers (cours sur l'éducation des enfants, utilisation et réparation du matériel, etc.).
- Diriger les parents vers les services communautaires pertinents (soins à domicile, soins de répit, services sociaux, soins psychiatriques, thérapie familiale, clinique du nourrisson, services de soutien spécialisés, etc.).

§ Consulter le diagnostic infirmier de perturbation dans l'exercice du rôle parental pour d'autres interventions.

DONNÉES ESSENTIELLES À CONSIGNER

ÉVALUATIONS (INITIALE ET SUBSÉQUENTES)

- Inscrire les données d'évaluation, notamment les circonstances particulières et les inquiétudes des parents.

PLANIFICATION

- Rédiger le plan de soins et inscrire le nom de chacun des intervenants.
- Rédiger le plan d'enseignement.

APPLICATION /VÉRIFICATION DES RÉSULTATS

- Noter les réactions des parents aux interventions et à l'enseignement, ainsi que les mesures qui ont été prises.
- Noter les objectifs atteints ou les progrès accomplis vers l'atteinte des objectifs.
- Noter les modifications apportées au plan de soins.

PLAN DE CONGÉ

- Noter les besoins à long terme des parents et le nom des responsables des mesures à prendre.
- Noter les demandes de consultation.

Remarque

Les informations entre crochets ont été ajoutées par les auteures afin de clarifier les diagnostics infirmiers et d'en faciliter l'utilisation.

CONFUSION AIGUË

Taxinomie I : Connaissances (8.2.2)

[Division diagnostique : Perception sensorielle]

Définition

Apparition soudaine et transitoire d'un ensemble de changements comportementaux accompagnés de perturbations touchant l'attention, la cognition, l'activité psychomotrice, le niveau de conscience et/ou le cycle veille-sommeil.

FACTEURS FAVORISANTS

Âge : plus de 60 ans

Démence

Abus d'alcool

Abus de drogues

Délire [d'origine toxique, traumatique ou fébrile]

[Réaction à un médicament ou à une interaction médicamenteuse ; anesthésie/intervention chirurgicale ; déséquilibres métaboliques]

[Exacerbation d'une maladie chronique, hypoxémie]

[Douleur intense]

[Privation de sommeil]

Note des auteures : On ne précise pas à partir de quel moment la confusion aiguë devient de la confusion chronique. Toutefois, la confusion chronique étant définie comme irréversible, nous croyons pouvoir parler de confusion aiguë lorsque l'état du patient est réversible.

CARACTÉRISTIQUES

DONNÉES SUBJECTIVES

Hallucinations [visuelles ou auditives]

[Réactions émotionnelles excessives]

DONNÉES OBJECTIVES

†Fluctuation de la cognition

†Fluctuation du cycle veille-sommeil

†Fluctuation du niveau de conscience

†Fluctuation de l'activité psychomotrice [tremblements, mouvements]

†Agitation ou nervosité accrues

†Perceptions erronées [réactions inadéquates]

†Difficulté à amorcer et/ou à mener à terme une activité précise

RÉSULTATS ESCOMPTÉS (OBJECTIFS) /CRITÈRES D'ÉVALUATION

- Le patient conserve ou recouvre son sens de la réalité et son niveau de conscience.
- Le patient comprend les facteurs favorisants connus, selon ses capacités.
- Le patient apporte des changements dans son mode de vie ou dans son comportement afin de prévenir la réapparition du problème.

INTERVENTIONS INFIRMIÈRES

PRIORITÉ N° 1 – Évaluer les facteurs favorisants :

- Rechercher les facteurs favorisants : toxicomanie, antécédents de convulsions, fièvre ou douleur, exposition à des substances toxiques, événements traumatisants, changements environnementaux

†Caractéristiques majeures

(y compris les bruits inhabituels et les visites trop nombreuses), etc.

- Mesurer les signes vitaux afin de déceler les signes d'altération de l'irrigation tissulaire (hypotension, tachycardie, tachypnée, etc.).
- Noter les médicaments que le patient prend et les heures auxquelles il les prend ; noter également les réactions indésirables et les interactions médicamenteuses (cimétidine + antiacide, digoxine + diurétique, antiacide + propranolol, etc.).
- Prendre note du régime alimentaire et apprécier l'état nutritionnel du patient.
- Noter les sentiments d'anxiété et de peur, ainsi que les réactions physiologiques.
- Étudier les résultats des examens de laboratoire et relever les données pertinentes : gaz du sang artériel, électrolytes, urée et créatinine, ammoniaque, glucose sérique, formule sanguine, cultures et concentrations médicamenteuses (y compris le maximum et le minimum, selon le cas).
- Apprécier le sommeil et le repos du patient ; noter la privation ou l'excès de sommeil.

§ Consulter au besoin le diagnostic infirmier de perturbation des habitudes de sommeil.

PRIORITÉ N° 2 – Déterminer le degré de confusion :

- S'entretenir avec les personnes clés dans la vie du patient pour recueillir des données sur l'état antérieur du patient, les changements qu'elles ont observés chez lui, le début de ces changements ou les circonstances dans lesquelles ils apparaissent.
- Estimer le degré d'altération de l'orientation du patient, de sa capacité de se concentrer, de sa capacité de suivre des directives, et de sa capacité de communiquer et de comprendre ; noter également l'à-propos de ses réactions.

- Noter les accès d'agitation, les hallucinations et les comportements violents, ainsi que le moment où ils ont lieu. **Remarque**: Le patient qui présente un « syndrome vespéral » est orienté lorsqu'il fait jour mais désorienté lorsqu'il fait nuit.
- Déterminer si l'état du patient présente un danger pour lui ou pour les autres.

PRIORITÉ N° 3 – Maximiser le fonctionnement du patient et prévenir l'aggravation du problème:

- Collaborer au traitement du problème sous-jacent (intoxication médicamenteuse, toxicomanie, infection, hypoxémie, déséquilibres biochimiques, déficits nutritionnels, douleur, etc.).
- Prendre note des effets du traitement médicamenteux du patient et en modifier certains aspects s'il y a lieu ; noter la réaction du patient à ces changements. Proposer au médecin d'éliminer les médicaments non essentiels au besoin.
- Orienter le patient par rapport au lieu, au personnel et aux soins, selon ses besoins. Décrire la réalité de façon brève et claire. S'abstenir de contester les pensées illogiques *afin de ne pas provoquer de réactions de défense.*
- Encourager la famille et les personnes clés dans la vie du patient à orienter et à informer le patient (en le tenant au courant de l'actualité et des événements familiaux, par exemple).
- Créer un climat de tranquillité autour du patient. Lui fournir suffisamment de stimulation sensorielle et tactile (installer près de lui ses objets personnels, des photos, etc.). Éliminer le bruit et les stimuli évitables.
- Inciter le patient à porter ses lunettes ou son appareil auditif.

- Donner des directives simples. Laisser au patient le temps dont il a besoin pour répondre, communiquer et prendre des décisions.
- Assurer la sécurité du patient (superviser ses activités, lever les ridelles de son lit, appliquer les mesures de sécurité relatives aux convulsions, placer les objets dont il a besoin et la sonnette d'appel à portée de la main, libérer les passages, se procurer les aides techniques nécessaires, etc.).
- Noter les comportements qui indiquent un risque de violence et prendre les mesures qui s'imposent.
- Administrer avec précautions les psychotropes prescrits *afin de maîtriser l'agitation et les hallucinations.*
- S'abstenir autant que possible d'utiliser des dispositifs de contention *afin de ne pas empirer la situation et de ne pas augmenter le risque de complications.*
- Organiser l'horaire des soins de façon à prévoir des périodes de repos ininterrompues pour le patient. Au coucher, administrer un somnifère d'action brève qui n'appartient pas aux benzodiazépines (Benadryl, par exemple).

PRIORITÉ N° 4 – Prodiguer un enseignement visant le mieux-être du patient :

- Expliquer au patient la cause de sa confusion, si elle est connue.
- S'assurer que le patient comprend bien son traitement médicamenteux.
- Aider le patient à préciser ses besoins en ce qui concerne le traitement en cours.
- Recommander au patient de maintenir ses lunettes ou son appareil auditif en bon état et de faire évaluer sa vue ou son ouïe régulièrement.

- Discuter de la situation avec la famille et l'inciter à prendre part au processus de planification.
- Diriger le patient et sa famille vers les services appropriés (rééducation cognitive, groupe d'entraide pour toxicomanes, clinique de surveillance du traitement médicamenteux, popote roulante, soins à domicile, centre de jour, etc.).

DONNÉES ESSENTIELLES À CONSIGNER

ÉVALUATIONS (INITIALE ET SUBSÉQUENTES)

- Noter la nature, la durée et la fréquence du problème.
- Noter le niveau de fonctionnement actuel et antérieur du patient, ainsi que l'incidence de ses incapacités sur son autonomie et sur son mode de vie (y compris les questions de sécurité).

PLANIFICATION

- Rédiger le plan de soins et inscrire le nom de chacun des intervenants.
- Rédiger le plan d'enseignement.

APPLICATION /VÉRIFICATION DES RÉSULTATS

- Noter les réactions du patient aux interventions et les mesures qui ont été prises.
- Noter les objectifs atteints ou les progrès accomplis vers l'atteinte des objectifs.
- Noter les modifications apportées au plan de soins.

PLAN DE CONGÉ

- Noter les besoins à long terme du patient et le nom des responsables des mesures à prendre.
- Noter les ressources disponibles et les demandes de consultation.

Remarque

Les informations entre crochets ont été ajoutées par les auteures afin de clarifier les diagnostics infirmiers et d'en faciliter l'utilisation.

CONFUSION CHRONIQUE

Taxinomie I : Connaissances (8.2.3)

[Division diagnostique : Perception sensorielle]

Définition

Détérioration irréversible, de longue date et/ou progressive de la capacité d'interpréter les stimuli du milieu et des processus intellectuels qui se manifeste par des troubles de la mémoire, de l'orientation et du comportement.

FACTEURS FAVORISANTS

Maladie d'Alzheimer [démence de type Alzheimer]

Psychose de Korsakoff

Démence multifocale

Accident vasculaire cérébral

Traumatisme crânien

CARACTÉRISTIQUES

DONNÉES OBJECTIVES

†Signes cliniques de détérioration organique

†Difficulté à interpréter les stimuli et à y réagir

†Détérioration cognitive progressive ou de longue date

Niveau de conscience inchangé

Socialisation perturbée

---

†Caractéristiques majeures

Troubles de la mémoire (récente, ancienne)

Altération de la personnalité

RÉSULTATS ESCOMPTÉS (OBJECTIFS) /CRITÈRES D'ÉVALUATION

- Le patient ne court aucun danger et ne se blesse pas.
- La famille comprend la maladie, le pronostic et les besoins du patient.
- La famille connaît les mesures à prendre pour faire face à la situation et participe à ces mesures.
- La famille préserve au maximum l'autonomie du patient, tout en s'assurant qu'il ne court aucun danger.

INTERVENTIONS INFIRMIÈRES

PRIORITÉ N° 1 – Évaluer le degré de confusion :

- Étudier les résultats du patient aux examens diagnostiques (tests mesurant la mémoire, l'orientation par rapport à la réalité, la capacité de se concentrer, la capacité de calculer, etc.).
- Apprécier la capacité du patient de comprendre et de se faire comprendre.
- Noter les changements ou les altérations dans l'hygiène personnelle ou le comportement du patient.
- S'entretenir avec les personnes clés dans la vie du patient pour recueillir des données sur le comportement habituel du patient, sur la durée et l'évolution du problème, sur leur perception du pronostic et sur tout autre élément pertinent.
- Prendre note des réactions du patient au personnel soignant et de sa réceptivité par rapport aux interventions.

- Déterminer le niveau d'anxiété du patient face à différentes situations. Noter les comportements présentant un risque de violence.

PRIORITÉ Nº 2 – Prévenir toute nouvelle détérioration et maximiser les capacités fonctionnelles du patient :

- Maintenir le calme autour du patient et éliminer les bruits ou les stimuli évitables.
- Dresser la liste des interventions qui ont déjà été essayées et préciser leur efficacité.
- S'abstenir de contester les pensées illogiques du patient, *afin de ne pas provoquer de réactions de défense.*
- Inciter la famille et les personnes clés dans la vie du patient à orienter continuellement le patient par rapport à la réalité et à le tenir au courant de l'actualité et des événements familiaux.
- Orienter le patient par rapport aux personnes et à l'environnement (au moyen d'horloges, de calendriers, d'objets personnels, de décorations soulignant les principales fêtes de l'année, etc.). L'encourager à se joindre à un groupe de resocialisation.
- Laisser le patient se livrer à la réminiscence et évoluer dans sa propre réalité si cela n'est pas nuisible à son bien-être.
- Prendre les mesures nécessaires pour assurer la sécurité du patient (le superviser dans ses activités, lui faire porter un bracelet d'identité, ranger ses médicaments en lieu sûr, baisser la température du chauffe-eau, par exemple).

PRIORITÉ Nº 3 – Aider les personnes clés dans la vie du patient à s'adapter :

- Préciser les ressources de la famille et sa capacité de s'occuper du patient.

- Inventorier les services communautaires qui pourraient aider la famille (groupe de soutien pour les familles vivant avec une personne victime de la maladie d'Alzheimer ou d'un traumatisme crânien, soins de répit, etc.).
- Rappeler aux personnes s'occupant du patient qu'elles doivent prendre soin d'elles mêmes et notamment répondre aux besoins particuliers découlant du processus de deuil.

§ Consulter le diagnostic infirmier de risque de défaillance dans l'exercice du rôle de l'aidant naturel.

PRIORITÉ Nº 4 – Prodiguer un enseignement visant le mieux-être du patient et de sa famille :

- Préciser les besoins thérapeutiques actuels du patient et les services dont il a besoin.
- Élaborer avec la famille un plan de soins qui pourra aider le patient et son entourage à combler leurs besoins respectifs.
- Diriger le patient et sa famille vers les services appropriés (popote roulante, centre de jour pour adultes, service de soins à domicile, soins de répit, etc.).

DONNÉES ESSENTIELLES À CONSIGNER

ÉVALUATIONS (INITIALE ET SUBSÉQUENTES)

- Noter les données d'évaluation, notamment le niveau de fonctionnement actuel du patient et les changements prévus dans sa situation.

PLANIFICATION

- Rédiger le plan de soins et inscrire le nom de chacun des intervenants.

APPLICATION /VÉRIFICATION DES RÉSULTATS

- Noter la réaction du patient aux interventions et les mesures qui ont été prises.
- Noter les objectifs atteints ou les progrès accomplis vers l'atteinte des objectifs.
- Noter les modifications apportées au plan de soins.

PLAN DE CONGÉ

- Noter les besoins à long terme et le nom des responsables des mesures à prendre.
- Noter les ressources disponibles et les demandes de consultation.

Remarque

Les informations entre crochets ont été ajoutées par les auteures afin de clarifier les diagnostics infirmiers et d'en faciliter l'utilisation.

CONNAISSANCES, manque de (préciser [le besoin d'apprentissage])

Taxinomie I : Connaissances (8.1.1)

[Division diagnostique : Connaissances]

Définition

Absence ou manque d'informations sur un sujet donné.
[Le patient ou la personne clé dans sa vie n'a pas les informations précises nécessaires pour faire des choix éclairés concernant sa situation, son plan de traitement et les changements à apporter à son mode de vie.]

FACTEURS FAVORISANTS

Manque d'expérience face à la situation
Fausse interprétation de l'information
Difficulté d'accès aux sources d'information
Manque de mémoire
Déficit cognitif
Manque d'intérêt à apprendre
[Absence de questions de la part du patient]
[Informations fausses ou incomplètes]

CARACTÉRISTIQUES

DONNÉES SUBJECTIVES

Verbalisation du problème
[Demande d'informations]
[Formulation d'idées fausses]

DONNÉES OBJECTIVES

Incapacité de suivre correctement les directives reçues

Échec à un test

Comportement inopportun ou démesuré (hystérie, agressivité, agitation, apathie)

[Apparition d'une complication qu'on aurait pu prévenir]

RÉSULTATS ESCOMPTÉS (OBJECTIFS) / CRITÈRES D'ÉVALUATION

- Le patient participe à la démarche d'apprentissage.
- Le patient désigne les obstacles à son apprentissage et prend les mesures appropriées pour les contrer.
- Le patient démontre un regain d'intérêt et assume la responsabilité de son apprentissage en s'informant de sa propre initiative et en posant des questions.
- Le patient comprend son problème ou sa situation et le traitement requis.
- Le patient établit des liens entre le processus physiopathologique, les signes et symptômes et les causes.
- Le patient montre une bonne compréhension des mesures thérapeutiques nécessaires en les exécutant correctement.
- Le patient prend sa santé en charge en effectuant les changements nécessaires dans ses habitudes de vie et en participant au traitement.

INTERVENTIONS INFIRMIÈRES

PRIORITÉ N° 1 – Évaluer la disposition du patient à apprendre et ses besoins en matière d'apprentissage :

- Interroger le patient sur l'état de ses connaissances quant à ses besoins actuels et futurs.
- Apprécier l'aptitude du patient à apprendre. (Il peut être incapable d'apprendre pour des raisons d'ordre physique, affectif ou mental.)
- Rechercher les signes d'évitement face à l'information. **Remarque :** Il peut s'avérer nécessaire de laisser le patient souffrir des conséquences du manque de connaissances avant qu'il ne soit prêt à accepter l'information.
- Dresser une liste des personnes clés proches du patient ayant besoin d'information.

PRIORITÉ N° 2 – Évaluer les autres facteurs influant sur le processus d'apprentissage :

- Noter les facteurs d'ordre personnel (âge, sexe, milieu social et culturel, religion, expériences de vie, degré de scolarité, sentiment d'impuissance, etc.).
- Déceler les obstacles à l'apprentissage : barrières linguistiques (patient d'origine étrangère) ; troubles ou déficits physiques (déficits sensoriels comme l'aphasie, la dyslexie) ; inactivité (maladie aiguë, intolérance à l'activité ; matière difficile à assimiler).
- Apprécier les aptitudes du patient et les possibilités qu'offre la situation. **Remarque :** Il peut se révéler nécessaire de fournir l'information à la personne clé dans la vie du patient ou au personnel soignant.

PRIORITÉ N° 3 – Évaluer les motivations de la personne clé dans la vie du patient :

- S'enquérir des facteurs de motivation de la personne clé dans la vie du patient.
- Fournir des informations pertinentes à la situation.

- Donner des renforcements positifs au patient de préférence aux renforcements négatifs tels que la critique ou les menaces.

PRIORITÉ N° 4 – Établir un ordre de priorité avec le patient :

- Définir le besoin le plus urgent, tant du point de vue du patient que de celui de l'infirmière.
- Demander au patient de définir son besoin d'apprentissage et en discuter avec lui. Adapter l'information à donner aux désirs, besoins, valeurs et croyances du patient.
- Distinguer les informations standard des informations indispensables à la promotion de la santé et au rétablissement.

PRIORITÉ N° 5 – Établir le contenu à intégrer à l'enseignement :

- Dresser la liste des notions cognitives dont le patient devra se rappeler (domaine du savoir).
- Dresser une liste des éléments de contenu reliés à des émotions, à des attitudes et à des valeurs (domaine du savoir-être).
- Dresser la liste des habiletés (psychomotrices, interpersonnelles, intellectuelles ou autres) que le patient devra acquérir (domaine du savoir-faire).

PRIORITÉ N° 6 – Fixer des objectifs :

- Énoncer les objectifs clairement, dans les mots du patient.
- Formuler les résultats escomptés.
- Préciser le degré de performance acceptable, le temps pour y arriver et si les objectifs sont à court ou à long terme.
- Inclure des objectifs d'ordre affectif (réduction du stress, par exemple).

PRIORITÉ Nº 7 – Déterminer les méthodes d'enseignement à utiliser :

- Définir le mode d'accès à l'information du patient : visuel, auditif, kinesthésique, gustatif ou olfactif, et s'en servir pour déterminer les méthodes d'enseignement.
- Intéresser le patient et la personne clé dans sa vie en variant les méthodes utilisées : matériel d'enseignement programmé, matériel audiovisuel, exposés avec périodes de questions, etc.
- Mettre le patient en contact avec des personnes ayant des problèmes semblables (conférences, groupes de soutien).
- Chercher à obtenir la participation du patient dans l'établissement des objectifs et du contrat d'apprentissage.
- Choisir les méthodes en tenant compte des individus et des situations : séances d'information avec l'équipe multidisciplinaire, enseignement par les pairs, etc.

PRIORITÉ Nº 8 – Faciliter l'apprentissage :

- Fournir au patient des informations et des directives écrites à consulter au besoin.
- Adapter le rythme et l'horaire des séances d'information et des activités d'apprentissage aux besoins du patient.
- Susciter la participation du patient pendant les séances d'information et lors de l'évaluation.
- Créer un climat propice à l'apprentissage.
- Maîtriser les facteurs relevant de l'enseignante : vocabulaire, vêtements, style, connaissance du sujet et aptitude à communiquer efficacement l'information.
- Commencer l'enseignement par des notions familières au patient et progresser vers de nouvelles

informations en allant du plus simple au plus complexe.

- Choisir de présenter d'abord les notions qui provoquent le plus d'anxiété si celles-ci entravent le processus d'apprentissage *afin de désamorcer l'anxiété du patient.*
- Confier au patient un rôle actif dans la démarche d'apprentissage *afin de lui donner le sentiment de pouvoir agir sur la situation.*
- Fournir une rétroaction au patient (renforcement positif) et une évaluation des apprentissages théoriques et de l'acquisition d'habiletés.
- Servir de modèle, répondre avec précision aux questions et renforcer l'enseignement prodigué pendant la prestation des soins courants, le service des repas, la distribution des médicaments ou l'exécution de toute autre activité de soins infirmiers. **Remarque :** Il faut se rappeler que l'enseignement n'est pas toujours structuré et qu'il peut se faire spontanément et sur une base continue.
- Inviter le patient à appliquer les informations reçues dans tous les domaines utiles (en situation, dans le milieu, pour ses besoins personnels, etc.).

PRIORITÉ Nº 9 – Prodiguer un enseignement visant le mieux-être du patient :

- Donner au patient le numéro de téléphone d'une personne qui pourra, après son congé, répondre à ses questions et confirmer l'exactitude des informations reçues.
- Inventorier les groupes de soutien et les services communautaires disponibles.
- Informer le patient sur les autres sources d'information (livres, périodiques, audio-cassettes, etc.) susceptibles de l'aider à approfondir ses connaissances.

DONNÉES ESSENTIELLES À CONSIGNER

ÉVALUATIONS (INITIALE ET SUBSÉQUENTES)

- Inscrire les données d'évaluation, le mode d'apprentissage du patient, ses besoins et les obstacles à l'apprentissage (agressivité, manque d'à-propos, etc.).

PLANIFICATION

- Rédiger le plan d'apprentissage et inscrire les méthodes à utiliser ainsi que le nom des divers intervenants.
- Rédiger le plan d'enseignement.

APPLICATION /VÉRIFICATION DES RÉSULTATS

- Noter les réactions du patient et des personnes clés au plan d'apprentissage, ainsi que les mesures qui ont été prises. Noter comment ils appliquent leurs nouvelles connaissances.
- Noter les objectifs atteints ou les progrès accomplis vers l'atteinte des objectifs.
- Noter les modifications apportées au plan de soins.

PLAN DE CONGÉ

- Noter les besoins d'apprentissage supplémentaires.

Remarque

Les informations entre crochets ont été ajoutées par les auteures afin de clarifier les diagnostics infirmiers et d'en faciliter l'utilisation.

CONSTIPATION

Taxinomie I : Échanges (1.3.1.1)

[Division diagnostique : Élimination]

Définition

Changement dans les habitudes d'élimination normales caractérisé par la diminution de la fréquence des selles et/ou l'émission de selles dures et sèches.

FACTEURS FAVORISANTS

N'ont pas encore été répertoriés par l'ANADI

(Trouble neuromusculaire ou musculosquelettique, faiblesse des muscles abdominaux)

(Lésions obstructives du tube digestif), [mégacôlon]

(Douleur à la défécation), [hémorroïdes, traumatisme lombaire]

(Examens diagnostiques), [traitement, effets secondaires des médicaments, interactions médicamenteuses]

(Grossesse)

[Sédentarité, apport alimentaire et liquidien inadéquat, manque d'intimité]

Note des auteures : Ces facteurs favorisants avaient été énoncés lorsque le diagnostic a été accepté. Nous avons conservé cette liste afin de fournir un point de repère à l'utilisatrice jusqu'à ce que l'ANADI ait répertorié les facteurs favorisants de ce diagnostic infirmier.

CARACTÉRISTIQUES

DONNÉES SUBJECTIVES

Diminution de la fréquence habituelle des selles

Sensation de plénitude ou de pression rectale [ou abdominale]

[Selles moins abondantes qu'à l'habitude]

[Nausées]

DONNÉES OBJECTIVES

Selles dures

Effort de défécation

Masse palpable

Baisse du niveau d'activité, [immobilité]

[Diminution des bruits intestinaux]

[Ballonnement abdominal]

AUTRES CARACTÉRISTIQUES POSSIBLES

Douleur abdominale ou dorsale

Céphalées

Vie quotidienne perturbée

Altération de l'appétit

Emploi de laxatifs

Note des auteures : Sur le plan de la taxinomie, ce diagnostic est une catégorie générale qui est subdivisée en deux diagnostics : constipation colique et pseudo-constipation. Lorsque l'évaluation initiale mène à ce diagnostic, il faut effectuer une évaluation plus poussée pour déterminer les besoins précis du patient.

RÉSULTATS ESCOMPTÉS (OBJECTIFS) / CRITÈRES D'ÉVALUATION

- Le patient acquiert ou reprend des habitudes d'élimination intestinale normales pour lui.

Remarque : Les autres résultats escomptés dépendent du problème particulier du patient, à savoir la constipation colique ou la pseudo-constipation.

INTERVENTIONS INFIRMIÈRES

PRIORITÉ Nº 1 – Déterminer les habitudes d'élimination normales du patient :

- Recueillir des données auprès du patient sur ses habitudes normales d'élimination et sur son problème.
- Noter les facteurs qui stimulent habituellement l'activité intestinale du patient et ceux qui l'entravent.

PRIORITÉ Nº 2 – Évaluer les caractéristiques du mode d'élimination actuel du patient :

- Ausculter l'abdomen *afin de vérifier s'il y a des bruits intestinaux.*
- Recueillir des données sur la durée et l'ampleur du problème. S'agit-il, par exemple, d'un problème de longue date avec lequel le patient a appris à vivre, d'une séquelle postopératoire qui le dérange beaucoup, etc.
- Noter la couleur, l'odeur, la consistance, la quantité et la fréquence des selles, le siège et les caractéristiques des bruits intestinaux.
- Préciser les habitudes de consommation de laxatifs ou de lavements du patient.

§ Consulter les diagnostics infirmiers de constipation colique et de pseudo-constipation.

DONNÉES ESSENTIELLES À CONSIGNER

ÉVALUATION INITIALE

- Noter les habitudes d'élimination intestinale antérieures et actuelles du patient, la durée de son problème et les facteurs favorisants.
- Noter les caractéristiques des selles.
- Noter les problèmes sous-jacents.

- Noter s'il s'agit de constipation colique ou de pseudo-constipation.

Remarque

Les informations entre crochets ont été ajoutées par les auteures afin de clarifier les diagnostics infirmiers et d'en faciliter l'utilisation.

CONSTIPATION COLIQUE

Taxinomie I: Échanges (1.3.1.1.2)

[Division diagnostique: Élimination]

Définition

Émission de selles dures et sèches due à un ralentissement du passage des résidus alimentaires.

FACTEURS FAVORISANTS

Apport liquidien ou alimentaire inférieur aux besoins de l'organisme; alimentation pauvre en fibres

Activité physique insuffisante; immobilité

Manque d'intimité; troubles émotionnels; stress; changement dans les habitudes quotidiennes

Usage régulier et prolongé de médicaments et de lavements

Troubles métaboliques (hypothyroïdie, hypocalcémie ou hypokaliémie)

[Trouble neuromusculaire ou muscolo-squelettique ; faiblesse des muscles abdominaux]

[Lésions obstructives du tube digestif ; mégacôlon]

[Douleur à la défécation : hémorroïdes, traumatisme lombaire]

[Examens diagnostiques, effets secondaires d'un médicament, interactions médicamenteuses]

[Grossesse]

CARACTÉRISTIQUES

DONNÉES SUBJECTIVES

†Diminution de la fréquence des selles

†Défécation douloureuse

†Distension abdominale

Douleur abdominale

Pression rectale

Altération de l'appétit

Céphalées

DONNÉES OBJECTIVES

†Selles dures et sèches

†Effort à la défécation

†Masse palpable

RÉSULTATS ESCOMPTÉS (OBJECTIFS) /CRITÈRES D'ÉVALUATION

- Le patient acquiert ou reprend des habitudes d'élimination intestinale normales pour lui.
- Le patient comprend les facteurs reliés au problème ainsi que les interventions ou les solutions s'appliquant à sa situation.
- Le patient procède à des changements dans son mode de vie.
- Le patient participe à un programme de rééducation intestinale, au besoin.

INTERVENTIONS INFIRMIÈRES

PRIORITÉ Nº 1 – Évaluer les facteurs favorisants :

- Passer en revue le régime alimentaire quotidien du patient.

---

†Caractéristiques majeures

- Calculer l'apport liquidien du patient et prendre note des déficits.
- Noter les médicaments ou drogues consommés par le patient, leurs effets secondaires et leurs interactions (narcotiques, antiacides, chimiothérapie, fer, substances de contraste comme le baryum, corticostéroïdes, etc.).
- Noter le degré d'énergie et d'activité du patient, ainsi que ses habitudes en matière d'exercice.
- Recueillir des informations sur les stresseurs dans la vie du patient (relations personnelles, facteurs professionnels, problèmes financiers, manque de temps ou d'intimité, etc.).
- Inspecter la région périnéale à la recherche d'hémorroïdes, de fissures, de ruptures de l'épiderme ou autres anomalies si le patient se plaint de douleurs à la défécation.
- Discuter avec le patient de ses habitudes de consommation de laxatifs ou de lavements. Vérifier s'il y a abus de laxatifs (d'après les données fournies par le patient ou d'après les signes observés par l'infirmière).
- Passer en revue les antécédents médicaux et chirurgicaux du patient (troubles métaboliques ou endocriniens, grossesse, opérations antérieures, mégacôlon, etc.).
- Palper l'abdomen *afin de déceler le ballonnement ou une masse.*
- Rechercher la présence d'un fécalome, s'il y a lieu.
- Collaborer à l'examen médical afin de déceler d'autres facteurs d'étiologie.

PRIORITÉ Nº 2 – Favoriser le retour à la normal de la fonction intestinale :

- Recueillir des données sur l'ampleur du problème (il peut s'agir d'un problème de longue date avec lequel le patient a appris à vivre, d'une séquelle postopératoire qui le dérange beaucoup, etc.).

- Expliquer au patient en quoi consiste un régime alimentaire équilibré, riche en fibres et en cellulose, et l'inciter à l'adopter.
- Inciter le patient à boire plus de liquides, notamment des jus de fruit riches en fibres.
- Recommander au patient de prendre des liquides chauds et stimulants au lever (eau chaude, café ou thé, par exemple).
- Inciter le patient à accroître son niveau d'activité ou d'exercice et ce, dans les limites de ses capacités.
- Administrer, selon l'ordonnance médicale, des laxatifs émollients, des stimulants légers ou des cathartiques augmentant la masse fécale.
- Fixer un horaire régulier pour la défécation.
- Utiliser la salle de bains ou la chaise d'aisances de préférence au bassin hygiénique afin d'assurer l'intimité du patient.
- Appliquer une pommade lubrifiante ou anesthésique à l'anus, au besoin.
- Administrer des lavements selon l'ordonnance médicale.
- Enlever les fécalomes avec le doigt, au besoin.
- Donner un bain de siège après la défécation afin de lénifier la région rectale.
- Établir un programme de rééducation intestinale comprenant notamment l'administration de suppositoires rectaux et la stimulation digitale s'il y a dysfonction prolongée ou permanente.

PRIORITÉ Nº 3 – Prodiguer un enseignement visant le mieux-être du patient :

- Informer le patient sur les liens qui existent entre un régime alimentaire équilibré, un niveau d'activité adéquat, un apport liquidien suffisant et l'usage approprié de laxatifs.

- Inciter le patient à continuer d'appliquer les mesures efficaces.
- Discuter des raisons expliquant la réussite de ces mesures.
- Discuter des mesures précises à prendre si le problème réapparaît.

DONNÉES ESSENTIELLES À CONSIGNER

ÉVALUATIONS (INITIALE ET SUBSÉQUENTES)

- Noter les habitudes d'élimination intestinale antérieures et actuelles du patient, la durée du problème et les facteurs favorisants.
- Noter les caractéristiques des selles.
- Noter les problèmes sous-jacents.

PLANIFICATION

- Rédiger le plan de soins et inscrire les changements que le patient doit apporter dans ses habitudes de vie pour remédier au problème.
- Rédiger le plan d'enseignement.

APPLICATION /VÉRIFICATION DES RÉSULTATS

- Noter les réactions du patient aux interventions et à l'enseignement, ainsi que les mesures qui ont été prises.
- Noter tout changement dans les habitudes d'élimination et les caractéristiques des selles.
- Noter les objectifs atteints ou les progrès accomplis vers l'atteinte des objectifs.
- Noter les modifications apportées au plan de soins.

PLAN DE CONGÉ

- Noter les besoins à long terme du patient et les mesures entreprises.
- Inscrire les recommandations relatives au suivi.

Remarque

Les informations entre crochets ont été ajoutées par les auteures afin de clarifier les diagnostics infirmiers et d'en faciliter l'utilisation.

CROISSANCE ET DÉVELOPPEMENT, perturbation de

Taxinomie I : Mouvement (6.6)

[Division diagnostique : Croissance et développement]

Définition

Écarts par rapport aux normes établies pour le groupe d'âge de la personne.

FACTEURS FAVORISANTS

Mauvais traitements [négligence ou violence physique et psychologique]

Indifférence, réactions incohérentes, nombreux gardiens

Séparation d'avec des personnes clés

Milieu peu stimulant

Conséquences d'un handicap physique

Dépendance imposée [attentes insuffisantes en matière d'autonomie]

[Maladie physique ou psychologique (chronique, traumatique)]

[Traitements longs ou douloureux ; séjours prolongés ou répétés au centre hospitalier]

CARACTÉRISTIQUES

DONNÉES SUBJECTIVES

†Incapacité d'accomplir ses soins personnels ou de maîtriser des activités propres à son groupe d'âge

[†Perte d'habiletés déjà acquises]

---

†Caractéristiques majeures

[†Acquisition précoce ou trop rapide d'habiletés]

DONNÉES OBJECTIVES

†Retard ou difficulté à maîtriser les habiletés (motricité, socialisation, langage) propres à son groupe d'âge

†Perturbation de la croissance physique

Abattement, apathie, baisse de la réactivité

[Troubles du sommeil, mauvaise humeur, attitude négative]

RÉSULTATS ESCOMPTÉS (OBJECTIFS) /CRITÈRES D'ÉVALUATION

- Le patient possède les habiletés motrices, sociales et langagières propres à son groupe d'âge et ce, dans les limites de ses capacités actuelles.
- Le patient réalise avec aisance ses soins personnels.
- Le patient effectue les activités propres à son groupe d'âge.
- Les parents ou les gardiens comprennent le retard ou la déviance ainsi que le plan d'interventions.

INTERVENTIONS INFIRMIÈRES

PRIORITÉ N° 1 – Évaluer les facteurs favorisants :

- Relever tout problème et toute situation susceptibles de contribuer à l'écart par rapport aux normes de développement (capacité intellectuelle moindre, handicap physique, perturbation de la croissance physique, maladie chronique, naissance multiple (de jumeaux, par exemple), grossesses rapprochées, etc.).

---

†Caractéristiques majeures

- Apprécier les interventions des parents ou des gardiens (attentes inadéquates, incohérentes, irréalistes ou insuffisantes ; manque de stimulation, d'autorité ou de sensibilité, etc.).
- Noter la gravité ou la persistance du problème (mauvais traitements physiques ou psychologiques de longue date, perturbation situationnelle ou manque d'aide pendant une période de crise ou de transition, etc.).
- Recueillir des données sur les événements stressants importants, les pertes, les séparations et les changements environnementaux (abandon, divorce, décès d'un parent, d'un conjoint ou d'un enfant, chômage, vieillesse, déménagement, nouvel emploi, naissance d'un bébé, mariage, arrivée d'un beau-père ou d'une belle-mère, etc.).
- Apprécier la quantité et la qualité des stimulations et des activités offertes au patient dans le milieu de soins.

PRIORITÉ N° 2 – Déterminer le degré d'écart par rapport aux normes de développement :

- Noter l'âge et le stade de développement du patient. Noter les pertes de capacités fonctionnelles signalées par le patient.
- Prendre note des habiletés ou des activités normales pour l'âge du patient en consultant les autorités en la matière (Gesell, Musen, Congor, etc.) ou en s'inspirant des instruments d'évaluation (test du bonhomme, test d'évaluation du développement de Denver, etc.).
- Noter le type d'habiletés déficientes (langage, motricité, socialisation, etc.) et le genre d'activités perturbées chez le patient (reconnaître les couleurs, aller aux toilettes, etc.).
- Comparer les données recueillies chez le patient avec les normes de croissance et de développement reliées à l'âge *afin de déterminer le degré d'écart.*

- Noter la durée de la perturbation : temporaire (simple échec ou retard) ou permanente (maladie irréversible comme la souffrance cérébrale, un accident vasculaire cérébral, la maladie d'Alzheimer, etc.).

PRIORITÉ N° 3 – Aider le patient et/ou les personnes qui s'en occupent à prévenir, réduire ou surmonter le retard ou la régression :

- Consulter les spécialistes pertinents (ergothérapeute, orthophoniste, conseiller en réadaptation, orthopédagogue, conseiller d'orientation, etc.) *afin de répondre aux besoins particuliers du patient.*
- Amener le patient ou la personne qui en prend soin à reconnaître que la croissance et le développement du patient diffèrent par rapport aux normes de son groupe d'âge.
- Expliquer les facteurs ayant contribué au problème du patient en évitant de jeter le blâme sur quiconque.
- Garder une attitude positive et optimiste.
- Favoriser l'actualisation de soi du patient et le féliciter des initiatives qu'il prend pour conserver ou recouvrer les habilités propres à son groupe d'âge.
- Inciter le patient ou la personne qui en prend soin à se fixer des objectifs à court terme réalistes pour la réalisation du potentiel de développement du patient.
- Placer le patient dans des situations lui permettant de s'exercer à de nouveaux comportements (jeux de rôle, activités de groupe, stimulations, etc.).
- Indiquer au patient le matériel dont il aura besoin (aide adaptée, logiciel, aide à la communication, etc.) pour réaliser les nouveaux comportements.

- Accroître régulièrement la complexité des tâches et la difficulté des objectifs après évaluation des progrès du patient.
- Féliciter le patient pour ses efforts, ses réussites et son adaptation, et minimiser l'importance des échecs.
- Amener le patient ou la personne qui en prend soin à accepter tout écart irréversible et à s'adapter à la situation.
- Fournir un soutien à la personne qui s'occupe du patient pendant les périodes de transition (internat scolaire, hospitalisation, etc.).

PRIORITÉ N° 4 – Prodiguer un enseignement visant le mieux-être du patient :

- Expliquer au patient et à la personne qui s'en occupe les processus normaux de croissance et de développement.
- Établir avec le patient et la personne qui s'en occupe des objectifs réalistes sans pour autant limiter les capacités du patient (par conséquent, fixer des objectifs qu'il pourra dépasser, s'il les atteint).
- Inciter le patient ou la personne qui s'en occupe à s'inscrire à des programmes éducatifs (cours destinés aux parents, séances d'information sur la stimulation du nouveau-né, séminaires sur le stress, sur le processus de vieillissement, etc.).
- Procurer au patient ou à la personne qui s'en occupe les brochures et les ouvrages de référence appropriés.
- Inviter la personne qui s'occupe du patient à recourir aux services communautaires offerts aux enfants. Planifier les soins en faisant intervenir au besoin un travailleur social et un éducateur spécialisé pour répondre à certains besoins de

l'enfant (éducation, besoins psychologiques et sociaux, évaluation, etc.).

- Inventorier les services communautaires dont le patient aura besoin : programmes d'intervention précoce, programmes d'activités ou de soutien pour les personnes âgées, programmes destinés aux surdoués, ateliers protégés, services aux enfants infirmes, fournisseurs de matériel médical, etc.

§ Consulter les diagnostics infirmiers de perturbation dans l'exercice du rôle parental et de perturbation de la dynamique familiale.

DONNÉES ESSENTIELLES À CONSIGNER

ÉVALUATIONS (INITIALE ET SUBSÉQUENTES)

- Inscrire les données d'évaluation et les besoins personnels du patient, notamment son stade de développement ou les signes de régression manifestés.
- Noter la compréhension que la personne s'occupant du patient a de la situation et le rôle qu'elle joue.

PLANIFICATION

- Rédiger le plan de soins et inscrire le nom de chacun des intervenants.
- Rédiger le plan d'enseignement.

APPLICATION /VÉRIFICATION DES RÉSULTATS

- Noter les réactions du patient aux interventions et à l'enseignement, ainsi que les mesures qui ont été prises.
- Noter la réaction de la personne qui s'occupe du patient à l'enseignement.
- Noter les objectifs atteints ou les progrès accomplis vers l'atteinte des objectifs.

- Noter les modifications apportées au plan de soins.

PLAN DE CONGÉ

- Inscrire les besoins à long terme du patient et le nom des responsables des mesures à prendre.
- Noter les demandes de consultation et l'endroit où le patient peut se procurer le matériel dont il a besoin.

Remarque

Les informations entre crochets ont été ajoutées par les auteures afin de clarifier les diagnostics infirmiers et d'en faciliter l'utilisation.

DÉBIT CARDIAQUE, diminution du

Taxinomie I : Échanges (1.4.2.1)

[Division diagnostique : Circulation]

Définition

Quantité de sang pompée dans le cœur insuffisante pour assurer l'irrigation tissulaire. [Note des auteures : Dans les cas d'augmentation du métabolisme basal, le débit cardiaque peut être normal sans pour autant répondre adéquatement aux besoins des tissus. Le débit cardiaque et l'irrigation sanguine aux tissus sont normalement directement reliés : la diminution du débit cardiaque entraîne une altération de l'irrigation tissulaire. Toutefois, l'irrigation tissulaire peut être insuffisante sans qu'il y ait diminution du débit cardiaque.]

FACTEURS FAVORISANTS

N'ont pas encore été répertoriés par l'ANADI

(Facteurs mécaniques : altération de la précharge [diminution du retour veineux ou altération de la contractilité du myocarde], altération de la postcharge [altération de la résistance vasculaire systémique], modification de la contractilité cardiaque)

(Facteurs électriques : altérations de la fréquence et du rythme cardiaques ainsi que de la conduction nerveuse)

(Facteurs structuraux [rupture ventriculo-septale, anévrisme ventriculaire, rupture du pilier, valvulopathie])

Note des auteures : Ces facteurs favorisants avaient été énoncés lorsque le diagnostic a été accepté. Nous avons conservé cette liste afin de fournir un point de repère à l'utilisatrice jusqu'à ce que l'ANADI ait répertorié les facteurs favorisants de ce diagnostic infirmier.

CARACTÉRISTIQUES

DONNÉES SUBJECTIVES

Fatigue

Dyspnée, orthopnée

DONNÉES OBJECTIVES

Variations de la pression artérielle [et des paramètres hémodynamiques]

Changement de la couleur de la peau et des muqueuses [cyanose, pâleur]

Peau moite et froide

Arythmies, [anomalies de l'électrocardiogramme]

Turgescence des jugulaires

Oligurie ; [anurie]

Diminution des pouls périphériques

Râles

Agitation

AUTRES CARACTÉRISTIQUES POSSIBLES

DONNÉES SUBJECTIVES

Syncope ; vertiges

Faiblesse

Essoufflement

[Angine]

DONNÉES OBJECTIVES

Œdème

Changement dans l'état mental

Expectorations mousseuses

Bruit de galop ; [bruits cardiaques anormaux]

Toux

[Engorgement du foie, ascite]

RÉSULTATS ESCOMPTÉS (OBJECTIFS) / CRITÈRES D'ÉVALUATION

- Le patient présente des paramètres hémodynamiques plus stables (pression artérielle, débit cardiaque, irrigation rénale, diurèse, pouls périphériques).
- Le patient signale une diminution des épisodes de dyspnée, d'angine et de dysrythmies.
- Le patient montre une tolérance accrue à l'activité.
- Le patient connaît le processus morbide, ses facteurs de risque et le plan de traitement.
- Le patient participe à des activités visant la réduction du travail cardiaque (programme de contrôle du stress, programme thérapeutique, programme d'amaigrissement, programme équilibré d'activité et de repos, oxygénothérapie, programme anti-tabagisme, etc.).
- Le patient consulte les personnes-ressources pertinentes au moment opportun.

INTERVENTIONS INFIRMIÈRES

PRIORITÉ Nº 1 – Évaluer les facteurs favoisants :

- Rechercher si les facteurs de risque précités s'appliquent au patient.

- Prendre note du traitement médicamenteux du patient et noter s'il a des problèmes de toxicomanie.
- Rechercher si le patient souffre d'un traumatisme du tronc cérébral ou d'une lésion de la moelle épinière à D7 ou au-dessus, *afin de déterminer s'il s'agit d'une personne à risque.*

§ Consulter le diagnostic infirmier de dysréflexie.

- Observer les signes d'apparition d'un état de choc et en apprécier le type : hypovolémique, bactériémique, cardiogénique, psychogène, choc dû à une vasodilatation.
- Étudier les résultats des examens de laboratoire (numération globulaire, dosage des électrolytes, dosage des gaz du sang artériel, azotémie, enzymes cardiaques, cultures, etc.)

PRIORITÉ N° 2 – Évaluer le degré d'affaiblissement :

- Prendre note des valeurs initiales des signes vitaux et des paramètres hémodynamiques, notamment des pouls périphériques.
- Rechercher la présence de caractéristiques indiquant un état de choc ou une insuffisance imminente (signes vitaux, paramètres hémodynamiques, bruits respiratoires, bruits cardiaques, diurèse).
- Noter la présence d'un pouls paradoxal, qui indique une tamponnade cardiaque.
- Étudier les résultats des examens diagnostiques (épreuve d'effort, électrocardiogramme, scintigraphies, échocardiographies, cathétérisme cardiaque, etc.).
- Noter la réaction du patient aux soins et aux interventions, et le temps que les signes vitaux mettent à revenir aux valeurs initiales.

PRIORITÉ N° 3 – Collaborer à corriger les facteurs favorisants et à maximiser le débit cardiaque (phase aiguë) :

- Placer la tête du lit à l'horizontale ou garder le tronc à l'horizontale et élever les jambes à 20° ou 30° si le patient est en état de choc. **Remarque :** Cette position étant contre-indiquée en cas de congestion, on lui préférera alors la position semi-Fowler.
- Mesurer souvent les signes vitaux et noter la réaction du patient aux activités.
- Effectuer, à intervalles réguliers, la mesure des paramètres hémodynamiques (pression artérielle, pression veineuse centrale, pression artérielle pulmonaire et pression capillaire pulmonaire, pression de remplissage de l'oreillette gauche, débit cardiaque).
- Réduire ou augmenter la consommation de liquides (par voie intraveineuse et orale) en fonction des besoins du patient. Calculer la diurèse toutes les heures ou périodiquement, et noter le bilan liquidien total.
- Observer le rythme cardiaque en permanence. Noter l'efficacité des médicaments ou des appareils (stimulateur cardiaque ou défibrillateur).
- Remplacer les pertes liquidiennes et sanguines selon l'ordonnance.
- Administrer les antibiotiques, les diurétiques, les inotropes, les régulateurs du rythme, les corticostéroïdes, les vasopresseurs et/ou les vasodilatateurs prescrits.
- Noter les effets thérapeutiques, indésirables ou toxiques du traitement médicamenteux.
- Régler le débit de perfusion intraveineuse au moyen d'une pompe volumétrique, au besoin.

- Administrer l'oxygénothérapie prescrite *afin d'accroître l'oxygénation des tissus, notamment ceux du myocarde.*
- Créer un climat de calme et de repos en diminuant les stimuli.
- Fixer l'heure des activités et des examens de façon à maximiser les périodes de sommeil.
- Prodiguer au patient des soins personnels complets ou partiels, selon ses besoins.
- S'abstenir le plus possible d'employer des contentions pour un patient désorienté. **Remarque :** Elles peuvent accroître son agitation et le travail cardiaque.
- Administrer les sédatifs et les analgésiques prescrits avec prudence, *afin d'obtenir l'effet désiré sans altérer les paramètres hémodynamiques.*
- Maintenir la perméabilité des tubulures de monitorage intravasculaire et de perfusion. Attacher les raccordements avec un adhésif *afin de prévenir l'embolie gazeuse et/ou l'hémorragie.*
- Observer les règles d'asepsie lors des interventions invasives et des soins de la plaie.
- Administrer des antipyrétiques ou prendre d'autres mesures pour faire baisser la fièvre, au besoin.
- Peser le patient quotidiennement.
- Proscrire toute activité pouvant déclencher la manœuvre de Valsalva (exercices isométriques, stimulation rectale, vomissements, toux spasmodique, etc.).
- Inciter le patient à inspirer et à expirer profondément pendant les activités susceptibles de déclencher la manœuvre de Valsalva.
- Prendre les mesures nécessaires (couvertures, température de la pièce, etc.) pour maintenir la

température corporelle du patient dans les limites de la normale.

- Administrer un laxatif émollient, selon l'ordonnance.
- Offrir un soutien psychologique au patient.
- Répondre avec franchise à toutes les questions du patient tout en conservant une attitude calme. **Remarque :** Des réponses honnêtes rassurent le patient qui voit qu'on s'agite beaucoup autour de lui et qu'on s'inquiète à son sujet.
- Informer le patient sur les examens diagnostiques et sur sa participation.
- Collaborer aux interventions spéciales, au besoin (mise en place d'une ligne de perfusion intraveineuse, introduction d'un ballonnet intra-aortique, péricardiocentèse, cardioversion, introduction d'un stimulateur cardiaque, etc.).
- Expliquer au patient les raisons justifiant les restrictions alimentaires ou liquidiennes imposées.

§ Consulter le diagnostic infirmier de diminution de l'irrigation tissulaire.

PRIORITÉ N° 4 – Favoriser le retour veineux (phase post-aiguë ou chronique) :

- Procurer au patient des périodes de repos suffisantes, l'installer dans la position la plus confortable possible. Administrer des analgésiques au besoin.
- Inciter le patient à faire des exercices de relaxation *afin de calmer son anxiété*.
- Surélever les jambes du patient en position assise.
- Appliquer un bandage abdominal, au besoin.
- Utiliser une table basculante en cas d'hypotension orthostatique.

- Prodiguer fréquemment des soins cutanés au patient, lui procurer une peau de mouton, un matelas pneumatique ou un matelas d'eau, de mousse ou de gel et le changer souvent de position *afin de prévenir la formation d'escarres de décubitus.*
- Surélever les membres œdémateux et proposer au patient des vêtements amples.
- S'assurer que les bas de soutien prescrits sont bien adaptés et mis correctement.
- Accroître graduellement le degré d'activités en fonction de l'état du patient.

PRIORITÉ N° 5 – Maintenir un équilibre nutritionnel et hydrique adéquat :

- Recommander au patient d'observer les restrictions alimentaires imposées : régime sans aliments excitants, diète de consistance molle, faible en sel, en kilojoules, en résidus ou en gras. **Remarque** : Des repas fréquents en petites portions sont parfois indiqués.
- Interrompre l'alimentation par voie orale, après consultation, lorsque le patient se plaint d'anorexie ou de nausées.
- Donner des liquides selon l'ordonnance. **Remarque** : Il peut s'avérer nécessaire d'imposer des restrictions ou bien de procéder à une rééquilibration électrolytique ou à une recharge en potassium.
- Effectuer un dosage des ingesta et des excreta des 24 heures.

PRIORITÉ N° 6 – Prodiguer un enseignement visant le mieux-être du patient :

- Planifier avec le patient les interventions visant à réduire les facteurs de risque présents (tabagisme, stress, obésité, etc.).

- Prendre note des caractéristiques du traitement médicamenteux, du régime alimentaire et du plan d'activités ou d'exercices.
- Expliquer au patient quels signes et symptômes doivent être signalés à un professionnel de la santé (crampes musculaires, maux de tête, étourdissements ou éruptions cutanées). **Remarque :** Il peut s'agir de signes de toxicité médicamenteuse et/ou de déperdition de minéraux (surtout de potassium).
- Énumérer les signes de « danger » à signaler immédiatement au médecin (augmentation ou persistance de la douleur thoracique, dyspnée, œdème, etc.).
- Inciter le patient à changer de position lentement.
- Conseiller au patient de balancer les jambes avant de se lever debout *afin de réduire les risques d'hypotension orthostatique.*
- Informer le patient sur les signes d'amélioration tels que la diminution de l'œdème, l'amélioration des signes vitaux et de la circulation.
- Montrer au patient comment se peser, prendre son pouls et/ou sa pression artérielle lorsqu'il sera de retour à la maison, au besoin.
- Inciter les membres de la famille ou les personnes clés ayant une influence positive sur le patient à le visiter.
- Créer un climat propice à la détente : techniques de relaxation, massothérapie, séances de musique apaisante, activités paisibles.
- Montrer au patient des techniques de contrôle du stress, au besoin, et lui proposer notamment un programme d'exercices adapté à ses besoins.
- Dresser une liste des groupes de soutien susceptibles d'aider le patient à perdre du poids, à cesser de fumer, etc.

§ Consulter les diagnostics infirmiers suivants, au besoin : intolérance à l'activité ; manque de loisirs ; stratégies d'adaptation familiale ou individuelle inefficaces ; dysfonctionnement sexuel ; douleur [aiguë] ou douleur chronique ; déficit ou excès nutritionnel ; déficit ou excès de volume liquidien.

DONNÉES ESSENTIELLES À CONSIGNER

ÉVALUATIONS (INITIALE ET SUBSÉQUENTES)

- Inscrire les données d'évaluation et les paramètres hémodynamiques du patient, noter les bruits cardiaques et respiratoires, la présence et/ou l'amplitude des pouls périphériques, l'état de la peau et des tissus, la diurèse et l'état mental, et placer au dossier le tracé électrocardiographique.

PLANIFICATION

- Rédiger le plan de soins et inscrire le nom de chacun des intervenants.
- Rédiger le plan d'enseignement.

APPLICATION/VÉRIFICATION DES RÉSULTATS

- Noter les réactions du patient aux interventions et à l'enseignement, ainsi que les mesures qui ont été prises.
- Noter les objectifs atteints ou les progrès accomplis vers l'atteinte des objectifs.
- Noter les modifications apportées au plan de soins.

PLAN DE CONGÉ

- Noter les éléments à prendre en considération dans le plan de congé et le nom des responsables des mesures à prendre.

- Noter les besoins à long terme du patient.
- Noter les demandes de consultation.

Remarque

Les informations entre crochets ont été ajoutées par les auteures afin de clarifier les diagnostics infirmiers et d'en faciliter l'utilisation.

DÉFICIT NUTRITIONNEL

Taxinomie I : Échanges (1.1.2.2)

[Division diagnostique : Nutrition]

Définition

Apport nutritionnel inférieur aux besoins métaboliques.

FACTEURS FAVORISANTS

Incapacité d'ingérer ou de digérer des aliments ou d'absorber des matières nutritives en raison de facteurs biologiques, psychologiques ou économiques

[Augmentation des besoins métaboliques (due à des brûlures, par exemple)]

CARACTÉRISTIQUES

DONNÉES SUBJECTIVES

Apport alimentaire inférieur aux apports quotidiens recommandés

Manque de nourriture

Dégoût pour la nourriture ; altération du sens du goût ; satiété immédiate après l'ingestion de nourriture

Douleur abdominale avec ou sans pathologie ; crampes abdominales

Manque d'intérêt pour la nourriture ; impression d'être incapable d'ingérer de la nourriture

Manque d'informations, informations erronées ou idées fausses. **Remarque :** Les auteures considèrent ce point comme un facteur favorisant et non comme une caractéristique.

DONNÉES OBJECTIVES

Poids corporel inférieur de 20 % ou plus au poids idéal [selon la taille et l'ossature]

Perte de poids malgré une ration alimentaire adéquate

Manque [flagrant] de nourriture

Faiblesse des muscles servant à la déglutition ou à la mastication

Ulcère buccal, inflammation de la cavité buccale

Manque de tonus musculaire

Fragilité des capillaires

Borborygmes

Diarrhée et/ou stéatorrhée

Pâleur des conjonctives et des muqueuses

Perte excessive de cheveux [ou accroissement de la pilosité sur le corps (duvet)]; [arrêt de la menstruation]

[Réduction de la graisse sous-cutanée ou de la masse musculaire]

[Résultats anormaux des épreuves de laboratoire (albumine réduite, diminution des protéines totales ; carence en fer ; déséquilibre électrolytique, etc.)]

RÉSULTATS ESCOMPTÉS (OBJECTIFS) / CRITÈRES D'ÉVALUATION

- Le patient prend du poids graduellement.
- Le patient comprend les causes de son problème et les interventions nécessaires.
- Le patient adopte des habitudes de vie et des conduites favorisant l'atteinte et le maintien de son poids-santé.
- Les valeurs des examens de laboratoire sont normales et tous les signes de malnutrition inscrits

dans les caractéristiques inhérentes au problème sont absents.

INTERVENTIONS INFIRMIÈRES

PRIORITÉ Nº 1 – Évaluer les facteurs favorisants :

- Vérifier si les facteurs de risque de la malnutrition sont présents chez le patient (chirurgie intestinale, métabolisme basal augmenté, apport alimentaire réduit, carences nutritionnelles antérieures).
- Relever les facteurs susceptibles d'influer sur l'ingestion et/ou la digestion des matières nutritives : capacité de mastication et de déglutition, goût ; adaptation des prothèses dentaires, obstacles mécaniques, intolérance au lactose, mucoviscidose, affection du pancréas.
- Apprécier les connaissances du patient sur les besoins nutritionnels d'une personne de son âge.
- Demander au patient s'il dispose de réseaux de soutien et de ressources financières suffisantes et comment il les utilise. Vérifier s'il est capable de se procurer et de conserver différents types d'aliments.
- Discuter avec le patient de ses habitudes alimentaires, notamment de ses préférences, de ses intolérances et de ses aversions alimentaires.
- Recueillir des données sur les interactions médicamenteuses, les effets de la maladie, les allergies, l'emploi de laxatifs ou de diurétiques (ces facteurs peuvent nuire à l'appétit ou à l'apport alimentaire).
- Déceler les facteurs psychologiques en cause chez le patient et s'enquérir de ses désirs et des influences d'ordre culturel ou religieux qui s'exercent sur lui.

- Recueillir des données d'ordre psychologique sur le patient, en accordant une attention particulière à la perception qu'il a de son corps et au réalisme de cette perception.
- Noter la présence d'aménorrhée, de caries dentaires et d'hypertrophie des glandes salivaires ainsi que les plaintes de mal de gorge constant, qui peuvent être des signes de boulimie.

PRIORITÉ N° 2 – Évaluer le degré de déficit :

- Recueillir des données sur le poids, l'âge, la configuration morphologique, la force, le degré d'activité et de repos, etc.
- Calculer l'apport énergétique quotidien total.
- Noter dans un carnet les apports alimentaires et liquidiens, l'heure des repas et le mode d'alimentation.
- Calculer la dépense de base en énergie à partir de la formule Harris-Benedict.
- Estimer les besoins en énergie et en protéines.
- Mesurer l'épaisseur du pli du triceps et le périmètre du bras à mi-longueur (ou autres mensurations anthropométriques) *afin d'évaluer la quantité de graisse du tissu sous-cutané et la masse musculaire.*
- Ausculter les bruits intestinaux. Noter les caractéristiques des selles (couleur, quantité, fréquence, etc.).
- Étudier les résultats des examens de laboratoire (albumine sérique, dosage de la sidérophiline, dosage des acides aminés, taux de fer, urée , bilan azoté, glycémie, fonction hépatique, dosage des électrolytes, numération lymphocytaire, calorimétrie indirecte, etc.).

- Collaborer aux procédés diagnostiques (épreuve de Schilling, test d'absorption du xylose, recherche de graisses dans les selles de 72 heures, clichés en série des différents segments du tube digestif, etc.).

PRIORITÉ Nº 3 – Établir un programme nutritionnel en fonction des besoins du patient :

- Collaborer au traitement visant à corriger ou à juguler les causes sous-jacentes (cancer, syndrome de malabsorption, anorexie, etc.).
- Consulter la diététicienne ou d'autres membres de l'équipe de soins, au besoin.
- Modifier le régime alimentaire, au besoin. Par exemple :

  Conseiller au patient d'augmenter sa consommation de protéines et de glucides ainsi que son apport énergétique.

  Conseiller au patient d'intégrer des sauces, du beurre, de la crème et de l'huile dans l'alimentation si les matières grasses sont bien tolérées.

  Conseiller au patient de prendre de petits repas ainsi que des collations (aliments faciles à digérer pour la collation du soir).

  Donner au patient des aliments mous ou liquéfiés s'il est alimenté par gavage mécanique.

  Conseiller au patient de prendre des apéritifs (vin, etc.), à moins de contre-indication.

  Conseiller au patient de prendre des suppléments alimentaires.

  Donner au patient des préparations nutritives par gavage mécanique ; recourir à l'alimentation parentérale.

- Administrer les agents pharmaceutiques prescrits : substances favorisant la digestion, suppléments de vitamines ou de fer, médicaments (antiacides, anticholinergiques, antipyrétiques, antidiarrhéiques, etc.).

- Demander au patient s'il préfère ou peut tolérer un petit déjeuner à forte teneur énergétique.
- Utiliser des aromates (citron et fines herbes) si le patient a une diète sans sel.
- Inciter le patient à mettre du sucre ou du miel dans ses boissons s'il tolère bien les glucides.
- Conseiller au patient de choisir des aliments qu'il trouve appétissants.
- Retirer de la diète les aliments que le patient ne peut tolérer ou qui augmentent le transit intestinal (aliments gazogènes, boissons trop chaudes, trop froides, épicées ou caféinées, produits laitiers, etc.) en tenant compte de ses besoins.
- Conseiller au patient de réduire sa consommation d'aliments très riches en fibres ou en cellulose, qui induisent rapidement la satiété.
- Créer au moment des repas un climat agréable et reposant qui favorise la socialisation, dans la mesure du possible.
- Prévenir ou réduire les odeurs ou les spectacles désagréables qui pourraient couper l'appétit.
- Recommander au patient d'appliquer des soins d'hygiène buccodentaire avant et après les repas et au besoin.
- Conseiller au patient de prendre des pastilles pour stimuler la salivation lorsque la sécheresse de la bouche pose problème.
- Inciter le patient à consommer suffisamment de liquides. **Remarque :** On peut arrêter de donner des liquides une heure avant les repas pour éviter qu'il n'ait trop rapidement une sensation de satiété.

- Peser le patient une fois par semaine et au besoin.
- Élaborer des stratégies d'alimentation personnalisées lorsque le problème est mécanique : immobilisation des mâchoires par des fils métalliques, etc.; ou que le patient est paralysé : après un accident vasculaire cérébral, etc. (Consulter un ergothérapeute pour obtenir des aides techniques, au besoin.)
- Élaborer un programme structuré de thérapie nutritionnelle (fixer la durée des périodes de repas, passer au robot culinaire les aliments qui n'ont pas été mangés durant la période fixée, administrer les aliments liquéfiés par gavage) *afin d'éviter les complications entraînées par la malnutrition* (surtout dans les cas d'anorexie ou de boulimie). **Remarque :** Il faudra peut-être hospitaliser le patient pour faciliter l'application du programme de thérapie nutritionnelle.

PRIORITÉ N° 4 – Prodiguer un enseignement visant le mieux-être du patient :

- Souligner l'importance d'un apport nutritionnel équilibré. Informer le patient sur ses besoins nutritionnels et lui proposer des moyens d'y répondre.
- Élaborer un programme de modification du comportement avec la collaboration du patient et en fonction de ses besoins.
- Faire preuve d'ouverture d'esprit, d'acceptation et de compréhension à l'égard du patient qui affirme être entraîné par une « voix intérieure ».
- Fixer un objectif de gain pondéral fixe et réaliste.
- Peser le patient une fois par semaine et inscrire les résultats au dossier.
- Consulter la diététicienne ou d'autres membres de l'équipe de soins, au besoin.

- Élaborer un programme régulier d'exercices et de réduction du stress.
- Inventorier tous les médicaments (sur ordonnance ou en vente libre) consommés par le patient et lui expliquer les effets secondaires ainsi que les risques d'interactions médicamenteuses.
- Fournir au patient les informations ou l'aide dont il a besoin en ce qui a trait à l'application du traitement médical.
- Inventorier avec le patient les programmes d'aide requis et l'assister dans les démarches nécessaires pour les obtenir : conseils sur l'établissement d'un budget, popote roulante, cuisine communautaire, etc.
- Diriger le patient vers les services d'hygiène dentaire, de counseling, de psychiatrie ou de thérapie familiale dont il a besoin.
- Insister au cours de l'enseignement préopératoire sur l'importance d'une alimentation qui comble les besoins nutritionnels avant et après l'intervention chirurgicale.
- Montrer au patient et à la personne clé dans sa vie comment passer les aliments au robot culinaire ou procéder à l'alimentation par gavage.
- Diriger le patient vers des services de soins à domicile lorsque celui-ci doit avoir une alimentation parentérale totale à la maison.

DONNÉES ESSENTIELLES À CONSIGNER

ÉVALUATIONS (INITIALE ET SUBSÉQUENTES)

- Inscrire les données d'évaluation, notamment les signes et symptômes (tirés de la liste de caractéristiques précitée) et les résultats des examens de laboratoire.

- Noter l'apport énergétique.
- Noter les restrictions d'ordre culturel ou religieux et les préférences alimentaires du patient.
- Noter les ressources financières et les réseaux de soutien dont le patient dispose et l'utilisation qu'il en fait.
- Noter le point de vue du patient et sa compréhension du problème.

PLANIFICATION

- Rédiger le plan de soins et inscrire le nom de chacun des intervenants.
- Rédiger le plan d'enseignement.

APPLICATION/VÉRIFICATION DES RÉSULTATS

- Noter les réactions du patient aux interventions et à l'enseignement, ainsi que les mesures qui ont été prises.
- Inscrire sur une feuille graphique les résultats des pesées hebdomadaires.
- Noter les objectifs atteints ou les progrès accomplis vers l'atteinte des objectifs.
- Noter les modifications apportées au plan de soins.

PLAN DE CONGÉ

- Noter les besoins à long terme du patient et le nom des responsables des mesures à prendre.
- Noter les demandes de consultation.

Remarque

Les informations entre crochets ont été ajoutées par les auteures afin de clarifier les diagnostics infirmiers et d'en faciliter l'utilisation.

DÉGAGEMENT INEFFICACE DES VOIES RESPIRATOIRES

Taxinomie I : Échanges (1.5.1.2)

[Division diagnostique : Oxygénation]

Définition

Incapacité de libérer les voies respiratoires des obstructions qui entravent le libre passage de l'air.

FACTEURS FAVORISANTS

Infection, obstruction ou sécrétions trachéo-bronchiques

Baisse d'énergie, fatigue

Déficit cognitif

Trouble de perception

Traumatisme

[Brûlure chimique]

CARACTÉRISTIQUES

DONNÉE SUBJECTIVE

[Difficulté à respirer]

DONNÉES OBJECTIVES

Bruits respiratoires anormaux ; râles crépitants et sibilants

Modification de la fréquence et/ou de l'amplitude respiratoires

Tachypnée

Toux, efficace ou inefficace, avec ou sans expectorations

Cyanose

Dyspnée

[Apnée]

[Peur, anxiété, agitation]

[Emploi de la musculature respiratoire accessoire]

[Étouffement ou respiration bruyante]

RÉSULTATS ESCOMPTÉS (OBJECTIFS) / CRITÈRES D'ÉVALUATION

- Le patient maintient ses voies respiratoires libres.
- Le patient expectore ou dégage facilement ses sécrétions.
- Le patient manifeste une absence ou une diminution de la congestion : absence de bruits adventices et respiration calme, amélioration des échanges gazeux (absence de cyanose, gaz du sang artériel dans les limites de la normale pour le patient, etc.).
- Le patient comprend le ou les facteurs reliés au problème et les interventions thérapeutiques.
- Le patient adopte des conduites permettant l'amélioration ou le maintien du dégagement de ses voies respiratoires.
- Le patient prend les mesures préventives requises face aux risques de complications.

INTERVENTIONS INFIRMIÈRES

PRIORITÉ Nº 1 – Maintenir les voies respiratoires libres :

- Rechercher les facteurs favorisants. Au besoin, procéder à des vérifications (étude sur le sommeil ou sur la fonction pulmonaire, par exemple).

- Placer la tête droite, avec une flexion appropriée à l'âge et à l'état du patient.
- Procéder à une aspiration nasale, trachéale ou orale *afin de dégager les voies respiratoires, au besoin.*
- Surélever la tête du lit et changer le patient de position toutes les deux heures ou plus souvent si cela est nécessaire *afin de diminuer la pression sur le diaphragme et de favoriser le drainage et la ventilation des lobules pulmonaires (nettoyage pulmonaire).*
- Insérer une canule buccale s'il est impossible de maintenir la langue dans sa position anatomique.
- Collaborer aux interventions visant le dégagement des voies respiratoires (bronchoscopie, trachéotomie, etc.).
- Éliminer les allergènes de l'environnement, selon les allergies particulières du patient (poussière, oreillers en plume, fumée, etc.).

PRIORITÉ Nº 2 – Mobiliser les sécrétions :

- Inciter le patient à faire des exercices de respiration profonde et de toux en lui faisant exercer une légère pression sur la poitrine ou sur la plaie.
- Administrer les analgésiques prescrits *afin d'améliorer les effets de la toux.* **Mise en garde :** Le patient peut avoir de la difficulté à respirer et à tousser s'il prend des doses trop fortes ou trop fréquentes de médicaments.
- Administrer les expectorants ou les bronchodilatateurs prescrits.
- Augmenter l'apport liquidien à au moins 2000 mL par jour en tenant compte de la réserve cardiaque. **Remarque :** Il peut s'avérer nécessaire d'administrer des liquides par voie intraveineuse.

- Signaler tout signe et symptôme d'insuffisance cardiaque (râles crépitants, œdème, gain pondéral).
- Conseiller au patient des liquides chauds plutôt que des liquides froids, au besoin.
- Humidifier l'air au besoin (nébuliseur à ultrasons, humidificateur).
- Procéder à un drainage postural et à une percussion ou offrir de l'aide au patient qui y procède lui-même. **Remarque :** Ces traitements sont contre-indiqués chez le patient asthmatique.
- Collaborer à l'oxygénothérapie (respirateur à pression positive intermittente, spiromètre d'incitation).
- Inciter le patient à cesser de fumer ou à diminuer sa consommation de tabac afin de favoriser la repousse des cils vibratiles.
- Demander au patient de ne pas employer de produits à base d'huile autour du nez, car ils risquent d'être aspirés dans les poumons.

PRIORITÉ Nº 3 – Évaluer les changements :

- Ausculter les bruits respiratoires et signaler les irrégularités.
- Observer et noter les mouvements, la fréquence et l'amplitude respiratoires.
- Prendre les signes vitaux, noter la pression artérielle et les fluctuations de la pulsation.
- Rechercher par une observation soutenue les signes de détresse respiratoire (fréquence accrue, agitation ou anxiété, utilisation de la musculature respiratoire accessoire).
- Recueillir des données sur les changements dans les habitudes de sommeil (somnolence diurne, insomnie, etc.).

- Noter la réaction du patient au traitement médicamenteux et/ou l'apparition d'effets ou d'interactions médicamenteuses indésirables (antimicrobiens, corticostéroïdes, expectorants, bronchodilatateurs).
- Rechercher par une observation soutenue les signes et symptômes d'infection (dyspnée accrue accompagnée de fièvre ; changement dans la couleur, la quantité et les caractéristiques des expectorations).
- Effectuer un prélèvement d'expectorations, de préférence avant le début de la thérapie antimicrobienne.
- Prendre note des résultats des radiographies thoraciques, de la mesure des gaz artériels et de l'oxymétrie.
- Noter toute amélioration des symptômes.

PRIORITÉ Nº 4 – Prodiguer un enseignement visant le mieux-être du patient :

- Apprécier les connaissances du patient sur les causes déclenchantes du problème, sur le plan de traitement, sur les médicaments prescrits et sur les interventions thérapeutiques.
- Insister auprès du patient sur la nécessité d'expectorer plutôt que d'avaler les sécrétions.
- Expliquer au patient qu'il est important d'examiner les sécrétions et de signaler tout changement de couleur et de quantité.
- Faire la démonstration des techniques de respiration avec les lèvres pincées ou de respiration diaphragmatique, au besoin.
- Faire pratiquer au patient, en période préopératoire, les exercices de respiration et de toux efficace, et lui montrer comment utiliser les appareils d'appoint (respirateur à pression positive intermittente ou spiromètre d'incitation).

- Organiser l'environnement de façon à favoriser des périodes de repos fréquentes.
- Réduire les activités au strict nécessaire.
- Orienter le patient vers les groupes de soutien appropriés (clinique anti-tabagisme, programme d'exercice pour personnes atteintes de bronchopneumopathie chronique obstructive, clinique d'amaigrissement, etc.).
- Montrer au patient l'utilisation de l'appareil d'oxygénation à pression positive servant à traiter l'apnée du sommeil.

DONNÉES ESSENTIELLES À CONSIGNER

ÉVALUATIONS (INITIALE ET SUBSÉQUENTES)

- Noter les facteurs d'étiologie s'appliquant au patient.
- Noter les bruits respiratoires, la présence de sécrétions et leurs caractéristiques, l'utilisation de la musculature respiratoire accessoire.
- Noter les caractéristiques de la toux.

PLANIFICATION

- Rédiger le plan de soins et inscrire le nom de chacun des intervenants.
- Rédiger le plan d'enseignement.

APPLICATION/VÉRIFICATION DES RÉSULTATS

- Noter la réaction du patient aux interventions et à l'enseignement, ainsi que les mesures qui ont été prises.
- Noter les objectifs atteints ou les progrès accomplis vers l'atteinte des objectifs.
- Noter les modifications apportées au plan de soins.

PLAN DE CONGÉ

- Inscrire les besoins à long terme du patient et le nom des responsables des mesures à prendre.
- Noter les demandes de consultation.

Remarque

Les informations entre crochets ont été ajoutées par les auteures afin de clarifier les diagnostics infirmiers et d'en faciliter l'utilisation.

DÉNI NON CONSTRUCTIF

Taxinomie I : Choix (5.1.1.1.3)

[Division diagnostique : Adaptation]

Définition

Tentative consciente ou inconsciente de désavouer la connaissance ou la signification d'un événement afin de réduire l'anxiété ou la peur, au détriment de sa santé.

FACTEURS FAVORISANTS

N'ont pas encore été répertoriés par l'ANADI

[Vulnérabilité ; besoins personnels insatisfaits]

[Sentiments anxiogènes accablants ; éléments de la réalité intolérables au niveau conscient]

[Peur des conséquences, expériences antérieures négatives]

[Réactions acquises (évitement, par exemple)]

[Facteurs culturels, système de valeurs personnel ou familial]

CARACTÉRISTIQUES

DONNÉES SUBJECTIVES

Minimisation des symptômes ; déplacement de l'origine des symptômes sur d'autres organes

Incapacité d'admettre que la maladie a des répercussions sur son mode de vie

Déplacement de la peur des conséquences de la maladie

Négation de la peur de la mort ou de l'invalidité

DONNÉES OBJECTIVES

†Remise à plus tard de la demande de consultation ou refus de recevoir des soins au détriment de sa santé

†Négation ou ignorance des symptômes ou danger qui le menacent

Gestes ou commentaires écartant de son esprit les événements angoissants lorsqu'il en parle

Affect inadéquat

Soulagement des symptômes à l'aide de remèdes-maison (autotraitement)

RÉSULTATS ESCOMPTÉS (OBJECTIFS) / CRITÈRES D'ÉVALUATION

- Le patient reconnaît la réalité de la situation ou de la maladie.
- Le patient envisage avec réalisme ses inquiétudes ou ses sentiments face aux symptômes ou à la maladie.
- Le patient résout ses problèmes en consultant les personnes-ressources appropriées.
- Le patient présente un affect approprié.

INTERVENTIONS INFIRMIÈRES

PRIORITÉ N° 1 – Évaluer les facteurs favorisants :

- Déceler la crise situationnelle ou le problème et préciser la façon dont le patient perçoit la situation.
- Préciser le degré de déni.
- Comparer le tableau clinique des symptômes ou de la maladie avec la description du patient.

---

†Caractéristiques majeures

- Noter les commentaires du patient sur les répercussions de la maladie ou du problème sur son mode de vie.

PRIORITÉ N° 2 – Aider le patient à faire face à la situation de façon adéquate :

- Créer un climat de sécurité et de confiance dans le cadre de la relation infirmière-client.
- Utiliser les habiletés de communication thérapeutique telles que l'écoute active et l'emploi du « je ».
- Inviter le patient à exprimer ses sentiments ; accepter sa vision de la situation sans l'obliger à affronter la réalité.
- Fixer des limites précises face aux comportements inadaptés.
- Donner des informations exactes, si besoin est, sans insister pour que le patient les accepte.
- Discuter avec le patient du lien entre ses comportements et sa maladie (diabète, alcoolisme, etc.), et souligner les conséquences de ces comportements.
- Inviter le patient à expliquer ses préoccupations à ses amis et aux personnes clés dans sa vie afin de réduire l'isolement et le repli sur soi.
- Inviter le patient à participer à des séances de groupe lorsqu'il est en mesure d'envisager d'autres visions de la réalité et de mettre à l'épreuve ses propres perceptions.
- Se garder d'approuver les affirmations inexactes.
- Émettre un commentaire positif chaque fois que le patient fait un pas concret vers l'autonomie.

PRIORITÉ N° 3 – Prodiguer un enseignement visant le mieux-être du patient :

- Fournir au patient et à sa famille des informations écrites sur la maladie ou la situation pour son retour à la maison.

- Inviter les membres de la famille ou les personnes clés dans la vie du patient à participer à la planification des mesures visant à satisfaire ses besoins à long terme.
- Diriger le patient vers les ressources communautaires pertinentes (Diabetaide, Société de sclérose en plaques, Alcooliques Anonymes) *afin de favoriser son adaptation à long terme.*

§ Consulter le diagnostic infirmier de stratégies d'adaptation individuelle inefficaces.

DONNÉES ESSENTIELLES À CONSIGNER

ÉVALUATIONS (INITIALE ET SUBSÉQUENTES)

- Inscrire les données d'évaluation et le degré de vulnérabilité ou de déni.
- Noter les répercussions de la maladie ou du problème sur le mode de vie du patient.

PLANIFICATION

- Rédiger le plan de soins et inscrire le nom de chacun des intervenants.
- Rédiger le plan d'enseignement.

APPLICATION/VÉRIFICATION DES RÉSULTATS

- Noter la réaction du patient aux interventions et à l'enseignement, ainsi que les mesures qui ont été prises.
- Noter comment le patient utilise les ressources disponibles.
- Noter les objectifs atteints ou les progrès accomplis vers l'atteinte des objectifs.
- Noter les modifications apportées au plan de soins.

PLAN DE CONGÉ

- Inscrire les besoins à long terme du patient et le nom des responsables des mesures à prendre.
- Noter les demandes de consultation.

Remarque

Les informations entre crochets ont été ajoutées par les auteures afin de clarifier les diagnostics infirmiers et d'en faciliter l'utilisation.

DÉSORGANISATION COMPORTEMENTALE CHEZ LE NOURRISSON

Taxinomie I : Mouvement (6.8.2)

[Division diagnostique : Perception sensorielle]

Définition

Perturbation de l'intégration et de la modulation des systèmes de fonctionnement physiologiques et comportementaux (système nerveux autonome, motricité, organisation, autorégulation, attention-interaction, par exemple).

FACTEURS FAVORISANTS

Douleur

Problèmes oraux ou moteurs

Difficulté à s'alimenter

Excès de stimuli environnementaux

Manque de limites physiques

Interventions effractives ou douloureuses

Prématurité ; [immaturité du système nerveux central ; problèmes génétiques affectant les fonctions neurologiques et/ou physiologiques ; affection entraînant une hypoxie ou la mort apparente du nouveau-né]

[Malnutrition ; infection ; toxicomanie]

[Facteurs environnementaux tels que la séparation du bébé et des parents, l'exposition à des bruits intenses, la manipulation excessive, la lumière vive]

CARACTÉRISTIQUES

DONNÉES OBJECTIVES

†Modification des constantes biologiques [fluctuations importantes de la fréquence cardiaque, du rythme respiratoire, de la couleur de la peau ; diminution de la saturation en oxygène, par exemple]

†Hyperextension des bras et des jambes ; tremblements, sursauts, tics ; [flaccidité ou hypertonie]

†Troubles du sommeil

†Déficience des mécanismes d'autorégulation

†Manque de réponse aux stimuli visuels ou auditifs

†[Incapacité de faire harmonieusement la transition entre les différents stades de sommeil et d'éveil]

Baîllements ; [le bébé détourne les yeux ou la tête, ou est incapable de détourner son regard du stimulus]

Apnée

[Éternuements, toux, hauts-le-cœur, hoquet]

[Doigts tournés en dehors ou poings serrés ; langue sortie]

RÉSULTATS ESCOMPTÉS (OBJECTIFS) /CRITÈRES D'ÉVALUATION

- Le nourrisson a des comportements organisés qui contribuent à une croissance et à un développement optimaux se manifestant par la modulation du fonctionnement physiologique et comportemental (motricité, organisation, attention-interaction).
- Les parents reconnaissent les signaux émis par leur enfant.

---

†Caractéristiques majeures

- Les parents réagissent de façon appropriée (y compris en modifiant l'environnement) aux signaux émis par l'enfant.
- Les parents se disent prêts à assumer seuls les soins de l'enfant.

INTERVENTIONS INFIRMIÈRES

PRIORITÉ N° 1 – Déterminer les facteurs favorisants :

- Noter l'âge chronologique et apprécier le stade de développement du nourrisson ; noter l'âge gestationnel à la naissance.
- Rechercher les signes indiquant la présence d'une situation susceptible de causer de la douleur ou des malaises.
- Apprécier dans quelle mesure les besoins physiologiques sont comblés.
- Apprécier la quantité et la qualité des stimuli environnementaux.
- Apprécier la compréhension qu'ont les parents des besoins et des capacités de l'enfant.
- Prendre le temps d'écouter les parents parler de leurs préoccupations quant à leur capacité de répondre aux besoins du nourrisson.

PRIORITÉ N° 2 – Aider les parents à favoriser l'organisation comportementale du nourrisson :

- Créer un environnement physique et émotionnel calme et chaleureux.
- Inciter les parents à prendre le bébé dans leurs bras et à avoir un contact peau à peau avec lui, au besoin.
- Jouer un rôle de modèle en manipulant le nourrisson avec douceur et en réagissant de façon appropriée à ses comportements.

- Inciter les parents à tenir compagnie à l'enfant et à prendre une part active à tous les aspects des soins. Leur offrir le soutien nécessaire, au besoin.
- Discuter avec les parents de la croissance et du développement, et plus particulièrement de l'état actuel et de l'évolution de leur nourrisson. Les informer sur leur part de responsabilité dans l'organisation comportementale de l'enfant.
- Inclure les observations et les suggestions des parents dans le plan de soins.

PRIORITÉ Nº 3 – Prodiguer les soins en respectant le seuil de tolérance au stress du nourrisson :

- S'assurer que ce sont toujours les mêmes personnes qui prennent soin de l'enfant.
- Préciser les comportements d'autorégulation propres à ce nourrisson : il suce, fait la moue ; il s'agrippe, porte la main à la bouche, change d'expression ; il serre les pieds, s'arc-boute ; il plie les membres, rentre le tronc ; il cherche des limites physiques.
- Donner au nourrisson la possibilité de sucer. L'aider à porter la main à sa bouche ou vers son visage. Lui offrir une sucette ou lui permettre de téter le sein « à vide » durant les gavages.
- Éviter les stimuli buccaux désagréables, surtout s'ils ne sont pas essentiels. Procéder à l'aspiration de la sonde endotrachéale seulement si cette intervention est cliniquement indiquée.
- Procurer l'oxygène nécessaire au moyen d'un dispositif suffisamment grand pour que l'enfant puisse garder les bras à l'intérieur et porter les mains à sa bouche.
- Donner au nourrisson des occasions d'exercer son réflexe de préhension.
- Durant tous les soins, s'assurer que l'enfant sent des limites physiques autour de lui (l'emmail-

loter à l'aide de couvertures, lui faire une sorte de nid d'ange avec une couverture ou se servir de ses mains, selon la situation).

- Se réserver suffisamment de temps pour prendre l'enfant dans ses bras. Le manipuler doucement, le déplacer lentement, en s'assurant qu'il sent des limites autour de lui ; s'abstenir de faire des mouvements soudains ou brusques.
- Garder l'enfant dans un alignement corporel normal ; l'installer avec les membres légèrement fléchis, les épaules et les hanches en légère adduction. Utiliser des couches de la bonne taille.
- Noter si le thorax du bébé présente une amplitude adéquate ; placer une couverture enroulée sous son tronc si la position ventrale est indiquée.
- S'abstenir d'appliquer des contentions. Si l'utilisation d'une planchette est nécessaire pour protéger le point d'injection d'une perfusion intraveineuse, s'assurer que le membre qui portera la perfusion est placé dans un bon alignement avant d'y attacher la planchette.
- Si le nourrisson tolère mal les changements de position fréquents, l'installer sur une peau de mouton, sur un matelas alvéolé, sur un lit d'eau ou sur un oreiller ou un matelas de gel.
- Vérifier la coloration de la peau, la respiration, le niveau d'activité et les perfusions intraveineuses sans déranger le bébé. Procéder aux autres vérifications toutes les quatre heures seulement ou au besoin.
- Établir un horaire de soins quotidiens qui maximise la tolérance du bébé, la durée de son sommeil et l'organisation du cycle veille-sommeil. Reporter les soins usuels à plus tard si le bébé dort paisiblement.

- Placer l'enfant en position latérale pour lui donner les soins. Commencer par lui parler doucement, puis placer les mains sur lui, afin de le préparer à recevoir les soins. Commencer par l'intervention la moins invasive.
- Répondre promptement à l'agitation de l'enfant. Laisser l'enfant se reposer dès qu'il montre des signes de surcharge sensorielle. Consoler l'enfant et lui accorder beaucoup de temps après les interventions stressantes.
- Demeurer au chevet du bébé pendant quelques minutes après une intervention ou des soins, afin d'évaluer sa réaction et de lui accorder l'attention nécessaire.
- Administrer des analgésiques s'il y a lieu.

PRIORITÉ N° 4 – Modifier l'environnement de façon à stimuler adéquatement le nourrisson :

- Introduire les stimuli un à un et apprécier la tolérance du bébé à chacun d'eux.

Lumière/stimulation visuelle

- Tamiser la lumière perçue par le nourrisson ; lorsque l'état physiologique du nourrisson est stable, l'habituer à la lumière du jour et aux activités diurnes. (On recommande une lumière diurne d'une intensité de 20 à 30 candela et une lumière nocturne d'une intensité inférieure à 10 candela.) Changer l'intensité de l'éclairage de façon graduelle.
- Protéger les yeux du nourrisson contre la lumière vive pendant les examens et les interventions ainsi que pendant les séances de photothérapie administrées aux bébés des lits voisins.
- Lorsque le bébé reçoit un traitement de photothérapie, utiliser une couverture de type Bili-blanket si possible (on n'aura alors pas besoin

d'appliquer un pansement occlusif sur les yeux de l'enfant).

- Donner au nourrisson l'occasion d'observer un visage (préférablement celui d'un parent), afin de le stimuler visuellement ; choisir un moment propice à ce genre de stimulation (lorsque l'enfant est éveillé et attentif).

Stimulation auditive

- Relever les sources de bruits dans l'environnement du nourrisson et les éliminer ou les atténuer (par exemple, parler à voix basse, baisser le volume des sonneries d'alarme et de téléphone au niveau minimal qui soit sécuritaire, matelasser les couvercles des poubelles métalliques, atténuer les craquements produits par l'ouverture des emballages de papier (du matériel pour les perfusions et les aspirations) en les ouvrant lentement et loin du bébé, se tenir loin du chevet du bébé pour faire les tournées et les rapports, placer un objet mou mais épais (une couverture enroulée ou un animal en peluche, par exemple) près de la tête du bébé pour amortir le bruit).
- Garder tous les hublots de la couveuse fermés. Se servir de ses deux mains pour ne pas que les hublots claquent lorsqu'on veut les fermer.
- Ne pas faire jouer de musique ou d'enregistrement sonore dans la couveuse.
- S'abstenir de mettre des objets sur le dessus de la couveuse ; s'il le faut, matelasser la surface adéquatement.
- Apprécier régulièrement le niveau sonore à l'intérieur de la couveuse (il ne devrait pas excéder 60 décibels).
- Apaiser ou consoler le nourrisson à l'aide d'une stimulation auditive avant et pendant les manipulations.

Stimulation olfactive

- Tenir le bébé éloigné des odeurs fortes (alcool, povidone- iode, parfum, etc.), car l'odorat est très sensible chez le nourrisson.
- Placer un morceau de tissu ou de gaze imbibé de lait près du visage du nourrisson durant les gavages.
- Inviter les parents à laisser près du bébé un mouchoir qu'ils auront porté contre leur peau et imprégné de leur odeur.

Stimulation vestibulaire

- S'y prendre doucement et lentement pour bouger et manipuler le nourrisson. Ne pas restreindre ses mouvements spontanés.
- Recourir à une stimulation vestibulaire pour consoler le nourrisson, pour stabiliser sa fréquence respiratoire ou cardiaque et pour favoriser sa croissance en général. Bercer l'enfant ou l'installer dans un lit d'eau (oscillant ou non) ou dans un lit ou un berceau motorisé ou oscillant.

Stimulation gustative

- Tremper la sucette du nourrisson dans du lait et la lui donner à téter et à goûter durant les gavages.

Stimulation tactile

- Préserver l'intégrité cutanée du nourrisson et examiner régulièrement l'état de sa peau. Réduire au minimum les interventions effractives.
- S'abstenir autant que possible d'appliquer des produits chimiques sur la peau du bébé (alcool, povidone-iode, solvants, etc.). Si on doit le faire, laver ensuite la peau à l'eau tiède.
- Appliquer un produit protecteur sur la peau du bébé si on doit utiliser du ruban adhésif.

- Toucher le nourrisson d'une main assurée et enveloppante pour qu'il sente des limites physiques ; éviter de l'effleurer seulement. L'installer sur une peau de mouton, dans une literie douce. **Remarque :** Les sensations tactiles constituent le principal mode de perception chez le nourrisson.
- Inciter les parents à prendre souvent le bébé dans leurs bras (et notamment à avoir des contacts peau à peau avec lui). Demander à la famille élargie, au personnel et aux bénévoles de fournir eux aussi une stimulation tactile à l'enfant.

PRIORITÉ Nº 5 – Prodiguer un enseignement visant le mieux-être du nourrisson et des parents :

- Apprécier la qualité de l'environnement domestique et relever les modifications à y apporter.
- Inventorier les services communautaires qui pourront aider la famille (programme de stimulation précoce, service de garde ou de soins de répit, infirmière visiteuse, service de soins à domicile, organisations spécialisées).
- Trouver les endroits où la famille pourra obtenir le matériel ou les traitements nécessaires.
- Adresser les parents à un groupe d'entraide ou à une thérapie de groupe qui leur permettra de trouver des modèles, de mieux s'adapter à leurs rôles et à leurs responsabilités et de mieux faire face à leur situation.
- Fournir aux parents le numéro de téléphone d'une personne ressource (l'infirmière qui s'est occupée de l'enfant, par exemple) à qui ils pourront se référer lorsque l'enfant sera de retour à la maison.

§ Consulter les diagnostics infirmiers suivants : risque de perturbation de l'attachement parent-enfant ; stratégies d'adaptation familiale inefficaces ; stratégies d'adaptation familiale : potentiel de croissance ; perturbation de la croissance et du développement ; et risque de défaillance dans l'exercice du rôle de l'aidant naturel.

DONNÉES ESSENTIELLES À CONSIGNER

ÉVALUATIONS (INITIALE ET SUBSÉQUENTES)

- Noter les données d'évaluation, notamment les signes de stress, les comportements d'autorégulation et les signes indiquant que l'enfant est prêt à être stimulé ; noter également l'âge et le stade de développement du bébé.
- Noter les préoccupations des parents, ainsi que leur niveau de connaissances.

PLANIFICATION

- Rédiger le plan de soins et inscrire le nom de chacun des intervenants.
- Rédiger le plan d'enseignement.

APPLICATION/VÉRIFICATION DES RÉSULTATS

- Noter les réactions du nourrisson aux interventions et les mesures qui ont été prises.
- Noter la participation des parents et leur réaction aux interactions et à l'enseignement.
- Noter les objectifs atteints ou les progrès accomplis vers l'atteinte des objectifs.
- Noter les changements apportés au plan de soins.

PLAN DE CONGÉ

- Noter les besoins à long terme et le nom des responsables des mesures à prendre.
- Noter les demandes de consultation.

Remarque

Les informations entre crochets ont été ajoutées par les auteures afin de clarifier les diagnostics infirmiers et d'en faciliter l'utilisation.

DÉSORGANISATION COMPORTEMENTALE CHEZ LE NOURRISSON, risque de

Taxinomie I : Mouvement (6.8.1)

[Division diagnostique : Perception sensorielle]

Définition

Risque de perturbation de l'intégration et de la modulation des systèmes de fonctionnement physiologiques et comportementaux (système nerveux autonome, motricité, organisation, autorégulation, attention-interaction, par exemple).

FACTEURS DE RISQUE

Douleur

Problèmes oraux ou moteurs

Excès de stimuli environnementaux

Absence de limites physiques

Prématurité ; [immaturité du système nerveux central ; problèmes génétiques affectant les fonctions neurologiques et/ou physiologiques ; affection entraînant une hypoxie et/ou la mort apparente du nouveau-né]

Interventions effractives ou douloureuses

[Malnutrition ; infection ; toxicomanie]

[Facteurs environnementaux tels que la séparation du bébé et des parents, l'exposition à des bruits intenses, la manipulation excessive, la lumière vive]

Remarque : Il ne peut y avoir de signes ou de symptômes (caractéristiques) lorsque l'on diagnostique un risque de problème, car celui-ci n'existe pas encore ; les interventions infirmières sont donc axées sur la prévention.

RÉSULTATS ESCOMPTÉS (OBJECTIFS) /CRITÈRES D'ÉVALUATION

- Le nourrisson a des comportements organisés qui contribuent à une croissance et à un développement optimaux se manifestant par la modulation du fonctionnement physiologique et comportemental (motricité, organisation, attention-interaction).
- Les parents reconnaissent les signaux indiquant que le nourrisson a atteint son seuil de tolérance au stress et sont capables d'apprécier son état actuel.
- Les parents réagissent de façon appropriée et apprennent comment réagir et comment modifier leurs réactions (et leur environnement), de façon à favoriser l'adaptation et le développement du nourrisson.
- Les parents se disent prêts à assumer seuls les soins de l'enfant.

§ Consulter le diagnostic infirmier de désorganisation comportementale chez le nourrisson pour connaître les mesures à prendre, les interventions infirmières et les données essentielles à consigner.

Remarque

Les informations entre crochets ont été ajoutées par les auteures afin de clarifier les diagnostics infirmiers et d'en faciliter l'utilisation.

DÉTRESSE SPIRITUELLE

Taxinomie I : Valeurs (4.1.1)

[Division diagnostique : Spiritualité]

Définition

Perturbation du principe de vie qui anime l'être entier d'une personne et qui intègre et transcende sa nature biologique et psychosociale.

FACTEURS FAVORISANTS

Perte de contact avec les liens religieux et culturels

Remise en question du système de croyances et de valeurs (à cause des implications morales ou éthiques du traitement ou d'une intense souffrance, par exemple)

CARACTÉRISTIQUES

DONNÉES SUBJECTIVES

‡Interrogations sur le sens de la vie et de la mort et/ou remise en question de son système de croyances

Conflit interne face à ses croyances ; remise en question de sa relation avec Dieu ; [impression que Dieu ne pardonne pas]

Colère envers Dieu [tel que défini par le patient]; déplacement de sa colère sur les représentants du culte

---

‡Caractéristique essentielle

Interrogations sur le sens de la souffrance

Interrogations sur le sens de sa propre existence

Interrogations sur les implications morales et éthiques du programme thérapeutique

Recherche d'une aide spirituelle

Incapacité de participer à ses activités religieuses habituelles [ou refus de le faire]

Cauchemars ou troubles du sommeil

[Maladie considérée comme une punition]

[Incapacité de s'accepter ; s'accuse de ce qui arrive]

[Troubles somatiques]

DONNÉES OBJECTIVES

Modification du comportement ou de l'humeur se manifestant par de la colère, des pleurs, le repli sur soi, de l'inquiétude, de l'anxiété, de l'agressivité, de l'apathie, etc.

Humeur macabre

RÉSULTATS ESCOMPTÉS (OBJECTIFS) / CRITÈRES D'ÉVALUATION

- Le patient s'apprécie de plus en plus.
- Le patient envisage l'avenir avec espoir.
- Le patient se prend en main.
- Le patient cherche activement à établir des relations tout en participant à des activités avec d'autres personnes.
- Le patient discute de ses croyances ou de ses valeurs spirituelles.
- Le patient ne se culpabilise pas par rapport à la maladie ou à la situation : « Personne n'est à blâmer. »

INTERVENTIONS INFIRMIÈRES

PRIORITÉ N° 1 – Évaluer les facteurs favorisants :

- Préciser les orientations religieuses ou spirituelles du patient, les conflits en présence et l'engagement de la personne.
- Écouter le patient et la personne clé dans sa vie exprimer leurs plaintes, leur colère, leurs inquiétudes, leur sentiment de distanciation face à Dieu ou de culpabilité parce qu'ils considèrent la situation comme la punition de leurs péchés, etc.
- Noter de quelle façon le patient exprime son incapacité à trouver un sens à la vie, une raison de vivre.
- Noter les modifications du comportement (voir la liste des caractéristiques).
- Recueillir des données sur la consommation ou l'abus de médicaments ou de drogues.
- Recueillir des données sur le concept de soi du patient, sa satisfaction de soi et son aptitude à s'engager dans une relation amoureuse.
- Interroger le patient afin de savoir s'il a l'impression que tout est futile, s'il ressent du désespoir et se sent impuissant, s'il manque de motivation à s'aider lui-même.
- Observer les comportements du patient afin de déceler les problèmes de mauvaises relations avec autrui (s'il est manipulateur, méfiant, exigeant, etc.).
- Inventorier les réseaux de soutien dont le patient et la personne clé dans sa vie peuvent disposer.
- Reconnaître l'influence de son propre système de croyances sur le patient. **Remarque :** Il est préférable de rester neutre.

PRIORITÉ Nº 2 – Aider le patient et la personne clé dans sa vie à faire face à leurs sentiments ou à la situation :

- Établir une relation thérapeutique infirmière-patient. Demander au patient comment on peut l'aider. Lui montrer que l'on accepte ses croyances ou ses problèmes d'ordre spirituel.
- Interroger le patient afin de savoir si certaines pratiques ou interdictions spirituelles risquent d'avoir des répercussions sur ses soins ou ses besoins personnels, ou s'il risque d'y avoir conflit entre ses valeurs spirituelles et le traitement.
- Appliquer les techniques de résolution de problèmes pour trouver des compromis en cas de conflit.
- Créer un climat qui permette au patient d'exprimer librement ses sentiments et ses inquiétudes.
- Installer le patient dans un endroit calme et paisible si possible.
- Fixer des limites aux comportements de passage à l'acte qui sont inopportuns ou destructeurs.
- Prendre le temps de discuter avec impartialité de questions philosophiques ou de répondre aux questions du patient sur les modalités du traitement.
- Inviter le patient à préciser les résultats qu'il désire obtenir et les moyens qu'il entend prendre pour les atteindre.
- Expliquer au patient la différence entre le chagrin et le sentiment de culpabilité, et l'amener à reconnaître chacun de ces sentiments, à assumer la responsabilité de ses actes et à prendre conscience qu'il est dangereux de simuler une fausse culpabilité.

- Utiliser les techniques de communication (écoute active, reformulation-synthèse, etc.) *afin d'aider le patient à trouver ses propres solutions.*
- Fournir au patient un modèle qui l'aide à faire face à la situation.
- Conseiller au patient de tenir un journal intime *afin de l'aider à clarifier ses valeurs et ses idées, et à résoudre la situation.*
- Fournir au patient des renseignements utiles sur la méditation ou la prière (qui peuvent l'aider à guérir ses anciennes blessures et à apprendre à pardonner). Lui expliquer que la colère contre Dieu est une étape normale du processus de deuil.
- Superviser les soins physiques lorsque le patient est un toxicomane en période de sevrage.
- Accorder au patient le temps et l'intimité nécessaires aux activités religieuses (prière, méditation, lecture de la Bible, etc.).
- Diriger le patient vers les services d'aide appropriés (conseiller religieux, service d'intervention en situation de crise, psychothérapie, Alcooliques ou Narcomanes Anonymes, etc.).

§ Consulter les diagnostics infirmiers de stratégies d'adaptation individuelle inefficaces, de sentiment d'impuissance, de perturbation de l'estime de soi ou d'isolement social.

PRIORITÉ N° 3 – Prodiguer un enseignement visant le mieux-être du patient :

- Fixer avec le patient des objectifs lui permettant de faire face à la vie ou à la maladie.
- Apporter son appui au patient dans sa recherche d'un sens à la vie.

- Rechercher avec le patient des stratégies d'adaptation lui permettant de faire face aux tensions qu'entraîne la maladie ou aux changements qu'il devra apporter à son mode de vie.
- Seconder le patient dans sa recherche d'une personne clé et de gens capables de lui fournir le soutien dont il a besoin.
- Rechercher avec le patient des ressources spirituelles susceptibles de l'aider (conseiller spirituel ayant les qualifications et l'expérience nécessaires pour traiter des problèmes particuliers tels que la toxicomanie, les tendances suicidaires, etc.).

DONNÉES ESSENTIELLES À CONSIGNER

ÉVALUATIONS (INITIALE ET SUBSÉQUENTES)

- Inscrire les données d'évaluation, notamment la nature du conflit spirituel et ses répercussions sur la participation du patient au traitement.
- Noter les réactions physiques et émotionnelles du patient au conflit.

PLANIFICATION

- Rédiger le plan de soins et inscrire le nom de chacun des intervenants.
- Rédiger le plan d'enseignement.

APPLICATION/VÉRIFICATION DES RÉSULTATS

- Noter les réactions du patient aux interventions et à l'enseignement, ainsi que les mesures qui ont été prises.
- Noter les objectifs atteints ou les progrès accomplis vers l'atteinte des objectifs.
- Noter les modifications apportées au plan de soins.

PLAN DE CONGÉ

- Noter les besoins à long terme du patient et le nom des responsables des mesures à prendre.
- Noter les ressources existantes et les demandes de consultation.

Remarque

Les informations entre crochets ont été ajoutées par les auteures afin de clarifier les diagnostics infirmiers et d'en faciliter l'utilisation.

DIARRHÉE

Taxinomie I : Échanges (1.3.1.2)

[Division diagnostique : Élimination]

Définition

Changement dans les habitudes d'élimination, caractérisé par l'émission fréquente de selles molles, liquides et non formées.

FACTEURS FAVORISANTS

Troubles gastro-intestinaux [inflammation, irritation ou malabsorption intestinale, par exemple], fécalome

Troubles métaboliques ou endocriniens

Troubles nutritionnels, changement de régime alimentaire

Infection

Alimentation par sonde

Effets indésirables de médicaments, [radiations, toxines, contaminants]

Stress intense

CARACTÉRISTIQUES

DONNÉES SUBJECTIVES

Douleur abdominale

Besoin pressant de déféquer ; crampes

DONNÉES OBJECTIVES

Augmentation de la fréquence des selles

Augmentation de la fréquence des borborygmes

Selles molles et liquides

AUTRE CARACTÉRISTIQUE POSSIBLE

Changement dans la couleur des selles

RÉSULTATS ESCOMPTÉS (OBJECTIFS) / CRITÈRES D'ÉVALUATION

- Le patient retrouve et maintient un fonctionnement intestinal normal.
- Le patient comprend les facteurs reliés au problème et les raisons du traitement.
- Le patient collabore à la suppression des facteurs reliés au problème (prépare correctement les aliments, évite les aliments irritants, etc.).

INTERVENTIONS INFIRMIÈRES

PRIORITÉ N° 1 – Évaluer les facteurs favorisants :

- Noter la fréquence, les caractéristiques, la quantité, l'heure et les facteurs déclenchants de la diarrhée. Vérifier s'il s'agit d'un problème aigu ou chronique.
- Noter si les épisodes de diarrhée sont douloureux.
- Ausculter l'abdomen *afin de déceler la présence de bruits intestinaux* et, le cas échéant, noter leur siège et leurs caractéristiques.
- Relever la présence de facteurs connexes (fièvre, frissons, douleur abdominale, crampes, bouleversement émotionnel, épuisement physique, etc.).
- Prendre note du régime alimentaire habituel du patient.
- Établir le profil de l'état nutritionnel et liquidien du patient et noter le bien électrolytique.
- Passer en revue les médicaments pris par le patient et noter les effets secondaires et les inter-

actions médicammenteuses possibles ; prendre note des nouvelles ordonnances (surtout s'il s'agit d'antibiotiques).

- Recueillir des données sur les facteurs favorisants : milieu différent ou étranger, eau ou aliments différents, symptômes similaires dans l'entourage du patient.
- Noter les antécédents récents de chirurgie gastro-intestinale ; noter les maladies, chroniques ou non, ainsi que les traitements, les interactions médicamenteuses, les allergies aux aliments ou aux médicaments et l'intolérance au lactose.
- Noter les résultats des examens de laboratoire effectués sur des échantillons de selles (recherche de graisses dans les selles, hémoculture, etc.).
- Noter la présence de fécalomes.

PRIORITÉ Nº 2 – Éliminer les facteurs d'étiologie :

- Restreindre l'apport alimentaire, au besoin.
- Conseiller au patient d'utiliser des techniques de relaxation pour réduire son stress ou son anxiété (exercices de relaxation progressive, techniques de visualisation).
- Éliminer du régime alimentaire habituel du patient les aliments ou les substances qui déclenchent la diarrhée.
- S'assurer que la diète du patient ne contient ni lait, ni fruits, ni caféine ni aliments riches en fibres.
- Régler le débit du système d'alimentation par sonde entérale ; changer la formule selon l'ordonnance.
- Recommander un changement de traitement médicamenteux, au besoin (choix d'antiacide, etc.).

PRIORITÉ N° 3 – Maintenir l'équilibre hydro-électrolytique :

- Recueillir des données sur l'apport liquidien habituel du patient.
- Observer la turgor de la peau et l'état des muqueuses.
- Noter la présence d'hypotension orthostatique et de tachycardie.
- Prendre note des résultats anormaux des examens de laboratoire.
- Administrer les médicaments prescrits *afin de ralentir le transit intestinal et de réduire les pertes liquidiennes.*
- Inciter le patient à boire des liquides contenant des électrolytes, comme des jus, des bouillons ou des préparations du commerce, au besoin.
- Administrer des liquides par voie entérale ou intraveineuse, selon l'ordonnance médicale.

PRIORITÉ N° 4 – Maintenir l'intégrité de la peau :

- Compléter, au besoin, les soins de la région anale après chaque selle.
- Appliquer une lotion ou une pommade afin de protéger la peau, au besoin.
- Fournir des draps et des serviettes propres au besoin.
- Exposer le périnée et les fesses à l'air ou utiliser une lampe chauffante *afin d'assécher cette région.*

§ Consulter les diagnostics infirmiers d'atteinte et de risque d'atteinte à l'intégrité de la peau.

PRIORITÉ N° 5 – Favoriser le retour à un fonctionnement intestinal normal :

- Augmenter l'apport liquidien par voie orale selon la tolérance du patient.

- Revenir progressivement à un régime alimentaire normal.
- Inciter le patient à prendre des liquides non irritants.
- Recommander au patient de consommer des produits restaurant la flore intestinale (yogourt nature, Lactinex, etc.).
- Administrer les médicaments prescrits pour traiter l'infection, ralentir le transit intestinal et/ou réduire les pertes liquidiennes.

PRIORITÉ N° 6 – Prodiguer un enseignement visant le mieux-être du patient :

- Passer en revue les facteurs d'étiologie et les interventions permettant de prévenir les rechutes.
- Rechercher les facteurs de stress du patient ainsi que ses stratégies d'adaptation.
- Insister sur l'importance de la préparation des aliments, du temps de cuisson, de la réfrigération et de l'entreposage.
- Expliquer au patient les risques de déshydratation et l'importance du remplacement des pertes liquidiennes.
- Se rendre rapidement au chevet du patient lorsqu'il demande de l'aide.
- Installer le bassin hygiénique dans le lit du patient (si celui-ci le désire) ou la chaise d'aisances tout près du lit *afin de réduire la nécessité d'attendre de l'aide.*
- Respecter l'intimité du patient et lui fournir un soutien psychologique, au besoin.
- Suggérer au patient de porter des culottes d'incontinence afin de ne pas souiller les draps ou les fauteuils, selon la gravité du problème.

DONNÉES ESSENTIELLES À CONSIGNER

ÉVALUATIONS (INITIALE ET SUBSÉQUENTES)

- Noter les données d'évaluation, notamment les caractéristiques de l'élimination.

PLANIFICATION

- Rédiger le plan de soins et inscrire le nom de chacun des intervenants.
- Rédiger le plan d'enseignement.

APPLICATION/VÉRIFICATION DES RÉSULTATS

- Noter la réaction du patient au traitement et à l'enseignement, ainsi que les mesures qui ont été prises.
- Noter les objectifs atteints ou les progrès accomplis vers l'atteinte des objectifs.
- Noter les modifications apportées au plan de soins.

PLAN DE CONGÉ

- Inscrire les recommandations relatives au suivi.

Remarque

Les informations entre crochets ont été ajoutées par les auteures afin de clarifier les diagnostics infirmiers et d'en faciliter l'utilisation.

DOULEUR [aiguë]

Taxinomie I: Sensations et sentiments (9.1.1)

[Division diagnostique : Bien-être]

Définition

Souffrance intense ou sensation de malaise subie et signalée par la personne.

FACTEUR FAVORISANT

Traumatisme (de nature biologique, chimique, physique ou psychologique)

CARACTÉRISTIQUES

DONNÉES SUBJECTIVES

Description des caractéristiques de la douleur (verbale ou d'après un code). [Il est plus difficile d'obtenir une description détaillée des personnes de moins de 40 ans, des hommes et des personnes issues de certains groupes culturels.]

[Douleur non soulagée et/ou augmentation de la douleur au-delà du seuil de tolérance]

DONNÉES OBJECTIVES

Comportements de diversion (gémissements, pleurs, va-et-vient dans la pièce, quête de compagnie ou d'activités, agitation)

Comportements de défense ou d'auto-protection

Modification du tonus musculaire (peut aller de la flaccidité à la rigidité)

Masque de douleur (yeux ternes, air abattu, visage figé ou tics, grimaces)

Réactions du système nerveux autonome, absentes dans la douleur chronique et stable (transpiration abondante, modification de la pression artérielle et du pouls, pupilles dilatées, fréquence respiratoire augmentée ou diminuée)

Repli sur soi

Baisse de concentration (altération de la perception temporelle, retrait social, altération des opérations de la pensée)

[Peur ou panique]

RÉSULTATS ESCOMPTÉS (OBJECTIFS) / CRITÈRES D'ÉVALUATION

- Le patient se dit partiellement ou totalement soulagé de sa douleur.
- Le patient suit le traitement médicamenteux prescrit.
- Le patient connaît les méthodes de soulagement de la douleur.
- Le patient utilise habilement les techniques de relaxation.
- Le patient participe à des activités de loisirs appropriées à sa situation.

INTERVENTIONS INFIRMIÈRES

PRIORITÉ N° 1 – Évaluer les facteurs déclenchants, favorisants :

- Procéder à une collecte exhaustive de données sur la douleur : siège, caractéristiques, début et durée, fréquence, intensité (utiliser une échelle de 1 à 10), facteurs favorisants et déclenchants.
- Relever les facteurs d'étiologie physiopathologiques et psychologiques possibles de la douleur (inflammation, fracture osseuse, névralgie, intervention chirurgicale, grippe, pleurésie, angine de

poitrine, cholécystite, brûlures, céphalées, hernie discale, chagrin, peur, anxiété, etc.).

- Noter le siège des interventions chirurgicales (celui-ci a une influence sur l'intensité de la douleur postopératoire) ; prendre note du tracé de l'incision (les incisions verticales ou diagonales sont plus douloureuses que les incisions transversales ou en S). **Remarque :** La présence de complications, décelées ou non, peut rendre la douleur plus intense que prévu.
- Recueillir des données sur la perception de la douleur par le patient et sur ses réactions comportementales et psychologiques.
- Noter l'attitude du patient face à la douleur et à la prise de médicaments (antécédents de toxicomanie, par exemple).
- Préciser où le patient situe la source du pouvoir d'agir et de décider en ce qui concerne sa douleur (contrôle interne ou externe).
- Collaborer aux examens diagnostiques approfondis nécessaires, notamment à l'évaluation neurologique et psychologique du patient (profil de la douleur, entrevue d'évaluation psychologique), si la douleur persiste.

PRIORITÉ Nº 2 – Évaluer la réaction du patient à la douleur :

- Questionner le patient sur sa douleur chaque fois qu'elle apparaît. Noter les changements par rapport aux accès de douleur antérieurs et poursuivre l'évaluation à ce sujet.
- Accepter la façon dont le patient décrit sa douleur. **Remarque :** La douleur est une expérience subjective que seul le patient peut ressentir.
- Admettre que la douleur est réelle et faire sentir au patient que sa manière d'y réagir est acceptée.

- Tenir compte des facteurs culturels et du stade de développement du patient (ils peuvent influer sur la façon de réagir à la douleur).
- Recueillir des données sur les signes non verbaux de douleur : façon de marcher, de se tenir, de s'asseoir ; expression faciale ; température des doigts et des orteils. (Voir les autres données objectives citées dans les caractéristiques, surtout si le patient ne peut communiquer verbalement.)
- Noter la région où la douleur irradie.
- Mesurer les signes vitaux. **Remarque :** Ils augmentent généralement dans les cas de douleur aiguë.
- Noter les connaissances du patient sur le soulagement de la douleur, ainsi que ses attentes à ce sujet.
- Recueillir des données sur les expériences antérieures du patient face à la douleur et sur les méthodes de soulagement qui se sont avérées efficaces ou inefficaces dans le passé.

PRIORITÉ Nº 3 – Rechercher avec le patient des méthodes de soulagement de la douleur :

- Aider le patient à prévenir la douleur. Utiliser une feuille de surveillance pour noter la douleur, les mesures thérapeutiques entreprises, la réaction du patient à ces mesures et la durée du soulagement obtenu. Demander au patient de signaler la douleur dès qu'elle apparaît.
- Préciser avec le patient le niveau de douleur qui est acceptable pour lui.
- Inviter le patient à verbaliser ses sentiments face à la douleur.
- Créer un climat de calme autour du patient et lui proposer des activités paisibles.

- Appliquer des mesures de bien-être (massage du dos, changements de position, applications de chaud ou de froid, selon le cas).
- Montrer au patient des exercices de relaxation et de respiration à l'aide d'audio-cassettes vendues dans le commerce ou spécialement conçues à son intention (bruit blanc, musique, directives, etc.). L'inciter à les pratiquer.
- Inciter le patient à avoir des divertissements (télévision, radio, contacts sociaux, etc.).
- Permettre au patient d'exprimer ses attentes quant au soulagement de la douleur ; lui expliquer les interventions qui y sont reliées et à quel moment le traitement sera douloureux.
- Inventorier les façons d'éviter ou de réduire la douleur (exercer une légère pression sur la plaie pendant la toux, utiliser un matelas ferme et/ou de bonnes chaussures de soutien pour soulager les douleurs lombaires, pratiquer une bonne mécanique corporelle, etc.).
- Administrer les analgésiques prescrits, en donnant au besoin la dose maximale pour maintenir la douleur à un niveau acceptable. Prévenir le médecin si le traitement médicamenteux ne maîtrise pas la douleur.
- Montrer au patient les techniques d'auto-administration des médicaments et vérifier comment il les applique.
- Aider le patient à adapter le traitement médicamenteux à ses besoins (augmenter ou diminuer les doses, passer graduellement de la voie intramusculaire à la voie orale, et accroître les intervalles entre les doses à mesure que la douleur diminue, par exemple).
- Noter à quels moments la douleur apparaît (seulement lorsque le patient marche, tous les soirs, etc.)

et administrer la médication prophylactique prescrite.

- Montrer au patient comment utiliser l'appareil d'électrostimulation transcutanée prescrit, le cas échéant.
- Collaborer au traitement du processus morbide qui cause la douleur. S'enquérir de l'efficacité des traitements périodiques (injections de cortisone pour les traumatismes articulaires, par exemple).

PRIORITÉ Nº 4 – Prodiguer un enseignement visant le mieux-être du patient :

- Inciter le patient à prendre suffisamment de repos pour prévenir la fatigue.
- Indiquer au patient diverses pratiques visant à atténuer la douleur, notamment les techniques comme le toucher thérapeutique, la rétroaction biologique, l'auto-hypnose et la relaxation.
- Discuter avec le patient de l'incidence de la douleur sur ses habitudes de vie et sur son autonomie. Trouver avec lui des façons de maximiser ses capacités fonctionnelles.
- Inciter le patient à participer activement à un programme de physiothérapie ou d'exercices adapté à ses besoins, qu'il pourra poursuivre après son congé.
- Discuter avec la personne clé dans la vie du patient de l'aide qu'elle peut lui offrir pour éliminer les facteurs déclenchants susceptibles de provoquer ou d'augmenter la douleur (accomplir à sa place les tâches ménagères après une opération à l'abdomen, etc.).
- Spécifier les signes, symptômes et changements qui nécessitent un suivi médical.

DONNÉES ESSENTIELLES À CONSIGNER

ÉVALUATIONS (INITIALE ET SUBSÉQUENTES)

- Inscrire les données d'évaluation, notamment la description de la douleur faite par le patient et/ou sa réaction à la douleur, les données du profil de la douleur, les attentes du patient à l'égard du soulagement de la douleur, et le niveau de douleur qu'il trouve acceptable.
- Noter les médicaments pris par le patient, ainsi que les antécédents de toxicomanie.

PLANIFICATION

- Rédiger le plan de soins et inscrire le nom de chacun des intervenants.
- Rédiger le plan d'enseignement.

APPLICATION/VÉRIFICATION DES RÉSULTATS

- Noter les réactions du patient aux interventions et à l'enseignement, ainsi que les mesures qui ont été prises.
- Noter les objectifs atteints ou les progrès accomplis vers l'atteinte des objectifs.
- Noter les modifications apportées au plan de soins.

PLAN DE CONGÉ

- Noter les besoins à long terme du patient et le nom des responsables des mesures à prendre.
- Noter les demandes de consultation.

Remarque

Les informations entre crochets ont été ajoutées par les auteures afin de clarifier les diagnostics infirmiers et d'en faciliter l'utilisation.

DOULEUR CHRONIQUE

Taxinomie I: Sensations et sentiments (9.1.1.1)

[Division diagnostique: Bien-être]

Définition

Douleur persistant depuis plus de six mois. [Note des auteures: La douleur indique que quelque chose ne va pas. La douleur chronique peut aussi bien être récurrente (migraines, par exemple) que constante. D'une manière ou d'une autre, elle est invalidante. Le syndrome de douleur chronique se manifeste souvent par des comportements acquis, et il semble que les facteurs favorisants soient d'ordre psychologique. Il s'agit d'une entité clinique complexe et distincte où sont associés des éléments d'autres diagnostics infirmiers: sentiment d'impuissance; manque de loisirs; perturbation de la dynamique familiale; incapacité (partielle ou totale) de s'alimenter, de se laver/d'effectuer ses soins d'hygiène, de se vêtir/de soigner son apparence, d'utiliser les toilettes; etc.]

FACTEUR FAVORISANT

Invalidité physique ou psychosociale chronique

CARACTÉRISTIQUES

DONNÉES SUBJECTIVES

†Douleur persistant depuis plus de six mois

Peur de subir un nouveau traumatisme

†Caractéristique majeure

Difficulté à poursuivre les activités antérieures

Changement dans les habitudes de sommeil

[Changement dans l'appétit]

[Omniprésence de la douleur]

[Recherche intensive de solutions de rechange pour soulager sa douleur]

DONNÉES OBJECTIVES

†Signes évidents de douleur persistant depuis plus de six mois

Retrait physique et social

Masque de douleur, gestes d'autoprotection

Anorexie, changement de poids

RÉSULTATS ESCOMPTÉS (OBJECTIFS) / CRITÈRES D'ÉVALUATION

- Le patient exprime verbalement et non verbalement un soulagement de sa douleur ou de son malaise.
- Le patient reconnaît les dynamiques et les réactions familiales ou interpersonnelles influant sur le problème de douleur.
- La famille ou la personne clé dans la vie du patient collaborent au programme de contrôle de la douleur.

§ Consulter le diagnostic infirmier de stratégies d'adaptation familiale efficaces : potentiel de croissance.

- Le patient modifie son mode de vie.
- Le patient tire profit des interventions thérapeutiques.

---

†Caractéristique majeure

INTERVENTIONS INFIRMIÈRES

PRIORITÉ N° 1 – Évaluer les facteurs favorisants :

- Relever les facteurs favorisants présents (inflammation, fracture osseuse, névralgie, grippe, pleurésie, angine de poitrine, thrombose coronaire, cholécystite, brûlures, céphalées, hernie discale, chagrin, peur, anxiété, etc.).
- Collaborer aux examens diagnostiques approfondis nécessaires, notamment à l'évaluation neurologique et psychologique du patient (inventaire de personnalité multiphasique du Minnesota [MMPI], profil de la douleur, entrevue d'évaluation psychologique).
- Noter la présence et les caractéristiques de la douleur du membre fantôme chez le patient amputé.
- Recueillir des données sur les composantes physiques, émotionnelles et sociales de la douleur chez le patient.
- Rechercher les facteurs culturels influant sur le patient (expressions acceptables de la douleur : lamentations ou silence stoïque ; exagération des symptômes afin de convaincre autrui que la douleur est bien réelle, etc.).
- Noter le sexe et l'âge du patient. **Remarque :** Des études récentes indiquent qu'il existe des différences entre les femmes et les hommes quant à la perception de la douleur et à la façon d'y réagir. La sensibilité à la douleur diminue souvent avec l'âge.
- Demander au patient s'il fait usage de nicotine, de sucre, de caféine, de farine blanche (d'après certaines approches holistiques, ces produits doivent être éliminés du régime du patient), et s'il prend des médicaments analgésiques ou narcotiques.

- Rechercher les bénéfices secondaires que le patient ou les personnes clés dans sa vie tirent de la douleur (assurances, sollicitude du conjoint ou de la famille, avantages professionnels, etc.).
- Recueillir des données sur le milieu de vie du patient lors d'une visite à domicile : couleurs, plantes, interactions familiales, etc.
- Apprécier l'influence du milieu familial sur le patient.

PRIORITÉ Nº 2 – Déterminer la réaction du patient à la douleur chronique :

- Recueillir des données sur le comportement du patient face à la douleur. **Remarque** : Il peut exagérer la douleur parce que les gens ne croient pas qu'il souffre ou parce qu'il trouve que le personnel soignant fait peu de cas de ses plaintes.
- Mesurer le seuil de douleur du patient (examen physique, profil de douleur).
- Demander au patient depuis quand le problème de douleur existe, qui il a consulté, et à quels médicaments et traitements il a eu recours.
- Noter les effets de la douleur chronique (baisse d'activités, perte pondérale, troubles du sommeil, etc.).
- Préciser le degré d'inadaptation du patient (peut se traduire par l'isolement, la colère, l'irritabilité, l'absentéisme, la perte d'emploi).
- Admettre que la douleur est réelle.
- Traiter la douleur avec prosaïsme et éviter de témoigner une sollicitude exagérée.

PRIORITÉ Nº 3 – Aider le patient à venir à bout de la douleur :

- Fixer avec le patient et la personne clé dans sa vie des périodes déterminées pour discuter de la douleur et établir des modalités de discussion.

- Appliquer les interventions pertinentes du diagnostic infirmier de douleur [aiguë] (applications de chaud ou de froid, légère pression sur la plaie ou exercices, hydrothérapie, électrothérapie, électrostimulation transcutanée, etc.).
- Confronter les attentes du patient avec la réalité : lui expliquer que même si la douleur ne peut être éliminée, elle peut être nettement soulagée ou maîtrisée.
- Expliquer au patient la dynamique physiologique du stress ou de l'anxiété et la façon dont ils agissent sur la douleur.
- Inventorier et utiliser des méthodes non pharmacologiques de soulagement de la douleur (visualisation, imagerie mentale, toucher thérapeutique, relaxation musculaire progressive, rétroaction biologique, massage, etc.).
- Montrer au patient les techniques de respiration (respiration diaphragmatique, etc.).
- Inciter le patient à employer des affirmations positives : « Je suis en voie de guérison, je me détends, etc. » Faire prendre conscience au patient de la différence entre ses paroles et ses pensées.
- Inciter le patient à dire « non » aux pensées négatives qui surgissent.
- Utiliser les tranquillisants, les narcotiques et les analgésiques avec modération, car ces médicaments provoquent une dépendance physique et psychologique et entravent le sommeil paradoxal profond. **Remarque :** Il se peut qu'une désintoxication s'avère nécessaire si le patient a pris de nombreux médicaments. De plus, les antidépresseurs peuvent avoir une action analgésique accrue, car la perception de la douleur décroît lorsque la dépression s'atténue.
- Proposer au patient des activités (rire, jeu, etc.) qui font davantage travailler l'hémisphère cérébral droit *afin de libérer des endorphines.*

- Inciter le patient à écouter de la musique subliminale, qui l'aidera à relâcher son contrôle mental et l'amènera à se détendre.
- Élaborer de concert avec la famille un programme de renforcement positif visant à inciter le patient à maîtriser sa douleur et à accorder moins d'attention aux comportements liés à la douleur.
- Relever tout changement dans la douleur susceptible d'indiquer la présence d'un nouveau problème.

PRIORITÉ N° 4 – Prodiguer un enseignement visant le mieux-être du patient :

- Inciter le patient et la personne clé dans sa vie à se procurer les informations et les moyens qui leur permettront de prendre en charge le traitement et de se réapproprier le pouvoir d'agir et de décider.
- Revoir les caractéristiques propres à l'administration sûre des médicaments et expliquer au patient les effets secondaires à signaler au médecin.
- Montrer au patient comment substituer des comportements dictés par le bien-être aux comportements dictés par la douleur : « Agir comme une personne bien portante ».
- Conseiller à un membre de la famille ou à une personne clé d'apprendre les techniques de massage, ou les lui enseigner.
- Conseiller au patient et à la personne clé dans sa vie de s'accorder des périodes de répit.
- Expliquer les risques que posent les thérapies et les remèdes non approuvés et/ou expérimentaux.
- Diriger le patient vers un service de counseling, de thérapie conjugale ou autre, au besoin. **Remarque :** La présence de douleur chronique

chez un membre de la famille influe sur ses relations interpersonnelles et sur la dynamique familiale.

§ Consulter les diagnostics infirmiers de stratégies d'adaptation individuelle inefficaces et de stratégies d'adaptation familiale inefficaces : soutien compromis.

DONNÉES ESSENTIELLES À CONSIGNER

ÉVALUATIONS (INITIALE ET SUBSÉQUENTES)

- Inscrire les données d'évaluation, notamment la durée du problème, les facteurs d'influence ainsi que les interventions antérieures et actuelles.
- Noter comment le patient perçoit sa douleur et comment la douleur influe sur ses habitudes de vie.
- Noter les attentes du patient à l'égard du traitement.

PLANIFICATION

- Rédiger le plan de soins et inscrire le nom de chacun des intervenants.
- Rédiger le plan d'enseignement.

APPLICATION/VÉRIFICATION DES RÉSULTATS

- Noter les réactions du patient aux interventions et à l'enseignement, ainsi que les mesures qui ont été prises.
- Noter les objectifs atteints ou les progrès accomplis vers l'atteinte des objectifs.
- Noter les modifications apportées au plan de soins.

PLAN DE CONGÉ

- Noter les besoins à long terme du patient et le nom des responsables des mesures à prendre.

- Noter les demandes de consultation.

Remarque

Les informations entre crochets ont été ajoutées par les auteures afin de clarifier les diagnostics infirmiers et d'en faciliter l'utilisation.

DYNAMIQUE FAMILIALE, perturbation de la

Taxinomie I : Relations (3.2.2)

[Division diagnostique : Socialisation]

Définition

Dysfonctionnement au sein d'une famille qui fonctionne efficacement la plupart du temps.

FACTEURS FAVORISANTS

Période de transition et/ou crise de situation [problèmes financiers, changement de rôle, maladie, traumatisme, traitements coûteux]

Période de transition et/ou crise liée au développement [perte d'un membre de la famille ou arrivée d'un nouveau membre, adolescence, déménagement d'un membre de la famille dans une région éloignée]

CARACTÉRISTIQUES

DONNÉES SUBJECTIVES

Non-participation de la famille aux activités communautaires

Mythes familiaux non reconnus

[Sentiment d'impuissance ; difficulté à faire face à la situation]

DONNÉES OBJECTIVES

Incapacité [refus] du réseau familial de répondre aux besoins physiques, émotionnels ou spirituels de ses membres

Incapacité [refus] de la famille de répondre aux besoins de sécurité de ses membres

Incapacité d'accepter ou de recevoir de l'aide convenablement

Incapacité [refus] de la famille de s'adapter à un changement ou de faire face de façon constructive à une expérience traumatisante

Non-respect des points de vue respectifs des parents sur l'éducation des enfants

Incapacité d'exprimer ou d'accepter une gamme étendue de sentiments

Incapacité des membres de la famille d'établir des rapports leur permettant de s'aider les uns les autres à assurer leur croissance et à acquérir de la maturité

Rigidité dans les fonctions et les rôles

Non-respect de l'individualité et de l'autonomie de ses membres par la famille

Non-accomplissement actuel ou passé de tâches développementales par la famille

Processus de prise de décision malsain dans la famille

Incapacité de transmettre et de recevoir des messages clairs

Degré et orientation d'énergie inadéquats

Distanciation inadéquate

Règles, rituels et symboles familiaux mal communiqués

RÉSULTATS ESCOMPTÉS (OBJECTIFS) / CRITÈRES D'ÉVALUATION

- La famille exprime ses sentiments spontanément et correctement.
- Chaque membre de la famille participe à un processus de résolution de problèmes visant la

recherche de solutions adéquates à la situation ou à la crise.

- La famille met ses énergies dans la planification de la résolution de la crise.
- La famille comprend la maladie ou le trauma, le mode de traitement et le pronostic.
- La famille respecte les solutions du patient face à la situation.
- La famille encourage le patient à progresser vers l'autonomie.

INTERVENTIONS INFIRMIÈRES

PRIORITÉ N° 1 – Évaluer les facteurs favorisants pour chaque membre de la famille :

- Rechercher la physiopathologie, la maladie, le trauma ou la crise de croissance présente.
- Préciser le stade de développement de la famille (mariage, naissance d'un enfant, départ des enfants de la maison, etc.).
- Noter les composantes de la famille : parent(s), enfants, famille élargie disponible.
- Préciser les modes de communication ayant cours dans la famille :

  Les membres expriment-ils leurs sentiments ? Le font-ils librement ?

  Qui parle à qui ?

  Qui prend les décisions ? Au nom de qui ?

  Qui visite le patient ? Quand ? Quelle est l'interaction entre les membres de la famille ?
- Apprécier la distanciation entre les membres de la famille : Partagent-ils la même identité familiale et manquent-ils d'individualité ? Semblent-ils émotionnellement distants, sans liens les uns avec les autres ?

- Recueillir des données sur les attentes quant aux rôles des membres de la famille : Quel est le rôle du patient (protecteur, gagne-pain) et comment la maladie influe-t-elle sur les rôles des autres ?
- Déceler les « règles familiales » : ce peut être de ne pas parler des problèmes des adultes (argent, maladie) devant les enfants, par exemple.
- Apprécier l'aptitude des parents à jouer leur rôle et les attentes quant à ce rôle.
- Observer comment la famille oriente son énergie : Concentre-t-elle ses efforts à la résolution des problèmes avec ténacité, ou y travaille-t-elle de façon sporadique ?
- Noter les expressions qui trahissent un sentiment de désespoir ou d'impuissance (par exemple : « Je ne sais pas quoi faire »).
- Noter les facteurs d'influence culturels et/ou religieux.
- Inventorier les réseaux de soutien dont dispose le patient à l'extérieur de la famille.

PRIORITÉ Nº 2 – Aider la famille à faire face à la situation ou à la crise :

- Faire preuve de chaleur, d'attention et de respect envers les membres de la famille.
- Reconnaître les difficultés familiales tout en rappelant souvent à la famille que les conflits sont normaux jusqu'à un certain point, et qu'ils peuvent favoriser la croissance.
- Permettre l'expression de la colère et conserver une attitude d'acceptation.
- Souligner l'importance d'un dialogue ouvert et permanent entre les membres de la famille.
- Fournir aux membres de la famille les renseignements dont ils ont besoin, tant verbalement que par écrit.

- Renforcer l'enseignement au besoin.
- Aider la famille à préciser les stratégies d'adaptation efficaces déjà utilisées et l'inciter à s'en servir à nouveau.
- Inciter les membres de la famille à prendre contact souvent et régulièrement.
- Inviter la famille à participer à des rencontres de l'équipe multidisciplinaire ou à des thérapies de groupe, au besoin.
- Intéresser la famille à des activités communautaires.

PRIORITÉ Nº 3 – Prodiguer un enseignement visant le mieux-être de la famille :

- Recommander l'emploi de techniques de contrôle du stress (expression appropriée des sentiments, exercices de relaxation, etc.).
- Fournir du matériel pédagogique contenant des conseils qui aideront la famille à résoudre la crise actuelle.
- Diriger la famille vers les services appropriés (cours sur l'éducation des enfants, groupes de soutien, associations d'entraide pour le soutien des familles aux prises avec une maladie ou une infirmité, membres du clergé, counseling psychologique, thérapie familiale, etc.).
- Amener la famille à reconnaître les situations génératrices de peur ou d'anxiété.

§ Consulter les diagnostics infirmiers de peur ou d'anxiété.

- Élaborer le plan de congé avec la famille et fixer ensemble les objectifs à moyen et à long terme.
- Inventorier les organismes communautaires susceptibles d'aider la famille (popote roulante, services de soins à domicile, groupe de soutien pour traumatisés, société du cancer, association d'anciens combattants, etc.).

DONNÉES ESSENTIELLES À CONSIGNER

ÉVALUATIONS (INITIALE ET SUBSÉQUENTES)

- Inscrire les données d'évaluation, notamment la composition de la famille, son stade de développement et ses attentes quant aux rôles.
- Noter les modes de comunication de la famille.

PLANIFICATION

- Rédiger le plan de soins et inscrire le nom de chacun des intervenants.
- Rédiger le plan d'enseignement.

APPLICATION/VÉRIFICATION DES RÉSULTATS

- Noter la réaction de chacun aux interventions et à l'enseignement, ainsi que les mesures qui ont été prises.
- Noter les objectifs atteints ou les progrès accomplis vers l'atteinte des objectifs.
- Noter les modifications apportées au plan de soins.

PLAN DE CONGÉ

- Noter les besoins à long terme du patient, le nom des responsables des mesures à prendre et les demandes de consultation.

Remarque

Les informations entre crochets ont été ajoutées par les auteures afin de clarifier les diagnostics infirmiers et d'en faciliter l'utilisation.

DYNAMIQUE FAMILIALE : ALCOOLISME [toxicomanie], perturbation de la

Taxinomie I : Relations (3.2.2.3.1)

[Division diagnostique : Socialisation]

Définition

Dysfonctionnement psychosocial, spirituel ou physiologique chronique de la cellule familiale caractérisé par des conflits, la dénégation des problèmes, la résistance au changement, l'incapacité de résoudre efficacement les problèmes et d'autres types de crises personnelles récurrentes.

FACTEURS FAVORISANTS

Abus d'alcool ; résistance au traitement

Antécédents familiaux d'alcoolisme

Incapacité d'affronter les problèmes ; personnalité encline à la dépendance ; inaptitude à résoudre les problèmes

Influences biochimiques ; prédisposition génétique

CARACTÉRISTIQUES

DONNÉES SUBJECTIVES

Sentiments

†Anxiété, tension ou détresse ; manque d'estime de soi ou sentiment d'être méprisable ; ressentiment persistant

---

†Caractéristique majeure

†Colère ou rage réprimée ; frustration ; honte ou gêne ; peine ; tristesse ; culpabilité

†Isolement affectif ou sentiment de solitude ; sentiment d'impuissance ; sentiment d'insécurité ; perte d'espoir ; sentiment d'être rejeté

†Sentiment d'être responsable du comportement de l'alcoolique ; vulnérabilité ; méfiance

Dépression ; hostilité ; peur ; confusion ; insatisfaction ; perte ; émotions réprimées

Sentiment d'être différent des autres, d'être incompris

Contrôle émotionnel par les autres ; sentiment de ne pas être aimé ; perturbation de l'identité

Sentiment d'être abandonné ; mélange d'amour et de pitié ; humeur labile ; échec

Rôles et relations

†Déni par la famille ; détérioration des relations familiales ou perturbation de la dynamique familiale ; communication inefficace au sein du couple ou problèmes dans le couple ; perturbation de l'intimité

†Changement de rôles ou perturbation des rôles familiaux ; exercice incohérent de la fonction parentale ou impression de ne pas avoir le soutien des parents ; problèmes familiaux chroniques

Inaptitude à entretenir des relations ; manque de cohésion ; perturbation des rituels familiaux

Incapacité de la famille de répondre aux besoins de sécurité de ses membres

Rejet ; problèmes économiques ; négligence des obligations

---

†Caractéristiques majeures

DONNÉES OBJECTIVES

Rôles et relations

†Systèmes de communication fermés

Instauration de relations familiales triangulaires ; difficulté des membres de la famille à entretenir des rapports favorisant le développement de chacun

Absence de respect pour l'individualité et l'autonomie de chacun

Comportements

†Expression inappropriée de la colère ; difficultés dans les relations intimes ; communication perturbée ; incapacité de résoudre efficacement les problèmes ; incapacité de répondre aux besoins affectifs des membres de la famille ; manipulation ; dépendance ; attitude critique ; promesses non tenues ; rationalisation ou déni des problèmes

†Refus de demander de l'aide ou incapacité d'accepter et de recevoir de l'aide de façon appropriée ; reproches

†Incapacité de contrôler la consommation d'alcool ; habitude de justifier la consommation d'alcool [ou d'une autre substance toxique]; consommation excessive d'alcool [ou d'une autre substance toxique]; mauvaise compréhension de l'alcoolisme [ou de la toxicomanie]

Incapacité de répondre aux besoins spirituels des membres de la famille

Incapacité d'exprimer ou d'accepter un large éventail de sentiments ; orientation vers la réduction des tensions plutôt que vers la réalisation d'objectifs ; escalade des conflits

---

†Caractéristiques majeures

Mensonges ; communication contradictoire, paradoxale ; refus de gérer les conflits ; jugement sévère envers soi-même ; isolement ; difficultés à s'amuser ; auto-accusation ; chagrin non surmonté

Conflit pour le contrôle de la relation ; recherche d'approbation et de soutien

Manque de fiabilité ; problèmes scolaires chez les enfants ; problèmes de concentration ; comportement chaotique ; absence de capacités comportementales correspondant aux étapes de développement présentes ou antérieures, ou difficultés lors des périodes de transition entre les différentes phases du cycle de vie

Violence verbale dirigée vers le conjoint ou un parent ; agitation ; contacts physiques diminués

Rôle prépondérant de l'alcool lors des fêtes de famille ; tabagisme [ou autre toxicomanie]; incapacité de s'adapter au changement ; immaturité ; maladies physiques liées au stress ; incapacité de faire face de façon constructive aux expériences traumatisantes ; consommation d'autres substances toxiques que l'alcool

RÉSULTATS ESCOMPTÉS (OBJECTIFS) /CRITÈRES D'ÉVALUATION

- La famille comprend la dynamique de la codépendance.
- La famille participe à des programmes de thérapie individuelle ou familiale.
- La famille connaît les stratégies d'adaptation inefficaces et leurs conséquences.
- La famille planifie ou effectue les changements nécessaires dans son mode de vie.
- La famille prend les mesures nécessaires pour changer ses comportements autodestructeurs ou

modifier les comportements qui incitent le patient à consommer de l'alcool ou des substances toxiques.

INTERVENTIONS INFIRMIÈRES

PRIORITÉ N° 1 – Déterminer les facteurs favorisants et les problèmes sous-jacents :

- Passer en revue les antécédents familiaux ; explorer les rôles des membres de la famille et les circonstances qui donnent lieu à la consommation d'alcool.
- Rechercher les antécédents d'accidents ou de comportements violents dans la famille ; déceler les problèmes de sécurité.
- Apprécier le niveau de fonctionnement actuel des membres de la famille.
- Apprécier la compréhension qu'a la famille de la situation actuelle ; noter les résultats des traitements antérieurs.
- Discuter avec les membres de la famille de leurs stratégies d'adaptation passées et actuelles.
- Apprécier dans quelle mesure et dans quelles circonstances les membres de la famille excusent les comportements du patient.
- Déceler les comportements de sabotage au sein de la famille.
- Relever les comportements du personnel, de la famille et du patient qui nuisent au changement (fréquentes demandes d'aide, tendance à s'excuser de ne pas avoir respecté les comportements convenus, expression de colère ou irritation à l'égard des autres, par exemple).

PRIORITÉ N° 2 – Aider la famille à changer ses comportements destructeurs :

- Convenir avec le patient des responsabilités que lui et l'infirmière devront assumer et des comportements qu'on devrait adopter.

- Affronter et analyser les comportements de déni et de sabotage des membres de la famille.
- Discuter de la colère, de la rationalisation et de la projection, et expliquer comment ces réactions entravent la résolution des problèmes.
- Inciter les membres de la famille à faire face à la colère plutôt qu'à la refouler, afin de prévenir l'escalade vers la violence. Les aider à résoudre leurs problèmes.
- Inventorier les forces de la famille, le potentiel de croissance, les réussites individuelles ou familiales.
- S'abstenir de porter un jugement sur les membres de la famille, y compris sur celui qui abuse de l'alcool ou d'une autre substance toxique.
- Expliquer les effets de la toxicomanie sur l'humeur et la personnalité.
- Offrir du soutien à la famille dans son désir d'aider le toxicomane à s'en sortir. L'amener à comprendre qu'il peut être nuisible d'excuser les comportements du patient.
- Déceler les comportements manipulateurs et discuter des moyens de les éviter ou de les prévenir.

PRIORITÉ N° 3 – Prodiguer un enseignement visant le mieux-être du patient :

- Donner de l'information au toxicomane et à la personne codépendante sur les comportements complices et sur les caractéristiques de la toxicomanie.
- Donner au patient et à sa famille de l'information factuelle au sujet des effets sur la famille des comportements engendrant la dépendance (y compris le tabagisme) ; leur expliquer ce à

quoi ils peuvent s'attendre une fois le patient de retour à la maison.

- Sensibiliser le patient et sa famille au fait qu'il est important de restructurer les activités quotidiennes et de trouver de nouvelles stratégies sociales (travail et loisirs) pour se sortir du contexte qui a contribué à l'abus d'alcool.
- Inciter la famille à exclure l'alcool de leurs festivités.
- Fournir du soutien aux membres de la famille ; les inciter à participer à des groupes de croissance.
- Diriger la famille vers des groupes d'entraide, Al-Anon, AlaTeen, Narcomanes Anonymes ou vers un groupe de thérapie familiale.
- Suggérer au patient et à sa famille des lectures complémentaires pouvant faciliter leur démarche.

§ Consulter les diagnostics infirmiers suivants : perturbation de la dynamique familiale ; stratégies d'adaptation familiale inefficaces : absence de soutien ; ou stratégies d'adaptation familiale inefficaces : soutien compromis.

DONNÉES ESSENTIELLES À CONSIGNER

ÉVALUATIONS (INITIALE ET SUBSÉQUENTES)

- Noter les données d'évaluation, y compris les substances, les facteurs de risque et les problèmes de sécurité de la famille.
- Noter la composition de la famille et son degré de participation.
- Noter les résultats des traitements antérieurs.

PLANIFICATION

- Rédiger le plan de soins et inscrire le nom de chacun des intervenants.

- Rédiger le plan d'enseignement.

APPLICATION/VÉRIFICATION DES RÉSULTATS

- Noter les réactions des membres de la famille au traitement et à l'enseignement, ainsi que les mesures qui ont été prises.
- Noter les objectifs atteints ou les progrès accomplis vers l'atteinte des objectifs.
- Noter les changements apportés au plan de soins.

PLAN DE CONGÉ

- Noter les besoins à long terme et le nom des responsables des mesures à prendre.
- Noter les demandes de consultation.

Remarque

Les informations entre crochets ont été ajoutées par les auteures afin de clarifier les diagnostics infirmiers et d'en faciliter l'utilisation.

DYSFONCTIONNEMENT NEUROVASCULAIRE PÉRIPHÉRIQUE, risque de

Taxinomie I : Mouvement (6.1.1.1.1)

[Division diagnostique : Activité]

Définition

Risque de trouble circulatoire, sensoriel ou moteur dans un membre.

FACTEURS DE RISQUE

Fracture

Compression mécanique (garrot, plâtre, orthèse, pansement ou dispositif de contention, par exemple)

Chirurgie orthopédique

Traumatisme

Immobilisation

Brûlures

Obstruction vasculaire

Remarque : Il ne peut y avoir de signes ou de symptômes (caractéristiques) lorsque l'on diagnostique un risque de problème, car celui-ci n'existe pas encore ; les interventions infirmières sont donc axées sur la prévention.

RÉSULTATS ESCOMPTÉS (OBJECTIFS) / CRITÈRES D'ÉVALUATION

- Les sensations et les mouvements dans les membres restent dans les limites de la normale du patient.

- Le patient connaît les facteurs de risque qui s'appliquent à sa situation.
- Le patient adopte les comportements recommandés en cas de complication.
- Le patient collabore aux mesures de prévention.
- Le patient connaît les signes et les symptômes qu'il doit signaler au médecin.

INTERVENTIONS INFIRMIÈRES

PRIORITÉ N° 1 – Évaluer les risques d'atteinte neurovasculaire :

- Noter les facteurs de risque s'appliquant à la situation du patient (antécédents de problèmes aux membres, immobilisation ou paralysie, durée et évolution de la maladie, etc.).
- Noter s'il y a formation d'œdème et, le cas échéant, inscrire l'endroit où il est situé et le degré de tuméfaction. Mesurer le membre atteint et le membre indemne, et comparer les deux.
- Noter la position de l'appareil d'élongation, du plâtre ou de l'orthèse.
- Passer en revue le traitement médicamenteux (en cours ou qui vient d'être terminé) et noter si le patient a prix des anticoagulants ou des agents vasoactifs.

PRIORITÉ N° 2 – Prévenir la détérioration du membre atteint et maximiser la circulation :

- Enlever les bijoux qui se trouvent sur le membre atteint.
- Éviter de recourir aux dispositifs de contention. S'il faut absolument y recourir, placer un petit coussin entre le membre atteint et le dispositif et examiner régulièrement le membre.
- Évaluer régulièrement la force et la qualité du pouls périphérique en aval de la lésion au moyen de la palpation ou de l'examen Doppler.

Remarque : Dans certains cas, le pouls est palpable même si la circulation est bloquée par un caillot mou au travers duquel les battements se laissent percevoir ; ou encore, l'irrigation des grosses artères peut continuer même si la compression d'une loge a provoqué un collapsus circulatoire dans les veinules et les artérioles du muscle.

- Évaluer le retour capillaire, la couleur de la peau et la température du membre vulnérable, et comparer avec le membre indemne. **Remarque :** Les pouls périphériques, le remplissage capillaire, la couleur de la peau et la sensibilité peuvent être normaux même en présence du syndrome compartimental, car la circulation superficielle n'est habituellement pas touchée.
- Faire un examen neurovasculaire en prenant soin de noter toute altération motrice ou sensorielle. Demander au patient de dire où il a mal ou ressent une gêne, de signaler les engourdissements et les picotements, ainsi que les douleurs associées à l'effort ou au repos (changements athéroscléreux).

§ Consulter le diagnostic infirmier de diminution de l'irrigation tissulaire.

- Vérifier la sensibilité du nerf péronier en pinçant ou en piquant la membrane dorsale qui relie le gros orteil et le deuxième orteil, et évaluer la capacité de placer les orteils en dorsiflexion, si besoin est (si le patient a une fracture de la jambe, par exemple).
- Examiner régulièrement le membre atteint sur toute sa longueur *afin de déceler les premiers signes d'œdème.* Noter l'aspect et l'étendue de l'hématome, le cas échéant.
- Examiner les tissus contigus aux bords du plâtre pour voir s'il y a des zones rugueuses ou des points de compression. Si le patient se plaint d'une « sensation de brûlure » sous le plâtre, en rechercher la cause.

- Vérifier régulièrement la position de l'anneau de soutien de l'attelle ou de l'écharpe. Replacer correctement s'il s'est déplacé.
- Maintenir le membre atteint surélevé, à moins que cela ne soit contre-indiqué en raison d'un diagnostic confirmé de syndrome compartimental. **Remarque :** Lorsqu'il y a compression d'une loge, l'élévation du membre entrave le débit artériel, ce qui réduit l'irrigation.
- Appliquer des sacs de glace autour de la lésion ou de la fracture, au besoin.
- Procéder à un examen approfondi si des signes d'ischémie apparaissent soudainement dans le membre (baisse de la température cutanée, pâleur, exacerbation de la douleur).
- Noter et signaler immédiatement au médecin les signes et symptômes suivants : douleur démesurée par rapport à la nature de la lésion ou douleur accrue à la mobilisation passive du membre ; paresthésie ; tension ou sensibilité musculaire accompagnée d'érythème ; changement dans la qualité du pouls en aval de la lésion. Placer le membre en position neutre et ne pas le surélever.
- Pratiquer des ouvertures dans le plâtre ou le couper, relâcher l'élongation ou les dispositifs de contention, si besoin est.
- Vérifier régulièrement l'état du patient en cas de compression interne d'une loge.
- Préparer le patient à l'intervention chirurgicale (fibulectomie ou aponévrotomie, par exemple) effectuée pour atténuer la compression ou rétablir la circulation.
- Prendre les mesures nécessaires pour atténuer la compression (matelasser les appareils, changer la position du patient, etc.).
- Inciter le patient à faire bouger régulièrement les doigts ou les orteils et les articulations en aval de la lésion. L'inciter à se lever et à marcher dès que possible.

- Procéder à un examen approfondi si le patient présente une douleur à la pression, de l'œdème ou une douleur à la dorsiflexion du pied (signe d'Homans).
- Utiliser un arceau de lit pour éviter que les couvertures exercent une pression sur le membre atteint.
- Mettre au patient un bas anti-embolie ou un bas « massant », au besoin.
- Évaluer régulièrement l'hémoglobine, l'hématocrite et les épreuves de coagulation (temps de Quick, etc.).
- Administrer les solutions intraveineuses et les dérivés sanguins nécessaires, *afin de maintenir le volume circulant et l'irrigation des tissus.*
- Administrer les anticoagulants prescrits si le patient présente une thrombose vasculaire.

PRIORITÉ Nº 3 – Prodiguer un enseignement visant le mieux-être du patient :

- Expliquer au patient les principes d'un bon alignement corporel et lui dire quand il est indiqué de surélever les membres.
- Expliquer au patient qu'il ne doit pas porter des vêtements serrés et ne pas trop plier ni croiser les jambes. Lui montrer comment utiliser les bas anti-embolie.
- Expliquer au patient les règles de sécurité à respecter pour les applications chaudes ou froides, au besoin.
- Expliquer au patient et à la personne clé les mesures à prendre pour éviter les lésions aux pieds : chaussures bien ajustées, chaussettes qui ne plissent pas, etc.
- Montrer au patient les exercices à faire pour maintenir la circulation dans les membres, et lui recommander de continuer à les faire après sa sortie du centre hospitalier.

DONNÉES ESSENTIELLES À CONSIGNER

ÉVALUATIONS (INITIALE ET SUBSÉQUENTES)

- Inscrire les facteurs de risque s'appliquant à la situation du patient ainsi que la nature de la lésion.
- Inscrire les données d'évaluation (résultats de la comparaison entre le membre atteint et le membre indemne) et les caractéristiques de la douleur.

PLANIFICATION

- Rédiger le plan de soins et inscrire le nom de chacun des intervenants.
- Rédiger le plan d'enseignement.

APPLICATION/VÉRIFICATION DES RÉSULTATS

- Noter les réactions du patient aux interventions et à l'enseignement, ainsi que les mesures qui ont été prises.
- Noter les objectifs atteints ou les progrès accomplis dans l'atteinte des objectifs.
- Noter les modifications apportées au plan de soins.

PLAN DE CONGÉ

- Inscrire les besoins à long terme du patient, le nom des responsables des mesures à prendre et les demandes de consultation.

Remarque

Les informations entre crochets ont été ajoutées par les auteures afin de clarifier les diagnostics infirmiers et d'en faciliter l'utilisation.

DYSFONCTIONNEMENT SEXUEL

Taxinomie I: Relations (3.2.1.2.1)

[Division diagnostique : Sexualité]

Définition

Changement dans le fonctionnement sexuel perçu comme insatisfaisant, dévalorisant ou inadéquat.

FACTEURS FAVORISANTS

Altération biopsychosociale de la sexualité :

Absence de modèle ou modèles inefficaces; absence d'une personne importante sur le plan affectif

Vulnérabilité

Fausses informations ou manque de connaissances

Violence physique; violence psychologique (relations destructrices, par exemple)

Conflit de valeurs

Manque d'intimité

Modification d'une structure ou d'une fonction corporelle (grossesse, accouchement récent, médicaments ou drogues, intervention chirurgicale, anomalies, processus morbide, traumatisme [paraplégie ou quadriplégie], irradiation, [perte du désir sexuel, perturbation des réactions sexuelles comme l'éjaculation précoce, la dyspareunie ou le vaginisme])

CARACTÉRISTIQUES

DONNÉES SUBJECTIVES

Verbalisation du problème

Restrictions, réelles ou perçues comme telles, imposées par la maladie et/ou le traitement

Incapacité d'atteindre le degré de satisfaction désiré

Difficulté à jouer le rôle sexuel qu'il croit devoir assumer

Conflits reliés aux valeurs

Difficulté à atteindre la satisfaction sexuelle

Recherche d'une confirmation de son attrait sexuel

DONNÉES OBJECTIVES

Perturbation de la relation avec la personne importante sur le plan affectif

Modification de l'intérêt envers soi et envers les autres

RÉSULTATS ESCOMPTÉS (OBJECTIFS) / CRITÈRES D'ÉVALUATION

- Le patient comprend l'anatomie et la fonction des organes sexuels ainsi que les facteurs qui peuvent perturber la fonction sexuelle.
- Le patient comprend les facteurs reliés à son problème sexuel.
- Le patient connaît les agents stressants susceptibles de contribuer au dysfonctionnement sexuel.
- Le patient cite des pratiques sexuelles satisfaisantes ou acceptables et d'autres modes d'expression sexuelle.
- Le patient discute de ses inquiétudes face à son image corporelle, à son rôle sexuel et à son attrait sexuel.

INTERVENTIONS INFIRMIÈRES

PRIORITÉ Nº 1 – Évaluer les facteurs favorisants :

- Dresser le profil sexuel du patient et y noter le mode de fonctionnement normal, le degré de désir et le vocabulaire utilisé. **Remarque** : Il ne faut pas oublier que le niveau d'études du patient fait partie de son profil.
- Demander au patient de décrire le problème dans ses propres mots.
- S'enquérir de l'importance que le patient et son partenaire accordent aux rapports sexuels et noter les facteurs qui motivent le patient à effectuer des changements.
- Écouter attentivement les commentaires du patient. **Remarque** : Les préoccupations d'ordre sexuel sont souvent camouflées par des plaisanteries, des sarcasmes et/ou des réflexions impromptues.
- S'enquérir des connaissances du patient et de la personne clé dans sa vie sur l'anatomie et la fonction sexuelle, et des répercussions de la situation ou de la maladie présente.
- Déceler les problèmes préexistants susceptibles de constituer des facteurs d'influence dans la situation actuelle (problèmes conjugaux, professionnels, conflits de rôles, etc.).
- Déceler les facteurs de stress en jeu dans la situation du patient. **Remarque** : Ces facteurs peuvent engendrer suffisamment d'anxiété pour entraîner une dépression ou d'autres réactions psychologiques capables de provoquer des symptômes physiologiques.
- Discuter des facteurs culturels, des valeurs ou des conflits présents.
- Préciser la physiopathologie, le problème de santé, l'intervention chirurgicale ou le trauma-

tisme en cause et ses conséquences réelles ou ressenties sur le patient.

- S'enquérir de la consommation de médicaments ou de drogues du patient (médicaments sur ordonnance ou en vente libre, drogues illicites, alcool) et noter s'il fume. **Remarque :** Les antihypertenseurs peuvent causer des problèmes d'érection ; les inhibiteurs de la monoamine-oxydase et les antidépresseurs tricycliques peuvent causer des problèmes d'érection ou d'éjaculation chez l'homme et une anorgasmie chez la femme ; les narcotiques et l'alcool entraînent l'impuissance et inhibent l'orgasme ; le tabagisme provoque une vasoconstriction et peut contribuer à un problème d'érection.
- Observer le comportement du patient ou sa réaction de deuil s'il y a changement corporel ou perte d'une partie du corps (grossesse, obésité, amputation, mastectomie, etc.).
- Collaborer aux examens diagnostiques effectués pour déterminer la cause du problème d'érection. (La moitié des cas environ ont une cause physique comme le diabète ou des problèmes vasculaires). **Remarque :** On peut déterminer si le patient a la capacité physique d'avoir une érection par l'observation de la tumescence du pénis pendant le sommeil paradoxal.
- Explorer avec le patient la signification de son comportement. (La masturbation, par exemple, peut avoir de nombreuses significations : soulagement de l'anxiété, privation sexuelle, plaisir, expression non verbale du besoin de parler, forme de distanciation, etc.).
- S'abstenir de porter des jugements de valeur, car ils n'aident pas le patient à faire face à la situation. **Remarque :** L'infirmière doit être consciente de ses sentiments et de ses réactions, et être capable de les maîtriser lorsque le patient exprime ses inquiétudes.

PRIORITÉ Nº 2 – Aider le patient et la personne importante dans sa vie à faire face à la situation :

- Établir une relation thérapeutique infirmière-patient.
- Collaborer au traitement des problèmes médicaux sous-jacents : traitement médicamenteux, régime amaigrissant, programme antitabagisme, etc.
- Fournir des informations factuelles au patient sur le problème de santé entraînant le dysfonctionnement sexuel.
- Préciser les renseignements que le patient désire recevoir et adapter l'information à ses besoins. **Remarque :** Les informations concernant la sécurité du patient et les conséquences de ses actes doivent parfois être répétées.
- Inviter le patient à exprimer ses inquiétudes, sa colère, son chagrin ou ses craintes ; accepter la façon dont il les exprime.
- Informer le patient sur les étapes du processus de deuil (causé par une perte ou un changement) et le soutenir dans ce processus.
- Inviter le patient à faire part de ses pensées ou de ses inquiétudes à son ou sa partenaire et à préciser ses valeurs et les répercussions de sa maladie sur leur relation.
- Veiller à ce que le patient puisse s'isoler pour exprimer sa sexualité sans se sentir embarrassé ni dérangé.
- Seconder le patient et la personne importante dans sa vie dans la recherche d'autres façons d'exprimer leur sexualité.
- Informer le patient sur les mesures correctrices telles que les médicaments (papavérine dans les cas de problèmes d'érection) et les chirurgies reconstructives (implants péniens ou mammaires, si besoin est).

- Diriger le patient vers les services dont il a besoin (collègue ayant de meilleures connaissances sur le sujet ou plus à l'aise avec le sujet, sexologue, conseiller familial, etc.).

PRIORITÉ Nº 3 – Prodiguer un enseignement visant le mieux-être du patient :

- Donner au patient des informations sur la sexualité et lui expliquer le fonctionnement sexuel normal, au besoin.
- Fournir au patient de la documentation qu'il pourra lire *afin de renforcer l'enseignement reçu.* Lui proposer une liste de livres pertinents.
- Engager un dialogue suivi avec le patient et profiter de toutes les occasions qui se présentent pour lui prodiguer de l'enseignement.
- Montrer au patient des techniques de relaxation et de visualisation.
- Montrer au patient les techniques d'auto-examen pertinentes (examen des seins, des testicules, etc.).
- Inventorier les services communautaires susceptibles d'aider le patient.
- Adresser le patient aux professionnels qui pourraient l'aider à resoudre ses difficultés personnelles, sa baisse de libido ou ses autres problèmes sexuels (éjaculation précoce, vaginisme, douleurs durant les rapports sexuels, etc.).
- Inventorier les services qui pourraient procurer au patient les aides dont il a besoin (aides techniques ou autres).

DONNÉES ESSENTIELLES À CONSIGNER

ÉVALUATIONS (INITIALE ET SUBSÉQUENTES)

- Inscrire les données d'évaluation, notamment la nature du dysfonctionnement sexuel, les facteurs favorisants et la façon dont le patient perçoit les répercussions du problème sur sa sexualité et ses relations.

- Noter la réaction de la personne importante dans la vie du patient.
- Noter la motivation du patient à l'égard des changements à apporter.

PLANIFICATION

- Rédiger le plan de soins et inscrire le nom de chacun des intervenants.
- Rédiger le plan d'enseignement.

APPLICATION/VÉRIFICATION DES RÉSULTATS

- Noter les réactions du patient aux interventions et à l'enseignement, ainsi que les mesures qui ont été prises.
- Noter les objectifs atteints ou les progrès accomplis vers l'atteinte des objectifs.
- Noter les modifications apportées au plan de soins.

PLAN DE CONGÉ

- Noter les besoins à long terme du patient, les demandes de consultation et le nom des responsables des mesures à prendre.
- Noter les ressources communautaires auxquelles le patient peut recourir.

Remarque

Les informations entre crochets ont été ajoutées par les auteures afin de clarifier les diagnostics infirmiers et d'en faciliter l'utilisation.

DYSRÉFLEXIE

Taxinomie I : Échanges (1.2.3.1)

[Division diagnostique : Régulation physique]

Définition

Non-inhibition des influx du système nerveux sympathique face à un stimulus nocif, constituant une menace pour la vie d'une personne atteinte d'une lésion de la moelle épinière à la hauteur de D7 ou au-dessus.

FACTEURS FAVORISANTS

Distension vésicale ou intestinale ; [pose d'une sonde vésicale, obstruction ou irrigation de la sonde]

Irritation cutanée

Manque de connaissances du patient et de la personne qui le soigne

[Excitation sexuelle]

[Extrême de température]

CARACTÉRISTIQUES

†Lésion de la moelle épinière (D7 ou au-dessus) avec :

DONNÉES SUBJECTIVES

†Céphalées (douleur diffuse dans différentes parties de la tête, ne se limitant pas à une zone d'innervation définie)

Paresthésie ; frissons ; vision trouble ; douleur thoracique ; goût métallique dans la bouche ; congestion nasale

†Caractéristiques majeures

Réflexe pilomoteur (chair de poule lorsque la peau devient fraîche)

DONNÉES OBJECTIVES

†Hypertension paroxystique (brusque élévation de la pression artérielle se produisant périodiquement, avec une pression systolique supérieure à 140 mm Hg et une pression diastolique supérieure à 90 mm Hg)

†Bradycardie ou tachycardie (fréquence du pouls inférieure à 60 ou supérieure à 100 battements/min)

†Transpiration abondante (au-dessus de la lésion)

†Taches érythémateuses (au-dessus de la lésion), pâleur (au-dessous de la lésion)

Syndrome de Claude Bernard-Horner (contraction de la pupille, ptose partielle de la paupière, énophtalmie ; parfois, perte de la sudation sur le côté atteint du visage) ; congestion conjonctivale

RÉSULTATS ESCOMPTÉS (OBJECTIFS) / CRITÈRES D'ÉVALUATION

- Le patient connaît les facteurs de risque.
- Le patient reconnaît les signes et symptômes du syndrome.
- Le patient maîtrise les techniques préventives et curatives.
- Le patient consulte un médecin en temps opportun afin de prévenir les épisodes de dysréflexie.

INTERVENTIONS INFIRMIÈRES

PRIORITÉ Nº 1 – Évaluer les facteurs de risque déterminants :

- Rechercher des signes de distension vésicale, de spasmes vésicaux, de calculs ou d'infection.

---

†Caractéristiques majeures

- Rechercher des signes des distension intestinale, de fécalome et de problèmes liés au programme de rééducation intestinale.
- Inspecter la peau et les tissus aux divers points de pression, surtout après que le patient soit resté longtemps en position assise.
- Retirer le patient ou lui demander de se retirer des endroits où les températures sont excessives et où il y a des courants d'air.
- Examiner attentivement le patient pendant les interventions ou les examens diagnostiques exigeant la manipulation de la vessie ou des intestins.

PRIORITÉ Nº 2 – Dépister rapidement les problèmes et intervenir sans délai :

- Recueillir des données sur les plaintes et les symptômes associés au problème (céphalées aiguës, douleurs thoraciques, vision trouble, rougeur du visage, nausées, goût métallique dans la bouche, syndrome de Claude Bernard-Horner).
- Éliminer le plus possible les facteurs déclenchants (distension vésicale et intestinale, pression continue aux points d'appui, extrêmes de température, courants d'air, etc.).
- Surélever la tête du lit à un angle de 45° ou installer le patient en position assise *afin d'abaisser la pression artérielle.*
- Mesurer fréquemment les signes vitaux lors des épisodes aigus. **Remarque :** Il faut continuer à mesurer la pression artérielle de temps à autre une fois que les symptômes ont disparu, *afin de vérifier l'efficacité des interventions.*
- Administrer les médicaments sympatholitiques, antiarythmiques et antihypertenseurs prescrits.
- Appliquer une pommade d'anesthésique local au rectum.

- Enlever les fécalomes une fois que les symptômes ont disparu.

PRIORITÉ Nº 3 – Prodiguer un enseignement visant le mieux-être du patient :

- Expliquer au patient et à la personne clé dans sa vie les signes précurseurs du syndrome de dysréflexie et les mesures préventives à prendre.
- Montrer au patient et à sa famille les techniques de soins vésicaux et intestinaux, de soin des plaies, de prévention des escarres de décubitus et des infections.
- Montrer à un membre de la famille ou à la personne qui s'occupe du patient à mesurer la pression artérielle lors des épisodes aigus.
- Revoir les directives concernant l'usage et le mode d'administration correct des médicaments, au besoin.
- Dresser avec le patient et sa famille une liste des personnes à appeler en cas d'urgence (médecin, infirmière spécialisée en réadaptation, responsable des soins à domicile, etc.). Leur recommander de laisser cette liste à portée de la main.

DONNÉES ESSENTIELLES À CONSIGNER

ÉVALUATIONS (INITIALE ET SUBSÉQUENTES)

- Noter les données d'évaluation, notamment les épisodes antérieurs, les facteurs déclenchants ainsi que les signes et symptômes du patient.

PLANIFICATION

- Rédiger le plan de soins et inscrire le nom de chacun des intervenants.
- Rédiger le plan d'enseignement.

APPLICATION/VÉRIFICATION DES RÉSULTATS

- Noter les réactions du patient aux interventions, les mesures qui ont été prises et le degré de compréhension du patient relativement à l'enseignement.
- Noter les objectifs atteints ou les progrès accomplis vers l'atteinte des objectifs.
- Noter les modifications apportées au plan de soins.

PLAN DE CONGÉ

- Noter les besoins à long terme du patient et le nom des responsables des mesures à prendre.

Remarque

Les informations entre crochets ont été ajoutées par les auteures afin de clarifier les diagnostics infirmiers et d'en faciliter l'utilisation.

ÉCHANGES GAZEUX, perturbation des

Taxinomie I : Échanges (1.5.1.1)

[Division diagnostique : Oxygénation]

Définition

Diminution des échanges d'oxygène et/ou de gaz carbonique entre les alvéoles pulmonaires et le système vasculaire. [Cette réaction peut se présenter seule à la suite d'un problème médical, mais elle peut aussi découler d'un dégagement inefficace des voies respiratoires et/ou d'un mode de respiration inefficace.]

FACTEURS FAVORISANTS

Déséquilibre ventilation-perfusion [altération du débit sanguin (embolie pulmonaire, augmentation de la résistance vasculaire), angiospasme, insuffisance cardiaque, choc hypovolémique, par exemple]

[Altération de la membrane alvéolo-capillaire (syndrome de détresse respiratoire aiguë de l'adulte, par exemple) ; problèmes chroniques (pneumoconiose, syndrome respiratoire restrictif, bronchopneumopathie chronique obstructive, asbestose, silicose, médicaments inhibant la respiration, traumatisme crânien, etc.)]

[Altération de l'apport en oxygène (mal d'altitude)]

[Altération de la capacité de fixation de l'oxygène dans le sang (drépanocytose ou autre forme d'anémie, intoxication à l'oxyde de carbone)]

CARACTÉRISTIQUES

DONNÉES SUBJECTIVES

[Dyspnée]
[Crainte d'un malheur imminent]

DONNÉES OBJECTIVES

Confusion ; baisse de l'acuité mentale
Agitation, irritabilité
Incapacité d'expectorer
Hypoxie
Somnolence, [léthargie]
Hypercapnie ; hypoxie
[Tachypnée]
[Cyanose]
[Changements dans la fréquence ou le rythme cardiaque]
[Polyglobulie]

RÉSULTATS ESCOMPTÉS (OBJECTIFS) / CRITÈRES D'ÉVALUATION

- Le patient ne présente aucun signe de détresse respiratoire (voir les caractéristiques), la ventilation s'est améliorée et l'oxygénation des tissus par les gaz artériels se situe dans les limites de la normale.
- Le patient comprend les facteurs reliés au problème et les interventions thérapeutiques connexes.
- Le patient participe au traitement (exercices de respiration, toux efficace, utilisation de l'oxygénothérapie, etc.) selon ses capacités et dans la mesure où la situation le permet.

INTERVENTIONS INFIRMIÈRES

PRIORITÉ N° 1 – Évaluer les facteurs d'étiologie ou d'influence :

- Noter la présence des facteurs d'étiologie énumérés ci-dessus.

§ Consulter les diagnostics infirmiers de dégagement inefficace des voies respiratoires et de mode de respiration inefficace.

PRIORITÉ N° 2 – Évaluer le degré de perturbation :

- Mesurer la fréquence et l'amplitude respiratoires.
- Noter l'utilisation des muscles accessoires et la respiration avec les lèvres pincées.
- Noter le siège de la pâleur ou de la cyanose : périphérique (ongles), centrale (péribuccale) ou générale (peau bleutée partout).
- Ausculter les poumons à la recherche de bruits adventices et de râles.
- Recueillir des données sur le niveau de conscience, les changements dans l'état mental, le sommeil, l'agitation et les céphalées au lever.
- Mesurer les signes vitaux en y incluant le rythme cardiaque.
- Étudier les résultats de l'oxymétrie auriculaire *afin de vérifier le degré d'oxygénation* et de la spirométrie (capacité vitale) *afin de déterminer s'il y a insuffisance respiratoire.*
- Étudier les radiographies thoraciques et les résultats des examens de laboratoire pertinents (gaz artériels, numération globulaire, etc.).
- Mesurer le niveau d'énergie et la tolérance à l'activité.
- Noter les répercussions de la maladie sur l'estime de soi ou l'image corporelle du patient.

PRIORITÉ N° 3 – Corriger les carences existantes :

- Surélever la tête du lit ou installer le patient dans une position appropriée tout en lui fournissant les appareils d'appoint appropriés.

- Aspirer les sécrétions, au besoin, *afin de maintenir les voies respiratoires libres.*
- Changer souvent le patient de position *afin de favoriser l'écoulement des sécrétions.*
- Inciter le patient à pratiquer des exercices de respiration profonde et de toux en utilisant la spirométrie d'incitation, la physiothérapie respiratoire ou un respirateur à pression positive intermittente, au besoin, *afin de favoriser une amplitude thoracique optimale.*
- Fournir une oxygénothérapie complémentaire à la plus basse concentration possible, en tenant compte des résultats des examens de laboratoire et des symptômes du patient.
- Maintenir un équilibre satisfaisant entre les ingesta et les excreta *afin de favoriser la mobilisation des sécrétions.* **Remarque :** Il faut toutefois éviter de surhydrater le patient.
- Administrer les sédatifs avec discernement, car ils ont un effet dépresseur sur la fonction respiratoire.
- Inciter le patient à se reposer suffisamment et à choisir des activités convenant à son niveau de tolérance.
- Créer un climat de calme et de repos.
- Répondre avec pertinence aux questions du patient et discuter avec lui de ses préoccupations.
- Administrer les médicaments prescrits (corticostéroïdes, antibiotiques, bronchodilatateurs, expectorants, anticoagulants).
- Prendre note des effets thérapeutiques et indésirables du traitement médicamenteux, ainsi que des interactions médicamenteuses.

- Prendre les mesures appropriées pour réduire au maximum les pertes sanguines dues aux interventions (épreuves diagnostiques, hémodialyse, etc.).
- Collaborer aux procédés diagnostiques et aux interventions thérapeutiques, au besoin (transfusion, phlébotomie, bronchoscopie, etc.).
- Superviser le fonctionnement des appareils et des dispositifs servant à fournir un soutien ventilatoire mécanique (FIO_2, volume courant, quotient respiratoire, inspiration profonde périodique, pression expiratoire positive, etc.).
- Réduire au maximum les éléments allergènes ou polluants du milieu ambiant.

PRIORITÉ Nº 4 – Prodiguer un enseignement visant le mieux-être du patient :

- Passer en revue les facteurs de risque, notamment les facteurs reliés à l'environnement et au milieu de travail.
- Expliquer les répercussions du tabagisme sur la maladie ou l'état du patient.
- Inciter le patient et la personne clé dans sa vie à cesser de fumer ou à s'inscrire à un programme antitabagisme, au besoin.
- Expliquer les raisons justifiant l'utilisation des tests d'allergies, le cas échéant.
- Revoir les particularités du traitement médicamenteux prescrit et proposer au patient des moyens d'en atténuer les effets secondaires.
- Montrer au patient comment utiliser les techniques de relaxation et de réduction du stress, au besoin.
- Insister auprès du patient sur l'importance d'un repos suffisant tout en l'incitant à choisir des activités dans les limites de ses capacités.

- Expliquer au patient les mesures à prendre pour réduire sa consommation d'oxygène (s'asseoir pour effectuer ses tâches, prendre de petits repas, ralentir son rythme, ne pas se déplacer inutilement).
- Dresser une liste des programmes de recyclage professionnel ou de réinsertion sur le marché du travail dont pourrait bénéficier le patient, au besoin.
- Discuter des mesures à prendre pour que le patient reçoive l'oxygénothérapie prescrite en toute sécurité à domicile.
- Fournir une liste des services auprès desquels le patient peut se procurer l'oxygène et les appareils dont il a besoin.
- Diriger le patient vers les services pertinents (service de soins à domicile, popote roulante, etc.).

DONNÉES ESSENTIELLES À CONSIGNER

ÉVALUATIONS (INITIALE ET SUBSÉQUENTES)

- Inscrire les caractéristiques du problème de soins infirmiers présenté par le patient et les données obtenues lors de l'évaluation initiale, notamment la fréquence respiratoire, les caractéristiques des bruits respiratoires, la fréquence, la quantité et l'apparence des sécrétions, la présence de cyanose, les résultats des examens de laboratoire et le niveau de conscience du patient.
- Noter les affections susceptibles d'entraver l'apport d'oxygène.

PLANIFICATION

- Rédiger le plan de soins et inscrire le nom de chacun des intervenants.
- Noter le réglage du respirateur et le nombre de litres d'oxygène administrés.
- Rédiger le plan d'enseignement.

APPLICATION/VÉRIFICATION DES RÉSULTATS

- Noter la réaction du patient au traitement et à l'enseignement, ainsi que les mesures qui ont été prises.
- Noter les objectifs atteints ou les progrès accomplis vers l'atteinte des objectifs.
- Noter les modifications apportées au plan de soins.

PLAN DE CONGÉ

- Inscrire les besoins à long terme du patient et le nom des responsables des mesures à prendre.
- Noter les services communautaires qui peuvent fournir du matériel au patient à domicile.
- Noter les demandes de consultation.

Remarque

Les informations entre crochets ont été ajoutées par les auteures afin de clarifier les diagnostics infirmiers et d'en faciliter l'utilisation.

ÉLIMINATION URINAIRE, altération de l'

Taxinomie I : Échanges (1.3.2)

[Division diagnostique : Élimination]

Définition

Perturbation dans l'élimination urinaire.

FACTEURS FAVORISANTS

Causes multiples incluant : trouble sensorimoteur ; obstruction anatomique ; infection des voies urinaires ; traumatisme mécanique ; déséquilibre liquidien ou volumique ; altération de l'état liquidien ou des volumes circulants ; facteurs psychogènes ; dérivation chirurgicale

CARACTÉRISTIQUES

DONNÉES SUBJECTIVES

Mictions fréquentes

Retard à la miction

Dysurie

Nycturie, [énurésie]

Miction impérieuse

DONNÉES OBJECTIVES

Incontinence

Rétention

RÉSULTATS ESCOMPTÉS (OBJECTIFS) / CRITÈRES D'ÉVALUATION

- Le patient comprend son état.

- Le patient connaît les facteurs reliés au problème.

§ Consulter les diagnostics infirmiers d'incontinence ou de rétention urinaire, selon le cas.

- Le patient retrouve un mode d'élimination normal.
- Le patient participe à des mesures destinées à remédier au problème ou à le compenser.
- Le patient adopte des conduites ou des techniques visant la prévention de l'infection urinaire.
- Le patient maîtrise les soins de la sonde ou de la stomie et ceux du dispositif de dérivation urinaire.

INTERVENTIONS INFIRMIÈRES

PRIORITÉ N° 1 – Évaluer les facteurs favorisants :

- S'enquérir des problèmes physiques susceptibles de jouer un rôle : intervention chirurgicale (dérivation urinaire, etc.) ; déficience neurologique (sclérose en plaques, paraplégie, quadriplégie, maladie d'Alzheimer, etc.) ; maladie de la prostate ; grossesse récente ou multiple ; maladie cardiovasculaire ; traumatisme pelvien ou urétral.
- Rechercher si le problème est dû à un dysfonctionnement neurologique ou à la désorientation (maladie d'Alzheimer, par exemple).
- Préciser le type de problème d'élimination urinaire à partir du diagnostic médical (dans les affections neurologiques ou démyélinisantes comme la sclérose en plaques, le problème pourrait être une incapacité de stocker l'urine, de vider la vessie, ou les deux).
- Inspecter la stomie de la dérivation urinaire à la recherche d'œdème, de signes de cicatrisation et de mucosités coagulées.

- Noter l'âge et le sexe du patient. **Remarque :** Les infections des voies urinaires sont plus répandues chez les femmes et chez les hommes âgés.
- Superviser le traitement médicamenteux.
- Noter l'usage de médicaments potentiellement néphrotoxiques (aminosides ou tétracyclines, par exemple), surtout chez les patients immunodéficients.
- Noter l'usage de médicaments susceptibles de provoquer une rétention (atropine ou belladonne, par exemple).
- S'assurer que la gonorrhée n'est pas en cause en présence d'une urétrite avec écoulement pénien sans bactériurie.
- Collaborer aux examens diagnostiques des infections bactériennes du rein ou de la prostate (tests d'immunofluorescence).
- Revoir les résultats des examens de laboratoire concernant l'hyperparathyroïdie, l'altération de la fonction rénale et la présence d'une infection.
- Tamiser toutes les urines pour recueillir les calculs rénaux. Les décrire et/ou les envoyer au laboratoire pour analyse.

PRIORITÉ N° 2 – Évaluer le degré d'invalidité et dans quelle mesure un autre problème s'interpose :

- Noter les modes d'élimination antérieurs du patient et comparer avec sa situation actuelle.
- Noter les problèmes de mictions fréquentes, de miction impérieuse, de brûlures mictionnelles, d'incontinence, de nycturie et d'énurésie, ainsi que le volume et la force du jet mictionnel.
- Palper la vessie *afin d'évaluer la rétention.*
- Recueillir des données sur la douleur : noter sa gravité, son siège et la présence de spasmes vésicaux.

- S'enquérir de l'apport liquidien quotidien habituel du patient (quantité et types de breuvages, consommation de caféine).
- Noter l'état de la peau et des muqueuses.

PRIORITÉ N° 3 – Collaborer au traitement ou à la prévention de l'altération de l'élimination urinaire:

§ Consulter les diagnostics infirmiers d'incontinence ou de rétention urinaire, selon le cas.

- Inciter le patient à boire de 3000 à 4000 mL de liquides par jour (selon la tolérance du cœur), notamment du jus de canneberge. **Remarque**: Ceci permet de maintenir la fonction rénale, de prévenir l'infection et la formation de cristaux urinaires, d'éviter l'encroûtement autour de la sonde ou de purger le dispositif de dérivation urinaire.
- Aider le patient à adopter des habitudes d'élimination au besoin.
- Conseiller au patient d'uriner dans un bain de siège après une intervention chirurgicale à la région périnéale.
- Rechercher les signes d'infection: urine trouble, hématurie, odeur nauséabonde. Envoyer les échantillons d'urine au laboratoire (échantillon d'urine par mi-jet) pour les urocultures et les antibiogrammes, au besoin.
- Inviter le patient à verbaliser ses peurs ou ses inquiétudes (interruption de l'activité sexuelle, incapacité de travailler, etc.).
- Superviser la prise de médicaments comme les antibactériens (les doses uniques sont de plus en plus souvent prescrites dans les cas d'infection des voies urinaires), les sulfamides, les antispasmodiques, etc., et noter la réaction du patient
- Expliquer les interventions chirurgicales et le traitement médical aux patients souffrant d'un

adénome prostatique, d'un cancer de la vessie ou de la prostate, etc.

PRIORITÉ N° 4 – Collaborer au traitement des altérations chroniques de l'élimination urinaire :

- Installer une sonde à demeure avec système de drainage en circuit fermé *afin de prévenir une augmentation du volume de la vessie.* **Remarque :** Il vaut mieux utiliser une autre méthode, si possible (sondage intermittent, médicaments, manœuvres de miction, condom urinaire, par exemple).
- Examiner fréquemment la vessie à la recherche d'une distension ou d'un regorgement *afin de prévenir les complications entraînées par une infection et/ou le syndrome d'hyperréflectivité autonome.*
- Donner au patient de la vitamine C pour maintenir un milieu acide dans la vessie et de la Mandélamine (sur ordonnance) pour prévenir la bactériurie.
- Respecter un horaire régulier d'évacuation de la vessie ou de vidage du sac collecteur afin de prévenir les accidents.
- Procéder à un entretien régulier du sac collecteur et enseigner au patient ayant subi une dérivation comment reconnaître et traiter des problèmes tels que l'encroûtement par les sels alcalins, une mauvaise installation du dispositif, des urines nauséabondes, une infection des voies urinaires, etc.

PRIORITÉ N° 5 – Prodiguer un enseignement visant le mieux-être du patient :

- Garder la région périnéale propre et sèche *afin de réduire les risques d'infection et/ou les ruptures de l'épiderme.*
- Conseiller aux femmes atteintes d'une infection des voies urinaires de boire beaucoup de liqui-

des, d'uriner tout de suite après les rapports sexuels, de s'essuyer de l'avant vers l'arrière, de traiter rapidement toute infection vaginale et de prendre des douches plutôt que des bains *afin de prévenir la réinfection.*

- Inciter la personne clé dans la vie du patient à participer aux soins courants et lui expliquer quelles sont les complications exigeant une consultation médicale.
- Montrer au patient comment appliquer et entretenir correctement le dispositif de dérivation urinaire et comment éliminer les odeurs désagréables : boire beaucoup de liquides, éviter les aliments et les médicaments produisant une odeur forte, mettre du vinaigre blanc ou du désodorisant dans le sac.
- Recommander aux patients ayant subi une urétérosigmoïdostomie d'éviter les aliments flatulents. **Remarque :** La flatulence peut provoquer une incontinence urinaire.
- Recommander au patient d'utiliser une sonde en silicone s'il doit la porter en permanence ou pour une longue durée.
- Montrer au patient comment placer la tubulure de drainage et le sac collecteur de façon à faciliter l'écoulement et prévenir le reflux.
- Diriger le patient et la personne clé dans sa vie vers les services communautaires susceptibles de les aider à s'adapter à l'altération fonctionnelle et au changement de l'image corporelle du patient (stomothérapeute, groupe de soutien, sexologue, infirmière clinicienne en psychiatrie, etc.).

DONNÉES ESSENTIELLES À CONSIGNER

ÉVALUATIONS (INITIALE ET SUBSÉQUENTES)

- Inscrire les données d'évaluation, notamment les modes de miction actuels et antérieurs, la nature du problème et ses conséquences sur le mode de vie du patient.

PLANIFICATION

- Rédiger le plan de soins et inscrire le nom de chacun des intervenants.
- Rédiger le plan d'enseignement.

APPLICATION/VÉRIFICATION DES RÉSULTATS

- Noter les réactions du patient aux interventions et à l'enseignement, ainsi que les mesures qui ont été prises.
- Noter les objectifs atteints ou les progrès accomplis vers l'atteinte des objectifs.
- Noter les modifications apportées au plan de soins.

PLAN DE CONGÉ

- Noter les besoins à long terme du patient et le nom des responsables des mesures à prendre.
- Noter les ressources existantes et les demandes de consultation.
- Noter les besoins du patient en matière d'équipement ainsi que les services qui peuvent le lui procurer.

Remarque

Les informations entre crochets ont été ajoutées par les auteures afin de clarifier les diagnostics infirmiers et d'en faciliter l'utilisation.

ESTIME DE SOI, perturbation chronique de l'

Taxinomie I : Perceptions (7.1.2.1)

[Division diagnostique : Concept de soi]

Définition

Dévalorisation de longue date et entretien de sentiments négatifs vis-à-vis de soi-même ou de ses capacités.

FACTEURS FAVORISANTS

N'ont pas encore été répertoriés par l'ANADI

[Fixation à un stade de développement antérieur]

[Critiques constantes contre sa personne ou ses capacités pendant son enfance]

[Vulnérabilité personnelle]

[Choix de vie perpétuant l'échec ; difficulté à bien fonctionner en société ou au travail]

[Sentiment d'avoir été abandonné par la personne clé ; acceptation d'une situation de violence dangereuse à la maison]

[Troubles physiques ou mentaux chroniques ; comportement antisocial]

CARACTÉRISTIQUES

DONNÉES SUBJECTIVES

†Autodépréciation se manifestant dans ses propos

†Sentiment de honte ou de culpabilité

†Sentiment d'être incapable de faire face aux événements

---

†Caractéristiques majeures

†Tergiversations incessantes ; rejet des remarques positives et amplification des remarques négatives sur sa personne

DONNÉES OBJECTIVES

†Peur d'essayer de nouvelles choses

Échecs fréquents dans sa vie professionnelle et personnelle

Docilité exagérée et caractère influençable

Regard fuyant

Timidité et passivité ; indécision

Besoin exagéré d'être rassuré

RÉSULTATS ESCOMPTÉS (OBJECTIFS) / CRITÈRES D'ÉVALUATION

- Le patient se rend compte de ses jugements négatifs face à lui-même.
- Le patient comprend les raisons du problème.
- Le patient participe au programme thérapeutique visant sa revalorisation.
- Le patient adopte des conduites et de nouvelles habitudes visant une meilleure estime de soi.
- Le patient dit avoir une meilleure estime de soi par rapport à sa situation actuelle.
- Le patient rehausse son estime de soi en participant à des activités familiales ou communautaires.

INTERVENTIONS INFIRMIÈRES

PRIORITÉ N° 1 – Évaluer les facteurs favorisants :

- Rechercher les facteurs de la situation actuelle qui contribuent à la perturbation de l'estime de soi.

---

†Caractéristiques majeures

- Préciser le contenu du monologue intérieur dévalorisant du patient. Noter comment le patient perçoit l'opinion des autres à son sujet.
- Apprécier dans quelle mesure le patient peut trouver du soutien auprès de sa famille ou de la personne clé dans sa vie.
- Décrire la dynamique familiale actuelle et passée.
- Observer le langage corporel (non verbal) du patient (mouvements nerveux, regard fuyant, etc.).
- Apprécier la participation et la coopération du patient au programme thérapeutique (vérifier, par exemple, s'il prend correctement ses antidépresseurs, ses neuroleptiques, etc.).
- Noter dans quelle mesure le patient désire se faire aider et apporter des changements.

§ Consulter le diagnostic infirmier de perturbation de l'estime de soi pour connaître les autres éléments d'évaluation.

PRIORITÉ Nº 2 – Aider le patient à rehausser son estime de soi dans sa situation actuelle :

- Établir une relation thérapeutique avec le patient. Se montrer attentive, écouter le patient, le féliciter de ses efforts, entretenir une communication ouverte et recourir aux techniques de l'écoute active et de l'utilisation du « je ».
- S'occuper des problèmes de santé ou de sécurité pour lesquels le patient consulte.
- Accepter la façon dont le patient perçoit ou voit la situation. Se garder de menacer son estime de soi.
- Indiquer au patient comment rehausser son estime de soi : s'informer ; réfléchir plutôt que se contenter d'accepter ou de réagir ; choisir d'avoir du respect pour soi, pour les faits, pour l'hon-

nêteté, etc. **Remarque :** Il ne faut pas oublier que l'être humain n'agit pas automatiquement de façon rationnelle.

- Discuter avec le patient de la façon dont il se perçoit par rapport à la situation et relever ses idées fausses et ses propos de dénigrement de soi : raisonnement autoréférentiel (le patient croit que les autres ne voient que ses faiblesses et ses limites), filtrage (le patient choisit de ne voir que les choses négatives), dramatisation (le patient s'attend toujours au pire).
- Souligner au patient qu'il doit éviter de se comparer aux autres. L'inciter à voir ses points forts.
- Demander au patient de dresser une liste de ses réussites et de ses points forts actuels et passés.
- Aider le patient à acquérir un sentiment profond d'estime de soi en s'exprimant de façon positive et en utilisant le « je ».
- Expliquer au patient les effets de ses comportements (intention positive) et les possibilités qui s'offrent à lui et à la personne clé.
- Aider le patient à surmonter son sentiment d'impuissance.

§ Consulter le diagnostic infirmier de sentiment d'impuissance.

- Fixer des limites aux comportements agressifs ou néfastes (passage à l'acte, idées suicidaires, rumination, etc.).
- Se mettre à la place du patient (empathie, et non pitié).
- Féliciter le patient pour ses progrès. L'amener par des renforcements positifs à élaborer des stratégies d'adaptation.
- Laisser le patient progresser à son propre rythme. **Remarque :** L'adaptation à un changement de l'image de soi dépend de la signification pro-

fonde que le patient lui attribue, du degré de perturbation de son mode de vie et de la durée de la maladie ou du problème.

- Introduire graduellement des expériences quotidiennes propices à l'amélioration du concept de soi du patient *afin de l'aider à faire face aux événements, aux changements et à son sentiment d'impuissance.*
- Inciter le patient à participer à des activités, à faire de l'exercice et à rencontrer des gens.

PRIORITÉ N° 3 – Prodiguer un enseignement visant le mieux-être du patient :

- Discuter des inexactitudes dans la perception de soi du patient avec lui et la personne clé dans sa vie.
- Préparer le patient aux changements ou aux événements prévisibles, dans la mesure du possible.
- Organiser les activités quotidiennes et les activités de soins.
- Souligner l'importance d'une apparence soignée et d'une bonne hygiène personnelle et conseiller le patient, au besoin (par exemple, lui proposer un cours où il apprendra à se mettre en valeur).
- Aider le patient à formuler des objectifs qu'il peut réaliser à court terme. Lui faire des commentaires positifs chaque fois qu'il montre, par ses paroles ou son comportement, qu'il a une meilleure estime de soi.
- Inciter le patient à acquérir un savoir-faire social et des compétences professionnelles. L'adresser à un orienteur professionnel ou à un conseiller en placement ; le diriger vers les services d'éducation appropriés.
- L'encourager à participer à des cours, à des activités ou à des loisirs qu'il aime ou qu'il aimerait essayer.

- Insister sur le fait que la situation actuelle n'est qu'une brève période difficile dans la vie du patient et/ou de la personne clé, et insister sur la nécessité de faire des efforts et de recevoir de l'aide *afin de renforcer ses nouveaux comportements et de favoriser sa croissance personnelle.*
- Recommander au patient de s'inscrire à des cours où il apprendra les habiletés nécessaires pour rehausser son estime de soi (séances d'affirmation de soi et de pensée positive, techniques de communication, etc.).
- Diriger le patient vers un conseiller, un thérapeute, un groupe de soutien en santé mentale ou un autre type de groupe spécialisé, au besoin.

DONNÉES ESSENTIELLES À CONSIGNER

ÉVALUATIONS (INITIALE ET SUBSÉQUENTES)

- Inscrire les données d'évaluation, notamment les premiers souvenirs de critiques du patient (envers soi et envers les autres) et les échecs qui ont suivi ou ont déclenché le problème.
- Noter les problèmes de santé et de sécurité du patient.
- Noter son degré de motivation à l'égard des changements à apporter.

PLANIFICATION

- Rédiger le plan de soins et inscrire le nom de chacun des intervenants.
- Rédiger le plan d'enseignement.

APPLICATION/VÉRIFICATION DES RÉSULTATS

- Noter les réactions du patient aux interventions et à l'enseignement, ainsi que les mesures qui ont été prises.

- Noter les objectifs atteints ou les progrès accomplis vers l'atteinte des objectifs.
- Noter les modifications apportées au plan de soins.

PLAN DE CONGÉ

- Noter les besoins à long terme du patient et le nom des responsables des mesures à prendre.
- Noter les demandes de consultation.

Remarque

Les informations entre crochets ont été ajoutées par les auteures afin de clarifier les diagnostics infirmiers et d'en faciliter l'utilisation.

ESTIME DE SOI, perturbation de l'

Taxinomie I : Perceptions (7.1.2)

[Division diagnostique : Concept de soi]

Définition

Jugement défavorable envers soi-même ou ses capacités, pouvant s'exprimer directement ou indirectement.

FACTEURS FAVORISANTS

N'ont pas encore été répertoriés par l'ANADI

[Relation parent-enfant insatisfaisante]

[Attentes irréalistes (de la part de soi et des autres)]

[Besoin insatisfait d'être pris en charge]

[Absence de discipline, discipline incohérente ou sporadique]

[Réseau familial dysfonctionnel]

[Négligence, mauvais traitements ou agression sexuelle lorsqu'il était enfant]

[Moi sous-développé et surmoi vengeur, retard de développement du moi]

[Modèles négatifs]

[Milieu désorganisé ou chaotique]

[Très grande pauvreté)

[Manque de commentaires valorisants ; commentaires dévalorisants fréquents entraînant un sentiment d'infériorité]

[Échecs répétés, réels ou non (sentiment d'impuissance acquis) ; échecs dans des domaines importants (perte d'emploi, divorce, problèmes interpersonnels, etc.)]

[Déficit cognitif favorisant une image négative de soi]

[Vieillissement]

CARACTÉRISTIQUES

DONNÉES SUBJECTIVES

Autodépréciation se manifestant dans ses propos

Sentiment d'être incapable de faire face aux événements

Sentiments de honte ou de culpabilité

Tergiversations incessantes ; rejet des remarques positives et amplification des remarques négatives sur sa personne

DONNÉES OBJECTIVES

Peur d'essayer de nouvelles choses

Hypersensibilité au manque d'égards et aux critiques

Mégalomanie

Négation de problèmes évidents aux yeux des autres

Rejet sur autrui de la responsabilité de ses problèmes

Recours à de fausses raisons pour expliquer ses échecs personnels

[Incapacité d'accepter les renforcements positifs]

[Refus d'assumer la responsabilité de ses soins personnels (se néglige)]

[Manque de persévérance]; [non-participation au traitement]

[Comportement autodestructeur, prédisposition aux accidents]

[Regard fuyant]

Note des auteures : Dans la taxinomie, ce diagnostic représente une catégorie générale qui a été divisée en deux diagnostics : perturbation situationnelle de l'estime de soi et perturbation chronique de l'estime de soi. Quand l'évaluation initiale révèle la présence de ce problème, l'infirmière doit procéder à une collecte de données plus approfondie pour préciser les besoins du patient.

RÉSULTATS ESCOMPTÉS (OBJECTIFS) / CRITÈRES D'ÉVALUATION

- Le patient prend conscience de ses sentiments et de la dynamique qui le porte à se percevoir de façon négative.

  Remarque : On peut fixer d'autres objectifs en fonction du problème sous-jacent du patient (à savoir une perturbation situationnelle ou chronique).

INTERVENTIONS INFIRMIÈRES

PRIORITÉ N° 1 – Évaluer les facteurs favorisants et préciser le problème sous-jacent du patient (perturbation situationnelle ou chronique) :

- Situer le patient face à son manque d'estime de soi dans le contexte actuel.
- Définir l'estime de soi fondamentale du patient, l'image qu'il a de lui-même sur les plans existentiel, physique et psychologique.
- Demander au patient comment il perçoit la menace à sa personnalité.
- Préciser dans quelle mesure le patient est (ou croit être) maître de soi et de la situation.

- Préciser dans quelle mesure le patient est conscient de la part de responsabilité qui lui incombe dans le règlement de la présente situation, dans sa croissance personnelle, etc.
- Recueillir des données sur la dynamique familiale ou le soutien de la personne clé dans la vie du patient.
- Noter l'écart entre le concept de soi du patient et son idéal culturel.
- Noter les attitudes négatives du patient et/ou s'enquérir de son monologue intérieur.
- Noter le manque de persistance du patient face aux traitements.
- Noter les obstacles à la croissance personnelle du patient.
- Déceler les comportements autodestructeurs ou les tendances suicidaires.
- Observer le langage corporel (non verbal) du patient.
- Demander au patient ou à la personne clé dans sa vie comment il s'est adapté aux maladies ou aux circonstances difficiles antérieures. **Remarque :** Cela peut laisser présager l'issue de la situation actuelle.

§ Consulter les diagnostics infirmiers de perturbation situationnelle de l'estime de soi et de perturbation chronique de l'estime de soi pour connaître d'autres priorités ou interventions infirmières.

DONNÉES ESSENTIELLES À CONSIGNER

ÉVALUATIONS (INITIALE ET SUBSÉQUENTES)

- Inscrire les données d'évaluation, notamment la façon dont le patient exprime son manque d'estime de soi ainsi que ses effets sur ses interactions avec les autres et sur son mode de vie.

- Noter la dynamique dans laquelle le patient se trouve, ainsi que la durée de son problème (situationnel ou chronique).

Remarque

Les informations entre crochets ont été ajoutées par les auteures afin de clarifier les diagnostics infirmiers et d'en faciliter l'utilisation.

ESTIME DE SOI, perturbation situationnelle de l'

Taxinomie I : Perceptions (7.1.2.2)

[Division diagnostique : Concept de soi]

Définition

Jugement défavorable envers soi-même en réaction à une perte ou à un changement chez une personne qui avait auparavant une image positive d'elle-même.

FACTEURS FAVORISANTS

N'ont pas encore été répertoriés par l'ANADI

[Échecs dans des domaines importants (chômage, problèmes interpersonnels, divorce, etc.)]

[Sentiment d'avoir été abandonné par un proche]

[Passage d'un stade de développement à un autre, adolescence, vieillesse]

[Sentiment de ne plus avoir aucun pouvoir sur certains aspects de sa vie]

[Perte de sa santé, d'une partie de son corps, ou de son autonomie fonctionnelle]

[Détérioration de la mémoire, déficit cognitif]

[Diminution de la capacité de communiquer verbalement de façon efficace]

CARACTÉRISTIQUES

DONNÉES SUBJECTIVES

†Autocritique déclenchée par des circonstances difficiles chez une personne qui avait auparavant une bonne opinion d'elle-même

---

†Caractéristique majeure

†Sentiments négatifs face à lui-même (sentiment d'impuissance, d'incompétence)

Sentiment de honte ou de culpabilité

Sentiment d'être incapable de faire face aux événements

DONNÉES OBJECTIVES

Autodépréciation se manifestant dans ses propos

Difficulté à prendre des décisions

RÉSULTATS ESCOMPTÉS (OBJECTIFS) / CRITÈRES D'ÉVALUATION

- Le patient connaît les facteurs ayant déclenché la situation actuelle.
- Le patient exprime des jugements positifs sur lui-même.
- Le patient adopte des conduites propices à l'amélioration de l'estime de soi.
- Le patient participe aux activités ou au programme thérapeutique visant la correction des facteurs déclenchants de la crise.

INTERVENTIONS INFIRMIÈRES

PRIORITÉ N° 1 – Évaluer les facteurs favorisants :

- Préciser dans quelle mesure la crise perturbe l'estime de soi.
- Demander au patient comment il perçoit la crise.
- S'enquérir des stratégies d'adaptation utilisées antérieurement susceptibles de s'appliquer à l'épisode actuel.
- Noter où le patient situe le pouvoir d'agir et de décider (interne ou externe).

---

†Caractéristique majeure

§ Consulter le diagnostic de perturbation de l'estime de soi pour connaître les autres éléments d'évaluation.

PRIORITÉ Nº 2 – Aider le patient à faire face à la perte ou au changement et à retrouver son estime de soi :

- Collaborer au traitement du problème sous-jacent, si possible (par exemple, dans le cas d'un traumatisme crânien léger, la restructuration cognitive et l'amélioration de la mémoire contribuent souvent à rétablir l'estime de soi du patient).
- Inviter le patient à exprimer ses sentiments et ses anxiétés. L'aider à surmonter sa perte.
- Pratiquer l'écoute active lorsque le patient parle de ses inquiétudes ou de ses pensées négatives, sans passer de commentaires ni porter de jugements.
- Inventorier les forces et les atouts du patient, ainsi que les aspects de sa personne qui peuvent être mis en valeur. Renforcer ses traits positifs, ses capacités, son image de soi.
- Aider le patient à prendre conscience de la part de responsabilité qui lui incombe dans la résolution de la situation actuelle.
- Aider le patient à prendre conscience du pouvoir qu'il a sur la situation ou de son manque de pouvoir.
- Inciter le patient à appliquer les techniques de résolution de problèmes, à élaborer un plan d'action et à se fixer des objectifs.
- Faire sentir au patient qu'on le sait capable de s'adapter à la situation qu'il vit.
- Mobiliser les réseaux de soutien.
- Fournir au patient la possibilité de mettre en pratique de nouvelles stratégies d'adaptation, notam-

ment en lui offrant de plus en plus d'occasions de socialiser.

- Inciter le patient à utiliser les techniques de visualisation, d'imagerie mentale et de relaxation pour acquérir une image positive de lui-même.
- Commenter les comportements indiquant que le patient se déprécie en utilisant le « je » afin de lui donner un autre point de vue.
- Inciter le patient à participer à la prise de décisions concernant ses soins, dans la mesure du possible.

PRIORITÉ N° 3 – Prodiguer un enseignement visant le mieux-être du patient :

- Inciter le patient à planifier des objectifs à long terme afin d'apporter les changements nécessaires à son mode de vie.
- Appuyer les efforts que fait le patient pour demeurer autonome dans ses activités quotidiennes et pour prendre en charge son régime thérapeutique. **Remarque :** Les personnes sûres d'elles-mêmes sont davantage portées à se percevoir de façon positive et confiante.
- Conseiller au patient de participer à des séances de thérapie ou de joindre un groupe de soutien, si besoin est.
- Associer la famille élargie ou la personne clé dans la vie du patient à la planification du traitement.
- Fournir au patient les informations qui l'aideront à apporter les changements nécessaires.
- Conseiller au patient de participer à des activités communautaires ou de groupe (séances d'affirmation de soi, bénévolat, groupes de soutien, etc.).

DONNÉES ESSENTIELLES À CONSIGNER

ÉVALUATIONS (INITIALE ET SUBSÉQUENTES)

- Inscrire les données d'évaluation, notamment la crise ayant déclenché le problème, la façon dont le patient la perçoit et dans quelle mesure elle empêche le patient d'avoir le mode de vie souhaité.

PLANIFICATION

- Rédiger le plan de soins et inscrire le nom de chacun des intervenants.
- Rédiger le plan d'enseignement.

APPLICATION/VÉRIFICATION DES RÉSULTATS

- Noter les réactions du patient aux interventions et à l'enseignement, les mesures qui ont été prises et les changements à apporter.
- Noter les objectifs atteints ou les progrès accomplis vers l'atteinte des objectifs.
- Noter les modifications apportées au plan de soins.

PLAN DE CONGÉ

- Noter les besoins à long terme du patient et le nom des responsables des mesures à prendre.
- Inscrire les demandes de consultation.

Remarque

Les informations entre crochets ont été ajoutées par les auteures afin de clarifier les diagnostics infirmiers et d'en faciliter l'utilisation.

EXCÈS NUTRITIONNEL

Taxinomie I : Échanges (1.1.2.1)

[Division diagnostique : Nutrition]

Définition

Apport nutritionnel supérieur aux besoins métaboliques.

FACTEURS FAVORISANTS

Apport excessif par rapport aux besoins métaboliques

[**Note des auteures :** La cause sous-jacente est souvent complexe et peut être difficile à déceler ou à traiter.]

CARACTÉRISTIQUES

DONNÉES SUBJECTIVES

Mauvaises habitudes alimentaires :

- Mange en faisant autre chose.
- Mange en réaction à des facteurs externes (heure, situation sociale, etc.).
- Concentre sa consommation alimentaire en fin de journée.
- Mange en réaction à des facteurs internes autres que la faim (anxiété, par exemple).

Sédentarité

DONNÉES OBJECTIVES

‡Poids de 20 % supérieur au poids idéal selon la taille et l'ossature [obésité]

---

‡Caractéristique essentielle

‡Pli cutané du triceps supérieur à 15 mm chez l'homme et à 25 mm chez la femme

Poids de 10 % supérieur au poids idéal selon la taille et l'ossature [embonpoint]

[Pourcentage de tissus adipeux supérieur à 22 % chez une femme en bonne forme physique ; supérieur à 15 % chez un homme en bonne forme physique]

RÉSULTATS ESCOMPTÉS (OBJECTIFS) / CRITÈRES D'ÉVALUATION

- Le patient s'exprime de manière réaliste sur son image de soi physique et mentale.
- Le patient projette une image réaliste de soi, et non pas une image idéalisée.
- Le patient apporte les changements nécessaires dans son mode de vie et ses comportements : il modifie son apport alimentaire (qualité et quantité) et entreprend un programme d'exercises.
- Le patient atteint la masse corporelle désirée tout en maintenant sa santé à un niveau optimal.

INTERVENTIONS INFIRMIÈRES

PRIORITÉ N° 1 – Évaluer les facteurs favorisants :

- Interroger le patient sur ses connaissances en matière de besoins nutritionnels.
- Noter les sommes dépensées par le patient et celles dont il dispose pour la nourriture.
- Interroger le patient sur sa perception de la nourriture et sur le sens donné à l'acte de manger.
- Noter dans un carnet les apports alimentaires et liquidiens, l'heure des repas, le mode d'alimen-

---

‡Caractéristique essentielle

tation, l'endroit où se prend le repas, les activités faites pendant le repas ; noter si le patient mange seul ou avec d'autres et ses sentiments avant et après le repas.

- Calculer l'apport énergétique total.
- S'enquérir des antécédents de régimes amaigrissants.
- Interroger le patient sur sa perception de soi et sur les répercussions du problème de poids sur sa vie.
- Noter les pratiques culturelles axées sur la nourriture et la consommation, ainsi que l'importance accordée aux formes corporelles imposantes.
- Préciser le type de monologue intérieur du patient (encouragement ou découragement).
- Noter si la façon dont le patient perçoit son image corporelle est conforme à la réalité. **Remarque :** On peut utiliser la technique du dessin pour voir la différence entre la perception de soi et la réalité. On peut demander au patient de se dessiner sur un mur avec une craie, puis de se placer devant son croquis pendant qu'on trace les véritables contours de son corps, pour ensuite comparer les deux dessins.
- Relever les renforcements négatifs des personnes clés dans la vie du patient.
- Prendre note des activités quotidiennes du patient et de son programme d'exercices.

PRIORITÉ Nº 2 – Établir un programme de réduction du poids :

- Préciser les raisons qui incitent le patient à perdre du poids (pour sa satisfaction personnelle, pour accroître son estime de soi, pour obtenir l'approbation d'une autre personne, etc.).
- Rechercher avec le patient des facteurs de motivation réalistes compte tenu de sa situation (s'accepter comme il est, améliorer sa santé, etc.).

- S'assurer que le patient désire s'engager à perdre du poids.
- Noter la taille, le poids, la constitution morphologique, le sexe et l'âge du patient.
- Calculer les besoins énergétiques du patient à partir de ses caractéristiques physiques et de ses activités.
- Informer le patient sur ses besoins nutritionnels propres et décider avec lui du type de régime amaigrissant à appliquer en fonction des lignes directrices énoncées par la diététicienne ou le médecin.
- Seconder le patient dans l'élaboration et l'évaluation d'un programme d'amaigrissement après consultation avec la diététicienne.
- Fixer des objectifs réalistes de perte pondérale hebdomadaire.
- Discuter avec le patient de ses comportements alimentaires et relever les modifications à y apporter, le cas échéant (mange-t-il debout au comptoir, grignote-t-il, à quels types d'activités associe-t-il le fait de manger, etc.).
- Élaborer un plan de rééducation des comportements alimentaires.
- Souligner l'importance d'un apport liquidien adéquat.
- Inciter le patient à participer à la planification d'un programme d'activités adapté à ses goûts et à ses capacités physiques.
- Suivre de près l'application du traitement médicamenteux et vitaminique du patient (inhibiteurs de l'appétit, hormonothérapie, suppléments de vitamines ou de minéraux).
- Féliciter le patient et l'encourager, tant pour ses efforts que pour les pertes de poids.

PRIORITÉ Nº 3 – Prodiguer un enseignement visant le mieux-être du patient :

- Discuter avec le patient et la personne clé dans sa vie des mythes qu'ils entretiennent sur le poids et la perte de poids.
- Conseiller le patient dans ses choix d'aliments nutritifs en tenant compte de ses goûts, de ses besoins et des limites de son budget.
- Proposer au patient des conduites à tenir pour éliminer le stress pendant les repas.
- Explorer avec le patient de nouvelles façons de maîtriser ses émotions pour remplacer le recours à la nourriture.
- Inciter le patient à manger avec modération une plus grande variété d'aliments *afin d'éviter la monotonie.*
- Conseiller au patient de se fixer des règles alimentaires pour les occasions spéciales (anniversaires, congés) : réduire sa consommation avant l'événement, choisir de « bons » aliments, *afin de répartir ou de réduire l'apport énergétique.*
- Recommander au patient de s'accorder de temps à autre des « douceurs » qu'il aura planifiées dans son régime *afin d'éviter les sentiments de privation issus d'une application draconienne du régime.*
- Recommander au patient de ne se peser qu'une fois par semaine, toujours à la même heure et en portant les mêmes vêtements, et d'inscrire les résultats sur une feuille graphique. Mesurer le tissu adipeux, si possible (donne une mesure plus précise).
- Expliquer les hauts et les bas du processus de perte pondérale : phénomène du plateau, « pondérostat » (stabilisation du poids), influence des facteurs hormonaux, etc.

- Inciter le patient à s'acheter des articles personnels ou des vêtements pour se récompenser d'une perte de poids ou d'une réussite.
- Conseiller au patient de jeter ses vêtements devenus trop grands *afin de l'encourager à adopter une attitude positive.* **Remarque :** Une attitude positive est susceptible d'entraîner un changement permanent et d'amener le patient à se débarrasser de la soupape de sécurité que constitue le fait d'avoir une garde-robe « au cas où » il reprendrait du poids.
- Faire participer le plus souvent possible les personnes clés dans la vie du patient à l'application du plan de traitement.
- Diriger le patient vers un groupe de soutien communautaire ou l'adresser à un psychothérapeute, au besoin.
- Adresser le patient à une diététicienne qui l'aidera à répondre sur une base régulière à ses besoins en matière de nutrition ou de diète.

§ Consulter les diagnostics infirmiers de perturbation de l'image corporelle et de stratégies d'adaptation individuelle inefficaces.

DONNÉES ESSENTIELLES À CONSIGNER

ÉVALUATIONS (INITIALE ET SUBSÉQUENTES)

- Inscrire les données d'évaluation, notamment le poids actuel du patient et son mode d'alimentation ; la façon dont il perçoit sa propre personne, la nourriture et l'acte de manger ; sa motivation à l'égard de la perte de poids ; le soutien et la réaction de la personne clé.

PLANIFICATION

- Rédiger le plan de soins et inscrire le nom de chacun des intervenants.
- Rédiger le plan d'enseignement.

APPLICATION/VÉRIFICATION DES RÉSULTATS

- Noter les réactions du patient aux interventions, ainsi que les mesures qui ont été prises.
- Enregistrer sur les feuilles prévues à cette fin les résultats des pesées hebdomadaires.
- Noter les objectifs atteints ou les progrès accomplis vers l'atteinte des objectifs.
- Noter les modifications apportées au plan de soins.

PLAN DE CONGÉ

- Noter les besoins à long terme du patient et le nom des responsables des mesures à prendre.
- Noter les demandes de consultation.

Remarque

Les informations entre crochets ont été ajoutées par les auteures afin de clarifier les diagnostics infirmiers et d'en faciliter l'utilisation.

EXCÈS NUTRITIONNEL, risque d'

Taxinomie I : Échanges (1.1.2.3)

[Division diagnostique : Nutrition]

Définition

Apport nutritionnel risquant d'être supérieur aux besoins métaboliques.

FACTEURS DE RISQUE

‡Obésité chez l'un des parents ou chez les deux parents, [obésité chez le conjoint ; prédisposition héréditaire]

‡Évolution rapide de la courbe de croissance chez un nourrisson ou un enfant [ou un adolescent]

Principale source alimentaire composée d'aliments solides avant l'âge de cinq mois

Poids en début de grossesse toujours supérieur d'une grossesse à l'autre [grossesses fréquentes et rapprochées]

Mauvaises habitudes alimentaires :

- Mange en faisant autre chose.
- Mange en réaction à des facteurs externes (heure, situation sociale, etc.).
- Concentre sa consommation alimentaire en fin de journée.
- Mange en réaction à des facteurs internes autres que la faim (anxiété, par exemple).

Recours à la nourriture pour se récompenser ou se réconforter

‡Caractéristiques essentielles

[Recours fréquent et repété à des régimes amaigrissants]

[Isolement social ou culturel]

[Manque d'autres exutoires]

[Diminution des activités; sédentarité]

[Stratégies d'adaptation habituelles inefficaces]

[Consommation prépondérante d'aliments à forte concentration énergétique]

[Baisse importante ou brusque du revenu, milieu socio-économique modeste]

Remarque: Il ne peut y avoir de signes ou de symptômes (caractéristiques) lorsque l'on diagnostique un risque de problème, car celui-ci n'existe pas encore; les interventions infirmières sont donc axées sur la prévention.

RÉSULTATS ESCOMPTÉS (OBJECTIFS) / CRITÈRES D'ÉVALUATION

- Le patient connaît ses besoins corporels et énergétiques.
- Le patient connaît les habitudes et les facteurs culturels prédisposant à l'obésité.
- Le patient adopte des conduites et de nouvelles habitudes visant la réduction des facteurs de risque.
- Le patient assume la responsabilité de ses actes.
- Le patient choisit l'action plutôt que la réaction face aux situations de stress.
- Le patient garde son poids à un niveau satisfaisant compte tenu de sa taille, de sa morphologie, de son âge et de son sexe.

INTERVENTIONS INFIRMIÈRES

PRIORITÉ N° 1 – Évaluer les facteurs de risque d'un gain pondéral non désiré:

- Prendre note des facteurs de risque présents (voir la liste précitée). **Remarque :** Il existe une forte corrélation entre l'obésité des parents et celle des enfants. Lorsqu'un parent est obèse, 40 % des enfants font de l'embonpoint ; lorsque les deux parents sont obèses, cette proportion atteint 80 %.
- Prendre note de l'âge et des habitudes d'exercice du patient. Noter son niveau d'activité.
- Établir chez les enfants le percentile de croissance pour le poids et la taille à partir des courbes de la croissance et du développement physique.
- Étudier les résultats des examens de laboratoire à la recherche de signes de troubles endocriniens ou métaboliques.
- Noter le poids actuel du patient, les changements pondéraux antérieurs, ses habitudes de vie, les facteurs culturels susceptibles de le prédisposer au gain pondéral, son milieu socio-économique, la somme d'argent dont il peut disposer pour la nourriture, la distance de son domicile à l'épicerie et l'espace disponible pour les réserves d'aliments *afin d'établir son profil pondéral.*
- Recueillir des données sur les habitudes alimentaires du patient en fonction des facteurs de risque.
- Dresser les profils caractéristiques de faim et de satiété chez le patient. **Remarque :** Ces profils diffèrent chez les gens prédisposés au gain pondéral. Le fait de sauter un repas ralentit le métabolisme.
- Noter les antécédents de régimes amaigrissants et les sortes de régimes utilisés.
- Rechercher si les régimes « en dents de scie » ou la boulimie constituent des facteurs de risque.
- Rechercher les traits de personnalité susceptibles d'indiquer un risque d'obésité : intransigeance,

abandon du pouvoir d'agir et de décider, image corporelle ou concept de soi négatifs, monologues intérieurs de découragement, insatisfaction face à la vie.

- Préciser l'importance que le patient accorde à la nourriture sur le plan psychologique.
- Écouter le patient parler de ses inquiétudes et s'enquérir de ses facteurs de motivation face à la prévention du gain pondéral.

PRIORITÉ N° 2 – Élaborer avec le patient un programme de prévention du gain pondéral :

- Expliquer au patient comment équilibrer son apport énergétique et ses dépenses d'énergie.
- Proposer au patient des façons différentes de répondre à son besoin de manger (manger lentement, ne manger que lorsqu'il a faim, s'arrêter lorsqu'il se sent rassasié, ne pas sauter de repas, etc.) *afin de l'aider à adopter de nouvelles habitudes alimentaires.*
- Élaborer avec le patient un programme d'exercice et d'activités de relaxation, en soulignant l'importance d'un tel programme. L'inciter à intégrer ce programme dans ses habitudes de vie.
- Inciter le patient à élaborer des stratégies visant à réduire les pensées ou les actions stressantes.

PRIORITÉ N° 3 – Prodiguer un enseignement visant le mieux-être du patient :

- Passer en revue les facteurs de risque et fournir au patient les informations qui l'aideront à se motiver et à prendre des décisions.
- Conseiller au patient de consulter une diététicienne *afin d'obtenir des solutions à des problèmes particuliers de nutrition ou de diététique.*

- Informer les nouvelles mères sur la nutrition des bébés en pleine croissance.
- Inciter le patient à prendre la décision de mener une vie active et de garder de saines habitudes alimentaires.
- Amener le patient à comprendre les messages de son corps et à reconnaître les émotions susceptibles de le porter à manger (la colère, l'anxiété, l'ennui, par exemple).
- Élaborer pour le patient un système d'autosurveillance l'aidant à faire des choix, lui permettant de suivre ses progrès et lui donnant le sentiment d'être maître de la situation.
- Diriger le patient vers des groupes de soutien ou des services communautaires susceptibles de l'aider à modifier son comportement, au besoin.

DONNÉES ESSENTIELLES À CONSIGNER

ÉVALUATIONS (INITIALE ET SUBSÉQUENTES)

- Inscrire les données d'évaluation reliées à la situation du patient, aux facteurs de risque, à l'apport énergétique actuel et au mode d'alimentation.

PLANIFICATION

- Rédiger le plan de soins et inscrire le nom de chacun des intervenants.
- Rédiger le plan d'enseignement.

APPLICATION/VÉRIFICATION DES RÉSULTATS

- Noter les réactions du patient aux interventions et à l'enseignement, ainsi que les mesures qui ont été prises.
- Noter les objectifs atteints ou les progrès accomplis vers l'atteinte des objectifs.

- Noter les modifications apportées au plan de soins.

PLAN DE CONGÉ

- Noter les besoins à long terme du patient et le nom des responsables des mesures à prendre.
- Noter les demandes de consultation.

Remarque

Les informations entre crochets ont été ajoutées par les auteures afin de clarifier les diagnostics infirmiers et d'en faciliter l'utilisation.

EXERCICE DU RÔLE, perturbation dans l'

Taxinomie I : Relations (3.2.1)

[Division diagnostique : Socialisation]

Définition

Bouleversement dans la façon dont une personne perçoit l'exercice de son rôle.

FACTEURS FAVORISANTS

N'ont pas encore été répertoriés par l'ANADI

[Crise :]

[De situation (le chef de famille se trouve dans un rôle de malade passif et dépendant) ; absence de modèle ; crise de transition ; conflits de rôles]

[De croissance (âge, valeurs ou croyances)]

[Passage de la santé à la maladie (maladie chronique, par exemple), altération des capacités physiques, problèmes de perception]

CARACTÉRISTIQUES

DONNÉES SUBJECTIVES

Changement dans la façon dont le patient perçoit son rôle

Déni du rôle

Manque de connaissances sur le rôle

DONNÉES OBJECTIVES

Changement dans la façon dont les autres perçoivent le rôle

Changement dans les responsabilités habituelles

Conflit de rôles

Changement dans la capacité physique de remplir le rôle

[Échec dans l'exercice du rôle]

RÉSULTATS ESCOMPTÉS (OBJECTIFS) / CRITÈRES D'ÉVALUATION

- Le patient s'accepte dans son nouveau rôle tout en ayant une perception réaliste de lui-même.
- Le patient comprend les attentes quant à son rôle et les obligations en découlant.
- Le patient discute avec sa famille ou la personne clé dans sa vie des changements entraînés par la situation et des limites imposées par ces changements.
- Le patient élabore des plans réalistes pour s'adapter à son nouveau rôle ou aux changements dans l'exercice de son rôle.

INTERVENTIONS INFIRMIÈRES

PRIORITÉ N° 1 – Évaluer les facteurs favorisants :

- Déceler le type de perturbation dans l'exercice du rôle : liée au développement (passage de l'adolescence à l'âge adulte) ; liée à une situation (passage de l'état d'époux à l'état de père, identité sexuelle) ; ou liée au passage de la santé à la maladie.
- Situer le rôle du patient dans la constellation familiale.
- Rechercher comment la personne perçoit son fonctionnement en tant qu'homme ou que femme dans sa vie de tous les jours.
- Noter comment la personne perçoit son fonctionnement sexuel (perte de la capacité d'avoir un enfant après une hystérectomie, etc.).

- Recueillir des données sur les facteurs culturels associés au rôle sexuel du patient.
- Discuter avec le patient de sa perception de la situation présente ou de ses inquiétudes face à celle-ci. **Remarque :** Il peut penser que son rôle actuel convient mieux au sexe opposé (le rôle passif de patient peut sembler moins menaçant pour une femme).
- Discuter avec la personne clé dans la vie du patient de ses attentes et de son point de vue sur la situation.

PRIORITÉ Nº 2 – Aider le patient à faire face à la situation présente :

- Discuter avec le patient de la façon dont il perçoit la situation.
- Garder une attitude positive envers le patient et lui donner le plus souvent possible l'occasion de prendre des initiatives.
- Donner au patient une appréciation réaliste de la situation et faire preuve d'optimisme.
- Élaborer avec le patient et la personne clé dans sa vie des stratégies d'adaptation aux changements dans l'exercice du rôle en faisant référence aux crises de transition antérieures et en tenant compte des attentes d'ordre culturel et des défis que pose la confrontation à des croyances et valeurs différentes.
- Admettre que le problème entraîné par le changement de rôle est réel et aider le patient à exprimer ses sentiments de colère, de tristesse et de chagrin. L'inciter à voir les bons côtés de la situation et à exprimer ses sentiments.
- Créer un climat de compréhension dans lequel le patient se sentira à l'aise pour discuter de ses inquiétudes face à la sexualité.

- Fournir au patient un modèle sur lequel il pourra s'appuyer. Le sensibiliser aux exigences de son rôle à l'aide de matériel écrit et audiovisuel.
- Utiliser les techniques de répétition de rôle *afin d'aider le patient à acquérir de nouvelles habiletés lui permettant de s'adapter aux changements.*

PRIORITÉ Nº 3 – Prodiguer un enseignement visant le mieux-être du patient :

- Fournir des informations au patient lui expliquant les changements susceptibles de se produire dans les exigences de son rôle.
- Accepter le patient dans son nouveau rôle. L'encourager et le féliciter lorsqu'il atteint un de ses objectifs.
- Diriger le patient vers un groupe de soutien, un orienteur professionnel, un conseiller ou un psychothérapeute, selon ses besoins.

§ Consulter le diagnostic infirmier de perturbation de l'estime de soi [préciser].

DONNÉES ESSENTIELLES À CONSIGNER

ÉVALUATIONS (INITIALE ET SUBSÉQUENTES)

- Inscrire les données d'évaluation, notamment une description détaillée de la crise ou de la situation sous-jacente au problème et la façon dont le patient perçoit le changement de rôle.
- Noter les attentes de la personne clé dans la vie du patient.

PLANIFICATION

- Rédiger le plan de soins et inscrire le nom de chacun des intervenants.
- Rédiger le plan d'enseignement.

APPLICATION/VÉRIFICATION DES RÉSULTATS

- Noter les réactions du patient aux interventions et à l'enseignement, ainsi que les mesures qui ont été prises.
- Noter les objectifs atteints ou les progrès accomplis vers l'atteinte des objectifs.
- Noter les modifications apportées au plan de soins.

PLAN DE CONGÉ

- Noter les besoins à long terme du patient et le nom des responsables des mesures à prendre.
- Noter les demandes de consultation.

Remarque

Les informations entre crochets ont été ajoutées par les auteures afin de clarifier les diagnostics infirmiers et d'en faciliter l'utilisation.

EXERCICE DU RÔLE DE L'AIDANT NATUREL, défaillance dans l'

Taxinomie I : Relations (3.2.1)

[Division diagnostique : Rôle]

Définition

La personne qui s'occupe d'un malade ou d'un handicapé éprouve de la difficulté à exercer son rôle de soignant.

FACTEURS FAVORISANTS

Facteurs physiopathologiques ou physiologiques

Gravité de la maladie

Surinvestissement ou codépendance

Naissance prématurée, anomalie congénitale

Retour à domicile d'une personne nécessitant des soins importants

Problème de santé de l'aidant naturel

Évolution imprévisible de la maladie ou santé instable

Difficultés liées au fait que l'aidant naturel est une femme

Facteurs développementaux

Responsabilités trop lourdes compte tenu de l'âge de l'aidant naturel (jeune adulte devant s'occuper d'un parent d'âge mûr, par exemple)

Retard de développement ou retard mental de la personne soignée ou de l'aidant naturel

Facteurs psychosociaux

Problèmes psychologiques ou cognitifs de la personne soignée

Stratégies d'adaptation médiocres ou dysfonctionnement de la famille avant la maladie

Stratégies d'adaptation médiocres de l'aidant naturel

Mésentente de longue date entre la personne soignée et l'aidant naturel

Difficultés liées au fait que l'aidant naturel est le conjoint

Comportements déviants et bizarres de la personne soignée

Facteurs situationnels

Violence physique ou verbale

Présence de stress situationnels normaux tels que : perte importante ; malheur ou crise ; pauvreté ou situation économique précaire ; événement familial majeur (naissance, hospitalisation, départ ou retour à la maison, mariage, divorce, nouvel emploi, retraite, décès)

Période de soins plus longue que prévu

Milieu physique mal adapté aux exigences des soins (logement, moyens de transport, services communautaires, matériel)

Isolement de l'aidant naturel ou de la famille

Manque de répit et de loisirs pour l'aidant naturel

Inexpérience de l'aidant naturel

Antagonisme entre les diverses obligations de l'aidant naturel

Soins à dispenser trop complexes ou trop nombreux

[**Note des auteures :** Ce problème peut en englober beaucoup d'autres, actuels ou potentiels, tels que : manque de loisirs ; perturbation des habitudes de sommeil ; fatigue ; anxiété ; stratégies d'adaptation individuelle ou familiale inefficaces ; conflit décisionnel ; déni non constructif ; chagrin (deuil) par anticipation ; perte d'espoir ; sentiment d'impuissance ; détresse spirituelle ; difficulté à se maintenir en santé ; incapacité d'organiser et d'entretenir le domicile ; perturbation de la sexualité ; stratégies d'adaptation familiale efficaces : potentiel de croissance ; perturbation de la dynamique familiale ; isolement social. Il faut donc procéder à la collecte de données de façon à définir et à préciser les besoins particuliers du patient. Les divers problèmes décelés pourront ensuite être rassemblés, sous le diagnostic de défaillance dans l'exercice du rôle de l'aidant naturel.]

CARACTÉRISTIQUES

DONNÉES SUBJECTIVES*

Manque de ressources pour dispenser les soins requis

Difficulté à dispenser certains soins

Inquiétudes face à la santé physique et psychologique de la personne soignée : l'aidant a peur d'être dans l'obligation de la placer dans un établissement de soins ; se demande qui s'occupera d'elle si quelque chose lui arrivait

Impression que les soins au malade l'empêchent d'exercer d'autres rôles importants

Sentiment de perte dû au fait que la personne soignée est différente de ce qu'elle était avant le

---

*** 80 % des aidants naturels présentent une ou plusieurs de ces caractéristiques.**

début de la maladie ; s'il s'agit d'un enfant, qu'il n'a jamais été l'enfant souhaité.

Conflits familiaux à propos de la question des soins à donner ; [par exemple, a l'impression que les autres membres de la famille ne font pas leur part ou qu'ils n'apprécient pas assez le travail de l'aidant naturel]

Relations avec la personne soignée marquées par la tension et la nervosité

Sentiment dépressif

DONNÉES OBJECTIVES

[Incapacité de remplir toutes les obligations inhérentes au rôle d'aidant et/ou de répondre à ses propres besoins fondamentaux ou à ceux de la personne soignée]

[Désordre, tâches non accomplies laissées en plan (factures impayées, par exemple)]

[Altération de la vie sociale]

Note des auteures : Ces données objectives n'étaient pas incluses dans le diagnostic de l'ANADI. Mais si l'aidant naturel nie le problème, il ne parlera peut-être pas de ses difficultés. Toutefois, les propos de la personne soignée ainsi que les observations des membres de la famille et/ou du personnel soignant peuvent indiquer que le problème existe.

RÉSULTATS ESCOMPTÉS (OBJECTIFS) / CRITÈRES D'ÉVALUATION

- L'aidant naturel trouve en lui la force de faire face à la situation.
- L'aidant naturel donne à la personne soignée la possibilité de faire face à la situation à sa manière.
- L'aidant naturel se montre plus compréhensif à l'égard de la personne soignée et a des attentes plus réalistes envers elle.

- L'aidant naturel change son comportement ou son mode de vie de façon à surmonter et/ou à résoudre les éléments qui posent problème.
- L'aidant naturel dit se sentir mieux et être capable de faire face à la situation.

INTERVENTIONS INFIRMIÈRES

PRIORITÉ Nº 1 – Évaluer le degré de dysfonctionnement :

- Recueillir des données sur l'état physique de la personne soignée et sur ses conditions de vie.
- Apprécier le fonctionnement actuel de l'aidant (heures de sommeil, apport nutritionnel, apparence physique, façon de se comporter).
- Noter si l'aidant prend des médicaments sur ordonnance ou en vente libre, ou s'il consomme de l'alcool pour faire face à la situation.
- Déceler les problèmes de sécurité touchant l'aidant et la personne soignée.
- Apprécier les interventions de l'aidant naturel et la façon dont elles sont perçues par la personne soignée (par exemple, l'aidant peut être surprotecteur, essayer de se rendre utile alors que la personne soignée le juge inefficace, ou avoir des attentes irréalistes à l'égard de la personne soignée).
- S'enquérir du genre d'activités sociales et communautaires auxquelles l'aidant naturel participe et à quelle fréquence.
- Noter les services et les réseaux de soutien utilisés et leur efficacité.

PRIORITÉ Nº 2 – Évaluer les facteurs favorisants du dysfonctionnement :

- Déterminer le niveau de connaissances de l'aidant et de la personne soignée. Noter les idées fausses à corriger et les lacunes à combler pour les aider à mieux faire face à la maladie ou au problème.

- Préciser les liens qui unissent l'aidant naturel et la personne soignée (mari et femme, amants, mère et fille, frère et sœur ou amis, par exemple).
- Déterminer dans quelle mesure l'aidant et la personne soignée sont proches l'un de l'autre.
- Noter l'état physique et mental de la personne soignée ainsi que la complexité du programme thérapeutique qu'elle doit suivre.
- Préciser le degré de responsabilité qu'assume l'aidant, sa contribution aux soins ainsi que la durée prévue des soins.
- Noter le stade de développement de l'aidant, ses capacités et ses autres obligations.
- Utiliser un questionnaire d'évaluation du niveau de stress pour définir plus en détail les capacités de l'aidant, si besoin est.
- Noter les facteurs d'ordre culturel qui influent sur l'aidant.
- Vérifier si l'aidant a des tendances à la codépendance.
- Inventorier les sources de soutien et les services auxquels l'aidant peut recourir.
- Vérifier s'il y a des conflits entre l'aidant, la personne soignée et la famille et, le cas échéant, en évaluer la gravité.
- Vérifier si la personne soignée a ou avait avant sa maladie des comportements susceptibles de rendre ses soins difficiles ou de nuire à sa guérison.

PRIORITÉ Nº 3 – Amener l'aidant à explorer ses sentiments et à faire face à ses problèmes :

- Établir une relation thérapeutique avec l'aidant ; faire preuve d'empathie et de respect, et lui témoigner une acceptation inconditionnelle.
- Reconnaître que la situation est difficile pour l'aidant et la famille.

- Discuter avec l'aidant de son point de vue sur la situation et de ses préoccupations.
- Inciter l'aidant à reconnaître et à exprimer ses sentiments. Discuter avec lui des réactions normales en pareille situation, sans toutefois lui donner de faux espoirs.
- Discuter avec l'aidant de ses projets de vie, de la façon dont il se perçoit et de ses attentes envers lui-même ; relever les perceptions et les attentes irréalistes, ainsi que les possibilités de compromis.
- Discuter avec l'aidant des répercussions des changements de rôles qu'entraîne la situation et sa capacité d'y faire face.

PRIORITÉ Nº 4 – Proposer à l'aidant des stratégies qui lui permettront de mieux faire face à la situation :

- Relever les forces de l'aidant et celles de la personne soignée.
- Discuter avec l'aidant des stratégies qui pourraient l'aider à coordonner les soins à donner avec ses autres obligations (travail, éducation des enfants, entretien de la maison, etc.).
- Inciter les membres de la famille à se réunir pour échanger des informations et s'entendre sur un mode de collaboration aux activités de soins, si besoin est.
- Recommander à l'aidant des cours qui pourraient lui être utiles (cours de premiers soins ou de réanimation cardio-respiratoire, par exemple) et/ou l'adresser à des spécialistes (physiothérapeute ou stomathérapeute, par exemple).
- Proposer des services d'aide (aide financière ou juridique, soins de répit, etc.).
- Expliquer à la famille comment réagir face au passage à l'acte et aux comportements violents ou confus, et faire une démonstration pratique des méthodes à appliquer pour ce faire.

- Indiquer les services, les appareils et les aides adaptées qui pourraient accroître l'autonomie de la personne soignée et réduire les risques d'accident.
- Nommer une personne-ressource ou une infirmière en charge de la coordination des soins, au besoin.

PRIORITÉ N° 5 – Prodiguer un enseignement visant le mieux-être de l'aidant :

- Conseiller l'aidant dans la planification des changements qu'il faudra éventuellement apporter (services de soins à domicile, réservation d'une place dans un centre de soins de longue durée, etc.).
- Expliquer à l'aidant les méthodes de contrôle du stress et lui montrer comment les appliquer.
- Expliquer à l'aidant qu'il est important de penser à soi (poursuivre les activités qui lui permettent de s'épanouir, rester à l'écoute de ses propres besoins, avoir des passe-temps, entretenir sa vie sociale, etc.).
- Inciter l'aidant à se joindre à un groupe de soutien.
- Recommander à l'aidant de suivre un cours ou de consulter un thérapeute, si besoin est.
- Diriger l'aidant vers un programme de réadaptation en plusieurs étapes s'il présente un problème de codépendance.
- Adresser l'aidant à un conseiller ou à un psychothérapeute, si besoin est.
- Suggérer des lectures pertinentes et inciter l'aidant à discuter de ses lectures.

DONNÉES ESSENTIELLES À CONSIGNER

ÉVALUATIONS (INITIALE ET SUBSÉQUENTES)

- Inscrire les données d'évaluation, notamment le degré de fonctionnement et le degré d'incapacité

de la personne soignée ainsi que la façon dont l'aidant perçoit la situation.
- Noter les facteurs de risque.

PLANIFICATION
- Rédiger le plan de soins et inscrire le nom de chacun des intervenants.
- Inscrire les ressources nécessaires, notamment les aides adaptées et le matériel dont le patient a besoin et l'endroit où il peut se les procurer.
- Rédiger le plan d'enseignement.

APPLICATION/VÉRIFICATION DES RÉSULTATS
- Noter les réactions de l'aidant et de la personne soignée aux interventions et à l'enseignement, ainsi que les mesures qui ont été prises.
- Noter les ressources intérieures dont disposent l'aidant et la personne soignée, ainsi que les changements de comportement et de mode de vie à apporter.
- Inscrire les objectifs atteints ou les progrès accomplis vers l'atteinte des objectifs.
- Noter les modifications apportées au plan de soins.

PLAN DE CONGÉ
- Prévoir des stratégies qui permettront de poursuivre la mise en application des changements nécessaires.
- Inscrire les demandes de consultation (aide, évaluation, etc.).

Remarque

Les informations entre crochets ont été ajoutées par les auteures afin de clarifier les diagnostics infirmiers et d'en faciliter l'utilisation.

EXERCICE DU RÔLE DE L'AIDANT NATUREL, risque de défaillance dans l'

Taxinomie I : Relations (3.2.2.2.)

(Division diagnostique : Rôle)

Définition

La personne qui s'occupe d'un malade ou d'un handicapé est susceptible d'éprouver de la difficulté à exercer son rôle de soignant.

FACTEURS DE RISQUE

Facteurs physiopathologiques ou physiologiques

Gravité de la maladie

Surinvestissement ou codépendance

Naissance prématurée, anomalie congénitale

Retour à domicile d'un membre de la famille nécessitant des soins importants

Problème de santé de l'aidant naturel

Évolution imprévisible de la maladie ou santé instable

Difficultés liées au fait que la personne qui s'occupe du malade ou de l'handicapé est une femme

Facteurs développementaux

Responsabilités trop lourdes compte tenu de l'âge de l'aidant naturel (jeune adulte devant s'occuper d'un parent d'âge mûr, par exemple)

Retard de développement ou retard mental de la personne soignée ou de l'aidant naturel

Facteurs psychosociaux

Problèmes psychologiques ou cognitifs de la personne soignée

Stratégies d'adaptation médiocres ou dysfonctionnement de la famille avant la maladie

Stratégies d'adaptation médiocres de l'aidant naturel

Mésentente de longue date entre la personne soignée et l'aidant naturel

Difficultés liées au fait que l'aidant naturel est le conjoint

Comportements déviants et bizarres de la personne soignée

Facteurs situationnels

Violence physique ou verbale

Présence de stress situationnels normaux tels que : perte importante ; malheur ou crise ; pauvreté ou situation économique précaire ; événement familial majeur (naissance, hospitalisation, départ ou retour à la maison, mariage, divorce, nouvel emploi ou chômage, retraite, décès)

Longueur de la période de soins

Milieu physique mal adapté aux exigences des soins (logement, moyens de transport, services communautaires, matériel)

Isolement de l'aidant naturel ou de la famille

Manque de répit et de loisirs pour l'aidant naturel

Inexpérience de l'aidant naturel

Antagonisme entre les diverses obligations de l'aidant naturel

Soins à dispenser trop complexes ou trop nombreux

Remarque : Il ne peut y avoir de signes ou de symptômes (caractéristiques) lorsque l'on diagnostique un risque de problème, car celui-ci n'existe pas encore ; les interventions infirmières sont donc axées sur la prévention.

RÉSULTATS ESCOMPTÉS (OBJECTIFS) / CRITERES D'ÉVALUATION

- L'aidant naturel connaît les facteurs de risque qui s'appliquent à sa situation et les mesures de prévention à mettre en pratique.
- L'aidant naturel adopte des comportements préventifs ou modifie son style de vie de façon à empêcher l'apparition d'incapacités fonctionnelles.
- L'aidant naturel utilise à bon escient les ressources qui sont à sa disposition.
- L'aidant naturel se dit satisfait de la situation actuelle.

INTERVENTIONS INFIRMIÈRES

PRIORITÉ N° 1 – Évaluer les facteurs qui risquent de détériorer la situation :

- Préciser les liens qui unissent l'aidant naturel et la personne soignée (mari et femme, amants, mère et fille, ou amis, par exemple).
- Déterminer dans quelle mesure l'aidant et la personne soignée sont proches l'un de l'autre.
- Noter l'état physique et mental de la personne soignée ainsi que le programme thérapeutique qu'elle doit suivre.
- Préciser le degré de responsabilité qu'assume l'aidant, sa contribution aux soins ainsi que la durée prévue des soins.
- Noter le stade de développement de l'aidant, ses capacités et ses autres obligations.

- Utiliser un questionnaire d'évaluation du niveau de stress pour définir plus en détail les capacités de l'aidant, si besoin est.
- Relever les forces de l'aidant et de la personne soignée et discuter de leurs limites.
- Évaluer les risques d'accident pour l'aidant et la personne soignée.
- Discuter avec l'aidant et la personne soignée de leur façon de voir la situation et de leurs inquiétudes.
- Inventorier les sources de soutien et les services auxquels l'aidant a recours.
- Vérifier si l'aidant a des tendances à la codépendance.

PRIORITÉ N° 2 – Proposer à l'aidant des stratégies qui lui permettront de mieux faire face à la situation :

- Discuter avec l'aidant des stratégies qui pourraient l'aider à coordonner les soins à donner avec ses autres obligations (travail, éducation des enfants, entretien de la maison, etc.).
- Inciter les membres de la famille à se réunir pour échanger des informations et s'entendre sur un mode de collaboration aux activités de soins, si besoin est.
- Recommander à l'aidant de suivre des cours (cours de premiers soins ou de réanimation cardiorespiratoire, par exemple) et/ou l'adresser à un spécialiste (physiothérapeute ou stomathérapeute, par exemple).
- Proposer des services d'aide (aide financière ou juridique, soins de répit, etc.).
- Indiquer les services, les appareils et les aides adaptées qui pourraient accroître l'autonomie de la personne soignée et réduire les risques d'accident.

- Charger une personne-ressource ou une infirmière de coordonner les soins, d'apporter du soutien à la famille et de l'aider à résoudre ses problèmes au fur et à mesure que le besoin s'en fait sentir.
- Expliquer à la famille comment réagir face au passage à l'acte et aux comportements violents ou confus, et faire une démonstration pratique des méthodes à appliquer pour ce faire.
- Amener l'aidant à reconnaître les comportements de codépendance (lui faire remarquer lorsqu'il fait quelque chose à la place d'un autre alors que celui-ci est capable de le faire) et à comprendre les effets négatifs de ces comportements.

PRIORITÉ N° 3 – Prodiguer un enseignement visant le mieux-être de l'aidant naturel :

- Expliquer à l'aidant qu'il est important de penser à soi (poursuivre les activités qui lui permettent de s'épanouir, rester à l'écoute de ses propres besoins, avoir des passe-temps, entretenir sa vie sociale, etc.).
- Expliquer à l'aidant les méthodes de contrôle du stress et lui montrer comment les appliquer.
- Inciter l'aidant à se joindre à un groupe de soutien.
- Suggérer des lectures pertinentes et inciter l'aidant à discuter de ses lectures.
- Conseiller l'aidant dans la planification des changements qu'il faudra éventuellement apporter (service de soins à domicile, réservation d'une place dans un centre de soins de longue durée, etc.).
- Recommander à l'aidant de suivre un cours ou de consulter un thérapeute, si besoin est.
- Diriger l'aidant vers un programme de réadaptation en plusieurs étapes s'il présente un problème de codépendance dysfonctionnel.

- Adresser l'aidant à un conseiller ou à un psychothérapeute, si besoin est.

DONNÉES ESSENTIELLES À CONSIGNER

ÉVALUATIONS (INITIALE ET SUBSÉQUENTES)

- Inscrire les facteurs de risque et la façon dont l'aidant perçoit la situation.
- Noter les réactions de la famille et de la personne soignée.

PLANIFICATION

- Inscrire le plan de traitement et le nom des responsables des différentes activités.
- Rédiger le plan d'enseignement.

APPLICATION/VÉRIFICATION DES RÉSULTATS

- Noter les réactions de l'aidant et de la personne soignée aux interventions et à l'enseignement, ainsi que les mesures qui ont été prises.
- Noter les objectifs atteints ou les progrès accomplis vers l'atteinte des objectifs.
- Noter les modifications apportées au plan de soins.

PLAN DE CONGÉ

- Noter les besoins à long terme du patient et le nom des responsables des mesures à prendre.
- Inscrire les demandes de consultation (aide, évaluation).

Remarque

Les informations entre crochets ont été ajoutées par les auteures afin de clarifier les diagnostics infirmiers et d'en faciliter l'utilisation.

EXERCICE DU RÔLE PARENTAL, perturbation dans l'

Taxinomie I : Relations (3.2.1.1.1)

[Division diagnostique : Rôle]

Définition

Inaptitude d'un parent ou de son substitut à créer un environnement qui favorise au maximum la croissance et le développement d'un autre être humain. (Il est important d'ajouter en préambule à ce diagnostic que l'adaptation au rôle parental fait partie de l'évolution normale vers la maturité, ce qui se traduit pour l'infirmière en activités de promotion de la santé et de prévention des problèmes.)

FACTEURS FAVORISANTS

Manque d'identification au rôle ; absence de modèle ; modèles inadéquats

Absence de soutien de la part des personnes clés ou entre les personnes clés

Interruption du processus d'attachement (maternel, paternel ou autre)

Maladie mentale et/ou physique

Manque de connaissances

Fonctionnement cognitif déficient

Grossesse multiple ou nombreuses grossesses

Attentes irréalistes face à soi, au bébé ou au partenaire

Figure parentale n'ayant pas satisfait ses besoins sociaux ou émotionnels d'évolution vers la maturité

Mauvais traitements physiques ou psychologiques de la part d'un parent ou de son substitut

Perception d'une menace pour sa propre survie physique et émotionnelle

Stress (problèmes financiers ou juridiques, crise récente, changement culturel [déménagement dans un autre pays, changement de milieu culturel])

Réaction inadéquate de l'enfant à la relation ou absence de réaction

CARACTÉRISTIQUES

DONNÉES SUBJECTIVES

Absence d'autorité sur l'enfant

Déception face au sexe ou aux caractéristiques physiques du bébé ou de l'enfant exprimée de façon régulière

Ressentiment envers le bébé ou l'enfant

Sentiment de ne pas être à la hauteur [incapacité de s'occuper de l'enfant ou de lui imposer une discipline]

Dégoût face aux fonctions corporelles du bébé ou de l'enfant

Rejet des usages du milieu (les parents disent souhaiter que l'enfant les appelle par leur prénom)

DONNÉES OBJECTIVES

‡Indifférence face aux besoins du bébé ou de l'enfant

‡Soins inadéquats à l'enfant (entraînement à la propreté, sommeil et repos, alimentation)

‡Antécédents de mauvais traitements à l'enfant ou abandon par la personne qui s'en occupait

†Traumatismes physiques et psychologiques fréquents

---

†Caractéristique majeure

‡Caractéristiques essentielles

†Abandon ; fuite

Absence de manifestations d'attachement de la part des parents

Stimulation visuelle, tactile et auditive inadéquate

Caractéristiques du bébé ou de l'enfant associées à une personne détestée

Interprétation négative des caractéristiques du bébé ou de l'enfant

Non-respect des rendez-vous avec les professionnels de la santé

Application intempestive ou incohérente de la discipline

Maladies ou accidents fréquents

Retard dans la croissance et le développement de l'enfant

Instabilité des figures parentales (l'enfant doit constamment s'adapter à de nouvelles personnes et ses besoins demeurent insatisfaits)

Recherche compulsive de l'approbation d'autrui quant à sa façon d'exercer son rôle de parent

RÉSULTATS ESCOMPTÉS (OBJECTIFS) / CRITÈRES D'ÉVALUATION

- Les parents sont bien renseignés sur leur rôle.
- Les parents ont des attentes réalistes face à l'exercice du rôle parental.
- Les parents acceptent la situation.
- Les parents connaissent leurs points forts ainsi que les méthodes ou les ressources leur permettant de répondre à leurs besoins.
- Les parents montrent de l'attachement à leur enfant.

---

†Caractéristique majeure

INTERVENTIONS INFIRMIÈRES

PRIORITÉ N° 1 – Évaluer les facteurs favorisants :

- Noter la composition de la constellation familiale : deux parents, famille monoparentale, famille élargie ou enfant vivant avec un membre de la parenté.
- Préciser le stade de développement de la famille (arrivée d'un nouveau bébé, adolescent, enfant qui quitte la maison ou y revient, etc.).
- Analyser les relations familiales et préciser les besoins de chaque membre. (Si la sécurité de l'enfant est menacée, signaler le cas aux autorités compétentes et prendre les mesures juridiques ou professionnelles qui s'imposent.)
- Apprécier l'aptitude des parents à exercer leur rôle, en tenant compte des forces et des faiblesses de chaque parent sur les plans intellectuel, affectif et physique.
- Observer les marques d'attachement entre la mère (le parent) et l'enfant.

§ Consulter le diagnostic de risque de perturbation de l'attachement parent-enfant.

- Noter les problèmes de l'enfant qui pourraient nuire à l'attachement ou à la capacité du parent de s'en occuper (malformation congénitale, hyperactivité, etc.).
- Relever les handicaps physiques susceptibles de rendre le parent incapable de s'occuper de l'enfant ou d'altérer son aptitude à le faire (déficience visuelle ou auditive, tétraplégie, dépression grave, etc.).
- Dresser la liste des réseaux de soutien, des membres de la famille élargie et des services sur lesquels les parents peuvent compter et apprécier l'efficacité de ces ressources.

- S'informer sur la présence des parents à la maison et noter si l'enfant manque de surveillance (longues heures de travail, travail à l'extérieur de la ville, multiples responsabilités comme le fait de travailler et d'étudier en même temps, etc.).

PRIORITÉ Nº 2 – Développer l'aptitude des parents à exercer leur rôle :

- Créer un climat propice à l'épanouissement des relations et à la satisfaction des besoins de chacun.
- Prendre le temps d'écouter les parents parler de leurs préoccupations.
- Faire ressortir les aspects positifs de la situation en se montrant optimiste face aux capacités du parent et aux possibilités d'amélioration.
- Noter l'attitude du personnel soignant face au parent ou à l'enfant et face à son problème ou à son invalidité. **Remarque** : Il est important pour un parent infirme de se sentir traité comme un être humain à part entière et non en fonction de clichés.
- Inviter le parent à exprimer ses sentiments (impuissance, colère, déception, etc.). Fixer des limites aux comportements inacceptables.
- Admettre que la situation est difficile et faire sentir au parent que ses sentiments sont normaux.
- Déceler l'étape du processus de deuil où se situent les parents et leur laisser le temps d'exprimer leurs sentiments et de faire face à la « perte », si l'enfant est né infirme ou ne répond pas aux attentes des parents (si c'est une fille plutôt qu'un garçon, si le bébé a la tête déformée ou des marques de naissance, par exemple).
- Inviter les parents à assister à des cours sur l'éducation des enfants et leur montrer des techniques de communication et de résolution de problèmes.

PRIORITÉ Nº 3 – Prodiguer un enseignement visant le mieux-être du patient :

- Intéresser tous les membres de la famille disponibles au processus d'apprentissage.
- Fournir des renseignements pertinents à la situation, y compris des informations sur la gestion du temps, l'art de fixer des limites et les techniques de réduction du stress.
- Créer des réseaux de soutien appropriés à la situation (famille élargie, amis, travailleur social, service de soins à domicile, etc.).
- Inciter le parent à planifier son temps et à épargner ses forces de façon constructive.
- Inciter les parents à trouver des façons positives de répondre à leurs propres besoins (aller au restaurant, se réserver du temps pour faire les choses qui les intéressent ou pour se voir en tête-à-tête, sortir avec des amis, etc.).
- Diriger les parents vers un groupe de soutien ou une thérapie appropriée.
- Inventorier les services communautaires susceptibles de répondre aux besoins des parents et de l'enfant (service de garderie, etc.).

§ Consulter les autres diagnostics infirmiers pertinents : stratégies d'adaptation familiale inefficaces, stratégies d'adaptation individuelle inefficaces, risque de violence, perturbation de l'estime de soi, perturbation de la dynamique familiale, etc.

DONNÉES ESSENTIELLES À CONSIGNER

ÉVALUATIONS (INITIALE ET SUBSÉQUENTES)

- Inscrire les données d'évaluation initiale, notamment les écarts par rapport à ce qu'on attend normalement des parents, la composition de la famille et le stade de développement de chacun de ses membres.

- Noter les réseaux de soutien et les services communautaires auxquels la famille peut recourir et ceux auxquels elle a déjà eu recours.

PLANIFICATION

- Rédiger le plan de soins et inscrire le nom de chacun des intervenants.
- Rédiger le plan d'enseignement.

APPLICATION /VÉRIFICATION DES RÉSULTATS

- Noter les réactions des parents et de l'enfant aux interventions et à l'enseignement, ainsi que les mesures qui ont été prises.
- Noter les objectifs atteints ou les progrès accomplis vers l'atteinte des objectifs.
- Noter les modifications apportées au plan de soins.

PLAN DE CONGÉ

- Noter les besoins à long terme des parents et de l'enfant ainsi que le nom des responsables des mesures à prendre.
- Noter les demandes de consultation.

Remarque

Les informations entre crochets ont été ajoutées par les auteures afin de clarifier les diagnostics infirmiers et d'en faciliter l'utilisation.

EXERCICE DU RÔLE PARENTAL, risque de perturbation dans l'

Taxinomie I : Relations (3.2.1.1.2)

[Division diagnostique : Rôle]

Définition

Risque qu'un parent ou son substitut devienne incapable de créer un environnement qui favorise au maximum la croissance et le développement d'un autre être humain. (Il est important d'ajouter en préambule à ce diagnostic que l'adaptation au rôle parental fait partie de l'évolution normale vers la maturité, ce qui se traduit pour l'infirmière en activités de promotion de la santé et de prévention des problèmes.)

FACTEURS DE RISQUE*

Manque d'identification au rôle ; absence de modèle ; modèles inadéquats

Absence de soutien de la part des personnes clés ou entre les personnes clés

Interruption du processus d'attachement (maternel, paternel ou autre)

***L'ANADI qualifie ces facteurs de facteurs favorisants, mais nous sommes d'avis qu'il s'agit de facteurs de risque. En effet, les facteurs de risque définis par l'ANADI sont en réalité les caractéristiques du diagnostic infirmier de perturbation dans l'exercice du rôle parental. Or, selon nous, la présence de ces « facteurs de risque » indique un problème déjà constitué et non un risque de problème. Nous avons donc omis les facteurs favorisants.**

Maladie mentale et/ou physique

Manque de connaissances

Fonctionnement cognitif déficient

Grossesse multiple ou nombreuses grossesses

Attentes irréalistes face à soi, au bébé ou au partenaire

Figure parentale n'ayant pas satisfait ses besoins sociaux ou émotionnels d'évolution vers la maturité

Mauvais traitements physiques ou psychologiques de la part d'un parent ou de son substitut

Perception d'une menace pour sa propre survie physique et émotionnelle

Stress (problèmes financiers ou juridiques, crise récente, changement culturel [déménagement dans un autre pays, changement de milieu culturel])

Réaction inadéquate de l'enfant à la relation ou absence de réaction

Remarque : Il ne peut y avoir de signes ou de symptômes (caractéristiques) lorsque l'on diagnostique un risque de problème, car celui-ci n'existe pas encore ; les interventions infirmières sont donc axées sur la prévention.

RÉSULTATS ESCOMPTÉS (OBJECTIFS) / CRITÈRES D'ÉVALUATION

- Les parents connaissent les facteurs de risque.
- Les parents adoptent des conduites ou de nouvelles habitudes visant la réduction des risques d'apparition du problème ou l'élimination des effets des facteurs de risque.

On trouvera des objectifs supplémentaires et des interventions aux diagnostics infirmiers de perturbation dans l'exercice du rôle parental et de risque de perturbation de l'attachement parent-enfant.

Remarque

Les informations entre crochets ont été ajoutées par les auteures afin de clarifier les diagnostics infirmiers et d'en faciliter l'utilisation.

FATIGUE

Taxinomie I : Mouvement (6.1.1.2.1)

[Division diagnostique : Activité]

Définition

Sensation accablante et prolongée d'épuisement réduisant la capacité de travail physique et mental.

FACTEURS FAVORISANTS

Production accrue ou diminuée d'énergie métabolique

Modifications biochimiques (prise de médicaments, sevrage, chimiothérapie, etc.)

Augmentation des besoins d'énergie pour accomplir les activités de la vie quotidienne

Exigences psychologiques ou émotionnelles écrasantes

Exigences sociales ou de rôle excessives

Malaises

CARACTÉRISTIQUES

DONNÉES SUBJECTIVES

†Incapacité de continuer à accomplir ses activités habituelles ; manque d'énergie constant et accablant

Manque d'énergie pour accomplir les activités courantes

Difficulté à se concentrer

Baisse de la libido

†Caractéristique majeure

DONNÉES OBJECTIVES

Plaintes plus fréquentes de problèmes d'ordre physique

Instabilité émotionnelle ou irritabilité

Léthargie ou apathie

Perte d'intérêt pour l'entourage, introversion

Baisse de rendement, tendance aux accidents

RÉSULTATS ESCOMPTÉS (OBJECTIFS) / CRITÈRES D'ÉVALUATION

- Le patient se sent plus énergique.
- Le patient trouve les causes de sa fatigue et des solutions personnelles à son problème.
- Le patient accomplit les activités de la vie quotidienne.
- Le patient participe aux activités qu'il désire dans la mesure de ses capacités.
- Le patient collabore au plan de traitement recommandé.

INTERVENTIONS INFIRMIÈRES

PRIORITÉ Nº 1 – Évaluer les facteurs favorisants :

- Noter les médicaments utilisés par le patient. **Remarque** : La fatigue est un effet secondaire des bloquants bêta-adrénergiques.
- Noter la présence de problèmes de santé physique ou mentale (sclérose en plaques, lupus, douleur chronique, hépatite, sida, dépression majeure, anxiété, etc.).
- Prendre note du stade de la maladie, de l'état nutritionnel et du bilan hydrique du patient.
- Apprécier la capacité du patient de participer à des activités et noter son degré de mobilité.

- Noter les caractéristiques des troubles du sommeil chez le patient, le cas échéant.
- Noter les changements dans les habitudes de vie, l'accroissement des responsabilités ou des exigences des autres, les conflits au travail, etc.
- Recueillir des données sur les facteurs psychologiques et les traits de personnalité susceptibles d'influer sur la sensation de fatigue.
- Recueillir des données sur les croyances du patient quant aux causes de la fatigue et aux moyens de la soulager.
- Rechercher tout signe de fatigue « acquise » : découragement, perpétuation du cycle de la fatigue, troubles de fonctionnement, accroissement de l'anxiété et de la fatigue.

PRIORITÉ N° 2 – Déterminer le degré de fatigue et son incidence sur la vie du patient :

- Recueillir des données sur les signes de fatigue, son intensité, sa durée et sa signification émotionnelle. **Remarque :** Il existe des tests pour mesurer le degré de fatigue (échelle de Piper, par exemple).
- Noter les moments de la journée où le patient se sent le plus et le moins énergique.
- Discuter avec le patient des changements et limites que sa fatique entraîne dans son mode de vie.
- Inventorier les services et les réseaux de soutien auxquels le patient peut recouvir, et noter ceux qu'il utilise.
- Vérifier si le patient reçoit l'assistance et les aides techniques dont il a besoin.
- Mesurer la réaction physiologique du patient à l'activité (modification de la pression artérielle, de la fréquence cardiaque et respiratoire, etc.).

PRIORITÉ N° 3 – Aider le patient à réagir efficacement à la fatigue tout en respectant ses capacités :

- Admettre que la fatigue dont se plaint le patient est réelle et qu'elle a des répercussions sur sa qualité de vie (par exemple, le patient atteint de sclérose en plaques est plus sujet à la fatigue intense après une dépense énergétique minimale et a besoin d'une période de récupération prolongée ; de même, le patient ayant souffert de la poliomyélite accumule rapidement de la fatigue s'il ne se ménage pas et s'il ne se repose pas dès que la fatigue commence à se faire sentir).
- Fixer des objectifs d'activité réalistes en accord avec le patient.
- Prévoir des périodes de repos dans le plan de soins.
- Organiser l'horaire des activités en les fixant aux moments où le patient se sent le plus énergique.
- Faire participer le patient et la personne clé dans sa vie à la planification de l'horaire de soins.
- Compléter les soins personnels du patient, au besoin.
- Garder le lit en position basse et désencombrer la pièce afin de faciliter les déplacements du patient.
- Fournir au patient l'aide dont il a besoin pour marcher.
- Inciter le patient à faire tout ce qu'il peut (soins personnels, marche, se lever seul du fauteuil, etc.).
- Montrer au patient des façons de ménager son énergie (accomplir les activités de la vie quotidienne en position assise plutôt que debout, rassembler tout le matériel nécessaire avant de commencer l'activité, etc.).

- Organiser le milieu environnant de façon à réduire la fatigue. **Remarque :** La température et le degré d'humidité ont un lien avec l'épuisement.
- Fournir des activités de loisirs en évitant toutefois l'excès ou l'insuffisance de stimulation (sur les plans cognitif et sensoriel).
- Indiquer au patient divers moyens de favoriser un sommeil reposant.

§ Consulter le diagnostic infirmier de perturbation des habitudes de sommeil.

- Montrer au patient des techniques de contrôle du stress, si besoin est (visualisation, relaxation, rétroaction biologique, etc.).
- Diriger le patient vers un physiothérapeute ou un ergothérapeute qui lui fournira un programme quotidien d'activités et d'exercices visant le maintien et l'accroissement de la force et du tonus musculaires ainsi que l'amélioration de son bien-être.

PRIORITÉ Nº 4 – Prodiguer un enseignement visant le mieux-être du patient :

- Discuter avec le patient du programme thérapeutique qu'on a prescrit pour son problème sous-jacent (maladie physique ou psychologique, par exemple). Aider le patient et la personne clé dans sa vie à comprendre le lien qui existe entre ce problème et la fatigue.
- Élaborer avec le patient et la personne clé dans sa vie un plan d'activités et d'exercices qui respecte les capacités du patient. Souligner la nécessité d'allouer assez de temps pour terminer chacune des activités.
- Montrer au patient comment mesurer sa réaction à l'effort.
- Indiquer au patient les signes et symptômes nécessitant un changement de niveau d'activité.

- Inciter le patient à appliquer des mesures de santé globales (alimentation équilibrée, apport liquidien adéquat, suppléments vitaminiques, etc.).
- Fournir le supplément d'oxygène prescrit si le patient souffre d'anémie ou d'hypoxémie. **Remarque :** Ces troubles réduisent l'oxygène disponible pour les cellules et contribuent à la fatigue.
- Recommander au patient d'établir un ordre de priorité dans ses objectifs et ses activités et d'apprendre à dire « non » *afin de l'amener à développer sa confiance en soi.*
- Expliquer au patient les manifestations du syndrome de l'épuisement professionnel (*burnout*), le cas échéant.
- Rechercher avec le patient des stratégies d'adaptation lui permettant de se sentir maître de la situation et d'augmenter son estime de soi.
- Inventorier les groupes de soutien et les services communautaires auxquels le patient peut recourir.
- Diriger le patient vers un service de counseling ou de psychothérapie, au besoin.
- Obtenir des services d'aide susceptibles de répondre aux besoins quotidiens du patient (popote roulante, services d'aide ménagère à domicile, etc.).

DONNÉES ESSENTIELLES À CONSIGNER

ÉVALUATIONS (INITIALE ET SUBSÉQUENTES)

- Noter les manifestations de fatigue et autres données d'évaluation.
- Noter le degré d'affaiblissement du patient et les répercussions de la fatigue sur son mode de vie.

- Noter les attentes du patient et de la personne clé dans sa vie à l'égard des capacités et de la maladie du patient.

PLANIFICATION

- Rédiger le plan de soins et inscrire le nom de chacun des intervenants.
- Rédiger le plan d'enseignement.

APPLICATION /VÉRIFICATION DES RÉSULTATS

- Noter la réaction du patient aux interventions et à l'enseignement, ainsi que les mesures qui ont été prises.
- Noter les objectifs atteints ou les progrès accomplis vers l'atteinte des objectifs.
- Noter les modifications apportées au plan de soins.

PLAN DE CONGÉ

- Inscrire les besoins du patient à sa sortie, le plan de congé, les mesures à prendre et le nom des responsables de ces mesures.

Remarque

Les informations entre crochets ont été ajoutées par les auteures afin de clarifier les diagnostics infirmiers et d'en faciliter l'utilisation.

HABITUDES DE SOMMEIL, perturbation des

Taxinomie I: Mouvement (6.2.1)

[Division diagnostique: Repos]

Définition

Dérèglement des heures de sommeil qui incommode le patient ou l'empêche d'avoir le mode de vie qu'il désire.

FACTEURS FAVORISANTS

Altérations sensorielles:

Facteurs intrinsèques (maladie, [douleur]; stress psychologique [anxiété, maladie dépressive]; [inactivité])

Facteurs extrinsèques (changements environnementaux [changement de l'horaire de travail, horaire du centre hospitalier, etc.]; pressions sociales [exigences des personnes dépendantes])

CARACTÉRISTIQUES

DONNÉES SUBJECTIVES

†Difficulté d'endormissement

†Sentiment de ne pas être complètement reposé

†Réveil survenant plus tôt ou plus tard que désiré

†Sommeil interrompu

[Endormissement au cours d'une activité]

†Caractéristiques majeures

DONNÉES OBJECTIVES

Perturbation du comportement et du rendement (irritabilité accrue, désorientation, apathie, agitation, léthargie)

Signes physiques (nystagmus léger et passager, ptose des paupières, léger tremblement des mains, visage inexpressif, cernes profonds sous les yeux, modification de la posture, bâillements fréquents)

Difficultés d'élocution avec mauvaise prononciation et termes incorrects

RÉSULTATS ESCOMPTÉS (OBJECTIFS) / CRITÈRES D'ÉVALUATION

- Le patient comprend son problème de sommeil.
- Le patient connaît les mesures favorables au sommeil.
- Le patient adapte son mode de vie à ses biorythmes.
- Le patient signale une amélioration de ses habitudes de sommeil et de repos.
- Le patient se sent mieux et reposé.
- La famille s'occupe de façon appropriée des problèmes de parasomnie chez l'enfant.

INTERVENTIONS INFIRMIÈRES

PRIORITÉ N° 1 – Déterminer les facteurs favorisants :

- Noter si un ou plusieurs des facteurs intrinsèques ou extrinsèques énumérés dans l'étiologie sont présents, notamment les facteurs susceptibles de favoriser l'insomnie tels que la douleur chronique, la maladie dépressive, les maladies métaboliques (comme l'hyperthyroïdie et le diabète), la consommation de médicaments sur ordonnance ou en vente libre, le vieillissement.

Remarque : Un pourcentage élevé de personnes âgées souffrent de troubles du sommeil.

- Prendre note des diagnostics de narcolepsie, d'apnée du sommeil, de troubles respiratoires provoqués par le sommeil, de myoclonie nocturne, etc.
- Noter si les perturbations des habitudes de sommeil sont associées à un problème de santé sous-jacent (nycturie secondaire à une légère hypertrophie de la prostate, etc.).
- Rechercher les signes de parasomnie : cauchemars, terreurs nocturnes ou somnambulisme (par exemple, le patient s'asseoit, marche ou présente d'autres comportements complexes durant son sommeil).
- S'enquérir des problèmes d'énurésie et de leur fréquence.
- Revoir l'évaluation psychologique du patient et noter les caractéristiques de sa personnalité.
- Prendre note des événements traumatiques récents dans la vie du patient (décès dans la famille, perte d'emploi, etc.).
- S'enquérir de la consommation de caféine et d'alcool du patient. **Remarque :** Les excès nuisent au sommeil paradoxal.
- Collaborer aux examens diagnostiques (électroencéphalogramme, études sur le sommeil, etc.).

PRIORITÉ N° 2 – Évaluer les habitudes de sommeil et les troubles du sommeil :

- Recueillir des données sur les habitudes de sommeil du patient par l'observation et/ou par l'intermédiaire de la personne clé dans sa vie : heure habituelle du coucher, rituels ou habitudes au coucher, nombre d'heures de sommeil, heure habituelle du lever et besoins relatifs à l'environnement.

- Demander si le patient ronfle et, le cas échéant, quelle position entraîne les ronflements.
- Recueillir les données subjectives et objectives sur la qualité du sommeil du patient.
- Noter dans quelles circonstances le sommeil est interrompu et à quelle fréquence.
- Noter les changements dans les habitudes de sommeil (par exemple, changement dans l'horaire de travail ou changement dans l'heure du coucher à cause de l'hospitalisation).
- Rechercher des signes de fatigue physique (agitation, tremblement des mains, difficultés d'élocution, etc.).
- Effectuer un enregistrement graphique des signes vitaux à des heures précises afin de déterminer les périodes de rendement maximum. **Remarque :** Des études ont démontré que les cycles de sommeil sont influencés par la température corporelle en début de sommeil.

PRIORITÉ Nº 3 – Aider le patient à établir des habitudes optimales de sommeil et de repos :

- Organiser les soins de façon à ce que le patient puisse avoir des périodes ininterrompues de repos et, surtout, de longues périodes de sommeil la nuit, dans la mesure du possible. **Remarque :** On peut prodiguer certains soins sans réveiller le patient.
- Expliquer au patient qu'il est parfois nécessaire de le déranger pour prendre ses signes vitaux et/ou procéder à d'autres soins.
- Créer un climat de calme et appliquer des mesures de bien-être avant le coucher (massage du dos, lavage des mains et du visage, draps propres et bien tirés, etc.).
- Recommander au patient de diminuer sa consommation de chocolat, de caféine et d'alcool

dans la période qui précède le sommeil, tout particulièrement s'il a un problème de nycturie.

- Essayer d'autres moyens de favoriser le sommeil (bain chaud ou lait chaud, apport protéinique avant le coucher, etc.).
- Administrer les analgésiques prescrits, le cas échéant, une heure avant le coucher.
- Noter minutieusement les effets des amphétamines ou des stimulants (Ritalin prescrit dans les cas de narcolepsie, par exemple).
- Utiliser avec prudence les barbituriques et autres sédatifs. **Remarque :** Les recherches indiquent que l'emploi prolongé de ces médicaments peut provoquer des troubles du sommeil.
- Proposer au patient un programme de réadaptation comportementale visant à contrer l'insomnie :

  Établir un rituel du coucher et du lever.

  Avoir des pensées relaxantes dans son lit.

  Ne pas faire de sieste pendant le jour.

  Ne pas lire au lit ; sortir du lit si l'on ne s'est pas endormi 15 minutes après s'être couché.

  Ne pas dormir plus de 7 heures par nuit.
- Rassurer le patient en lui expliquant que le manque de sommeil ne compromet habituellement pas la santé.
- Discuter avec le patient des recommandations du médecin concernant l'usage de médicaments, le recours à la chirurgie (correction des structures faciales ou trachéotomie) et/ou le recours à l'oxygénothérapie (appareil assurant une respiration en pression positive la nuit) dans les cas graves d'apnée du sommeil.
- Expliquer aux membres de la famille les facteurs physiologiques et psychologiques sous-jacents aux problèmes de parasomnie chez l'enfant (retard dans le développement du système nerveux, par exemple). **Remarque :** Dans la plupart des cas, ces

problèmes disparaissent à l'adolescence ; ils peuvent toutefois persister ou apparaître à l'âge adulte.

PRIORITÉ N° 4 – Prodiguer un enseignement visant le mieux-être du patient :

- Montrer au patient des techniques de relaxation (rétroaction biologique, auto-hypnose, visualisation, relaxation musculaire progressive, etc.) adaptées à ses besoins.
- Inciter le patient à participer à un programme d'exercices régulier pendant le jour *afin de maîtriser son stress ou de libérer son énergie.* **Remarque** : L'exercice avant le coucher nuit au sommeil, car il peut stimuler le patient au lieu de le relaxer.
- Recommander au patient de prendre un léger goûter avant de se coucher (lait ou jus léger, craquelins, aliment protéiné comme le fromage et le beurre d'arachide) *afin que la sensation de faim ou l'hypoglycémie ne nuise pas à son sommeil.*
- Conseiller au patient de n'utiliser son lit ou sa chambre que pour dormir, et non pour regarder la télévision ou travailler.
- Dissimuler la lumière et le bruit : masque, stores ou rideaux, boules pour les oreilles, faible bruit de fond (bruit blanc), etc.
- Collaborer au programme visant à ramener l'horloge biologique du sommeil à la normale (chronothérapie) si le patient souffre d'une insomnie « de début de nuit ».
- Seconder le patient dans l'élaboration d'un horaire qui mette à profit les périodes de rendement maximum enregistrées graphiquement.
- Recommander au patient de faire une sieste au milieu de l'avant-midi s'il en a besoin. **Remarque** : La sieste, surtout dans l'après-midi, peut perturber les rythmes de sommeil normaux.

- Guider le patient dans le processus de deuil lorsqu'il a subi une perte.

§ Consulter le diagnostic infirmier de chagrin [deuil] dysfonctionnel.

- Diriger le patient vers une clinique du sommeil, au besoin.
- Adresser les parents à un spécialiste en counseling familial *afin de les aider à faire face aux conséquences des problèmes de parasomnie.*

DONNÉES ESSENTIELLES À CONSIGNER

ÉVALUATIONS (INITIALE ET SUBSÉQUENTES)

- Inscrire les données d'évaluation, notamment les caractéristiques des habitudes de sommeil présentes et passées ainsi que les effets du problème sur le mode de vie ou le niveau de fonctionnement du patient.
- Noter les médicaments pris par le patient, les interventions effectuées et les traitements antérieurs.
- Noter les antécédents familiaux de troubles du sommeil.

PLANIFICATION

- Rédiger le plan de soins et inscrire le nom de chacun des intervenants.
- Rédiger le plan d'enseignement.

APPLICATION /VÉRIFICATION DES RÉSULTATS

- Noter les réactions du patient aux interventions et à l'enseignement, ainsi que les mesures qui ont été prises.
- Noter les objectifs atteints ou les progrès accomplis vers l'atteinte des objectifs.
- Noter les modifications apportées au plan de soins.

PLAN DE CONGÉ

- Noter les besoins à long terme du patient et le nom des responsables des mesures à prendre.
- Noter les demandes de consultation.

Remarque

Les informations entre crochets ont été ajoutées par les auteures afin de clarifier les diagnostics infirmiers et d'en faciliter l'utilisation.

HYPERTHERMIE

Taxinomie I : Échanges (1.2.2.3)

[Division diagnostique : Régulation physique]

Définition

Élévation de la température corporelle au-dessus des limites de la normale.

FACTEURS FAVORISANTS

Exposition à un milieu chaud ; vêtements inadéquats

Effort violent ; déshydratation

Incapacité totale ou partielle de transpirer

Prise de médicaments ou anesthésie

Augmentation du métabolisme ; maladie ou traumatisme

CARACTÉRISTIQUES

DONNÉE SUBJECTIVE

[Céphalées]

DONNÉES OBJECTIVES

†Augmentation de la température corporelle au-dessus de la normale

Peau rouge, chaude au toucher

Augmentation de la fréquence respiratoire, tachycardie ; [pression artérielle instable]

Convulsions ; [rigidité musculaire ou contractions invonlontaires de faisceaux musculaires]

[Confusion]

---

†Caractéristique majeure

RÉSULTATS ESCOMPTÉS (OBJECTIFS) / CRITÈRES D'ÉVALUATION

- Le patient ne présente aucun signe de complications (lésion cérébrale ou neurologique irréversible, insuffisance rénale aiguë, etc.).
- Le patient connaît les causes sous-jacentes à l'hyperthermie ou les facteurs d'influence, l'envergure du traitement ainsi que les signes et symptômes exigeant une évaluation plus approfondie ou une intervention.
- Le patient mesure avec précision sa température corporelle.
- Le patient applique des mesures favorisant la normothermie.
- Le patient n'a pas de convulsions.
- La température du milieu interne est dans les limites de la normale.

INTERVENTIONS INFIRMIÈRES

PRIORITÉ N° 1 – Évaluer les facteurs favorisants :

- Relever les causes sous-jacentes : production excessive de chaleur (hyperthyroïdie ou hyperthermie maligne) ; mauvaise dispersion de la chaleur (insolation, déshydratation ou dysfonction du système nerveux autonome secondaire à une section complète de la moelle) ; dysfonctionnement de l'hypothalamus (infection du système nerveux central, lésion cérébrale ou surdose médicamenteuse) ; infection.
- Noter l'âge du patient et son stade de développement. **Remarque :** Les très jeunes enfants sont particulièrement sujets aux coups de chaleur. Par ailleurs, certaines personnes sont incapables de reconnaître les symptômes de l'hyperthermie et/ou d'y réagir.

PRIORITÉ N° 2 – Évaluer le degré d'hyperthermie et ses effets :

- Prendre la température du milieu interne. **Remarque :** Les températures rectale et tympanique donnent l'estimation la plus juste de la température du milieu interne ; on peut toutefois prendre la température abdominale chez le nouveau-né prématuré.
- Noter le degré de conscience et d'orientation, les réactions aux stimuli, la réaction pupillaire, la présence de postures inhabituelles ou de convulsions *afin d'évaluer la réaction neurologique.*
- Prendre note de la pression artérielle et des paramètres hémodynamiques d'examens effractifs, le cas échéant (pression artérielle moyenne, pression veineuse centrale, pression artérielle pulmonaire ou pression capillaire pulmonaire). **Remarque :** Il peut se produire à la fois une hypertension centrale et une hypotension périphérique ou orthostatique.
- Mesurer la fréquence et le rythme cardiaques. **Remarque :** Des arythmies et des variations dans l'électrocardiogramme peuvent survenir à cause d'un déséquilibre électrolytique, de la déshydratation, de l'action spécifique des catécholamines ou des effets directs de l'hyperthermie sur le sang et les tissus cardiaques.
- Noter les caractéristiques de la respiration. **Remarque :** On peut noter une hyperventilation au début, puis l'effort ventilatoire peut ensuite être entravé par des convulsions ou une augmentation du métabolisme basal (choc et acidose).
- Rechercher les bruits adventices tels que les craquements (râles) par l'auscultation des bruits respiratoires.
- Mesurer et noter tous les excreta : urine (l'hypotension, la déshydratation, un choc et la nécrose

des tissus peuvent provoquer une oligurie et/ou une insuffisance rénale) ; vomissements et diarrhée (qui augmentent les pertes hydroélectrolytiques) ; plaies et fistules ; pertes insensibles.

- Noter la présence ou l'absence de transpiration lorsque l'organisme transfère sa chaleur au milieu ambiant par évaporation, radiation ou conduction et convection. **Remarque** : L'évaporation est diminuée par une forte humidité et une température ambiante élevée, ainsi que par l'incapacité de transpirer ou un dysfonctionnement des glandes sudoripares (syndrome de section complète de la moelle, fibrose kystique, déshydratation, vasoconstriction, etc.).
- Étudier les résultats des examens de laboratoire : gaz artériels, dosages des électrolytes, des enzymes cardiaques et hépatiques (qui peuvent révéler une dégénérescence des tissus), glycémie, analyses d'urine (la nécrose des tissus peut entraîner une myoglobulinurie, une protéinurie et une hémoglobinurie), coagulogramme.

PRIORITÉ N° 3 – Collaborer à l'application des mesures visant à réduire la température corporelle et à rétablir le fonctionnement organique normal :

- Administrer les antipyrétiques prescrits par voie orale ou rectale (aspirine, acétaminophène, etc.).
- Refroidir la surface de la peau par les mesures suivantes : découvrir le patient (déperdition de chaleur par radiation et conduction) ; garder la pièce fraîche ou utiliser un ventilateur (déperdition de chaleur par convection) ; placer des sacs de glace près de l'aine et des aisselles (parce que ce sont des zones de forte circulation sanguine) ; utiliser une couverture hypothermique. **Remarque** : En pédiatrie, on préférera un bain d'eau tiède à la friction à l'alcool, qui peut accroître la constriction des vaisseaux périphériques et la dépression du système nerveux central (bouffées de chaleur) ; le bain d'eau tiède est

également préférable aux bains ou aux immersions dans l'eau glacée, qui peuvent augmenter les frissons et, par conséquent, l'hyperthermie. Dans les cas d'hyperthermie maligne peranesthésique, on peut procéder au lavage des cavités corporelles avec de l'eau glacée *afin d'abaisser la température du milieu interne.*

- Administrer les médicaments anticonvulsifs et myorelaxants prescrits (chlorpromazine, diazépam, etc.).
- Administrer une oxygénothérapie complémentaire *afin de compenser la consommation accrue d'oxygène.*
- Envelopper les membres avec des serviettes de bain pendant l'emploi d'une couverture hypothermique *afin de réduire les frissons.*
- Débrancher la couverture hypothermique lorsque la température du milieu interne n'est plus qu'à 1 °C ou 2 °C de la température désirée. **Remarque :** La température continue à baisser toute seule.
- Assurer la sécurité du patient par les mesures suivantes : maintenir la liberté des voies aériennes ; matelasser les ridelles ; protéger la peau contre le froid si une couverture hypothermique est utilisée ; observer les mesures de sécurité requises pour la manipulation du matériel, etc.
- Administrer les médicaments prescrits pour le traitement des causes sous-jacentes : antibiotiques (infection), myorésolutifs à action centrale (hyperthermie maligne), ou adrénolytiques bêta (basedowisme aigu).
- Remplacer les pertes de liquides et d'électrolytes, selon l'ordonnance, *afin de maintenir le volume sanguin circulant et l'irrigation tissulaire.*
- Recommander au patient de garder le lit *afin de réduire ses besoins métaboliques et sa consommation d'oxygène.*

- Donner une diète à forte teneur énergétique par voie orale, par gavage ou par alimentation parentérale *afin de répondre aux besoins métaboliques accrus du patient.*

PRIORITÉ N° 4 – Prodiguer un enseignement visant le mieux-être du patient :

- Revenir sur les causes précises de l'hyperthermie : processus morbide sous-jacent (basedowisme aigu, etc.), facteurs environnementaux (insolation, etc.), suites d'une anesthésie (hyperthermie maligne).
- Dresser une liste des facteurs sur lesquels le patient peut agir, le cas échéant. **Remarque :** Il peut corriger un processus morbide sous-jacent avec des médicaments visant à équilibrer la sécrétion thyroïdienne ; il peut se protéger contre une trop longue exposition à la chaleur (vêtements adéquats, baisse d'activités, sorties seulement aux heures où la température est plus fraîche) ; il peut s'enquérir de ses antécédents familiaux (l'hyperthermie maligne qui suit une anesthésie est souvent un trait familial).
- Expliquer au patient qu'il est important d'augmenter son apport liquidien *afin de prévenir la déshydratation.*
- Indiquer au patient les signes et symptômes de l'hyperthermie (rougeur de la peau, élévation de la température corporelle, augmentation des fréquences respiratoire et cardiaque) exigeant une intervention rapide.
- Recommander au patient d'éviter les bains chauds et les saunas, si sa situation l'exige (patient souffrant d'une maladie cardiaque, femme enceinte si le développement du fœtus risque d'être affecté ou si le travail cardiaque de la mère risque d'être augmenté).

DONNÉES ESSENTIELLES À CONSIGNER

ÉVALUATIONS (INITIALE ET SUBSÉQUENTES)

- Noter les données d'évaluation, notamment la température, les signes vitaux et l'état mental.

PLANIFICATION

- Rédiger le plan de soins et inscrire le nom de chacun des intervenants.
- Rédiger le plan d'enseignement.

APPLICATION /VÉRIFICATION DES RÉSULTATS

- Noter les réactions du patient aux interventions et à l'enseignement, ainsi que les mesures qui ont été prises.
- Noter les objectifs atteints ou les progrès accomplis vers l'atteinte des objectifs.
- Noter les modifications apportées au plan de soins.

PLAN DE CONGÉ

- Inscrire les demandes de consultation et le nom des responsables des mesures à prendre.

Remarque

Les informations entre crochets ont été ajoutées par les auteures afin de clarifier les diagnostics infirmiers et d'en faciliter l'utilisation.

HYPOTHERMIE

Taxinomie I : Échanges (1.2.2.2)

[Division diagnostique : Régulation physique]

Définition

Réduction de la température corporelle au-dessous des limites de la normale.

FACTEURS FAVORISANTS

Exposition à un milieu frais ou froid [séjour prolongé à l'extérieur (chez un sans-abri, par exemple), immersion dans l'eau froide, hypothermie provoquée, circulation extracorporelle]

Vêtements inadéquats

Évaporation cutanée dans un milieu frais

Incapacité de grelotter ou réduction du frissonnement

Vieillesse [ou très jeune âge]

Maladie ou traumatisme [débilitants], lésion de l'hypothalamus

Malnutrition ; ralentissement du métabolisme ; inactivité

Consommation d'alcool ; prise de médicaments [ou surdose de drogues ou de médicaments] causant une vasodilatation

CARACTÉRISTIQUES

DONNÉES OBJECTIVES

†Baisse de la température corporelle au-dessous de la normale

---

†Caractéristique majeure

†Frissons (légers)

†Peau froide

†Pâleur (moyenne)

Remplissage capillaire lent ; lit unguéal cyanosé

Hypertension ; tachycardie

Horripilation (chair de poule)

[Température du milieu interne de 35 °C: tachypnée, confusion légère, frissons]

[Température du milieu interne de 35 à 34 °C: bradycardie ou tachycardie, hyperexcitabilité du myocarde ou arythmies, rigidité musculaire, grelottements, léthargie ou confusion, coordination réduite]

[Température du milieu interne de 34 à 30 °C : hypoventilation, bradycardie, rigidité généralisée, acidose métabolique, coma]

[Température du milieu interne inférieure à 30 °C: pas de signes vitaux apparents, non-réaction de la fréquence cardiaque au traitement médicamenteux, coma, cyanose, pupilles dilatées, apnée, absence de réflexes, absence de frissons (apparence de mort)]

RÉSULTATS ESCOMPTÉS (OBJECTIFS) / CRITÈRES D'ÉVALUATION

- Le patient ne souffre d'aucune des complications suivantes : insuffisance cardiaque, infection pulmonaire, insuffisance respiratoire, phénomène thromboembolique.
- Le patient connaît les causes sous-jacentes ou les facteurs d'influence sur lesquels il peut agir.
- Le patient comprend les interventions visant la prévention de l'hypothermie.
- Le patient mesure avec précision sa température corporelle.

---

†Caractéristiques majeures

- Le patient applique des mesures favorisant la normothermie.
- La température du milieu interne est dans les limites de la normale.

INTERVENTIONS INFIRMIÈRES

PRIORITÉ Nº 1 – Évaluer les facteurs favorisants :

- Relever les causes sous-jacentes (exposition au froid, immersion dans l'eau froide, anesthésie préopératoire, plaie ouverte, éviscération, transfusion rapide de plusieurs unités de sang froid, traitement contre l'hyperthermie).
- Noter les facteurs déterminants : âge du patient (nouveau-né prématuré, enfant, personne âgée) ; problèmes médicaux concomitants ou coexistants (lésion du tronc cérébral, immersion dans l'eau froide, septicémie, hypothyroïdie, intoxication éthylique, etc.) ; régime alimentaire ; habitudes de vie, rapports sociaux (personne âgée isolée, patient souffrant d'un déficit cognitif et vivant seul, etc.).

PRIORITÉ Nº 2 – Prévenir une baisse plus prononcée de la température corporelle :

- Enlever les vêtements mouillés. Veiller à ce que les solutions d'antiseptiques ou d'irrigation ne s'accumulent pas sous le patient en salle d'opération.
- Envelopper le patient dans des couvertures chaudes ou le vêtir chaudement. **Remarque** : S'il s'agit d'un bébé, le placer sous une source de chaleur radiante ; s'il s'agit d'un patient qu'on installe pour une intervention chirurgicale, ne laisser à découvert que le champ opératoire.
- Exclure l'usage des lampes chauffantes et des bouillottes.

- Donner au patient des liquides chauds s'il est capable d'avaler.
- Réchauffer le sang à transfuser, au besoin.
- Éliminer les courants d'air dans la pièce.

PRIORITÉ N° 3 – Évaluer les effets de l'hypothermie :

- Mesurer la température du milieu interne avec un thermomètre conçu pour les basses températures (moins de 34 °C).
- Apprécier l'effort respiratoire du patient. **Remarque :** La fréquence et le volume courant sont réduits lorsque la vitesse du métabolisme est diminuée et qu'il y a acidose respiratoire.
- Rechercher la présence de bruits adventices en auscultant les poumons. **Remarque :** L'œdème pulmonaire, l'infection des voies respiratoires et l'embolie pulmonaire sont des complications possibles de l'hypothermie.
- Mesurer la fréquence et le rythme cardiaques. **Remarque :** Le stress hypothermique réduit le fonctionnement du stimulateur cardiaque naturel et peut entraîner une bradycardie (l'atropine est sans effet), une fibrillation auriculaire, un bloc auriculo-ventriculaire et une tachycardie ventriculaire. Quant à la fibrillation ventriculaire, elle se produit généralement lorsque la température du milieu interne est de 28 °C ou moins.
- Noter la présence d'hypotension. **Remarque :** Elle peut être provoquée par la vasoconstriction et la transsudation des liquides à travers les capillaires lésés par le froid.
- Mesurer la diurèse. **Remarque :** Un faible débit sanguin et/ou une diurèse osmotique hypothermique peuvent entraîner une oligurie ou une insuffisance rénale.

- Relever les effets de l'hypothermie sur le système nerveux central (changements d'humeur, léthargie, amnésie, insensibilité totale, etc.) et périphérique (paralysie à 31 °C, pupilles dilatées à 30 °C, tracé plat de l'électroencéphalogramme à 20 °C).
- Étudier les résultats des examens de laboratoire : gaz artériels (acidose respiratoire et métabolique), dosages des électrolytes, numération globulaire (augmentation de l'hématocrite, diminution du nombre de globules blancs), dosages des enzymes cardiaques (un déséquilibre électrolytique, la libération de catécholamines en réaction au froid, l'hypoxie ou l'acidose peuvent provoquer un infarctus du myocarde), coagulogramme, glycémie, profil pharmacologique (effets cumulatifs des médicaments).

PRIORITÉ Nº 4 – Rétablir la température normale du corps et le fonctionnement normal de l'organisme :

- Collaborer aux mesures visant à favoriser le réchauffement en profondeur du milieu interne : administration de solutés intraveineux chauds, lavage des cavités du corps avec des solutions chaudes (lavage gastrique, péritonéal, vésical) ou circulation extracorporelle, au besoin.
- Réchauffer le patient à un rythme maximal de 1 °C par heure *afin de prévenir une brusque vasodilatation, une augmentation des besoins métaboliques du cœur et de l'hypotension (état de choc dû au réchauffement).*
- Réchauffer la surface corporelle : emmitoufler le patient dans des couvertures chaudes, l'installer dans une pièce chaude ou près d'une source de chaleur radiante ou utiliser des appareils chauffants électroniques. Couvrir la tête, le cou et le thorax du patient, en laissant au besoin les membres découverts pour maintenir la vasoconstriction

périphérique. **Remarque :** Il ne faut pas procéder au réchauffement de surface avant le réchauffement du milieu interne dans les cas d'hypothermie grave, car on peut provoquer une nouvelle baisse de température en déviant le sang froid vers le cœur et créer en plus un choc de réchauffement dû à la vasodilatation superficielle.

- Changer le patient de position, appliquer des lotions ou des lubrifiants et veiller à ce que la surface cutanée ne soit pas en contact direct avec l'appareil de chauffage ou la couverture chauffante *afin de protéger la peau et les tissus.* **Remarque :** Une circulation altérée peut entraîner de graves lésions tissulaires.
- Créer un climat de calme autour du patient.
- Déplacer le patient doucement. **Remarque :** Des mouvements brusques peuvent provoquer une fibrillation si le cœur est hypothermique.
- Procéder à la réanimation cardiorespiratoire, au besoin, en commençant par des pressions équivalant à la moitié d'une fréquence cardiaque normale. **Remarque :** Une grave hypothermie ralentit la conduction et un cœur hypothermique peut ne pas réagir aux médicaments, à la stimulation électrique ou à la défibrillation.
- Maintenir la liberté des voies respiratoires. Collaborer à la mise en place d'une intubation, au besoin.
- Faire inhaler de l'oxygène chaud et humide, au besoin.
- Débrancher la couverture hyperthermique lorsque la température atteint 1 °C à 2 °C de moins que la température désirée *afin d'éviter l'hyperthermie.*
- Administrer les solutés intraveineux avec prudence *afin d'éviter toute surcharge cardiaque*

lorsque les vaisseaux reprendront leur diamètre. **Remarque :** Le cœur hypothermique est lent à compenser un volume accru.

- Surveiller l'application du traitement médicamenteux et des suppléments. **Remarque :** Lorsque le réchauffement se produit et que le fonctionnement des organes revient à la normale, les anomalies endocriniennes sont corrigées et les tissus deviennent plus sensibles aux effets des médicaments déjà administrés.
- Immerger les mains et les pieds du patient dans de l'eau tiède ou appliquer des compresses tièdes une fois que sa température corporelle s'est stabilisée.
- Recommander au patient de faire des exercices d'amplitude des mouvements, lui fournir des bas de soutien, le changer de position, lui faire pratiquer des exercices de toux et de respiration profonde, enlever les vêtements serrés et les contentions *afin de réduire la stase circulatoire.*
- Donner au patient une alimentation bien équilibrée et à forte teneur énergétique par voie orale ou par gavage *afin de réapprovisionner ses réserves de glycogène et de lui faire retrouver son équilibre nutritionnel.*

PRIORITÉ N° 5 – Prodiguer un enseignement visant le mieux-être du patient :

- Informer le patient et la personne clé dans sa vie de toutes les interventions visant à le réchauffer.
- S'enquérir des causes de l'hypothermie chez le patient.
- Indiquer au patient les premiers signes et symptômes de l'hypothermie (changement dans l'état mental, somnolence, incoordination motrice, troubles de l'élocution, etc.).

- Inventorier les facteurs sur lesquels le patient peut agir, le cas échéant : température ambiante fraîche ou froide, risques d'hypersensibilité aux températures froides, etc.

DONNÉES ESSENTIELLES À CONSIGNER

ÉVALUATIONS (INITIALE ET SUBSÉQUENTES)

- Inscrire les données d'évaluation, notamment le degré d'atteinte des systèmes et appareils, la fréquence respiratoire, le tracé de l'électrocardiogramme, le remplissage capillaire et le niveau de conscience.
- Enregistrer la température sur la feuille graphique prévue à cette fin.

PLANIFICATION

- Rédiger le plan de soins et inscrire le nom de chacun des intervenants.
- Rédiger le plan d'enseignement.

APPLICATION /VÉRIFICATION DES RÉSULTATS

- Noter les réactions du patient aux interventions et à l'enseignement, ainsi que les mesures qui ont été prises.
- Noter les objectifs atteints ou les progrès accomplis vers l'atteinte des objectifs.
- Noter les modifications apportées au plan de soins.

PLAN DE CONGÉ

- Inscrire les besoins à long terme du patient et le nom des responsables des mesures à prendre.

Remarque

Les informations entre crochets ont été ajoutées par les auteures afin de clarifier les diagnostics infirmiers et d'en faciliter l'utilisation.

IDENTITÉ PERSONNELLE, perturbation de l'

Taxinomie I : Perceptions (7.1.3)

[Division diagnostique : Concept de soi]

Définition

Incapacité de faire la distinction entre le moi et le monde extérieur.

FACTEURS FAVORISANTS

N'ont pas encore été répertoriés par l'ANADI

[Syndrome cérébral organique]

[Troubles de différenciation du moi (cas de schizophrénie, par exemple)]

[Panique, dissociation mentale]

[Changement de nature biochimique]

CARACTÉRISTIQUES

N'ont pas encore été répertoriées par l'ANADI

DONNÉE SUBJECTIVE

[Confusion quant au sentiment de sa propre identité, au but ou au sens de la vie, à l'identité sexuelle]

DONNÉES OBJECTIVES

[Difficulté à prendre des décisions]

[Limites du moi mal définies]

[§ Consulter le diagnostic infirmier d'anxiété – panique – pour connaître d'autres caractéristiques.]

RÉSULTATS ESCOMPTÉS (OBJECTIFS) / CRITÈRES D'ÉVALUATION

- Le patient prend conscience que son identité personnelle est en danger.
- Le patient se sent moins anxieux ou fait des projets d'avenir.
- Le patient accepte les changements qui se sont produits.
- Le patient affirme son identité (objectif à long terme).

INTERVENTIONS INFIRMIÈRES

PRIORITÉ N° 1 – Évaluer les facteurs favorisants :

- Demander au patient comment il perçoit l'ampleur de la perturbation et comment il y réagit.
- Préciser si la perturbation s'est manifestée brusquement. **Remarque :** Un changement soudain semble plus dangereux.
- Recueillir des données sur la perturbation de l'image corporelle. **Remarque :** L'image corporelle est à la base de l'identité personnelle.
- Noter les signes physiques de panique.

§ Consulter le diagnostic infirmier d'anxiété.

- Noter l'âge du patient. **Remarque :** Plus il est âgé, plus il risque d'avoir de la difficulté à accepter la perturbation de son identité.
- Recueillir des données sur les réseaux de soutien dont dispose le patient et sur l'utilisation qu'il en fait. Noter la réaction de sa famille ou des personnes clés dans sa vie.
- Noter le repli sur soi, les comportements automatiques, la régression à un stade de développement antérieur ou la désorganisation générale des comportements.

- Noter les hallucinations et les idées délirantes.
- Apprécier la perception qu'a le patient de la réalité. **Remarque :** Garder à l'esprit le fait que le patient peut avoir une vision déformée de la réalité.

PRIORITÉ N° 2 – Aider le patient à faire face à la perturbation :

- Prendre le temps d'écouter le patient, l'inviter à exprimer ses sentiments de façon appropriée, y compris sa colère et son agressivité.
- Créer un climat de calme.
- Appliquer les principes d'intervention en situation de crise *afin de rétablir l'équilibre, dans la mesure du possible.*
- Élaborer avec le patient des stratégies lui permettant de faire face à la perturbation de son identité *afin d'atténuer l'anxiété et de rehausser l'image de soi et l'estime de soi.*
- Proposer au patient des activités qui l'aideront à retrouver son identité (rétroaction visuelle à l'aide d'un miroir, stimulation tactile, etc.).
- Donner au patient des occasions de prendre des décisions simples et lui proposer des tâches concrètes et des activités calmes.
- Laisser le patient faire face à la situation en progressant par petites étapes : il peut être incapable de faire face au problème global s'il est trop stressé.
- Élaborer avec le patient un programme d'exercices.
- Inciter le patient à participer à son programme d'exercices. (Il peut commencer par la marche, qui constitue un excellent exercice de départ.)
- Fournir au patient une aide concrète, au besoin (l'aider à accomplir les activités de la vie quotidienne, à se nourrir, etc.).

- Saisir toutes les occasions qui se présentent de promouvoir la croissance du patient. **Remarque :** Il faut bien comprendre que le patient a de la difficulté à apprendre lorsqu'il est en état de dissociation.
- Maintenir l'orientation dans la réalité sans toutefois heurter le patient.
- Utiliser l'humour judicieusement, au moment opportun.
- Expliquer au patient les possibilités de solution à son problème d'identité sexuelle (thérapie ou chirurgie si le patient est un transsexuel, etc.).

§ Consulter les diagnostics infirmiers de perturbation de l'image corporelle, de perturbation de l'estime de soi et de détresse spirituelle.

PRIORITÉ Nº 3 – Prodiguer un enseignement visant le mieux-être du patient :

- Fournir au patient des informations exactes et précises sur la perturbation dont il souffre et ses répercussions possibles.
- Amener le patient et la personne clé dans sa vie à reconnaître la perturbation et à en tenir compte dans leurs projets d'avenir (port d'un bracelet d'identité si le patient est sujet à la confusion, ou modification du mode de vie en fonction du changement de sexe d'un transsexuel, par exemple).
- Diriger le patient vers les groupes de soutien pertinents (counseling sexuel, psychothérapie, centre de jour, etc.).

DONNÉES ESSENTIELLES À CONSIGNER

ÉVALUATIONS (INITIALE ET SUBSÉQUENTES)

- Inscrire les données d'évaluation et le degré de perturbation.

- Noter la nature de la perturbation de l'identité et la façon dont le patient la perçoit.

PLANIFICATION

- Rédiger le plan de soins et inscrire le nom de chacun des intervenants.
- Rédiger le plan d'enseignement.

APPLICATION /VÉRIFICATION DES RÉSULTATS

- Noter les réactions du patient aux interventions et à l'enseignement, ainsi que les mesures qui ont été prises.
- Noter les objectifs atteints ou les progrès accomplis vers l'atteinte des objectifs.
- Noter les modifications apportées au plan de soins.

PLAN DE CONGÉ

- Noter les besoins à long terme du patient et le nom des responsables des mesures à prendre.
- Noter les demandes de consultation.

Remarque

Les informations entre crochets ont été ajoutées par les auteures afin de clarifier les diagnostics infirmiers et d'en faciliter l'utilisation.

IMAGE CORPORELLE, perturbation de l'

Taxinomie I : Perceptions (7.1.1)

[Division diagnostique : Concept de soi]

Définition

Changement dans la façon dont une personne perçoit son image corporelle.

FACTEURS FAVORISANTS

Facteur biophysique [traumatisme physique ou mutilation, grossesse, changement physique provoqué par un agent biochimique (médicaments) ou la sujétion à un appareil]

Facteur psychosocial

Facteur culturel ou spirituel

Facteur cognitif

Problème de perception

[Importance accordée à une partie du corps ou au fonctionnement corporel compte tenu de l'âge, du sexe, du stade de développement ou des besoins humains fondamentaux]

[Changements dus au vieillissement]

CARACTÉRISTIQUES

Pour justifier le choix du diagnostic infirmier de perturbation de l'image corporelle, A ou B doit être présent.

‡A = Réaction verbale à un changement, réel ou non, affectant un organe et/ou une fonction

‡Caractéristique essentielle

‡B = Réaction non verbale à un changement, réel ou non, affectant un organe et/ou une fonction

Les manifestations cliniques suivantes peuvent servir à confirmer la présence de A ou B :

DONNÉES SUBJECTIVES

Changement dans le mode de vie

Peur du rejet ou de la réaction d'autrui

Focalisation sur la force, le fonctionnement ou l'apparence antérieurs

Sentiments négatifs vis-à-vis du corps

Sentiments d'impuissance ou de désespoir

Inquiétude face au changement ou à la perte

[Sentiment de dépersonnalisation ou idées de grandeur]

Refus de vérifier quel est le changement réel

Insistance sur les forces restantes, exagération des réalisations

Personnification de la partie malade ou manquante en lui donnant un nom

Dépersonnalisation de la partie malade ou manquante en la nommant par un pronom démonstratif impersonnel (cela)

Intégration au moi d'objets signifiants (voiture, moto, vêtements, etc.)

DONNÉES OBJECTIVES

Perte d'une partie du corps

Changement affectant un organe et/ou une fonction

Refus de regarder et de toucher la partie du corps atteinte

Traumatisme à la partie non fonctionnelle

Changement dans l'aptitude à évaluer la relation spatiale entre le corps et l'environnement

---

‡Caractéristique essentielle

Dissimulation ou exhibition de la partie du corps atteinte (intentionnellement ou non)

Changement dans l'engagement social

[Incapacité de faire la distinction entre les stimuli internes et externes, ou extension du moi à des objets signifiants]

[Incapacité d'accepter le changement dans les limites du corps (patient victime d'un accident vasculaire cérébral non conscient de sa paralysie)]

[Agressivité ; seuil de frustration bas]

RÉSULTATS ESCOMPTÉS (OBJECTIFS) / CRITÈRES D'ÉVALUATION

- Le patient s'accepte dans cette situation (maladie évolutive chronique, amputation, perte d'autonomie, gain pondéral, effets secondaires du traitement médicamenteux, par exemple).
- Le patient s'adapte à sa nouvelle image corporelle, diminuant ainsi son anxiété.
- Le patient comprend les changements corporels qu'il subit.
- Le patient intègre correctement le changement d'image corporelle dans le concept de soi sans perdre l'estime de soi.
- Le patient poursuit activement sa croissance personnelle tout en cherchant de l'information.
- Le patient reconnaît être responsable de lui-même.
- Le patient utilise correctement les appareils adaptés ou les prothèses nécessaires.

INTERVENTIONS INFIRMIÈRES

PRIORITÉ N° 1 – Évaluer les facteurs favorisants :

- Rechercher dans la maladie ou dans la situation actuelle du patient des données susceptibles d'avoir un lien avec la perturbation de l'image de soi et consulter les autres diagnostics infirmiers pertinents. (Si la perturbation de l'image corporelle est reliée à un déficit neurologique résultant d'un accident vasculaire cérébral, consulter le diagnostic infirmier de négligence de l'hémicorps ; si le patient souffre d'une douleur intense continuelle, consulter le diagnostic infirmier de douleur chronique ; si son désir ou son fonctionnement sexuel sont perturbés, consulter le diagnostic infirmier de dysfonctionnement sexuel.)

- Rechercher les effets physiques et mentaux du problème sur l'état émotionnel du patient (maladie du système endocrinien, traitement aux corticostéroïdes, etc.).
- Interroger le patient sur ses connaissances relatives à sa maladie ou à la situation actuelle.
- Rechercher les comportements révélateurs du degré d'anxiété du patient et les comparer avec ceux du tableau présenté au diagnostic infirmier d'anxiété. Noter tout changement à caractère émotionnel.
- Reconnaître les comportements révélant un souci démesuré du corps et de son fonctionnement.
- Demander au patient de se décrire et d'indiquer comment il se croit perçu par les autres.
- Noter les aspects positifs et négatifs des informations données par le patient.
- Discuter avec le patient du sens qu'il accorde à la perte ou au changement. **Remarque :** Une perte bénigne peut avoir des conséquences importantes, comme le port d'une sonde urinaire ou le recours aux lavements. Un changement fonctionnel comme l'immobilisation peut être plus difficile à accepter pour certains qu'une altération de l'apparence.

- Noter les signes de chagrin.
- Noter les signes de dépression grave ou prolongée.
- Noter l'origine ethnique du patient, ainsi que ses perceptions et préoccupations d'ordre culturel ou religieux.
- Relever les répercussions sociales de la maladie (maladie transmissible sexuellement, stérilité, affection chronique, etc.).
- Prendre note des interactions du patient avec la personne clé dans sa vie. **Remarque :** Il se peut que les membres de la famille renforcent inconsciemment les perturbations de l'image corporelle, ou que la situation offre au patient des avantages secondaires qui l'empêchent de faire des progrès.

PRIORITÉ N° 2 – Déterminer la capacité d'adaptation du patient :

- Enregistrer les progrès du patient par rapport à son niveau actuel d'adaptation.
- Relever les commentaires et les réactions du patient face à sa situation. **Remarque :** Les réactions à une situation donnée dépendent des stratégies d'adaptation de l'individu et de ses expériences personnelles, et elles varient d'une personne à l'autre.
- Noter le repli sur soi et le recours au déni. **Remarque :** Il peut s'agir d'une réaction normale à la situation ou d'un signe d'une maladie mentale comme la schizophrénie.

§ Consulter le diagnostic infirmier de déni non constructif.

- Noter l'usage d'alcool ou de toute substance créant l'accoutumance et susceptible d'indiquer une difficulté d'adaptation au changement.
- Noter les stratégies d'adaptation utilisées dans le passé et s'enquérir de leur efficacité.
- Noter les ressources individuelles, familiales et communautaires.

PRIORITÉ Nº 3 – Aider le patient et la personne clé dans sa vie à accepter ou à régler les problèmes de concept de soi liés à l'image corporelle :

- Adopter une attitude compréhensive à l'égard du patient.
- Créer un climat de confiance.
- Visiter fréquemment le patient *afin de lui montrer qu'il est digne d'intérêt.*
- Faire preuve de disponibilité en écoutant le patient et en répondant à ses questions.
- Choisir avec le patient des correctifs aux problèmes sous-jacents à la maladie ou à la situation actuelle *afin de favoriser une guérison et une adaptation optimales.*
- Offrir de l'aide au patient dans ses soins personnels, au besoin, tout en favorisant son autonomie et en reconnaissant ses capacités.
- S'abstenir de porter des jugements moraux sur les efforts et les progrès du patient lors des interventions reliées au concept de soi du patient (par exemple, s'abstenir de dire : « Vous devriez faire plus de progrès », « Vous êtes faible », « Vous ne faites pas de votre mieux », etc.).
- Discuter avec le patient de sa peur de la mutilation, du pronostic ou du rejet.
- Accepter la dépendance, le chagrin et l'hostilité du patient.
- Inviter le patient à parler des conflits personnels et professionnels susceptibles de surgir. Procéder à des mises en situation pour lui montrer des façons de faire face à ces conflits.
- Inciter le patient et la personne clé dans sa vie à se communiquer leurs sentiments.
- Reconnaître que le fait de réagir à un changement d'apparence est un réflexe normal et universel chez l'être humain.

- Rechercher des solutions personnalisées en évitant les stéréotypes.
- Avertir les membres de l'équipe soignante qu'il est important de maîtriser leur expression faciale et leur comportement non verbal lorsque l'apparence du patient est affectée. **Remarque :** Le patient doit se sentir accepté et ne pas avoir l'impression d'inspirer de la répulsion.
- Inciter les membres de la famille à traiter le patient comme une personne normale, et non comme un invalide.
- Inciter le patient à regarder ou à toucher la partie atteinte.
- Accepter le recours au déni et le refus de participer aux soins. (Si le patient refuse de regarder la colostomie au début du traitement, par exemple, l'infirmière peut lui dire : « Je vais maintenant changer votre colostomie » et procéder aux soins.)
- Fixer des limites précises aux conduites inadaptées du patient.
- Rechercher avec le patient des conduites acceptables susceptibles d'aider à son rétablissement.
- Donner au patient des informations exactes.
- Renforcer les enseignements précédents.
- Discuter avec le patient des possibilités de prothèses, de chirurgie reconstructive, d'ergothérapie, de physiothérapie ou d'autres traitements, selon le cas.
- Proposer au patient des vêtements ou des produits cosmétiques qui dissimulent les altérations corporelles et améliorent son apparence.
- Informer le patient contagieux des raisons justifiant les mesures d'isolement.
- Prendre le temps de s'asseoir, d'écouter le patient en isolement préventif et de parler avec lui.

PRIORITÉ Nº 4 – Prodiguer un enseignement visant le mieux-être du patient :

- Commencer le counseling et les traitements dès que possible (rétroaction biologique, relaxation, etc.).
- Fournir de l'information au patient selon ses capacités d'assimilation (il est plus facile d'intégrer une petite dose d'information à la fois). Corriger les idées fausses. Renforcer les explications données par les autres membres de l'équipe de soins.
- Inciter le patient à participer à la prise des décisions qui le concernent et à la résolution des problèmes.
- Inciter le patient à intégrer le plan de traitement aux activités de la vie quotidienne (faire de l'exercice en vaquant aux travaux ménagers, par exemple).
- Aider le patient à planifier les modifications à apporter à ses activités et à son milieu de vie et de travail.
- Rechercher avec le patient des stratégies lui permettant de reconnaître ses sentiments ou d'exprimer ses émotions.
- Féliciter le patient pour ses initiatives d'amélioration (maquillage, port d'une prothèse, etc.).
- Diriger le patient vers un groupe de soutien, un spécialiste en counseling ou un thérapeute, selon ses besoins.

DONNÉES ESSENTIELLES À CONSIGNER

ÉVALUATIONS (INITIALE ET SUBSÉQUENTES)

- Inscrire les données d'évaluation, notamment les comportements inadaptés, les changements émotionnels, l'étape du processus de deuil et le degré d'autonomie.

- Noter les blessures physiques, les pansements, l'utilisation d'un équipement de survie (ventilateur, appareil de dialyse, par exemple).
- Décrire la signification de la perte ou du changement pour le patient.
- Noter les réseaux de soutien dont peut disposer le patient (personne clé dans sa vie, amis, groupes, etc.).

PLANIFICATION

- Rédiger le plan de soins et inscrire le nom de chacun des intervenants.
- Rédiger le plan d'enseignement.

APPLICATION /VÉRIFICATION DES RÉSULTATS

- Noter la réaction du patient aux interventions et à l'enseignement, ainsi que les mesures qui ont été prises.
- Noter les objectifs atteints ou les progrès accomplis vers l'atteinte des objectifs.
- Noter les modifications apportées au plan de soins.

PLAN DE CONGÉ

- Noter les besoins à long terme du patient et le nom des responsables des mesures à prendre.
- Noter les demandes de consultation (centre de réadaptation, services communautaires, etc.).

Remarque

Les informations entre crochets ont été ajoutées par les auteures afin de clarifier les diagnostics infirmiers et d'en faciliter l'utilisation.

INCONTINENCE FÉCALE

Taxinomie I : Échanges (1.3.1.3)

[Division diagnostique : Élimination]

Définition

Changement dans les habitudes d'élimination intestinale caractérisé par l'émission involontaire de selles.

FACTEURS FAVORISANTS

Troubles gastro-intestinaux, [fécalome]; troubles neuromusculaires

Colostomie

Perte du contrôle des sphincters anaux

Déficit cognitif

[Anxiété grave ; état dépressif]

CARACTÉRISTIQUES

DONNÉE OBJECTIVE

Émission involontaire de selles

RÉSULTATS ESCOMPTÉS (OBJECTIFS) / CRITÈRES D'ÉVALUATION

- Le patient connaît les facteurs reliés au problème.
- Le patient connaît les mesures à prendre.
- Le patient participe au traitement visant la maîtrise du problème d'incontinence.

- Le patient recouvre et conserve des habitudes d'élimination intestinale régulières.

INTERVENTIONS INFIRMIÈRES

PRIORITÉ Nº 1 – Évaluer les facteurs favorisants :

- Rechercher les facteurs physiopathologiques présents (sclérose en plaques, déficit cognitif aigu ou chronique, lésion de la moelle épinière, accident vasculaire cérébral, occlusion intestinale, rectocolite hémorragique).
- Noter les heures d'incontinence, les caractéristiques de l'incontinence, ainsi que les événements la précédant ou la déclenchant.
- Rechercher les facteurs favorisants, tels un fécalome ou l'absence de réflexe anal interne.
- Vérifier si le traitement médicamenteux du patient entraîne des effets secondaires ou des interactions.
- Rechercher la présence de sang occulte dans les selles (méthode au gaïac).

PRIORITÉ Nº 2 – Évaluer les habitudes d'élimination actuelles du patient :

- Noter les caractéristiques des selles (couleur, odeur, consistance, quantité, forme et fréquence).
- Inciter le patient ou la personne clé à noter à quelles heures il est incontinent et à rechercher les liens qui existent entre l'incontinence et les repas, les activités et le comportement du patient.
- Ausculter l'abdomen *afin de vérifier s'il y a des bruits abdominaux* et, le cas échéant, noter leur siège et leurs caractéristiques.
- Palper l'abdomen *afin de vérifier s'il y a un ballonnement, des masses ou des points sensibles.*
- Faire la comparaison avec les habitudes d'élimination intestinale antérieures.

PRIORITÉ N° 3 – Favoriser la maîtrise ou le traitement de l'incontinence :

- Collaborer au plan de traitement des facteurs favorisants (voir la liste des facteurs favorisants et des caractéristiques).
- Établir un programme d'élimination intestinale : défécation à des heures régulières, suppositoires et/ou stimulation digitale. Appliquer le programme quotidiennement au début, puis l'appliquer un jour sur deux, selon le mode d'élimination habituel ou le volume des selles.
- Mener le patient à la salle de bains ou l'installer sur la chaise d'aisances ou sur le bassin hygiénique à des heures précises, en tenant compte de ses besoins et des caractéristiques de l'incontinence.
- Inciter le patient à adopter une alimentation riche en fibres et en cellulose et à éliminer les aliments qui causent la diarrhée, la constipation ou la flatulence.
- Inciter le patient à boire des liquides chauds après les repas.
- Inciter le patient à boire suffisamment de liquides (au moins 2000 à 2400 mL par jour).
- Fournir au patient et à la personne clé dans sa vie les informations dont ils ont besoin sur le régime alimentaire.
- Administrer un laxatif émollient ou un cathartique augmentant la masse fécale, selon l'ordonnance.
- Prodiguer des soins cutanés autour de la région anale *afin de prévenir l'excoriation.*
- Préparer un programme d'exercices individuel incluant les muscles du périnée *afin d'augmenter le tonus et la force musculaires.*
- Fournir au patient des culottes d'incontinence ou tout autre moyen d'assistance jusqu'à ce que le problème d'incontinence soit résolu.

- Montrer au patient comment accroître la pression intra-abdominale pendant la défécation (en contractant les muscles abdominaux, en se penchant vers l'avant lorsqu'il est sur la chaise d'aisance et en appliquant une pression manuelle sur l'abdomen).

§ Consulter le diagnostic infirmier de diarrhée si l'incontinence est due à la diarrhée ; consulter celui de constipation si la diarrhée est due à un fécalome.

PRIORITÉ N° 4 – Prodiguer un enseignement visant le mieux-être du patient :

- Inciter le patient à continuer à appliquer les mesures efficaces adaptées à ses besoins.
- Conseiller au patient de prendre des cathartiques ou des laxatifs émollients, si cela est indiqué, pour déféquer à heures fixes.
- Dresser une liste des aliments qui favorisent la régularité de l'élimination fécale.
- Fournir un soutien émotionnel au patient ou à la personne clé dans sa vie, surtout si l'incontinence se prolonge ou devient chronique.
- Conseiller au patient de tenir compte de son programme d'élimination dans l'organisation de ses activités sociales (éviter les excursions de quatre heures s'il doit aller aux toilettes toutes les trois heures, par exemple).

DONNÉES ESSENTIELLES À CONSIGNER

ÉVALUATIONS (INITIALE ET SUBSÉQUENTES)

- Inscrire les données d'évaluation, notamment les habitudes actuelles d'élimination, les résultats de l'examen physique, les caractéristiques des selles et les interventions essayées.

PLANIFICATION

- Rédiger le plan de soins et inscrire le nom de chacun des intervenants.
- Rédiger le plan d'enseignement.

APPLICATION /VÉRIFICATION DES RÉSULTATS

- Noter les réactions du patient et de la personne clé dans sa vie aux interventions et à l'enseignement, ainsi que les mesures qui ont été prises.
- Noter les changements survenus dans le mode d'élimination et les caractéristiques des selles.
- Noter les objectifs atteints ou les progrès accomplis vers l'atteinte des objectifs.
- Noter les modifications apportées au plan de soins.

PLAN DE CONGÉ

- Inscrire les besoins à long terme du patient et le nom des responsables des mesures à prendre.
- Noter le programme de rééducation intestinale suivi par le patient au moment de son départ.

Remarque

Les informations entre crochets ont été ajoutées par les auteures afin de clarifier les diagnostics infirmiers et d'en faciliter l'utilisation.

INCONTINENCE URINAIRE À L'EFFORT

Taxinomie I : Échanges (1.3.2.1.1)

[Division diagnostique : Élimination]

Définition

Écoulement d'urine de moins de 50 mL se produisant lorsque la pression abdominale augmente.

FACTEURS FAVORISANTS

Dégénérescence des muscles et des structures de soutien du bassin associée au vieillissement

Forte pression intra-abdominale (obésité, utérus gravide, etc.)

Faiblesse du sphincter vésical ; distension vésicale excessive entre les mictions

Faiblesse des muscles et des structures de soutien du bassin [efforts à la défécation dus à une constipation chronique, par exemple]

CARACTÉRISTIQUES

DONNÉES SUBJECTIVES

†Fuite d'urine lorsqu'il y a augmentation de la pression intra-abdominale [toux, éternuement, soulèvement d'un objet, exercices aérobiques, changement de position, etc.]

Mictions impérieuses ou fréquentes (plus souvent qu'aux deux heures)

---

†Caractéristique majeure

DONNÉES OBJECTIVES

†Fuite d'urine lorsqu'il y a augmentation de la pression intra-abdominale

RÉSULTATS ESCOMPTÉS (OBJECTIFS) / CRITÈRES D'ÉVALUATION

- Le patient comprend son état et les interventions visant la rééducation vésicale.
- Le patient met en pratique des techniques ou des conduites visant le raffermissement de la musculature du périnée.
- Le patient demeure continent lors d'une augmentation de la pression intra-abdominale.

INTERVENTIONS INFIRMIÈRES

PRIORITÉ N° 1 – Évaluer les facteurs favorisants :

- Rechercher les facteurs d'ordre physiologique à l'origine de l'augmentation de la pression intra-abdominale (obésité, utérus gravide, etc.). Noter les antécédents déterminants (multiparité, traumatisme chirurgical de la vessie ou du bassin, etc.).
- Recueillir des données sur le tonus musculaire et les soutiens du bassin au repos, la capacité d'amorcer ou d'arrêter le jet de miction (taux élevé de résultats faussement positifs), le bombement du périnée lorsque le patient force.
- Rechercher au moyen d'un cathétérisme la présence d'un résidu postmictionnel.
- Préparer le patient à passer les examens diagnostiques pertinents (cystoscopie, cystométrie, etc.).

---

†Caractéristique majeure

PRIORITÉ N° 2 – Évaluer le degré d'invalidité et dans quelle mesure un autre problème s'interpose :

- Noter le mode d'élimination urinaire du patient, les heures où il urine, la quantité et les stimuli entraînant l'incontinence. Passer en revue le bilan des excreta, le cas échéant.
- S'enquérir des effets de l'incontinence sur l'estime de soi et le style de vie du patient (y compris sa vie sociale et sa sexualité).
- S'enquérir des méthodes d'auto-traitement du patient (réduction de la consommation de liquides, utilisation de protections absorbantes, etc.).
- Rechercher la présence d'une incontinence fonctionnelle ou d'une incontinence par réduction du temps d'alerte. (Y a-t-il des signes d'irritabilité de la vessie, de réduction de la capacité de la vessie ou de surdistension vésicale ?)

PRIORITÉ N° 3 – Collaborer au traitement ou à la prévention de l'incontinence :

- Collaborer au traitement médical du problème urinaire causant l'incontinence (intervention chirurgicale, traitement médicamenteux, rétroaction biologique, etc.).
- Conseiller au patient de déclencher et d'arrêter le jet d'urine deux ou trois fois à chaque miction afin de renforcer les muscles du périnée.
- Inciter le patient à pratiquer régulièrement des exercices visant à augmenter la force et le tonus du périnée (exercices de Kegel ou utilisation de cônes vaginaux). Associer ces exercices à la rétroaction biologique *afin d'améliorer la rééducation vésicale, au besoin.*
- Incorporer au programme d'exercices des redressements assis *afin d'accroître le tonus des muscles abdominaux.*

- Demander au patient d'uriner au moins toutes les trois heures pendant le jour *afin de réduire la pression sur la vessie.* Lui recommander de retarder volontairement ses mictions, si possible.
- Demander au patient de ne pas consommer de liquides deux à trois heures avant le coucher *afin de réduire l'incontinence nocturne.*

PRIORITÉ N° 4 – Prodiguer un enseignement visant le mieux-être du patient :

- Inciter le patient à restreindre sa consommation de café, de thé et d'alcool. **Remarque :** Leur effet diurétique peut entraîner une distension de la vessie et augmenter les risques d'incontinence.
- Conseiller au patient d'utiliser des protections absorbantes ou des culottes d'incontinence, selon ses besoins. Lui suggérer les marques des produits qui lui conviennent le mieux, selon son niveau d'activité, la quantité d'urine perdue par incontinence, sa taille, sa dextérité et ses capacités cognitives.
- Insister auprès du patient sur l'importance de l'hygiène du périnée après les mictions et sur la nécessité de changer souvent la protection absorbante ou la culotte d'incontinence *afin de prévenir l'irritation et l'infection.* Lui recommander d'appliquer un émollient à base d'huile *afin de protéger sa peau contre l'irritation.*
- Conseiller au patient de remplacer les exercices aérobiques par de la natation, de la bicyclette ou des exercices non aérobiques *afin d'éviter une augmentation de la pression intra-abdominale.*
- Diriger le patient vers un service ou un groupe de soutien pour une cure d'amaigrissement si l'obésité constitue un facteur d'influence.
- Insister auprès du patient sur les précautions à prendre si on lui a prescrit des sympathomimétiques pour renforcer le tonus au repos du col de la vessie et de l'urètre proximal.

DONNÉES ESSENTIELLES À CONSIGNER

ÉVALUATIONS (INITIALE ET SUBSÉQUENTES)

- Inscrire les données d'évaluation, notamment le mode d'incontinence et les facteurs d'ordre physiologique présents.
- Noter les répercussions de l'incontinence sur le style de vie et l'estime de soi du patient.
- Noter dans quelle mesure le patient comprend son état.

PLANIFICATION

- Rédiger le plan de soins et inscrire le nom de chacun des intervenants.
- Rédiger le plan d'enseignement.

APPLICATION /VÉRIFICATION DES RÉSULTATS

- Noter les réactions du patient aux interventions et à l'enseignement, ainsi que les mesures qui ont été prises et les résultats qui ont été obtenus.
- Noter les objectifs atteints ou les progrès accomplis vers l'atteinte des objectifs.
- Noter les modifications apportées au plan de soins.

PLAN DE CONGÉ

- Inscrire les besoins à long terme du patient, les demandes de consultation et le nom des responsables des mesures à prendre.

Remarque

Les informations entre crochets ont été ajoutées par les auteures afin de clarifier les diagnostics infirmiers et d'en faciliter l'utilisation.

INCONTINENCE URINAIRE COMPLÈTE

Taxinomie I : Échanges (1.3.2.1.5)

[Division diagnostique : Élimination]

Définition

Écoulement continu et imprévisible d'urine.

FACTEURS FAVORISANTS

Neuropathie inhibant la transmission du réflexe indiquant que la vessie est pleine [c'est-à-dire la transmission de l'influx nerveux des terminaisons nerveuses jusqu'à la vessie]

Dysfonctionnement neurologique provoquant le déclenchement de la miction à des moments imprévisibles [lésion cérébrale, par exemple]

Contraction indépendante du fonctionnement réflexe du détrusor à la suite d'une intervention chirurgicale

Neuropathie ou traumatisme rachidien [destruction des neurones sensitifs ou moteurs situés au bas de la moelle épinière]

Trouble anatomique (fistule)

CARACTÉRISTIQUES

DONNÉES SUBJECTIVES

†Écoulement continu d'urine se produisant à des moments imprévisibles en l'absence de distension, de contractions non inhibées ou de spasmes de la vessie

†Caractéristique majeure

†Nycturie

Absence de sensation de plénitude périnéale ou vésicale

Non-conscience de l'écoulement urinaire

DONNÉE OBJECTIVE

†Incontinence réfractaire aux traitements

RÉSULTATS ESCOMPTÉS (OBJECTIFS) / CRITÈRES D'ÉVALUATION

- Le patient connaît les facteurs reliés à son problème.
- Le patient applique rigoureusement un régime d'élimination vésicale adapté à ses besoins.
- Le patient met en pratique des conduites et des techniques visant la maîtrise de l'incontinence et la prévention des complications.
- Le patient tient compte de son régime d'élimination vésicale dans la planification de ses activités sociales.

INTERVENTIONS INFIRMIÈRES

PRIORITÉ N° 1 – Évaluer les facteurs favorisants :

- Demander au patient s'il perçoit l'écoulement urinaire.
- Noter tout antécédent médical de problème neurologique, de traumatisme neuromusculaire consécutif à une intervention chirurgicale ou à la radiothérapie, ou de fistules, et s'enquérir de leurs effets.

---

†Caractéristiques majeures

- Rechercher les signes de rétention urinaire chronique concomitante (au moyen de la palpation de la vessie, de l'échographie, du cathétérisme pour mesurer les résidus).
- Exécuter ou collaborer à l'exécution des interventions et des tests (cystoscopie, cystométrie, etc.) visant à poser le diagnostic médical ou à vérifier l'indication d'une intervention chirurgicale.

PRIORITÉ Nº 2 – Évaluer le degré d'invalidité et dans quelle mesure un autre problème s'interpose :

- Installer le patient sur les toilettes toutes les deux heures et noter soigneusement à quelle heure il a uriné ou a été incontinent *afin de déterminer son mode d'élimination.*
- Apprécier les répercussions du problème sur le style de vie et l'estime de soi du patient.
- Recueillir des données sur l'état de la peau, notamment sur les régions érythémateuses et les excoriations.
- Relever dans les documents de soins infirmiers les interventions antérieures ayant pallié efficacement les problèmes d'altération de l'élimination urinaire.

PRIORITÉ Nº 3 – Collaborer à la prévention ou au traitement de l'incontinence :

- Conseiller au patient de consommer au moins 1500 à 2000 mL de liquides par jour.
- Inciter le patient à boire des liquides à heures fixes (avec et entre les repas) *afin de rendre les mictions prévisibles.*
- Recommander au patient de ne pas consommer de liquides deux à trois heures avant le coucher *afin de réduire l'énurésie.*

- Installer le patient sur les toilettes aux heures de mictions enregistrées au dossier et 30 minutes avant les heures d'incontinence enregistrées au dossier *afin d'établir un horaire d'élimination adapté.*
- Faire couler de l'eau chaude sur le périnée, laisser couler l'eau dans l'évier ou masser le bas du ventre *afin de stimuler le réflexe de miction.* **Remarque :** Ces méthodes peuvent s'avérer inefficaces si le réflexe de miction est altéré.
- Reporter l'heure de miction de 30 minutes à la fois dès que le patient redevient continent, jusqu'à ce qu'on atteigne un intervalle de 3 à 4 heures entre les mictions *afin d'adapter l'horaire d'élimination aux besoins du patient.*
- Utiliser un condom urinaire ou un dispositif adapté pendant le jour.
- Installer des piqués absorbants sur le lit pendant la nuit si le patient ne peut tolérer un dispositif externe.
- Établir un horaire de cathétérisme intermittent, au besoin.

PRIORITÉ Nº 4 – Prodiguer un enseignement visant le mieux-être du patient :

- Fixer avec le patient des heures régulières de miction et établir avec lui un programme d'élimination.
- Conseiller au patient de porter des sous-vêtements garnis de protections absorbantes, au besoin. **Remarque :** Cette mesure favorise la confiance en soi lors des contacts sociaux.
- Insister auprès du patient sur l'importance d'une bonne hygiène du périnée après chaque miction.
- Conseiller au patient d'appliquer sur son périnée un émollient à base d'huile *afin de protéger la*

peau contre l'irritation. (Lui recommander d'utiliser des produits sans alcool.)

- Faire la démonstration de techniques d'autocathétérisme intermittent à l'aide d'une sonde droite de petit calibre, au besoin.
- Montrer au patient comment entretenir sa sonde.
- Recommander au patient d'utiliser une sonde en silicone s'il doit porter une sonde à demeure et si les autres tentatives de rééducation vésicale ont échoué.
- Recommander au patient de vérifier lui-même la perméabilité de sa sonde *afin de prévenir le reflux d'urine.*
- Conseiller au patient de boire des jus acidifiants afin d'empêcher la croissance bactérienne.

DONNÉES ESSENTIELLES À CONSIGNER

ÉVALUATIONS (INITIALE ET SUBSÉQUENTES)

- Noter le mode d'élimination actuel du patient.
- Noter les données d'évaluation, notamment les répercussions de l'incontinence sur le style de vie et l'estime de soi du patient.

PLANIFICATION

- Rédiger le plan de soins et inscrire le nom de chacun des intervenants.
- Rédiger le plan d'enseignement.

APPLICATION /VÉRIFICATION DES RÉSULTATS

- Noter les réactions du patient aux interventions et à l'enseignement, ainsi que les mesures qui ont été prises.
- Noter les objectifs atteints ou les progrès accomplis vers l'atteinte des objectifs.
- Noter les modifications apportées au plan de soins.

PLAN DE CONGÉ

- Noter le plan de congé, les besoins à long terme du patient et le nom des responsables des mesures à prendre.
- Noter les demandes de consultation.

Remarque

Les informations entre crochets ont été ajoutées par les auteures afin de clarifier les diagnostics infirmiers et d'en faciliter l'utilisation.

INCONTINENCE URINAIRE FONCTIONNELLE

Taxinomie I : Échanges (1.3.2.1.4)

[Division diagnostique : Élimination]

Définition

Écoulement involontaire et imprévisible d'urine.

FACTEURS FAVORISANTS

Problèmes associés à l'environnement (mauvais éclairage, incapacité de trouver la salle de bains, etc.)

Déficit sensoriel, cognitif [refus de tenir compte du besoin impérieux d'uriner, usage de sédatifs], ou moteur [difficulté à enlever ses vêtements, etc.]

[Augmentation de la production d'urine]

[Réticence à utiliser la sonnette d'appel ou le bassin hygiénique]

CARACTÉRISTIQUES

DONNÉES SUBJECTIVES

†Besoin impérieux d'uriner ou contractions vésicales suffisamment fortes pour entraîner un écoulement d'urine avant d'atteindre les toilettes ou un substitut des toilettes

[Mictions abondantes]

†Caractéristique majeure

RÉSULTATS ESCOMPTÉS (OBJECTIFS) / CRITÈRES D'ÉVALUATION

- Le patient comprend son état et connaît les mesures de prévention de l'incontinence.
- Le patient modifie son environnement physique en fonction de ses besoins.
- Le patient élimine des quantités d'urine adéquates.
- Le patient urine à des moments et à des endroits acceptables.

INTERVENTIONS INFIRMIÈRES

PRIORITÉ N° 1 – Évaluer les facteurs favorisants :

- Rechercher des signes indiquant un retard volontaire de la miction.
- Prendre note des antécédents de problèmes de santé, de prise de médicaments ou de substances qui augmentent le débit urinaire et altèrent le tonus vésical (diabète sucré, diurétiques, alcool, caféine, etc.).
- Procéder à un dépistage colorimétrique du glucose dans l'urine (Clinitest). **Remarque :** La glycosurie peut provoquer une polyurie et entraîner une surdistension de la vessie.
- Calculer l'écart entre le temps nécessaire au patient pour se rendre aux toilettes et le temps écoulé entre l'envie pressante d'uriner et la perte involontaire d'urine.
- Relever tout antécédent de problème de santé ou de prise de médicaments susceptible d'altérer l'état mental ou le sens de l'orientation spatiale du patient ou sa capacité de reconnaître le besoin impérieux d'uriner et d'en saisir la signification.
- Examiner l'environnement physique du patient *afin de déceler ce qui peut l'empêcher d'arriver à temps à la salle de bains ou d'utiliser les toilettes*

adéquatement (lieu étranger, mauvais éclairage, manque de dextérité, chaise d'aisances ou siège de toilette inconfortable, déambulateur mal adapté, absence de barres d'appui, distance des toilettes, etc.).

PRIORITÉ Nº 2 – Évaluer le degré d'invalidité et dans quelle mesure un autre problème s'interpose :

- Noter la fréquence et les heures des épisodes d'incontinence et de continence. Passer en revue le bilan des excreta, le cas échéant.
- Mesurer ou estimer la quantité d'urine éliminée ou perdue par incontinence.
- Rechercher dans l'urine des signes de bactériurie (urine trouble, etc.).
- Apprécier les répercussions de l'incontinence sur le style de vie (y compris la vie sociale et sexuelle) et l'estime de soi du patient.

PRIORITÉ Nº 3 – Collaborer au traitement ou à la prévention de l'incontinence :

- Administrer le matin les diurétiques prescrits.
- Inciter le patient à réduire ou à éliminer l'usage des somnifères, si possible.
- Procurer au patient des moyens de demander de l'aide (système d'appel, etc.).
- Conseiller au patient de porter des vêtements faciles à défaire : bandes Velcro, jupes amples, culottes sans fourche (peut aussi ne pas en porter), bretelles ou tailles élastiques aux pantalons pour remplacer les ceintures, etc.
- Placer des veilleuses pour marquer le trajet menant à la salle de bains.
- Situer clairement l'emplacement de la salle de bains si le patient est désorienté (bon éclairage, panneaux indicateurs, couleur de la porte, etc.).

- Désencombrer le trajet menant à la salle de bains (carpettes, meubles, etc.).
- Lever le siège de la chaise d'aisances et celui des toilettes.
- Laisser au chevet du patient une chaise d'aisances, un urinal ou un bassin hygiénique, selon ses besoins.
- Établir un horaire de mictions régulières aux trois heures.
- Demander au patient de ne pas boire de liquides deux ou trois heures avant le coucher *afin de réduire la nycturie.*
- Montrer au patient des exercices de renforcement du périnée.
- Entreprendre un programme de rééducation vésicale, au besoin.

PRIORITÉ N° 4 – Prodiguer un enseignement visant le mieux-être du patient :

- Discuter avec le patient de la nécessité de réagir immédiatement au besoin impérieux d'uriner.
- Inciter le patient à restreindre sa consommation de café, de thé et d'alcool à cause de leur effet diurétique.
- Dresser une liste des aliments, des liquides et des suppléments contenant du potassium consommés par le patient. **Remarque :** Une carence en potassium peut affecter le tonus vésical.
- Insister auprès du patient sur l'importance de l'hygiène du périnée après la miction.
- Adopter une attitude respectueuse *afin d'aider le patient à surmonter sa gêne face à son besoin d'aide ou à l'utilisation du bassin hygiénique.*
- Inviter le patient à participer à l'élaboration du plan de soins.

§ Consulter les diagnostics infirmiers d'incontinence réflexe, d'incontinence à l'effort, d'incontinence complète ou d'incontinence par réduction du temps d'alerte.

DONNÉES ESSENTIELLES À CONSIGNER

ÉVALUATIONS (INITIALE ET SUBSÉQUENTES)

- Inscrire les données d'évaluation, notamment le mode d'élimination urinaire et les répercussions de l'incontinence sur les habitudes de vie et l'estime de soi du patient.

PLANIFICATION

- Rédiger le plan de soins et inscrire le nom de chacun des intervenants.
- Rédiger le plan d'enseignement.

APPLICATION /VÉRIFICATION DES RÉSULTATS

- Noter les réactions du patient aux interventions et à l'enseignement, ainsi que les mesures qui ont été prises.
- Noter les objectifs atteints ou les progrès accomplis vers l'atteinte des objectifs.
- Noter les modifications apportées au plan de soins.

PLAN DE CONGÉ

- Inscrire les besoins à long terme du patient et le nom des responsables des mesures à prendre.
- Noter les demandes de consultation.

Remarque

Les informations entre crochets ont été ajoutées par les auteures afin de clarifier les diagnostics infirmiers et d'en faciliter l'utilisation.

INCONTINENCE URINAIRE PAR RÉDUCTION DU TEMPS D'ALERTE

Taxinomie I : Échanges (1.3.2.1.3)

[Division diagnostique : Élimination]

Définition

Écoulement involontaire d'urine peu après qu'une forte envie d'uriner s'est fait sentir.

FACTEURS FAVORISANTS

Diminution de la capacité vésicale (antécédents de maladie pelvienne inflammatoire, d'intervention chirurgicale à l'abdomen, port d'une sonde vésicale à demeure, etc.)

Irritation des récepteurs de la paroi vésicale provoquant un spasme (peut être occasionnée par une infection de la vessie, [urétrite atrophique, vaginite], l'alcool, la caféine, une augmentation des liquides, une augmentation de la concentration urinaire, une surdistension de la vessie)

[Médicaments comme les diurétiques, les sédatifs et les anticholinergiques]

[Constipation ou fécalome]

[Mobilité réduite ; trouble psychologique tel l'état dépressif ; changement du niveau de conscience ou confusion]

CARACTÉRISTIQUES

DONNÉES SUBJECTIVES

†Miction impérieuse

---

†Caractéristique majeure

†Mictions fréquentes (intervalles inférieurs à deux heures)

†Contractions ou spasmes vésicaux

Nycturie (plus de deux fois par nuit)

DONNÉES OBJECTIVES

Incapacité d'arriver à temps aux toilettes

Faibles émissions d'urine (moins de 100 mL) ou émissions abondantes (plus de 550 mL)

RÉSULTATS ESCOMPTÉS (OBJECTIFS) / CRITÈRES D'ÉVALUATION

- Le patient comprend son état.
- Le patient met en pratique des conduites ou des techniques visant la maîtrise ou la correction de l'incontinence.
- Le patient urine toutes les trois ou quatre heures en quantités suffisantes à chaque fois.
- L'intervalle de temps entre le besoin impérieux d'uriner et la perte involontaire d'urine s'accroît.

INTERVENTIONS INFIRMIÈRES

PRIORITÉ N° 1 – Évaluer les facteurs favorisants :

- Rechercher les signes et symptômes d'infection vésicale (urine trouble et malodorante, bactériurie, etc.).
- Demander au patient s'il consomme des substances irritantes pour la vessie. **Remarque :** Une consommation importante d'alcool ou de caféine augmente la diurèse ou la concentration urinaire.
- Rechercher dans les antécédents du patient la présence d'habitudes ancrées ou de problèmes de

†Caractéristiques majeures

santé susceptibles de réduire la capacité vésicale (salpingite aiguë, chirurgie à l'abdomen, port d'une sonde urétrale à demeure, mictions volontaires fréquentes, etc.).

- Noter les facteurs influant sur la capacité de réagir au besoin impérieux d'uriner (mobilité réduite, emploi de sédatifs, etc.).
- Procéder à un dépistage colorimétrique du glucose dans l'urine (Clinitest). **Remarque :** La glycosurie peut provoquer une polyurie et entraîner une surdistension de la vessie.
- Rechercher la présence d'une incontinence fonctionnelle concomitante.

§ Consulter les diagnostics infirmiers d'incontinence fonctionnelle.

- Palper la vessie *afin de vérifier s'il y a surdistension.*
- Palper la vessie ou mettre en place une sonde urétrale *afin de s'assurer qu'il n'y a pas de résidus postmictionnels abondants.*
- Préparer le patient aux examens diagnostiques pertinents (analyse d'urine, cystométrie, etc.).

PRIORITÉ Nº 2 – Évaluer le degré d'invalidité et dans quelle mesure un autre problème s'interpose :

- Mesurer la diurèse en notant tout particulièrement les quantités inférieures à 100 mL ou supérieures à 550 mL.
- Noter la fréquence et le degré des besoins impérieux d'uriner.
- Calculer le temps écoulé entre les premiers signes d'avertissement du besoin d'uriner et la perte d'urine.
- Apprécier les effets de l'incontinence sur le style de vie (y compris la vie sociale et sexuelle) et l'estime de soi du patient.

PRIORITÉ Nº 3 – Collaborer au traitement ou à la prévention de l'incontinence :

- Augmenter l'apport liquidien de 1500 à 2000 mL par jour.
- Inciter le patient à boire des liquides à heures fixes (avec et entre les repas) *afin de rendre les mictions prévisibles.*
- Procurer au patient dont la mobilité est réduite des moyens de demander de l'aide (système d'appel), placer une chaise d'aisances à son chevet, un urinal ou un bassin hygiénique à sa portée.
- Accroître graduellement les intervalles entre les mictions jusqu'à ce qu'ils atteignent deux à quatre heures.
- Établir un horaire de mictions en fonction du mode d'élimination urinaire habituel du patient *afin qu'il reprenne ses habitudes.*
- Demander au patient de serrer les muscles du périnée avant de se lever du lit.
- Conseiller au patient de déclencher et d'arrêter le jet d'urine deux fois ou plus à chaque miction *afin de renforcer les muscles du périnée.*
- Inciter le patient à pratiquer régulièrement des exercices de rééducation des muscles du périnée (exercices de Kegel ou utilisation de cônes vaginaux). Associer ces exercices à la rétroaction biologique *afin de favoriser la rééducation,* au besoin.
- Réveiller le patient pendant la nuit pour qu'il urine, au besoin.

PRIORITÉ Nº 4 – Prodiguer un enseignement visant le mieux-être du patient :

- Inciter le patient à restreindre sa consommation de café, de thé et d'alcool à cause de leurs effets irritants.

- Conseiller au patient d'utiliser des protections absorbantes ou des culottes d'incontinence, au besoin, en tenant compte de son niveau d'activité, de la quantité d'urine perdue par incontinence, de sa taille, de sa dextérité et de ses capacités cognitives.
- Recommander au patient de porter des vêtements amples ou spécialement adaptés pour qu'il puisse réagir rapidement au besoin d'uriner.
- Insister auprès du patient sur l'importance de l'hygiène du périnée après chaque miction.
- Indiquer au patient les signes et symptômes de complications urinaires et lui expliquer la nécessité du suivi médical.
- Administrer les anticholinergiques prescrits de façon à donner au patient plus de temps pour bloquer les impulsions de l'arc réflexe au niveau du sacrum.
- Discuter avec le patient de la possibilité de subir une intervention chirurgicale ou de recevoir un traitement de stimulation électronique pour augmenter les contractions vésicales ou pour inhiber l'activité excessive du détrusor.

DONNÉES ESSENTIELLES À CONSIGNER

ÉVALUATIONS (INITIALE ET SUBSÉQUENTES)

- Inscrire les données d'évaluation, notamment le mode d'incontinence et ses répercussions sur les habitudes de vie et l'estime de soi du patient.

PLANIFICATION

- Rédiger le plan de soins et inscrire le nom de chacun des intervenants.
- Rédiger le plan d'enseignement.

APPLICATION /VÉRIFICATION DES RÉSULTATS

- Noter les réactions du patient aux interventions et à l'enseignement, ainsi que les mesures qui ont été prises.
- Noter les objectifs atteints ou les progrès accomplis vers l'atteinte des objectifs.
- Noter les modifications apportées au plan de soins.

PLAN DE CONGÉ

- Noter les besoins du patient après sa sortie, les demandes de consultation et le nom des responsables des mesures à prendre.

Remarque

Les informations entre crochets ont été ajoutées par les auteures afin de clarifier les diagnostics infirmiers et d'en faciliter l'utilisation.

INCONTINENCE URINAIRE RÉFLEXE

Taxinomie I : Échanges (1.3.2.1.2)

[Division diagnostique : Élimination]

Définition

Écoulement involontaire d'urine se produisant à des intervalles relativement prévisibles lorsque la vessie atteint un volume déterminé.

FACTEURS FAVORISANTS

Trouble neurologique (lésion médullaire empêchant la transmission des influx nerveux de la vessie au cerveau)

[Lésion cérébrale abolissant le contrôle volontaire de la miction]

CARACTÉRISTIQUES

DONNÉES SUBJECTIVES

†Non-conscience du remplissage de la vessie

†Absence de besoin d'uriner et de sensation de plénitude vésicale

[Mictions abondantes]

[Non-perception de l'écoulement urinaire]

DONNÉES OBJECTIVES

†Contractions non inhibées ou spasmes de la vessie à intervalles réguliers

[Mictions interrompues, incomplètes ou involontaires]

[Tonus anal normal ou accru]

---

†Caractéristiques majeures

RÉSULTATS ESCOMPTÉS (OBJECTIFS) / CRITÈRES D'ÉVALUATION

- Le patient comprend son état et connaît les facteurs favorisants.
- Le patient applique rigoureusement un régime d'élimination vésicale adapté à ses besoins.
- Le patient met en pratique des conduites et des techniques visant la maîtrise de l'incontinence et la prévention des complications.
- Le patient urine à des moments et à des endroits acceptables.

INTERVENTIONS INFIRMIÈRES

PRIORITÉ N° 1 – Évaluer le degré d'invalidité et dans quelle mesure un autre problème s'interpose :

- Rechercher la cause de l'incontinence. **Remarque** : On se référera à la liste des facteurs favorisants au début du diagnostic.
- Rechercher des signes de rétention urinaire concomitante.
- Apprécier la capacité du patient de sentir la plénitude vésicale et l'écoulement urinaire.
- Consulter le bilan des excreta du patient ou noter la fréquence et l'heure des mictions.
- Noter le lien entre les mictions et la consommation de liquides et de médicaments, le cas échéant.
- Mesurer la quantité éliminée à chaque miction.
- Apprécier la capacité du patient de manipuler un sac collecteur ou d'utiliser une sonde.

PRIORITÉ N° 2 – Collaborer au traitement de l'incontinence :

- Inciter le patient à boire un minimum de 1500 à 2000 mL de liquides par jour. Établir un horaire strict de consommation de liquides (heures fixes, avec et entre les repas) *afin de rendre les mictions prévisibles.*

- Recommander au patient de ne pas prendre de liquides deux à trois heures avant le coucher *afin de réduire l'énurésie.*
- Installer le patient sur les toilettes un peu avant l'heure habituelle d'incontinence *afin de stimuler le réflexe de miction.*
- Faire couler de l'eau chaude sur le périnée, laisser couler l'eau dans l'évier ou masser le bas du ventre et les cuisses *afin de stimuler le réflexe de miction.*
- Réveiller le patient la nuit à heures fixes pour le faire uriner dans les toilettes ou lui installer un dispositif externe, selon le cas.
- Montrer au patient comment appliquer un sac collecteur externe ou pratiquer un autocathétérisme intermittent à l'aide d'une sonde de petit calibre, au besoin.
- Établir l'horaire des cathétérismes en fonction de l'horaire d'activités du patient.
- Mesurer le résidu urinaire ou le volume urinaire recueilli par cathétérisme *afin de déterminer à quelle fréquence vider la vessie.*

PRIORITÉ N° 3 – Prodiguer un enseignement visant le mieux-être du patient :

- Inciter le patient à poursuivre un horaire régulier d'élimination urinaire.
- Conseiller au patient d'utiliser des protections absorbantes ou des culottes d'incontinence pendant le jour et lors d'activités sociales, au besoin, en tenant compte de son niveau d'activité, de la quantité d'urine perdue par incontinence, de sa dextérité et de ses capacités cognitives.
- Insister auprès du patient sur l'importance de l'hygiène du périnée après les mictions et sur la

nécessité de changer fréquemment la protection absorbante ou la culotte d'incontinence.

- Inciter le patient à restreindre sa consommation de café, de thé et d'alcool. **Remarque :** Leur effet diurétique peut rendre les mictions imprévisibles.
- Montrer au patient les techniques d'asepsie et d'entretien de la sonde urétrale.
- Indiquer au patient les signes et symptômes de complications urinaires et lui expliquer l'importance du suivi médical.

DONNÉES ESSENTIELLES À CONSIGNER

ÉVALUATIONS (INITIALE ET SUBSÉQUENTES)

- Inscrire les données d'évaluation, notamment le degré d'invalidité du patient et les effets de l'incontinence sur ses habitudes de vie.

PLANIFICATION

- Rédiger le plan de soins et inscrire le nom de chacun des intervenants.
- Rédiger le plan d'enseignement.

APPLICATION /VÉRIFICATION DES RÉSULTATS

- Noter les réactions du patient aux interventions et à l'enseignement ainsi que les mesures qui ont été prises.
- Noter les objectifs atteints ou les progrès accomplis vers l'atteinte des objectifs.
- Noter les modifications apportées au plan de soins.

PLAN DE CONGÉ

- Inscrire les besoins à long terme du patient et le nom des responsables des mesures à prendre.

- Noter les ressources existantes, l'équipement dont le patient a besoin ainsi que les services qui peuvent le lui procurer.

Remarque

Les informations entre crochets ont été ajoutées par les auteures afin de clarifier les diagnostics infirmiers et d'en faciliter l'utilisation.

INFECTION, risque d'

Taxinomie I : Échanges (1.2.1.1)

[Division diagnostique : Régulation physique]

Définition

Risque de contamination par des agents pathogènes.

FACTEURS DE RISQUE

Mécanismes de défense primaires inadéquats (rupture de l'épiderme, traumatisme tissulaire, diminution de l'activité ciliaire, stase des liquides biologiques, modification du pH des sécrétions, altération du péristaltisme)

Défenses secondaires insuffisantes (baisse du taux d'hémoglobine, leucopénie, suppression de la réaction inflammatoire) et immunosuppression

Immunité acquise insuffisante ; destruction des tissus avec exposition prolongée à l'air ambiant

Maladie chronique ; malnutrition ; traumatisme

Interventions et examens effractifs

Agents pharmaceutiques [y compris les antibiotiques]

Rupture des membranes amniotiques

Manque de connaissances sur la façon d'éviter l'exposition à des agents pathogènes

Remarque : Il ne peut y avoir de signes ou de symptômes (caractéristiques) lorsque l'on diagnostique un risque de problème, car celui-ci n'existe pas encore ; les interventions infirmières sont donc axées sur la prévention.

RÉSULTATS ESCOMPTÉS (OBJECTIFS) / CRITÈRES D'ÉVALUATION

- Le patient comprend les facteurs de risque s'appliquant à sa situation.
- Le patient connaît les mesures de prévention ou de réduction de l'infection.
- Le patient adopte des techniques et de nouvelles habitudes favorisant la sécurité de son environnement.
- Le patient est afébrile ; la guérison de la plaie se fait normalement ; il n'y a pas d'écoulement purulent ni d'érythème.

INTERVENTIONS INFIRMIÈRES

PRIORITÉ N° 1 – Évaluer les facteurs de risque :

- Noter les facteurs de risque d'infection (sensibilité anormalement élevée aux infections, atteinte à l'intégrité de la peau, exposition à un environnement nocif, etc.).
- Rechercher les signes localisés d'infection au point d'insertion de la ligne de perfusion intraveineuse, autour des points de suture, autour de l'incision ou de la plaie, etc.
- Recueillir des données sur l'état de la peau autour des broches, des fils métalliques ou des pinces, sur les signes d'inflammation et sur l'écoulement, le cas échéant.
- Relever tout signe et symptôme de septicémie (infection disséminée) : fièvre, frissons, diaphorèse, baisse du niveau de conscience, hémocultures positives.
- Prélever les échantillons de tissus ou de liquides pour les examens microscopiques, les cultures et les antibiogrammes.

PRIORITÉ N° 2 – Réduire ou corriger les facteurs de risque existants :

- Exiger de tout le personnel soignant une application rigoureuse des techniques de lavage des mains chaque fois qu'un nouveau traitement est amorcé ou chaque fois qu'on passe à un nouveau patient. **Remarque** : Le lavage des mains constitue une défense de première ligne contre les infections croisées et nosocomiales.
- Réglementer les visites (personnel soignant, parents, amis, etc.) auprès d'un patient ayant une sensibilité anormalement élevée aux infections.
- Appliquer les mesures pertinentes à l'isolement requis (isolement de contact, de protection, etc.).
- Effectuer le lavage de la peau à l'aide d'un savon antimicrobien ou montrer au patient comment y procéder, s'il doit subir une opération (chirurgie orthopédique, chirurgie plastique, etc.).
- Utiliser des techniques d'asepsie strictes pour procéder aux interventions effractives (perfusion intraveineuse, mise en place d'une sonde urétrale, aspiration pulmonaire, etc.).
- Nettoyer les plaies et les points d'insertion avec une solution antiseptique, chaque jour et au besoin.
- Changer les pansements au besoin.
- Placer un arceau de lit entre la peau excoriée et toute autre surface *afin d'éviter tout contact direct.*
- Porter des gants lors des soins des plaies afin de réduire les risques d'auto-inoculation ou de transmission de maladie virale (herpès, sida, etc.).
- Couvrir les pansements ou les plâtres avec un plastique pendant l'usage du bassin hygiénique *afin de prévenir la contamination des plaies au niveau du périnée ou du bassin.*

- Inciter le patient à se lever dès qu'il le peut, à respirer profondément, à tousser et à changer de position *afin de mobiliser les sécrétions pulmonaires.*
- Superviser l'utilisation des appareils d'appoint (respirateur à pression positive intermittente, etc.).
- Donner au patient suffisamment de liquides pour répondre à ses besoins.
- Conseiller au patient d'uriner en position assise ou debout et procéder à un cathétérisme, au besoin, *afin d'éviter la distension de la vessie.*
- Prodiguer les soins du cathéter et du périnée.
- Collaborer aux interventions thérapeutiques (drainage d'une plaie ou d'une articulation, incision et drainage d'un abcès, bronchoscopie, etc.).
- Suivre de près l'application du traitement médicamenteux (antimicrobiens, goutte-à-goutte intraveineux dans le siège d'une ostéomyélite, hypodermoclyse, antibiotiques topiques, etc.).
- Administrer l'antibiothérapie et les vaccins préventifs prescrits.

PRIORITÉ Nº 3 – Prodiguer un enseignement visant le mieux-être du patient :

- Discuter avec le patient de ses besoins nutritionnels, d'un programme d'exercice approprié et de son besoin de repos.
- Montrer au patient et à la personne clé dans sa vie les mesures à prendre pour protéger la peau, soigner les lésions et prévenir la contamination.
- Expliquer le rôle du tabagisme dans les infections des voies respiratoires.
- Inciter le patient à se protéger lors de ses relations sexuelles (sexualité sans risque).
- Inciter le patient souffrant d'une maladie sexuellement transmise à en informer ses partenaires *afin de prévenir la propagation de la maladie.*

- Inciter le patient à s'inscrire à des programmes communautaires d'éducation sanitaire sur la propagation et la prévention des maladies transmissibles.
- Informer le patient sur les services communautaires pertinents à sa situation.
- Inciter les parents à faire vacciner leurs enfants. Inciter le patient adulte à recevoir ses vaccins de rappel.
- Intégrer à l'enseignement préopératoire des informations sur la façon de réduire les risques d'infection postopératoire (techniques de respiration pour prévenir la pneumonie, soins de la plaie et protection du pansement, éloignement des autres patients souffrant d'une infection, etc.).
- Revoir les directives concernant l'antibiothérapie préventive, s'il y a lieu (avant un travail dentaire chez un patient ayant des antécédents de rhumatisme articulaire aigu, par exemple).
- Inventorier les ressources dont le patient dispose (programme de désintoxication ou de réadaptation, programme de distribution de seringues ou de condoms, etc.).

§ Consulter les diagnostics infirmiers suivants : risque de syndrome d'immobilité, incapacité d'organiser et d'entretenir le domicile, et difficulté à se maintenir en santé.

DONNÉES ESSENTIELLES À CONSIGNER

ÉVALUATIONS (INITIALE ET SUBSÉQUENTES)

- Inscrire les facteurs de risque présents, y compris les antibiothérapies reçues dans le passé et celle qui est en cours.
- Décrire la plaie et/ou les points d'insertion ainsi que les caractéristiques de l'écoulement ou des sécrétions corporelles.

- Noter les signes et symptômes d'infection.

PLANIFICATION

- Rédiger le plan de soins et inscrire le nom de chacun des intervenants.
- Rédiger le plan d'enseignement.

APPLICATION /VÉRIFICATION DES RÉSULTATS

- Noter les réactions du patient aux interventions et à l'enseignement, ainsi que les mesures qui ont été prises.
- Noter les objectifs atteints ou les progrès accomplis vers l'atteinte des objectifs.
- Noter les modifications apportées au plan de soins.

PLAN DE CONGÉ

- Noter les besoins du patient à son congé, les demandes de consultation et le nom des responsables des mesures à prendre.

Remarque

Les informations entre crochets ont été ajoutées par les auteures afin de clarifier les diagnostics infirmiers et d'en faciliter l'utilisation.

INTÉGRITÉ DE LA MUQUEUSE BUCCALE, atteinte à l'

Taxinomie I : Échanges (1.6.2.1.1)

[Division diagnostique : Intégrité physique]

Définition

Rupture des couches tissulaires de la cavité buccale.

FACTEURS FAVORISANTS

État pathologique de la muqueuse buccale (irradiation de la tête ou du cou)

Traumatisme chimique (aliments acides, médicaments, agents nocifs, alcool, etc.)

Traumatisme mécanique (prothèses dentaires mal adaptées ; appareil orthodontique ; sonde endotrachéale ou nasogastrique ; chirurgie dans la cavité buccale)

Déshydratation, malnutrition

Diète totale (NPO) pour 24 heures ou plus

Sécrétion salivaire absente ou diminuée ; respiration par la bouche

Mauvaise hygiène buccodentaire ; infection

Médicaments

CARACTÉRISTIQUES

DONNÉES SUBJECTIVES

Xérostomie (bouche sèche)

Douleur à la bouche

DONNÉES OBJECTIVES

Sécrétion salivaire absente ou diminuée

Langue saburrale

Stomatite ; leucoplasie ; hypérémie

Gingivite hémorragique ; vésicules

Halitose, caries dentaires

Accumulation de plaque dentaire au bord des gencives ; lésions ou ulcères de la bouche ; desquamation

Œdème

RÉSULTATS ESCOMPTÉS (OBJECTIFS) / CRITÈRES D'ÉVALUATION

- Le patient connaît les facteurs reliés au problème.
- Le patient choisit des mesures précises visant la promotion d'une saine muqueuse buccale.
- Le patient applique des techniques visant le recouvrement ou le maintien de l'intégrité de la muqueuse buccale.
- Le patient signale ou manifeste une diminution des signes et symptômes notés dans les caractéristiques.

INTERVENTIONS INFIRMIÈRES

PRIORITÉ Nº 1 – Déterminer les facteurs favorisants :

- Noter la présence de tout problème de santé ou traumatisme (herpès, gingivite, fractures, cancer, tout problème entraînant un affaiblissement généralisé).
- Recueillir des données sur l'état nutritionnel du patient (apports alimentaire et liquidien) et noter les changements récents.
- Noter l'usage de tabac (y compris la chique) et d'alcool.

- Noter les caractéristiques des dents (ébréchées, acérées, etc.) et l'ajustement de la prothèse dentaire ou autre prothèse, le cas échéant.
- S'enquérir de la consommation de médicaments et des risques d'effets secondaires.
- S'enquérir des allergies à des aliments, à des médicaments ou à d'autres substances.
- Apprécier la capacité du patient d'accomplir ses soins personnels et vérifier s'il possède les aides techniques dont il a besoin.
- Recueillir des données sur l'hygiène buccodentaire du patient : type de mesures d'hygiène utilisées (brossage, emploi de la soie dentaire, etc.), fréquence d'application, visites chez le dentiste, etc.

PRIORITÉ Nº 2 – Corriger les problèmes actuels ou en évolution :

- Inspecter régulièrement la cavité buccale à la recherche de plaies, de lésions et/ou de saignements. Recommander au patient de faire cette inspection de façon régulière, par exemple chaque fois qu'il se nettoie la bouche et les dents.
- Inciter le patient à prendre suffisamment de liquides pour prévenir la déshydratation.
- Utiliser un vaporisateur ou un humidificateur *afin d'augmenter le taux d'humidité, au besoin.*
- Conseiller au patient de s'abstenir de prendre des aliments ou des liquides irritants, trop froids ou trop chauds, et de consommer des aliments mous ou en purée, au besoin.
- Recommander au patient d'éviter l'alcool et le tabac, qui peuvent accroître l'irritation de la muqueuse buccale.
- Donner au patient de la gomme à mâcher, des bonbons acidulés, etc., *afin de stimuler la sécrétion salivaire.*

- Lubrifier les lèvres et la muqueuse buccale.
- Utiliser avec prudence les tiges glycérinées et citronnées si la muqueuse est lésée, car elles peuvent l'irriter.
- Inciter le patient à se gargariser souvent, surtout avant les repas. **Remarque**: Selon la cause du problème, on peut utiliser une dilution d'eau oxygénée ou de perborate de sodium à 2 % (s'il y a infection), du chlorure de sodium, du bicarbonate de soude ou des solutions alcalines.
- Inciter le patient à appliquer des soins d'hygiène buccodentaire après les repas et au coucher, et compléter les soins au besoin.
- Inciter le patient à se nettoyer les dents et la langue avec une brosse à poils doux, une petite éponge ou un coton-tige, et compléter les soins au besoin.
- Donner des pastilles anesthésiques ou des analgésiques comme de la lidocaïne (Xylocaïne visqueuse), selon l'ordonnance.
- Administrer les antibiotiques prescrits en cas d'infection.
- Changer la position du tube endotrachéal toutes les huit heures ou au besoin.
- Assurer au patient un apport nutritionnel suffisant lorsque le facteur de malnutrition est présent.

PRIORITÉ N° 3 – Prodiguer un enseignement visant le mieux-être du patient:

- S'enquérir des habitudes d'hygiène buccodentaire actuelles du patient.
- Informer le patient sur les soins buccodentaires qui lui permettront d'améliorer son hygiène, au besoin.
- Expliquer les soins d'hygiène buccodentaire particuliers requis pendant et après une maladie ou après un traumatisme.

- Préciser si le patient a besoin d'aides techniques pour appliquer seul ses soins d'hygiène bucco-dentaire et lui en expliquer l'utilisation, le cas échéant.
- Pratiquer l'écoute active lorsque le patient exprime ses inquiétudes face à son apparence, et lui donner des informations précises et justes sur les traitements possibles et leurs conséquences.
- Rechercher les effets du problème sur l'estime de soi et l'image corporelle du patient : retrait des activités sociales habituelles, changement dans ses relations avec autrui, expression d'un sentiment d'impuissance, etc.
- Passer en revue les particularités reliées au traitement médicamenteux, notamment l'emploi d'anesthésiques locaux.
- Inciter le patient à adopter et à maintenir de bonnes habitudes en matière de santé physique et mentale. **Remarque :** Une altération de la réaction immunitaire peut affecter la muqueuse buccale.
- Renseigner le patient sur les aliments susceptibles de l'aider à corriger les carences, à réduire l'irritation ou l'affection des gencives et à prévenir la carie dentaire.
- Recommander au patient de passer régulièrement un examen dentaire.

DONNÉES ESSENTIELLES À CONSIGNER

ÉVALUATIONS (INITIALE ET SUBSÉQUENTES)

- Inscrire les résultats des divers examens de la muqueuse buccale.

PLANIFICATION

- Rédiger le plan de soins et inscrire le nom de chacun des intervenants.

- Rédiger le plan d'enseignement.

APPLICATION /VÉRIFICATION DES RÉSULTATS

- Noter les réactions du patient aux interventions et à l'enseignement, ainsi que les mesures qui ont été prises.
- Noter les objectifs atteints ou les progrès accomplis vers l'atteinte des objectifs.
- Noter les modifications apportées au plan de soins.

PLAN DE CONGÉ

- Noter les besoins à long terme du patient et le nom des responsables des mesures à prendre.
- Noter les demandes de consultation et les services auprès desquels le patient peut se procurer les aides techniques dont il a besoin.

Remarque

Les informations entre crochets ont été ajoutées par les auteures afin de clarifier les diagnostics infirmiers et d'en faciliter l'utilisation.

INTÉGRITÉ DE LA PEAU, atteinte à l'

Taxinomie I: Échanges (1.6.2.1.2.1)

[Division diagnostique : Intégrité physique]

Définition

Lésion cutanée. [Solution de continuité dans les téguments, l'organe multifonctionnel le plus important de l'organisme.]

FACTEURS FAVORISANTS

FACTEURS EXTRINSÈQUES :

Température ambiante trop basse ou trop élevée

Substance chimique ; irradiation

Immobilisation physique

Humidité ; [excrétions ou sécrétions]

Facteur mécanique (forces de cisaillement, pression, contention)

[Traumatisme : accident ou chirurgie]

FACTEURS INTRINSÈQUES :

Traitement médicamenteux

Altération de l'état nutritionnel (obésité, maigreur) ; du métabolisme ; de la circulation ; de la sensibilité ; de la pigmentation

Proéminence osseuse

Facteur lié au développement

Altération de la turgor de la peau ; [présence d'œdème]

Déficit immunitaire

[Facteur psychogène]

CARACTÉRISTIQUES

DONNÉES SUBJECTIVES

[Plaintes de démangeaisons, de douleur, d'engourdissement à la région atteinte ou autour]

DONNÉES OBJECTIVES

[†]Rupture de l'épiderme

[†]Destruction des couches cutanées

Invasion des structures corporelles

RÉSULTATS ESCOMPTÉS (OBJECTIFS) / CRITÈRES D'ÉVALUATION

- Le patient maintient un état nutritionnel et un bien-être physique optimaux.
- Le patient participe aux mesures de prévention et au traitement.
- Le patient exprime un meilleur sentiment d'estime de soi.
- Le patient manifeste des comportements dénotant une bonne maîtrise de la situation.
- Les lésions, les plaies ou les escarres de décubitus guérissent dans un délai raisonnable et sans complications.

INTERVENTIONS INFIRMIÈRES

PRIORITÉ Nº 1 – Évaluer les facteurs favorisants :

- Prendre note des problèmes de santé sous-jacents et des facteurs qui y sont reliés (cancer de la peau ou autre, sclérodermie, lupus, psoriasis, acné, diabète, risques professionnels, traitement aux corticostéroïdes, antécédents familiaux, traumatisme, intervention chirurgicale, amputation, radiothérapie, maladie transmissible, etc.).

†Caractéristiques majeures

- Recueillir des données sur le contexte entourant l'apparition du problème, notamment l'âge du patient, la date du premier épisode, la durée et le siège de la première lésion, les caractéristiques des lésions et tout changement s'étant produit.
- Noter tout changement dans la couleur, la texture et la turgor de la peau ainsi que dans la couleur des zones à faible pigmentation (sclérotique, conjonctive, lit unguéal, muqueuse buccale, langue, paume des mains et plante des pieds).
- Palper les lésions cutanées et en noter la taille, la forme, la consistance, la texture, la température et le degré d'hydratation.
- Mesurer la profondeur de la lésion ou de l'atteinte des téguments, de l'épiderme, du derme et/ou des tissus sous-jacents.
- Photographier les lésions, au besoin. **Remarque :** Ces photographies serviront de points de repère pour suivre l'évolution de la plaie.
- Noter les caractéristiques des odeurs émanant de la peau ou du siège de la lésion.
- Recueillir des données sur l'irrigation sanguine et la sensibilité de la région atteinte.
- Recueillir des données sur l'état nutritionnel du patient.
- Noter les endroits susceptibles de subir une lésion consécutive à la malnutrition (points de pression chez le patient émacié ou âgé, par exemple) ainsi que les situations à risque (emploi d'un dispositif de contention, immobilité prolongée, etc.).
- Prendre note des taux d'hémoglobine, d'hématocrite, de glycémie et de protéinémie.

PRIORITÉ N° 2 – Déterminer les répercussions du problème :

- Recueillir des données sur l'attitude du patient et de la personne clé dans sa vie face au problème (valeurs culturelles, stigmatisation, etc.). Noter les idées fausses.

- Recueillir des données sur l'état émotionnel du patient et noter tout problème ou risque de problème d'ordre sexuel.
- Noter la présence de troubles de la vue, de l'ouïe ou du langage. **Remarque :** La peau constituant un important véhicule de communication pour ces personnes, toute atteinte à son intégrité peut influer sur leurs réactions.

PRIORITÉ Nº 3 – Aider le patient à corriger ou à réduire son problème et favoriser une cicatrisation optimale :

- Inspecter la peau quotidiennement et décrire les lésions et les changements observés dans les notes de l'infirmière.
- Observer étroitement le patient à la recherche de signes de complications au cours de la cicatrisation de la plaie : infection, déchirure, etc.
- Garder la région atteinte propre, panser la plaie avec soin, soutenir l'incision (en utilisant des bandages Steri-strip, en exerçant une légère pression sur la plaie pendant la toux, etc.), appliquer les mesures d'asepsie, stimuler la circulation autour des lésions et inciter le patient à maintenir un bon état de santé général.
- Collaborer au débridement de la plaie ou au traitement fibrinolytique par des enzymes, au besoin (brûlures, escarres de décubitus graves, etc.).
- Soigner les plaies ouvertes et/ou purulentes et les stomies de façon appropriée (pansements occlusifs, bandages de protection, dispositifs de drainage et mesures de protection de la peau) selon les besoins.

- Laisser les lésions ou la plaie à l'air libre ou les exposer à la lumière, au besoin.
- S'abstenir le plus possible d'utiliser des vêtements et de la literie faits de matières plastiques (alaise en caoutchouc, protecteurs de draps doublés de plastique, etc.). Changer les draps dès qu'ils sont mouillés ou froissés.
- Élaborer un horaire de changement de position adapté aux besoins du patient, lui en expliquer les raisons et décider avec lui des heures et des positions en fonction de ses autres activités.
- Utiliser le matériel approprié pour prévenir les escarres de décubitus (matelas à gonflement alternatif, lit hydrostatique, peau de mouton, etc.).
- Inciter le patient à se lever et à faire des exercices dès qu'il le peut.
- Prélever des échantillons des écoulements de la plaie pour fins d'analyse, au besoin.
- Accroître l'apport protéinique *afin de favoriser la cicatrisation et de maintenir un état de santé optimal.*
- Évaluer régulièrement les résultats des examens de laboratoire *afin d'apprécier l'évolution de l'état du patient.*

PRIORITÉ N° 4 – Prodiguer un enseignement visant le mieux-être du patient :

- Expliquer les divers rôles de la peau et l'importance des mesures d'hygiène dans le maintien d'un bon fonctionnement cutané.
- Expliquer l'importance d'un dépistage précoce des changements cutanés et/ou des complications.
- Donner au patient et à la personne clé dans sa vie les informations nécessaires à l'observance du traitement médical.

- Élaborer avec le patient un programme de soins préventifs et de traitement de soutien quotidien.
- Indiquer les mesures à prendre pour éviter la propagation des maladies transmissibles et la réinfection.
- S'assurer que les vêtements et les souliers ne sont pas trop serrés.
- Indiquer les mesures de sécurité à appliquer lors de l'utilisation d'appareils ou de dispositifs (coussin chauffant, dispositifs pour stomies, coussinets protecteurs des attelles, etc.).
- Inviter le patient à parler de ses sentiments et des répercussions de son état sur son concept de soi ou son estime de soi, le cas échéant.

§ Consulter les diagnostics infirmiers de perturbation de l'image corporelle et de l'estime de soi.

- Guider le patient dans les étapes du processus de deuil et l'amener à faire face aux sentiments que son état suscite.
- Montrer par des comportements non verbaux (toucher, expression du visage, ton de la voix) qu'on accepte le patient.
- Montrer au patient les techniques de réduction du stress et autres techniques visant à dissiper son sentiment d'impuissance et à accroître sa maîtrise de la situation.

DONNÉES ESSENTIELLES À CONSIGNER

ÉVALUATIONS (INITIALE ET SUBSÉQUENTES)

- Décrire les caractéristiques des lésions ou du problème du patient.
- Inscrire les facteurs favorisants.

PLANIFICATION

- Rédiger le plan de soins et inscrire le nom de chacun des intervenants.

- Rédiger le plan d'enseignement.

APPLICATION /VÉRIFICATION DES RÉSULTATS

- Noter les réactions du patient aux interventions et à l'enseignement, ainsi que les mesures qui ont été prises.
- Noter les objectifs atteints ou les progrès accomplis vers l'atteinte des objectifs.
- Noter les modifications apportées au plan de soins.

PLAN DE CONGÉ

- Noter les besoins à long terme du patient et le nom des responsables des mesures à prendre.
- Noter les ressources communautaires et préciser les demandes de consultation.

Remarque

Les informations entre crochets ont été ajoutées par les auteures afin de clarifier les diagnostics infirmiers et d'en faciliter l'utilisation.

INTÉGRITÉ DE LA PEAU, risque d'atteinte à l'

Taxinomie I : Échanges (1.6.2.1.2.2.)

[Division diagnostique : Intégrité physique]

Définition

Risque de lésion cutanée.

FACTEURS DE RISQUE

FACTEURS EXTRINSÈQUES :

Substance chimique ; irradiation

Température ambiante trop basse ou trop élevée

Immobilisation physique

Facteur mécanique (forces de cisaillement, pression, contention)

Excrétions et sécrétions ; humidité

FACTEURS INTRINSÈQUES :

Traitement médicamenteux

Altération de l'état nutritionnel (obésité, maigreur) ; du métabolisme ; de la circulation ; de la sensibilité ; de la pigmentation

Proéminence osseuse

Facteur lié au développement

Altération de la turgor de la peau ; [présence d'œdème]

Déficit immunitaire

Facteur psychogène

Remarque : Il ne peut y avoir de signes ou de symptômes (caractéristiques) lorsque l'on diagnostique un risque de problème, car celui-ci n'existe pas encore; les interventions infirmières sont donc axées sur la prévention.

RÉSULTATS ESCOMPTÉS (OBJECTIFS) / CRITÈRES D'ÉVALUATION

- Le patient connaît les facteurs de risque s'appliquant à sa situation.
- Le patient comprend le traitement ou la thérapie.
- Le patient adopte des conduites et des techniques visant la prévention des ruptures de l'épiderme.

INTERVENTIONS INFIRMIÈRES

PRIORITÉ N° 1 – Évaluer les facteurs de risque:

- Noter l'état d'affaiblissement général, la réduction de la mobilité, les modifications de la peau et de la masse musculaire associées à l'âge, à la malnutrition ou à une maladie chronique, l'incontinence, les problèmes de soins personnels, les médicaments, le traitement, etc.
- Étudier les résultats des examens de laboratoire se rapportant aux facteurs de risque (hémoglobine, hématocrite, glucose sanguin, albumine, protéines totales, etc.).

PRIORITÉ N° 2 – Maintenir l'intégrité de la peau à un niveau optimal:

- Utiliser un savon doux non asséchant, sécher la peau délicatement mais complètement et la lubrifier avec une lotion ou un émollient, au besoin.
- Masser délicatement les proéminences osseuses et réduire les frictions lors des déplacements.
- Changer le patient de position régulièrement, qu'il soit alité ou assis dans un fauteuil, et lui faire exécuter des exercices articulaires actifs et passifs.

- Vêtir et couvrir suffisamment le patient.
- Protéger le patient contre les courants d'air *afin de prévenir la vasoconstriction.*
- S'assurer que les draps sont doux, toujours secs, sans plis ni miettes.
- Utiliser des coussinets protecteurs, des oreillers, un lit hydrostatique, etc., *afin d'améliorer la circulation et de diminuer ou d'éliminer la pression constante.*
- Inspecter régulièrement la peau, notamment aux points de pression.
- Noter les régions où la peau est rougie ou pâle et, le cas échéant, amorcer immédiatement le traitement.
- Superviser l'application des mesures de sécurité nécessaires lorsque le patient marche ou suit un traitement susceptible de léser la peau (bas et souliers à la bonne taille, emploi prudent des lampes et des coussins chauffants, mise en place des dispositifs de contention, etc.).

PRIORITÉ N° 3 – Prodiguer un enseignement visant le mieux-être du patient :

- Insister sur l'importance d'une inspection régulière de la peau et de soins cutanés efficaces dans la prévention des problèmes.
- Souligner l'importance d'une bonne alimentation et d'un apport liquidien suffisant.
- Inciter le patient à poursuivre un programme régulier d'exercices (actifs ou passifs) *afin d'améliorer sa circulation.*
- Recommander au patient de garder les pieds surélevés lorsqu'il est assis *afin d'améliorer le retour veineux et de prévenir la formation d'œdème.*

- Inciter le patient à réduire sa consommation de tabac ou à cesser de fumer. **Remarque :** Le tabagisme provoque une vasoconstriction.
- Conseiller au patient d'utiliser de la glace, un colloïde dans le bain ou une lotion *afin de réduire les démangeaisons irritantes.*
- Recommander au patient de garder ses ongles courts ou de porter des gants lorsqu'il éprouve de fortes démangeaisons *afin de réduire les risques de lésions cutanées.*
- Expliquer au patient qu'il est important de ne pas s'exposer au soleil dans certaines situations (lupus érythémateux disséminé, usage de tétracycline ou de psychotropes, radiothérapie, etc.).
- Expliquer au patient les risques de cancer liés à une trop longue exposition au soleil.
- Expliquer au patient diabétique ou atteint d'un trouble neurologique l'importance des soins cutanés, surtout aux pieds.

DONNÉES ESSENTIELLES À CONSIGNER

ÉVALUATIONS (INITIALE ET SUBSÉQUENTES)

- Inscrire les données d'évaluation, notamment les facteurs de risque s'appliquant au patient.

PLANIFICATION

- Rédiger le plan de soins et inscrire le nom de chacun des intervenants.
- Rédiger le plan d'enseignement.

APPLICATION /VÉRIFICATION DES RÉSULTATS

- Noter les réactions du patient aux interventions et à l'enseignement, ainsi que les mesures qui ont été prises.
- Noter les objectifs atteints ou les progrès accomplis vers l'atteinte des objectifs.

- Noter les modifications apportées au plan de soins.

PLAN DE CONGÉ

- Noter les besoins à long terme du patient, les demandes de consultation et le nom des responsables des mesures à prendre.

Remarque

Les informations entre crochets ont été ajoutées par les auteures afin de clarifier les diagnostics infirmiers et d'en faciliter l'utilisation.

INTÉGRITÉ DES TISSUS, atteinte à l'

Taxinomie I : Échanges (1.6.2.1)

[Division diagnostique : Intégrité physique]

Définition

Lésion aux muqueuses, à la cornée, aux téguments ou aux tissus sous-cutanés.

FACTEURS FAVORISANTS

Trouble circulatoire

Déficit ou excès nutritionnel, [dysfonctionnement métabolique, endocrinien]

Déficit ou excès liquidien

Manque de connaissances

Altération de la mobilité physique

Agent irritant, agent chimique (y compris les excrétions corporelles, les sécrétions, les médicaments), [infection]; irradiation (y compris la radiothérapie)

Facteur thermique (extrêmes de température)

Facteur mécanique (pression, forces de cisaillement, frottement), [intervention chirurgicale]

CARACTÉRISTIQUES

DONNÉE OBJECTIVE

†Lésion ou destruction des tissus (cornée, muqueuses, téguments, tissus sous-cutanés)

---

†Caractéristique majeure

RÉSULTATS ESCOMPTÉS (OBJECTIFS) / CRITÈRES D'ÉVALUATION

- Le patient comprend le problème et les facteurs qui y sont reliés.
- Le patient choisit les interventions lui convenant le mieux.
- Le patient adopte des conduites ou de nouvelles habitudes favorisant sa guérison et la prévention des complications ou de la réapparition du problème.
- La plaie ou la lésion guérit rapidement.

INTERVENTIONS INFIRMIÈRES

PRIORITÉ Nº 1 – Évaluer les facteurs favorisants :

- Revoir le profil actuel du patient à la recherche des causes possibles du problème : risques liés au travail, à la pratique d'un sport ou aux activités de la vie quotidienne ; antécédents familiaux, problème de santé, emploi de prothèses ou d'orthèses (membre artificiel, œil artificiel, lentilles cornéennes, prothèses dentaires, canule trachéale, sonde de Foley, dilatateur œsophagien, etc.).
- Noter les mauvaises pratiques de santé (manque d'hygiène personnelle, usage fréquent de lavements, mauvaise alimentation, pratiques sexuelles à risque, mauvaise hygiène buccodentaire, etc.) ; les problèmes affectifs ou psychologiques ; les pratiques culturelles ou religieuses.
- Recueillir des données sur le milieu de vie passé et présent du patient à son domicile et au travail ainsi que sur les voyages qu'il a effectués récemment. **Remarque :** Les risques de contracter certaines maladies ou de s'exposer à certains polluants semblent plus élevés dans certaines régions ou dans certains quartiers.

- Rechercher les facteurs génétiques ou socioculturels.
- Noter les signes d'atteinte d'un autre organe ou tissu. **Remarque :** L'écoulement d'une fistule à travers les téguments et les tissus sous-cutanés pourrait entraîner une infection osseuse.
- Recueillir des données sur l'irrigation sanguine et l'innervation du tissu atteint.

PRIORITÉ Nº 2 – Évaluer le degré d'atteinte :

- Tracer un portrait global de la situation : durée de l'épisode actuel, durée du premier épisode et circonstances entourant son apparition, nombre d'épisodes, siège des épisodes antérieurs, caractéristiques des lésions et des épisodes (comment le problème commence, comment il disparaît, autres symptômes concomitants), changements ou différences d'une lésion ou d'un épisode à l'autre.
- Noter la taille (largeur et profondeur), la couleur, l'odeur, le siège, la température, la texture et la consistance des plaies ou des lésions, si possible. **Remarque :** L'ampleur des lésions des muqueuses ou des tissus sous-cutanés peut être impossible à discerner par la simple observation.
- Noter toute autre caractéristique distinctive du tissu enflammé (exsudat, tissu de granulation, cyanose ou pâleur, peau tendue et luisante, etc.).
- Collaborer aux procédés diagnostiques visant à déterminer la gravité de l'atteinte (cultures, examen endoscopique, tomographie, biopsie, etc.).
- Apprécier les effets psychologiques du problème sur le patient et sa famille.

PRIORITÉ Nº 3 – Aider le patient à corriger ou à réduire l'atteinte et à favoriser la guérison :

- Modifier ou éliminer les facteurs contribuant au problème, si possible. Collaborer au traitement du problème médical sous-jacent, s'il y a lieu.
- Inspecter la lésion ou la plaie quotidiennement, à la recherche de changements (signes d'infection ou de complications, cicatrisation, etc.).
- Recommander au patient une alimentation équilibrée fournissant un apport énergétique et protéique adéquat *afin de favoriser la guérison.* Lui donner des suppléments de vitamines ou de minéraux, au besoin.
- Prévoir de bonnes périodes de repos et de sommeil paradoxal (périodes suffisamment longues de sommeil ininterrompu ; mesures de bien-être ; pas ou peu de caféine, d'alcool et de médicaments nuisant au sommeil paradoxal).
- Changer fréquemment la position du patient et lui faire faire le plus tôt possible des exercices actifs et passifs, avec ou sans aide, *afin d'améliorer la circulation.*
- Procurer au patient les aides techniques nécessaires à son bien-être et à sa guérison (pansement oculaire, humidificateur, coussinets protecteurs, matelas à gonflement alternatif ou matelas d'eau, attelles, pansements, eau dentifrice, etc.).
- Utiliser la technique d'asepsie pour nettoyer la lésion, y appliquer un médicament et la panser.
- Prélever des échantillons des exsudats ou des lésions pour culture et antibiogramme, au besoin.
- Étudier les résultats des examens de laboratoire à la recherche de changements indiquant une amélioration de l'état de la plaie ou de la lésion, de signes d'infection ou de complications (numération globulaire, ionogramme, glycémie, etc.).
- Organiser un environnement sûr pour les patients ayant des problèmes visuels.

PRIORITÉ Nº 4 – Prodiguer un enseignement visant le mieux-être du patient :

- Inviter le patient à exprimer ses sentiments face à son état.
- Rechercher avec le patient et sa famille des mécanismes d'adaptation efficaces et les inciter à les mettre en pratique.
- Expliquer au patient qu'il est important de déceler rapidement tout changement dans son état ou tout malaise physique inhabituel et de le signaler le plus rapidement possible.
- Souligner l'importance d'un apport nutritionnel et liquidien suffisant.
- Montrer au patient les techniques d'asepsie pour les changements de pansements et comment se débarrasser des pansements souillés.
- Revoir la thérapeutique médicale prescrite (application topique de crèmes ou de pommades, vaporisation ou trempage).
- Indiquer au patient les changements qu'il devra apporter dans ses habitudes, son travail ou son milieu de vie pour tenir compte des limites que lui impose son état ou pour ne pas s'exposer aux facteurs de risque.
- Diriger le patient vers les services communautaires ou gouvernementaux pertinents (ministère de la Santé et des Services sociaux, Commission de la santé et de la sécurité au travail, Institut pour les aveugles, etc.).

§ Consulter les diagnostics infirmiers pertinents, selon la situation du patient : atteinte à l'intégrité de la peau, atteinte à l'intégrité de la muqueuse buccale, altération de la perception sensorielle (visuelle), risque de blessure en périopératoire, altération de la mobilité physique, diminution de l'irrigation tissulaire, risque de trauma ou risque d'infection.

DONNÉES ESSENTIELLES À CONSIGNER

ÉVALUATIONS (INITIALE ET SUBSÉQUENTES)

- Inscrire les données d'évaluation, notamment le tableau global de la situation, les caractéristiques de la plaie ou de la lésion et les signes d'atteinte d'un autre organe ou tissu.
- Noter les effets du problème sur le fonctionnement et les habitudes de vie du patient.

PLANIFICATION

- Rédiger le plan de soins et inscrire le nom de chacun des intervenants.
- Rédiger le plan d'enseignement.

APPLICATION /VÉRIFICATION DES RÉSULTATS

- Noter les réactions du patient aux interventions et à l'enseignement, ainsi que les mesures qui ont été prises.
- Noter les objectifs atteints ou les progrès accomplis vers l'atteinte des objectifs.
- Noter les modifications apportées au plan de soins.

PLAN DE CONGÉ

- Noter les besoins à long terme du patient et le nom des responsables des mesures à prendre.
- Noter les demandes de consultation.

Remarque

Les informations entre crochets ont été ajoutées par les auteures afin de clarifier les diagnostics infirmiers et d'en faciliter l'utilisation.

INTERACTIONS SOCIALES, perturbation des

Taxinomie I : Relations (3.1.1)

[Division diagnostique : Socialisation]

Définition

Rapports sociaux excessifs, insuffisants ou inefficaces.

FACTEURS FAVORISANTS

Manque de connaissances sur la façon d'engendrer une bonne réciprocité, ou inaptitude à le faire

Obstacles à la communication [traumatisme crânien, accident vasculaire cérébral ou autre trouble neurologique affectant la capacité de communiquer]

Perturbation du concept de soi

Absence de personne clé ou de pairs

Mobilité physique réduite [affection neuromusculaire, par exemple]

Isolement thérapeutique

Disparités socioculturelles

Obstacles environnementaux

Altération des opérations de la pensée

CARACTÉRISTIQUES

DONNÉES SUBJECTIVES

†Malaise en société

---

†Caractéristique majeure

†Incapacité de recevoir ou de communiquer un sentiment satisfaisant d'appartenance, de la sollicitude, de l'intérêt, ou de partager des souvenirs communs

†Changement dans la nature des interactions entre le patient et sa famille

DONNÉES OBJECTIVES

†Malaise en société

†Incapacité de recevoir ou de communiquer un sentiment satisfaisant d'appartenance, de la sollicitude, de l'intérêt, ou de partager des souvenirs communs

†Conduites inefficaces dans les interactions sociales

†Interactions dysfonctionnelles avec les pairs, la famille et/ou autrui

RÉSULTATS ESCOMPTÉS (OBJECTIFS) / CRITÈRES D'ÉVALUATION

- Le patient est conscient des facteurs provoquant ou aggravant la perturbation de ses interactions sociales.
- Le patient reconnaît les sentiments entraînant de mauvaises interactions sociales.
- Le patient désire faire et effectue des changements positifs dans sa conduite en société et ses relations interpersonnelles.
- Le patient s'accorde des renforcements positifs pour les changements effectués.
- Le patient se crée un réseau de soutien social efficace et utilise de façon appropriée les ressources à sa disposition.

---

†Caractéristiques majeures

INTERVENTIONS INFIRMIÈRES

PRIORITÉ N° 1 – Évaluer les facteurs favorisants :

- Interroger le patient et la personne clé dans sa vie sur la vie sociale antérieure du patient et reculer suffisamment dans le temps pour déterminer à quel moment son comportement social ou la nature de ses relations a changé. Par exemple, le problème peut découler de la perte ou d'une longue maladie de la personne chère ; de l'échec d'une relation ; de la perte d'un emploi, d'embarras pécuniaires ou de la perte d'une position politique (de pouvoir) ; d'un changement de place dans la hiérarchie familiale (chômage, vieillesse, maladie) ; d'une mauvaise adaptation à un stade de développement (mariage, naissance ou adoption d'un enfant, par exemple).
- Relever les facteurs ethniques, culturels ou religieux qui entrent en jeu dans le problème du patient.
- Revoir les antécédents médicaux du patient et noter les agents stressants dus à une maladie physique ou prolongée (accident vasculaire cérébral, cancer, sclérose en plaques, traumatisme crânien, maladie d'Alzheimer, etc.), à une maladie mentale (schizophrénie, etc.), à des médicaments ou à des drogues, à un accident débilitant.
- Noter les modes de relations dans la famille et ses comportements sociaux. S'enquérir des conduites que les parents attendent des enfants et noter si le patient répète lui-même le scénario imposé par ses parents. Observer le patient lors de ses interactions avec sa famille ou la personne clé dans sa vie et noter le scénario prédominant.
- Inviter le patient à parler de son malaise en société ; noter les causes de ce malaise ou les situations qui le déclenchent, ainsi que les obsta-

cles qui empêchent le patient de recourir aux réseaux de soutien.

- Noter les effets de la perturbation sur le niveau socio-économique du patient et sur ses pratiques religieuses ou culturelles.

PRIORITÉ N° 2 – Évaluer le degré de perturbation :

- Inviter le patient à parler de ses problèmes et de la façon dont il les perçoit. Pratiquer l'écoute active afin de savoir s'il présente des signes de désespoir ; s'il a un sentiment d'impuissance, de peur, d'anxiété, de chagrin, de colère ; s'il a l'impression que personne ne l'aime ou ne peut l'aimer ; s'il a des problèmes d'identité sexuelle ; s'il ressent de la haine, générale ou dirigée vers une personne ou un objet précis.
- Observer les comportements sociaux et interpersonnels du patient et les décrire en termes objectifs, en notant sa façon de s'exprimer et son langage corporel (a) en milieu de soins et (b) dans sa vie quotidienne (si possible) : en famille, au travail, dans sa vie sociale et ses loisirs.
- Interroger le patient sur la façon dont il utilise ses stratégies d'adaptation et ses mécanismes de défense.
- Interroger le patient et sa famille pour savoir si celui-ci est victime de comportements autodestructeurs ou destructeurs envers autrui.

§ Consulter le diagnostic infirmier de risque de violence.

- Consulter la famille du patient, la personne clé dans sa vie, ses amis, ses chefs spirituels, ses collègues de travail, au besoin, *afin de leur demander s'ils ont noté des changements de comportement chez lui.*

PRIORITÉ N° 3 – Aider le patient et la personne clé dans sa vie à reconnaître les perturbations dans les interactions sociales et interpersonnelles, et à adopter des changements positifs :

- Établir une relation thérapeutique : respect pour la personne, écoute active, climat de sécurité propice aux confidences.
- Demander au patient d'énumérer les comportements qui le rendent mal à l'aise. Demander à la famille du patient ou à la personne clé dans sa vie d'énumérer les comportements du patient qui les rendent mal à l'aise.
- Dresser une liste des comportements négatifs observés par le personnel soignant, les collègues de travail du patient, etc.
- Comparer les listes et noter les points communs. Aider le patient à établir un ordre de priorité parmi les comportements à changer.
- Rechercher avec le patient des moyens de changer ses interactions ou ses comportements sociaux (en fonction de la liste de priorités dressée auparavant) et lui faire appliquer ces nouveaux comportements dans des jeux de rôle.
- Mettre en scène différentes situations sociales dans des jeux de rôle effectués au sein d'une thérapie de groupe, dans des conditions sécurisantes. Demander au groupe de noter les comportements positifs et négatifs du patient, de discuter de ces comportements et des changements nécessaires. Permuter les rôles et discuter des conséquences. Inviter la famille du patient ou la personne clé dans sa vie à participer, au besoin.
- Donner au patient un renforcement positif lorsqu'il adopte des comportements sociaux satisfaisants.
- Participer à des rencontres multidisciplinaires ayant pour but d'évaluer les progrès du patient. Inviter à ces rencontres le personnel soignant, les

membres de la famille, la personne clé dans sa vie et le groupe de thérapie.

- Travailler avec le patient à atténuer les concepts de soi négatifs fondamentaux qui l'empêchent d'avoir des interactions sociales positives.
- Inciter le patient atteint d'un trouble neurologique à avoir des interactions individuelles et/ou de groupe, si possible.
- Orienter le patient vers une thérapie familiale, au besoin, car il n'est pas seul en cause dans les comportements sociaux et les relations interpersonnelles.

PRIORITÉ N° 4 – Prodiguer un enseignement visant le mieux-être du patient :

- Amener le patient à reconnaître qu'il est responsable de ses comportements. Lui conseiller de tenir un journal où il notera quotidiennement ses interactions sociales, le bien-être ou le malaise qu'il a ressenti, les causes possibles de ces sentiments ou les facteurs déclenchants.
- Guider le patient dans l'acquisition d'un savoir-faire social par le jeu de rôle et le renforcement positif. L'inciter à appliquer le savoir-faire acquis dans des situations sociales réelles avec une personne qui l'accompagne pour le soutenir. Lui faire des commentaires positifs pendant les interactions avec lui.
- Inventorier les programmes communautaires susceptibles de favoriser l'adoption des comportements positifs que le patient essaie d'acquérir.
- Inciter le patient à suivre des cours, à lire, à participer à des conférences ou à des groupes d'entraide *afin d'atténuer les concepts de soi négatifs qui perturbent ses interactions sociales.*
- Conseiller au patient de poursuivre sa thérapie familiale ou individuelle aussi longtemps que

celle-ci favorisera sa croissance et l'adoption de changements positifs. **Remarque :** Il faut faire attention toutefois à ce que la thérapie ne devienne pas une béquille.

- Assurer la continuité des renforcements positifs en communiquant avec l'équipe de suivi et la famille.
- Diriger le patient vers une infirmière spécialisée en soins psychiatriques s'il a besoin d'une aide supplémentaire.

DONNÉES ESSENTIELLES À CONSIGNER

ÉVALUATIONS (INITIALE ET SUBSÉQUENTES)

- Inscrire les données d'évaluation, notamment la nature des échanges sociaux et les caractéristiques du comportement du patient.
- Noter les perceptions et les réactions des autres.

PLANIFICATION

- Rédiger le plan de soins et inscrire le nom de chacun des intervenants.
- Rédiger le plan d'enseignement.

APPLICATION /VÉRIFICATION DES RÉSULTATS

- Noter les réactions du patient aux interventions et à l'enseignement, ainsi que les mesures qui ont été prises.
- Noter les objectifs atteints ou les progrès accomplis vers l'atteinte des objectifs.
- Noter les modifications apportées au plan de soins.

PLAN DE CONGÉ

- Noter les besoins à long terme du patient, les demandes de consultation et le nom des responsables des mesures à prendre.

- Noter les ressources communautaires auxquelles le patient peut recourir.

Remarque

Les informations entre crochets ont été ajoutées par les auteures afin de clarifier les diagnostics infirmiers et d'en faciliter l'utilisation.

INTOLÉRANCE À L'ACTIVITÉ [préciser le degré]

Taxinomie I : Mouvement (6.1.1.2)

[Division diagnostique : Activité]

Définition

Manque d'énergie physique ou psychique qui empêche une personne de poursuivre ou de mener à bien les activités quotidiennes requises ou désirées.

FACTEURS FAVORISANTS

Faiblesse générale

Sédentarité

Alitement ou immobilisation

Déséquilibre entre l'apport et les besoins en oxygène

[Déficit cognitif, état affectif ; processus morbide sous-jacent, maladie dépressive]

CARACTÉRISTIQUES

DONNÉES SUBJECTIVES

‡Fatigue ou faiblesse

Malaise ou dyspnée d'effort

[Douleur, faiblesse, vertiges, stress extrême]

[Verbalisation d'un manque de goût ou d'intérêt pour réaliser une activité]

---

‡Caractéristique essentielle

DONNÉES OBJECTIVES

Fréquence cardiaque ou pression artérielle anormales après une activité

Modifications électrocardiographiques indiquant des arythmies ou une ischémie [pâleur, cyanose]

ÉCHELLE D'ÉVALUATION DU NIVEAU D'INTOLÉRANCE À L'ACTIVITÉ (Gordon, 1987)

Niveau I : peut marcher d'un pas normal sur une surface plane aussi longtemps qu'il le désire ; peut monter un étage ou plus, mais est alors plus essoufflé que la normale.

Niveau II : peut marcher une distance de 150 mètres sur une surface plane sans problème ; peut monter un étage lentement sans s'arrêter.

Niveau III : ne peut marcher plus de 15 mètres sur une surface plane sans devoir s'arrêter ; est incapable de monter un étage sans s'arrêter.

Niveau IV : dyspnée et fatigue au repos.

RÉSULTATS ESCOMPTÉS (OBJECTIFS) / CRITÈRES D'ÉVALUATION

- Le patient énumère les facteurs négatifs influant sur sa tolérance à l'activité.
- Le patient élimine ou réduit les effets des facteurs affectant sa tolérance à l'activité, dans la mesure du possible.
- Le patient applique les mesures recommandées pour améliorer sa tolérance à l'activité.
- Le patient participe de bon gré aux activités nécessaires ou désirées.
- Le patient signale une augmentation mesurable de sa tolérance à l'activité.
- Le patient présente une amélioration des signes physiologiques d'intolérance : le pouls, la respiration et la pression artérielle restent dans ses limites normales.

INTERVENTIONS INFIRMIÈRES

PRIORITÉ Nº 1 – Déterminer les facteurs favorisants :

- Apprécier le degré de déficit et les limites actuelles du patient en fonction de son état habituel.
- Noter les plaintes de faiblesse, de fatigue, d'insomnie, de douleur ou de difficulté à accomplir les tâches.
- Mesurer les signes vitaux avant, pendant et après l'effort *afin d'évaluer la réaction à l'activité.*
- Apprécier l'aptitude du patient à se tenir debout et à se déplacer *afin de déterminer le degré d'assistance et l'équipement dont il a besoin.*
- Faire la distinction entre les besoins d'activité du patient et ses désirs (est à peine capable de monter à pied jusqu'à l'étage suivant, mais aimerait jouer au racketball, par exemple).
- Rechercher les facteurs de stress ou les facteurs psychologiques reliés à la situation du patient (ces facteurs peuvent être la cause de l'intolérance à l'activité, par exemple quand le patient est déprimé à cause de la perte d'un être cher, ou ils peuvent être le résultat de l'intolérance, par exemple quand le patient est déprimé parce qu'il est incapable de participer comme il le voudrait aux activités).
- Noter les facteurs reliés au traitement, comme les effets indésirables et les interactions des médicaments.

PRIORITÉ Nº 2 – Aider le patient à prendre des mesures à l'égard des facteurs contribuant à sa fatigue, compte tenu de ses capacités :

- Mesurer régulièrement les signes vitaux et recueillir des données sur les opérations de la pensée. Noter les perturbations de la pression artérielle, de la fréquence cardiaque et de la fréquence respiratoire ; noter également les changements de couleur de la peau (pâleur, cyanose) et la confusion.

- Doser l'activité du patient de façon à prévenir l'épuisement. Si une activité entraîne une altération physiologique indésirable, en réduire l'intensité ou la cesser.
- Administrer de l'oxygène ou des médicaments, au besoin, et observer les réactions du patient.
- Augmenter graduellement l'intensité des exercices ou des activités ; enseigner au patient comment ménager ses forces (s'arrêter et se reposer pendant trois minutes lors d'une promenade de dix minutes, s'asseoir au lieu de rester debout quand il se brosse les cheveux, etc.).
- Prévoir dans le plan de soins des périodes de repos entre les activités *afin de réduire la fatigue.*
- Créer un climat d'encouragement en étant toutefois consciente de la difficulté de la situation pour le patient.
- Encourager le patient à exprimer les sentiments qui contribuent à son problème ou qui en résultent.
- Inciter le patient et la personne clé dans sa vie à participer le plus possible à la planification des activités.
- Rester présente pendant les activités *afin de veiller à ce que le patient ne s'épuise pas.*
- Assister le patient dans la pratique de ses activités *afin de le protéger contre les accidents.*
- Fournir au patient les aides techniques nécessaires (béquilles, déambulateur, chaise roulante, etc.) et s'assurer qu'il les utilise correctement.
- Appliquer des mesures de soulagement de la douleur.

§ Consulter les diagnostics infirmiers de douleur et de douleur chronique.

- Diriger le patient vers des spécialistes d'autres disciplines, au besoin (physiatre, conseiller psychologique ou psychothérapeute, ergothérapeute, physiothérapeute, spécialiste en loisirs, etc.).

PRIORITÉ Nº 3 – Prodiguer un enseignement visant le mieux-être du patient :

- Planifier un maximum d'activités en tenant compte des capacités du patient.
- Établir les objectifs en tenant compte des attentes du patient, de la personne clé dans sa vie et des membres de l'équipe soignante. Explorer les conflits possibles.
- Montrer au patient et à la personne clé comment évaluer la réaction à l'activité et leur indiquer les signes et symptômes d'un niveau trop élevé d'intolérance à l'activité.
- Planifier une augmentation progressive du niveau d'activité en fonction de la tolérance du patient.
- Informer le patient sur ses progrès quotidiens ou hebdomadaires.
- Informer le patient sur les mesures de sécurité visant la prévention des accidents.
- Informer le patient sur le lien qui existe entre son style de vie et sa tolérance à l'activité (alimentation, apport liquidien, santé mentale, etc.).
- Inciter le patient à garder une attitude positive et à utiliser des techniques de relaxation, de visualisation et d'imagerie mentale, selon les besoins.
- Inciter le patient à participer à des activités sociales et récréatives qui pourraient l'aider dans sa situation.

§ Consulter le diagnostic infirmier de manque de loisirs.

DONNÉES ESSENTIELLES À CONSIGNER

ÉVALUATIONS (INITIALE ET SUBSÉQUENTES)

- Inscrire le niveau d'intolérance à l'activité en se référant à l'échelle d'évaluation présentée à la page 548.
- Noter les facteurs reliés au problème.
- Noter les plaintes du patient.

PLANIFICATION

- Rédiger le plan de soins et inscrire le nom de chacun des intervenants.
- Rédiger le plan d'enseignement.

APPLICATION /VÉRIFICATION DES RÉSULTATS

- Noter la réaction du patient aux interventions et à l'enseignement, ainsi que les mesures qui ont été prises.
- Noter dans quelle mesure le patient comprend le plan d'enseignement.
- Noter les objectifs atteints ou les progrès accomplis vers l'atteinte des objectifs.
- Noter les modifications apportées au plan de soins.

PLAN DE CONGÉ

- Inscrire les demandes de consultation.
- Noter les besoins à long terme du patient et le nom des responsables des mesures à prendre.

Remarque

Les informations entre crochets ont été ajoutées par les auteures afin de clarifier les diagnostics infirmiers et d'en faciliter l'utilisation.

INTOLÉRANCE À L'ACTIVITÉ, risque d'

Taxinomie 1 : Mouvement (6.1.1.3)

[Division diagnostique : Activité]

Définition

Situation dans laquelle une personne risque de manquer d'énergie physique ou psychologique pour poursuivre ou mener à bien les activités quotidiennes requises ou désirées.

FACTEURS DE RISQUE

Antécédents d'intolérance

Problèmes circulatoires ou respiratoires

Mauvaise forme physique

Inexpérience de l'activité

[Maladie évolutive ou débilitante telle que le cancer ou la sclérose en plaques ; interventions chirurgicales importantes]

[Répugnance à exécuter une activité ou incapacité de l'exécuter]

Remarque : Il ne peut y avoir de signes ou de symptômes (caractéristiques) lorsque l'on diagnostique un risque de problème, car celui-ci n'existe pas encore ; les interventions infirmières sont donc axées sur la prévention.

RÉSULTATS ESCOMPTÉS (OBJECTIFS) / CRITÈRES D'ÉVALUATION

- Le patient établit un lien entre son état de santé et le risque d'intolérance à l'activité.

- Le patient participe à un programme de conditionnement physique ou de réadaptation.
- Le patient trouve d'autres façons de maintenir le niveau d'activité qu'il désire (marcher dans un centre commercial s'il fait mauvais, par exemple).
- Le patient connaît les malaises ou les symptômes exigeant un nouvel examen médical.

INTERVENTIONS INFIRMIÈRES

PRIORITÉ Nº 1 – Évaluer les facteurs influant sur la situation actuelle :

- Rechercher les facteurs qui entravent actuellement l'activité du patient (âge, problèmes osseux, climat, température, etc.).
- Noter les diagnostics médicaux et/ou les traitements susceptibles de provoquer une intolérance à l'activité.
- Noter les valeurs initiales du niveau d'activité et de l'état physique.

PRIORITÉ Nº 2 – Déterminer de nouvelles façons de garder le patient actif compte tenu des contraintes actuelles :

- Élaborer un programme d'exercices physiques de concert avec le patient et les membres de l'équipe multidisciplinaire (physiothérapeute, ergothérapeute, physiatre, infirmière clinicienne, conseiller en réadaptation, etc.).
- Appliquer un programme de conditionnement physique adapté.
- Inciter le patient à faire partie d'un groupe d'activités.
- Montrer au patient les méthodes d'exécution correctes de nouvelles activités.
- Proposer au patient d'autres méthodes d'exécution des activités familières.

PRIORITÉ N° 3 – Prodiguer un enseignement visant le mieux-être du patient :

- Expliquer le lien entre la maladie ou une affection débilitante et l'intolérance à certaines activités.
- Informer le patient sur les facteurs susceptibles de provoquer une intolérance à l'activité.
- Aider le patient ou la personne clé dans sa vie à planifier les changements nécessaires.
- Expliquer chacun des symptômes nécessitant une consultation médicale.

DONNÉES ESSENTIELLES À CONSIGNER

ÉVALUATIONS (INITIALE ET SUBSÉQUENTES)

- Noter les facteurs de risque s'appliquant au patient.
- Inscrire le niveau actuel de tolérance à l'activité et les facteurs qui entravent l'activité.

PLANIFICATION

- Inscrire le plan de traitement, notamment les programmes de physiothérapie et d'exercices.
- Inscrire les changements prévus dans le mode de vie du patient, le nom des responsables des mesures à prendre, ainsi que le suivi prévu.

APPLICATION /VÉRIFICATION DES RÉSULTATS

- Noter les réactions du patient aux interventions et à l'enseignement, ainsi que les mesures qui ont été prises.
- Noter les objectifs atteints ou les progrès accomplis vers l'atteinte des objectifs.
- Noter les modifications apportées au plan de soins.

PLAN DE CONGÉ

- Inscrire les demandes de consultation relativement au suivi médical.

Remarque

Les informations entre crochets ont été ajoutées par les auteures afin de clarifier les diagnostics infirmiers et d'en faciliter l'utilisation.

INTOXICATION, risque d'

Taxinomie I : Échanges (1.6.1.2)

[Division diagnostique : Intégrité physique]

Définition

Risque d'entrer accidentellement en contact avec des substances nocives en quantités suffisantes pour provoquer une intoxication [ou effets néfastes d'un médicament sur ordonnance ou d'une drogue].

FACTEURS DE RISQUE

FACTEURS INTRINSÈQUES (personnels) :

Vue affaiblie

Manque de connaissances sur les mesures de sécurité ou sur les médicaments et drogues

Imprudence ; [habitudes dangereuses, négligence, manque de surveillance]

Manque d'argent

Absence de dispositifs de sécurité sur le lieu de travail

Problèmes cognitifs ou émotionnels ; [facteurs reliés au comportement]

[Groupes d'âge à risque : jeune enfant, personne âgée]

[Maladie chronique, invalidité]

[Croyances ou pratiques culturelles ou religieuses]

FACTEURS EXTRINSÈQUES (environnementaux) :

Réserves importantes de médicaments à la maison

Médicaments rangés dans des armoires non fermées à clé, à la portée d'enfants ou de personnes désorientées

Accès facile à des drogues illégales pouvant contenir des produits toxiques

Peinture écaillée ou murs décrépits dans un endroit fréquenté par de jeunes enfants

Produits dangereux laissés à la portée d'enfants ou de personnes désorientées

Contact sans protection avec des métaux lourds ou des produits chimiques

Présence de peinture, de vernis, etc., dans des contenants non scellés ou dans une pièce mal aérée

Contamination chimique de l'eau et de la nourriture

Présence de plantes toxiques

Présence de polluants atmosphériques, [proximité de produits chimiques industriels]

[Marge de sécurité thérapeutique de certains médicaments (activité thérapeutique par rapport à la toxicité, demi-vie, méthode de captation et de dégradation dans l'organisme, état fonctionnel des organes)]

Remarque : Il ne peut y avoir de signes ou de symptômes (caractéristiques) lorsque l'on diagnostique un risque de problème, car celui-ci n'existe pas encore ; les interventions infirmières sont donc axées sur la prévention.

RÉSULTATS ESCOMPTÉS (OBJECTIFS) / CRITÈRES D'ÉVALUATION

- Le patient comprend les dangers d'intoxication encourus.
- Le patient connaît les risques susceptibles d'entraîner une intoxication accidentelle.
- Le patient élimine les risques environnementaux présents.

- Le patient adopte les mesures et les nouvelles habitudes nécessaires à la création d'un environnement sûr.

INTERVENTIONS INFIRMIÈRES

PRIORITÉ N° 1 – Évaluer les facteurs de risque :

- Recueillir des données sur les facteurs de risque intrinsèques et extrinsèques, notamment la présence d'allergènes et de polluants susceptibles d'influer sur son état.
- S'enquérir des connaissances du patient sur les risques pour la sécurité posés par les médicaments, les drogues et l'environnement, et apprécier son aptitude à prendre les précautions nécessaires.
- Demander au patient s'il consomme des drogues légales ou illégales comme l'alcool, la marijuana, l'héroïne, des médicaments en vente libre ou vendus sur ordonnance, etc.
- Étudier les résultats des épreuves de laboratoire et des épreuves de dépistage de substances toxiques, au besoin.

PRIORITÉ N° 2 – Aider le patient à corriger les facteurs susceptibles d'entraîner une intoxication accidentelle :

- Discuter avec le patient de la raison d'être des capuchons de sécurité et de l'importance de garder sous clé les médicaments, les produits de nettoyage, la peinture, les solvants, etc.
- Appliquer un code de couleur pour les médicaments que doit prendre une personne souffrant d'une déficience visuelle.
- S'assurer qu'une personne clé responsable ou une infirmière en santé communautaire supervise le traitement médicamenteux du patient à

domicile. **Remarque :** Si celui-ci souffre d'une déficience cognitive ou visuelle, il peut s'avérer nécessaire de préparer les doses de médicaments à sa place.

- Inciter le patient à jeter les médicaments périmés ou inutilisés de façon appropriée (c'est-à-dire dans un endroit désigné pour les déchets toxiques, et non dans l'évier ou les toilettes).
- Signaler les infractions aux règlements sur la santé et la sécurité aux autorités compétentes (ministère de la Santé, Commission de la santé et de la sécurité du travail).
- Réparer, remplacer ou corriger tout ce qui présente un risque pour la sécurité dans la maison (solvants gardés dans des bouteilles de boisson gazeuse, peinture écaillée, murs décrépits, etc.).

PRIORITÉ N° 3 – Prodiguer un enseignement visant le mieux-être du patient :

- Recommander au patient de s'inscrire à un programme communautaire visant à aider les gens à reconnaître et à éliminer les facteurs de risque présents dans leur environnement.
- Revoir avec le patient ou la personne clé dans sa vie les caractéristiques liées à l'administration des médicaments, notamment les effets secondaires et les interactions médicamenteuses possibles.
- Expliquer au patient les possibilités de mauvais usage, les interactions médicamenteuses et les risques de surdose reliés à l'emploi des médicaments en vente libre (consommation de mégadoses de vitamines, d'analgésiques, etc.).
- Informer le patient sur les risques dans la nature, tant à la ville qu'à la campagne : végétaux vénéneux (sumac vénéneux), tiques, abeilles. Conseil-

ler aux personnes sensibles de toujours garder à portée de la main une trousse contenant une seringue remplie d'épinéphrine ou un nébuliseur d'épinéphrine qu'elles pourront utiliser sur-le-champ, au besoin.

- Recommander une analyse périodique de l'eau du puits ou de la source d'eau.
- Prendre note des sources de contamination possibles (eaux d'égouts, effluents industriels, eaux de ruissellement agricoles, etc.).
- Revoir avec le patient les règlements pertinents du ministère de la Santé, de la Commission de la santé et de la sécurité du travail et du service de santé de son lieu de travail.
- Relever les indices de qualité de l'air à partir des sources d'information disponibles (taux de pollen dans l'air, de CO_2, etc.).
- Fournir au patient une liste de numéros de téléphone d'urgence en cas d'intoxication et lui conseiller de la conserver près du téléphone.
- Recommander aux parents de placer des autocollants de sécurité sur les médicaments et les produits chimiques pour mettre les enfants en garde contre ces produits dangereux.
- Enseigner les premiers soins ou s'assurer que le patient ou la personne clé dans sa vie disposent d'un guide sur les soins à prodiguer en cas d'accident.
- Conseiller au patient de garder du sirop d'ipéca à la maison, qu'il pourra utiliser immédiatement en situation d'urgence sur la recommandation du centre antipoison ou du médecin.
- Diriger les toxicomanes vers des services de désintoxication ou de réadaptation, des services de counseling ou de psychothérapie, ou des groupes de soutien.

- Inciter le patient à s'informer sur les mesures d'urgence (cours de réanimation cardiorespiratoire, cours de premiers soins, programme de sécurité offert par les services communautaires, moyens de communiquer avec des services d'urgence, etc.).

DONNÉES ESSENTIELLES À CONSIGNER

ÉVALUATIONS (INITIALE ET SUBSÉQUENTES)

- Inscrire les facteurs de risque intrinsèques et extrinsèques décelés.

PLANIFICATION

- Rédiger le plan de soins et inscrire le nom de chacun des intervenants.
- Rédiger le plan d'enseignement.

APPLICATION /VÉRIFICATION DES RÉSULTATS

- Noter les réactions du patient aux interventions et à l'enseignement, ainsi que les mesures qui ont été prises.
- Noter les objectifs atteints ou les progrès accomplis vers l'atteinte des objectifs.
- Noter les modifications apportées au plan de soins.

PLAN DE CONGÉ

- Noter les besoins à long terme du patient et le nom des responsables des mesures à prendre.
- Noter les demandes de consultation.

Remarque

Les informations entre crochets ont été ajoutées par les auteures afin de clarifier les diagnostics infirmiers et d'en faciliter l'utilisation.

IRRIGATION TISSULAIRE, diminution de l' (cardio-pulmonaire, cérébrale, gastro-intestinale, périphérique, rénale)

Taxinomie I : Échanges (1.4.1.1.)

[Division diagnostique : Circulation]

Définition

Diminution de la nutrition et de l'oxygénation cellulaires, consécutive à une diminution de la circulation du sang dans les capillaires. [L'irrigation sanguine aux tissus et le débit cardiaque sont normalement directement reliés. Toutefois, l'irrigation tissulaire peut être insuffisante sans qu'il y ait diminution du débit cardiaque.]

FACTEURS FAVORISANTS

Interruption de la circulation artérielle ou veineuse

Problème d'échanges

Hypervolémie, hypovolémie

CARACTÉRISTIQUES

Irrigation cardio-pulmonaire et périphérique

DONNÉES SUBJECTIVES

Claudication (1-M/2-É) ; [douleur au repos ou douleur sourde et persistante]*

***1 = Probabilité de trouver cette caractéristique chez les personnes ayant ce problème.**
2 = Probabilité que cette caractéristique n'appartienne pas à un autre diagnostic.
É = élevée, M = moyenne, F = faible.

[Angine, douleur thoracique]

[Palpitations]

[Dyspnée]

[Crainte d'un malheur imminent]

DONNÉES OBJECTIVES

‡Diminution [ou absence] de pouls artériel (1-É/2-É)

Couleur de la peau :

‡Pâle lorsque la jambe est surélevée, la couleur ne revient pas lorsqu'on baisse la jambe (1-É/2-É)

En position déclive, bleue ou violacée (1-M/2-F), [ou tachetée]

Température de la peau : froide aux extrémités (1-É/2-F)

Qualité de la peau : brillante(1-É/2-F)

Absence de duvet (1-É/2-M) ; chéloïdes (1-É/2-M)

Changements dans la pression artérielle aux extrémités [ou partout]

Bruits cardiaques (1-M/2-M)

Ongles secs, [épais] ou fragiles et poussant lentement (1-É/2-M)

Cicatrisation lente [ou non-guérison] des lésions (1-É/2-F)

Gangrène (1-F/2-É)

[Diminution du remplissage capillaire]

[Altération de la fréquence ou du rythme cardiaque]

---

‡Caractéristiques essentielles

***1 = Probabilité de trouver cette caractéristique chez les personnes ayant ce problème.**
2 = Probabilité que cette caractéristique n'appartienne pas à un autre diagnostic.
É = élevée, M = moyenne, F = faible.

[Cyanose générale, changement dans les valeurs des gaz du sang artériel]

[Hémoptysie]

Les caractéristiques des sous-composantes devront faire l'objet d'un travail plus approfondi, surtout en ce qui a trait à l'irrigation cérébrale, gastro-intestinale et rénale.

Irrigation cérébrale

DONNÉES OBJECTIVES

[Agitation]

[Changements dans le comportement]

[Déficit cognitif ; pertes de mémoire]

[Altération de la conscience]

Irrigation gastro-intestinale

DONNÉES SUBJECTIVES

[Douleur]

[Nausées ou vomissements]

DONNÉES OBJECTIVES

[Changements dans les bruits intestinaux]

[Ballonnement abdominal]

[Mélæna]

Irrigation rénale

DONNÉES OBJECTIVES

[Diminution de la diurèse, changements dans la densité urinaire]

[Formation d'œdème]

[Hypertension]

[Changements dans les valeurs des examens de laboratoire]

RÉSULTATS ESCOMPTÉS (OBJECTIFS) / CRITÈRES D'ÉVALUATION

- Le patient connaît son état, le traitement, les effets secondaires des médicaments et les circonstances nécessitant une consultation médicale.
- Le patient adopte des conduites ou de nouvelles habitudes visant l'amélioration de sa circulation (abandon de l'usage du tabac, techniques de relaxation, programme d'exercices, régime alimentaire plus équilibré, etc.).
- L'irrigation tissulaire s'accroît suffisamment pour les besoins du patient : peau chaude et sèche, pouls périphériques forts et bien frappés, signes vitaux dans la normale du patient, vigilance et orientation, ingesta et excreta équilibrés, absence d'œdème, absence de douleur et de malaise.

INTERVENTIONS INFIRMIÈRES

PRIORITÉ N° 1 – Évaluer les facteurs favorisants :

- Déceler les facteurs en cause chez le patient : antécédent ou risque de formation d'un thrombus ou d'une embole, fracture, maladie de Raynaud ou de Léo Buerger. **Remarque** : Certaines maladies affectent tous les systèmes et appareils de l'organisme (lupus érythémateux disséminé (LED), maladie d'Addison, insuffisance cardiaque, phéochromocytome et autres déséquilibres endocriniens, septicémie, etc.).
- Noter les changements liés à une altération de la circulation générale ou périphérique : changement dans l'état mental et dans les signes vitaux ou la pression artérielle orthostatique ; douleur ; changements cutanés, tissulaires ou organiques ; signes de déséquilibre métabolique, etc.
- Rechercher les signes d'infection, surtout lorsque le système immunitaire est déficient.

- Examiner le patient à la recherche de signes d'embolie pulmonaire : brusque apparition d'une douleur thoracique, cyanose, détresse respiratoire, hémoptysie, diaphorèse, hypoxie, anxiété, agitation.

PRIORITÉ N° 2 – Noter le degré de dysfonctionnement ou d'atteinte organique:

- Recueillir des données sur la durée du problème, sa fréquence et les facteurs déclenchants et aggravants.
- S'enquérir des répercussions du problème sur le fonctionnement et le style de vie du patient.

Irrigation cardio-pulmonaire

- Obtenir une description détaillée des douleurs thoraciques ou d'angine, en insistant sur les facteurs déclenchants et les changements dans les caractéristiques des épisodes de douleur.
- Noter la présence de dyspnée, de cyanose ou d'hémoptysie et en évaluer l'intensité.
- Mesurer le rythme cardiaque et noter les dysrythmies
- Noter les valeurs initiales des gaz artériels, des concentrations d'électrolytes, de l'urée, de la créatinine et des enzymes cardiaques.

Irrigation cérébrale

- Noter toute altération de la personnalité, les changements d'ordre visuel ou sensorimoteur, les céphalées, les étourdissements, l'altération de l'état mental, etc.
- Noter les antécédents de périodes brèves ou intermittentes de confusion ou de voile noir (blackout).
- S'enquérir de la façon dont la personne clé dans la vie du patient perçoit la situation.

Irrigation gastro-intestinale

- Noter les plaintes de nausées ou de vomissements, le siège et la nature de la douleur.
- Ausculter les bruits intestinaux.
- Mesurer la circonférence de l'abdomen et noter toute augmentation. Noter le tour de taille habituel du patient.
- Examiner les selles et noter les changements ou la présence de sang.
- Observer étroitement le patient à la recherche de signes de péritonite, de colite ischémique et d'infarctus mésentérique.

Irrigation périphérique

- Dresser le profil de la douleur : circonstances d'apparition (avec ou sans activité) ; effets (changements de température ou de couleur) ; manifestations (paresthésie) ; moment d'apparition (heure du jour ou de la nuit), facteurs déclenchants (chaleur, etc.).
- Mesurer la circonférence des membres, au besoin.
- Observer la texture des membres inférieurs à la recherche d'œdème et d'ulcérations.
- Noter le remplissage capillaire, la présence ou l'absence de pouls et leur symétrie.
- Apprécier la qualité des bruits auscultés sous le niveau de l'obstruction dans les membres.
- Noter toute sensibilité du mollet (signe d'Homans), tout œdème et toute rougeur, car ces signes peuvent indiquer la formation d'un thrombus.
- Étudier les résultats des examens de laboratoire, notamment le temps de coagulation et les concentrations d'hémoglobine et d'hématocrite.
- Examiner le patient à la recherche de signes de choc ou de septicémie.

- Noter la présence de saignements ou de signes de coagulation intravasculaire disséminée.

Irrigation rénale

- Noter le mode d'élimination urinaire habituel du patient et le comparer à son mode actuel.
- Noter les caractéristiques de l'urine ; mesurer sa densité.
- Étudier les résultats des examens de laboratoire : urée, créatinine, protéinurie, densité de l'urine, électrolytes sanguins, etc.
- Noter l'état mental du patient. **Remarque :** Il peut être altéré par une augmentation des taux d'urée ou de créatinine.
- Mesurer la pression artérielle et comparer avec les valeurs habituelles chez le patient. **Remarque :** Une diminution des taux de filtration glomérulaire peut augmenter la rénine et élever la pression artérielle.
- Noter la présence, le siège, l'intensité et la durée de la douleur.
- Noter la présence d'œdème déclive ou généralisé.

PRIORITÉ N° 3 – Réduire ou corriger les facteurs d'étiologie ; maximiser l'irrigation tissulaire :

Irrigation cardio-pulmonaire

- Mesurer les signes vitaux ; noter les valeurs hémodynamiques, les bruits du cœur et le rythme cardiaque.
- Créer un climat calme et reposant.
- Recommander au patient d'éviter les activités qui augmentent le travail cardiaque (effort à la défécation, par exemple). Discuter des mesures de prévention de la constipation.
- Administrer les médicaments prescrits (antidysrythmiques, fibrinolytiques, etc.).

- Noter les signes d'ischémie secondaires à la prise de médicaments.

§ Consulter le diagnostic infirmier de diminution du débit cardiaque.

Irrigation cérébrale

- Surélever la tête du lit (à 10°, par exemple) et maintenir la tête et le cou du patient dans la ligne médiane du corps *afin de favoriser la circulation et le retour veineux.*
- Administrer les médicaments prescrits (corticostéroïdes, diurétiques, anticoagulants, etc.).
- Collaborer à l'application des mesures d'hypothermie prescrites dans le but de diminuer les besoins métaboliques et les besoins en oxygène.
- Préparer le patient pour l'intervention chirurgicale, le cas échéant. **Remarque:** Il peut s'agir d'une endartériectomie carotidienne ou de l'exonération d'un hématome ou d'une masse intracrânienne.

§ Consulter le diagnostic infirmier de diminution de la capacité adaptative intracrânienne.

Irrigation gastro-intestinale

- Diminuer la pression gastro-intestinale et mesurer périodiquement les excreta.
- Donner au patient de petites portions d'aliments et de liquides faciles à digérer, selon sa tolérance.
- Inciter le patient à se reposer après les repas *afin de maximiser la circulation sanguine vers l'estomac.*
- Préparer le patient pour l'intervention chirurgicale, le cas échéant. **Remarque:** Il peut s'agir d'une urgence chirurgicale comme une résection, un pontage par greffe, une endartériectomie mésentérique, etc.

§ Consulter le diagnostic infirmier de déficit nutritionnel.

Irrigation périphérique

- Faire exécuter au patient des exercices passifs ou actifs d'amplitude des mouvements (exercices de Buerger et de Buerger-Allen).
- Inciter le patient à marcher dès que possible.
- Conseiller au patient de ne pas rester assis ou debout pendant de longues périodes, de porter des vêtements amples et de ne pas croiser les jambes.
- Surélever les jambes lorsque le patient est assis, en évitant que les hanches ou les genoux ne forment un angle aigu.
- Interdire au patient de plier les genoux lorsqu'il est au lit ; surélever tout le pied du lit, au besoin.
- Procurer au patient un matelas à gonflement alternatif, une peau de mouton ou un arceau *afin de protéger ses membres.*
- Surélever la tête du lit pendant la nuit *afin d'accroître la circulation sanguine par gravité.*
- Recommander au patient de porter des bas de soutien ou des bandes Ace aux membres inférieurs avant de se lever.
- Utiliser du ruban Micropore au lieu du sparadrap.
- Ne pas masser les jambes lorsqu'il y a risque d'embolie.
- Appliquer avec prudence les bouillottes ou les coussins chauffants. **Remarque :** L'ischémie peut rendre les tissus moins sensibles. De plus, la chaleur augmente les besoins métaboliques des tissus déjà atteints.
- Observer étroitement la circulation au-dessus et au-dessous du plâtre, le cas échéant ; appliquer de la glace et surélever le membre pour réduire l'œdème, au besoin.
- Inciter le patient à arrêter de fumer ou à réduire sa consommation de tabac.

- Collaborer aux interventions médicales visant à améliorer la circulation périphérique (sympathectomie, greffe veineuse, etc.), ou y préparer le patient.
- Observer étroitement le patient à la recherche de signes de choc si celui-ci a subi une sympathectomie.
- Administrer les médicaments prescrits (vasodilatateurs coronariens et périphériques, papavérine, antihyperlipidémiques, anticoagulants, etc.). **Remarque :** La réaction au médicament, la demi-vie du médicament et les concentrations toxiques peuvent être modifiées par une diminution de l'irrigation tissulaire.
- Déceler tout signe de saignements si le patient reçoit des médicaments fibrinolytiques.

Irrigation rénale

- Mesurer les signes vitaux ; noter la présence de douleur.
- Mesurer les excreta toutes les heures. **Remarque :** Les ingesta seront aussi calculés et comparés aux excreta.
- Peser le patient tous les jours.
- Administrer les médicaments prescrits (anticoagulants, corticostéroïdes, etc.).
- Imposer les restrictions alimentaires nécessaires tout en fournissant un apport énergétique suffisant pour répondre aux besoins de l'organisme.
- Fournir un soutien psychologique au patient et à la personne clé dans sa vie, car l'évolution de la maladie et son traitement (dialyse) peuvent être longs.

PRIORITÉ N° 4 – Prodiguer un enseignement visant le mieux-être du patient :

- Expliquer les facteurs de risque d'athérosclérose et les conséquences possibles de cette maladie.

- Inviter le patient à parler de ses sentiments face au pronostic ou des effets à long terme de la maladie.
- Discuter des changements d'habitudes nécessaires et des façons d'intégrer le traitement aux activités de la vie quotidienne.
- Inciter le patient à cesser de fumer et à participer à un programme anti-tabagisme.
- Inciter le patient à apprendre et à utiliser des techniques de relaxation et à faire de l'exercice pour atténuer sa tension.
- Expliquer au patient les changements ou les restrictions alimentaires nécessaires (réduction du cholestérol ou des triglycérides, diète à forte ou à faible teneur en protéines, élimination du seigle de l'alimentation en cas de thromboangéite oblitérante, etc.).
- Expliquer au patient dont la circulation est altérée les soins aux membres atteints, l'hygiène corporelle et les soins des pieds.
- Conseiller au patient d'éviter l'usage des médicaments provoquant une vasoconstriction.
- Conseiller au patient qui souffre de varices ou de thrombophlébite de ne pas se masser les mollets.
- Insister fortement auprès du patient qui prend des anticoagulants sur la nécessité d'éviter l'aspirine, l'alcool et certains médicaments en vente libre tels que les vitamines contenant du potassium et les huiles minérales.
- Revoir les particularités du traitement médical et les mesures de sécurité à appliquer (utilisation d'un rasoir électrique lorsque le patient prend des anticoagulants, par exemple).
- Expliquer au patient qu'il ne doit pas s'exposer au froid sans se protéger ; lui conseiller de s'habiller chaudement et de porter des vêtements en fibres naturelles, qui retiennent la chaleur plus efficacement.

- Donner au patient l'enseignement préopératoire pertinent à la situation.
- Diriger le patient vers des groupes de soutien ou des services de counseling.

DONNÉES ESSENTIELLES À CONSIGNER

ÉVALUATIONS (INITIALE ET SUBSÉQUENTES)

- Inscrire les données d'évaluation, notamment la nature, la gravité et la durée du problème ainsi que ses conséquences sur l'autonomie et le mode de vie du patient.
- Noter les caractéristiques de la douleur, les facteurs déclenchants et les mesures de soulagement qui s'avèrent efficaces pour le patient.
- Noter les signes vitaux, le rythme cardiaque et/ou les arythmies.
- Noter les pouls et la pression artérielle, notamment au-dessus et au-dessous de la lésion présumée.
- Noter les ingesta et les excreta, ainsi que le poids, au besoin.

PLANIFICATION

- Rédiger le plan de soins et inscrire le nom de chacun des intervenants.
- Rédiger le plan d'enseignement.

APPLICATION /VÉRIFICATION DES RÉSULTATS

- Noter les réactions du patient aux interventions et à l'enseignement, ainsi que les mesures qui ont été prises.
- Noter les objectifs atteints et les progrès accomplis vers l'atteinte des objectifs.
- Noter les modifications apportées au plan de soins.

PLAN DE CONGÉ

- Noter les besoins à long terme du patient, les demandes de consultation et le nom des responsables des mesures à prendre.
- Noter les ressources auxquelles le patient peut recourir.

Remarque

Les informations entre crochets ont été ajoutées par les auteures afin de clarifier les diagnostics infirmiers et d'en faciliter l'utilisation.

ISOLEMENT SOCIAL

Taxinomie I : Relations (3.1.2)

[Division diagnostique : Socialisation]

Définition

Solitude que la personne considère comme imposée par autrui et qu'elle perçoit comme négative ou menaçante.

FACTEURS FAVORISANTS

Facteurs contribuant à l'absence de relations personnelles satisfaisantes, tels que :

Retard dans l'accomplissement des tâches liées au développement

Intérêts révélant un manque de maturité

Altération de l'apparence physique ou de l'état mental

Altération du bien-être

Valeurs ou comportements sociaux non acceptés

Ressources personnelles insuffisantes

Incapacité de s'engager dans des relations personnelles satisfaisantes

[Accident ou événement traumatisant entraînant une souffrance physique ou émotionnelle]

CARACTÉRISTIQUES

DONNÉES SUBJECTIVES

Solitude considérée comme imposée par autrui

Sentiment d'être rejeté

Sens des valeurs acceptable dans une sousculture mais inacceptable dans le groupe culturel dominant

Incapacité de répondre aux attentes d'autrui

Sentiment d'être différent des autres

Absence de but significatif dans la vie ou but inadéquat

Intérêts incompatibles avec l'âge ou le stade de développement

Sentiment d'insécurité en public

DONNÉES OBJECTIVES

‡Absence de soutien de la part de personnes considérées comme importantes : famille, amis, groupe

État d'ennui et de tristesse

Intérêts ou activités inappropriés à l'âge et au stade de développement

Hostilité dans la voix, dans le comportement

Handicap physique ou mental ou signes d'altération du bien-être

Humeur taciturne, repli sur soi, regard fuyant

Rêveries ; gestes répétitifs et dénués de sens

Tendance à s'isoler ou à se cantonner dans sa sousculture

Comportements jugés inacceptables dans le groupe culturel dominant

RÉSULTATS ESCOMPTÉS (OBJECTIFS) / CRITÈRES D'ÉVALUATION

- Le patient connaît les facteurs reliés à son isolement et les mesures pour y remédier.
- Le patient souhaite se lier avec d'autres personnes.

---

‡Caractéristique essentielle

- Le patient participe aux activités ou aux programmes souhaités ou dans les limites de ses capacités.
- Le patient a une plus haute opinion de sa propre valeur.

INTERVENTIONS INFIRMIÈRES

PRIORITÉ N° 1 – Évaluer les facteurs favorisants :

- Rechercher la présence des facteurs favorisants précités.
- Noter si le patient appartient à un groupe à risque (personne âgée ; femme ; adolescent ; membre d'une minorité ethnique ; personne défavorisée par manque d'argent ou d'instruction ; victime d'une maladie physique, mentale ou chronique, etc.).
- Déceler les obstacles aux contacts sociaux (immobilité physique, déficits sensoriels, confinement au domicile, incontinence, etc.).
- Relever les facteurs personnels susceptibles de contribuer au sentiment d'impuissance du patient (perte du conjoint ou d'un parent, par exemple).
- Écouter attentivement ce que le patient dit au sujet de l'isolement. **Remarque :** Il est important de faire la distinction entre l'isolement et une solitude acceptable ou voulue.
- Interroger le patient sur la perception qu'il a de lui-même et de sa capacité de maîtriser la situation, sur son degré d'espoir et sur sa capacité d'adaptation.
- Inventorier les réseaux de soutien sur lesquels le patient peut compter, y compris le réseau formé par la famille élargie.
- Noter si le patient consomme des médicaments ou des drogues.
- Déceler les comportements qui peuvent renforcer le cercle vicieux de l'isolement (le patient dort

trop, rêvasse beaucoup, consomme des drogues, par exemple).

- S'enquérir des antécédents du patient et des événements traumatisants qui se sont produits dans le passé.

§ Consulter le diagnostic infirmier de réaction post-traumatique.

PRIORITÉ Nº 2 – Aider le patient à atténuer son sentiment d'isolement :

- Établir une relation thérapeutique avec le patient.
- Noter le moment où les troubles physiques ou mentaux ont commencé et l'endroit où le patient sera soigné. Préciser si la maladie est chronique ou évolutive.
- Accorder du temps au patient et inventorier les autres ressources auxquelles on peut recourir (bénévoles, travailleur social, aumônier, etc.).
- Élaborer un plan d'action avec le patient : dresser une liste de personnes-ressources, l'encourager à prendre des risques, à planifier son budget, à consulter un médecin, etc.
- Rechercher des personnes susceptibles de représenter des modèles pour le patient et de lui procurer un soutien.
- Présenter le patient à des personnes ayant les mêmes intérêts que lui.
- Donner au patient un renforcement positif lorsqu'il fait un pas vers les autres.
- Inscrire le patient dans un foyer protégé, au besoin.
- Rechercher avec le patient des solutions aux problèmes causés par un isolement temporaire ou imposé (mesures d'isolement contre la contagion, notamment si le patient présente une sensibilité anormalement élevée aux infections, par exemple).

- Inciter le patient à recevoir des visiteurs, si possible, et/ou à avoir des contacts téléphoniques.
- Veiller à ce que l'environnement du patient soit stimulant (rideaux ouverts, photos, télévision, radio, etc.).
- Inciter le patient à participer à des activités de son choix se déroulant dans un environnement qu'il ne juge pas menaçant.
- Offrir au patient les services d'un interprète, des journaux ou des émissions de radio en langue étrangère, au besoin.

PRIORITÉ Nº 3 – Prodiguer un enseignement visant le mieux-être du patient :

- Enseigner au patient les habiletés nécessaires (techniques de résolution de problèmes, communication, savoir-faire social, estime de soi, activités de la vie quotidienne, etc.).
- Inciter le patient à s'inscrire aux cours dont il peut avoir besoin et l'aider à le faire (séances d'affirmation de soi, formation professionnelle, éducation sexuelle, etc.).
- Expliquer au patient la distinction entre l'isolement et la solitude, et l'inciter à ne pas se laisser glisser dans un état qu'il ne souhaite pas.
- Conseiller au patient des mesures visant à corriger et à prévenir certaines causes du problème (services aux personnes âgées, centres de jour, services offerts par l'église locale, contacts téléphoniques quotidiens, partage du domicile avec une autre personne, adoption d'un animal domestique, etc.).
- Adresser le patient à des thérapeutes susceptibles de l'aider à surmonter sa perte, à se rebâtir une vie sociale, etc.
- Conseiller aux enfants et aux adolescents de participer à des programmes ou à des activités visant à favoriser leur aptitude à socialiser et les contacts avec leurs pairs.

DONNÉES ESSENTIELLES À CONSIGNER

ÉVALUATIONS (INITIALE ET SUBSÉQUENTES)

- Inscrire les données d'évaluation, notamment les facteurs déclenchants, les répercussions du problème sur le mode de vie du patient, ses relations et son fonctionnement.

PLANIFICATION

- Rédiger le plan de soins et inscrire le nom de chacun des intervenants.
- Rédiger le plan d'enseignement.

APPLICATION /VÉRIFICATION DES RÉSULTATS

- Noter les réactions du patient aux interventions et à l'enseignement, ainsi que les mesures qu'il a prises.
- Noter les objectifs atteints et les progrès accomplis vers l'atteinte des objectifs.
- Noter les modifications apportées au plan de soins.

PLAN DE CONGÉ

- Noter les besoins à long terme du patient, les demandes de consultation et le nom des responsables des mesures à prendre.
- Noter les ressources existantes.

Remarque

Les informations entre crochets ont été ajoutées par les auteures afin de clarifier les diagnostics infirmiers et d'en faciliter l'utilisation.

LAVER/EFFECTUER SES SOINS D'HYGIÈNE, incapacité (partielle ou totale) de se

Taxinomie I : Mouvement (6.5.2)

[Division diagnostique : Soins personnels]

Définition

Difficulté à se laver et à effectuer ses soins d'hygiène sans aide (difficulté temporaire, permanente ou augmentant graduellement). [Note des auteures : La notion de soins personnels ne se limite pas aux soins d'hygiène ; elle englobe également les pratiques de promotion de la santé, l'aptitude à se prendre en main et la façon de penser.]

FACTEURS FAVORISANTS

Intolérance à l'activité ; diminution de la force et de l'endurance

Trouble neuromusculaire ou musculo-squelettique

Dépression, anxiété grave

Douleur, malaise

Déficit cognitif

Trouble de perception

[Obstacle mécanique (plâtre, attelle, appareil d'élongation, ventilateur, etc.)]

CARACTÉRISTIQUES*

‡Incapacité de se laver, complètement ou en partie

‡Caractéristique essentielle

***[On précisera le niveau de fonctionnement à l'aide de l'échelle d'évaluation présentée au diagnostic infirmier d'altération de la mobilité physique.]**

Incapacité de se procurer de l'eau ou incapacité de régler la température ou le débit de l'eau

RÉSULTATS ESCOMPTÉS (OBJECTIFS) / CRITÈRES D'ÉVALUATION

- Le patient définit ses besoins ou ses carences.
- Le patient connaît les pratiques propices à la santé.
- Le patient adopte des techniques ou de nouvelles habitudes visant la satisfaction de ses besoins en matière de soins personnels.
- Le patient exécute ses soins personnels dans la mesure de ses capacités.
- Le patient dresse une liste des sources d'aide personnelles et communautaires.

INTERVENTIONS INFIRMIÈRES

PRIORITÉ N° 1 – Déterminer les facteurs favorisants :

- Rechercher les éléments de la situation du patient contribuant à l'incapacité de répondre à ses besoins : accident vasculaire cérébral, sclérose en plaques, Alzheimer, etc.
- Noter les problèmes médicaux concomitants à prendre en considération dans la prestation des soins (hypertension artérielle, maladie cardiaque, douleur, médicaments, etc.).
- Noter les facteurs reliés au problème, y compris les barrières linguistiques, les troubles du langage, les déficiences visuelles ou auditives, les troubles émotionnels.
- Déceler les obstacles à la participation du patient au traitement : manque de temps pour les explications ; problèmes psychologiques et/ou familiaux intimes difficiles à confier ; peur d'avoir l'air stupide ou ignorant ; problèmes sociaux, économiques, professionnels ou domestiques.

PRIORITÉ N° 2 – Évaluer le degré d'invalidité :

- Mesurer le degré d'invalidité et le niveau de fonctionnement à l'aide de l'échelle d'évaluation apparaissant au diagnostic infirmier d'altération de la mobilité physique.
- Apprécier le fonctionnement mnémonique et intellectuel du patient.
- Noter à quel stade de développement le patient a régressé ou progressé.
- Inventorier les forces et les habiletés du patient.
- Noter la durée et la gravité du problème : temporaire ou permanent, susceptible de s'aggraver ou de diminuer avec le temps.

PRIORITÉ N° 3 – Aider le patient à corriger la situation ou à s'y adapter :

- Établir une entente « contractuelle » avec le patient et la personne clé dans sa vie.
- Amener le patient à participer à l'identification des problèmes et à la prise de décisions.
- Établir un horaire d'activités aussi proche que possible de l'horaire normal du patient et l'inscrire dans le plan de soins *afin de répondre efficacement à ses besoins individuels.*
- Prendre le temps d'écouter le patient et la personne clé dans sa vie *afin de déceler les obstacles qui l'empêchent de participer au traitement.*
- Organiser des rencontres entre les personnes qui soignent ou qui aident le patient.
- Établir un programme de remotivation, au besoin.
- Collaborer au programme de réadaptation visant à accroître les capacités du patient.
- Assurer l'intimité du patient pendant qu'il accomplit ses soins personnels.

- Laisser suffisamment de temps au patient pour qu'il puisse accomplir ses tâches en allant au bout de ses capacités.
- S'abstenir de parler au patient ou de l'interrompre inutilement pendant qu'il accomplit ses soins personnels.
- Seconder le patient dans l'adoption des changements nécessaires à l'accomplissement des activités de la vie quotidienne.
- Amener le patient à progresser graduellement dans l'accomplissement des activités de la vie quotidienne en commençant par des tâches familières et faciles.
- Procurer au patient les aides techniques dont il a besoin (barres d'appui, etc.).
- Proposer au patient des façons de ménager ses forces (s'asseoir au lieu de rester debout, etc.).
- Faire une visite au domicile du patient afin d'évaluer les changements à apporter dans son environnement.

PRIORITÉ N° 4 – Prodiguer un enseignement visant le mieux-être du patient :

- Expliquer au patient ses droits et ses responsabilités en matière de soins de santé et d'hygiène.
- Amener le patient à reconnaître ses points forts sur les plans physique, affectif et intellectuel.
- Inciter le patient à prendre ses propres décisions concernant sa santé, à adopter de bonnes pratiques d'hygiène et à se fixer des objectifs favorisant la santé.
- Noter régulièrement les progrès du patient et les changements à apporter *afin de réévaluer le programme de soins.*

- Modifier le programme de soins de façon à favoriser une adhésion maximale du patient au plan de soins.
- Inciter le patient à tenir un journal dans lequel il notera ses progrès.
- Déceler les problèmes de sécurité et modifier les activités ou l'environnement de façon à réduire les risques d'accident.
- Diriger le patient vers des services de soins à domicile, des services sociaux, un physiothérapeute ou un ergothérapeute, un spécialiste en réadaptation ou en counseling, au besoin.
- Revoir avec le patient les directives données par les autres membres de l'équipe de soins et les clarifier, les répéter ou les expliquer, au besoin.
- Expliquer à la famille qu'elle doit s'accorder du répit et l'informer sur les services susceptibles de lui permettre de prendre quelques heures de liberté.
- Proposer à la famille des formes de placement temporaire, au besoin.
- Se montrer disponible pour discuter avec le patient de ses sentiments face à la situation (chagrin, colère, etc.).

§ Consulter les diagnostics infirmiers suivants : risque d'accident ou de trauma ; perturbation de l'estime de soi ; incontinence fécale ou urinaire ; altération de la mobilité physique ; intolérance à l'activité ; sentiment d'impuissance, etc.

DONNÉES ESSENTIELLES À CONSIGNER

ÉVALUATIONS (INITIALE ET SUBSÉQUENTES)

- Inscrire les données d'évaluation, le degré de fonctionnement et les limites du patient.
- Noter les ressources et les aides techniques dont le patient a besoin.

PLANIFICATION

- Rédiger le plan de soins et inscrire le nom de chacun des intervenants.
- Rédiger le plan d'enseignement.

APPLICATION /VÉRIFICATION DES RÉSULTATS

- Noter les réactions du patient aux interventions et à l'enseignement, ainsi que les mesures qui ont été prises.
- Noter les objectifs atteints et les progrès accomplis vers l'atteinte des objectifs.
- Noter les modifications apportées au plan de soins.

PLAN DE CONGÉ

- Noter les besoins à long terme du patient et le nom des responsables des mesures à prendre.
- Noter les aides techniques dont le patient a besoin ainsi que l'endroit où il peut se les procurer.
- Noter les demandes de consultation.

Remarque

Les informations entre crochets ont été ajoutées par les auteures afin de clarifier les diagnostics infirmiers et d'en faciliter l'utilisation.

LOISIRS, manque de

Taxinomie I : Mouvement (6.3.1.1)

[Division diagnostique : Loisirs]

Définition

Ennui résultant d'une baisse d'intérêt pour les activités de loisirs ou de l'impossibilité d'en avoir [en raison de facteurs internes ou externes relevant ou non de la volonté].

FACTEURS FAVORISANTS

Milieu offrant peu de possibilités de loisirs (séjour prolongé en centre hospitalier ; traitements longs et fréquents ; [confinement au domicile])

[Handicap physique, alitement, fatigue, douleur]

[Problème relié au développement ou à un événement particulier, manque de ressources]

[Trouble psychologique (maladie dépressive, etc.)]

CARACTÉRISTIQUES

DONNÉES SUBJECTIVES

Plaintes du patient :

Ennui : aimerait avoir quelque chose à faire, à lire, etc.

Impossibilité de s'adonner à son passe-temps favori à l'hôpital [ou à la maison]

[Altération des capacités ; handicap]

DONNÉES OBJECTIVES

[Épuisement affectif (affect plat) ; désintérêt]

[Agitation ; larmes]

[Léthargie ; repli sur soi]

[Animosité]

[Boulimie ou manque d'intérêt pour la nourriture ; perte ou gain de poids]

RÉSULTATS ESCOMPTÉS (OBJECTIFS) / CRITÈRES D'ÉVALUATION

- Le patient adopte les stratégies d'adaptation appropriées à sa propre réaction psychologique (perte d'espoir et sentiment d'impuissance, colère, dépression, etc.).
- Le patient s'engage dans des activités divertissantes tout en respectant ses limites personnelles.

INTERVENTIONS INFIRMIÈRES

PRIORITÉ N° 1 – Évaluer les facteurs favorisants :

- Recueillir des données sur les possibilités de loisirs offertes dans le milieu du patient.
- Noter les répercussions de l'invalidité ou de la maladie sur le mode de vie du patient.
- Comparer le niveau d'activité actuel du patient avec celui d'avant la maladie.
- Relever les facteurs susceptibles d'empêcher le patient de participer ou de s'intéresser aux activités offertes (maladie dépressive, problèmes de mobilité, isolement de protection, privation sensorielle, etc.).

PRIORITÉ N° 2 – Encourager le patient à chercher des solutions :

- Admettre l'existence du problème de loisirs chez le patient.
- Créer un climat propice à l'expression des sentiments.

- Passer en revue les activités, les passe-temps et les loisirs que le patient préférait avant l'apparition du problème.
- Prendre les mesures nécessaires pour remédier aux troubles concomitants tels que la maladie dépressive, l'immobilité, etc.
- Offrir des activités aussi bien physiques qu'intellectuelles.
- Inciter le patient à diversifier ses activités (musique, émissions culturelles ou d'information, lecture ou audio-cassettes, visites, jeux, artisanat et passe-temps, périodes de repos ou de calme). **Remarque**: Le patient tirera plus de plaisir d'une activité qui présente un intérêt à ses yeux.
- Faire valoir les intérêts du patient en ce qui concerne l'horaire et la fréquence des longs traitements de façon à ce qu'on tienne compte de ses besoins de relaxation et de divertissement.
- Inciter le patient à collaborer à la planification de l'horaire des activités obligatoires et facultatives. **Remarque**: S'il préfère regarder son émission favorite à la télévision à l'heure du bain, le bain peut être reporté après. Le patient se sent ainsi plus maître de la situation.
- Consulter le patient pour tout changement à l'horaire des activités. **Remarque**: Il est important que le personnel soignant se montre fiable.
- Sortir le patient de son cadre habituel (le changer de pièce ou l'amener à l'extérieur, si possible).
- Dresser une liste de ce dont le patient aura besoin pour se déplacer (fauteuil roulant, déambulateur, transport adapté, aide de bénévoles, etc.).
- Procéder périodiquement à des changements dans le décor du patient alité pour une longue période, après l'avoir consulté. (De nouveaux tableaux d'affichage à chaque saison, un change-

ment de couleur, le réaménagement du mobilier ou l'affichage de photos ou d'images peuvent le stimuler.)

- Proposer des activités au patient (s'occuper d'oiseaux ou de poissons, aménager un terrarium, faire du jardinage dans un bac à fleurs, etc.) ; favoriser sa participation en lui demandant de nommer les espèces d'oiseaux, de choisir les graines à donner, etc.
- Permettre les expressions d'agressivité sans toutefois tolérer les passages à l'acte. **Remarque :** La possibilité d'exprimer sa colère et son désespoir constitue un pas vers la résolution du problème. Un comportement destructeur nuit à l'estime de soi et l'empêche de résoudre ses problèmes.
- Consulter l'ergothérapeute au besoin pour aider le patient à déterminer les aides techniques dont il a besoin ainsi que les activités qui pourraient l'aider dans sa situation, et à se procurer l'équipement nécessaire.

PRIORITÉ N° 3 – Prodiguer un enseignement visant le mieux-être du patient :

- Explorer les possibilités d'activités utiles à partir des talents et des aptitudes du patient.
- Diriger le patient vers les groupes de soutien, les clubs de loisirs ou les organismes de services appropriés.

§ Consulter les diagnostics infirmiers de sentiment d'impuissance et d'isolement social.

DONNÉES ESSENTIELLES À CONSIGNER

ÉVALUATIONS (INITIALE ET SUBSÉQUENTES)

- Inscrire les données d'évaluation, notamment les obstacles qui empêchent le patient de pratiquer les activités désirées.

- Noter les activités choisies par le patient.

PLANIFICATION

- Rédiger le plan de soins et inscrire le nom de chacun des intervenants.

APPLICATION /VÉRIFICATION DES RÉSULTATS

- Noter les réactions du patient aux interventions et à l'enseignement, ainsi que les mesures qui ont été prises.
- Noter les objectifs atteints ou les progrès accomplis vers l'atteinte des objectifs.
- Noter les modifications apportées au plan de soins.

PLAN DE CONGÉ

- Noter les besoins à long terme du patient et le nom des responsables des mesures à prendre.
- Noter les demandes de consultation et les ressources communautaires auxquelles le patient peut recourir.

Remarque

Les informations entre crochets ont été ajoutées par les auteures afin de clarifier les diagnostics infirmiers et d'en faciliter l'utilisation.

MAINTENIR EN SANTÉ, difficulté à se

Taxinomie I : Mouvement (6.4.2)

[Division diagnostique : Activités de la vie quotidienne]

Définition

Situation dans laquelle une personne ne sait pas où trouver de l'aide pour se maintenir en santé, est incapable d'en chercher, ou ne sait pas quelle conduite tenir face aux services d'aide. [Si ce diagnostic infirmier est la conséquence d'un autre problème de soins infirmiers (manque de connaissances ; altération de la communication verbale ; altération des opérations de la pensée ; stratégies d'adaptation individuelle ou familiale inefficaces, prise en charge inefficace du programme thérapeutique par l'individu ; confusion chronique ; perturbation de la croissance et du développement ; etc.) et si un même facteur favorisant est décelé, nous recommandons d'intégrer les interventions relatives à la difficulté à se maintenir en santé au diagnostic infirmier prioritaire.]

FACTEURS FAVORISANTS

Incapacité de communiquer ou perturbation importante de la capacité de communiquer (communication écrite, verbale et/ou gestuelle)

Tâches développementales inachevées

Inaptitude à formuler une opinion délibérée et réfléchie

Trouble de perception ou déficit cognitif (retard plus ou moins important sur le plan de la motricité globale et/ou fine)

Stratégies d'adaptation individuelle inefficaces ; chagrin (deuil) dysfonctionnel ; détresse spirituelle

Stratégies d'adaptation familiale inefficaces (absence de soutien) ;

Manque de ressources matérielles ; [manque de soutien psychosocial]

CARACTÉRISTIQUES

DONNÉES SUBJECTIVES

Intérêt pour l'amélioration des comportements propices à la santé

Manque de ressources matérielles, financières ou autres

Dysfonctionnement du réseau de soutien

Incapacité d'assumer la responsabilité des pratiques sanitaires de base touchant un ou plusieurs modes fonctionnels de santé

[Comportements compulsifs]

DONNÉES OBJECTIVES

Manque de connaissances manifeste sur les pratiques sanitaires de base

Incapacité d'assumer la responsabilité des pratiques sanitaires de base touchant un ou plusieurs modes fonctionnels de santé

Manque d'adaptation manifeste face aux changements personnels ou environnementaux

Manque de ressources matérielles, financières ou autres

Dysfonctionnement du réseau de soutien

[Comportement compulsifs]

RÉSULTATS ESCOMPTÉS (OBJECTIFS) / CRITÈRES D'ÉVALUATION

- Le patient connaît les comportements propices au maintien de la santé.
- Le patient connaît les facteurs contribuant à la situation actuelle.
- Le patient assume la responsabilité de ses propres besoins en matière de soins de santé, dans la mesure du possible.
- Le patient modifie ses habitudes en fonction de ses objectifs de santé.
- La famille du patient fait face adéquatement à la situation actuelle et lui apporte son soutien au besoin.

INTERVENTIONS INFIRMIÈRES

PRIORITÉ Nº 1 – Évaluer les facteurs favorisants :

- Apprécier le degré de dépendance ou d'autonomie du patient et les incapacités liées au développement. **Remarque :** Cela peut aller d'une dépendance complète (dysfonctionnement) ou partielle à une relative autonomie.
- Apprécier les capacités de communication du patient et lui fournir un interprète, au besoin.
- S'enquérir de la nature du problème : maladie évolutive, problème de santé de longue durée, poussée évolutive, complications d'une maladie chronique, etc.
- Rechercher des signes de toxicomanie (consommation d'alcool, de narcotiques, etc.).
- Noter dans quelle mesure le patient est désireux et capable de répondre à ses besoins relativement au maintien de sa santé et à l'exécution des activités de la vie quotidienne.

- Noter le milieu de vie du patient (établissement de soins de longue durée, confiné à son domicile, sans domicile, etc.).
- Recueillir des données sur les changements récents dans les habitudes de vie du patient (perte du conjoint entraînant une incapacité de s'occuper des besoins de sa famille en matière de santé, par exemple).
- Recueillir des données sur le niveau de connaissances, les habiletés et les comportements du patient en matière de maintien de la santé, d'environnement et de sécurité *afin d'évaluer son degré d'adaptation.*
- Recueillir des données sur l'environnement du patient *afin de déterminer s'il est propice à l'adaptation.*
- Noter de quelle façon le patient utilise les services professionnels (les utilise bien, les utilise mal, ne les utilise pas du tout).

PRIORITÉ Nº 2 – Aider le patient à appliquer et à prendre en charge les pratiques sanitaires voulues :

- Élaborer avec le patient et la personne clé dans sa vie un plan adapté et individualisé d'activités de la vie quotidienne.
- Prendre le temps d'écouter le patient et la personne clé dans sa vie exprimer leurs inquiétudes.
- Encourager le patient à adopter et à maintenir de saines habitudes en matière de santé et préciser les stratégies d'adaptation qui pourraient s'avérer efficaces en cas de maladie évolutive.
- Inviter le patient à socialiser et à cultiver ses rapports sociaux bénéfiques.
- Établir un réseau de communication et des modalités de coordination efficaces entre l'équipe du centre hospitalier et celle du centre de services communautaires.

- Faire appel aux compétences de spécialistes de diverses disciplines, si possible ou indiqué (conseillers en pneumologie, en psychiatrie, en toxicomanie ou en diététique, stomothérapeute, etc.).
- Prendre note du degré d'observance de la thérapeutique médicale prescrite.

PRIORITÉ Nº 3 – Prodiguer un enseignement visant le mieux-être du patient :

- Discuter avec le patient de ses besoins en matière de soins de santé.
- Établir de concert avec le patient et la personne clé dans sa vie un plan de soins à domicile comprenant des objectifs axés sur le maintien de la santé. En donner une copie à toutes les personnes qui participent à la planification pour référence ou évaluation ultérieure.
- Montrer au patient et à la personne clé dans sa vie des techniques de contrôle du stress.
- Conseiller au patient de participer à un programme d'exercices bien adapté à ses besoins, à ses capacités et à son milieu de vie.
- Relever les signes et symptômes exigeant une évaluation plus approfondie et un suivi.
- Diriger le patient vers les services communautaires de soutien dont il a besoin (aide ménagère, auxiliaire familiale, popote roulante, soins infirmiers spécialisés, clinique du nourrisson, services de santé pour personnes âgées, etc.).
- Diriger le patient vers des services sociaux s'il a besoin d'aide pécuniaire ou juridique, ou s'il a des problèmes de logement.
- Diriger le patient vers les groupes de soutien appropriés (association de personnes âgées, Croix-Rouge, Alcooliques ou Narcomanes anonymes).

• Effectuer les démarches d'admission du patient sur une unité de soins palliatifs s'il est en phase terminale de maladie.

DONNÉES ESSENTIELLES À CONSIGNER

ÉVALUATIONS (INITIALE ET SUBSÉQUENTES)

• Inscrire les données d'évaluation, notamment les capacités du patient, la participation de la famille, ainsi que le soutien et les ressources sur lesquels le patient peut compter.

PLANIFICATION

• Rédiger le plan de soins et inscrire le nom de chacun des intervenants.

• Rédiger le plan d'enseignement.

APPLICATION /VÉRIFICATION DES RÉSULTATS

• Noter les réactions du patient et de la personne clé dans sa vie au plan de soins, aux interventions et à l'enseignement, ainsi que les mesures qui ont été prises.

• Noter les objectifs atteints et les progrès accomplis.

• Noter les modifications apportées au plan de soins.

PLAN DE CONGÉ

• Inscrire les besoins à long terme du patient et le nom des responsables des mesures à prendre.

• Noter les demandes de consultation.

Remarque

Les informations entre crochets ont été ajoutées par les auteures afin de clarifier les diagnostics infirmiers et d'en faciliter l'utilisation.

MAINTENIR UNE RESPIRATION SPONTANÉE, incapacité de

Taxinomie I : Échanges (1.5.1.3.1)

[Division diagnostique : Oxygénation]

Définition

Diminution des réserves énergétiques rendant la personne incapable de maintenir une respiration suffisante pour assurer ses besoins vitaux.

FACTEURS FAVORISANTS

Facteurs métaboliques ; [augmentation du métabolisme (infection, par exemple), carences nutritionnelles, épuisement des réserves énergétiques]

Fatigue des muscles respiratoires

[Diamètre, résistance des voies respiratoires ; difficulté à mobiliser ses sécrétions]

CARACTÉRISTIQUES

DONNÉES SUBJECTIVES

†Dyspnée

Appréhension

DONNÉES OBJECTIVES

†Accélération du métabolisme

Augmentation de la fréquence cardiaque

Augmentation de l'agitation

†Caractéristiques majeures

Diminution de la collaboration

Intensification de l'usage des muscles respiratoires accessoires

Diminution du volume courant

Diminution de la PO_2; diminution de la SaO_2

Augmentation de la PCO_2

RÉSULTATS ESCOMPTÉS (OBJECTIFS) / CRITÈRES D'ÉVALUATION

- Le patient recouvre ou maintient un mode de respiration efficace grâce au ventilateur ; il ne présente pas de tirage, il n'utilise pas sa musculature accessoire et il ne présente pas de cyanose ni aucun autre signe d'hypoxie.
- Le patient collabore au sevrage (le cas échéant) dans les limites de ses capacités.
- La personne qui s'occupera du patient à domicile fait une démonstration pratique des mesures à prendre pour maintenir la fonction respiratoire du patient.
- Les valeurs des gaz du sang artériel et de la saturation en oxygène sont dans les limites de la normale.

INTERVENTIONS INFIRMIÈRES

PRIORITÉ N° 1 – Évaluer le degré de perturbation :

- Rechercher les causes de l'insuffisance respiratoire *afin de déterminer les capacités respiratoires et les besoins futurs du patient ainsi que le mode d'assistance respiratoire qui lui conviendra le mieux.*
- Apprécier le mode de respiration spontanée du patient en notant la fréquence, l'amplitude et le rythme respiratoires, la symétrie des mouvements thoraciques, et l'utilisation des muscles

accessoires *afin de juger de l'efficacité du travail ventilatoire.*

- Ausculter les bruits respiratoires et noter s'ils sont audibles ou non, s'ils sont égaux des deux côtés et s'il y a des bruits adventices.
- Demander un dosage des gaz du sang artériel et certaines épreuves fonctionnelles respiratoires, si besoin est.
- Examiner les résultats des radiographies thoraciques, de la résonance magnétique nucléaire et de la scanographie.
- Noter la réaction du patient à l'inhalothérapie (bronchodilatateurs, oxygénothérapie complémentaire, ventilation à pression positive intermittente, etc.).

PRIORITÉ Nº 2 – Fournir ou maintenir l'assistance respiratoire nécessaire :

- Observer le mode de respiration général du patient. Noter la fréquence respiratoire en prenant soin de distinguer les respirations spontanées des respirations assistées.
- Administrer les sédatifs prescrits pour synchroniser les respirations et réduire le travail ventilatoire ainsi que la dépense énergétique.
- Compter les respirations du patient pendant une minute complète et comparer ce chiffre avec le rythme désiré ou le rythme du ventilateur.
- S'assurer que la respiration du patient est synchronisée avec le ventilateur.
- Gonfler correctement le manchon de la canule trachéale ou endotrachéale en utilisant la technique appropriée. Vérifier le manchon toutes les quatre à huit heures et chaque fois qu'il est dégonflé ou regonflé.
- S'assurer que le tubage ventilatoire n'est pas obstrué (tortillement, accumulation d'eau, etc.).

Vider l'eau au besoin, en faisant attention de ne pas évacuer le contenu vers le patient ou vers le réservoir.

- S'assurer que l'alarme du ventilateur fonctionne bien. Ne jamais la fermer, même pour procéder à une aspiration. Si l'alarme se déclenche mais qu'on est incapable d'en trouver la raison et de corriger le problème, débrancher le ventilateur et procéder à la ventilation manuellement. S'assurer qu'on peut entendre la sonnerie d'alarme depuis le poste des infirmières.
- Vérifier régulièrement le réglage du ventilateur et le modifier au besoin en fonction de la maladie principale du patient et des résultats des examens diagnostiques.
- S'assurer que la ligne d'oxygénothérapie est branchée dans la bonne sortie ou sur le bon réservoir ; vérifier l'indicateur d'oxygène ou procéder périodiquement à une analyse.
- Noter le volume courant (10 à 15 mL/kg). S'assurer que le spiromètre fonctionne bien et vérifier l'affichage informatisé du volume fourni. Noter tout changement dans l'apport d'oxygène *afin de savoir s'il y a altération de la compliance pulmonaire on une fuite.*
- Vérifier régulièrement la pression des voies respiratoires *afin de détecter tout signe de complication ou un mauvais fonctionnement du matériel.*
- Apprécier régulièrement le quotient respiratoire (inspiration : expiration).
- Assurer une ventilation alvéolaire maximale ; vérifier l'intervalle des respirations profondes périodiques (elle est habituellement une fois et demie à deux fois le volume courant).
- Noter le degré d'humidité et la température de l'air inspiré ; maintenir une bonne hydratation pour liquéfier les sécrétions.

- Ausculter périodiquement les bruits respiratoires. Vérifier si le patient a des râles ou des ronflements fréquents que la toux ou l'aspiration ne font pas disparaître, car cela peut indiquer que des complications apparaissent (atélectasie, pneumonie, bronchospasme aigu, œdème pulmonaire).
- Procéder à l'aspiration des voies respiratoires au besoin *afin d'évacuer les sécrétions.*
- Noter tout changement dans la symétrie thoracique, car cela peut indiquer que la sonde endotrachéale est mal placée ou qu'un barotraumatisme apparaît.
- Garder le ballon de réanimation au chevet du patient et procéder à une ventilation manuelle au besoin (lorsqu'il faut débrancher temporairement pour procéder à une aspiration ou réparer un bris de matériel, par exemple).
- Administrer les médicaments prescrits pour améliorer la perméabilité des voies respiratoires et les échanges gazeux. Suivre de près la réaction du patient.

PRIORITÉ Nº 3 – Préparer le patient au sevrage et l'aider durant le processus :

- Estimer dans quelle mesure le patient est prêt physiquement et psychologiquement à être sevré. Recueillir des données sur la respiration, noter les signes d'infection et d'insuffisance cardiaque, et apprécier l'état nutritionnel.
- Expliquer au patient le déroulement du sevrage, son programme personnalisé de sevrage et à quoi il doit s'attendre.
- Installer le patient dans des positions qui diminuent la dyspnée et qui améliorent l'oxygénation.
- Remonter la tête du lit ou installer le patient dans un fauteuil orthopédique, si possible.
- Aider le patient à « maîtriser » sa respiration lorsqu'on fait une tentative de sevrage ou lorsqu'on

interrompt temporairement l'assistance respiratoire pour effectuer une intervention ou une activité.

- Montrer au patient comment respirer lentement et profondément, lui enseigner la respiration abdominale ou la respiration avec les lèvres pincées, l'aider à trouver une position confortable et lui montrer comment faire des exercices de relaxation pour maximiser la fonction respiratoire.
- Aider le patient à s'exercer à tousser efficacement et à évacuer ses sécrétions.
- Créer un climat de calme et de tranquillité autour du patient et lui donner toute son attention.
- Faire participer les personnes clés dans la vie du patient ou sa famille, si cela est indiqué. Lui proposer des activités de loisirs.
- Montrer au patient comment ménager ses forces durant les soins.
- Reconnaître les efforts du patient et l'en féliciter. Lui donner espoir quant à sa capacité de se passer (ne serait-ce que partiellement) du ventilateur.

PRIORITÉ N° 4 – Préparer le patient qui doit rester sous ventilateur à sa sortie du centre hospitalier :

- S'assurer que les dispositions nécessaires ont été prises pour l'hébergement du patient après sa sortie (retour à la maison, admission permanente ou temporaire dans un centre de soins de longue durée, etc.).
- Déterminer le matériel dont le patient aura besoin. Trouver les organismes qui peuvent fournir ce matériel et prendre des dispositions pour qu'il soit livré au domicile du patient avant que celui-ci n'ait quitté le centre hospitalier.

- Évaluer le domicile du patient : grandeur des pièces, largeur des cadres de portes, disposition des meubles, nombre de prises électriques et sorte de prises. Recommander les changements nécessaires.
- Se procurer des écriteaux indiquant qu'il est interdit de fumer, que le patient pourra afficher chez lui. Recommander aux membres de la famille de ne pas fumer.
- Demander aux personnes clés dans la vie du patient ou à sa famille d'informer les services publics et le service des incendies qu'il y a un ventilateur à la maison.
- Expliquer comment fonctionne le ventilateur, comment l'entretenir et quelles sont les mesures de sécurité à respecter ; donner de la documentation écrite sur ces sujets.
- Faire une démonstration pratique de la façon correcte de manipuler et de nettoyer la canule.
- Montrer aux personnes clés dans la vie du patient et aux personnes qui s'occupent du patient diverses techniques de physiothérapie respiratoire, au besoin.
- Fournir aux personnes clés dans la vie du patient ou aux membres de la famille des occasions d'appliquer les techniques de physiothérapie respiratoire apprises. Créer des mises en situation où ils seront appelés à intervenir en situation d'urgence.
- Indiquer quels sont les signes et les symptômes qui nécessitent une évaluation ou une intervention médicales rapides.
- Féliciter les personnes clés ou la famille pour leurs efforts.
- Faire une liste des noms et numéros de téléphone des personnes ou des services à contacter en cas

de besoin. Adresser le patient à des personnes qui ont utilisé un ventilateur à domicile.

PRIORITÉ Nº 5 – Prodiguer un enseignement visant le mieux-être du patient :

- Expliquer au patient l'effet de certaines activités sur son état respiratoire et rechercher avec lui quelle serait la meilleure façon de maximiser les efforts de sevrage.
- Appliquer un programme visant à renforcer la musculature respiratoire du patient et à améliorer son endurance.
- Protéger le patient des sources d'infection (vérifier l'état de santé des visiteurs, de la personne qui partage sa chambre, du personnel soignant, etc.).
- Recommander au patient de joindre un groupe de soutien ; le présenter à des personnes qui ont des problèmes similaires.
- Conseiller aux personnes qui s'occupent du patient de s'accorder des moments de répit.
- Discuter avec le patient et ses proches de l'arrêt éventuel du traitement : moment, circonstances, etc.
- Présenter au patient des personnes qui dépendent du ventilateur et qui s'en tirent bien.
- Diriger le patient vers les autres services pertinents (conseiller spirituel, etc.).

DONNÉES ESSENTIELLES À CONSIGNER

ÉVALUATIONS (INITIALE ET SUBSÉQUENTES)

- Inscrire les données initiales et les changements qui se sont produits ultérieurement dans la fonction respiratoire.
- Inscrire les résultats des examens diagnostiques.

- Noter les facteurs de risque auxquels le patient est exposé et ses problèmes particuliers.

PLANIFICATION

- Rédiger le plan de soins et inscrire le nom de chacun des intervenants.
- Rédiger le plan d'enseignement.

APPLICATION /VÉRIFICATION DES RÉSULTATS

- Noter la réaction du patient et des personnes clés aux interventions et à l'enseignement, ainsi que les mesures qui ont été prises.
- Noter dans quelle mesure les personnes clés dans la vie du patient ou les membres de la famille sont capables de lui prodiguer les soins nécessaires ainsi que l'aide dont ils ont besoin.
- Noter les objectifs atteints ou les progrès accomplis vers l'atteinte des objectifs.
- Noter les modifications apportées au plan de soins.

PLAN DE CONGÉ

- Inscrire le plan de congé, avec les demandes de consultation et le nom des responsables de ces mesures.
- Noter l'équipement dont le patient a besoin et l'endroit où il peut se le procurer.
- Noter les services qui sont à la disposition des personnes qui s'occupent du patient.

Remarque

Les informations entre crochets ont été ajoutées par les auteures afin de clarifier les diagnostics infirmiers et d'en faciliter l'utilisation.

MÉCANISMES DE PROTECTION, altération des

Taxinomie I : Échanges (1.6.2)

[Division diagnostique : Intégrité physique]

Définition

Baisse de l'aptitude à se protéger de menaces internes ou externes telles que la maladie ou les accidents.

FACTEURS FAVORISANTS

Extrêmes d'âge

Mauvaise alimentation

Abus d'alcool

Hémogramme anormal (leucopénie, thrombopénie, anémie, facteurs de coagulation anormaux)

Traitement médicamenteux (anticancéreux, corticostéroïdes, immunothérapie, anticoagulants, thrombolytiques)

Traitements (chirurgie, irradiation)

Maladie (cancer, affection immunitaire, etc.)

CARACTÉRISTIQUES

DONNÉES SUBJECTIVES

†Altérations neurosensorielles

Frissons

Prurit

†Caractéristique majeure

Insomnie ; fatigue ; faiblesse

Anorexie

DONNÉES OBJECTIVES

†Déficit immunitaire

†Mauvaise cicatrisation

†Temps de coagulation anormal

†Réaction inadaptée au stress

Transpiration [inadéquate]

Dyspnée ; toux

Agitation ; immobilité

Désorientation

Escarres de décubitus

Note des auteures :

Il semble que ce diagnostic infirmier ait été conçu pour réunir sous une même rubrique un ensemble de diagnostics différents afin de faciliter la planification des soins lorsque plusieurs variables sont présentes.

Les résultats escomptés/critères d'évaluation et les interventions dépendent des facteurs d'étiologie particuliers au patient, comme :

Extrêmes d'âge : Il peut tout aussi bien s'agir d'une altération de la température corporelle, d'une thermorégulation inefficace, d'une altération des opérations de la pensée ou d'une altération de la perception sensorielle que d'un risque de trauma, de suffocation ou d'intoxication. Il peut également s'agir d'un déséquilibre du volume liquidien.

Mauvaise alimentation : Ce facteur peut être à l'origine de problèmes tels qu'un déficit nutritionnel, un risque d'infection, une altération des

---

†Caractéristiques majeures

opérations de la pensée, un risque de trauma, des stratégies d'adaptation inefficaces et une perturbation de la dynamique familiale.

Abus d'alcool : L'abus d'alcool peut être situationnel ou chronique et entraîner des problèmes allant d'un mode de respiration inefficace, d'une diminution du débit cardiaque ou d'un déficit de volume liquidien à un déficit nutritionnel, un excès nutritionnel, une infection, un risque de trauma, une altération des opérations de la pensée, des problèmes d'adaptation et une perturbation de la dynamique familiale.

Hémogramme anormal : Cette étiologie permet d'envisager la possibilité d'un déficit de volume liquidien, d'une diminution de l'irrigation tissulaire, d'une perturbation des échanges gazeux, d'une intolérance à l'activité ou d'un risque d'infection.

Pharmacothérapie, traitement et problèmes de santé : Ces facteurs peuvent être à l'origine d'un risque d'infection, d'un déséquilibre du volume liquidien, d'une atteinte à l'intégrité de la peau ou des tissus, d'une douleur, de problèmes nutritionnels, d'une fatigue et d'une perturbation émotionnelle.

Nous conseillons à la lectrice de consulter les diagnostics infirmiers liés aux facteurs favorisants reconnus et aux problèmes particuliers du patient pour trouver les objectifs du patient, les résultats escomptés et les interventions infirmières appropriées.

Remarque

Les informations entre crochets ont été ajoutées par les auteures afin de clarifier les diagnostics infirmiers et d'en faciliter l'utilisation.

MÉMOIRE, troubles de la

Taxinomie I: Connaissances (8.3.1)

[Division diagnostique : Perception sensorielle]

Définition

Oubli de bribes d'informations ou d'aptitudes acquises. Les troubles de la mémoire peuvent avoir des causes physiopathologiques ou situationnelles et être temporaires ou permanents.

FACTEURS FAVORISANTS

Hypoxie aiguë ou chronique

Anémie

Diminution du débit cardiaque

Déséquilibre hydroélectrolytique

Trouble neurologique [lésion ou commotion cérébrale, par exemple]

Excès de stimuli environnementaux; [état maniaque, état crépusculaire, événement traumatisant]

[Toxicomanie; effets de médicaments]

[Âge avancé]

CARACTÉRISTIQUES

DONNÉES SUBJECTIVES

†Oublis signalés par le patient

---

†Caractéristiques majeures

†Incapacité de se rappeler des événements récents ou lointains, des informations factuelles [ou des personnes, des choses et des lieux familiers]

DONNÉES OBJECTIVES

†Oublis observés par autrui

†Incapacité de déterminer si l'activité a été accomplie

†Incapacité d'apprendre ou de mémoriser de nouvelles habiletés ou informations

†Incapacité d'appliquer les habiletés acquises

Oubli d'accomplir une activité au moment habituel

RÉSULTATS ESCOMPTÉS (OBJECTIFS) /CRITÈRES D'ÉVALUATION

- Le patient est conscient de ses problèmes de mémoire.
- Le patient utilise des stratégies qui l'aident à se rappeler des choses essentielles, si possible.
- Le patient accepte les limites imposées par son état.
- Le patient se sert efficacement des ressources qui sont à sa disposition.

INTERVENTIONS INFIRMIÈRES

PRIORITÉ N° 1 – Évaluer les facteurs favorisants et le degré de perturbation :

- Relever les facteurs physiques et biochimiques susceptibles de contribuer aux troubles de la mémoire.
- Collaborer aux tests cognitifs et en étudier les résultats.

---

†Caractéristiques majeures

- Apprécier les habiletés du patient, y compris sa capacité d'accomplir ses soins personnels et sa capacité de conduire une voiture.
- Demander au patient et à sa famille comment ils perçoivent le problème (les oublis représentent-ils pour eux un problème d'ordre pratique ou considèrent-ils que les troubles de mémoire et de concentration influent négativement sur les rôles et les responsabilités, par exemple).

PRIORITÉ N° 2 – Maximiser les capacités fonctionnelles du patient :

- Recourir aux techniques de rééducation mnémonique appropriées (calendrier, listes, jeux de mémoire, aides à la mémoire, ordinateur, etc.).
- Encourager le patient et la famille à participer à des séances où ils s'exercent ensemble à se remémorer des souvenirs personnels, à donner libre cours aux réminiscences, à situer géographiquement des lieux, etc.
- Inciter le patient à exprimer ses sentiments (frustration, impuissance, etc.). L'aider à se concentrer sur ses progrès et sur les choses qu'il peut maîtriser.
- Proposer au patient des activités d'apprentissage, en insistant sur la nécessité de doser ses efforts et de se reposer suffisamment pour prévenir la fatigue.
- Observer le comportement du patient et l'aider à utiliser des techniques de réduction du stress afin d'atténuer la frustration.
- Adapter les méthodes d'enseignement et les interventions en fonction des capacités fonctionnelles du patient et/ou en fonction de ses possibilités de progrès.
- Apprécier les effets des médicaments qu'on a prescrits au patient pour améliorer son attention, sa concentration, sa mémoire et son humeur,

ainsi que pour modifier ses réactions émotionnelles, et noter la réaction du patient à ces médicaments.

PRIORITÉ N° 3 – Prodiguer un enseignement visant le mieux-être du patient :

- Aider le patient et la personne clé dans sa vie à utiliser des stratégies de compensation qui peuvent améliorer leur vie quotidienne (planification des repas, liste d'épicerie, agenda où ils inscriront les tâches quotidiennes à accomplir, liste affichée à la porte d'entrée pour rappeler par exemple d'éteindre les lumières et la cuisinière avant de sortir, etc.).
- Diriger le patient et sa famille vers les services pertinents (counseling, programme de rééducation, parrainage au travail, groupes de soutien, aide financière, etc.) et les inciter à utiliser ces services.
- Aider le patient à accepter les limites fonctionnelles que son état lui impose (la perte de son permis de conduire, par exemple) et à trouver les ressources qui l'aideront à satisfaire ses besoins.

DONNÉES ESSENTIELLES À CONSIGNER

ÉVALUATIONS (INITIALE ET SUBSÉQUENTE)

- Inscrire les données d'évaluation, les résultats des tests et la façon dont le patient et sa famille perçoivent le problème.
- Noter l'incidence du problème sur le mode de vie et l'autonomie du patient.

PLANIFICATION

- Rédiger le plan de soins et inscrire le nom de chacun des intervenants.
- Rédiger le plan d'enseignement.

APPLICATION /VÉRIFICATION DES RÉSULTATS

- Noter les réactions du patient et de sa famille aux interventions et à l'enseignement, ainsi que les mesures qui ont été prises.
- Noter les objectifs atteints ou les progrès accomplis vers l'atteinte des objectifs.
- Noter les modifications apportées au plan de soins.

PLAN DE CONGÉ

- Noter les besoins à long terme du patient et le nom des responsables des mesures à prendre.
- Noter les demandes de consultation.

Remarque

Les informations entre crochets ont été ajoutées par les auteures afin de clarifier les diagnostics infirmiers et d'en faciliter l'utilisation.

MOBILITÉ PHYSIQUE, altération de la

Taxinomie I : Mouvement (6.1.1.1)

[Division diagnostique : Activité]

Définition

Situation limitant la capacité de se mouvoir de façon autonome.

FACTEURS FAVORISANTS

Intolérance à l'activité, diminution de la force et de l'endurance

Douleur, malaise

Trouble neuromusculaire ou musculo-squelettique

Déficit cognitif

Trouble de perception

Dépression ; anxiété grave

[Traitements restrictifs, mesures de sécurité (alitement, immobilisation d'un membre)]

[Effets des médicaments (neuroleptiques, myorelaxants, etc.)]

CARACTÉRISTIQUES

DONNÉES SUBJECTIVES

Réticence à effectuer des mouvements

[Plaintes de douleur ou de malaise lors d'un mouvement]

DONNÉES OBJECTIVES

Incapacité de se mouvoir délibérément : changer de position dans le lit, se déplacer du lit au fauteuil, marcher

Trouble de coordination

Amplitude des mouvements limitée

Diminution de la force, du contrôle et/ou de la masse musculaires

Restriction des mouvements imposée : contrainte mécanique ou protocole médical

ÉCHELLE D'ÉVALUATION DU NIVEAU DE FONCTIONNEMENT*

0 – Est complètement autonome

1 – Doit utiliser des accessoires ou des appareils

2 – A besoin d'aide, de surveillance ou de cours

3 – A besoin de l'aide de quelqu'un et d'un appareil

4 – Est dépendant, ne participe pas

RÉSULTATS ESCOMPTÉS (OBJECTIFS) / CRITÈRES D'ÉVALUATION

- Le patient participe de plein gré à des activités.
- Le patient comprend la situation, les facteurs de risque, le traitement prescrit et les mesures de sécurité à respecter.
- Le patient applique des techniques ou des conduites favorisant la reprise de ses activités.
- Le patient maintient ou augmente la force et le fonctionnement de la partie corporelle atteinte ou compensatoire.
- L'appareil locomoteur du patient demeure fonctionnel et sa peau est intacte : absence de contractures, de pied tombant, d'escarres de décubitus, etc.

***Source : Jones, E., *et al.* « Patient Classification for Long-term Care : User's Manual », *HEW*, publication n° HRA-74-3107, novembre 1974.**

INTERVENTIONS INFIRMIÈRES

PRIORITÉ N° 1 – Évaluer les facteurs favorisants:

- Prendre note du problème de santé entraînant l'immobilité (sclérose en plaques, arthrite, Parkinson, hémiplégie, paraplégie, dépression, etc.).
- Noter toute situation susceptible de restreindre les mouvements: intervention chirurgicale, fracture, amputation, intubation (drain thoracique, sonde, etc.).
- Apprécier le degré de douleur à partir de la description du patient.
- Noter la baisse d'agilité motrice liée à l'âge.
- Apprécier le degré d'altération sensorielle ou cognitive du patient et sa capacité de suivre des directives.

PRIORITÉ N° 2 – Évaluer les capacités fonctionnelles:

- Mesurer le degré d'immobilité à partir de l'échelle présentée ci-dessus.
- Noter les mouvements du patient lorsque celui-ci ne se sait pas observé.
- Noter les réactions émotionnelles et comportementales aux problèmes entraînés par l'immobilité.
- Noter la présence de complications dues à l'immobilité (pneumonie, problèmes d'élimination, contractures, escarres de décubitus, anxiété, etc.).

§ Consulter le diagnostic infirmier de risque de syndrome d'immobilité.

PRIORITÉ N° 3 – Favoriser le retour à un niveau de fonctionnement optimal et prévenir les complications:

- Aider le patient à s'installer le plus confortablement possible et à changer régulièrement de position en fonction de ses besoins. **Remarque** : Cette mesure s'applique également au patient en fauteuil roulant.

- Recommander au patient de se servir des ridelles, du trapèze ou du rouleau trochantérien pour changer de position ou se déplacer.
- Soutenir la partie ou l'articulation atteinte à l'aide d'oreillers, de coussinets ou d'appuis-pieds ; fournir des souliers orthopédiques, utiliser un matelas à gonflement alternatif ou un lit hydrostatique, etc.
- Collaborer au traitement du problème qui cause la douleur et/ou la dysfonction.
- Administrer les analgésiques prescrits avant une activité, au besoin.
- Prodiguer des soins cutanés régulièrement *afin de prévenir les escarres de décubitus.*
- Établir un horaire d'activités qui laisse suffisamment de périodes de repos au patient pendant le jour, *afin de réduire sa fatigue.* Laisser au patient tout le temps dont il a besoin pour accomplir les activités qui exigent des habilités motrices.
- Inciter le patient à participer à ses soins personnels ainsi qu'à des activités récréatives et à des travaux manuels.
- Examiner les mouvements du patient lorsqu'il se sait observé et lorsqu'il ne se sait pas observé, lui signaler les différences et lui expliquer les méthodes qui permettront de régler les problèmes décelés.
- Appliquer les mesures de sécurité qui s'imposent selon la situation du patient (modifier l'environnement et prévenir les chutes, par exemple).
- Consulter un physiothérapeute ou un ergothérapeute, au besoin, pour élaborer un programme d'exercices adapté et pour déterminer les appareils d'appoint dont le patient a besoin.

PRIORITÉ N° 4 – Prodiguer un enseignement visant le mieux-être du patient :

- Inciter le patient et la personne clé dans sa vie à participer le plus possible à la prise de décisions.
- Informer le patient sur les mesures de sécurité dont il a besoin (emploi des coussins chauffants, blocage du fauteuil roulant avant un déplacement, désencombrement de la pièce, fixation des tapis, etc.).
- Faire participer le patient et la personne clé dans sa vie aux soins et leur montrer des moyens de remédier aux problèmes entraînés par l'immobilité.
- Montrer au patient à se servir des appareils d'appoint, au besoin (déambulateur, orthèse, prothèse, etc.). Fournir une liste des endroits où le patient pourra se procurer et faire entretenir les appareils et l'équipement dont il a besoin.

DONNÉES ESSENTIELLES À CONSIGNER

ÉVALUATIONS (INITIALE ET SUBSÉQUENTES)

- Inscrire les données d'évaluation initiale, notamment le niveau de fonctionnement et la capacité de participer à certaines activités.

PLANIFICATION

- Rédiger le plan de soins et inscrire le nom de chacun des intervenants.
- Rédiger le plan d'enseignement.

APPLICATION /VÉRIFICATION DES RÉSULTATS

- Noter les réactions du patient aux interventions et à l'enseignement, ainsi que les mesures qui ont été prises.
- Noter les objectifs atteints ou les progrès accomplis vers l'atteinte des objectifs.

- Noter les modifications apportées au plan de soins.

PLAN DE CONGÉ

- Noter les besoins du patient à long terme ou à sa sortie du centre hospitalier, ainsi que le nom des responsables des mesures à prendre.
- Noter les demandes de consultation.
- Noter l'endroit où le patient peut se procurer les aides techniques dont il a besoin ainsi que les services d'entretien auxquels il peut recourir en cas de problèmes.

Remarque

Les informations entre crochets ont été ajoutées par les auteures afin de clarifier les diagnostics infirmiers et d'en faciliter l'utilisation.

MODE D'ALIMENTATION INEFFICACE CHEZ LE NOURRISSON

Taxinomie I : Mouvement (6.5.1.4)

[Division diagnostique : Nutrition]

Définition

Perturbation du réflexe de succion d'un bébé ou difficulté à coordonner succion et déglutition.

FACTEURS FAVORISANTS

Prématurité

Atteinte ou immaturité neurologiques

Hypersensibilité buccale

Absence prolongée de tétée

Malformation

CARACTÉRISTIQUES

DONNÉE SUBJECTIVE

[Incapacité du bébé d'amorcer ou de maintenir une succion efficace]

DONNÉES OBJECTIVES

†Incapacité d'amorcer ou de maintenir une succion efficace

†Incapacité de coordonner succion, déglutition et respiration

---

†Caractéristiques majeures

RÉSULTATS ESCOMPTÉS (OBJECTIFS) / CRITÈRES D'ÉVALUATION

- Le bébé présente une diurèse adéquate : il mouille suffisamment de couches par jour.
- Le bébé prend du poids de manière satisfaisante.
- Il n'y a aucun problème d'aspiration (fausse route).

INTERVENTIONS INFIRMIÈRES

PRIORITÉ N° 1 – Rechercher les facteurs favorisants et le degré de dysfonctionnement :

- Déterminer l'âge développemental du bébé, et rechercher les anomalies morphologiques (fente labiopalatine, etc.) ou les obstacles mécaniques (sonde endotrachéale, ventilateur, etc.).
- Apprécier l'état de conscience et rechercher les signes d'atteinte neurologique, de convulsions ou de douleur.
- Noter le nom des médicaments prescrits et les heures auxquelles ils doivent être pris.
- Comparer le poids et la taille à la naissance avec le poids et la taille actuels.
- Vérifier s'il y a des signes de stress pendant la tétée (tachypnée, cyanose, fatigue ou léthargie, etc.).
- Noter les comportements indiquant que l'enfant a encore faim après la tétée.

PRIORITÉ N° 2 – S'assurer que le bébé reçoit un apport nutritionnel adéquat :

- Désigner la méthode d'alimentation qui convient le mieux au bébé (utilisation d'une tétine spéciale ou d'un dispositif d'alimentation, gavage, alimentation entérale, etc.) et choisir le type de lait (lait maternisé ou lait maternel) qui répondra le mieux à ses besoins.

- Montrer à la personne s'occupant du bébé comment le nourrir. Noter si elle installe correctement le bébé, s'il saisit bien la tétine ou le sein, à quelle vitesse s'écoule le lait et à quelle fréquence le bébé éructe.
- Observer la personne s'occupant du bébé pendant qu'elle le nourrit. Lui offrir commentaires et assistance au besoin.
- Expliquer à la personne s'occupant du bébé qu'il est important que la tétée se passe dans un climat de calme et de détente.
- Adapter la fréquence et la quantité des tétées aux besoins du bébé.
- Selon l'âge et les besoins du bébé, compléter l'alimentation lactée en introduisant des aliments solides ou des agents épaississants.
- Faire alterner les méthodes d'alimentation (biberon et gavage, par exemple) selon les capacités et le niveau de fatigue du bébé.
- Modifier l'horaire de prise de médicaments, ou celui des tétées de façon à ce que l'effet sédatif des médicaments soit minimal pendant les tétées.

PRIORITÉ N° 3 – Prodiguer un enseignement visant le mieux-être de la mère et du bébé :

- Montrer à la personne s'occupant du bébé comment prévenir ou atténuer l'aspiration (fausse route), si besoin est.
- Expliquer quelle est la courbe de croissance et de développement visée pour le bébé et l'apport énergétique dont il aura besoin à chaque étape.
- Suggérer à la personne s'occupant du bébé de le peser régulièrement.
- Recommander à la personne s'occupant du bébé de s'inscrire à un cours, au besoin (cours de premiers soins, cours de réanimation cardiorespiratoire chez l'enfant, etc.).

DONNÉES ESSENTIELLES À CONSIGNER

ÉVALUATIONS (INITIALE ET SUBSÉQUENTES)

- Inscrire le type d'alimentation, la voie d'administration, les obstacles à l'alimentation et les réactions du bébé.
- Inscrire le poids et la taille du bébé.

PLANIFICATION

- Rédiger le plan de soins et inscrire le nom de chacun des intervenants.
- Rédiger le plan d'enseignement.

APPLICATION /VÉRIFICATION DES RÉSULTATS

- Noter la réaction du bébé aux interventions (apport nutritionnel, gain pondéral, réaction aux tétées, etc.) et les mesures entreprises par la personne qui s'en occupe.
- Noter dans quelle mesure la personne s'occupant du bébé participe aux soins et aux différentes activités, ainsi que sa réaction à l'enseignement.
- Noter les objectifs atteints ou les progrès accomplis vers l'atteinte des objectifs.
- Noter les modifications apportées au plan de soins.

PLAN DE CONGÉ

- Noter les besoins à long terme du patient, les demandes de consultation et le nom des responsables du suivi.

Remarque

Les informations entre crochets ont été ajoutées par les auteures afin de clarifier les diagnostics infirmiers et d'en faciliter l'utilisation.

MODE DE RESPIRATION INEFFICACE

Taxinomie I : Échanges (1.5.1.3)

[Division diagnostique : Oxygénation]

Définition

Façon d'inspirer et/ou d'expirer ne permettant pas de remplir ou de vider correctement les poumons.

FACTEURS FAVORISANTS

Altération neuromusculaire ou musculo-squelettique

Anxiété

Douleur

Trouble de perception

Déficit cognitif

Baisse d'énergie

Fatigue

[Altération du rapport O_2/CO_2 normal (oxygénothérapie dans un cas de bronchopneumopathie obstructive chronique, par exemple)]

CARACTÉRISTIQUES

DONNÉE SUBJECTIVE

Essoufflement

DONNÉES OBJECTIVES

Dyspnée, tachypnée

Modification des vibrations vocales

Toux

Altération de l'amplitude respiratoire et de l'amplitude des mouvements thoraciques

Battement des ailes du nez, utilisation de la musculature respiratoire accessoire

Respiration avec les lèvres pincées, prolongement de la phase expiratoire

Adoption de la position assise, une main sur chaque genou, penché vers l'avant

Cyanose ; anomalie des valeurs des gaz du sang artériel

Augmentation du diamètre antéro-postérieur du thorax

[Réduction de la capacité vitale pulmonaire]

[Tachycardie]

RÉSULTATS ESCOMPTÉS (OBJECTIFS) / CRITÈRES D'ÉVALUATION

- Le patient présente un mode de respiration normal et efficace.
- Le patient ne présente pas de cyanose ni d'autres signes et symptômes d'hypoxie, et les valeurs des gaz artériels sont dans ses limites normales.
- Le patient connaît les facteurs reliés au problème et modifie en conséquence son mode de vie.
- Le patient adopte des stratégies d'adaptation efficaces.

INTERVENTIONS INFIRMIÈRES

PRIORITÉ N° 1 – Évaluer les facteurs favorisants :

- Ausculter les poumons *afin de déterminer les caractéristiques des bruits respiratoires et de vérifier s'il y a des sécrétions.*
- Noter le mode de respiration : tachypnée, dyspnée de Cheyne-Stokes, autres irrégularités.

- Collaborer aux procédés diagnostiques (épreuves fonctionnelles respiratoires, études sur le sommeil, etc.).
- Étudier les résultats des radiographies afin de connaître la gravité des troubles aigus ou chroniques.
- Étudier les résultats des examens de laboratoire : gaz artériels, dépistage de la toxicomanie, épreuves fonctionnelles respiratoires.
- Rechercher les signes d'hyperventilation (respiration haletante, pleurs, fourmillements dans les doigts, peur, anxiété, etc.).
- Recueillir des données sur les caractéristiques d'une douleur concomitante, le cas échéant.

PRIORITÉ N° 2 – Prendre des mesures pour remédier aux facteurs reliés au problème :

- Administrer de l'oxygène à basse concentration en suivant le protocole établi pour les cas d'affection pulmonaire, de détresse respiratoire ou de cyanose.
- Aspirer les sécrétions des voies respiratoires, au besoin.
- Collaborer à la bronchoscopie ou à l'intubation thoracique, au besoin.
- Remonter la tête du lit, au besoin, *afin de permettre une inspiration maximale.*
- Montrer au patient les techniques de respiration lente et profonde ainsi que la technique de respiration avec les lèvres pincées *afin de l'aider à maîtriser la situation.*
- Demander au patient de respirer dans un sac de papier s'il souffre d'hyperventilation.
- Garder une attitude calme face au patient et aux personnes clés dans sa vie.
- Inciter le patient à utiliser les techniques de relaxation.

- Prendre des mesures pour soulager la peur ou l'anxiété.

§ Consulter les diagnostics infirmiers de peur et d'anxiété.

- Inciter le patient à adopter une position confortable. Le changer souvent de position si l'immobilité constitue un facteur d'influence.
- Exercer une légère pression sur la cage thoracique durant les exercices de toux ou de respiration profonde, au besoin.
- Administrer les analgésiques prescrits *afin de favoriser la respiration profonde et la toux.*

§ Consulter les diagnostics infirmiers de douleur [aiguë] ou de douleur chronique.

- Conseiller la marche au patient, à moins d'indication contraire.
- Conseiller au patient de prendre des repas légers sans aliments gazogènes susceptibles de provoquer un ballonnement abdominal.
- Fournir au patient des dispositifs d'appoint tels que le spiromètre d'incitation *afin de l'aider à respirer plus profondément.*
- Superviser l'emploi du respirateur ou du stimulateur diaphragmatique, du lit oscillant ou du moniteur d'apnée lorsqu'une altération neuromusculaire est présente.

PRIORITÉ N° 3 – Prodiguer un enseignement visant le mieux-être du patient :

- Spécifier les facteurs d'influence et les stratégies d'adaptation susceptibles d'y être reliées.
- Montrer au patient des techniques de maîtrise volontaire de la fréquence respiratoire si l'étiologie n'est pas connue.
- Conseiller au patient de maximiser l'effort par une bonne posture et un emploi efficace de la musculature respiratoire accessoire.

- Montrer au patient des exercices respiratoires : respiration diaphragmatique et abdominale, inspiration contre résistance (spirométrie d'incitation, etc.), respiration avec les lèvres pincées.
- Recommander au patient d'utiliser des techniques de conservation d'énergie.
- Conseiller au patient de toujours conserver un rythme régulier dans ses activités.
- Inciter le patient à se reposer suffisamment entre les activités.
- Expliquer le lien entre le tabagisme et la fonction respiratoire.
- Inciter le patient et la personne clé dans sa vie à entreprendre un programme d'abandon du tabac. Les diriger vers les services appropriés.
- Montrer au patient comment utiliser correctement l'oxygénothérapie à domicile et lui enseigner les règles de sécurité à respecter.
- Diriger le patient vers un groupe de soutien ou l'adresser à des personnes qui ont vécu les mêmes problèmes que lui.

DONNÉES ESSENTIELLES À CONSIGNER

ÉVALUATIONS (INITIALE ET SUBSÉQUENTES)

- Inscrire les antécédents pertinents.
- Décrire le mode de respiration, noter les bruits respiratoires et l'utilisation de la musculature accessoire.
- Inscrire les résultats des examens de laboratoire.
- Noter les caractéristiques de la respiration, la quantité de sécrétions recueillies par le drain thoracique, l'emploi de ventilation assistée, le réglage du respirateur, etc.

PLANIFICATION

- Rédiger le plan de soins et inscrire le nom de chacun des intervenants.
- Rédiger le plan d'enseignement.

APPLICATION /VÉRIFICATION DES RÉSULTATS

- Noter les réactions du patient aux interventions et à l'enseignement, ainsi que les mesures qui ont été prises.
- Noter le savoir-faire et le degré d'autonomie du patient.
- Noter les objectifs atteints ou les progrès accomplis vers l'atteinte des objectifs.
- Noter les modifications apportées au plan de soins.

PLAN DE CONGÉ

- Noter les besoins à long terme du patient, les demandes de consultation, les mesures entreprises et les ressources existantes.

Remarque

Les informations entre crochets ont été ajoutées par les auteures afin de clarifier les diagnostics infirmiers et d'en faciliter l'utilisation.

NÉGLIGENCE DE L'HÉMICORPS (droit ou gauche)

Taxinomie I: Perceptions (7.2.1.1)

[Division diagnostique : Perception sensorielle]

Définition

État dans lequel une personne ne perçoit pas un côté de son corps ou n'y porte pas attention [la non-perception ou l'inattention s'étend à l'espace immédiat entourant la moitié du corps].

FACTEURS FAVORISANTS

Conséquences d'une perturbation de la perception sensorielle (hémianopsie [homonyme], monophtalmie, [ou extinction visuelle], par exemple)

Maladie ou traumatisme neurologique

[Irrigation sanguine insuffisante au cerveau]

CARACTÉRISTIQUES

DONNÉE SUBJECTIVE

[Sensation que la partie du corps ne lui appartient pas]

DONNÉES OBJECTIVES

†Indifférence persistante aux stimuli touchant le côté atteint

Soins personnels inadéquats [incapacité d'accomplir de façon satisfaisante les activités de la vie quotidienne]

---

†Caractéristique majeure

[Incapacité de prendre une] position de protection et/ou des précautions du côté atteint

Ne regarde pas le côté atteint ; [ne touche pas le côté atteint]

Laisse des aliments dans son assiette du côté atteint

[N'utilise pas le côté atteint à moins qu'on le lui rappelle]

RÉSULTATS ESCOMPTÉS (OBJECTIFS) / CRITÈRES D'ÉVALUATION

- Le patient est conscient de l'altération de sa perception sensorielle.
- Le patient verbalise une perception positive et réaliste de soi tout en tenant compte du dysfonctionnement.
- Le patient choisit des mesures d'adaptation ou de protection appropriées à sa situation.
- Le patient accomplit ses soins personnels dans la mesure de ses capacités.
- Le patient adopte les conduites et les habitudes nécessaires à sa sécurité physique.

INTERVENTIONS INFIRMIÈRES

PRIORITÉ Nº 1 – Évaluer la gravité de l'altération de la perception sensorielle et le degré d'invalidité qui en résulte :

- Mesurer l'acuité visuelle et le champ de vision.
- Recueillir des données sur la perception sensorielle du patient (réaction aux stimuli chauds ou froids, capacité de faire la distinction entre les objets pointus et non pointus, etc.). Apprécier la conscience du mouvement et la sensibilité proprioceptive.
- Observer attentivement les comportements du patient *afin de déterminer la gravité du problème.*

- Préciser dans quelle mesure le patient est capable de faire la distinction entre la gauche et la droite.
- Noter les signes physiques de négligence (le patient néglige la position du membre atteint, il présente des irritations ou des lésions cutanées, par exemple).
- Recueillir des données sur la façon dont le patient fonctionne malgré le problème et comparer ces observations avec la perception qu'a le patient de ses capacités.
- Demander au patient quel sens il donne à la perte, au dysfonctionnement ou au changement.
- Inviter le patient à verbaliser ses sentiments face à la perte, au dysfonctionnement ou au changement, et l'amener à en saisir les effets sur l'exécution des activités de la vie quotidienne.

PRIORITÉ Nº 2 – Favoriser un bien-être optimal et la sécurité de l'environnement du patient :

- S'approcher du patient du côté non atteint pendant la phase aiguë en lui expliquant qu'un côté de son corps est négligé, et le lui répéter aussi souvent que nécessaire.
- Orienter le patient dans son environnement physique.
- Éliminer les stimuli inutiles de l'environnement du patient pendant la prestation des soins.
- Inciter le patient à faire une rotation complète de la tête et des yeux, et à « balayer » la pièce du regard pour compenser la perte de champ visuel.
- Placer dans le champ visuel du patient la table de chevet et les objets dont il aura besoin (système d'appel, mouchoirs de papier, etc.).
- Placer les meubles et les appareils de façon à ce qu'ils ne bloquent pas le chemin du patient. Laisser la porte grande ouverte ou la fermer complètement.

- Enlever les articles susceptibles de constituer un danger pour la sécurité (tabouret, carpette, etc.).
- Assurer un bon éclairage.
- Examiner régulièrement la partie atteinte : position, alignement anatomique, points de pression, état de la peau (irritation cutanée, lésions, etc.), irrigation tissulaire (œdème déclive, etc.).
- Appliquer les mesures appropriées *afin de protéger la partie atteinte contre les pressions, les lésions et les brûlures* et aider le patient à appliquer lui-même ces mesures.

PRIORITÉ N° 3 – Prodiguer un enseignement visant le mieux-être du patient :

- Toucher le patient souvent pendant les soins.
- Inciter le patient à regarder et à manipuler la partie atteinte.
- Amener le membre atteint au centre du lit de façon à ce que le patient le voie pendant les soins.
- Fournir une stimulation tactile à chaque côté du corps séparément au lieu de stimuler les deux côtés en même temps.
- Faire manipuler au patient des objets de poids, de texture et de taille variés.
- Montrer au patient comment placer délicatement le membre atteint et lui conseiller de regarder régulièrement comment il est installé. Utiliser des aides-mémoire visuels. **Remarque :** S'il néglige complètement un côté du corps, l'installer dans une position qui améliore sa perception.
- Amener le patient à accepter le membre ou le côté atteint en tant que partie de lui, même s'il n'a plus l'impression qu'il lui appartient.
- Utiliser un miroir pour aider le patient à rectifier sa position.
- Utiliser des termes descriptifs pour désigner les parties du corps. Par exemple, ne pas dire « levez

la jambe gauche ou la jambe droite », mais « levez cette jambe » (en la montrant), ou « levez la jambe atteinte ».

- Indiquer au patient, lors des déplacements, où se trouvent les parties atteintes.
- Reconnaître et accepter les périodes de découragement, de chagrin et de colère.
- Amener le patient à admettre que la dysfonction est bien réelle et qu'il doit la compenser.
- Répondre au déni du patient par des commentaires réalistes.
- Inciter les membres de la famille et les personnes clés dans la vie du patient à le traiter normalement, et non comme un invalide, et à le faire participer aux activités familiales.
- Assister le patient dans les activités de la vie quotidienne en maximisant son potentiel d'autonomie. Compléter les soins d'hygiène à la partie atteinte, au besoin.
- Placer les objets accessoires (télévision, photos, brosse à cheveux, par exemple) du côté atteint lorsque la phase aiguë est passée.
- Diriger le patient vers les services de réadaptation susceptibles de l'aider à accroître son autonomie ; l'inciter à recourir à ces services.
- Trouver les autres ressources dont le patient pourrait avoir besoin (popote roulante, services de soins à domicile, etc.).

DONNÉES ESSENTIELLES À CONSIGNER

ÉVALUATIONS (INITIALE ET SUBSÉQUENTES)

- Inscrire les données d'évaluation, notamment la gravité de l'altération sensorielle, le degré d'invalidité, ses conséquences sur l'autonomie du patient et sa capacité de vaquer aux activités de la vie quotidienne.

PLANIFICATION

- Rédiger le plan de soins et inscrire le nom de chacun des intervenants.
- Rédiger le plan d'enseignement.

APPLICATION /VÉRIFICATION DES RÉSULTATS

- Noter les réactions du patient aux interventions et à l'enseignement, ainsi que les mesures qui ont été prises.
- Noter les objectifs atteints ou les progrès accomplis vers l'atteinte des objectifs.
- Noter les modifications apportées au plan de soins.

PLAN DE CONGÉ

- Noter les besoins à long terme du patient, les demandes de consultation et le nom des responsables des mesures à prendre.
- Noter les ressources à la disposition du patient.

Remarque

Les informations entre crochets ont été ajoutées par les auteures afin de clarifier les diagnostics infirmiers et d'en faciliter l'utilisation.

NON-OBSERVANCE (préciser)

Taxinomie I : Choix (5.2.1.1)

[Division diagnostique : Participation]

Définition

Refus, en toute connaissance de cause, d'adhérer au traitement recommandé. [Note des auteures : Il apparaît difficile de traiter les causes de ce problème en raison de l'ambiguïté du terme. D'une part, le personnel soignant perçoit la non-observance de façon négative. D'autre part, le patient conçoit le refus d'adhérer au traitement comme un droit. Étant donné que l'infirmière se doit de respecter le choix du patient, elle devra rechercher avec lui d'autres façons d'atteindre les mêmes objectifs.]

FACTEURS FAVORISANTS

Système de valeurs du patient : croyances sur la santé, influences culturelles, valeurs spirituelles

Relations patient-soignant

[Peur, anxiété]

[Altération des opérations de la pensée (dépression, paranoïa, etc.)]

[Difficulté à changer de comportement (toxicomanie, etc.)]

[Manque de ressources, réseaux de soutien inadéquats]

[Situation procurant des bénéfices secondaires au patient]

CARACTÉRISTIQUES

DONNÉE SUBJECTIVE

‡Aveu de non-observance par le patient ou la personne clé dans sa vie [impression que la maladie n'est pas grave ou que le risque n'est pas grand, doute sur l'efficacité du traitement, refus de se conformer à la thérapeutique prescrite ou d'en accepter les effets secondaires et les exigences].

DONNÉES OBJECTIVES

‡Comportement indiquant que le patient n'adhère pas à la thérapeutique

Résultats d'examens diagnostiques physiologiques

Absence de progrès

Signes de complications ou d'exacerbation des symptômes

Non-respect des rendez-vous

[Impossibilité de fixer des objectifs communs ou de les atteindre]

[Déni]

RÉSULTATS ESCOMPTÉS (OBJECTIFS) / CRITÈRES D'ÉVALUATION

- Le patient participe à l'élaboration des objectifs et du plan de traitement.
- Le patient montre une bonne connaissance de son problème de santé et une compréhension adéquate de la thérapeutique.
- Le patient choisit son degré d'observance en se fondant sur des informations justes et exactes.

---

‡Caractéristiques essentielles

INTERVENTIONS INFIRMIÈRES

PRIORITÉ N° 1 – Déterminer la raison pour laquelle le patient n'observe pas le traitement, enfreint les directives ou manque de discipline :

- S'enquérir auprès du patient et de la personne clé dans sa vie de leur perception de la situation (problème de santé ou traitement).
- Accueillir avec ouverture d'esprit les plaintes et les commentaires du patient.
- Noter la langue parlée, lue et comprise par le patient.
- Comparer le stade de développement du patient à son âge.
- Recueillir des données sur le degré d'anxiété du patient, sa capacité d'agir et de décider, son sentiment d'impuissance, etc.
- Noter la durée de la maladie. **Remarque :** Les patients tendent à devenir passifs et dépendants lorsqu'ils souffrent depuis longtemps d'une maladie débilitante.
- Explorer le système de valeurs du patient et de la personne clé dans sa vie : valeurs culturelles et religieuses, croyances sur la santé et attentes face aux étapes du développement.
- Noter les caractéristiques sociales du patient, les facteurs d'influence démographiques et scolaires, son type de personnalité.
- Rechercher la signification psychologique de la conduite du patient (réaction de déni, de colère, etc.). Noter les bénéfices secondaires que le patient retire de sa situation (sur les plans familial, scolaire, professionnel et juridique).
- Inventorier les réseaux de soutien et les ressources qui sont à la disposition du patient, et noter ceux auxquels il recourt.

- Observer l'attitude des infirmières et des médecins face au patient. (Ont-ils investi dans l'adhésion du patient au traitement ou dans sa guérison ? Quelle est la conduite du patient et de l'infirmière lorsque celui-ci s'est créé une réputation de « non-observance » ?)

PRIORITÉ Nº 2 – Aider le patient et la personne clé dans sa vie à élaborer des stratégies visant à régler efficacement le problème :

- Créer un climat propice à l'établissement d'une relation infirmière-patient significative.
- Demander au patient s'il est prêt à s'engager dans l'établissement conjoint d'objectifs. **Remarque :** Le patient est plus susceptible de collaborer lorsqu'il a participé à l'établissement des objectifs.
- Passer en revue les stratégies du plan de traitement. Établir un ordre de priorité des interventions prévues au plan de soins en fonction des objectifs thérapeutiques et des intérêts du patient.
- Établir une entente avec le patient quant à sa participation aux soins.
- Inciter le patient à effectuer ses soins personnels et les compléter au besoin.
- Admettre l'évaluation que le patient fait de ses forces et de ses faiblesses tout en travaillant avec lui à accroître ses capacités.
- Élaborer des plans d'intervention à long terme et communiquer avec les personnes qui assureront la continuité des soins après la sortie du patient.
- Fournir des informations au patient et lui expliquer où et comment en trouver.
- Transmettre les informations en quantités assimilables et varier les méthodes de communica-

tion (verbale, écrite et audiovisuelle) tout en tenant compte des capacités du patient.

- Demander au patient de reformuler les directives ou les informations qu'il a reçues.
- Respecter le choix ou le point de vue du patient, même si celui-ci semble autodestructeur. S'abstenir de heurter les croyances du patient.
- Établir des objectifs progressifs ou modifier les activités thérapeutiques prévues au plan de traitement, au besoin (un patient souffrant d'une maladie pulmonaire obstructive chronique qui fume un paquet de cigarettes par jour peut accepter de réduire sa consommation, par exemple).

PRIORITÉ Nº 3 – Prodiguer un enseignement visant le mieux-être du patient :

- Insister sur l'importance de la connaissance et de la compréhension des raisons de la thérapeutique ou des médicaments et expliquer au patient les conséquences de ses actes ou de ses choix.
- Élaborer pour le patient un système d'auto-surveillance lui donnant le sentiment d'être maître de la situation, lui permettant de suivre ses progrès et l'aidant à faire des choix.
- Proposer au patient des ressources susceptibles de l'encourager à atteindre les résultats souhaités. Inciter le patient à poursuivre ses efforts, surtout s'il commence à en ressentir les bienfaits.
- Diriger le patient vers un conseiller, un thérapeute ou tout autre service approprié.

§ Consulter les diagnostics infirmiers de stratégies d'adaptation familiale ou individuelle inefficaces ; de manque de connaissances ; d'anxiété.

DONNÉES ESSENTIELLES À CONSIGNER

ÉVALUATIONS (INITIALE ET SUBSÉQUENTES)

- Inscrire les données d'évaluation, notamment la dérogation par rapport au plan de traitement prescrit et les raisons fournies par le patient en ses propres mots.
- Noter les conséquences de la non-observance jusqu'à maintenant.

PLANIFICATION

- Rédiger le plan de soins et inscrire le nom de chacun des intervenants.
- Rédiger le plan d'enseignement.

APPLICATION /VÉRIFICATION DES RÉSULTATS

- Noter les réactions du patient aux interventions et à l'enseignement, ainsi que les mesures qui ont été prises.
- Noter les objectifs atteints ou les progrès accomplis vers l'atteinte des objectifs.
- Noter les modifications apportées au plan de soins.

PLAN DE CONGÉ

- Noter les besoins à long terme du patient et le nom des responsables des mesures à prendre.
- Noter les demandes de consultation.

Remarque

Les informations entre crochets ont été ajoutées par les auteures afin de clarifier les diagnostics infirmiers et d'en faciliter l'utilisation.

OPÉRATIONS DE LA PENSÉE, altération des

Taxinomie I : Connaissances (8.3)

[Division diagnostique : Opérations de la pensée]

Définition

Perturbation des opérations et des activités cognitives.

FACTEURS FAVORISANTS

N'ont pas encore été répertoriés par l'ANADI.

[Changements physiologiques, vieillesse, hypoxie, traumatisme crânien, malnutrition, infection]

[Altérations biochimiques, médicaments, toxicomanie]

[Privation de sommeil]

[Conflits psychologiques, perturbation émotionnelle, trouble mental]

CARACTÉRISTIQUES

DONNÉE SUBJECTIVE

[Délire de relation, hallucinations, idées délirantes]

DONNÉES OBJECTIVES

Interprétation erronée de l'environnement

Trouble de mémoire, [désorientation spatio-temporelle face aux circonstances et aux événements, incapacité de reconnaître les personnes, altération de la mémoire immédiate ou ancienne]

Hypervigilance ou hypovigilance

Discordances cognitives, [baisse de l'aptitude à comprendre les idées, à prendre des décisions, [†] à résoudre des problèmes, à abstraire, à conceptualiser, à calculer ; [†] difficulté à ordonner ses idées]

Distractivité, [baisse de la durée de l'attention]

Égocentrisme

[Fabulation]

[Comportement social inadapté]

AUTRE CARACTÉRISTIQUE POSSIBLE

[†] Pensée inadaptée non fondée sur la réalité

RÉSULTATS ESCOMPTÉS (OBJECTIFS) / CRITÈRES D'ÉVALUATION

- Le patient comprend les facteurs reliés au problème dans la mesure de ses connaissances ou de ses capacités.
- Le patient reconnaît les changements qui se sont opérés dans ses pensées ou son comportement.
- Le patient choisit des mesures correctives appropriées à la situation.
- Le patient adopte des conduites ou de nouvelles habitudes favorisant le maintien de son état mental actuel.
- Le patient conserve son orientation dans la réalité.

INTERVENTIONS INFIRMIÈRES

PRIORITÉ N° 1 – Évaluer les facteurs favorisants :

- Rechercher les facteurs favorisants : il peut s'agir d'un syndrome cérébral aigu ou chronique (acci-

---

†Caractéristiques majeures

dent vasculaire cérébral récent, maladie d'Alzheimer) ; d'une hypertension intracrânienne ; d'une infection ; de malnutrition ; d'une privation sensorielle ; de délire, etc.

- S'informer si le patient consomme des médicaments ou des drogues (médicaments sur ordonnance et en vente libre, drogues illicites) susceptibles d'altérer les opérations de la pensée et la perception sensorielle. **Remarque** : L'horaire d'administration des médicaments peut aussi contribuer au problème du patient.
- Recueillir des données sur l'apport et l'état nutritionnels du patient.
- Étudier les résultats des examens de laboratoire *afin de déceler des anomalies (alcalose métabolique, hypokaliémie, concentrations élevées d'ammoniac, signes d'infection, etc.).*

PRIORITÉ N° 2 – Évaluer le degré de perturbation :

- Apprécier l'état mental du patient et préciser le degré de perturbation de la capacité de réflexion, de la mémoire (des faits anciens et des faits récents), de l'orientation spatio-temporelle, de la capacité de reconnaître les personnes et de la capacité d'introspection et de discrimination du patient.
- Noter les signes de manque d'attention et de distractivité du patient et apprécier sa capacité de prendre des décisions et de résoudre des problèmes.
- Mesurer la capacité du patient de comprendre et de se faire comprendre ; s'il est incapable de communiquer verbalement, trouver d'autres moyens de communication.
- Noter si le patient a une tenue négligée, une élocution lente ou encore une dysarthrie.

- Noter l'apparition de paranoïa et d'idées délirantes, d'hallucinations.
- Interroger la personne clé dans la vie du patient sur les antécédents du patient, sa capacité de réflexion habituelle, ses changements de comportement, la durée du problème et tout autre élément pertinent.
- Mesurer le degré d'anxiété du patient face à la situation.
- Collaborer à l'évaluation de fonctions spécifiques, au besoin.

PRIORITÉ N° 3 – Prévenir l'aggravation du problème et maximiser le degré de fonctionnement du patient :

- Collaborer au traitement visant à remédier aux problèmes sous-jacents ; il peut s'agir d'anorexie (mentale ou autre), d'une augmentation de la pression intracrânienne, de troubles du sommeil, d'un déséquilibre biochimique, etc.
- Mesurer et inscrire les signes vitaux de façon périodique, selon les besoins.
- Procéder aux vérifications neurologiques prescrites ; noter tout changement ou toute diminution du niveau de conscience (léthargie, confusion, somnolence ou irritabilité) ; noter tout changement dans la capacité de communiquer.
- Réorienter le patient dans le temps et l'espace et lui nommer les personnes qu'il ne reconnaît pas, au besoin. **Remarque :** L'incapacité de conserver son orientation est un signe d'aggravation.
- Demander au patient d'écrire son nom de temps à autre ; garder ses signatures pour les comparer et signaler les différences.
- Noter les comportements indiquant un risque de violence et prendre les mesures appropriées.

- Mettre en place les mesures de sécurité nécessaires (ridelles, coussinets protecteurs, etc.). Prendre les précautions qui s'imposent en cas de crises convulsives.
- Prévoir une alternance de périodes de repos et d'activité.
- Relever les particularités du traitement médicamenteux du patient. S'assurer que le médecin est informé de tous les médicaments pris par le patient et noter les interactions et les effets cumulatifs possibles.
- Inciter la famille ou la personne clé dans la vie du patient à participer à sa réorientation et à le tenir informé (sur les dernières nouvelles, les réunions familiales, etc.).
- Consulter les services appropriés de réadaptation (programme de rééducation cognitive, orthophoniste, services psychosociaux, rétroaction biologique, conseiller, etc.).

PRIORITÉ N° 4 – Créer un cadre thérapeutique et aider le patient et la personne clé dans sa vie à élaborer des stratégies d'adaptation (surtout s'il souffre d'un trouble irréversible) :

- Donner de l'information à la personne clé dans la vie du patient et prévoir du temps pour répondre à ses questions.
- Créer un climat calme et agréable autour du patient et l'aborder avec douceur et sérénité.
- Donner au patient des directives faciles à comprendre, en utilisant des mots courts et des phrases simples.
- Écouter le patient avec respect *afin de lui montrer qu'il est digne d'intérêt.*
- Orienter le patient dans la réalité et l'environnement (horloges, calendriers, articles personnels, décorations soulignant les principales fêtes de l'année).

- Présenter la réalité de façon brève et concise, et ne pas contester les réflexions illogiques *afin de ne pas provoquer de réactions de défense.*
- Se garder de provoquer le patient, de le critiquer, de le contredire ou de l'affronter *afin de ne pas déclencher une réaction de lutte ou de fuite.*
- Respecter la volonté du patient : ne pas le forcer à pratiquer une activité ni à communiquer.
- Respecter la personnalité du patient et son espace personnel.
- Utiliser le toucher avec discernement. **Remarque :** Il ne faut toutefois pas oublier que le toucher est important, tant sur le plan physique que psychologique.
- S'assurer que le patient a un régime alimentaire bien équilibré qui tient compte de ses goûts. L'inciter à manger. Créer un environnement agréable et lui laisser suffisamment de temps pour manger.
- Laisser au patient le temps nécessaire pour répondre aux questions ou aux commentaires et prendre des décisions simples.
- Guider le patient et la personne clé dans sa vie dans le processus de deuil si celui-ci a perdu une partie de ses capacités ou de sa personnalité (à cause de la maladie d'Alzheimer, par exemple).
- Inciter le patient à participer à des groupes ou des activités de resocialisation, si possible.

PRIORITÉ N° 5 – Prodiguer un enseignement visant le mieux-être du patient :

- Chercher avec le patient le traitement ou le programme de réadaptation qui lui conviendra le mieux.
- Insister sur l'importance de la collaboration au traitement.

- Favoriser la socialisation du patient en tenant compte de ses capacités.
- Déceler les problèmes liés à l'âge auxquels il est possible de remédier, et aider le patient et la personne clé dans sa vie à trouver l'assistance et les services dont ils ont besoin.
- Élaborer un plan de soins avec le patient et la personne clé dans sa vie si le problème est évolutif ou de longue durée.
- Diriger le patient vers les services communautaires pertinents (centre de jour, groupe de soutien, centre de désintoxication [alcool, drogue], etc.).

§ Consulter les diagnostics infirmiers suivants : confusion aiguë; incapacité (partielle ou totale) de s'alimenter, de se laver/d'effectuer ses soins d'hygiène, d'utiliser les toilettes ou de se vêtir/de soigner son apparence ; chagrin (deuil) par anticipation ou chagrin (deuil) dysfonctionnel ; altération de la perception sensorielle ; diminution de l'irrigation tissulaire.

DONNÉES ESSENTIELLES À CONSIGNER

ÉVALUATIONS (INITIALE ET SUBSÉQUENTES)

- Inscrire les données d'évaluation, notamment la nature du problème, le degré de fonctionnement actuel et antérieur ainsi que les répercussions du problème sur l'autonomie et le mode de vie du patient.

PLANIFICATION

- Rédiger le plan de soins et inscrire le nom de chacun des intervenants.
- Rédiger le plan d'enseignement.

APPLICATION /VÉRIFICATION DES RÉSULTATS

- Noter les réactions du patient aux interventions et à l'enseignement, ainsi que les mesures qui ont été prises.
- Noter les objectifs atteints ou les progrès accomplis vers l'atteinte des objectifs.
- Noter les modifications apportées au plan de soins.

PLAN DE CONGÉ

- Noter les besoins à long terme du patient, les demandes de consultation et le nom des responsables des mesures à prendre.
- Noter les ressources auxquelles le patient peut recourir.

Remarque

Les informations entre crochets ont été ajoutées par les auteures afin de clarifier les diagnostics infirmiers et d'en faciliter l'utilisation.

ORGANISATION COMPORTEMENTALE DU NOURRISSON : POTENTIEL D'AMÉLIORATION

Taxinomie I : Mouvement (6.8.3)

[Division diagnostique : Perception sensorielle]

Définition

Façon satisfaisante pour un bébé de moduler les systèmes de fonctionnement physiologiques et comportementaux (système nerveux autonome, motricité, organisation, autorégulation, attention-interaction, par exemple), mais qui peut être améliorée, afin de permettre de meilleurs niveaux d'intégration en réponse aux stimuli du milieu.

FACTEURS FAVORISANTS

Prématurité

Douleur

CARACTÉRISTIQUES

DONNÉES OBJECTIVES

Constantes biologiques stables

Cycle de veille-sommeil bien défini

Utilisation de quelques mécanismes d'autorégulation

Réponse à des stimuli visuels ou auditifs

RÉSULTATS ESCOMPTÉS (OBJECTIFS) /CRITÈRES D'ÉVALUATION

- Le nourrisson continue de moduler ses systèmes de fonctionnement physiologiques et comportementaux.
- Le nourrisson intègre de mieux en mieux les stimuli de l'environnement.
- Les parents reconnaissent les signaux indiquant que le nourrisson a atteint son seuil de tolérance au stress et sont capables d'apprécier son état actuel.
- Les parents apprennent comment réagir et comment modifier leurs réactions (et leur environnement), de façon à favoriser l'adaptation et le développement du nourrisson.

INTERVENTIONS INFIRMIÈRES

PRIORITÉ N° 1 – Évaluer l'état de l'enfant et le degré de compétence parentale :

- Noter l'âge chronologique et apprécier le stade de développement du nourrisson ; noter l'âge gestationnel à la naissance.
- Préciser les comportements d'autorégulation propres à ce nourrisson : il suce, fait la moue ; il s'agrippe, porte la main à la bouche, change d'expression ; il serre les pieds, s'arc-boute ; il plie les membres, rentre le tronc ; il cherche des limites physiques.
- Rechercher les signes indiquant la présence d'une situation susceptible de causer de la douleur ou des malaises.
- Apprécier la qualité et la quantité des stimuli environnementaux.
- Apprécier la compréhension qu'ont les parents des besoins et des capacités de l'enfant.

- Prendre le temps d'écouter les parents parler de leurs préoccupations quant à leur capacité de favoriser le développement du nourrisson.

PRIORITÉ N° 2 – Aider les parents à améliorer les processus d'intégration chez leur nourrisson :

- Discuter avec les parents de la croissance et du développement, et plus particulièrement de l'état actuel et de l'évolution de leur nourrisson. Les aider à reconnaître les signes de stress chez le bébé.
- Discuter avec les parents des changements qui peuvent être apportés pour aider le nourrisson (modification des stimuli environnementaux ou de l'horaire des activités, changements relatifs aux besoins du bébé en matière de sommeil, soulagement de la douleur).
- Inclure les observations et les suggestions des parents dans le plan de soins.

PRIORITÉ N° 3 – Prodiguer un enseignement visant le mieux-être du nourrisson et des parents :

- Inventorier les services communautaires qui pourraient aider la famille (infirmière visiteuse, aide à domicile, service de garde, etc.).
- Diriger les parents vers un groupe de soutien ou les adresser à une personne qui pourrait les aider à s'adapter à leur nouveau rôle et à leurs nouvelles responsabilités.

§ Consulter d'autres diagnostics infirmiers pertinents, par exemple stratégies d'adaptation familiale : potentiel de croissance.

DONNÉES ESSENTIELLES À CONSIGNER

ÉVALUATIONS (INITIALE ET SUBSÉQUENTES)

- Inscrire les données d'évaluation, notamment l'âge et le stade de développement du nourrisson, ses comportements d'autorégulation et ses réactions à la stimulation.

- Noter les préoccupations des parents et leur niveau de connaissances.

PLANIFICATION

- Rédiger le plan de soins et inscrire le nom de chacun des intervenants.
- Rédiger le plan d'enseignement.

APPLICATION /VÉRIFICATION DES RÉSULTATS

- Noter les réactions du nourrisson aux interventions et les mesures entreprises.
- Noter le degré de participation des parents et leur réaction aux interactions et à l'enseignement.
- Noter les objectifs atteints ou les progrès accomplis vers l'atteinte des objectifs.
- Noter les changements apportés au plan de soins.

PLAN DE CONGÉ

- Noter les besoins à long terme de la famille et le nom des responsables des mesures à prendre.
- Noter les demandes de consultation.

Remarque

Les informations entre crochets ont été ajoutées par les auteures afin de clarifier les diagnostics infirmiers et d'en faciliter l'utilisation.

ORGANISER ET ENTRETENIR LE DOMICILE, incapacité (partielle ou totale) d'

Taxinomie I : Mouvement (6.4.1.1)

[Division diagnostique : Activités de la vie quotidienne]

Définition

Inaptitude à maintenir sans aide un milieu sûr et propice à la croissance personnelle.

FACTEURS FAVORISANTS

Maladie ou traumatisme subis par le patient ou un membre de sa famille

Manque d'organisation ou de planification dans la famille

Manque d'argent

Dysfonctionnement cognitif ou émotionnel

Absence de modèles

Ignorance des services offerts dans le quartier

Manque de connaissances

Réseaux de soutien inadéquats

CARACTÉRISTIQUES

DONNÉES SUBJECTIVES

‡Difficulté à entretenir la maison convenablement

‡Assistance demandée par les membres de la famille pour l'entretien du domicile

‡Caractéristiques essentielles

‡Endettement ou crise financière

DONNÉES OBJECTIVES

‡Accumulation de poussière, de déchets alimentaires ou d'ordures

‡Ustensiles de cuisine, vêtements, draps et serviettes manquants ou dans un état de grande saleté

‡Surmenage des membres de la famille (épuisés, anxieux)

‡Problèmes chroniques d'hygiène, d'infestations ou d'infections

Désordre ; odeurs nauséabondes

Température ambiante inadéquate

Manque de matériel ou d'aides techniques

Présence de vermine ou de rongeurs

RÉSULTATS ESCOMPTÉS (OBJECTIFS) / CRITÈRES D'ÉVALUATION

- Le patient connaît les facteurs préjudiciables à la sécurité du milieu.
- Le patient explique comment il prévoit éliminer les risques pour la santé et la sécurité.
- Le patient adopte de nouvelles habitudes favorisant la création et le maintien d'un milieu propice à sa santé et à sa croissance.
- Le patient recourt efficacement aux services d'aide nécessaires.

INTERVENTIONS INFIRMIÈRES

PRIORITÉ N° 1 – Évaluer les facteurs favorisants :

- Préciser le degré d'invalidité et son origine.

---

‡Caractéristiques essentielles

- Apprécier le degré de fonctionnement sur les plans cognitif, affectif et physique.
- Recueillir des données sur les conaissances du patient en matière d'hygiène et de sécurité du milieu de vie.
- S'enquérir de l'environnement domestique du patient *afin d'apprécier sa capacité de se prendre en charge et de déceler les risques pour sa santé et sa sécurité.*
- Inventorier les réseaux de soutien du patient et de la personne clé dans sa vie.
- Estimer le coût des biens et services nécessaires au patient pour répondre à ses besoins actuels.

PRIORITÉ N° 2 – Aider le patient et la personne clé dans sa vie à créer et à maintenir un milieu sûr, propice à la croissance :

- Assurer la coordination des activités des divers intervenants prévues au plan de congé.
- Prendre des dispositions pour que des intervenants procèdent à des visites d'évaluation du domicile du patient, au besoin.
- Préparer avec le patient et la personne clé dans sa vie un plan visant à maintenir un milieu de vie propre et sain (partage des tâches domestiques entre les membres de la famille, recours à un service d'aide ménagère, à un exterminateur, etc.).
- Dresser avec le patient et la personne clé dans sa vie la liste de l'équipement dont ils ont besoin (élévateur, chaise d'aisances, barre d'appui, etc.) et des endroits où ils pourront se le procurer.
- Inventorier les sources d'aide pertinentes (services de soins à domicile, conseils sur l'établissement d'un budget, aide familiale, popote roulante, physiothérapie, ergothérapie, services sociaux, etc.).

- Inventorier les possibilités d'aide financière.

PRIORITÉ Nº 3 – Prodiguer un enseignement visant le mieux-être du patient :

- Déceler dans le milieu de vie du patient les dangers pour la santé.
- Expliquer au patient que l'amélioration de la qualité de son milieu de vie nécessite une planification à long terme.
- Prévoir au plan d'action des périodes de répit pour la famille ou les personnes qui s'occupent du patient.
- Inventorier les ressources communautaires et les réseaux de soutien dont dispose le patient (famille élargie, voisins, etc.).

§ Consulter les diagnostics infirmiers suivants : manque de connaissances ; incapacité (partielle ou totale) de s'alimenter, de se laver/d'effectuer ses soins d'hygiène, d'utiliser les toilettes, de se vêtir/de soigner son apparence ; stratégies d'adaptation familiale et individuelle inefficaces ; risque d'accident.

DONNÉES ESSENTIELLES À CONSIGNER

ÉVALUATIONS (INITIALE ET SUBSÉQUENTES)

- Inscrire les données d'évaluation, notamment les facteurs personnels et environnementaux ainsi que les réseaux de soutien existants et ceux que le patient utilise.

PLANIFICATION

- Rédiger le plan de soins et inscrire le nom de chacun des intervenants, les réseaux de soutien ainsi que les ressources communautaires susceptibles d'aider le patient.
- Rédiger le plan d'enseignement.

APPLICATION /VÉRIFICATION DES RÉSULTATS

- Noter les réactions du patient et de la personne clé dans sa vie aux interventions et à l'enseignement, ainsi que les mesures qui ont été prises.
- Noter les objectifs atteints ou les progrès accomplis vers l'atteinte des objectifs.
- Noter les modifications apportées au plan de soins.

PLAN DE CONGÉ

- Inscrire les besoins à long terme du patient et le nom des responsables des mesures à prendre.
- Noter les demandes de consultation, l'équipement dont le patient a besoin ainsi que les ressources auxquelles il peut recourir.

Remarque

Les informations entre crochets ont été ajoutées par les auteures afin de clarifier les diagnostics infirmiers et d'en faciliter l'utilisation.

PERCEPTION SENSORIELLE, altération de la (préciser): auditive, gustative, kinesthésique, olfactive, tactile, visuelle

Taxinomie I: Perceptions (7.2)

[Division diagnostique: Perception sensorielle]

Définition

Réaction diminuée, exagérée, anormale ou inadéquate à un changement dans la quantité ou la nature des stimuli que reçoivent les sens.

FACTEURS FAVORISANTS

Excès ou insuffisance de stimuli externes:

[Isolement thérapeutique (isolement de protection, soins intensifs, alitement, traction, incubateur, etc.)]

[Isolement social (placement en établissement, confinement au domicile, vieillesse, maladie chronique, agonie, séparation d'avec le nouveau-né); stigmatisation (maladie ou arriération mentale); deuil]

[Niveau de bruit excessif en milieu de travail ou autour du patient (unité de soins intensifs avec appareils d'assistance, etc.)]

Altération de la réception, de la transmission et/ou de l'intégration sensorielles:

[Maladie, traumatisme ou déficit neurologique]

[Altération des organes des sens]

[Incapacité d'échanger, de comprendre, de parler ou de répondre]

[Privation de sommeil]

[Douleur (membre fantôme)]

Altération chimique:

Endogène (déséquilibre électrolytique) [taux élevés d'urée ou d'ammoniac, hypoxie]

Exogène (médicaments, etc.) [stimulants ou dépresseurs du système nerveux central, neuroleptiques]

Stress psychologique [rétrécissement des champs de perception dû à l'anxiété]

CARACTÉRISTIQUES

DONNÉES SUBJECTIVES

[†]Changement dans l'acuité sensorielle [photosensibilité, hypoesthésie ou hyperesthésie, sens du goût diminué ou altéré, incapacité de situer la position des parties du corps (sensibilité proprioceptive), déformations visuelles ou auditives]

Anxiété [panique]

Signes de perturbation de l'image corporelle

[Plaintes de douleur]

DONNÉES OBJECTIVES

[†]Changement dans l'acuité sensorielle

[†]Perturbation des réactions habituelles aux stimuli [brusques sautes d'humeur, hyperémotivité, incoordination motrice, perte d'équilibre et/ou chutes (maladie de Ménière)]

---

†Caractéristiques majeures

Perturbation de l'aptitude à résoudre les problèmes, [manque de concentration]

Altération de la capacité d'abstraction ou de conceptualisation, [difficulté à ordonner ses idées]

Désorientation spatio-temporelle ou incapacité de reconnaître les personnes

Altération des modes de communication

Changement de comportement

Apathie

Agitation, irritabilité

[Idées bizarres]

AUTRES CARACTÉRISTIQUES POSSIBLES

DONNÉE SUBJECTIVE

Plaintes de fatigue

DONNÉES OBJECTIVES

Modification de la tension musculaire

Hallucinations

Modification de la posture

Réactions inadéquates

RÉSULTATS ESCOMPTÉS (OBJECTIFS) / CRITÈRES D'ÉVALUATION

- Le patient retrouve son niveau cognitif habituel.
- Le patient adopte des mesures visant le traitement de ses déficiences sensorielles.
- Le patient est conscient de la surcharge ou de la privation sensorielle.
- Le patient décèle les facteurs externes contribuant à l'altération de sa perception sensorielle.

- Le patient utilise de façon efficace et judicieuse les ressources à sa disposition.
- Le patient ne se blesse pas.

INTERVENTIONS INFIRMIÈRES

PRIORITÉ Nº 1 – Évaluer les facteurs favorisants et le degré de perturbation :

- Déceler les facteurs sous-jacents aux altérations de la perception sensorielle.
- Recueillir des données sur les risques de perte ou d'altération sensorielle (augmentation de la pression intra-oculaire après une opération à l'œil) ; sur les signes d'intoxication médicamenteuse (halos autour des lumières et tintements d'oreilles) ; sur les troubles de l'oreille moyenne et interne (perturbation du sens de l'équilibre).
- Étudier les résultats des examens de laboratoire (électrolytes sériques, profil biochimique, gaz artériels, concentrations sériques de médicaments).
- Apprécier dans quelle mesure le patient est capable de parler et de répondre à des directives simples.
- Procéder à des tests *afin d'évaluer la fonction sensorielle du patient :* test de sensibilité à la température avec du chaud et du froid ; test de sensibilité à la douleur avec une épingle de sûreté ; test de repérage des parties et des mouvements du corps ; test d'acuité visuelle et auditive.
- Noter si le patient se plaint d'avoir froid. **Remarque :** Cela peut révéler une diminution du catabolisme cellulaire périphérique.
- Apprécier la réaction du patient aux stimuli douloureux : adéquate, immédiate ou différée.
- Relever les réactions comportementales du patient (illusions, hallucinations, idées délirantes, repli

sur soi, agressivité, larmes, réactions affectives inadaptées, confusion, désorientation, etc.).

- S'enquérir de la perception qu'a le patient de son problème ou des changements.
- Interroger la personne clé dans la vie du patient sur les changements survenus et sur la réaction du patient à ces changements.

PRIORITÉ Nº 2 – Favoriser la normalisation de la réaction aux stimuli :

- Mesurer le degré d'altération sensorielle et noter le nombre de sens atteints.
- Écouter le patient parler de sa privation sensorielle et tenir compte de ses explications dans la planification des soins.
- Fournir au patient les moyens de communication dont il a besoin.
- Assigner toujours le même personnel soignant auprès du patient, dans la mesure du possible, et demander au personnel de porter une plaque d'identité ou de se présenter *afin de créer autour du patient un climat de stabilité.*
- Inciter le patient à partager ses activités avec d'autres et à parler de ses émotions.
- Répondre au patient par des commentaires réalistes *afin de l'aider à faire la distinction entre la réalité et ses désirs ou ses perceptions altérées.*
- Situer le patient en l'informant sur l'heure et la date, le lieu, le personnel soignant et les événements, au besoin (surtout s'il présente un trouble visuel).
- Expliquer au patient les interventions et les activités prévues, les sensations qu'il pourrait ressentir et les résultats escomptés.
- S'abstenir de discuter de ses problèmes personnels et de ceux des autres patients à proximité du

patient. **Remarque :** Il risque de mal interpréter ce qu'il entend et de croire que l'on parle de lui.

- Éliminer le plus possible les bruits et les stimuli inutiles (signaux d'alarme, signaux audibles des appareils de monitorage, etc.).
- Organiser l'environnement du patient de façon à ce qu'il ne soit pas dérangé pendant ses périodes de repos et de sommeil.
- Disposer le lit, les articles personnels et le plateau-repas de façon à ce que le patient puisse tirer profit de sa vision résiduelle.
- Décrire les aliments servis lorsque le patient ne peut pas voir et l'aider à manger, au besoin.
- Parler au patient comateux ou souffrant d'un déficit visuel pendant la prestation des soins *afin de lui fournir une stimulation auditive et de prévenir le sursaut.*
- Toucher le patient pendant la prestation des soins *afin de lui offrir des contacts humains et un moyen de communiquer.* **Remarque :** Le toucher constitue un élément important des soins et représente un besoin psychologique de base.
- Fournir au patient des stimulations sensorielles variées, notamment des odeurs, des sons, des stimulations tactiles avec divers objets, des effets visuels, des changements de décor, etc.
- Inciter la personne clé dans la vie du patient à apporter des objets familiers, à lui parler et à le toucher souvent.
- Fournir au patient des activités récréatives à la mesure de ses capacités (télévision, radio, conversations, livres imprimés en gros caractères ou livres-cassettes, etc.).

§ Consulter le diagnostic infirmier de manque de loisirs.

- Demander aux spécialistes pertinents de fournir au patient d'autres formes de stimulation comme la musicothérapie, la rééducation sensorielle ou une thérapie de remotivation.

- Inciter le patient à utiliser les orthèses nécessaires (correcteurs auditifs, aides visuelles ou lunettes informatisées avec fil de plomb pour l'équilibre, etc.).
- Contrôler avec soin l'emploi des sédatifs, surtout chez les personnes âgées.

PRIORITÉ Nº 3 – Prévenir les accidents ou les complications :

- Placer le système d'appel à portée de la main du patient et s'assurer qu'il sait où il se trouve et comment s'en servir.
- Appliquer les mesures de sécurité nécessaires (monter les ridelles, abaisser le lit, aider le patient à marcher, surveiller l'emploi des coussins chauffants, des lumières, des sacs de glace, etc.) *afin de protéger le patient contre les accidents.*
- Inscrire bien en vue au chevet du patient le déficit sensoriel dont il souffre *afin d'en informer le personnel soignant.*
- Désencombrer le trajet d'un patient qui est atteint d'un déficit visuel (meubles, objets, etc.). Poser des barres d'appui et placer les meubles de manière à ce que le patient puisse s'y appuyer *afin de l'aider à ne pas perdre l'équilibre.*
- Faire marcher le patient en l'aidant ou au moyen d'aides techniques *afin qu'il améliore son équilibre.*
- Expliquer au patient dans quelle direction on le déplace *afin qu'il puisse situer son corps dans l'espace.*
- Restreindre les activités susceptibles d'augmenter la pression intra-oculaire, au besoin : brusques mouvements de tête, se frotter les yeux, se pencher, utiliser le bassin hygiénique (exige par-

fois un effort supérieur à celui nécessaire pour se rendre aux toilettes, etc.).

- Superviser le traitement médicamenteux postopératoire *afin de prévenir l'augmentation de la pression intra-oculaire* (antiémétiques, myotiques, sympathomimétiques, bloquants bêta-adrénergiques).

§ Consulter les diagnostics infirmiers de risque d'accident et de risque de trauma.

PRIORITÉ Nº 4 – Prodiguer un enseignement visant le mieux-être du patient :

- Seconder le patient et la personne clé dans sa vie dans l'apprentissage de stratégies d'adaptation efficaces et des conduites à tenir face à un trouble sensoriel.
- Rechercher de nouvelles façons de faire face aux déficits sensoriels (techniques de compensation, par exemple).
- Planifier les soins avec le patient, lui fournir les explications nécessaires et faire participer la personne clé dans sa vie, dans la mesure du possible.
- Passer en revue les mesures de sécurité à domicile pertinentes aux déficits du patient.
- Discuter des particularités du traitement médicamenteux et expliquer les effets toxiques possibles, tant des médicaments sur ordonnance que des médicaments en vente libre.
- Montrer au patient comment utiliser et entretenir les prothèses et les orthèses visant à pallier un déficit sensoriel.
- Fournir au patient des occasions constructives de socialiser.

§ Consulter le diagnostic infirmier d'isolement social.

- Inciter le patient à sortir de son lit ou de sa chambre pour ses activités.
- Diriger le patient vers les services d'aide pertinents (Institut pour les aveugles, Société de l'ouïe, groupes de soutien locaux, programmes de dépistage, etc.).

§ Consulter les diagnostics infirmiers suivants : anxiété ; altération des opérations de la pensée ; négligence de l'hémicorps ; confusion aiguë ; confusion chronique.

DONNÉES ESSENTIELLES À CONSIGNER

ÉVALUATIONS (INITIALE ET SUBSÉQUENTES)

- Inscrire les données d'évaluation, notamment le déficit dont souffre le patient, les symptômes qui y sont associés et le point de vue du patient et des personnes clés dans la vie.
- Noter les aides techniques dont le patient a besoin.

PLANIFICATION

- Rédiger le plan de soins et inscrire le nom de chacun des intervenants.
- Rédiger le plan d'enseignement.

APPLICATION /VÉRIFICATION DES RÉSULTATS

- Noter les réactions du patient aux interventions et à l'enseignement, ainsi que les mesures qui ont été prises.
- Noter les objectifs atteints ou les progrès accomplis vers l'atteinte des objectifs.
- Noter les modifications apportées au plan de soins.

PLAN DE CONGÉ

- Noter les besoins à long terme du patient ainsi que le nom des responsables des mesures à prendre.

- Noter les ressources existantes ainsi que les demandes de consultation.

Remarque

Les informations entre crochets ont été ajoutées par les auteures afin de clarifier les diagnostics infirmiers et d'en faciliter l'utilisation.

PERTE D'ESPOIR

Taxinomie I : Perceptions (7.3.1)

[Division diagnostique : Sens de la vie]

Définition

État subjectif dans lequel une personne ne voit que peu ou pas de solutions ou de choix personnels valables et est incapable de mobiliser ses forces pour son propre compte.

FACTEURS FAVORISANTS

Réduction prolongée des activités entraînant l'isolement

Affaiblissement ou dégradation de la condition physique

Stress prolongé ; abandon

Perte de la foi en des valeurs transcendantes ou en Dieu

CARACTÉRISTIQUES

DONNÉE SUBJECTIVE

†Indices verbaux (sur un mode dépressif : « je ne peux pas », soupirs) ; [sentiment que les choses ne peuvent s'améliorer, que son problème ne se résoudra jamais]

DONNÉES OBJECTIVES

†Passivité, diminution de l'expression verbale

†Diminution de l'intensité affective

---

†Caractéristiques majeures

[†Repli sur soi]

Manque d'initiative

Baisse de la réaction aux stimuli, [inhibition des fonctions cognitives, difficulté à prendre des décisions, altération des opérations de la pensée ; régression]

Indifférence manifeste (se détourne de la personne qui parle) ; yeux fermés ; haussement d'épaules quand on lui parle

Perte d'appétit, augmentation ou diminution du sommeil

Manque de collaboration aux soins, ou se laisse soigner passivement

[Manque d'intérêt pour les personnes clés dans sa vie (enfants, conjoint)]

[Crises de colère]

RÉSULTATS ESCOMPTÉS (OBJECTIFS) / CRITÈRES D'ÉVALUATION

- Le patient verbalise ses sentiments.
- Le patient utilise des mécanismes d'adaptation pour neutraliser son désespoir.
- Le patient accomplit ses soins personnels et les activités de la vie quotidienne dans la mesure de ses capacités.
- Le patient amorce des changements de comportement en se fixant des objectifs à court terme et en augmentant graduellement leur niveau de difficulté.
- Le patient participe aux activités de loisirs de son choix.

---

†Caractéristique majeure

INTERVENTIONS INFIRMIÈRES

PRIORITÉ Nº 1 – Évaluer les facteurs favorisants :

- Passer en revue le profil familial, social et physiologique du patient (antécédents de faibles capacités d'adaptation, troubles de nature familiale, problèmes affectifs, problèmes de langue ou de culture créant un sentiment d'isolement, maladie récente ou de longue durée du patient ou d'un membre de la famille, nombreux traumatismes d'ordre social ou physiologique subis par le patient ou sa famille).
- Analyser la situation familiale, sociale et physiologique actuelle du patient (diagnostic récent de maladie chronique ou mortelle, problèmes de langue ou de culture, absence d'un réseau de soutien, perte récente d'emploi, perte de la foi, récents traumatismes multiples).
- Rechercher les stratégies d'adaptation et les mécanismes de défense utilisés.

PRIORITÉ Nº 2 – Évaluer le degré de désespoir :

- Noter les comportements indiquant que le patient a perdu espoir (voir les caractéristiques précitées).
- Relever les stratégies d'adaptation utilisées dans le passé par le patient. Noter sa perception de leur niveau d'efficacité, autrefois et maintenant.
- Observer comment le patient utilise les mécanismes de défense (utiles ou non) : augmentation du sommeil, usage de drogues ou de médicaments, maladie, troubles de l'appétit, déni, oubli, rêverie, inefficacité des tentatives d'organisation, exploitation de sa propre méthode de fixation d'objectifs, régression.

PRIORITÉ Nº 3 – Aider le patient à reconnaître ses sentiments et à faire face à ses problèmes (tels qu'il les perçoit) :

- Établir une relation thérapeutique avec le patient (le respecter; lui faire sentir qu'il peut parler de ses sentiments en toute confiance, qu'il est compris et écouté).
- Expliquer en détail toutes les interventions.
- Faire participer le patient à la planification des soins. Répondre à ses questions avec franchise.
- Inviter le patient à verbaliser et à explorer ses sentiments et ses perceptions (colère, sentiment d'impuissance, confusion, découragement, isolement, chagrin, etc.).
- Parler d'espoir au patient et inciter les personnes clés dans sa vie ainsi que le personnel soignant à se montrer optimistes.
- Aider le patient à se fixer des objectifs à court terme; lui proposer des moyens de les atteindre et des mesures à prendre en cas de crise.
- Discuter avec le patient des choix qui s'offrent à lui et inventorier avec lui des moyens susceptibles de l'aider à maîtriser la situation. Corriger ses idées fausses.
- Prévenir les situations susceptibles de créer chez le patient un sentiment d'isolement ou d'impuissance.
- Permettre au patient de fixer l'heure, le lieu et la fréquence des séances de thérapie, *afin de lui donner le sentiment de maîtriser la situation.* Faire participer les membres de la famille à la thérapie, au besoin.
- Aider le patient à prendre conscience des choses qu'il peut changer et de celles qu'il ne peut pas changer.
- Inciter le patient à prendre des risques dans des situations où il est susceptible de réussir.
- Guider le patient dans l'adoption de mécanismes d'adaptation qu'il pourra utiliser efficacement pour neutraliser son désespoir.

- Inciter le patient à accroître progressivement et de façon structurée son activité physique.
- Montrer au patient des exercices de relaxation et d'imagerie mentale, et l'inciter à les pratiquer.

PRIORITÉ N° 4 – Prodiguer un enseignement visant le mieux-être du patient :

- Féliciter le patient lorsqu'il prend des initiatives qui l'aideront à surmonter son désespoir.
- Sensibiliser le patient et sa famille aux facteurs ou aux situations qui provoquent un sentiment de désespoir.
- Expliquer les premiers signes de désespoir (remise à plus tard, besoin accru de sommeil, réduction de l'activité physique et de la participation aux activités sociales ou familiales) et en discuter avec le patient.
- Aider le patient à intégrer la perte dans sa vie, le cas échéant.
- Inciter le patient et sa famille à se créer des réseaux de soutien dans le quartier.
- Aider le patient à prendre conscience de sa dimension spirituelle, à la nourrir et à la développer.

§ Consulter le diagnostic infirmier de détresse spirituelle.

- Intégrer le patient à un groupe de soutien avant la fin de sa thérapie.
- Diriger le patient vers d'autres sources d'aide, au besoin (infirmière spécialisée en psychiatrie, psychiatre, travailleur social, etc.).

DONNÉES ESSENTIELLES À CONSIGNER

ÉVALUATIONS (INITIALE ET SUBSÉQUENTES)

- Inscrire les données d'évaluation, notamment le degré de perturbation, l'utilisation de stratégies d'adaptation et le recours aux réseaux de soutien.

PLANIFICATION

- Rédiger le plan de soins et inscrire le nom de chacun des intervenants.
- Rédiger le plan d'enseignement.

APPLICATION /VÉRIFICATION DES RÉSULTATS

- Noter les réactions du patient aux interventions et à l'enseignement, ainsi que les mesures qui ont été prises.
- Noter les objectifs atteints ou les progrès accomplis vers l'atteinte des objectifs.
- Noter les modifications apportées au plan de soins.

PLAN DE CONGÉ

- Inscrire les besoins à long terme du patient ou ses objectifs de changement ainsi que le nom des responsables des mesures à prendre.
- Noter les demandes de consultation.

Remarque

Les informations entre crochets ont été ajoutées par les auteures afin de clarifier les diagnostics infirmiers et d'en faciliter l'utilisation.

PEUR (préciser l'objet)

Taxinomie I: Sensations et sentiments (9.3.2)

[Division diagnostique: Intégrité émotionnelle]

Définition

Crainte reliée à une source identifiable que la personne peut confirmer.

FACTEURS FAVORISANTS

N'ont pas encore été répertoriés par l'ANADI.

(Facteur d'origine naturelle ou inné: stimulus environnemental comme un bruit soudain, la perte d'un soutien physique, les hauteurs, la douleur)

(Réaction acquise: conditionnement, modelage ou identification avec autrui)

(Séparation du réseau de soutien dans une situation menaçante comme une hospitalisation, des traitements, etc.)

(Manque de connaissances ou inexpérience)

(Stimulus phobique ou phobie)

(Barrière de langue), [incapacité de communiquer]

(Déficit sensoriel)

[Danger de mort, réel ou non]

Note des auteures: Ces facteurs favorisants ont été énoncés lorsque le diagnostic a été accepté. Nous avons conservé cette liste afin de fournir un point de repère à l'utilisatrice jusqu'à ce que l'ANADI ait répertorié les facteurs favorisants de ce diagnostic infirmier.

CARACTÉRISTIQUES

DONNÉES SUBJECTIVES

[†]Capacité de nommer l'objet de la peur

[Appréhension ; effroi ; effarement]

[Tension accrue]

[Panique ; terreur]

[Impulsivité]

[Baisse de la confiance en soi]

[Symptômes physiques associés, tels que nausées, palpitations, etc.]

DONNÉES OBJECTIVES

[Comportement d'attaque ou de lutte : agressivité]

[Comportement de fuite : repli sur soi]

[Yeux écarquillés, vigilance accrue, concentration sur la source de peur]

[Stimulation sympathique : excitation cardio-vasculaire, vasoconstriction superficielle (pâleur), dilatation des pupilles, vomissements, diarrhée, diaphorèse, etc.]

RÉSULTATS ESCOMPTÉS (OBJECTIFS) / CRITÈRES D'ÉVALUATION

- Le patient parle de ses peurs.
- Le patient fait la distinction entre les peurs saines et les malsaines.
- Le patient juge la situation avec justesse.
- Le patient dit se sentir en sécurité.
- Le patient utilise des stratégies d'adaptation efficaces (la résolution de problèmes, par exemple) et se sert efficacement des ressources à sa disposition.

---

†Caractéristique majeure

- Le patient participe activement au traitement.
- Le patient manifeste une gamme de sentiments appropriée.
- Le patient a moins peur.

INTERVENTIONS INFIRMIÈRES

PRIORITÉ Nº 1 – Évaluer le degré de peur du patient et dans quelle mesure le danger perçu est réel :

- Noter comment le patient et la personne clé dans sa vie perçoivent la situation et comment cette situation affecte leur vie.
- Noter le degré de peur (le patient est « paralysé par la peur », est incapable d'accomplir ses activités, par exemple).
- Observer les réactions verbales et non verbales du patient et les comparer.
- Noter les signes de déni ou de dépression.
- Prendre note des déficits sensoriels du patient (déficience auditive, par exemple).
- Noter le degré de concentration et le centre de préoccupation du patient.
- Noter les expériences subjectives relatées par le patient (il peut s'agir d'illusions, d'hallucinations, etc.).
- Apprécier le risque de violence et demeurer vigilante.
- Mesurer les signes vitaux et noter les réactions physiologiques du patient face à la situation.
- Inventorier les ressources internes et externes dont le patient peut disposer (connaissance des stratégies d'adaptation efficaces utilisées auparavant, utilisation de ces stratégies, personnes clés capables de fournir un soutien, etc.).

- Recueillir des données sur la dynamique familiale.

§ Consulter les diagnostics infirmiers suivants : perturbation de la dynamique familiale ; stratégies d'adaptation familiale efficaces : potentiel de croissance ; stratégies d'adaptation familiale inefficaces : soutien compromis ou absence de soutien ; anxiété.

PRIORITÉ N° 2 – Aider le patient et la personne clé dans sa vie à faire face à la peur ou à la situation :

- Rester auprès du patient ou prendre des dispositions pour qu'il ne reste pas seul.
- Appliquer les techniques d'écoute active lorsque le patient parle de ses inquiétudes.
- Fournir des informations au patient sous forme verbale et écrite. Parler de manière simple et concrète.
- Reconnaître que les sentiments de peur, de douleur ou de désespoir sont normaux, et donner au patient la « permission » de les exprimer librement ou au moment opportun.
- Accorder au patient la possibilité de poser des questions et y répondre avec franchise.
- Fournir au patient les informations objectives que l'on possède sur la situation et le laisser libre d'en disposer à sa guise. Accepter le point de vue du patient sur la situation.
- Renforcer le plus possible chez le patient le sentiment qu'il est maître de la situation (en le laissant décider de l'heure du bain, par exemple) et l'amener à reconnaître et à accepter les choses qui ne dépendent pas de sa volonté.
- Inciter le patient à prendre contact avec une personne ayant surmonté une situation similaire à la sienne.

PRIORITÉ N° 3 – Enseigner au patient comment utiliser ses propres réactions pour la résolution de problèmes :

- Reconnaître que la peur est un mécanisme de protection.
- Fixer les responsabilités du patient dans la solution du problème. **Remarque :** Il faut toutefois souligner que l'infirmière sera là pour l'aider.
- Expliquer les interventions en tenant compte de la capacité de compréhension du patient et de ce qu'il est capable de supporter. **Remarque :** Il ne faut pas oublier que le patient ne veut pas nécessairement tout savoir.
- Expliquer le lien entre la maladie et les symptômes.
- Revoir avec le patient le mode d'administration des anxiolytiques prescrits, le cas échéant.

PRIORITÉ N° 4 – Prodiguer un enseignement visant le mieux-être du patient :

- Seconder le patient dans la recherche de stratégies visant à faire face à la réalité.
- Montrer au patient des techniques de relaxation, de visualisation et d'imagerie mentale.
- Aider le patient à élaborer un programme d'exercice qui respecte ses capacités et l'inciter à y participer activement *afin qu'il y trouve un sain exutoire à l'énergie engendrée par ses sentiments et qu'il apprenne à se relaxer.*
- Prendre des dispositions pour contourner les déficits sensoriels (parler clairement et distinctement, utiliser délicatement le toucher, selon la situation, etc.).
- Diriger le patient vers des groupes de soutien ou des organismes communautaires qui pourront lui fournir une aide soutenue, au besoin.

DONNÉES ESSENTIELLES À CONSIGNER

ÉVALUATIONS (INITIALE ET SUBSÉQUENTES)

- Noter les données d'évaluation, notamment les facteurs favorisant l'apparition du problème.
- Décrire les manifestations de peur.

PLANIFICATION

- Rédiger le plan de soins et inscrire le nom de chacun des intervenants.
- Rédiger le plan d'enseignement.

APPLICATION /VÉRIFICATION DES RÉSULTATS

- Noter la réaction du patient aux interventions et à l'enseignement, ainsi que les mesures qui ont été prises.
- Noter les objectifs atteints ou les progrès accomplis vers l'atteinte des objectifs.
- Noter les modifications apportées au plan de soins.

PLAN DE CONGÉ

- Noter les besoins à long terme du patient et le nom des responsables des mesures à prendre.
- Noter les demandes de consultation.

Remarque

Les informations entre crochets ont été ajoutées par les auteures afin de clarifier les diagnostics infirmiers et d'en faciliter l'utilisation.

PRISE EN CHARGE EFFICACE DU PROGRAMME THÉRAPEUTIQUE PAR L'INDIVIDU

Taxinomie I : Choix (5.2.4)

[Division diagnostique : Participation]

Définition

Façon d'organiser les modalités de traitement d'une maladie ou des séquelles d'une maladie et de l'intégrer dans la vie quotidienne permettant d'atteindre certains objectifs de santé.

FACTEURS FAVORISANTS

N'ont pas encore été répertoriés par l'ANADI

[Complexité du système de soins, du programme thérapeutique]

[Fardeau accru pour le patient ou sa famille]

[Réseaux de soutien adéquats]

CARACTÉRISTIQUES

DONNÉES SUBJECTIVES

Désir de prendre en charge le plan de traitement de la maladie et le programme de prévention des séquelles

Volonté d'empêcher la progression de la maladie et d'en prévenir les séquelles

DONNÉES OBJECTIVES

Choix approprié d'activités quotidiennes permettant d'atteindre les buts du traitement ou du programme de prévention

Symptômes de la maladie restant dans les limites prévues

RÉSULTATS ESCOMPTÉS (OBJECTIFS)/CRITÈRES D'ÉVALUATION

- Le patient comprend son programme thérapeutique.
- Le patient trouve des façons efficaces d'intégrer le programme thérapeutique dans ses habitudes de vie.
- Le patient connaît les services qui sont à sa disposition et les utilise.
- Le patient ne présente pas de complications ou d'aggravation qui auraient pu être évitées.

INTERVENTIONS INFIRMIÈRES

PRIORITÉ N° 1 – Évaluer la situation et les besoins du patient :

- Apprécier les connaissances et la compréhension du patient à l'égard de son état et de ses besoins thérapeutiques. Noter ses objectifs en matière de santé.
- Noter comment le patient compte s'adapter au traitement et aux changements prévus.
- Inventorier les ressources et les groupes de soutien qui sont à la disposition du patient et noter l'utilisation qu'il en fait.
- Noter les traitements qu'on ajoute au programme thérapeutique actuel du patient et déterminer l'information dont lui et la personne clé dans sa vie ont besoin au sujet de ces traitements.
- Discuter avec le patient des ressources qu'il utilise actuellement et vérifier si des changements s'imposent (s'il a besoin d'utiliser davantage le service de soins à domicile, s'il lui faudrait une séance d'information sur les particularités d'un nouveau traitement, etc.).

PRIORITÉ N° 2 – Aider le patient et la personne clé dans sa vie à trouver des stratégies qui les aideront à répondre aux nouvelles exigences du programme thérapeutique :

- Préciser les étapes que le patient et la personne clé devront franchir pour atteindre les objectifs de soins.
- Accepter la façon dont le patient perçoit ses forces et ses limites tout en travaillant avec lui pour améliorer ses capacités.
- Informer le patient et la personne clé dans sa vie de façon à ce qu'ils puissent trouver et utiliser des ressources par eux-mêmes.
- Reconnaître les efforts et les capacités du patient ; le féliciter de ses progrès.

PRIORITÉ N° 3 – Prodiguer un enseignement visant le mieux-être du patient :

- Encourager le patient et la personne clé dans sa vie à prendre part aux décisions et à exercer un rôle actif dans la planification et la prise en charge des tâches et des responsabilités qui se sont ajoutées au programme thérapeutique.
- Aider le patient et la personne clé dans sa vie à appliquer des stratégies qui leur permettront de suivre les progrès du patient et ses réactions au programme thérapeutique.
- Mobiliser toutes les ressources possibles, y compris la famille et l'entourage du patient, les services sociaux, les services d'aide financière, etc.
- Diriger le patient vers les services communautaires, au besoin.

DONNÉES ESSENTIELLES À CONSIGNER

ÉVALUATIONS (INITIALE ET SUBSÉQUENTES)

- Inscrire les données d'évaluation, notamment la dynamique de la situation du patient.

- Noter les forces du patient et ses nouveaux besoins.

PLANIFICATION

- Rédiger le plan de soins et inscrire le nom de chacun des intervenants.
- Rédiger le plan d'enseignement.

APPLICATION /VÉRIFICATION DES RÉSULTATS

- Noter la réaction du patient aux interventions et à l'enseignement, ainsi que les mesures qu'il a prises.
- Noter les objectifs atteints ou les progrès accomplis vers l'atteinte des objectifs.
- Noter les changements apportés au plan de soins.

PLAN DE CONGÉ

- Noter les objectifs à court terme et à long terme du patient et le nom des responsables des mesures à prendre.
- Noter les ressources existantes et les demandes de consultation.

Remarque

Les informations entre crochets ont été ajoutées par les auteures afin de clarifier les diagnostics infirmiers et d'en faciliter l'utilisation.

PRISE EN CHARGE INEFFICACE DU PROGRAMME THÉRAPEUTIQUE

Taxinomie I : Choix (5.2.1)

[Division diagnostique : Participation]

Définition

Façon d'organiser le programme thérapeutique d'une maladie ou des séquelles d'une maladie et de l'intégrer à la vie quotidienne ne permettant pas d'atteindre certains objectifs de santé.

FACTEURS FAVORISANTS

Complexité du système de soins ou du programme thérapeutique

Conflits décisionnels

Difficultés économiques

Problèmes financiers

Fardeau trop lourd pour la personne ou sa famille

Conflit familial

Habitudes familiales concernant la santé

Points de repères insuffisants ou inadéquats

Manque de connaissances

Méfiance à l'égard du plan de traitement et/ou du personnel soignant

Perception de la gravité du problème, du risque pour soi, des obstacles et des bénéfices

Sentiment d'impuissance

Manque de soutien social

CARACTÉRISTIQUES

DONNÉES SUBJECTIVES

Désir de prendre en charge le plan de traitement de la maladie et le programme de prévention de ses séquelles

Difficulté à organiser ou à intégrer un ou plusieurs aspects du plan de traitement de la maladie et de ses effets ou du programme de prévention des complications

Aucune mesure n'a été prise pour intégrer le programme thérapeutique aux habitudes quotidiennes ou pour empêcher la progression de la maladie et en prévenir les séquelles

DONNÉES OBJECTIVES

†Mode de vie ne permettant pas d'atteindre les buts du traitement ou du programme de prévention

Exacerbation (prévisible ou non) des symptômes de la maladie

RÉSULTATS ESCOMPTÉS (OBJECTIFS) / CRITÈRES D'ÉVALUATION

- Le patient accepte d'apporter les changements nécessaires pour atteindre les objectifs convenus.
- Le patient dit qu'il connaît les facteurs qui l'empêchent de prendre en charge efficacement son programme thérapeutique.
- Le patient participe à la recherche de solutions pour contrer les facteurs qui l'empêchent d'intégrer son programme thérapeutique à ses habitudes de vie.

---

†Caractéristique majeure

- Le patient change ses comportements ou son mode de vie de façon à respecter son programme thérapeutique.
- Le patient connaît et utilise les ressources qui sont à sa disposition.

INTERVENTIONS INFIRMIÈRES

PRIORITÉ Nº 1 – Déterminer les facteurs de risque et les besoins particuliers du patient :

- S'assurer que le patient comprend bien sa maladie et le traitement qu'il doit suivre.
- S'enquérir de la façon dont le patient perçoit son programme thérapeutique.
- Inventorier les ressources existantes (aide, prestation de soins, soins de répit) et noter lesquelles le patient utilise.

PRIORITÉ Nº 2 – Aider le patient ou les personnes clés dans sa vie à élaborer des stratégies qui leur permettront de mieux prendre en charge le programme thérapeutique :

- Appliquer les méthodes de communication thérapeutique *afin d'aider le patient à résoudre ses problèmes.*
- Vérifier si le patient a participé ou non à l'établissement des objectifs.
- Préciser les étapes que le patient devra franchir pour atteindre les objectifs souhaités.
- Conclure une entente avec le patient relativement à sa participation aux soins.
- Accepter la façon dont le patient perçoit ses forces et ses limites tout en travaillant avec lui pour améliorer ses capacités.
- Encourager le patient et le soutenir dans ses efforts par des renforcements positifs. Lui faire sentir qu'on a confiance dans sa capacité de faire face et de s'adapter à sa situation.

- Donner de l'information au patient et lui montrer où et comment trouver lui-même l'information dont il a besoin. Répéter souvent les directives déjà données et la raison pour laquelle il faut les suivre. Utiliser diverses méthodes pédagogiques (mise en situation, démonstration pratique, matériel écrit, etc.).

PRIORITÉ Nº 3 – Prodiguer un enseignement visant le mieux-être du patient :

- Expliquer pourquoi il est important de bien comprendre les raisons du traitement ou de la pharmacothérapie.
- S'assurer que le patient comprend les conséquences de ses décisions.
- Inciter le patient et les personnes qui s'en occupent à participer à la planification des soins et à l'évaluation.
- Aider le patient à élaborer des stratégies de suivi du programme thérapeutique.
- Mobiliser toutes les ressources possibles (famille, personnes clés, soutien social, aide financière, etc).
- Adresser le patient à des services de counseling ou de thérapie (de groupe ou individuelle), au besoin.
- Prendre contact avec un service de soins à domicile qui pourra s'occuper de l'évaluation, du suivi et de l'enseignement au patient lorsqu'il est de retour chez lui.

DONNÉES ESSENTIELLES À CONSIGNER

ÉVALUATIONS (INITIALE ET SUBSÉQUENTES)

- Inscrire les données d'évaluation, notamment la dynamique de la situation du patient et la façon dont le patient perçoit ses problèmes et ses besoins.

- Noter les forces et les limites du patient.
- Noter les ressources existantes et celles que le patient utilise.

PLANIFICATION

- Rédiger le plan de soins et inscrire le nom de chacun des intervenants.
- Rédiger le plan d'enseignement.

APPLICATION /VÉRIFICATION DES RÉSULTATS

- Noter la réaction du patient aux interventions et à l'enseignement, ainsi que les mesures qui ont été prises.
- Noter les objectifs atteints et les progrès accomplis vers l'atteinte des objectifs.
- Noter les modifications apportées au plan de soins.

PLAN DE CONGÉ

- Noter les besoins à long terme du patient ainsi que le nom des responsables des mesures à prendre.
- Noter les ressources existantes et les demandes de consultation.

Remarque

Les informations entre crochets ont été ajoutées par les auteures afin de clarifier les diagnostics infirmiers et d'en faciliter l'utilisation.

PRISE EN CHARGE INEFFICACE DU PROGRAMME THÉRAPEUTIQUE PAR LA FAMILLE

Taxinomie I : Choix (5.2.2)

[Division diagnostique : Participation]

Définition

Façon d'organiser les modalités du traitement d'une maladie ou des séquelles d'une maladie et de l'intégrer dans les habitudes familiales ne permettant pas d'atteindre certains objectifs de santé.

FACTEURS FAVORISANTS

Complexité du système de soins de santé

Complexité du programme thérapeutique

Conflits décisionnels

Difficultés économiques

Fardeau trop lourd pour la personne ou la famille

Conflits familiaux

CARACTÉRISTIQUES

DONNÉES SUBJECTIVES

Difficultés à organiser et à intégrer dans les habitudes familiales les modalités de traitement ou de prévention ; [incapacité de prendre en charge le programme thérapeutique]

Désir de prendre en charge le plan de traitement de la maladie et le programme de prévention de ses séquelles

Reconnaissance du fait que la famille n'a pris aucune mesure pour empêcher la progression de la maladie et prévenir l'apparition de séquelles

DONNÉES OBJECTIVES

†Activités familiales ne permettant pas d'atteindre les objectifs du programme de traitement ou de prévention

Exacerbation (prévisible ou non) des symptômes de la maladie d'un membre de la famille

Manque de vigilance face à la maladie et à ses séquelles

RÉSULTATS ESCOMPTÉS (OBJECTIFS) /CRITÈRES D'ÉVALUATION

- La famille connaît les facteurs qui l'empêchent de prendre en charge efficacement le programme thérapeutique.
- La famille participe à la recherche de solutions pour contrer ces facteurs.
- La famille accepte d'apporter les changements nécessaires pour atteindre les objectifs sur lesquels on s'est entendu concernant le programme de traitement ou de prévention.
- La famille modifie son mode de vie de façon à respecter le programme thérapeutique.

INTERVENTIONS INFIRMIÈRES

PRIORITÉ N° 1 – Déterminer les facteurs favorisants :

- Prendre note de la façon dont la famille perçoit les efforts qu'elle a faits jusqu'à maintenant.

---

†Caractéristique majeure

- Apprécier les activités de la famille à l'aide d'un instrument d'évaluation qui comprend les dimensions suivantes : fréquence et efficacité des interactions familiales, stimulation de l'autonomie, adaptation aux changements des besoins, hygiène de vie, capacité de résoudre des problèmes, liens avec la collectivité.
- Vérifier si les membres de la famille comprennent bien le programme thérapeutique et noter l'importance que celui-ci revêt à leurs yeux.
- Inventorier les ressources existantes et celles que la famille utilise.

PRIORITÉ N° 2 – Aider la famille à trouver des stratégies qui lui permettront de mieux prendre en charge le programme thérapeutique :

- Fournir à la famille l'information qui l'aidera à mieux comprendre l'importance du programme thérapeutique.
- Amener les membres de la famille à reconnaître les activités familiales qui sont inappropriées. Les aider à prendre conscience de leurs besoins et de leurs comportements, tant individuels que collectifs, afin qu'ils améliorent continuellement leurs interactions.
- Élaborer conjointement avec les membres de la famille un plan d'action qui leur permettra de surmonter la complexité du programme thérapeutique ou du système de soins et de faire face aux autres facteurs favorisants.
- Inventorier les services communautaires qui pourront aider la famille à combler ses lacunes, en tenant compte de trois stratégies de soutien : l'information, la résolution de problèmes et la création d'un réseau d'aide.

PRIORITÉ N° 3 – Prodiguer un enseignement visant le mieux-être de la famille :

- Aider la famille à établir les critères qui lui permettront de faire elle-même une évaluation continue de sa situation, de l'efficacité de ses comportements et de ses progrès.
- Diriger les membres de la famille vers une personne-ressource ou un chargé de suivi qui pourra leur fournir une aide individuelle (les soutenir, les aider à résoudre leurs problèmes, coordonner les soins, etc.).
- Effectuer la planification conjointement avec les services de santé et les services sociaux et communautaires appropriés et/ou diriger la famille vers ces services.

§ Consulter les diagnostics infirmiers suivants, au besoin : défaillance dans l'exercice du rôle de l'aidant naturel ; prise en charge inefficace du programme thérapeutique par l'individu.

DONNÉES ESSENTIELLES À CONSIGNER

ÉVALUATIONS (INITIALE ET SUBSÉQUENTES)

- Noter les données d'évaluation, notamment la nature du problème, le degré de perturbation, les valeurs familiales, et le niveau de participation et d'engagement de chacun des membres de la famille.

PLANIFICATION

- Rédiger le plan de soins et inscrire le nom de chacun des intervenants.
- Rédiger le plan d'enseignement.

APPLICATION /VÉRIFICATION DES RÉSULTATS

- Noter la réaction de la famille aux interventions et à l'enseignement, ainsi que les mesures qui ont été prises.
- Noter les objectifs atteints ou les progrès accomplis vers l'atteinte des objectifs.

- Noter les modifications apportées au plan de soins.

PLAN DE CONGÉ

- Noter les besoins à long terme de la famille, les mesures à prendre et le nom des responsables de ces mesures.
- Noter les demandes de consultation.

Remarque

Les informations entre crochets ont été ajoutées par les auteures afin de clarifier les diagnostics infirmiers et d'en faciliter l'utilisation.

PRISE EN CHARGE INEFFICACE DU PROGRAMME THÉRAPEUTIQUE PAR UNE COLLECTIVITÉ

Taxinomie I : Choix (5.2.3)

[Division diagnostique : Participation]

Définition

Façon d'organiser les modalités du traitement d'une maladie ou des séquelles d'une maladie et de l'intégrer dans les activités communautaires ne permettant pas d'atteindre certains objectifs de santé.

FACTEURS FAVORISANTS

N'ont pas encore été répertoriés par l'ANADI

[Mesures de sécurité insuffisantes pour les membres de la collectivité]

[Incertitude économique]

[Absence de soins de santé]

[Environnement insalubre]

[Information non accessible à tous les membres de la collectivité]

[Collectivité ne possédant pas les moyens de répondre aux besoins de reconnaissance, d'association, de sécurité et d'appartenance de ses membres]

CARACTÉRISTIQUES

DONNÉES SUBJECTIVES

[Incapacité des membres de la collectivité ou des organismes publics de répondre aux besoins thérapeutiques de toute la collectivité]

[Ressources des membres de la collectivité et des organismes publics trop limitées pour qu'ils puissent répondre aux besoins thérapeutiques de toute la collectivité]

DONNÉES OBJECTIVES

Manque de programmes thérapeutiques et de personnes chargées de dispenser les soins aux membres de la collectivité

Absence de porte-parole des droits des membres de la collectivité

Activités communautaires insuffisantes [pour les soins médicaux et la prévention primaires et] pour la prévention secondaire et tertiaire

Symptômes de maladies dépassant la norme prévue pour le nombre de personnes et le type de population ; augmentation inattendue de la morbidité

Services de santé insuffisants [ou trop difficiles à obtenir] en regard de l'incidence et de la prévalence de la maladie

Indisponibilité des ressources de soins pour le traitement

[Incapacité des membres de la collectivité de collaborer et de former des coalitions afin de mettre sur pied des programmes de traitement de la maladie et de ses séquelles]

RÉSULTATS ESCOMPTÉS (OBJECTIFS) /CRITÈRES D'ÉVALUATION

- La collectivité connaît les facteurs négatifs et positifs qui influent sur les programmes thérapeutiques communautaires destinés à atteindre les objectifs en matière de santé.
- La collectivité participe à la recherche de solutions destinées à contrer les facteurs qui l'em-

pêchent d'organiser et d'intégrer des programmes communautaires.

- La collectivité signale des symptômes se rapprochant de la norme en ce qui concerne l'incidence et la prévalence de la maladie.

INTERVENTIONS INFIRMIÈRES

PRIORITÉ N° 1 – Déterminer les facteurs favorisants :

- Inventorier les services de soins communautaires qui existent pour faire face à la maladie et à ses séquelles.
- Prendre note des commentaires des membres de la collectivité au sujet du fonctionnement inefficace ou inadéquat de la collectivité.
- Rechercher les raisons de l'augmentation inattendue de la maladie dans la collectivité.
- Noter les forces et les limites des ressources commununautaires et apprécier dans quelle mesure la collectivité est prête à faire des efforts pour changer.
- Relever l'effet des facteurs favorisants sur les activités communautaires.
- Noter dans quelle mesure la collectivité connaît et comprend le programme thérapeutique.

PRIORITÉ N° 2 – Aider la collectivité à élaborer des stratégies qui amélioreront le fonctionnement et la gestion communautaires :

- Stimuler l'esprit de coopération dans la collectivité sans négliger l'individualité de ses membres ou de ses groupes.
- Faire participer la collectivité à l'établissement des objectifs de soins et établir un ordre de priorité parmi les objectifs à atteindre *afin de faciliter la planification.*

- Chercher des façons de résoudre les problèmes et de satisfaire les besoins exprimés conjointement avec les services sociaux et les services de santé publique.
- Reconnaître les populations à risque ou mal desservies et les faire participer activement au processus de résolution de problèmes.
- Élaborer un plan d'enseignement ou créer un service de relations publiques *afin de sensibiliser les membres de la collectivité à l'importance des programmes de traitement ou de prévention.*

PRIORITÉ Nº 3 – Prodiguer un enseignement visant le mieux-être de la collectivité :

- Aider la collectivité à élaborer un plan d'action qui lui permettra de faire une évaluation continue de ses besoins, de son fonctionnement et du plan lui-même.
- Inciter les membres de la collectivité à se regrouper et à former des associations avec d'autres collectivités et avec la société dans son ensemble afin de favoriser la planification à long terme en fonction des besoins et des problèmes prévus.

DONNÉES ESSENTIELLES À CONSIGNER

ÉVALUATIONS (INITIALE ET SUBSÉQUENTES)

- Inscrire les données d'évaluation, notamment les points de vue des membres de la collectivité.

PLANIFICATION

- Rédiger le plan de soins et inscrire le nom de chacun des intervenants.
- Rédiger le plan d'enseignement.

APPLICATION /VÉRIFICATION DES RÉSULTATS

- Noter la réaction de la collectivité au plan et aux interventions, ainsi que les mesures qui ont été prises.

- Noter les objectifs atteints ou les progrès accomplis vers l'atteinte des objectifs.
- Noter les modifications apportées au plan de soins.

PLAN DE CONGÉ

- Noter les objectifs à long terme de la collectivité et le nom des responsables des mesures à prendre.
- Noter les demandes de consultation.

Remarque

Les informations entre crochets ont été ajoutées par les auteures afin de clarifier les diagnostics infirmiers et d'en faciliter l'utilisation.

PSEUDO-CONSTIPATION

Taxinomie I : Échanges (1.3.1.1.1)

[Division diagnostique : Élimination]

Définition

Autodiagnostic de constipation et usage abusif de laxatifs, de lavements et de suppositoires pour assurer une élimination intestinale quotidienne.

FACTEURS FAVORISANTS

Croyances culturelles ou familiales sur la santé

Erreur d'appréciation, [attentes/habitudes de longue date]

Altération des opérations de la pensée

CARACTÉRISTIQUES

DONNÉES SUBJECTIVES

†S'oblige à aller à la selle chaque jour et fait par conséquent un usage inconsidéré de laxatifs, de lavements et de suppositoires

†S'oblige à aller à la selle chaque jour à la même heure

RÉSULTATS ESCOMPTÉS (OBJECTIFS) / CRITÈRES D'ÉVALUATION

- Le patient comprend la physiologie de l'appareil gastro-intestinal.

†Caractéristiques majeures

- Le patient désigne des interventions propices à un fonctionnement intestinal convenable.
- Le patient se fie moins aux laxatifs et lavements.
- Le patient établit des habitudes d'élimination adaptées à ses besoins.

INTERVENTIONS INFIRMIÈRES

PRIORITÉ Nº 1 – Déterminer les facteurs agissant sur les croyances personnelles :

- Interroger le patient sur ce qu'il entend par des habitudes d'élimination « normales ».
- Établir un parallèle entre le fonctionnement intestinal réel du patient et sa conception d'habitudes d'élimination normales.
- Prendre note des mesures prises par le patient pour corriger la situation.

PRIORITÉ Nº 2 – Prodiguer un enseignement visant le mieux-être du patient :

- Examiner la physiologie de l'élimination et les variations acceptables.
- Expliquer les effets néfastes de l'usage de médicaments ou de lavements.
- Montrer le lien entre l'alimentation, l'exercice et l'élimination intestinale.
- Fournir un soutien au patient par l'écoute active et par des échanges de vues ouverts sur ses inquiétudes et ses craintes.
- Inciter le patient à adopter des activités relaxantes et à se changer les idées pendant qu'il essaie d'établir des habitudes d'élimination adaptées à ses besoins.

DONNÉES ESSENTIELLES À CONSIGNER

ÉVALUATIONS (INITIALE ET SUBSÉQUENTES)

- Noter les données d'évaluation, notamment la façon dont le patient perçoit le problème.
- Noter son mode d'élimination intestinale actuel et les caractéristiques de ses selles.

PLANIFICATION

- Rédiger le plan de soins et inscrire le nom de chacun des intervenants.
- Rédiger le plan d'enseignement.

APPLICATION /VÉRIFICATION DES RÉSULTATS

- Noter les réactions du patient aux interventions et à l'enseignement, ainsi que les mesures qui ont été prises.
- Noter les changements de son mode d'élimination intestinale et des caractéristiques de ses selles.
- Noter les objectifs atteints ou les progrès accomplis vers l'atteinte des objectifs.
- Noter les modifications apportées au plan de soins.

PLAN DE CONGÉ

- Inscrire les demandes de consultation relatives au suivi.

Remarque

Les informations entre crochets ont été ajoutées par les auteures afin de clarifier les diagnostics infirmiers et d'en faciliter l'utilisation.

RÉACTION POST-TRAUMATIQUE [préciser le stade]

Taxinomie I : Sensations et sentiments (9.2.3)

[Division diagnostique : Intégrité émotionnelle]

Définition

Réaction pénible et prolongée à un malheur imprévu.

[STADES

Forme aiguë: commence dans les six mois qui suivent le traumatisme et ne dure pas plus de six mois.

Forme chronique : dure plus de six mois.

Forme différée : période de latence de six mois ou plus avant l'apparition de symptômes.]

FACTEURS FAVORISANTS

Catastrophe naturelle [inondation, tremblement de terre, tornade, etc.], guerre, épidémie, viol, agression, torture, maladie ou accident dramatique, [prise d'otages]

CARACTÉRISTIQUES

DONNÉES SUBJECTIVES

†Retour sur l'événement traumatique, auquel peuvent être associées des activités cognitives, affectives et/ou sensorimotrices (reviviscences hallucinatoires ou « flashbacks », pensées intrusives, rêves ou cauchemars répétitifs, parle sans arrêt de l'événement traumatique, dit se sentir coupable d'avoir survécu ou de ce qu'il a fait pour survivre)

---

†Caractéristique majeure

[Réactions somatiques: douleurs ou céphalées chroniques, étourdissements ou instabilité, nausées, sensibilité au bruit, modification de l'appétit, fatigue chronique et grande fatigabilité, troubles du sommeil, insomnie]

DONNÉES OBJECTIVES

Torpeur psychique et émotionnelle (mauvaise interprétation de la réalité, confusion, dissociation ou amnésie, imprécision par rapport à l'événement traumatique, diminution de l'affectivité)

Altération du mode de vie (comportements autodestructeurs tels qu'abus d'alcool ou de drogues, tentatives de suicide ou autres passages à l'acte; difficultés dans les relations interpersonnelles; [perte d'intérêt pour les activités habituelles, détachement, perte du sentiment d'intimité et baisse de la libido]; réactions phobiques face à des situations qui rappellent l'événement; impulsivité, irritabilité, violentes explosions de colère)

[Perturbation de l'humeur (dépression, anxiété, embarras, peur, humiliation, auto-accusation, faible estime de soi), peur d'être violent envers soi ou envers les autres]

[Perturbation cognitive: confusion, pertes de mémoire ou difficultés de concentration, indécision]

[Réactions sociales: dépendance envers les autres, échec professionnel ou scolaire, évitement des relations intimes, isolement social]

[Réactions somatiques: tensions osseuses ou musculaires, sursauts, sensibilité au bruit]

RÉSULTATS ESCOMPTÉS (OBJECTIFS) / CRITÈRES D'ÉVALUATION

- Le patient exprime ses sentiments et ses réactions sans faire de projection.

- Le patient s'exprime en des termes dénotant une image de soi positive.
- Le patient se sent moins anxieux et a moins peur lors du retour des souvenirs du traumatisme.
- Le patient compose avec ses réactions émotionnelles d'une façon personnelle.
- Le patient apporte les changements appropriés à son comportement et à son mode de vie (il parle de son expérience avec d'autres, il cherche et trouve du soutien auprès de son entourage, il change d'emploi ou déménage, etc.).
- Le patient ne signale aucune manifestation physique (comme la douleur ou la fatigue chronique).

§ Consulter le diagnostic infirmier de syndrome du traumatisme de viol si l'événement traumatique est un viol.

INTERVENTIONS INFIRMIÈRES

PRIORITÉ Nº 1 – Évaluer les facteurs favorisants et la réaction de la victime:

Phase aiguë

- Recueillir des données sur le traumatisme physique ou psychologique et rechercher les symptômes liés au stress (torpeur, céphalées, gêne respiratoire, nausées, palpitations, etc.) qui y sont associés.
- Relever les réactions psychologiques: colère, choc, anxiété aiguë, confusion, déni.
- Noter les comportements du patient: rit ou pleure, est calme ou agité, est en état d'excitation (hystérique), refuse de croire ce qui est arrivé ou se blâme, etc.
- Noter les changements sur le plan affectif.
- Apprécier les connaissances du patient sur la situation.

- Mesurer le degré d'anxiété reliée à la situation.
- Déterminer dans quelle mesure la menace existe encore (contact du patient avec son agresseur et/ou les complices de celui-ci, etc.).
- Recueillir des données sur les aspects sociaux du traumatisme ou de l'événement (défigurement, trouble chronique, invalidité permanente, etc.).
- Noter l'origine ethnique du patient, ses perceptions et ses croyances culturelles et religieuses face à l'événement (perçu comme un châtiment de Dieu, par exemple).
- Préciser le degré de désorganisation.
- Demander au patient si l'événement a réactivé des situations préexistantes ou coexistantes (physiques ou psychologiques) influant sur la façon dont il perçoit le traumatisme.
- S'enquérir des changements dans les relations interpersonnelles du patient (famille, amis, collègues de travail, personnes clés, etc.).
- Noter le repli sur soi et le recours au déni.
- Noter l'usage de substances toxiques et les comportements compulsifs (le patient fume cigarette sur cigarette ou mange beaucoup trop, par exemple).
- Noter les signes d'augmentation de l'anxiété (silence, bégaiement, agitation, etc.). **Remarque:** Une augmentation de l'anxiété peut signaler un risque de violence.
- Noter les expressions verbales et non verbales de culpabilité et d'auto-accusation lorsque le patient a survécu à un événement traumatique où il y a eu des morts.
- Noter la phase du processus de deuil et les signes de chagrin pour soi et les autres.

- Déceler les réactions phobiques face à des objets (couteaux, etc.) ou à des situations courantes (répondre à un étranger qui sonne à la porte, marcher dans une foule, etc.).

Phase chronique (les interventions suivantes s'ajoutent aux précédentes.)

- Relever les plaintes de troubles somatiques qui perdurent (nausées, anorexie, insomnie, tension musculaire, céphalées, etc.). Recueillir des données supplémentaires si les symptômes changent.
- Noter la présence de douleur chronique ou de symptômes de douleur exagérés par rapport au degré de traumatisme physique.
- Déceler les signes de maladie dépressive grave et prolongée ; noter la présence de reviviscences, de souvenirs et/ou de cauchemars intrusifs.
- Préciser le degré de dysfonctionnement des mécanismes d'adaptation (usage de substances chimiques, abus d'alcool ou de drogues) et en apprécier les conséquences.

PRIORITÉ N° 2 – Aider le patient à faire face à la situation :

Phase aiguë

- Installer le patient dans un endroit calme où il se sentira en sécurité.
- Demeurer auprès du patient.
- Collaborer à la collecte des informations nécessaires aux rapports judiciaires, au besoin.
- Prendre note des plaintes de malaises physiques du patient.
- Rechercher des personnes pouvant offrir un soutien au patient.

- Fournir au patient un soutien psychologique en l'écoutant et en restant auprès de lui. (S'il ne veut pas parler, respecter son silence.)
- Créer autour du patient un climat facilitant l'expression spontanée de ses sentiments, de ses peurs (y compris de ses inquiétudes face à ses relations avec la personne clé dans sa vie ou face aux réactions de celle-ci) et de son expérience ou de ses sensations (sentiment d'avoir frôlé la mort, par exemple).
- Assister le patient dans le règlement des problèmes d'ordre pratique (logement temporaire, aide financière, annonce aux membres de la famille, etc.).
- Amener le patient à déceler les forces du moi et à les utiliser de façon constructive pour faire face à la situation.
- Laisser le patient passer à travers la situation de la façon qui lui convient. **Remarque :** Il peut se replier sur lui-même ou refuser de parler ; il ne faut pas essayer de forcer les choses.
- Prendre note des expressions de peur des foules ou des gens.

Phase chronique

- Écouter le patient chaque fois qu'il exprime ses inquiétudes. **Remarque :** Il peut avoir besoin de parler encore de l'événement.
- Laisser le patient exprimer librement ses sentiments (continuation de la phase de crise). Il ne faut pas le forcer à exprimer ses sentiments trop rapidement ni le rassurer inopportunément. **Remarque :** Le patient peut avoir l'impression que l'infirmière ne comprend pas sa douleur ou son angoisse. Il peut aussi être déprimé. Des phrases comme « vous ne pouvez comprendre,

vous n'y étiez pas » constituent une défense, une façon de repousser les autres.

- Inciter le patient à parler de son expérience, à exprimer ses sentiments de peur et de perte, sa colère, son chagrin.

§ Consulter le diagnostic infirmier de chagrin (deuil) dysfonctionnel.

- Inciter le patient à prendre conscience de ses sentiments et de ses réactions, et à les accepter.
- Inciter le patient à utiliser la situation dans un but de croissance personnelle.
- Accepter le rythme de progression du patient.
- Permettre au patient d'exprimer sa colère envers son agresseur ou la situation d'une façon qui soit acceptable.
- Garder la discussion à un niveau pratique et émotionnel, ne pas intellectualiser l'expérience.
- Soutenir le patient face au stress engendré par l'événement et ses conséquences, par sa comparution devant un tribunal, par ses relations avec la personne clé dans sa vie, etc.
- Veiller à ce que le patient ait les services de conseillers ou de thérapeutes consciencieux et professionnels, et utiliser des traitements comme la psychothérapie associée au traitement médicamenteux, la thérapie implosive, l'immersion, l'hypnose, le rolfing, le travail mnémonique, la restructuration cognitive, la physiothérapie ou l'ergothérapie.
- Expliquer l'usage des médicaments (du lithium peut être prescrit pour réduire les explosions de colère ; des psychotropes à faible dose peuvent être prescrits lorsque le patient a perdu contact avec la réalité, etc.).

PRIORITÉ N° 3 – Prodiguer un enseignement visant le mieux-être du patient :

- Amener le patient à reconnaître et à analyser ses sentiments pendant qu'il suit une thérapie.
- Informer le patient sur les réactions susceptibles de se produire à chaque phase et lui faire savoir que ces réactions sont normales. **Remarque :** Il faut donner ces explications en utilisant des termes neutres : « Il se peut que... ».
- Rechercher avec le patient les facteurs qui auraient pu le rendre vulnérable et qu'il pourrait changer pour se protéger à l'avenir. **Remarque :** Il faut éviter les jugements de valeur.
- Discuter avec le patient des changements qu'il compte apporter à son mode de vie et de la façon dont ils peuvent favoriser son rétablissement.
- Montrer au patient des techniques de contrôle du stress.
- Expliquer au patient que la réapparition de réactions, de pensées et de sentiments est normale aux périodes dites « anniversaires » de l'événement et lui montrer la conduite à tenir en pareil cas.
- Conseiller à la personne clé dans la vie du patient d'avoir recours à un groupe de soutien qui l'aidera à saisir la réalité du patient.
- Inciter le patient à consulter un psychiatre s'il est excessivement violent, inconsolable, ou ne semble pas s'adapter. La participation à un groupe peut également se révéler utile.
- Diriger le patient vers des services de counseling familial ou conjugal, au besoin.

§ Consulter les diagnostics infirmiers suivants : sentiment d'impuissance ; stratégies d'adaptation individuelle inefficaces ; chagrin (deuil) par anticipation ou chagrin (deuil) dysfonctionnel.

DONNÉES ESSENTIELLES À CONSIGNER

ÉVALUATIONS (INITIALE ET SUBSÉQUENTES)

- Inscrire les données d'évaluation, notamment la dysfonction actuelle et les réactions du patient à l'événement sur les plans comportemental et émotionnel.
- Faire une description précise de l'événement traumatique.
- Noter les réactions de la famille ou de la personne clé dans la vie du patient.

PLANIFICATION

- Rédiger le plan de soins et inscrire le nom de chacun des intervenants.
- Rédiger le plan d'enseignement.

APPLICATION /VÉRIFICATION DES RÉSULTATS

- Noter les réactions du patient aux interventions et à l'enseignement, ainsi que les mesures qui ont été prises.
- Noter les changements d'ordre émotionnel.
- Noter les objectifs atteints ou les progrès accomplis vers l'atteinte des objectifs.
- Noter les modifications apportées au plan de soins.

PLAN DE CONGÉ

- Noter les besoins à long terme du patient et le nom des responsables des mesures à prendre.
- Noter les demandes de consultation.

Remarque

Les informations entre crochets ont été ajoutées par les auteures afin de clarifier les diagnostics infirmiers et d'en faciliter l'utilisation.

RECHERCHE D'UN MEILLEUR NIVEAU DE SANTÉ (préciser les comportements)

Taxinomie I : Choix (5.4)

[Division diagnostique : Participation]

Définition

Volonté d'une personne dont l'état de santé est stable de modifier son hygiène de vie et/ou son milieu afin d'améliorer son niveau de santé. [Un état de santé stable se définit comme suit : la personne a adopté les mesures de prévention de la maladie appropriées à son âge, elle se dit en bonne ou en excellente santé et, le cas échéant, les signes et symptômes de maladie sont stabilisés.]

FACTEUR FAVORISANT

[Circonstance particulière ou événement lié à une étape du développement engendrant des interrogations sur le niveau de santé actuel]

CARACTÉRISTIQUES

DONNÉES SUBJECTIVES

†Désir d'atteindre un meilleur niveau de santé

Désir de mieux maîtriser ses pratiques sanitaires

Inquiétudes face aux effets du milieu actuel sur son état de santé

Manque de connaissances sur la façon d'utiliser les services de santé communautaire

†Caractéristique majeure

[Désir d'éliminer les comportements de codépendance]

DONNÉES OBJECTIVES

†Désir d'atteindre un meilleur niveau de santé

Désir de mieux maîtriser les pratiques sanitaires

Manque de connaissances sur les comportements propices à la santé, méconnaissance des ressources communautaires axées sur l'amélioration de la santé

RÉSULTATS ESCOMPTÉS (OBJECTIFS) / CRITÈRES D'ÉVALUATION

- Le patient désire expressément changer certaines habitudes de vie (qu'il précise).
- Le patient participe à l'élaboration du plan de changement.
- Le patient consulte les services communautaires appropriés à ses besoins de changement.

INTERVENTIONS INFIRMIÈRES

PRIORITÉ N° 1 – Évaluer les habitudes ou les aspects de sa vie que le patient souhaite changer :

- Échanger avec le patient sur ses préoccupations *afin de déceler les problèmes sous-jacents* (problèmes physiques, affectifs, agents stressants et/ou facteurs extrinsèques tels que la pollution et autres risques pour la santé).
- Inventorier les stratégies d'adaptation auxquelles le patient a déjà eu recours pour changer un comportement ou une habitude.

---

†Caractéristique majeure

- Mesurer (à l'aide de tests et de questionnaires) les connaissances de base et les habiletés du patient en matière de comportements propices à la santé.
- Analyser les résultats de l'évaluation avec le patient et la personne clé dans sa vie.
- Relever les comportements associés à des habitudes ou à de mauvaises pratiques sanitaires et choisir les mesures à prendre pour les changer.

PRIORITÉ Nº 2 – Aider le patient à préparer un plan de promotion de sa santé :

- Explorer avec le patient et la personne clé dans sa vie les aspects de la santé sur lesquels chacun a le pouvoir d'agir.
- Procéder avec le patient à une démarche systématique de résolution de problèmes *afin de déterminer les possibilités de changements et de décider des mesures à prendre pour obtenir l'amélioration désirée.*
- Informer le patient sur l'état de santé recherché et sur ses préoccupations en matière de santé en lui fournissant des documents écrits, en lui présentant du matériel audio-visuel, etc.
- Fournir au patient l'occasion de mettre en pratique de nouvelles conduites en matière de santé, après les avoir expliquées.
- Utiliser les techniques de communication thérapeutique *afin de fournir au patient un soutien dans l'application des changements désirés.*

PRIORITÉ Nº 3 – Prodiguer un enseignement visant le mieux-être du patient :

- Reconnaître les efforts que le patient fait pour améliorer sa santé et en tenir compte lors de la planification.

- Inciter le patient à utiliser les techniques de relaxation, de méditation, de visualisation et d'imagerie mentale.
- Informer le patient sur les pratiques sanitaires reliées aux changements souhaités (auto-examen des seins, immunisations, examens médicaux et dentaires réguliers, saine alimentation, programme d'exercices, etc.).
- Diriger le patient vers les services communautaires pertinents : diététicienne ou programme d'amaigrissement, programme anti-tabagisme, Alcooliques Anonymes, groupes d'entraide, cours sur l'affirmation de soi, cours sur l'art d'être parent, infirmière clinicienne spécialisée, psychiatre, etc.

DONNÉES ESSENTIELLES À CONSIGNER

ÉVALUATIONS (INITIALE ET SUBSÉQUENTES)

- Inscrire les données d'évaluation, notamment les préoccupations du patient et les facteurs de risque.
- Noter les changements souhaités par le patient.

PLANIFICATION

- Rédiger le plan de soins et inscrire le nom de chacun des intervenants.
- Rédiger le plan d'enseignement.

APPLICATION/VÉRIFICATION DES RÉSULTATS

- Noter les réactions du patient au plan d'amélioration de la santé, aux interventions et à l'enseignement, et les mesures qui ont été prises.
- Noter les objectifs atteints ou les progrès accomplis vers l'atteinte des objectifs.
- Noter les modifications apportées au plan de soins.

PLAN DE CONGÉ

- Inscrire les besoins à long terme du patient et le nom des responsables des mesures à prendre.
- Noter les demandes de consultation.

Remarque

Les informations entre crochets ont été ajoutées par les auteures afin de clarifier les diagnostics infirmiers et d'en faciliter l'utilisation.

RÉTENTION URINAIRE [aiguë ou chronique]

Taxinomie I : Échanges (1.3.2.2)

[Division diagnostique : Élimination]

Définition

Évacuation incomplète de la vessie. [Une forte pression sur l'urètre empêche la vessie de se vider complètement ou inhibe la miction jusqu'à ce que l'augmentation de la pression abdominale provoque un écoulement involontaire d'urine.]

FACTEURS FAVORISANTS

Pression urétrale élevée due à la faiblesse du détrusor [ou à son absence]

Inhibition de l'arc réflexe

Sphincter puissant ; blocage [adénome prostatique ou œdème périnéal, par exemple]

[Épuisement d'effet de l'arc réflexe]

[Infection]

[Affection neurologique ou traumatisme]

[Usage de médicaments ayant pour effet secondaire la rétention (anticholinergiques, psychotropes, antihistaminiques, opiacés, etc.)]

CARACTÉRISTIQUES

DONNÉES SUBJECTIVES

Sensation de plénitude vésicale

Fuite mictionnelle

Dysurie

DONNÉES OBJECTIVES

†Distension vésicale

†Mictions fréquentes et de faible importance ou absence de mictions

Urine résiduelle [150 mL ou plus]

Incontinence par regorgement

[Réduction du jet mictionnel]

RÉSULTATS ESCOMPTÉS (OBJECTIFS)/ CRITÈRES D'ÉVALUATION

- Le patient comprend les facteurs reliés au problème et il choisit les interventions appropriées à sa situation.
- Le patient adopte des techniques et des conduites visant la réduction ou la prévention de la rétention.
- Le patient a des mictions en quantités suffisantes, sans globe vésical palpable ; les résidus postmictionnels sont inférieurs à 50 mL ; il n'y a pas de fuites mictionnelles ni de regorgement.

INTERVENTIONS INFIRMIÈRES

Rétention aiguë

PRIORITÉ Nº 1 – Évaluer les facteurs favorisants :

- Noter la présence d'un processus morbide (affection neurologique, infection, calculs, etc.).
- Rechercher les effets secondaires des médicaments (psychotropes, anesthésiques, opiacés, sédatifs, antihistaminiques, etc.).
- Déceler le degré d'anxiété du patient (il peut être gêné d'uriner devant quelqu'un, par exemple).

---

†Caractéristiques majeures

- Examiner le patient à la recherche de fécalome, d'œdème au siège de l'opération, d'œdème périnéal postpartum, d'un tampon vaginal ou rectal, d'une hypertrophie de la prostate ou d'autres facteurs susceptibles d'obstruer l'urètre.
- Noter l'apport liquidien quotidien habituel.

PRIORITÉ N° 2 – Évaluer le degré d'invalidité et dans quelle mesure un autre problème s'interpose :

- Demander au patient s'il a eu une élimination importante d'urine dans les dernières six à huit heures.
- Palper la hauteur de la vessie.
- Noter la quantité et la nature des liquides récemment ingérés.

PRIORITÉ N° 3 – Collaborer aux interventions visant à traiter ou à prévenir l'incontinence :

- Administrer les médicaments appropriés pour soulager la douleur ; prendre les mesures nécessaire pour atténuer l'enflure ou traiter l'affection sous-jacente.
- Faire prendre au patient une position de miction fonctionnelle en lui conseillant de s'asseoir droit sur le bassin hygiénique ou la chaise d'aisances ou de se tenir debout.
- Assurer l'intimité du patient.
- Stimuler l'arc réflexe en faisant inhaler au patient de l'essence de wintergreen, en frottant l'intérieur des cuisses, en faisant couler l'eau du robinet ou en versant de l'eau chaude sur le périnée.
- Enlever les obstacles, si possible (fécalome, etc.).
- Recourir au cathétérisme intermittent ou à demeure si le patient présente une rétention aiguë.
- Vider la vessie lentement à l'aide d'une sonde droite en faisant des temps d'arrêt ; augmenter progressivement la vidange de 200 mL entre

chaque temps d'arrêt *afin de prévenir l'hématurie ou l'affaissement de la vessie.*

- Noter tout signe d'infection et envoyer des échantillons d'urine au laboratoire pour urocultures.
- Assécher l'œdème ou enrayer la constipation, au besoin, *afin de prévenir les rechutes* (appliquer de la glace sur le périnée, administrer des laxatifs émollients ou des purgatifs, changer la médication ou le dosage, etc.).
- Demander au médecin de modifier l'ordonnance lorsque celle-ci constitue un facteur d'étiologie ou d'influence.

PRIORITÉ Nº 4 – Prodiguer un enseignement visant le mieux-être du patient :

- Conseiller au patient de signaler immédiatement les problèmes *pour qu'ils soient traités le plus rapidement possible.*
- Insister sur l'importance d'un apport liquidien adéquat.

Rétention chronique

PRIORITÉ Nº 1 – Évaluer les facteurs favorisants :

- Prendre note des diagnostics susceptibles d'indiquer une atrophie du détrusor et/ou une surdistension chronique due à un obstacle à l'évacuation de la vessie (hypertrophie de la prostate, cicatrisation, formation de calculs à répétition, etc.).
- Préciser si les impulsions sensorielles et/ou motrices sont faibles ou absentes (accident vasculaire cérébral, lésion de la moelle épinière, diabète, etc.).
- Noter l'apport liquidien habituel du patient.
- Déceler la présence d'effets secondaires lorsque le patient prend des psychotropes, des antihistaminiques, des anticholinergiques, etc.

- Tamiser l'urine à la recherche de calculs.

PRIORITÉ N° 2 – Évaluer le degré d'invalidité et dans quelle mesure un autre problème s'interpose :

- Mesurer la quantité d'urine évacuée et les résidus postmictionnels.
- S'enquérir de la fréquence et de l'heure des fuites d'urine et/ou des mictions.
- Noter le volume et la force du jet mictionnel.
- Palper la hauteur de la vessie.
- Déceler la présence de spasmes vésicaux.
- Noter les conséquences du problème sur le fonctionnement et les habitudes de vie du patient.

PRIORITÉ N° 3 – Collaborer au traitement ou aux mesures de prévention de l'incontinence :

- Recommander au patient d'uriner selon un horaire fixe.
- Montrer la manœuvre de Credé au patient et à la personne clé dans sa vie.
- Conseiller au patient d'utiliser la manœuvre de Valsalva *afin d'accroître la pression intra-abdominale, au besoin.*
- Établir un programme régulier de miction ou d'auto-cathétérisme *afin de prévenir le reflux et d'accroître la pression rénale.*

PRIORITÉ N° 4 – Prodiguer un enseignement visant le mieux-être du patient :

- Établir un horaire régulier pour l'évacuation de la vessie, peu importe si l'évacuation se fait par mictions ou par cathétérisme.
- Montrer au patient et à la personne clé dans sa vie des techniques de cathétérisme.

- Insister auprès du patient sur l'importance d'un apport liquidien adéquat en lui conseillant notamment de boire des jus de fruits acidifiants ou de prendre de la vitamine C ou de la Mandelamine (sur ordonnance) *afin de prévenir la bactériurie et la formation de calculs.*
- Expliquer au patient les signes et symptômes de complications exigeant une évaluation ou une intervention médicale.

DONNÉES ESSENTIELLES À CONSIGNER

ÉVALUATIONS (INITIALE ET SUBSÉQUENTES)

- Inscrire les données d'évaluation, notamment la nature du problème, le degré d'invalidité et la présence ou l'absence d'incontinence.

PLANIFICATION

- Rédiger le plan de soins et inscrire le nom de chacun des intervenants.
- Rédiger le plan d'enseignement.

APPLICATION /VÉRIFICATION DES RÉSULTATS

- Noter les réactions du patient aux interventions.
- Noter les objectifs atteints ou les progrès accomplis vers l'atteinte des objectifs.
- Noter les modifications apportées au plan de soins.

PLAN DE CONGÉ

- Noter les besoins à long terme du patient, les demandes de consultation et le nom des responsables des mesures à prendre.

Remarque

Les informations entre crochets ont été ajoutées par les auteures afin de clarifier les diagnostics infirmiers et d'en faciliter l'utilisation.

SENTIMENT D'IMPUISSANCE [préciser le degré]

Taxinomie I: Perceptions (7.3.2.)

[Division diagnostique : Sens de la vie]

Définition

Impression que ses actes seront sans effet. Sentiment d'être désarmé devant une situation courante ou un événement soudain.

FACTEURS FAVORISANTS

Milieu de soins [perte d'intimité, perte de biens personnels, perte de pouvoir sur les traitements, etc.]

Relations interpersonnelles [abus de pouvoir, de force ; relations marquées par la violence physique ou psychologique, etc.]

Régime imposé par la maladie [maladie chronique ou invalidante, etc.]

Manque d'initiative [échecs répétés, dépendance, etc.]

CARACTÉRISTIQUES

DONNÉES SUBJECTIVES

Grave

Sentiment de n'avoir aucune maîtrise ni influence sur la situation, sur son issue ou sur ses soins personnels

Découragement face à la détérioration physique qui progresse en dépit de l'observance des traitements

Moyen

Insatisfaction et frustration face à l'incapacité d'accomplir les mêmes tâches et/ou activités qu'auparavant

Doutes quant à sa capacité de bien exercer son rôle

Réticence à exprimer ses véritables sentiments ; peur d'éloigner le personnel soignant

Faible

Incertitude face aux fluctuations de son niveau d'énergie

DONNÉES OBJECTIVES

Grave

Apathie [repli sur soi, résignation, pleurs]

[Colère]

Moyen

Indifférence face à ses progrès

Non-participation aux soins ou à la prise de décisions lorsque l'occasion se présente

Dépendance envers autrui pouvant se traduire par de l'irritabilité, du ressentiment, de l'agressivité et un sentiment de culpabilité

Incapacité de s'informer sur ses soins

Manque de persistance face à ses soins personnels (laisse facilement cette tâche à d'autres)

Passivité

Faible

Passivité

RÉSULTATS ESCOMPTÉS (OBJECTIFS) / CRITÈRES D'ÉVALUATION

- Le patient a le sentiment de maîtriser la situation.
- Le patient fait des choix face à ses soins et y participe.
- Le patient indique les domaines sur lesquels il exerce une certaine maîtrise.
- Le patient accepte le fait de n'avoir aucun pouvoir dans certains domaines.

INTERVENTIONS INFIRMIÈRES

PRIORITÉ N° 1 – Évaluer les facteurs favorisants :

- Préciser les circonstances ayant déclenché le problème (milieu étranger, immobilité, diagnostic d'une maladie mortelle ou chronique, manque de réseaux de soutien, manque de connaissances sur la situation).
- Noter comment le patient perçoit sa maladie et le traitement proposé. Apprécier ses connaissances.
- Recueillir des données sur la réaction du patient au traitement. Connaît-il les raisons qui le justifient et comprend-il qu'il est prescrit dans son intérêt, ou est-il docile et passif ?
- Rechercher où le patient situe la source du pouvoir d'agir et de décider : interne (reconnaît sa responsabilité dans la situation et se dit capable d'agir pour la changer : « Je n'ai pas arrêté de fumer ») ou externe (dit être incapable de se maîtriser et de maîtriser son environnement : « Il n'y a jamais rien qui fonctionne », « Quelle malchance d'avoir un cancer du poumon »).
- Apprécier le degré de maîtrise que le patient a exercée sur sa vie.
- S'enquérir des changements dans les relations du patient avec les personnes clés dans sa vie.
- Noter les ressources existantes et celles que le patient utilise.
- Observer comment les personnes qui s'occupent du patient agissent avec lui. L'aident-elles à maîtriser la situation, à prendre des responsabilités ?

PRIORITÉ Nº 2 – Évaluer le degré d'impuissance ressenti par le patient ou la personne clé dans sa vie :

- Noter les commentaires défaitistes du patient : « Ça leur est égal », « Quelle différence cela peut - il faire ? », « Je ne me fais aucune illusion ».
- Noter les expressions indiquant que le patient « laisse tomber », qu'il croit que tout effort est inutile.
- Noter les réactions comportementales (verbales et non verbales), y compris les manifestations de peur, d'intérêt, d'apathie, d'agitation, de repli.
- Noter le manque de communication, l'épuisement affectif (affect plat) et les regards fuyants.
- Déceler les comportements manipulateurs et observer les réactions du patient et du personnel soignant. **Remarque :** La manipulation sert souvent à pallier un sentiment d'impuissance ; elle résulte du manque de confiance envers autrui, de la peur des relations intimes et du besoin d'approbation, et elle permet de mettre à l'épreuve son pouvoir de séduction.

PRIORITÉ Nº 3 – Aider le patient à préciser ses besoins en tenant compte de sa capacité d'y répondre :

- Montrer de l'intérêt au patient en tant que personne.
- Prendre le temps d'écouter le patient parler de sa perception de la situation et de ses inquiétudes, et l'inciter à poser des questions.
- Permettre au patient d'exprimer ses sentiments, y compris la colère et le désespoir.
- S'abstenir d'essayer de convaincre un patient qui se sent impuissant par des arguments logiques, car il ne croit pas que les choses puissent changer.

- Exprimer de l'espoir (il y a toujours une source d'espoir quelque part).
- Préciser les forces et les atouts du patient, ainsi que les stratégies d'adaptation efficaces qu'il a déjà utilisées dans le passé.
- Amener le patient à discerner ce qu'il peut faire lui-même. Dresser une liste des aspects sur lesquels il peut agir et de ceux sur lesquels il ne peut pas agir.
- Recommander au patient de conserver un certain recul face à la situation.

PRIORITÉ N° 4 – Favoriser l'autonomie du patient :

- Rechercher où le patient situe le pouvoir d'agir et de décider et en tenir compte dans la planification des soins (si la source du pouvoir est interne, l'inciter à diriger ses propres soins ; si elle est externe, commencer par lui assigner des tâches légères et augmenter graduellement la difficulté en fonction de ses capacités).
- Établir avec le patient une entente précisant les objectifs.
- Traiter avec respect les décisions du patient et les désirs qu'il exprime. **Remarque :** Il ne faut pas agir à sa place.
- Laisser le patient agir le plus possible sur les événements, sans toutefois présumer de ses forces ni transgresser les restrictions imposées par ses soins.
- Désamorcer les tentatives de manipulation en discutant ouvertement avec le patient de ses besoins et en décidant avec lui de mesures qui permettront d'y répondre.
- Imposer le moins de règlements possible et limiter la surveillance au minimum nécessaire à la sécurité du patient *afin de lui donner le sentiment d'être maître de la situation.*

- Inciter le patient à se fixer des objectifs immédiats réalistes qui lui permettront d'agir sur sa situation, de se rapprocher de ses objectifs à long terme et de maintenir ses attentes.
- Féliciter le patient pour ses efforts.
- Orienter les pensées du patient vers l'avenir, au besoin.
- Prévoir des visites brèves mais fréquentes auprès du patient *afin de s'assurer que tout va bien, de répondre à ses besoins et de lui faire savoir qu'une infirmière est là s'il a besoin d'elle.*
- Inviter la personne clé dans la vie du patient à participer aux soins.

PRIORITÉ Nº 5 – Prodiguer un enseignement visant le mieux-être du patient :

- Montrer au patient des techniques de réduction du stress et de l'anxiété et l'inciter à les utiliser.
- Fournir, sous forme verbale et écrite, des informations exactes et précises sur la situation et en discuter avec le patient et la personne clé dans sa vie. Reprendre les explications aussi souvent qu'il le faudra.
- Fixer avec le patient des objectifs réalistes.
- Montrer au patient des techniques d'affirmation de soi et l'inciter à les utiliser.
- Inciter le patient à être plus actif dans la mesure de ses capacités. L'adresser à un orienteur ou à un ergothérapeute, au besoin.
- Inciter le patient à penser de façon constructive et positive, et à choisir ses pensées.
- Aider le patient et la personne clé dans sa vie à trouver des solutions.
- Conseiller au patient de réévaluer périodiquement ses besoins et ses objectifs.

- Diriger le patient vers un groupe de soutien, un conseiller ou un thérapeute, si besoin est.

DONNÉES ESSENTIELLES À CONSIGNER

ÉVALUATIONS (INITIALE ET SUBSÉQUENTES)

- Inscrire les données d'évaluation, notamment le degré d'impuissance, où le patient situe le pouvoir d'agir et de décider (interne ou externe), et la façon dont il perçoit la situation.

PLANIFICATION

- Rédiger le plan de soins et inscrire le nom de chacun des intervenants.
- Rédiger le plan d'enseignement.

APPLICATION /VÉRIFICATION DES RÉSULTATS

- Noter les réactions du patient aux interventions et à l'enseignement, ainsi que les mesures qui ont été prises.
- Décrire les objectifs et les attentes du patient.
- Noter les objectifs atteints ou les progrès accomplis vers l'atteinte des objectifs.
- Noter les modifications apportées au plan de soins.

PLAN DE CONGÉ

- Noter les besoins à long terme du patient et le nom des responsables des mesures à prendre.
- Noter les demandes de consultation.

Remarque

Les informations entre crochets ont été ajoutées par les auteures afin de clarifier les diagnostics infirmiers et d'en faciliter l'utilisation.

SENTIMENT DE SOLITUDE, risque de

Taxinomie I : Relations (3.1.3)

[Division diagnostique : Socialisation]

Définition

État subjectif d'une personne exposée au risque d'éprouver une vague dysphorie.

FACTEURS DE RISQUE

Carence affective

Isolement physique

Inhibition

Isolement social

Remarque : Il ne peut y avoir de signes ou de symptômes (caractéristiques) lorsque l'on diagnostique un risque de problème, car celui-ci n'existe pas encore ; les interventions infirmières sont donc axées sur la prévention.

RÉSULTATS ESCOMPTÉS (OBJECTIFS) /CRITÈRES D'ÉVALUATION

- Le patient prend conscience de ses problèmes personnels et trouve des moyens de les résoudre.
- Le patient s'engage dans des activités sociales.
- Le patient dit avoir établi avec autrui des contacts sociaux et des relations significatives pour lui.

INTERVENTIONS INFIRMIÈRES

PRIORITÉ Nº 1 – Évaluer les facteurs de risque :

- Vérifier si le patient éprouve un sentiment de solitude ordinaire ou s'il éprouve une dysphorie constante. Noter la durée du problème : il peut s'agir d'un problème situationnel (le patient vient de déménager loin de sa famille, par exemple) ou d'un problème chronique.
- Apprécier le niveau de détresse, de tension, d'anxiété et d'agitation. Noter si dans le passé le patient a été souvent malade, a été victime de nombreux accidents ou a vécu des situations de crise.
- Noter si le patient a de la famille ou des proches et apprécier l'étroitesse de ses liens avec ces personnes.
- Examiner comment le patient perçoit sa solitude et comment il y fait face.
- Discuter avec le patient des séparations qu'il a vécues (séparation d'avec ses parents pendant son enfance, perte d'une personne clé ou du conjoint, etc.).
- Rechercher les troubles du sommeil ou de l'appétit et apprécier la capacité de concentration du patient.
- Prendre note des remarques indiquant que le patient a très envie d'avoir quelqu'un dans sa vie.

PRIORITÉ Nº 2 –Aider le patient à prendre conscience des situations où il se sent seul :

- Établir une relation thérapeutique qui aidera le patient à exprimer ses sentiments.
- Discuter avec le patient de ses préoccupations face à la solitude et du lien qui existe entre la solitude et l'absence de personne clé dans sa vie. Noter dans quelle mesure il désire changer sa situation.

- Accepter que le patient exprime ses perceptions négatives des autres et des moyens de changer.
- Reconnaître que le sentiment de solitude du patient existe par lui-même et n'est pas forcément secondaire à un autre problème.

PRIORITÉ Nº 3 –Aider le patient à aller vers les autres :

- Discuter avec le patient des différences entre la réalité et ses perceptions.
- Discuter de l'importance des liens affectifs (c'est-à-dire de l'attachement) entre enfants et parents.
- Inciter le patient à suivre des cours qui pourraient répondre à ses besoins (sur le plan de l'affirmation de soi, du langage, de la communication, du savoir-faire social, etc.).
- Créer des mises en situation où le patient est amené à développer ses aptitudes interpersonnelles.
- Discuter avec le patient de l'importance d'avoir une bonne hygiène de vie (hygiène personnelle, exercice physique, etc.).
- Inventorier les atouts et les intérêts du patient et discuter avec lui de la façon dont il peut les exploiter dans sa recherche de rapports sociaux.
- Inciter le patient à participer à des activités de groupe qui pourraient l'aider à satisfaire ses besoins particuliers (thérapie, groupe de soutien, activités religieuses, etc.).
- Aider le patient à élaborer un plan d'action qui l'aidera à aller peu à peu vers les autres. Commencer par des gestes simples (appeler un ami de longue date ou parler à un voisin, par exemple) et progresser vers des rapports et des activités plus complexes.
- Fournir au patient l'occasion d'avoir des contacts humains dans un milieu rassurant (un système

d'accompagnement ou de parrainage, par exemple) tant qu'il n'a pas acquis une certaine assurance.

PRIORITÉ Nº 4 –Prodiguer un enseignement visant le mieux-être du patient :

- Inciter le patient à se joindre à un groupe dont les activités l'intéressent (club d'ornithologues amateurs, par exemple) ou à un service de bénévoles (pour travailler dans une soupe populaire, dans des groupes de jeunes, dans un refuge pour animaux, etc.).
- Suggérer au patient de travailler comme bénévole pour un comité paroissial ou de se joindre à la chorale de son église, de participer aux activités de son quartier avec des amis ou des membres de sa famille, de militer pour une cause sociale ou politique, de suivre des cours dans un établissement d'enseignement de son quartier, etc.
- Diriger le patient vers des services de counseling qui pourraient l'aider à s'épanouir socialement.

§ Consulter les diagnostics infirmiers suivants : perte d'espoir, anxiété, isolement social.

DONNÉES ESSENTIELLES À CONSIGNER

ÉVALUATIONS (INITIALE ET SUBSÉQUENTES)

- Noter les données d'évaluation, notamment la façon dont le patient perçoit son problème ainsi que les ressources et les réseaux de soutien sur lesquels il peut compter.
- Noter dans quelle mesure le patient désire changer sa situation.

PLANIFICATION

- Rédiger le plan de soins et inscrire le nom de chacun des intervenants.

- Rédiger le plan d'enseignement.

APPLICATION /VÉRIFICATION DES RÉSULTATS

- Noter les réactions du patient aux interventions et à l'enseignement, ainsi que les mesures qui ont été prises.
- Noter les objectifs atteints ou les progrès accomplis vers l'atteinte des objectifs.
- Noter les modifications apportées au plan de soins.

PLAN DE CONGÉ

- Noter les besoins à long terme du patient, les recommandations relatives au suivi et le nom des responsables des mesures à prendre.
- Noter les demandes de consultation.

Remarque

Les informations entre crochets ont été ajoutées par les auteures afin de clarifier les diagnostics infirmiers et d'en faciliter l'utilisation.

SEVRAGE DE LA VENTILATION ASSISTÉE, intolérance au

Taxinomie I : Échanges (1.5.1.3.2)

[Division diagnostique : Oxygénation]

Définition

Incapacité de s'adapter à une diminution de la ventilation mécanique, ce qui interrompt et prolonge le processus de sevrage.

FACTEURS FAVORISANTS

Facteurs physiques

Dégagement inefficace des voies respiratoires

Perturbation des habitudes de sommeil

Alimentation inadéquate

Douleur non soulagée ou malaise

[Faiblesse ou fatigue musculaire, incapacité de maîtriser la musculature respiratoire ; immobilité]

Facteurs psychologiques

Manque de connaissances sur le processus de sevrage ou sur sa participation au processus

Impression d'être incapable de se passer du respirateur

Diminution de la motivation

Diminution de l'estime de soi

Anxiété (modérée ou grave) ; peur ; manque de confiance envers l'infirmière

Perte d'espoir ; sentiment d'impuissance

[Manque de préparation à la tentative de sevrage]

Facteurs situationnels

Fluctuations passagères et incontrôlables des besoins énergétiques

Diminution intempestive de la ventilation mécanique

Soutien social inadéquat

Milieu non propice au sevrage (bruit, agitation, agents perturbateurs dans la chambre, manque d'effectifs infirmiers, absence prolongée de l'infirmière, infirmières nouvelles ou inconnues)

Antécédents de ventilation mécanique pendant plus d'une semaine

Plusieurs échecs antérieurs aux tentatives de sevrage

CARACTÉRISTIQUES (réactions à la diminution de la ventilation mécanique)

Intolérance légère

DONNÉES SUBJECTIVES

Demande d'un supplément d'oxygène ; sensation de gêne respiratoire ; fatigue, sensation de chaleur

Peur que l'appareil ne soit déréglé

DONNÉES OBJECTIVES

†Agitation

†Légère augmentation de la fréquence respiratoire par rapport aux valeurs initiales

Attention concentrée sur la respiration

Intolérance moyenne

DONNÉE SUBJECTIVE

Appréhension

---

†Caractéristiques majeures

DONNÉES OBJECTIVES

†Augmentation de moins de 20 mm Hg de la pression artérielle par rapport aux valeurs initiales

†Augmentation de moins de 20 battements/min de la fréquence cardiaque par rapport aux valeurs initiales

†Augmentation de moins de cinq respirations/min de la fréquence respiratoire par rapport aux valeurs initiales

Hypervigilance

Incapacité de suivre les directives ou de coopérer

Transpiration abondante

Regard apeuré

Réduction de l'air inspiré audible à l'auscultation

Changement de la couleur de la peau : pâleur, légère cyanose

Légère utilisation des muscles accessoires de la respiration

Intolérance grave

DONNÉES OBJECTIVES

†Agitation

†Détérioration des valeurs des gaz du sang artériel par rapport aux valeurs initiales

†Augmentation de plus de 20 mm Hg de la pression artérielle par rapport aux valeurs initiales

†Augmentation de plus de 20 battements/min de la fréquence cardiaque par rapport aux valeurs initiales

†Augmentation considérable de la fréquence respiratoire par rapport aux valeurs initiales

---

†Caractéristiques majeures

Transpiration profuse

Utilisation maximale des muscles accessoires de la respiration

Respiration superficielle et haletante

Respiration abdominale paradoxale

Respiration non synchrone au respirateur

Diminution de l'état de conscience

Bruits respiratoires anormaux, encombrement des voies respiratoires audible à l'auscultation

Cyanose

RÉSULTATS ESCOMPTÉS (OBJECTIFS) / CRITÈRES D'ÉVALUATION

- Le patient participe au processus de sevrage.
- Le patient recommence à respirer sans aide et ne présente pas de signes d'insuffisance respiratoire ; les valeurs des gaz du sang artériel sont dans les limites de la normale.
- Le patient montre une plus grande tolérance à l'effort et participe à ses soins personnels dans les limites de ses capacités.

INTERVENTIONS INFIRMIÈRES

PRIORITÉ N° 1 – Évaluer les facteurs favorisants et le degré de dysfonctionnement :

- Noter les facteurs physiques dont il faut tenir compte pour le sevrage (stabilité des signes vitaux, état d'hydratation, présence de fièvre ou de douleur, apport nutritionnel et force musculaire).
- S'enquérir des connaissances du patient sur le sevrage, de ses attentes et de ses inquiétudes.
- Déterminer si le patient est psychologiquement prêt au sevrage et s'il est anxieux. Le cas échéant, évaluer son degré d'anxiété.

- Passer en revue les épreuves de laboratoire qui renseignent sur le nombre et l'intégrité des globules rouges (transport de l'oxygène) ainsi que sur l'état nutritionnel (réserves énergétiques suffisantes pour répondre aux exigences du sevrage).
- Étudier les radiographies pulmonaires et l'oxymétrie, et noter les valeurs des gaz du sang artériel.

PRIORITÉ N° 2 – Faciliter le processus de sevrage :

- Consulter une diététicienne ou un membre de l'équipe de soutien nutritionnel afin de savoir comment modifier le régime alimentaire de façon à prévenir une production excessive de CO_2, laquelle risquerait d'altérer le rythme, l'amplitude et la fréquence respiratoires.
- Expliquer au patient les techniques de sevrage (ventilation assistée contrôlée intermittente, ventilation spontanée avec pression expiratoire positive, etc.). Discuter avec lui de son programme de sevrage et de ses attentes.
- Présenter au patient une personne qui a réussi à se sevrer de la ventilation assistée.
- Veiller à ce que le patient puisse dormir et se reposer sans être dérangé. Éliminer le plus possible les interventions ou les situations stressantes, et toutes les activités qui ne sont pas essentielles.
- Organiser l'horaire de prise des médicaments de façon à ce que l'effet sédatif soit minimal pendant les périodes de sevrage.
- Créer un climat de calme et de tranquillité et donner toute son attention au patient.
- Faire participer aux soins les personnes clés dans la vie du patient ou sa famille, si possible (leur

demander de rester au chevet du patient, de l'encourager et d'observer ses réactions, par exemple).

- Fournir au patient des activités divertissantes (regarder la télévision, lire à voix haute, etc.) pour qu'il se concentre sur autre chose que sa respiration.
- Noter la réaction du patient aux activités et aux soins durant le sevrage ; selon sa réaction, les réduire de façon à éviter une hausse des besoins et dépenses en oxygène qui pourrait faire échouer le sevrage.
- Ausculter les bruits respiratoires périodiquement ; procéder à une aspiration au besoin.
- Reconnaître les efforts du patient et l'encourager souvent.
- Minimiser les échecs ; attirer l'attention du patient sur les progrès qu'il a faits jusqu'à maintenant.
- Suspendre les exercices de sevrage (donner « congé » au patient) périodiquement, selon la situation du patient (par exemple, on peut d'abord permettre au patient de se « reposer du sevrage » 45 à 50 minutes par heure, puis l'amener peu à peu à se reposer seulement 20 minutes par tranche de quatre heures et ensuite le sevrer du ventilateur le jour et le laisser se reposer la nuit).

PRIORITÉ N° 3 – Prodiguer un enseignement visant le mieux-être du patient :

- Discuter avec le patient des effets de certaines activités sur son état respiratoire et chercher avec lui des moyens de maximiser le travail de sevrage.
- Appliquer un programme de réadaptation visant à renforcer la musculature respiratoire du patient et à améliorer son endurance.

- Expliquer au patient et à la personne clé dans sa vie comment protéger le patient des sources d'infection (vérifier l'état de santé des visiteurs et des personnes qui s'occupent du patient ; éviter les endroits bondés durant les saisons propices à la grippe, etc.).
- Indiquer au patient les signes et symptômes qu'il doit signaler immédiatement au médecin pour prévenir l'insuffisance respiratoire.

DONNÉES ESSENTIELLES À CONSIGNER

ÉVALUATIONS (INITIALE ET SUBSÉQUENTES)

- Inscrire les données initiales et les changements qui se sont produits ultérieurement.
- Inscrire les résultats des examens et des interventions diagnostiques.
- Noter les facteurs de risque auxquels le patient est exposé.

PLANIFICATION

- Rédiger le plan de soins et inscrire le nom de chacun des intervenants.
- Rédiger le plan d'enseignement.

APPLICATION /VÉRIFICATION DES RÉSULTATS

- Noter la réaction du patient aux interventions.
- Noter les objectifs atteints ou les progrès accomplis vers l'atteinte des objectifs.
- Noter les modifications apportées au plan de soins.

PLAN DE CONGÉ

- Noter l'état du patient à son départ du centre hospitalier, ses besoins à long terme, les demandes de consultation ainsi que le nom des responsables des mesures à prendre.

- Noter le matériel dont le patient aura besoin ainsi que l'endroit où il pourra se le procurer.

Remarque

Les informations entre crochets ont été ajoutées par les auteures afin de clarifier les diagnostics infirmiers et d'en faciliter l'utilisation.

SEXUALITÉ, perturbation de la

Taxinomie I : Relations (3.3)

[Division diagnostique : Sexualité]

Définition

Expression d'inquiétudes face à la sexualité.

FACTEURS FAVORISANTS

Manque de connaissances sur les possibilités d'expression sexuelle dans les périodes de transition entre la santé et la maladie ou inaptitude à les appliquer, modification d'une structure ou d'une fonction corporelle, maladie ou traitement médical

Manque d'intimité

Relations perturbées avec une personne importante sur le plan affectif ; absence d'une personne importante sur le plan affectif

Absence de modèles ou modèles inadéquats

Conflits relatifs à l'orientation sexuelle ou préférences déviantes

Peur d'une grossesse non désirée ou de contracter une maladie sexuellement transmissible

CARACTÉRISTIQUES

DONNÉES SUBJECTIVES

†Difficultés, restrictions ou changements sur le plan des activités ou des comportements sexuels

[Sentiments de solitude, de perte, d'impuissance, de colère ; impression d'être rejeté]

†Caractéristique majeure

RÉSULTATS ESCOMPTÉS (OBJECTIFS) / CRITÈRES D'ÉVALUATION

- Le patient comprend l'anatomie et la fonction des organes sexuels.
- Le patient comprend les restrictions, les difficultés ou les changements dont il souffre sur le plan sexuel.
- Le patient accepte son état actuel (altéré).
- Le patient améliore ses habiletés interpersonnelles.
- Le patient décide d'une méthode de contraception appropriée.

INTERVENTIONS INFIRMIÈRES

PRIORITÉ N° 1 – Évaluer les facteurs favorisants :

- Dresser le profil sexuel du patient, si besoin est, et y noter comment le patient définit un fonctionnement normal ainsi que le vocabulaire qu'il utilise (évaluation de ses connaissances de base). Noter ses inquiétudes face à son identité sexuelle.
- Préciser l'importance que le patient accorde au sexe et noter comment il décrit le problème dans ses propres mots. Être attentive aux commentaires du patient et de la personne importante sur le plan affectif (dénigrement direct ou indirect concernant la sexualité : « C'est un vieux satyre »). **Remarque** : Les problèmes sexuels sont souvent exprimés sous le couvert de sarcasmes, de plaisanteries ou de réflexions impromptues.
- Noter les valeurs culturelles et religieuses susceptibles de constituer des facteurs d'influence ainsi que les conflits qu'elles peuvent créer.
- Recueillir des données sur les facteurs de stress susceptibles d'engendrer de l'anxiété ou des

réactions psychologiques (problèmes de pouvoir face à la personne importante ou aux enfants adultes, vieillissement, problèmes professionnels, baisse de la performance, etc.).

- Recueillir des données sur les connaissances du patient quant aux effets des dysfonctionnements ou des restrictions entraînés par la maladie et/ou le traitement médical et quant aux autres possibilités de réactions et d'expression sexuelles (changement de sexe, etc.).
- Noter les antécédents de consommation de médicaments et de drogues du patient (médicaments sur ordonnance et en vente libre, alcool et drogues illicites).
- Rechercher les peurs associées à la sexualité (grossesse, maladies sexuellement transmissibles, problème de confiance, convictions inébranlables, confusion quant aux préférences sexuelles, baisse de performance, etc.).
- Demander au patient comment il interprète la modification de ses activités ou de ses comportements sexuels (instrument de domination, soulagement de l'anxiété, plaisir, absence de partenaire). **Remarque :** L'altération du comportement, lorsqu'elle est liée à un changement corporel (grossesse, perte d'une partie du corps, perte ou gain de poids), peut correspondre à une étape du processus de deuil.
- Rechercher si le problème relève d'un changement dans le cycle de vie tel que le passage à l'adolescence ou à la période du jeune adulte, la ménopause ou la vieillesse.
- S'abstenir de porter des jugements de valeur, car ils n'aident pas le patient à faire face à la situation. **Remarque :** L'infirmière doit être consciente de ses sentiments et de ses réactions, et être capable de les maîtriser lorsque le patient exprime ses inquiétudes.

PRIORITÉ Nº 2 – Aider le patient et la personne importante sur le plan affectif à faire face à la situation :

- Créer un climat propice à la discussion sur les problèmes sexuels.
- Fournir au patient des informations sur ses problèmes en fonction de ses besoins et de ses désirs.
- Inciter le patient à discuter de ses problèmes et lui laisser la possibilité d'exprimer ses sentiments sans porter de jugements.
- Donner au patient des conseils précis sur les interventions visant à corriger le problème.
- Rechercher d'autres formes d'expression sexuelle acceptables pour les deux partenaires.
- Expliquer au patient comment s'adapter aux dispositifs ou appareils (sac pour stomie, sac collecteur, prothèses mammaires, etc.), s'il exprime de la gêne à ce sujet.
- Donner au patient des conseils préventifs sur les pertes qu'il peut s'attendre à ressentir (perte de son ancienne personnalité s'il subit une chirurgie de changement de sexe, etc.).
- Présenter au patient des personnes qui ont vécu un problème semblable au sien et qui s'en sont bien sorties.

PRIORITÉ Nº 3 – Prodiguer un enseignement visant le mieux-être du patient :

- Fournir au patient des informations factuelles sur les problèmes mentionnés.
- Engager un dialogue suivi avec le patient et la personne importante dans sa vie, si la situation le permet.
- Expliquer les différentes méthodes de contraception, leur efficacité et leurs effets secondaires, si besoin est.

- Diriger le patient vers un psychothérapeute, qui pourra combiner une thérapie individuelle intensive à une thérapie conjugale, familiale et/ou sexuelle, au besoin.

§ Consulter les diagnostics infirmiers suivants : dysfonctionnement sexuel, perturbation de l'image corporelle et perturbation de l'estime de soi.

DONNÉES ESSENTIELLES À CONSIGNER

ÉVALUATIONS (INITIALE ET SUBSÉQUENTES)

- Inscrire les données d'évaluation, notamment la nature du problème, la façon dont le patient perçoit ses difficultés, les changements qu'il a subis ou les restrictions qui lui sont imposées, ainsi que ses besoins ou désirs particuliers.
- Noter la réaction de la personne importante sur le plan affectif.

PLANIFICATION

- Rédiger le plan de soins et inscrire le nom de chacun des intervenants.
- Rédiger le plan d'enseignement.

APPLICATION /VÉRIFICATION DES RÉSULTATS

- Noter les réactions du patient aux interventions et à l'enseignement, ainsi que les mesures qui ont été prises.
- Noter les objectifs atteints ou les progrès accomplis vers l'atteinte des objectifs.
- Noter les modifications apportées au plan de soins.

PLAN DE CONGÉ

- Noter les besoins à long terme du patient, l'enseignement prodigué, les demandes de consultation et le nom des responsables des mesures à prendre.

- Noter les ressources communautaires auxquelles le patient peut recourir.

Remarque

Les informations entre crochets ont été ajoutées par les auteures afin de clarifier les diagnostics infirmiers et d'en faciliter l'utilisation.

STRATÉGIES D'ADAPTATION DÉFENSIVES

Taxinomie I : Choix (5.1.1.1.2)

[Division diagnostique : Adaptation]

Définition

Système d'autodéfense contre tout ce qui semble menacer une image positive de soi, se traduisant par une surestimation systématique de soi.

FACTEURS FAVORISANTS

[§Consulter le diagnostic infirmier de stratégies d'adaptation individuelle inefficaces]

CARACTÉRISTIQUES

DONNÉES SUBJECTIVES

†Déni de faiblesses ou de problèmes évidents

†Rejet du blâme ou de la responsabilité sur autrui

†Hypersensibilité à la moindre critique

†Mégalomanie

Rationalisation des échecs

[Refus de se faire aider ou rejet de l'aide offerte]

DONNÉES OBJECTIVES

Attitude de supériorité envers les autres

Difficulté à établir ou à maintenir des relations, [tendance à éviter l'intimité]

---

†Caractéristiques majeures

Railleries hostiles envers les autres, [comportement agressif]

Difficulté à confronter ses perceptions à la réalité

Manque de persévérance ou de collaboration face au traitement

[Comportement visant à attirer l'attention]

RÉSULTATS ESCOMPTÉS (OBJECTIFS) / CRITÈRES D'ÉVALUATION

- Le patient comprend ses problèmes et leurs liens avec les facteurs de stress.
- Le patient fait part de ses préoccupations et de ses problèmes.
- Le patient assume la responsabilité de ses actes, de ses réussites et de ses échecs.
- Le patient participe au programme thérapeutique.
- Le patient maintient des liens avec les autres.

INTERVENTIONS INFIRMIÈRES

PRIORITÉ Nº 1 – Évaluer le degré d'inefficacité des stratégies d'adaptation :

- Recueillir des données sur l'aptitude du patient à comprendre sa situation et à saisir les conduites propres à son stade de développement.
- Mesurer le degré d'anxiété du patient.
- Apprécier l'efficacité des mécanismes d'adaptation du patient.
- Rechercher les mécanismes d'adaptation utilisés par le patient (projection, évitement, rationalisation, etc.) et noter pourquoi il les utilise (il peut les utiliser pour masquer une piètre estime de soi, par exemple). Préciser comment ces comportements influent sur la situation du patient.

- Inviter le patient à explorer ses expériences de vie de façon différente.
- Décrire tous les aspects du problème en se servant de techniques de communication thérapeutique telles que l'écoute active.
- Observer les interactions du patient avec autrui.
- Apprécier l'aptitude du patient à établir des relations satisfaisantes avec les autres.
- Noter les expressions de mégalomanie évidentes (dit qu'il s'en va acheter une auto neuve alors qu'il est en chômage ou qu'il n'en a pas les moyens, par exemple).

§ Consulter le diagnostic infirmier de stratégies d'adaptation individuelle inefficaces.

PRIORITÉ Nº 2 – Aider le patient à faire face à la situation actuelle :

- Expliquer au patient les protocoles de soins et les conséquences du manque de collaboration.
- Rappeler au patient les limites établies face aux comportements manipulateurs.
- Appliquer systématiquement et avec fermeté les pénalités prévues en cas de non-respect des règles.
- Placer le patient dans des conditions sécurisantes lui permettant d'explorer de nouvelles conduites.
- Aborder le patient de façon positive et objective et s'exprimer en utilisant le « je » *afin de favoriser son estime de soi.*
- Inciter le patient à rester maître de la situation. Stimuler son autonomie en le faisant participer aux décisions et à la planification des soins.
- Reconnaître les forces du patient et les mettre à contribution dans le plan de soins.

- Garder en toutes circonstances une attitude traduisant l'ouverture d'esprit et le respect *afin de préserver l'image de soi et l'estime de soi du patient.*
- Inviter le patient à exprimer ses sentiments.
- Fournir au patient des moyens adéquats de libérer son agressivité (punching-bag, etc.).
- Inciter le patient à participer à des programmes récréatifs de plein air.
- Fournir au patient l'occasion d'avoir des interactions positives et valorisantes avec les autres.
- Accompagner le patient dans sa démarche de résolution de problèmes : déceler ses réactions à la situation et ses stratégies d'adaptation inefficaces, proposer d'autres façons de réagir et guider le patient dans le choix des solutions les plus appropriées.
- Utiliser judicieusement la technique de confrontation *afin d'amener peu à peu le patient à reconnaître les mécanismes de défense (déni ou projection, etc.) qui l'empêchent de nouer des relations satisfaisantes.*

§ Consulter le diagnostic infirmier de stratégies d'adaptation individuelle inefficaces.

PRIORITÉ N° 3 – Prodiguer un enseignement visant le mieux-être du patient :

- Montrer au patient des techniques de relaxation, d'imagerie mentale et d'affirmation de soi.
- Conseiller au patient des activités ou des cours lui permettant d'exercer ses nouvelles habiletés et de nouer de nouvelles relations.
- Diriger le patient vers les ressources pertinentes (désintoxication, thérapie familiale ou conjugale, etc.).

§ Consulter le diagnostic infirmier de stratégies d'adaptation individuelle inefficaces.

DONNÉES ESSENTIELLES À CONSIGNER

ÉVALUATIONS (INITIALE ET SUBSÉQUENTES)

- Inscrire les données d'évaluation et les comportements révélateurs.
- Noter comment le patient perçoit la situation actuelle ; ses stratégies d'adaptation habituelles ou leur degré d'inefficacité.

PLANIFICATION

- Rédiger le plan de soins et inscrire le nom de chacun des intervenants.
- Rédiger le plan d'enseignement.

APPLICATION /VÉRIFICATION DES RÉSULTATS

- Noter la réaction du patient aux interventions et à l'enseignement, ainsi que les mesures qui ont été prises.
- Noter les objectifs atteints ou les progrès accomplis vers l'atteinte des objectifs.
- Noter les modifications apportées au plan de soins.

PLAN DE CONGÉ

- Inscrire le plan de congé et les soins de suivi prévus.

Remarque

Les informations entre crochets ont été ajoutées par les auteures afin de clarifier les diagnostics infirmiers et d'en faciliter l'utilisation.

STRATÉGIES D'ADAPTATION D'UNE COLLECTIVITÉ : POTENTIEL D'AMÉLIORATION

Taxinomie I : Choix (5.1.3.1)

[Division diagnostique : Socialisation]

Définition

Stratégies d'adaptation et de résolution de problèmes d'une collectivité qui répondent à ses exigences et à ses besoins, mais qui peuvent être améliorées afin de l'aider à surmonter les problèmes ou les situations de stress présents et futurs.

FACTEURS FAVORISANTS

Existence de soutien social

Présence de moyens de résoudre les problèmes

Certitude d'être capable de surmonter les situations de stress partagée par l'ensemble de la collectivité

CARACTÉRISTIQUES

DONNÉES OBJECTIVES

†Carences dans une ou plusieurs caractéristiques propres à une stratégie d'adaptation efficace

Préparation active de la collectivité aux situations de stress prévisibles

Résolution active des problèmes que doit affronter la collectivité

---

†Caractéristique majeure

Accord des membres de la collectivité pour se considérer responsables de la gestion du stress

Communication constructive entre les membres de la collectivité

Communication constructive entre la collectivité ou ses membres et la société dans son ensemble

Existence de programmes de loisirs et de détente

Ressources suffisantes pour surmonter les situations de stress

RÉSULTATS ESCOMPTÉS (OBJECTIFS) /CRITÈRES D'ÉVALUATION

- La collectivité connaît les facteurs positifs et négatifs qui influent sur la gestion des situations de stress et des problèmes présents et futurs.
- La collectivité dispose d'un plan d'action pour faire face aux problèmes et aux situations de stress.
- La collectivité sait comment corriger les carences dans ses diverses stratégies d'adaptation.
- La collectivité signale une amélioration mesurable dans sa capacité de faire face aux problèmes et aux situations de stress.

INTERVENTIONS INFIRMIÈRES

PRIORITÉ N° 1 –Déterminer dans quelle mesure la collectivité est capable de faire face à ses problèmes et aux situations de stress :

- Passer en revue le plan établi par la collectivité pour résoudre les problèmes et les situations de stress.
- Apprécier l'incidence des facteurs favorisants sur la gestion des problèmes et des situations de stress.

- Noter les forces et les faiblesses de la collectivité.
- Déceler les lacunes des activités communautaires actuelles que la collectivité pourrait combler au moyen de stratégies d'adaptation et de résolution de problèmes.
- Apprécier l'efficacité des activités communautaires dans la gestion des problèmes qui surgissent au sein de la collectivité de même qu'entre la collectivité et la société dans son ensemble.

PRIORITÉ Nº 2 –Aider la collectivité à utiliser des stratégies d'adaptation et de résolution de problèmes pour surmonter les problèmes et les situations de stress présents et futurs :

- Rechercher les problèmes actuels et escomptés. **Remarque :** Pour planifier efficacement, il est essentiel de s'entendre avec les membres de la collectivité sur la portée et les paramètres des problèmes.
- Établir un ordre de priorité parmi les objectifs à atteindre *afin de faciliter l'application du plan.*
- Inventorier les ressources à la disposition de la collectivité (personnes-ressources, groupes de soutien, aide financière, aide gouvernementale, aide d'une autre collectivité, etc.).
- Élaborer avec la collectivité un plan d'action qui lui permettra d'utiliser des stratégies d'adaptation et de résolution de problèmes efficaces.
- Déceler les sous-groupes mal desservis ou à risque au sein de la collectivité et les faire participer au plan d'action.

PRIORITÉ Nº 3 –Prodiguer un enseignement visant le mieux-être de la collectivité :

- Aider les membres de la collectivité à se regrouper et à former des associations avec d'autres collectivités et avec la société dans son ensemble afin de favoriser le développement à long terme de la collectivité.

- Encourager la collectivité à consulter les associations concernées lors de l'élaboration de plans d'action.
- Établir un mécanisme qui permettra à la collectivité de surveiller l'évolution de ses besoins et d'évaluer ses progrès.
- Favoriser la diffusion de l'information aux membres de la collectivité (plan d'action, besoins et résultats obtenus) en utilisant divers moyens de communication (télévision, radio, journaux, médias écrits, tableaux d'affichage, courrier électronique, service de relations publiques, rapports non confidentiels remis aux leaders ou aux groupes de la collectivité, etc.).

DONNÉES ESSENTIELLES À CONSIGNER

ÉVALUATIONS (INITIALE ET SUBSÉQUENTES)

- Noter les données d'évaluation et le point de vue de la collectivité sur la situation.
- Noter les problèmes particuliers, ainsi que les forces et les faiblesses de la collectivité.

PLANIFICATION

- Rédiger le plan de soins et inscrire le nom de chacun des intervenants.
- Rédiger un plan d'enseignement.

APPLICATION /VÉRIFICATION DES RÉSULTATS

- Noter la réaction dess dirigeants de la collectivité aux mesures entreprises.
- Noter les objectifs atteints ou les progrès accomplis vers l'atteinte des objectifs.

- Noter les modifications apportées au plan de soins.

PLAN DE CONGÉ

- Noter les plans à court et long terme qui ont été élaborés pour résoudre les problèmes actuels, escomptés ou possibles et noter le nom des responsables du suivi.
- Noter les demandes de consultation et les associations formées.

Remarque

Les informations entre crochets ont été ajoutées par les auteures afin de clarifier les diagnostics infirmiers et d'en faciliter l'utilisation.

STRATÉGIES D'ADAPTATION FAMILIALE EFFICACES : POTENTIEL DE CROISSANCE

Taxinomie I : Choix (5.1.2.2)

[Division diagnostique : Adaptation]

Définition

Utilisation efficace de stratégies adaptées à la situation par un membre de la famille qui s'implique pour relever les défis reliés à la santé du patient et qui, maintenant, manifeste le désir et la volonté d'améliorer sa santé ainsi que celle du patient et de cultiver leur croissance personnelle.

FACTEURS FAVORISANTS

Besoins suffisamment satisfaits et travail d'adaptation réalisé avec assez d'efficacité pour que l'on puisse viser des objectifs d'actualisation de soi

[Stade de développement, crise situationnelle ou soutien en période de crise]

CARACTÉRISTIQUES

DONNÉES SUBJECTIVES

Conséquences d'une crise sur les valeurs, les priorités, les objectifs et les relations d'un membre de la famille

Souhait de rencontrer des gens ayant connu une situation similaire sur une base individuelle ou dans le cadre d'un groupe d'entraide

DONNÉE OBJECTIVE

Cheminement d'un membre de la famille vers la promotion de la santé et l'enrichissement de son mode de vie, ce qui l'amène à avaliser et à suivre de près les processus de croissance, à contrôler et à négocier les programmes thérapeutiques et, généralement, à choisir les expériences qui lui apportent un bien-être optimal

RÉSULTATS ESCOMPTÉS (OBJECTIFS) / CRITÈRES D'ÉVALUATION

- Les membres de la famille se disent prêts à examiner leur apport individuel dans la croissance de la famille.
- Les membres de la famille souhaitent entreprendre les tâches nécessaires à un changement.
- Les membres de la famille expriment leur confiance et leur satisfaction face aux progrès accomplis.

INTERVENTIONS INFIRMIÈRES

PRIORITÉ Nº 1 – Évaluer la situation et les stratégies d'adaptation utilisées par les membres de la famille :

- Définir comment chaque membre vit la situation et le stade de croissance de la famille.
- Écouter chaque membre de la famille exprimer ses espoirs et ses projets, et parler des effets de la situation sur ses relations et sa vie.
- Noter les paroles exprimant un changement de valeurs, comme « la vie a plus de sens pour moi depuis que c'est arrivé ».
- Observer les modes de communication au sein de la famille.

PRIORITÉ Nº 2 – Aider la famille à développer son potentiel de croissance :

- Prendre le temps de discuter avec la famille de sa façon de voir la situation.
- Établir une relation propice à la croissance avec la famille et le patient.
- Devenir pour la famille un modèle auquel celle-ci peut s'identifier.
- Expliquer l'importance d'une communication franche et directe et de ne pas avoir de secrets les uns pour les autres.
- Enseigner à la famille des techniques de communication efficaces : écoute active, utilisation du « je », résolution de problèmes, etc.

PRIORITÉ Nº 3 – Prodiguer un enseignement visant le mieux-être de la famille :

- Inviter la famille à expérimenter des façons d'aider et de soutenir le patient.
- Renforcer le soutien familial face aux efforts d'autonomie du patient, compte tenu de ses capacités et/ou des contraintes imposées par la maladie ou la situation.
- Rechercher d'autres patients ou groupes dans la même situation et aider le patient et sa famille à prendre contact avec eux (Al Anon, Vie nouvelle, etc.).
- Indiquer aux membres de la famille de nouvelles façons efficaces d'assumer leurs sentiments.

DONNÉES ESSENTIELLES À CONSIGNER

ÉVALUATIONS (INITIALE ET SUBSÉQUENTES)

- Noter les stratégies d'adaptation utilisées et le stade de croissance.
- Noter les modes de communication de la famille.

PLANIFICATION

- Rédiger le plan de soins et inscrire le nom de chacun des intervenants.
- Rédiger le plan d'enseignement.

APPLICATION /VÉRIFICATION DES RÉSULTATS

- Noter la réaction du patient aux interventions et à l'enseignement, ainsi que les mesures qui ont été prises.
- Noter les objectifs atteints ou les progrès accomplis vers l'atteinte des objectifs.
- Noter les modifications apportées au plan de soins.

PLAN DE CONGÉ

- Noter les besoins décelés, les demandes de consultation pour les soins de suivi et les réseaux de soutien dont le patient peut disposer.

Remarque

Les informations entre crochets ont été ajoutées par les auteures afin de clarifier les diagnostics infirmiers et d'en faciliter l'utilisation.

STRATÉGIES D'ADAPTATION FAMILIALE INEFFICACES : ABSENCE DE SOUTIEN

Taxinomie I : Choix (5.1.2.1.1)

[Division diagnostique : Adaptation]

Définition

Détérioration de la relation entre le patient et une personne clé (ou autre) qui rend celle-ci et le patient incapables d'accomplir efficacement le travail d'adaptation nécessaire face au problème de santé.

FACTEURS FAVORISANTS

Sentiments (culpabilité, anxiété, hostilité, désespoir, etc.) refoulés de façon chronique par la personne clé dans la vie du patient

Désaccord profond entre le patient et la personne clé dans sa vie ou entre les différentes personnes clés qui l'entourent quant aux stratégies d'adaptation à adopter

Grande ambivalence dans les relations familiales

Attitude défensive de la famille face au traitement (renforcée par l'attitude du personnel soignant, qui n'a pas su soulager l'anxiété sous-jacente)

[Situation familiale à risque (famille monoparentale, parent adolescent, relations marquées par la violence physique ou psychologique, toxicomanie, invalidité temporaire ou permanente, membre de la famille en phase terminale d'une maladie, etc.)]

CARACTÉRISTIQUES

DONNÉE SUBJECTIVE

[Désespoir du patient face aux réactions ou à l'indifférence de sa famille]

DONNÉES OBJECTIVES

Intolérance, abandon, rejet

Troubles psychosomatiques

Agitation, dépression, agressivité, hostilité

Mimétisme (reproduction des signes de la maladie du patient)

Indifférence des autres membres de la famille

Personne clé vaquant à ses occupations habituelles sans tenir compte des besoins [du patient]

Négligence face aux besoins fondamentaux du patient et/ou au traitement

Déformation de la réalité en ce qui a trait au problème médical du patient, pouvant aller jusqu'à la négation complète de son existence ou de sa gravité

Décisions ou actions de la famille préjudiciables au bien-être économique ou social du patient

Difficulté à donner un sens à sa propre vie, affaiblissement du moi, souci exagéré et constant pour le patient

Apparition chez le patient d'un sentiment d'impuissance et d'une dépendance passive

RÉSULTATS ESCOMPTÉS (OBJECTIFS) / CRITÈRES D'ÉVALUATION

- Les membres de la famille expriment des attentes plus réalistes face au patient.
- La famille établit des contacts avec le patient de façon régulière.

- La famille participe de façon constructive aux soins du patient, dans les limites de ses capacités et selon les besoins du patient.
- Les membres de la famille expriment leurs sentiments ouvertement et honnêtement, au moment opportun.

INTERVENTIONS INFIRMIÈRES

PRIORITÉ Nº 1 – Évaluer les facteurs favorisants :

- S'enquérir des conduites et des interactions de la famille avant la maladie.
- Observer les interactions actuelles des membres de la famille (retrait : ne visitent pas le patient, lui font de courtes visites et/ou font comme s'il n'était pas là lorsqu'ils le visitent ; colère et hostilité envers le patient et les autres ; manque de chaleur dans les contacts physiques ; expressions de culpabilité).
- Discuter avec la famille de la façon dont elle perçoit la situation. Noter si les attentes du patient et des membres de la familles sont réalistes.
- Noter les autres facteurs susceptibles d'être stressants pour la famille (difficultés financières, manque de soutien dans l'entourage : maladie s'étant déclarée pendant un voyage, par exemple).
- Apprécier dans quelle mesure les membres de la famille sont prêts à participer aux soins du patient.

PRIORITÉ Nº 2 – Aider la famille à faire face à la situation actuelle :

- Établir des rapports avec les membres de la famille qui sont disponibles.
- Reconnaître que la situation est difficile pour la famille.

- Pratiquer l'écoute active auprès de la famille lorsqu'elle exprime ses inquiétudes ; noter si elle fait preuve d'un souci exagéré ou d'indifférence.
- Permettre la libre expression des sentiments, y compris ceux de frustration, de colère, d'hostilité et de désespoir. Imposer toutefois des limites au passage à l'acte et aux comportements déplacés.
- Donner dès le début des informations justes et exactes aux personnes clés.
- Assurer la liaison entre la famille et le médecin, en fournissant des explications et des clarifications sur le plan de traitement.
- Fournir au patient des informations simples et brèves sur le mode d'emploi et les signaux d'alarme des appareils à utiliser, s'il y a lieu (respirateur, etc.).
- Rechercher des professionnels de la santé susceptibles d'offrir une continuité dans le soutien au patient et assurer la liaison entre ces personnes.
- Donner au patient et à sa famille l'occasion de discuter ensemble en toute intimité.
- Inviter une personne clé dans la vie du patient à participer à la planification des soins et lui enseigner les habiletés dont elle aura besoin pour aider le patient.
- Accompagner les membres de la famille lors de leurs visites *afin de répondre à leurs questions, de les rassurer et de leur fournir un soutien.*
- Montrer à la personne clé dans la vie du patient comment amorcer une relation thérapeutique avec lui.

PRIORITÉ Nº 3 – Prodiguer un enseignement visant le mieux-être de la famille :

- Amener la famille à reconnaître les stratégies d'adaptation qu'elle utilise et à discerner pourquoi elles sont inefficaces dans la situation.

- Répondre aux questions de la famille avec patience et honnêteté. Répéter au besoin l'information fournie par les autres membres de l'équipe soignante.
- Proposer au patient une vision plus positive de la vie.
- Respecter le besoin de retrait de la famille et intervenir judicieusement.
- Inciter la famille à faire face peu à peu à la situation au lieu d'affronter le problème d'un seul coup.
- Rechercher avec la famille des objets familiers susceptibles d'aider le patient (photo de famille au mur, etc.).
- Diriger la famille vers les services pertinents, au besoin (thérapie familiale, consultations sur le plan financier, spirituel, etc.).

§ Consulter le diagnostic infirmier de chagrin (deuil) par anticipation.

DONNÉES ESSENTIELLES À CONSIGNER

ÉVALUATIONS (INITIALE ET SUBSÉQUENTES)

- Noter les données d'évaluation, les conduites actuelles et passées, le nom des membres de la famille directement intéressés et les réseaux de soutien disponibles.
- Décrire les réactions émotionnelles à la situation ou aux agents stressants.

PLANIFICATION

- Rédiger le plan de soins et inscrire le nom de chacun des intervenants.
- Rédiger le plan d'enseignement.

APPLICATION /VÉRIFICATION DES RÉSULTATS

- Noter les réactions de chacun aux interventions et à l'enseignement, ainsi que les mesures qui ont été prises.
- Noter les objectifs atteints ou les progrès accomplis vers l'atteinte des objectifs.
- Noter les modifications apportées au plan de soins.

PLAN DE CONGÉ

- Noter les besoins permanents du patient, les ressources existantes, les autres recommandations relatives au suivi, ainsi que le nom des responsables des mesures à prendre.

Remarque

Les informations entre crochets ont été ajoutées par les auteures afin de clarifier les diagnostics infirmiers et d'en faciliter l'utilisation.

STRATÉGIES D'ADAPTATION FAMILIALE INEFFICACES : SOUTIEN COMPROMIS

Taxinomie I : Choix (5.1.2.1.2)

[Division diagnostique : Adaptation]

Définition

Le soutien, le réconfort, l'aide et l'encouragement que fournit habituellement une personne clé (membre de la famille ou ami) sont compromis ou inefficaces. Le patient n'a donc pas suffisamment de soutien pour prendre en charge le travail d'adaptation qu'exige son problème de santé.

FACTEURS FAVORISANTS

Informations inadéquates ou erronées d'une personne clé

Incompréhension de la personne clé face à la situation

Incapacité temporaire d'une personne clé de percevoir les besoins du patient ou d'agir efficacement à cause de ses problèmes personnels

Désorganisation familiale et changements de rôles temporaires

Crise de situation ou de croissance à laquelle la personne clé doit faire face

Manque de soutien mutuel entre le patient et la personne clé dans sa vie

Longue maladie ou aggravation de l'invalidité épuisant la capacité de soutien des personnes clés

[Attentes irréalistes du patient ou de la personne clé envers l'autre]

[Difficulté à prendre des décisions en consultant l'autre]

[Famille scindée en différentes coalitions]

CARACTÉRISTIQUES

DONNÉES SUBJECTIVES

Inquiétude du patient par rapport à l'attitude de la personne clé dans sa vie face à son problème de santé ou plaintes à ce sujet

Description de la personne clé dans la vie du patient de ses propres réactions (peur, chagrin [deuil] par anticipation, sentiment de culpabilité, anxiété face à la maladie ou à l'invalidité du patient ou face à une autre crise de situation ou de croissance)

Incompréhension ou manque de connaissances empêchant la personne clé dans la vie du patient de l'aider ou de le soutenir efficacement

DONNÉES OBJECTIVES

Tentatives infructueuses d'aide ou de soutien de la personne clé dans la vie du patient

Éloignement ou restriction des communications de la personne clé dans la vie du patient lorsque celui-ci a besoin d'elle

Habitude protectrice d'une personne clé face au patient sans commune mesure avec ses capacités ou son besoin d'autonomie

[Déchaînement d'émotions, labilité émotionnelle ou ingérence dans les interventions infirmières ou médicales de la part d'une personne clé]

RÉSULTATS ESCOMPTÉS (OBJECTIFS) / CRITÈRES D'ÉVALUATION

- La famille connaît les ressources internes lui permettant de faire face à la situation.
- La famille interagit de façon appropriée avec le patient et le personnel soignant.
- La famille laisse le patient faire face à la situation à sa manière, sans imposer ses valeurs.
- Les membres de la famille comprennent la maladie ou l'invalidité.
- Les membres de la famille expriment ouvertement leurs sentiments.
- La famille consulte les personnes-ressources pertinentes, au besoin.

INTERVENTIONS INFIRMIÈRES

PRIORITÉ Nº 1 – Évaluer les facteurs favorisants :

- Déceler la situation latente susceptible d'empêcher la famille de fournir au patient le soutien dont il a besoin. Noter les circonstances ayant précédé la maladie qui se répercutent sur la situation actuelle (le patient a eu une crise cardiaque pendant les relations sexuelles, et sa partenaire craint que cela ne se reproduise, par exemple).
- Noter depuis combien de temps le problème est présent s'il s'agit d'une maladie de longue durée (cancer, sclérose en plaques, etc.).
- Apprécier les connaissances de la famille ou de la personne clé dans la vie du patient et leur degré de compréhension.
- Discuter avec la famille de la façon dont elle perçoit la situation. Noter si les attentes du patient et des membres de la famille sont réalistes.

- S'enquérir du rôle du patient au sein de la famille et de la façon dont la maladie a changé l'organisation familiale.
- Noter les facteurs autres que la maladie empêchant les membres de la famille de fournir au patient le soutien dont il a besoin.

PRIORITÉ Nº 2 – Aider la famille à reconstituer ou à acquérir les habiletés qui lui permettront de faire face à la situation:

- Écouter les commentaires, les remarques et l'expression des inquiétudes du patient et de la personne clé dans sa vie et prendre note des réactions et comportements non verbaux. Relever les discordances.
- Inciter les membres de la famille à parler ouvertement de leurs sentiments et à les exprimer clairement.
- Aider la famille à comprendre et à accepter les conduites du patient en leur en expliquant les raisons.
- Aider la famille et le patient à comprendre de qui le problème relève et qui doit se charger de le résoudre. S'abstenir de blâmer qui que ce soit.
- Inciter le patient et sa famille à utiliser les techniques de résolution de problèmes pour faire face à la situation.

PRIORITÉ Nº 3 – Prodiguer un enseignement visant le mieux-être de la famille:

- Informer la famille ou la personne clé dans la vie du patient sur sa maladie.
- Inviter le patient et sa famille à participer à la planification des soins aussi souvent que possible.

- Inciter les membres de la famille à participer aux soins du patient. Leur proposer des façons différentes d'aider le patient tout en préservant son autonomie (la famille peut cuisiner les plats favoris du patient, faire avec lui des activités divertissantes, etc.).
- Diriger le patient vers les sources d'aide pertinentes (counseling, psychothérapie, aide financière, soutien spirituel).

§ Consulter les diagnostics infirmiers suivants : peur ; anxiété ; stratégies d'adaptation individuelle inefficaces ; stratégies d'adaptation familiale efficaces (potentiel de croissance) ; ou stratégies d'adaptation familiale inefficaces (absence de soutien).

DONNÉES ESSENTIELLES À CONSIGNER

ÉVALUATIONS (INITIALE ET SUBSÉQUENTES)

- Noter les données d'évaluation, notamment les stratégies d'adaptation actuelles et passées, la réaction émotionnelle à la situation, les agents stressants et les réseaux de soutien disponibles.

PLANIFICATION

- Rédiger le plan de soins et inscrire le nom de chacun des intervenants.
- Rédiger le plan d'enseignement.

APPLICATION /VÉRIFICATION DES RÉSULTATS

- Noter les réactions des membres de la famille et du patient aux interventions et à l'enseignement, ainsi que les mesures qui ont été prises.
- Noter les objectifs atteints ou les progrès accomplis vers l'atteinte des objectifs.
- Noter les modifications apportées au plan de soins.

PLAN DE CONGÉ

- Inscrire les besoins à long terme du patient et le nom des responsables des mesures à prendre.
- Noter les demandes de consultation.

Remarque

Les informations entre crochets ont été ajoutées par les auteures afin de clarifier les diagnostics infirmiers et d'en faciliter l'utilisation.

STRATÉGIES D'ADAPTATION INDIVIDUELLE INEFFICACES

Taxinomie I : Choix (5.1.1.1)

[Division diagnostique : Adaptation]

Définition

Difficulté à adopter des comportements adaptatifs et à utiliser des techniques de résolution de problèmes pour répondre aux exigences de la vie et assumer ses rôles.

FACTEURS FAVORISANTS

Crise de situation ou de croissance

Vulnérabilité

[Réseau de soutien inadéquat]

[Mauvaise alimentation]

[Surcharge de travail ; pas de vacances ; trop d'échéances serrées ; difficulté à se relaxer, peu ou pas d'exercice]

[Perceptions irréalistes]

[Facteurs de stress variés et répétitifs ; attentes non réalisées]

[Nombreux changements dans la vie ; conflit ; attentes non réalisées]

[Stratégie d'adaptation inadéquate]

[Trouble du système nerveux ; trouble cognitif, sensoriel ou de la perception ; perte de mémoire]

[Douleur forte, menace à son intégrité]

CARACTÉRISTIQUES

DONNÉES SUBJECTIVES

‡Incapacité de faire face à la situation ou de demander de l'aide

[Souci, anxiété ou état dépressif chronique, faible estime de soi]

[Tensions musculaires ou stress émotionnel, manque d'appétit, fatigue chronique, insomnie, irritabilité générale]

DONNÉES OBJECTIVES

‡Incapacité de résoudre ses problèmes

Incapacité de répondre aux attentes liées au rôle ou de satisfaire les besoins de base

Dégradation de la participation sociale

Emploi inadéquat des mécanismes de défense [notamment le recours excessif au déni, le repli sur soi]

Changement dans les modes de communication habituels

Discours manipulateur

Fréquence élevée de maladies [hypertension artérielle, ulcères, côlon irritable, maux de tête ou douleurs à la nuque fréquentes, etc.]

Fréquence élevée d'accidents

Comportement destructeur envers soi ou les autres [boulimie, surconsommation de tabac et d'alcool, abus de médicaments sur ordonnance ou en vente libre ; toxicomanie]

[Difficulté à s'affirmer]

---

‡Caractéristiques essentielles

RÉSULTATS ESCOMPTÉS (OBJECTIFS) / CRITÈRES D'ÉVALUATION

- Le patient reconnaît ses stratégies d'adaptation inefficaces et leurs conséquences.
- Le patient est conscient de ses propres aptitudes à faire face à un problème.
- Le patient évalue la situation actuelle avec justesse.
- Le patient exprime des sentiments en accord avec ses comportements.
- Le patient répond à ses besoins psychologiques : il exprime ses sentiments avec à-propos, il discerne les choix qui s'offrent à lui et a recours aux services pertinents.

INTERVENTIONS INFIRMIÈRES

PRIORITÉ Nº 1 – Évaluer le degré de perturbation :

- Recueillir des données sur l'aptitude du patient à comprendre les événements et à apprécier la situation avec réalisme.
- Préciser le stade développemental de fonctionnement. **Remarque :** Les gens ont tendance à régresser à un stade de développement antérieur lors d'une crise ou d'une maladie.
- Apprécier la capacité de fonctionnement actuelle du patient et noter comment elle affecte ses stratégies d'adaptation.
- Noter la consommation d'alcool, de drogues, de médicaments et de tabac du patient ainsi que ses habitudes en matière de sommeil et d'alimentation.
- S'enquérir des répercussions de la maladie sur les besoins sexuels du patient et sur ses rapports sociaux.

- Mesurer le degré d'anxiété et la capacité d'adaptation du patient sur une base continue.
- Observer les comportements du patient et les décrire en termes objectifs. Confirmer l'exactitude de ces observations auprès du patient.
- Noter le mode de communication du patient et les caractéristiques de son langage.

PRIORITÉ N° 2 – Évaluer l'aptitude du patient à s'adapter :

- Interroger le patient sur sa compréhension de la situation actuelle et évaluer les répercussions de la situation.
- Pratiquer l'écoute active *afin de découvrir comment le patient perçoit la situation actuelle.*
- Apprécier la capacité du patient de prendre des décisions.
- Inventorier les stratégies adoptées auparavant par le patient pour faire face aux problèmes de la vie.

PRIORITÉ N° 3 – Aider le patient à faire face à la situation :

- Appeler le patient par son nom. (Lui demander comment il préfère qu'on s'adresse à lui.) **Remarque :** En appelant le patient par son nom, on améliore le concept de soi, l'estime de soi et le sentiment d'individualité.
- Inciter le patient à communiquer avec le personnel soignant et les personnes clés dans sa vie.
- Maintenir l'orientation par rapport à la réalité à l'aide d'horloges, de calendriers, de tableaux d'affichage, etc., et faire souvent référence au lieu et à l'heure, si besoin est. Placer les objets nécessaires et des objets familiers à la portée du patient.

- Assurer la continuité des soins en veillant à ce que le patient soit soigné le plus souvent possible par les mêmes personnes.
- Donner des explications simples et concises. Prendre le temps d'écouter le patient *afin de l'aider à exprimer ses émotions, à saisir la situation et à se sentir maître de sa situation.*
- Assurer un climat de calme. Autant que possible, placer les appareils hors de la vue du patient.
- Fixer l'horaire des activités de façon à ménager des périodes de repos entre les soins infirmiers. Accroître lentement le nombre d'activités.
- Inciter le patient à se divertir, à s'occuper et à se relaxer.
- Souligner les réactions physiologiques positives sans toutefois nier la gravité de la situation (pression artérielle stable lors d'une hémorragie digestive, redressement de la posture chez un patient déprimé, etc.).
- Inciter le patient à essayer de nouvelles stratégies d'adaptation et l'amener à maîtriser de mieux en mieux la situation.
- Amener le patient à faire face à la réalité (technique de confrontation) lorsque sa conduite est inadéquate, en lui faisant remarquer les différences entre ce qu'il dit et ce qu'il fait.
- Offrir du soutien au patient dans son effort pour améliorer son image corporelle, si besoin est.

§ Consulter le diagnostic infirmier de perturbation de l'image corporelle.

PRIORITÉ N° 4 – Assurer les besoins psychologiques du patient :

- Traiter le patient avec courtoisie et respect.

- Entretenir une conversation significative avec le patient pendant l'administration des soins en s'adaptant à sa personnalité.
- Tirer profit des moments propices à l'enseignement.
- Permettre au patient de réagir à sa propre façon sans se sentir jugé par le personnel. Lui offrir soutien et distraction au besoin.
- Explorer avec le patient ses peurs et ses craintes et l'amener à exprimer son refus, son découragement et sa colère. Lui faire savoir qu'il s'agit là de réactions normales.
- Fournir au patient l'occasion d'exprimer ses inquiétudes face à la sexualité.
- Apprendre au patient à dominer ses réactions démesurées et à exprimer ses émotions d'une façon acceptable.

PRIORITÉ Nº 5 – Prodiguer un enseignement visant le mieux-être du patient :

- Donner des informations complémentaires sur la situation, sa cause (si elle est connue) et son évolution possible.
- Amener le patient à entretenir des espérances réalistes au cours de la phase de réadaptation.
- Informer le patient sur les buts et les effets secondaires des médicaments et des traitements.
- Souligner l'importance des soins de suivi.
- Inciter le patient à repenser son mode de vie, ses activités professionnelles et ses loisirs. Apprécier les effets des agents stressants (famille, vie sociale, milieu de travail, organisation des soins infirmiers ou du centre hospitalier, etc.).
- Permettre au patient de procéder graduellement aux changements nécessaires à son mode de vie et à son comportement.

- Expliquer les interventions à venir et rassurer le patient ; s'il doit subir une intervention chirurgicale, discuter aussi de ses attentes face aux résultats de l'opération.
- Diriger le patient vers des services externes et/ou un thérapeute professionnel si la consultation est indiquée ou prescrite.
- Demander au patient s'il désire les services d'un représentant religieux et prendre les dispositions nécessaires pour qu'il reçoive ces services.
- Informer le patient, assurer son intimité ou lui conseiller de consulter un spécialiste s'il a des problèmes d'ordre sexuel.

§ Consulter les autres diagnostics infirmiers pertinents : douleur ; anxiété ; altération de la communication verbale ; risque de violence, etc.

DONNÉES ESSENTIELLES À CONSIGNER

ÉVALUATIONS (INITIALE ET SUBSÉQUENTES)

- Noter les données d'évaluation, le degré de perturbation et la façon dont le patient perçoit la situation.
- Noter les bonnes stratégies d'adaptation du patient et la façon dont il faisait face aux problèmes de la vie auparavant.

PLANIFICATION

- Rédiger le plan de soins et inscrire le nom de chacun des intervenants.
- Rédiger le plan d'enseignement.

APPLICATION /VÉRIFICATION DES RÉSULTATS

- Noter la réaction du patient aux interventions et à l'enseignement, ainsi que les mesures qui ont été prises.

- Noter la dose de médicament administrée, l'heure d'administration et la réaction du patient.
- Noter les objectifs atteints ou les progrès accomplis vers l'atteinte des objectifs.
- Noter les modifications apportées au plan de soins.

PLAN DE CONGÉ

- Noter les besoins à long terme du patient et les mesures à prendre.
- Décrire les réseaux de soutien à la disposition du patient, noter les demandes de consultation et le nom des responsables des mesures à prendre.

Remarque

Les informations entre crochets ont été ajoutées par les auteures afin de clarifier les diagnostics infirmiers et d'en faciliter l'utilisation.

STRATÉGIES D'ADAPTATION INEFFICACES D'UNE COLLECTIVITÉ

Taxinomie I : Choix (5.1.3.2)

[Division diagnostique : Socialisation]

Définition

Stratégies d'adaptation et de résolution de problèmes d'une collectivité ne répondant pas à ses exigences et à ses besoins.

[La collectivité se définit comme « un ensemble d'individus groupés autour d'une identité ou d'un but communs, qui occupe un espace commun pendant une période donnée et qui, pour satisfaire ses besoins, agit en tant que système social organisé à l'intérieur d'un milieu social plus étendu ».]

FACTEURS FAVORISANTS

Soutien social insuffisant

Manque de moyens efficaces pour résoudre les problèmes

Sentiment d'impuissance

CARACTÉRISTIQUES

DONNÉES SUBJECTIVES

Insatisfaction des attentes de la collectivité

Difficulté à répondre aux besoins de changements

Sentiment de vulnérabilité

Perception d'un excès de situations stressantes

DONNÉES OBJECTIVES

Manque de participation aux activités communautaires

Méthodes de communication inefficaces

Trop nombreux conflits au sein de la collectivité

Morbidité élevée

RÉSULTATS ESCOMPTÉS (OBJECTIFS) /CRITÈRES D'ÉVALUATION

- La collectivité connaît les facteurs négatifs et positifs qui influent sur sa capacité de répondre à ses attentes et à ses besoins.
- La collectivité connaît les activités qui doivent être remplacées par des activités mieux appropriées qui lui permettront de s'adapter et de résoudre ses problèmes.
- La collectivité signale une augmentation mesurable des activités qui améliorent son fonctionnement.

INTERVENTIONS INFIRMIÈRES

PRIORITÉ Nº 1 – Déterminer les facteurs favorisants :

- Apprécier l'efficacité des activités communautaires effectuées en vue de satisfaire des besoins collectifs au sein de la collectivité elle-même ainsi qu'entre la collectivité et la société dans son ensemble.
- Noter les points de vue exprimés quant au fonctionnement de la collectivité, y compris les points faibles et les conflits.
- Apprécier l'incidence des facteurs favorisants sur les activités communautaires.
- Inventorier les ressources à la disposition de la collectivité et noter l'utilisation qu'elle en fait.

- Cerner les attentes ou les besoins insatisfaits de la collectivité.

PRIORITÉ N° 2 – Aider la collectivité à acquérir et à mobiliser les compétences susceptibles de l'aider à satisfaire ses besoins :

- Rechercher les forces de la collectivité.
- Formuler des objectifs en matière de santé avec la collectivité et établir un ordre de priorité parmi ceux-ci.
- Inciter les membres et les groupes de la collectivité à travailler ensemble à la recherche de solutions.
- Élaborer avec la collectivité un plan d'action conjoint qui l'aidera à surmonter le manque de soutien et à atteindre ses objectifs.

PRIORITÉ N° 3 – Prodiguer un enseignement visant le mieux-être de la collectivité :

- Aider la collectivité à satisfaire ses besoins en élaborant des plans d'action qui lui permettront de cerner les problèmes et de gérer les interactions au sein de la collectivité elle-même et entre la collectivité et la société dans son ensemble.
- Aider les membres de la collectivité à se regrouper et à former des associations avec d'autres collectivités et avec la société dans son ensemble de façon à favoriser le développement à long terme de la collectivité et la résolution des problèmes présents et futurs.
- Proposer des moyens de diffuser l'information aux membres de la collectivité (médias écrits, radio ou télévision, tableaux d'affichage, service de relations publiques, rapports non confidentiels remis à des comités ou à des conseils consultatifs).

- Faire en sorte que l'information soit diffusée sous différentes formes et qu'elle soit adaptée au niveau d'instruction et aux particularités culturelles des divers groupes de la collectivité.
- Rechercher et déceler les sous-groupes mal desservis.

DONNÉES ESSENTIELLES À CONSIGNER

ÉVALUATIONS (INITIALE ET SUBSÉQUENTES)

- Inscrire les données d'évaluation, notamment les différents points de vue des membres de la collectivité en ce qui concerne les problèmes.

PLANIFICATION

- Rédiger le plan de soins et inscrire le nom de chacun des intervenants.
- Rédiger le plan d'enseignement.

APPLICATION /VÉRIFICATION DES RÉSULTATS

- Noter les réactions de la collectivité au plan d'action et aux interventions, ainsi que les mesures qui ont été prises.
- Noter les objectifs atteints ou les progrès accomplis vers l'atteinte des objectifs.
- Noter les changements apportés au plan de soins.

PLAN DE CONGÉ

- Inscrire les plans à long terme et le nom des responsables des mesures à prendre.

Remarque

Les informations entre crochets ont été ajoutées par les auteures afin de clarifier les diagnostics infirmiers et d'en faciliter l'utilisation.

SUFFOCATION, risque de

Taxinomie I : Échanges (1.6.1.1)

[Division diagnostique : Intégrité physique]

Définition

Danger accru de suffocation accidentelle (manque d'air).

FACTEURS DE RISQUE

Facteurs intrinsèques (personnels)

Baisse de l'odorat

Réduction de la motricité

Manque de connaissances sur la sécurité, imprudence

Problèmes cognitifs ou émotionnels (altération de la conscience, etc.)

Processus pathlogique ou suites d'un accident

Facteurs extrinsèques (environnementaux)

Oreiller dans le berceau d'un bébé ou biberon calé dans sa bouche

Sucette attachée par un ruban au cou d'un bébé

Enfants jouant avec des sacs de plastique ou se mettant de petits objets dans la bouche ou le nez

Enfants laissés sans surveillance dans un bain ou une piscine

Réfrigérateur ou congélateur inutilisé, auquel on n'a pas enlevé la porte

Véhicule laissé en marche dans un garage fermé, [système d'échappement défectueux]; utilisation d'un appareil de chauffage sans tuyau de ventilation vers l'extérieur

Fuite de gaz

Personne fumant au lit

Corde à linge trop basse

Trop grosses bouchées de nourriture

Remarque : Il ne peut y avoir de signes ou de symptômes (caractéristiques) lorsque l'on diagnostique un risque de problème, car celui-ci n'existe pas encore ; les interventions infirmières sont donc axées sur la prévention.

RÉSULTATS ESCOMPTÉS (OBJECTIFS) / CRITÈRES D'ÉVALUATION

- Le patient connaît les risques présents dans son environnement.
- Le patient désigne les interventions appropriées à sa situation.
- Le patient corrige les situations à risque.
- Le patient simule avec succès la technique de réanimation cardio-respiratoire (RCR) et sait comment rejoindre les services d'urgence.

INTERVENTIONS INFIRMIÈRES

PRIORITÉ N° 1 – Évaluer les facteurs de risque :

- Noter les facteurs de risque intrinsèques et extrinsèques s'appliquant à la situation du patient (crises convulsives, surveillance inadéquate de jeunes enfants, coma, etc.).

- S'enquérir des connaissances du patient et des personnes clés dans sa vie sur les facteurs de sécurité et de risque présents dans leur environnement.
- Préciser le degré de conscience du patient et des personnes clés dans sa vie face aux risques pour la sécurité ainsi que leur volonté d'améliorer la situation.
- Recueillir des données sur l'état neurologique du patient et noter les facteurs susceptibles de léser les voies aériennes ou d'affecter la capacité d'avaler du patient (accident vasculaire cérébral, infirmité motrice cérébrale, sclérose en plaques, sclérose latérale amyotrophique, etc.).
- Préciser dans quelle mesure le patient maîtrise son épilepsie, le cas échéant.
- Relever toute plainte de troubles du sommeil et de fatigue. **Remarque :** Il peut s'agir de signes d'apnée du sommeil (obstruction des voies respiratoires).

PRIORITÉ N° 2 – Éliminer ou corriger les facteurs d'influence :

- Appliquer en tout temps des mesures de sécurité.
- Prendre les précautions nécessaires pour prévenir ou réduire les accidents (appliquer les mesures de sécurité relatives aux convulsions, ne pas fumer au lit, ne pas caler un biberon pour laisser bébé boire seul, ne pas laisser la voiture en marche dans un garage fermé, etc.).
- Installer le patient comateux dans une bonne position, aspirer les sécrétions et appliquer les traitements d'appoint nécessaires (une trachéotomie peut s'imposer) *afin de maintenir les voies respiratoires libres et en bon état.*

- Procurer au patient un régime alimentaire qui tienne compte de ses difficultés de déglutition et de ses troubles cognitifs.
- Superviser le traitement médicamenteux (anticonvulsivants, analgésiques, sédatifs, etc.) ; noter les interactions possibles et le risque de sédation excessive.
- Discuter avec le patient et la personne clé dans sa vie des méthodes de résolution de problèmes permettant de trouver les mesures de sécurité à prendre en fonction des facteurs de risque.
- Souligner l'importance de faire inspecter régulièrement les appareils fonctionnant au gaz ou la voiture et de les faire réparer quand il le faut.

PRIORITÉ N° 3 – Prodiguer un enseignement visant le mieux-être du patient :

- Passer en revue les facteurs de risque décelés chez le patient et les moyens d'y remédier.
- Élaborer un plan à long terme de prévention des accidents en fonction de la situation du patient.
- Expliquer au patient qu'il est important de bien mastiquer les aliments, de prendre de petites bouchées, de faire preuve de prudence lorsqu'il parle en buvant ou en mangeant et de ne pas abuser de l'alcool (cela détend les muscles et altère le jugement).
- Souligner au patient qu'il est important de demander de l'aide lorsqu'il commence à s'étouffer : il doit rester à table, conserver son calme et faire des signes en montrant sa gorge en s'assurant que les personnes autour de lui comprennent ses signes.
- Promouvoir l'apprentissage des techniques de désobstruction des voies respiratoires, de la manœuvre de Heimlich et de la réanimation cardiorespiratoire.

- Montrer au patient comment lire les étiquettes des emballages et comment déceler les risques pour la sécurité (jouets comprenant de petites pièces, etc.).
- Appuyer les programmes de sécurité dans les piscines et conseiller l'utilisation de flotteurs approuvés.
- Discuter des mesures de sécurité qu'il faut prendre quand on utilise un appareil de chauffage, un appareil fonctionnant au gaz ou un vieil appareil, ou quand on veut se débarrasser d'un appareil qui ne sert plus.

§ Consulter les diagnostics infirmiers suivants : dégagement inefficace des voies respiratoires ; perturbation des habitudes de sommeil ; perturbation dans l'exercice du rôle parental ; risque d'aspiration (fausse route) ; mode de respiration inefficace.

DONNÉES ESSENTIELLES À CONSIGNER

ÉVALUATIONS (INITIALE ET SUBSÉQUENTES)

- Inscrire les facteurs de risque s'appliquant au patient, notamment son état cognitif et son niveau de connaissances.
- Noter dans quelle mesure le patient se sent touché par le problème et est disposé à apporter des changements.
- Noter l'équipement ou les appareils respiratoires dont le patient a besoin.

PLANIFICATION

- Rédiger le plan de soins et inscrire le nom de chacun des intervenants.
- Rédiger le plan d'enseignement.

APPLICATION /VÉRIFICATION DES RÉSULTATS

- Noter les réactions du patient aux interventions et à l'enseignement, ainsi que les mesures qui ont été prises.
- Noter les objectifs atteints ou les progrès accomplis vers l'atteinte des objectifs.
- Noter les modifications apportées au plan de soins.

PLAN DE CONGÉ

- Noter les besoins à long terme du patient, les demandes de consultation, les mesures préventives à prendre et le nom des responsables des mesures à prendre.

Remarque

Les informations entre crochets ont été ajoutées par les auteures afin de clarifier les diagnostics infirmiers et d'en faciliter l'utilisation.

SYNDROME D'IMMOBILITÉ, risque de

Taxinomie I : Échanges (1.6.1.5)

[Division diagnostique : Intégrité physique]

Définition

Risque de détérioration des fonctions organiques due à une inactivité musculo-squelettique prescrite ou inévitable. [Note des auteures : Selon l'ANADI, les complications dues à l'immobilité comprennent les escarres de décubitus, la constipation, la stase des sécrétions pulmonaires, la thrombose, l'infection des voies urinaires, la rétention urinaire, une perte de force ou d'endurance, l'hypotension orthostatique, une diminution de l'amplitude des mouvements articulaires, la désorientation, une perturbation de l'image corporelle et un sentiment d'impuissance.]

FACTEURS DE RISQUE

Douleur violente [douleur chronique]

Paralysie, [autre atteinte neuromusculaire]

Immobilisation mécanique ou prescrite

Altération du niveau de conscience

[Maladie physique ou mentale chronique]

Remarque : Il ne peut y avoir de signes ou de symptômes (caractéristiques) lorsque l'on diagnostique un risque de problème, car celui-ci n'existe pas encore ; les interventions infirmières sont donc axées sur la prévention.

RÉSULTATS ESCOMPTÉS (OBJECTIFS) / CRITÈRES D'ÉVALUATION

- Le patient maintient ou retrouve une élimination efficace.
- Le patient ne présente aucun signe ni symptôme d'infection.
- Le patient maintient ou retrouve un niveau de fonctionnement optimal sur les plans cognitif, neurosensoriel et locomoteur.
- Le patient reste orienté dans la réalité.
- Le patient possède des moyens lui assurant la maîtrise du problème et de ses répercussions.
- Le patient intègre la nouvelle réalité à son concept de soi sans nier son estime de soi.
- La peau et les tissus ne présentent pas de lésion, la cicatrisation s'effectue dans le temps requis.
- La peau est chaude et sèche, l'irrigation périphérique est adéquate, les signes vitaux sont stables, les pouls périphériques sont palpables.

INTERVENTIONS INFIRMIÈRES

PRIORITÉ N° 1 – Évaluer les probabilités de complications en fonction des facteurs de risque :

- Déceler les problèmes particuliers à la situation, y compris les risques de problème.
- Inventorier les services et les réseaux de soutien dont peut disposer le patient et noter ceux qu'il utilise.
- S'enquérir de la nature du problème : aigu ou de courte durée ; permanent ou de longue durée.
- Apprécier la capacité du patient et de sa famille de prendre en charge les soins sur une période prolongée en fonction de leur compréhension de la situation.

PRIORITÉ N° 2 – Déterminer les interventions préventives ou curatives appropriées :

Tissu cutané

- Inspecter régulièrement la peau couvrant les saillies osseuses.
- Changer la position du patient aussi souvent que cela est nécessaire, *afin de soulager la compression aux points d'appui.*
- Prodiguer des soins cutanés tous les jours et au besoin, en prenant soin de sécher la peau complètement après le nettoyage et de la masser doucement avec une lotion *afin de stimuler la circulation.*
- Utiliser des dispositifs visant à réduire la pression (matelas coquilles d'œufs, matelas d'eau, coussins, etc.).
- Recueillir des données sur l'état nutritionnel du patient et noter son apport nutritionnel.
- Prodiguer de l'enseignement au patient sur ses besoins alimentaires, les changements de position et la propreté, ou renforcer l'enseignement déjà donné.

§ Consulter les diagnostics infirmiers d'atteinte à l'intégrité de la peau ou des tissus.

Élimination

- Inciter le patient à adopter un régime alimentaire équilibré, comprenant des fruits et légumes riches en fibres consommés avec suffisamment de liquides (notamment 250 mL de jus de canneberges par jour).
- Maximiser la mobilité le plus tôt possible, en utilisant les aides techniques pertinentes.
- Interroger le patient sur les caractéristiques de son élimination intestinale *afin de savoir s'il a besoin de laxatifs émollients ou de cathartiques augmentant la masse fécale.*

- Appliquer un programme de rééducation vésicale ou intestinale, au besoin.
- Noter la diurèse et les caractéristiques de l'élimination urinaire. Surveiller les signes d'infection.

§ Consulter les diagnostics infirmiers suivants : constipation ; diarrhée ; incontinence fécale ; altération de l'élimination urinaire ; rétention urinaire [aiguë ou chronique].

Respiration

- Noter les bruits respiratoires et les caractéristiques des sécrétions.
- Changer la position du patient, lui faire exécuter des exercices de toux et de respiration profonde à intervalles réguliers.
- Aspirer les sécrétions afin de dégager les voies respiratoires, au besoin.
- Conseiller au patient d'utiliser un spiromètre d'incitation.
- Montrer au patient comment appliquer les techniques de drainage postural.
- Montrer aux membres de la famille et au personnel soignant les techniques de toux saccadée et les exercices diaphragmatiques ou les aider à les appliquer.
- Conseiller au patient de ne pas fumer.
- Inscrire le patient à un programme anti-tabagisme, au besoin.

§ Consulter les diagnostics infirmiers de dégagement inefficace des voies respiratoires et de mode de respiration inefficace.

Irrigation tissulaire

- Prendre les températures interne et cutanée. Rechercher les signes d'une altération de la circulation (cyanose) ou d'une altération de la conscience.

- Recueillir régulièrement des données sur les fonctions circulatoire et nerveuse dans les régions atteintes. Noter tout changement dans la température, la couleur de la peau, les sensations et le mouvement.
- Appliquer des mesures de soutien vasculaire (bas élastiques, bandages élastiques, bas massants).
- Mesurer la pression artérielle avant, pendant et après une activité et, si possible, en position assise, debout et couchée.
- Surélever graduellement la tête.
- Collaborer aux changements de position du patient.
- Proposer au patient l'utilisation d'une table basculante, si besoin est.
- Maintenir un bon alignement corporel.
- Faire porter au patient des vêtements amples.
- Réduire l'emploi des dispositifs de contention.

§ Consulter les diagnostics infirmiers de diminution de l'irrigation tissulaire et de risque de dysfonctionnement neurovasculaire périphérique.

Mobilité et énergie

- Appliquer des exercices d'amplitude des mouvements.
- Inciter le patient à participer activement au programme d'exercices de renforcement musculaire en physiothérapie ou en ergothérapie.
- Maximiser la participation du patient à ses soins personnels.
- Organiser le rythme des activités de façon à augmenter graduellement la force ou l'endurance du patient.
- Appliquer des orthèses, au besoin.
- Recueillir des données permettant d'établir un lien entre la douleur et le problème de mobilité.

• Appliquer un programme personnalisé de traitement de la douleur.

§ Consulter les diagnostics infirmiers suivants : intolérance à l'activité ; altération de la mobilité physique ; douleur [aiguë]; douleur chronique.

Sensations et perceptions

• Fournir au patient des indicateurs l'aidant à s'orienter par rapport au temps, au lieu et aux personnes (horloge, calendrier, etc.).

• Offrir au patient des stimuli d'intensité appropriée (musique, télévision, radio, horloge, calendrier, effets personnels, visites, etc.).

• Inciter le patient à s'adonner à des loisirs et à des activités divertissantes, et à adopter un programme d'exercices régulier (qui respecte sa tolérance à l'effort).

• Conseiller au patient d'utiliser des moyens qui favorisent le sommeil ou de respecter ses rituels du coucher habituels.

§ Consulter les diagnostics infirmiers suivants : altération de la perception sensorielle ; perturbation des habitudes de sommeil ; isolement social ; manque de loisirs.

Concept de soi : maîtrise de la situation

• Expliquer tous les procédés de soins.

• Fixer des objectifs de concert avec le patient et la personne clé dans sa vie.

• Faire en sorte que le patient soit soigné par les mêmes personnes, dans la mesure du possible.

• Fournir au patient des moyens de communiquer adéquatement ses besoins (système d'appel, bloc-notes, tableau d'illustrations ou de lettres, interprète, etc.).

• Créer un climat propice à l'expression des sentiments.

- Inviter le patient à poser des questions.

§ Consulter les diagnostics infirmiers suivants : sentiment d'impuissance ; altération de la communication verbale ; perturbation de l'estime de soi ; perturbation dans l'exercice du rôle.

Concept de soi : image corporelle

- Fournir au patient verbalement et par écrit des informations justes sur les changements corporels qu'il subit.
- Inciter le patient à regarder les changements et à en discuter afin de l'orienter dans la réalité.
- Favoriser les interactions du patient avec ses pairs et la reprise de ses activités normales en fonction de ses capacités.

§ Consulter les diagnostics infirmiers suivants : perturbation de l'image corporelle ; perturbation situationnelle de l'estime de soi ; perturbation dans l'exercice du rôle ; perturbation de l'identité personnelle.

PRIORITÉ N° 3 – Prodiguer un enseignement visant le mieux-être du patient :

- Fournir au patient les informations pertinentes sur les sujets qui le préoccupent et/ou ses besoins personnels.
- Inciter le patient à participer à un programme d'exercices régulier comprenant des exercices isométriques et isotoniques, ainsi que des exercices actifs et passifs de mobilisation articulaire.
- Passer en revue les signes et symptômes exigeant une évaluation ou une intervention médicale.
- Inventorier les services communautaires susceptibles d'offrir un soutien au patient (aide financière, maintien à domicile, soins de répit, transport).

- Diriger le patient vers les services de réadaptation ou de soins à domicile appropriés.
- Dresser une liste des endroits où le patient pourra trouver les aides techniques ou le matériel dont il aura besoin.

DONNÉES ESSENTIELLES À CONSIGNER

ÉVALUATIONS (INITIALE ET SUBSÉQUENTES)

- Inscrire les données d'évaluation, notamment les problèmes particuliers au patient, son degré de fonctionnement et d'autonomie ainsi que les réseaux de soutien et les ressources dont il peut disposer.

PLANIFICATION

- Rédiger le plan de soins et inscrire le nom de chacun des intervenants.
- Rédiger le plan d'enseignement.

APPLICATION /VÉRIFICATION DES RÉSULTATS

- Noter les réactions du patient aux interventions et à l'enseignement, ainsi que les mesures qui ont été prises.
- Noter tout changement dans les capacités fonctionnelles.
- Noter les objectifs atteints ou les progrès accomplis vers l'atteinte des objectifs.
- Noter les modifications apportées au plan de soins.

PLAN DE CONGÉ

- Noter les besoins à long terme du patient et le nom des responsables des mesures à prendre.

- Noter les demandes de consultation ainsi que les services qui peuvent procurer au patient l'équipement dont il a besoin.

Remarque

Les informations entre crochets ont été ajoutées par les auteures afin de clarifier les diagnostics infirmiers et d'en faciliter l'utilisation.

SYNDROME D'INADAPTATION À UN CHANGEMENT DE MILIEU

Taxinomie I : Mouvement (6.7)

[Division diagnostique : Adaptation]

Définition

Perturbations physiologiques et/ou psychosociales résultant d'un changement de milieu.

FACTEURS FAVORISANTS

Pertes passées, récentes et actuelles ; pertes entraînées par le déménagement

Sentiment d'impuissance

Réseau de soutien inadéquat

Manque ou absence de préparation avant un déménagement imminent

Degré moyen ou élevé de changement dans l'environnement

Changements de milieu fréquents et difficiles dans le passé

Perturbation de l'équilibre psychosocial

Diminution de l'état de santé physique

CARACTÉRISTIQUES

DONNÉES SUBJECTIVES

†Anxiété

†Appréhension

†Caractéristiques majeures

†Dépression

†Sentiment de solitude

Refus de changer de milieu

Troubles du sommeil

Changement dans les habitudes alimentaires

Troubles gastro-intestinaux

Insécurité ; manque de confiance

Comparaison défavorable entre l'équipe de soins actuelle et la précédente

Inquiétude ou contrariété [colère] à propos du changement de milieu

DONNÉES OBJECTIVES

†Changement de milieu ou de lieu d'habitation

†Augmentation de la confusion [ou trouble cognitif] (personnes âgées)

Verbalisation accrue [plus fréquente] des besoins

Dépendance

Tristesse

Vigilance

Perte ou prise de poids

Repli sur soi

[Comportement hostile, explosion de colère]

RÉSULTATS ESCOMPTÉS (OBJECTIFS) / CRITÈRES D'ÉVALUATION

- Le patient dit comprendre les raisons justifiant le changement de milieu.
- Le patient exprime une gamme d'émotions naturelle dans les circonstances, et a moins peur.

---

†Caractéristiques majeures

- Le patient participe aux activités habituelles et à des activités spéciales ou sociales dans la mesure de ses capacités.
- Le patient dit qu'il accepte la situation.
- Le changement de milieu se fait sans heurt.

INTERVENTIONS INFIRMIÈRES

PRIORITÉ Nº 1 – Évaluer le degré de stress ressenti ou vécu par le patient et déterminer si sa sécurité ou celle des autres est en jeu :

- Demander au patient comment il perçoit le changement et à quoi il s'attend.
- Observer le patient et noter s'il a une attitude de défense, s'il semble méfiant ou paranoïaque, ou s'il est irritable. Demander aux personnes clés dans sa vie ou au personnel soignant quelles sont ses réactions habituelles et comparer.
- Vérifier si le patient vit une situation stressante ou ressent de la fatigue, des douleurs ou des malaises physiques « nouveaux » qui sont susceptibles d'aggraver temporairement la détérioration mentale (blocage cognitif) et les problèmes de communication (blocage social).
- Apprécier dans quelle mesure on peut compter sur la famille et les personnes clés dans la vie du patient.
- Inventorier les services et les réseaux de soutien existants et noter ceux que le patient utilise.
- Vérifier s'il y a des problèmes ou des conflits d'ordre culturel ou religieux.

PRIORITÉ Nº 2 – Aider le patient à faire face à la situation ou aux changements :

- Inviter le patient à visiter les lieux avant son transfert, si possible.

- Familiariser le patient avec les lieux et les horaires. Lui présenter les membres du personnel soignant, ses compagnons de chambre et les autres pensionnaires. Lui donner des informations franches et claires au sujet des différentes activités.
- Encourager le patient à exprimer librement ses sentiments. Ne pas nier la réalité. Se montrer optimiste face à l'adaptation au changement de milieu.
- Souligner les forces du patient et les mécanismes d'adaptation efficaces qu'il a déjà utilisés. Miser sur ces atouts pour aider le patient à s'adapter.
- Inciter le patient et la famille à personnaliser la chambre avec des photos, des objets personnels, etc.
- Déterminer l'emploi du temps habituel du patient et essayer le plus possible de l'accorder avec l'horaire de l'établissement.
- Proposer au patient des passe-temps (artisanat, musique, etc.).
- Installer le patient dans une chambre à un lit, au besoin, et faire participer les personnes clés dans sa vie ou les membres de sa famille aux soins, aux repas, etc.
- Encourager les personnes clés dans la vie du patient ou les membres de sa famille à le toucher et à le prendre dans leur bras, à moins qu'il ne soit paranoïaque ou trop agité.
- Si le patient est agressif, lui imposer des limites calmement mais fermement. Exercer une surveillance et protéger les autres patients.
- Rester calme de façon à empêcher le patient de s'énerver au point de prendre panique et d'être violent. L'isoler dans un endroit tranquille pour le laisser se calmer.

PRIORITÉ N° 3 – Prodiguer un enseignement visant le mieux-être du patient :

- Si possible, faire participer le patient à l'élaboration du plan de soins.
- Expliquer au patient qu'il est important pour son bien-être physique d'avoir un bon régime alimentaire, de se reposer et de faire de l'exercice.
- Faire participer le patient à des activités de détente, dans la mesure de ses capacités.
- Inciter le patient à participer à des activités de loisirs, à s'adonner à des passe-temps ou à rencontrer des gens, selon ses besoins.
- Inciter le patient à se prendre en main et à améliorer ses stratégies d'adaptation.

DONNÉES ESSENTIELLES À CONSIGNER

ÉVALUATIONS (INITIALE ET SUBSÉQUENTES)

- Inscrire les données d'évaluation, la façon dont le patient perçoit la situation ou les changements qu'il vit, ainsi que les attitudes particulières notées.
- Noter les données relatives à la sécurité.

PLANIFICATION

- Rédiger le plan de soins et inscrire le nom de chacun des intervenants.
- Rédiger le plan d'enseignement.

APPLICATION /VÉRIFICATION DES RÉSULTATS

- Noter les réactions du patient aux interventions (y compris à l'isolement) et à l'enseignement, ainsi que les mesures qui ont été prises.
- Inscrire les objectifs atteints ou les progrès accomplis vers l'atteinte des objectifs.
- Noter les modifications apportées au plan de soins.

PLAN DE CONGÉ

- Inscrire les besoins à long terme du patient, les demandes de consultation ainsi que le nom des responsables des mesures à prendre.

Remarque

Les informations entre crochets ont été ajoutées par les auteures afin de clarifier les diagnostics infirmiers et d'en faciliter l'utilisation.

SYNDROME D'INTERPRÉTATION ERRONÉE DE L'ENVIRONNEMENT

Taxinomie I : Connaissances (8.2.1)

[Division diagnostique : Intégrité physique]

Définition

Désorientation face aux personnes, aux lieux, au temps et aux circonstances depuis plus de trois à six mois, nécessitant l'application de mesures de protection.

FACTEURS FAVORISANTS

Démence (maladie d'Alzheimer, démence multifocale, maladie de Pick, démence liée au sida)

Maladie de Parkinson

Maladie de Huntington

Dépression

Alcoolisme

CARACTÉRISTIQUES

DONNÉES SUBJECTIVES

[Perte de l'emploi ou de la capacité d'exercer son rôle social en raison d'une mémoire défaillante]

DONNÉES OBJECTIVES

†Désorientation constante dans des endroits tant familiers que nouveaux

†État confusionnel chronique

---

†Caractéristiques majeures

Incapacité de suivre des indications ou des instructions simples

Incapacité de raisonner et de se concentrer; lenteur à répondre aux questions

Perte de l'emploi ou de la capacité d'exercer son rôle social en raison d'une mémoire défaillante

RÉSULTATS ESCOMPTÉS (OBJECTIFS)/CRITÈRES D'ÉVALUATION

- Le patient ne se blesse pas.
- La personne qui s'occupe du patient connaît les problèmes et les besoins du patient en matière de sécurité.
- La personne qui s'occupe du patient modifie les activités et le milieu de vie de façon à s'assurer que le patient est à l'abri du danger.

INTERVENTIONS INFIRMIÈRES

PRIORITÉ N° 1 – Déterminer les facteurs favorisants:

- Discuter des antécédents du patient et de l'évolution de son problème. Noter le moment où le problème a commencé, les projets du patient et les antécédents de blessures ou d'accidents.
- Demander aux personnes clés dans la vie du patient de décrire les changements de comportement qui se sont produits chez celui-ci, en prenant soin de noter les difficultés et problèmes, ainsi que tous les troubles d'ordre physique particuliers (perte d'agilité, amplitude limitée des mouvements, perte d'équilibre, baisse de l'acuité visuelle, etc.).
- Déceler les sources de danger dans le milieu de vie du patient et déterminer dans quelle mesure le patient est conscient du danger.

PRIORITÉ Nº 2 – Créer un milieu sûr et rassurant pour le patient :

- S'efforcer d'avoir toujours le même personnel auprès du patient.
- Inciter les personnes clés dans la vie du patient à participer à la planification.
- Noter les habitudes de vie antérieures et actuelles du patient (sommeil, alimentation, soins personnels, etc.) et en tenir compte dans le plan de soins.
- Établir un horaire structuré qui favorise à la fois l'activité et le repos.
- Faire en sorte que le patient n'ait pas à prendre plusieurs décisions de suite.
- Parler au patient en termes simples et concrets.
- Ne permettre qu'un certain nombre de visiteurs à la fois.
- Orienter le patient à l'aide de stimuli simples (calendrier affichant un seul jour à la fois, décorations soulignant les principales fêtes de l'année, etc.).
- Verrouiller les endroits non surveillés et les cages d'escaliers.
- Déconseiller au patient de fumer ou le surveiller lorsqu'il fume.
- Demeurer auprès du patient pendant les activités quotidiennes (le surveiller lorsqu'il utilise la cuisinière ou des ustensiles tranchants, l'aider à choisir des vêtements appropriés à l'environnement et à la saison, par exemple).
- Ranger les médicaments et les subtances toxiques dans un endroit fermé à clé ; etc.
- Distraire le patient lorsqu'il devient agité ou dangereux.

- Recourir à des symboles au lieu de parler si le patient a de la difficulté à comprendre (trouble de l'audition, etc.).
- Fixer des étiquettes portant son nom sur les vêtements et les affaires personnelles du patient, ou lui faire porter un bracelet d'identité (pour qu'on puisse l'identifier s'il fait une fugue ou s'il se perd).
- Tenir compte des résultats des évaluations cognitives lors de la planification des soins.

§ Consulter le diagnostic infirmier de risque de trauma.

PRIORITÉ Nº 3 – Aider la personne qui s'occupe du patient à faire face à la situation :

- Apprécier dans quelle mesure les membres de la famille sont capables de s'occuper du patient à domicile de façon permanente, en tenant compte des responsabilités et de la disponibilité de chacun.
- Discuter avec la famille de l'importance de se garder du temps pour soi, de prendre du répit.

§ Consulter le diagnostic infirmier de confusion chronique.

PRIORITÉ Nº 4 – Prodiguer un enseignement visant le mieux-être du patient :

- Fournir toute l'information nécessaire sur la maladie, le pronostic et les besoins particuliers du patient.
- Élaborer un plan de congé qui aidera la famille à prendre soin du patient à domicile. Inventorier les services de soins de répit auxquels la famille peut recourir.
- Diriger le patient et la famille vers les ressources pertinentes (centre de jour pour adultes, service d'aide domestique, groupes de soutien, etc.).

DONNÉES ESSENTIELLES À CONSIGNER

ÉVALUATIONS (INITIALE ET SUBSÉQUENTES)

- Inscrire les données d'évaluation, notamment le degré de perturbation.

PLANIFICATION

- Rédiger le plan de soins et inscrire le nom de chacun des intervenants.
- Rédiger le plan d'enseignement.

APPLICATION /VÉRIFICATION DES RÉSULTATS

- Noter les réactions du patient au programme thérapeutique et aux interventions, ainsi que les mesures qui ont été prises.
- Noter les objectifs atteints ou les progrès accomplis vers l'atteinte des objectifs.
- Noter les modifications apportées au plan de soins.

PLAN DE CONGÉ

- Noter les besoins à long terme et le nom des responsables des mesures à prendre.
- Noter les demandes de consultation.

Remarque

Les informations entre crochets ont été ajoutées par les auteures afin de clarifier les diagnostics infirmiers et d'en faciliter l'utilisation.

SYNDROME DU TRAUMATISME DE VIOL [préciser]

Taxinomie I: Sensations et sentiments (9.2.3.1), (9.2.3.1.1), (9.2.3.1.2)

[Division diagnostique: Intégrité du moi]

Définition

Pénétration sexuelle violente faite sous contrainte et contre la volonté de la victime. Le syndrome de traumatisme qui suit une agression sexuelle ou une tentative d'agression comprend une phase aiguë de désorganisation du mode de vie et un processus à long terme de réorganisation. Ce syndrome se divise en trois éléments: (A) traumatisme; (B) réaction mixte; et (C) réaction silencieuse. [Note des auteures: Nous utiliserons ici le féminin mais, même si les victimes d'agressions sexuelles sont surtout des femmes, les hommes peuvent aussi en être victimes.]

FACTEUR FAVORISANT

[Pénétration sexuelle forcée ou tentative de pénétration sexuelle forcée]

CARACTÉRISTIQUES

(A) TRAUMATISME

Phase aiguë: Réactions émotives (colère, gêne, peur de la violence physique et de la mort, sentiment d'humiliation, désir de vengeance, sentiment de culpabilité)

Symptômes physiques multiples (irritabilité gastro-intestinale, malaises génito-urinaires, tension musculaire, troubles du sommeil)

Évolution à long terme: Changements dans le mode de vie (changement de résidence ; cauchemars répétitifs et phobies ; recherche du soutien familial ; recherche d'un réseau de soutien social)

(B) RÉACTION MIXTE

Phase aiguë: Réactivation de symptômes de troubles antérieurs (maladie physique ou mentale, abus d'alcool, de drogues et/ou de médicaments, par exemple)

Remarque : Cette caractéristique s'ajoute à celles de la section (A) Traumatisme.

(C) RÉACTION SILENCIEUSE

Changement radical dans les relations avec les hommes

Recrudescence de cauchemars

Anxiété accrue lors des entretiens (incapacité de faire des associations, longues périodes de silence, léger bégaiement, détresse physique, etc.)

Changement radical dans les comportements sexuels

Mutisme au sujet du viol

Apparition soudaine de phobies

RÉSULTATS ESCOMPTÉS (OBJECTIFS) / CRITÈRES D'ÉVALUATION

- La patiente manifeste une maîtrise appropriée de ses réactions émotives.
- La patiente ne signale aucune complication physique, aucune douleur ni aucun malaise.

- La patiente s'exprime en des termes dénotant une image de soi positive.
- La patiente ne se culpabilise pas face au viol.
- La patiente désigne les comportements ou les situations qu'elle est en mesure d'éviter pour réduire les risques que cela se reproduise.
- La patiente fait face aux aspects pratiques du problème (témoignage devant le tribunal, etc.).
- La patiente apporte les changements appropriés à son mode de vie (changement d'emploi, de résidence, etc.).
- La patiente cherche le soutien nécessaire auprès de la personne importante dans sa vie.
- La patiente interagit de façon convenable et satisfaisante avec des personnes et des groupes.

INTERVENTIONS INFIRMIÈRES

PRIORITÉ Nº 1 – Évaluer le traumatisme et la réaction de la victime, en tenant compte du temps écoulé depuis le viol :

- Recueillir des données sur le traumatisme physique et rechercher les symptômes liés au stress (torpeur, céphalées, gêne respiratoire, nausées, palpitations, etc.).
- Relever les réactions psychologiques : colère, choc, anxiété aiguë, confusion, déni.
- Noter les comportements de la patiente : rit ou pleure, est calme ou agitée, est en état d'excitation (hystérique), refuse de croire ce qui est arrivé ou se blâme, etc.
- Noter les signes d'augmentation de l'anxiété (silence, bégaiement, agitation, etc.).
- Préciser le degré de désorganisation.

- Demander à la patiente si l'incident a réactivé des situations préexistantes ou coexistantes (physiques ou psychologiques) influant sur la façon dont elle perçoit le traumatisme.
- S'enquérir des changements dans les relations interpersonnelles avec les hommes et avec les autres (famille, amis, collègues de travail, personnes clés, etc.).
- Déceler les réactions phobiques face à des objets (couteaux, etc.) ou des situations courantes (répondre à un étranger qui sonne à la porte, marcher dans une foule, etc.).
- Noter la fréquence des pensées intrusives répétitives et la gravité des troubles du sommeil.
- Préciser le degré de dysfonctionnement des mécanismes d'adaptation (abus d'alcool, de drogues ou de médicaments, idées suicidaires ou meurtrières, changements marqués dans le comportement sexuel).

PRIORITÉ N° 2 – Aider la patiente à faire face à la situation :

- Explorer ses propres sentiments (infirmière, soignants) face au viol avant d'entrer en relation d'aide.

Phase aiguë

- Demeurer auprès de la patiente.
- Collaborer à la collecte des informations nécessaires aux rapports judiciaires, au besoin. Classer les données sur les circonstances de l'agression et les preuves relevées, étiqueter chaque échantillon recueilli, ranger ou empaqueter les échantillons selon les règles.
- Créer autour de la patiente un climat facilitant l'expression spontanée de ses sentiments, de ses peurs (y compris de ses inquiétudes face à ses

relations avec la personne importante sur le plan affectif dans sa vie, face aux réactions de cette personne et face aux risques de grossesse et de maladie sexuellement transmise).

- Écouter attentivement la patiente et rester auprès d'elle. **Remarque**: Si elle ne veut pas parler, accepter son silence. Cette attitude peut toutefois indiquer une réaction silencieuse.
- Prendre note des plaintes de malaises physiques de la patiente.
- Collaborer aux traitements médicaux selon les besoins.
- Assister la patiente dans le règlement des problèmes d'ordre pratique (logement temporaire, aide financière, etc.).
- Amener la patiente à déceler les forces du moi et à les utiliser de façon constructive pour faire face à la situation.
- Rechercher des personnes pouvant offrir un soutien à la patiente.

Phase post-aiguë

- Laisser la patiente passer à travers la situation de la façon qui lui convient. **Remarque**: Elle peut se replier sur elle-même ou refuser de parler; il ne faut pas essayer de forcer les choses.
- Prendre note des expressions de peur des foules et/ou des hommes.
- Discuter avec la patiente de ses peurs et de ses inquiétudes. Déterminer les mesures à prendre (test de grossesse, examens permettant de diagnostiquer les maladies transmissibles sexuellement, etc.) et informer la patiente.
- Fournir à la patiente des renseignements écrits présentés de façon concise et claire sur les traitements médicaux, les services d'aide, etc.

Évolution à long terme

- Écouter la patiente chaque fois qu'elle exprime ses inquiétudes. **Remarque :** Elle peut avoir besoin de parler encore de l'agression.
- Noter les plaintes somatiques persistantes (nausées, anorexie, insomnie, tension musculaire, céphalées, etc.).
- Laisser la patiente exprimer librement ses sentiments (continuation de la phase de crise). **Remarque :** L'état dépressif peut inhiber les réactions de la patiente. Il ne faut pas la forcer à exprimer ses sentiments trop rapidement ni la rassurer inopportunément. La patiente peut avoir l'impression que l'infirmière ne comprend pas sa douleur ou son angoisse.
- Inciter la patiente à utiliser la situation dans un but de croissance personnelle.
- Accepter le rythme de progression de la patiente.
- Permettre à la patiente d'exprimer sa colère envers son agresseur ou la situation d'une façon qui soit acceptable. Imposer des limites aux comportements destructeurs.
- Garder la discussion à un niveau pratique et émotionnel, ne pas intellectualiser l'expérience.
- Soutenir la patiente face au stress engendré par l'agression et ses conséquences, par sa comparution devant un tribunal, par ses relations avec la personne clé dans sa vie, etc.
- Veiller à ce que la patiente ait les services de conseillers consciencieux et professionnels (on déterminera s'il est préférable de diriger la patiente vers un homme ou une femme selon chaque cas particulier).

PRIORITÉ N° 3 – Prodiguer un enseignement visant le mieux-être de la patiente :

- Informer la patiente sur les réactions susceptibles de se produire à chaque phase et lui faire savoir que ces réactions sont normales. **Remarque :** Il faut donner ces explications en utilisant des termes neutres : « Il se peut que... ». Lorsque la victime est un homme, l'infirmière doit considérer comme normal que celui-ci réagisse en se posant des questions sur sa sexualité et en se montrant homophobe, bien que l'agresseur soit généralement hétérosexuel.
- Rechercher avec la patiente les facteurs qui auraient pu la rendre vulnérable et qu'elle pourrait changer pour se protéger à l'avenir. **Remarque :** Il faut éviter les jugements de valeur.
- Discuter avec la patiente des changements qu'elle compte apporter à son mode de vie et de la façon dont ils peuvent favoriser son rétablissement.
- Inciter la patiente à consulter un psychiatre si elle est violente, inconsolable, ou ne semble pas s'adapter. La participation à un groupe peut également se révéler utile.
- Diriger la patiente vers des services de counseling familial ou conjugal, au besoin.

§ Consulter les diagnostics infirmiers suivants : sentiment d'impuissance ; stratégies d'adaptation individuelle inefficaces ; chagrin (deuil) par anticipation ou chagrin (deuil) dysfonctionnel ; anxiété ; peur.

DONNÉES ESSENTIELLES À CONSIGNER

ÉVALUATIONS (INITIALE ET SUBSÉQUENTES)

- Inscrire les données d'évaluation, notamment la nature de l'agression, les réactions de la patiente, ses peurs, la gravité du traumatisme (physique et émotionnel) et les répercussions de l'agression sur son mode de vie.

- Noter les réactions de la famille ou de la personne importante sur le plan affectif dans la vie de la patiente.
- Noter les prélèvements effectués pour preuves ainsi que l'endroit où ils ont été envoyés.

PLANIFICATION

- Rédiger le plan de soins et inscrire le nom de chacun des intervenants.
- Rédiger le plan d'enseignement.

APPLICATION /VÉRIFICATION DES RÉSULTATS

- Noter les réactions de la patiente aux interventions et à l'enseignement, ainsi que les mesures qui ont été prises.
- Noter les objectifs atteints ou les progrès accomplis vers l'atteinte des objectifs.
- Noter les modifications apportées au plan de soins.

PLAN DE CONGÉ

- Noter les besoins à long terme de la patiente et le nom des responsables des mesures à prendre.
- Noter les demandes de consultation.

Remarque

Les informations entre crochets ont été ajoutées par les auteures afin de clarifier les diagnostics infirmiers et d'en faciliter l'utilisation.

TEMPÉRATURE CORPORELLE, risque d'altération de la

Taxinomie I : Échanges (1.2.2.1)

[Division diagnostique : Régulation physique]

Définition

Risque d'incapacité de maintenir la température corporelle dans les limites de la normale.

FACTEURS DE RISQUE

Extrêmes d'âge ou de poids

Exposition à des milieux froid ou frais, chaud ou brûlant

Déshydratation

Inactivité ou effort violent

Prise de médicaments vasoconstricteurs ou vasodilatateurs, perturbation du métabolisme, sédation [consommation ou surdose de certains médicaments, anesthésie]

Vêtements inadaptés à la température ambiante

Maladie ou traumatisme affectant la thermorégulation [infection systémique ou locale, néoplasme, tumeur, maladie du collagène, maladie vasculaire, etc.]

Remarque : Il ne peut y avoir de signes ou de symptômes (caractéristiques) lorsque l'on diagnostique un risque de problème, car celui-ci n'existe pas encore ; les interventions infirmières sont donc axées sur la prévention.

RÉSULTATS ESCOMPTÉS (OBJECTIFS) / CRITÈRES D'ÉVALUATION

- Le patient connaît les facteurs de risque et les interventions appropriées.
- Le patient adopte des mesures visant le maintien de sa température corporelle dans des limites adéquates.
- La température corporelle reste dans les limites de la normale.

INTERVENTIONS INFIRMIÈRES

PRIORITÉ N° 1 – Évaluer les facteurs de risque présents :

- S'enquérir des facteurs reliés au problème : facteurs environnementaux, intervention chirurgicale, infection, trauma, etc.
- Étudier les résultats des examens de laboratoire (indicateurs d'infection, tests de dépistage de drogues, etc.).
- Noter l'âge du patient (nouveau-né prématuré, jeune enfant, personne âgée).
- Recueillir des données sur l'état nutritionnel du patient.

PRIORITÉ N° 2 – Prévenir toute altération de la température corporelle :

- Régler la température ambiante à un degré adéquat.
- Prendre les mesures nécessaires pour réchauffer ou rafraîchir le patient en tenant compte de ses limites normales.
- Prendre la température du milieu interne régulièrement et l'enregistrer.

§ Consulter les diagnostics infirmiers d'hypothermie ou d'hyperthermie.

- Diriger le patient à risque vers les services communautaires pertinents (soins à domicile, services sociaux, familles d'accueil, organismes d'aide au logement, etc.).

PRIORITÉ N° 3 – Prodiguer un enseignement visant le mieux-être du patient :

- Revoir avec le patient et la personne clé les problèmes potentiels ou les facteurs de risque.
- Informer le patient et la personne clé dans sa vie sur les mesures de protection à prendre contre les facteurs de risque décelés (milieu trop chaud ou trop froid, traitement médicamenteux inadéquat, surdose médicamenteuse, vêtements ou logement inadéquats, mauvaise alimentation).
- Inventorier les modes de prévention des altérations accidentelles. **Remarque :** Une hypothermie peut être provoquée par le refroidissement intempestif d'une pièce pour réduire la fièvre. Une hyperthermie peut être provoquée par le maintien d'une pièce trop chaude pour un patient qui ne peut plus transpirer.

DONNÉES ESSENTIELLES À CONSIGNER

ÉVALUATIONS (INITIALE ET SUBSÉQUENTES)

- Inscrire les facteurs de risque.
- Noter sur la feuille graphique prévue à cette fin la valeur initiale de la température corporelle et les valeurs subséquentes.
- Inscrire les résultats des examens diagnostiques et des examens de laboratoire, s'il y a lieu.

PLANIFICATION

- Rédiger le plan de soins et inscrire le nom de chacun des intervenants.

- Rédiger le plan d'enseignement, y compris la température ambiante recommandée et les moyens suggérés pour prévenir l'hypothermie et l'hyperthermie.

APPLICATION /VÉRIFICATION DES RÉSULTATS

- Noter la réaction du patient aux interventions et à l'enseignement, ainsi que les mesures qui ont été prises.
- Noter les objectifs atteints ou les progrès accomplis vers l'atteinte des objectifs.
- Noter les modifications apportées au plan de soins.

PLAN DE CONGÉ

- Noter les besoins à long terme du patient, le nom des responsables des mesures à prendre et les demandes de consultation.

Remarque

Les informations entre crochets ont été ajoutées par les auteures afin de clarifier les diagnostics infirmiers et d'en faciliter l'utilisation.

THERMORÉGULATION INEFFICACE

Taxinomie I : Échanges (1.2.2.4)

[Division diagnostique : Régulation physique]

Définition

Fluctuations de la température corporelle entre hypothermie et hyperthermie.

FACTEURS FAVORISANTS

Traumatisme ou maladie [œdème cérébral, accident vasculaire cérébral, chirurgie intracrânienne ou traumatisme crânien, etc.]

Prématurité, vieillesse [perte ou absence de tissus adipeux brun, par exemple]

Fluctuations de la température ambiante

[Changements dans la température du tissu hypothalamique altérant l'émission des signaux provenant des centres thermosensibles ainsi que la régulation de la déperdition et de la production de chaleur]

[Changement dans la vitesse ou l'activité du métabolisme ; changement dans les concentrations sanguines de thyroxine et de catécholamines ou dans l'action de ces hormones]

[Réactions chimiques lors de la contraction musculaire]

CARACTÉRISTIQUES

DONNÉES OBJECTIVES

†Fluctuations de la température corporelle au-dessus ou au-dessous de la normale

†Caractéristique majeure

§ Consulter les caractéristiques majeures et mineures des diagnostics infirmiers d'hypothermie ou d'hyperthermie.

RÉSULTATS ESCOMPTÉS (OBJECTIFS) / CRITÈRES D'ÉVALUATION

- Le patient connaît les facteurs d'étiologie s'appliquant à sa situation et les interventions appropriées.
- Le patient adopte des techniques ou des conduites visant la correction du problème.
- La température du patient reste dans les limites de la normale.

INTERVENTIONS INFIRMIÈRES

PRIORITÉ N° 1 – Évaluer les facteurs favorisants :

- Participer à la démarche visant à déterminer les facteurs reliés au problème ou l'affection sous-jacente (obtenir plus de détails sur les symptômes actuels du patient, établir la corrélation entre les antécédents du patient, ses antécédents familiaux et les résultats des examens diagnostiques).

PRIORITÉ N° 2 – Collaborer aux mesures visant à corriger ou à traiter la cause sous-jacente du problème :

§ Consulter les diagnostics infirmiers d'hypothermie ou d'hyperthermie pour les interventions visant à ramener ou à maintenir la température corporelle dans les limites de la normale.

- Administrer les liquides, les électrolytes et les médicaments prescrits afin de rétablir ou de maintenir les fonctions corporelles.

- Collaborer aux procédés (intervention chirurgicale, administration d'antibiotiques, etc.) visant à traiter la cause sous-jacente ou y préparer le patient.

PRIORITÉ N° 3 – Prodiguer un enseignement visant le mieux-être du patient :

- Revoir les facteurs reliés au problème avec le patient et la personne clé dans sa vie, au besoin.
- Informer le patient sur le processus morbide, les thérapies appliquées et les précautions à prendre après son congé.

§ Consulter la priorité relative à l'enseignement, dans les diagnostics infirmiers d'hypothermie ou d'hyperthermie.

DONNÉES ESSENTIELLES À CONSIGNER

ÉVALUATIONS (INITIALE ET SUBSÉQUENTES)

- Inscrire les données d'évaluation, notamment la nature du problème et le degré d'altération ou de fluctuation de la température.

PLANIFICATION

- Rédiger le plan de soins et inscrire le nom de chacun des intervenants.
- Rédiger le plan d'enseignement.

APPLICATION /VÉRIFICATION DES RÉSULTATS

- Noter les réactions du patient aux interventions et à l'enseignement, ainsi que les mesures qui ont été prises.
- Noter les objectifs atteints ou les progrès accomplis vers l'atteinte des objectifs.
- Noter les modifications apportées au plan de soins.

PLAN DE CONGÉ

- Noter les besoins à long terme du patient, les demandes de consultation et le nom des responsables des mesures à prendre.

Remarque

Les informations entre crochets ont été ajoutées par les auteures afin de clarifier les diagnostics infirmiers et d'en faciliter l'utilisation.

TRAUMA, risque de

Taxinomie I : Échanges (1.6.1.3)

[Division diagnostique : Intégrité physique]

Définition

Risque de blessure accidentelle aux tissus (plaie, brûlure, fracture, etc.).

FACTEURS DE RISQUE

Facteurs intrinsèques (personnels)

Faiblesse ; trouble de l'équilibre ; altération de la coordination des muscles longs ou courts ; altération de la coordination main-œil

Vue affaiblie

Baisse de la sensibilité thermique et/ou tactile

Manque de connaissances sur les mesures de sécurité

Imprudence

Manque d'argent pour acheter du matériel de sécurité ou effectuer les réparations nécessaires

Problèmes cognitifs ou émotionnels

Antécédents de trauma

Facteurs extrinsèques (environnementaux) [liste non exhaustive]

Planchers glissants (parquets mouillés ou trop cirés ; tapis non fixés ; détritus ou liquides répandus sur le sol ou dans l'escalier)

Accumulation de neige ou de glace sur les marches d'escalier, les trottoirs

Baignoire sans barre d'appui ou sans tapis antidérapant

Emploi d'une échelle ou d'une chaise instables

Passages encombrés ; entrée dans une pièce non éclairée

Rampe d'escalier absente ou branlante

Absence de barrière de sécurité pour enfant en haut d'un escalier

Fils électriques non fixés

Lit trop haut

Système d'appel inadéquat pour un patient alité

Fenêtres non protégées dans une maison où vivent de jeunes enfants

Manches de chaudrons tournés vers le devant de la cuisinière

Bain dans de l'eau trop chaude (jeune enfant laissé sans surveillance, par exemple)

Fuites de gaz ; allumage lent d'un brûleur ou d'un four à gaz

Foyer ou radiateur sans écran ignifuge

Port d'un tablier en plastique ou de vêtements flottants à proximité d'une flamme nue ; jouets ou vêtements d'enfant inflammables

Usage de tabac au lit ou près d'une source d'oxgène ; résidus de graisses accumulés sur la cuisinière

Allumettes, chandelle, cigarette allumée ou briquet à la portée d'un enfant

Manipulation de feux d'artifice ou de poudre à fusil ; armes ou munitions rangées dans un endroit non fermé à clé.

Expériences pour lesquelles on utilise des produits chimiques ou de l'essence ; combustibles et corrosifs rangés dans des endroits inadéquats (allumettes, torchons huileux, lessive, contact avec des acides ou des alcalis)

Boîtes à fusibles surchargées ; prises de courant ou appareils défectueux ; fils dénudés ; prise de courant surchargée

Proximité d'appareils dangereux ; contact avec des appareils, des courroies ou des poulies en mouvement

Frottement sur un drap rugueux ou tentatives pour se libérer d'un dispositif de contention

Exposition à un froid intense ; surexposition au soleil, à une lampe solaire ou à la radiothérapie

Utilisation de poignées de cuisine trop minces ou usées

Utilisation de vaisselle ou de verres fêlés

Couteaux rangés sans étui ; jouets aux bords tranchants

Grands glaçons pendant du toit

Taux élevé de criminalité dans le quartier ou vulnérabilité de la personne

Conduite d'un véhicule ayant une défectuosité mécanique ; conduite à haute vitesse ; conduite sans les aides visuelles nécessaires

Conduite d'un véhicule après avoir consommé de l'alcool ou des drogues

Installation d'un enfant sur le siège avant d'un véhicule ; non-utilisation ou mauvaise utilisation de la ceinture de sécurité [ou du siège pour bébé]

Absence de casque protecteur ou port inadéquat du casque par un adulte sur une motocyclette ou par un enfant sur une bicyclette d'adulte

Route ou carrefour dangereux

Jeu ou travail à proximité d'un chemin réservé aux véhicules (entrée de garage, ruelle, rails de chemin de fer, etc.)

Remarque : Il ne peut y avoir de signes ou de symptômes (caractéristiques) lorsque l'on diagnostique un risque de problème, car celui-ci n'existe pas encore ; les interventions infirmières sont donc axées sur la prévention.

RÉSULTATS ESCOMPTÉS (OBJECTIFS) / CRITÈRES D'ÉVALUATION

- Le patient corrige les facteurs de risque environnementaux décelés.
- Le patient reconnaît ses besoins d'aide en matière de prévention des accidents.
- Le patient adopte de nouvelles habitudes de vie visant la réduction des risques d'accident.
- Le patient inventorie les services d'aide en matière de sécurité de l'environnement.

INTERVENTIONS INFIRMIÈRES

PRIORITÉ N° 1 – Évaluer les facteurs de risque :

- Déceler les facteurs de risque s'appliquant au patient et apprécier la gravité du risque ou de la blessure subie.
- Noter l'âge du patient, son état mental, son degré d'agilité et le degré d'altération de la mobilité.
- Déceler les risques pour la sécurité dans l'environnement du patient (domicile, transport et travail).
- S'enquérir de l'intérêt et des connaissances du patient et des personnes qui s'en occupent en matière de sécurité.
- Prendre note des antécédents d'accidents subis dans une période donnée et des circonstances les entourant : heures, activités en cours, personnes présentes.

- Déceler l'influence du stress sur le risque d'accident.
- Passer en revue les facteurs de risque possibles (niveau de bruit, utilisation d'écouteurs, présence de produits chimiques, etc.).
- Étudier les résultats des examens de laboratoire et rechercher les signes et les symptômes de déséquilibre endocrinien ou électrolytique, lequel peut causer ou exacerber certains troubles (confusion mentale, tétanie, fractures pathologiques, etc.).
- Noter la présence ou le risque d'hypothermie ou d'hyperthermie, provoquée ou accidentelle.

PRIORITÉ Nº 2 – Appliquer les mesures de sécurité requises dans la situation du patient :

- Orienter le patient dans son environnement.
- Montrer au patient alité (à domicile ou en milieu hospitalier) comment utiliser le système d'appel placé à sa portée.
- Garder le lit en position basse ou placer le matelas sur le sol, selon le cas.
- Utiliser des ridelles et les matelasser au besoin.
- Prendre les précautions nécessaires pour le patient qui présente des crises convulsives.
- Verrouiller les roues du lit ou des meubles mobiles. Désencombrer les passages et s'assurer que l'éclairage est suffisant.
- Assister le patient dans l'exécution de certaines activités et dans ses déplacements, au besoin.
- Procurer au patient des souliers ou des pantoufles bien ajustés, à semelle antidérapante.
- Montrer au patient comment utiliser les aides à la motricité (canne, déambulateur, béquilles, fauteuil roulant, barres d'appui).
- S'assurer que le patient respecte les règles de sécurité quand il fume.

- Jeter les articles dangereux (aiguilles, lames de scalpel, etc.) aux endroits appropriés et de façon adéquate.
- Appliquer les contentions (gilet, dispositif de contention des membres, courroie, moufles, etc.) en suivant soigneusement les directives.

§ Consulter les diagnostics infirmiers suivants, au besoin : hypothermie ; altération de la mobilité physique ; atteinte à l'intégrité de la peau ; altération de la perception sensorielle ; altération des opérations de la pensée ; risque d'altération de la température corporelle ; incapacité (partielle ou totale) d'organiser et d'entretenir le domicile.

PRIORITÉ N° 3 – Collaborer au traitement des troubles médicaux et psychiatriques sous-jacents :

- Installer le patient dans la position la mieux adaptée à sa situation (chirurgie du cristallin, fracture, etc.).
- Collaborer au traitement visant le rétablissement de l'équilibre endocrinien ou électrolytique, au besoin.
- Réduire les stimuli sensoriels lorsque le patient court des risques de problèmes comme les convulsions, la tétanie ou le syndrome d'hyperréflectivité autonome.
- Réchauffer le patient graduellement en cas d'hypothermie.

§ Consulter le diagnostic infirmier d'hypothermie.

- Diriger le patient vers des services de counseling ou de psychothérapie, au besoin. **Remarque :** La consultation est particulièrement importante s'il est prédisposé aux accidents ou s'il a des tendances autodestructrices.

§ Consulter le diagnostic infirmier de risque de violence envers soi ou envers les autres.

PRIORITÉ Nº 4 – Prodiguer un enseignement visant le mieux-être du patient :

- Exhorter le patient à changer de position lentement et à demander de l'aide s'il est faible ou si des problèmes d'équilibre, de coordination ou d'hypotension orthostatique sont présents.
- Inciter le patient à faire des exercices de réchauffement et d'étirement avant de s'engager dans des activités physiques.
- Recommander au patient de porter un casque protecteur à bicyclette, d'attacher sa ceinture de sécurité en auto et d'utiliser des sièges d'enfant approuvés.
- Diriger le patient vers des programmes de prévention des accidents (cours de conduite, cours destinés aux parents, etc.).
- Inciter le patient à prendre des mesures de prévention des incendies (exercices de sauvetage au domicile, emploi de détecteurs de fumée, nettoyage annuel de la cheminée, mesures de sécurité pour la manipulation des feux d'artifice, achat de vêtements ignifuges, surtout pour les vêtements de nuit des enfants, etc.).
- Rechercher avec le patient ou les parents des solutions satisfaisantes *afin d'assurer une surveillance adéquate des enfants après l'école, pendant les heures de travail et lors des congés scolaires.*
- Discuter des changements environnementaux nécessaires à la prévention des accidents (décalques sur les portes vitrées indiquant qu'elles sont fermées, baisse de la température du chauffe-eau, éclairage adéquat des escaliers, etc.).
- Dresser une liste des services communautaires pertinents (services financiers permettant d'apporter les corrections et les améliorations nécessaires et d'acheter des dispositifs de sécurité, etc.).

- Recommander au patient de participer à un groupe d'entraide comme Opération Tandem ou parents-secours.

DONNÉES ESSENTIELLES À CONSIGNER

ÉVALUATIONS (INITIALE ET SUBSÉQUENTES)

- Inscrire les facteurs de risque s'appliquant au patient, ses antécédents d'accidents et ses connaissances sur la sécurité.

PLANIFICATION

- Rédiger le plan de soins et inscrire le nom de chacun des intervenants.
- Rédiger le plan d'enseignement.

APPLICATION /VÉRIFICATION DES RÉSULTATS

- Noter les réactions du patient aux interventions et à l'enseignement, ainsi que les mesures qui ont été prises.
- Noter les objectifs atteints ou les progrès accomplis vers l'atteinte des objectifs.
- Noter les modifications apportées au plan de soins.

PLAN DE CONGÉ

- Noter les besoins à long terme du patient, les demandes de consultation et le nom des responsables des mesures à prendre.
- Noter les ressources auxquelles le patient peut recourir.

Remarque

Les informations entre crochets ont été ajoutées par les auteures afin de clarifier les diagnostics infirmiers et d'en faciliter l'utilisation.

UTILISER LES TOILETTES, incapacité (partielle ou totale) d'

Taxinomie I : Mouvement (6.5.4)

[Division diagnostique : Soins personnels]

Définition

Difficulté à utiliser les toilettes sans aide (difficulté temporaire, permanente ou augmentant graduellement). [Note des auteures : La notion de soins personnels ne se limite pas aux soins d'hygiène ; elle englobe également les pratiques de promotion de la santé, l'aptitude à se prendre en main et la façon de penser.]

FACTEURS FAVORISANTS

Intolérance à l'activité ; baisse de la force et de l'endurance

Trouble neuromusculaire ou musculo-squelettique

Dépression, anxiété grave

Douleur, malaise

Déficit cognitif

Trouble de perception

Difficulté à se déplacer

Handicap moteur

Restrictions d'ordre mécanique (plâtre, attelle, appareil d'élongation, ventilateur, etc.)

CARACTÉRISTIQUES*

‡Incapacité de se rendre aux toilettes ou sur la chaise d'aisances

***[On précisera le niveau de fonctionnement à l'aide de l'échelle d'évaluation présentée au diagnostic infirmier d'altération de la mobilité physique]**

‡Caractéristique essentielle

‡Incapacité de baisser et de relever ses vêtements pour aller aux toilettes

‡Incapacité de s'asseoir sur la toilette ou sur la chaise d'aisances ou de s'y relever

‡Incapacité de procéder aux mesures d'hygiène nécessaires après être allé aux toilettes

Incapacité de tirer la chasse d'eau ou de vider le bassin de la chaise d'aisances

RÉSULTATS ESCOMPTÉS (OBJECTIFS) / CRITÈRES D'ÉVALUATION

- Le patient définit ses besoins ou ses carences.
- Le patient connaît les pratiques propices à la santé.
- Le patient adopte des techniques ou de nouvelles habitudes visant la satisfaction de ses besoins en matière de soins personnels.
- Le patient exécute ses soins personnels dans la mesure de ses capacités.
- Le patient dresse une liste des sources d'aide personnelles et communautaires.

INTERVENTIONS INFIRMIÈRES

PRIORITÉ Nº 1 – Déterminer les facteurs favorisants :

- Rechercher les éléments de la situation du patient contribuant à l'incapacité de répondre à ses besoins : accident vasculaire cérébral, sclérose en plaques, Alzheimer, etc.
- Noter les problèmes médicaux concomitants à prendre en considération dans la prestation des soins (hypertension artérielle, maladie cardiaque, douleur, médicaments, etc.).

---

‡Caractéristiques essentielles

- Noter les facteurs reliés au problème, y compris les barrières linguistiques, les troubles du langage, les déficiences visuelles ou auditives, l'instabilité ou l'incapacité affective.
- Déceler les obstacles à la participation du patient.

PRIORITÉ N° 2 – Évaluer le degré d'invalidité :

- Mesurer le niveau de fonctionnement du patient à l'aide de l'échelle d'évaluation apparaissant au diagnostic infirmier d'altération de la mobilité physique.
- Apprécier le fonctionnement mnémonique et intellectuel du patient.
- Noter à quel stade de développement le patient a régressé ou progressé.
- Inventorier les forces et les habiletés du patient.
- Noter la durée et la gravité du problème : temporaire ou permanent, susceptible de s'aggraver ou de diminuer avec le temps.

PRIORITÉ N° 3 – Aider le patient à corriger la situation ou à s'y adapter :

- Établir une entente « contractuelle » avec le patient et la personne clé dans sa vie.
- Amener le patient à participer à l'identification des problèmes et à la prise de décisions.
- Établir un horaire d'activités aussi proche que possible de l'horaire normal du patient et l'inscrire dans le plan de soins *afin de répondre efficacement à ses besoins individuels.*
- Prendre le temps d'écouter le patient et la personne clé dans sa vie *afin de déceler les obstacles à leur participation.*
- Organiser des rencontres entre les personnes qui soignent ou qui aident le patient.

- Établir un programme de remotivation, au besoin.
- Collaborer au programme de réadaptation visant à accroître les capacités du patient.
- Assurer l'intimité du patient pendant qu'il accomplit ses soins personnels.
- Laisser suffisamment de temps au patient pour qu'il puisse accomplir ses tâches en allant au bout de ses capacités.
- S'abstenir de parler au patient ou de l'interrompre inutilement pendant qu'il accomplit ses soins personnels.
- Seconder le patient dans l'adoption des changements nécessaires à l'accomplissement des activités de la vie quotidienne.
- Amener le patient à progresser graduellement dans l'accomplissement des activités de la vie quotidienne en commençant par des tâches familières et faciles.
- Procurer au patient les aides techniques dont il a besoin (siège de toilette surélevé, barre d'appui, tire-bouton, etc.).
- Proposer au patient des façons de ménager ses forces.
- Appliquer un programme de rééducation intestinale, au besoin.
- Assister le patient dans l'application de son traitement médicamenteux, au besoin, et noter les effets secondaires ou les risques d'effets indésirables.
- Faire une visite au domicile du patient *afin d'évaluer les changements à apporter à son environnement après son congé.*

PRIORITÉ N° 4 – Prodiguer un enseignement visant le mieux-être du patient :

- Expliquer au patient ses droits et ses responsabilités en matière de soins de santé et d'hygiène.

- Amener le patient à reconnaître ses points forts sur les plans physique, affectif et intellectuel.
- Inciter le patient à prendre ses propres décisions concernant sa santé, à adopter de bonnes pratiques d'hygiène et à se fixer des objectifs favorisant la santé.
- Noter régulièrement les progrès du patient et les changements à apporter *afin de réévaluer le programme de soins personnels.*
- Modifier le programme de soins de façon à favoriser une adhésion maximale du patient au plan de soins.
- Inciter le patient à tenir un journal dans lequel il notera ses progrès.
- S'entretenir avec le patient des problèmes de sécurité et proposer des modifications des activités ou de l'environnement qui réduiront les risques d'accident.
- Diriger le patient vers des services de soins à domicile, des services sociaux, un physiothérapeute ou un ergothérapeute, un spécialiste en réadaptation ou en counseling, au besoin.
- Revoir avec le patient les directives données par les autres membres de l'équipe de soins et les clarifier, les répéter ou les expliquer, au besoin, ou les lui donner par écrit.
- Expliquer à la famille qu'elle doit s'accorder du répit et l'informer sur les services susceptibles de lui permettre de prendre quelques heures de liberté.
- Proposer à la famille des formes de placement temporaire, au besoin.
- Se montrer disponible pour discuter avec le patient de ses sentiments face à la situation (chagrin, colère, etc.).

§ Consulter les diagnostics infirmiers suivants : risque d'accident ou de trauma ; perturbation de l'estime de soi ; incontinence fécale ou urinaire ;

altération de la mobilité physique ; intolérance à l'activité ; sentiment d'impuissance, etc.

DONNÉES ESSENTIELLES À CONSIGNER

ÉVALUATIONS (INITIALE ET SUBSÉQUENTES)

- Inscrire les données d'évaluation, le degré de fonctionnement et les limites du patient.
- Noter les ressources et les appareils adaptés dont le patient a besoin.

PLANIFICATION

- Rédiger le plan de soins et inscrire le nom de chacun des intervenants.
- Rédiger le plan d'enseignement.

APPLICATION /VÉRIFICATION DES RÉSULTATS

- Noter les réactions du patient aux interventions et à l'enseignement, ainsi que les mesures qui ont été prises.
- Noter les objectifs atteints ou les progrès accomplis vers l'atteinte des objectifs.
- Noter les modifications apportées au plan de soins.

PLAN DE CONGÉ

- Noter les besoins à long terme du patient et le nom des responsables des mesures à prendre.
- Noter la sorte d'aides techniques dont le patient a besoin et l'endroit où il peut se les procurer.
- Noter les demandes de consultation.

Remarque

Les informations entre crochets ont été ajoutées par les auteures afin de clarifier les diagnostics infirmiers et d'en faciliter l'utilisation.

VÊTIR/SOIGNER SON APPARENCE, incapacité (partielle ou totale) de se

Taxinomie I : Mouvement (6.5.3)

[Division diagnostique : Soins personnels]

Définition

Difficulté à se vêtir et à soigner son apparence sans aide (difficulté temporaire, permanente ou augmentant graduellement). [Note des auteures : La notion de soins personnels ne se limite pas aux soins d'hygiène ; elle englobe également les pratiques de promotion de la santé, l'aptitude à se prendre en main et la façon de penser.]

FACTEURS FAVORISANTS

Intolérance à l'activité ; baisse de la force et de l'endurance

Trouble neuromusculaire ou musculo-squelettique

Dépression, anxiété grave

Douleur, malaise

Déficit cognitif

Trouble de perception

Difficulté à se déplacer

Handicap moteur

Restrictions d'ordre mécanique (plâtre, attelle, appareil d'élongation, ventilateur, etc.)

CARACTÉRISTIQUES*

‡Difficulté à mettre ou à enlever certains vêtements de base

Difficulté à prendre ou à ranger des vêtements ; à attacher ses vêtements

Difficulté à maintenir une apparence satisfaisante

RÉSULTATS ESCOMPTÉS (OBJECTIFS) / CRITÈRES D'ÉVALUATION

- Le patient définit ses besoins ou ses carences.
- Le patient connaît les pratiques propices à la santé.
- Le patient adopte des techniques ou de nouvelles habitudes visant la satisfaction de ses besoins en matière de soins personnels.
- Le patient exécute ses soins personnels dans la mesure de ses capacités.
- Le patient dresse une liste des sources d'aide personnelles et communautaires.

INTERVENTIONS INFIRMIÈRES

PRIORITÉ N° 1 – Déterminer les facteurs d'étiologie ou d'influence :

- Rechercher les éléments de la situation du patient contribuant à l'incapacité de répondre à ses besoins : accident vasculaire cérébral, sclérose en plaques, Alzheimer, etc.

***[On précisera le niveau de fonctionnement à l'aide de l'échelle d'évaluation présentée au diagnostic infirmier d'altération de la mobilité physique].**

‡Caractéristique essentielle

- Noter les problèmes médicaux concomitants à prendre en considération dans la prestation des soins (maladie cardiaque, douleur et/ou médicaments).
- Noter les facteurs reliés au problème, y compris les déficiences visuelles, l'instabilité ou l'incapacité affective.
- Déceler les obstacles à la participation du patient au traitement : manque de temps pour les explications ; problèmes psychologiques et/ou familiaux intimes difficiles à confier ; peur d'avoir l'air stupide ou ignorant ; problèmes sociaux, économiques, professionnels ou domestiques.

PRIORITÉ Nº 2 – Évaluer le degré d'invalidité :

- Mesurer le niveau de fonctionnement à l'aide de l'échelle d'évaluation apparaissant au diagnostic infirmier d'altération de la mobilité physique.
- Apprécier le fonctionnement mnémonique et intellectuel du patient.
- Noter à quel stade de développement le patient a régressé ou progressé.
- Inventorier les forces et les habiletés du patient.
- Noter la durée et la gravité du problème : temporaire ou permanent, susceptible de s'aggraver ou de diminuer avec le temps.

PRIORITÉ Nº 3 – Aider le patient à corriger la situation ou à s'y adapter :

- Établir une entente « contractuelle » avec le patient et la personne clé dans sa vie.
- Amener le patient à participer à l'identification des problèmes et à la prise de décisions.
- Établir un horaire d'activités aussi proche que possible de l'horaire normal du patient et l'inscrire au plan de soins *afin de répondre efficacement à ses besoins individuels.*

- Prendre le temps d'écouter le patient et la personne clé dans sa vie *afin de déceler les obstacles qui les empêchent de participer au traitement.*
- Organiser des rencontres avec les personnes qui soignent ou qui aident le patient.
- Établir un programme de remotivation ou de resocialisation, au besoin.
- Collaborer au programme de réadaptation visant à accroître les capacités du patient.
- Assurer l'intimité du patient pendant qu'il accomplit ses soins personnels.
- Laisser suffisamment de temps au patient pour qu'il puisse accomplir ses tâches en allant au bout de ses capacités.
- S'abstenir de parler au patient ou de l'interrompre inutilement pendant qu'il accomplit ses soins personnels.
- Seconder le patient dans l'adoption des changements nécessaires à l'accomplissement des activités de la vie quotidienne.
- Amener le patient à progresser graduellement dans l'accomplissement des activités de la vie quotidienne en commençant par des tâches familières et faciles.
- Procurer au patient les aides techniques dont il a besoin (tire-bouton, etc.).
- Proposer au patient des façons de ménager ses forces (s'asseoir au lieu de rester debout, etc.).
- Faire une visite au domicile du patient *afin d'évaluer les changements à apporter dans son environnement.*

PRIORITÉ N° 4 – Prodiguer un enseignement visant le mieux-être du patient :

- Expliquer au patient ses droits et ses responsabilités en matière de soins de santé et d'hygiène.

- Amener le patient à reconnaître ses forces sur les plans physique, affectif et intellectuel.
- Inciter le patient à prendre ses propres décisions concernant sa santé, à adopter de bonnes pratiques d'hygiène et à se fixer des objectifs favorisant la santé.
- Noter régulièrement les progrès du patient et les changements à apporter *afin de réévaluer le programme de soins.*
- Modifier le programme de soins de façon à favoriser une adhésion maximale du patient au plan de soins.
- Inciter le patient à tenir un journal dans lequel il notera ses progrès.
- Déceler les problèmes de sécurité du patient et lui proposer des modifications des activités ou de l'environnement qui réduiront les risques d'accident.
- Diriger le patient vers des services de soins à domicile, des services sociaux, un physiothérapeute ou un ergothérapeute, un spécialiste en réadaptation ou en counseling, au besoin.
- Revoir avec le patient les directives données par les autres membres de l'équipe de soins et les clarifier, les répéter ou les expliquer, au besoin, ou les lui donner par écrit.
- Expliquer à la famille qu'elle doit s'accorder du répit et l'informer sur les services susceptibles de lui permettre de prendre quelques heures de liberté.
- Proposer à la famille des formes de placement temporaire, au besoin.
- Se montrer disponible pour discuter avec le patient de ses sentiments face à la situation (chagrin, colère, etc.).

§ Consulter les diagnostics infirmiers pertinents : perturbation de l'estime de soi ; altération de la mobilité physique ; intolérance à l'activité ; sentiment d'impuissance, etc.

DONNÉES ESSENTIELLES À CONSIGNER

ÉVALUATIONS (INITIALE ET SUBSÉQUENTES)

- Inscrire les données d'évaluation, le degré de fonctionnement et les limites du patient.
- Noter les ressources et les aides techniques dont le patient a besoin.

PLANIFICATION

- Rédiger le plan de soins et inscrire le nom de chacun des intervenants.
- Rédiger le plan d'enseignement.

APPLICATION /VÉRIFICATION DES RÉSULTATS

- Noter les réactions du patient aux interventions et à l'enseignement, ainsi que les mesures qui ont été prises.
- Noter les objectifs atteints ou les progrès accomplis vers l'atteinte des objectifs.
- Noter les modifications apportées au plan de soins.

PLAN DE CONGÉ

- Noter les besoins à long terme du patient et le nom des responsables des mesures à prendre.
- Noter les aides techniques dont il a besoin et l'endroit où il peut se les procurer.
- Noter les demandes de consultation.

Remarque

Les informations entre crochets ont été ajoutées par les auteures afin de clarifier les diagnostics infirmiers et d'en faciliter l'utilisation.

VIOLENCE ENVERS SOI OU ENVERS LES AUTRES, risque de

Taxinomie I : Sensations et sentiments (9.2.2)

[Division diagnostique : Intégrité émotionnelle]

Définition

Conduites susceptibles de faire du tort à soi-même ou à autrui. [Le « tort » peut aller de la négligence à l'agression ou même à la mort, et la blessure peut être psychologique ou physique.]

FACTEURS FAVORISANTS [facteurs de risque]

Caractère antisocial

Excitation catatonique ou maniaque

État de panique, réactions de rage

Conduite suicidaire

Réaction toxique aux médicaments [y compris aux drogues illicites et à l'alcool]

Violence conjugale [femme battue]; mauvais traitements envers un enfant

Syndrome cérébral organique ; épilepsie temporale

[Modèle négatif]

[Crise de croissance]

[Déséquilibre hormonal (syndrome prémenstruel, dépression postpartum ou psychose)]

CARACTÉRISTIQUES [FACTEURS DE RISQUE OU INDICES]

[†] Comportement autodestructeur, gestes suicidaires actifs et agressifs

[†] Possession d'armes (fusil, couteau, etc.)

[†] Rage

[Passage à l'acte], méfiance envers les autres, idéation paranoïde, idées délirantes, hallucinations [dictant ses actes]

Gestes ouvertement agressifs ([†] destruction délibérée d'objets)

Paroles menaçantes et hostiles (se vante de vouloir agresser ou d'avoir agressé autrui) ; [† hurlement, insultes racistes, blasphèmes]

Activité motrice accrue (va-et-vient dans la pièce, excitation, irritabilité, agitation)

Langage corporel (poings serrés, visage tendu, attitude rigide, raideur indiquant un effort pour se dominer)

Toxicomanie ou sevrage

[† Pensées presque continuellement violentes]

[Expression directe ou indirecte du désir ou de l'intention de se blesser ou de blesser autrui]

AUTRES CARACTÉRISTIQUES POSSIBLES

Incapacité de verbaliser ses sentiments

Attitude provocatrice (querelleur, mécontent, hyperactif, hypersensible)

***Remarque : Bien qu'un risque de problème ne comporte habituellement pas de caractéristiques (signes et symptômes), celles qui sont énumérées ici peuvent indiquer un problème actuel ou mettre en évidence le risque de violence ou l'intensification de la violence.**

†Caractéristiques majeures

Peur de soi ou des autres; anxiété croissante; colère

Vulnérabilité de l'estime de soi

Rabâchage (plaintes, requêtes et réclamations incessantes)

Dépression (particulièrement pour les gestes suicidaires actifs et agressifs)

RÉSULTATS ESCOMPTÉS (OBJECTIFS) / CRITÈRES D'ÉVALUATION

- Le patient reconnaît le problème de violence.
- Le patient comprend les raisons de l'apparition du problème.
- Le patient connaît les facteurs déclenchants.
- Le patient se perçoit de façon réaliste et manifeste une estime de soi plus élevée.
- Le patient participe aux soins tout en répondant à ses besoins avec assurance.
- Le patient manifeste sa maîtrise de soi par une attitude détendue et un comportement non violent.
- Le patient utilise ses ressources et ses réseaux de soutien de façon efficace.

INTERVENTIONS INFIRMIÈRES

PRIORITÉ N° 1 – Évaluer les facteurs favorisants :

- Déceler les dynamiques sous-jacentes (voir la liste des facteurs favorisants).
- Demander au patient comment il se perçoit et comment il perçoit la situation. Noter les mécanismes de défense (déni, projection, etc.).
- Observer le patient à la recherche des premiers signes de détresse ou de hausse de l'anxiété (irritabilité, refus de coopérer, exigences, etc.).

- Rechercher les troubles susceptibles d'empêcher le patient de se dominer (syndrome cérébral aigu ou chronique, confusion due à l'action des médicaments, à la chirurgie ou à des convulsions, crise d'épilepsie focale, etc.).
- Étudier les résultats des examens de laboratoire (alcoolémie, glycémie, gaz artériels, dosage des électrolytes, étude de la fonction rénale, etc.).
- Noter tout signe d'intentions suicidaires ou homicides (perception de sentiments morbides ou anxieux chez le patient; messages avant-coureurs du patient: « ça ne fait rien », « je serais mieux mort » ; sautes d'humeur; prédisposition aux accidents; comportement autodestructeur; tentatives de suicide; possession d'alcool ou d'autres drogues chez un toxicomane reconnu, etc.).
- Noter les antécédents familiaux de comportements suicidaires ou homicides.
- Demander directement au patient s'il songe au suicide, et reconnaître que le suicide peut constituer un choix pour lui.
- Rechercher si le patient dispose de moyens de se suicider ou de tuer une autre personne.
- Apprécier les stratégies d'adaptation que le patient utilise déjà. (Le patient croit-il que la violence est la seule solution ?)
- Déceler les facteurs de risque et noter les indices de mauvais traitement ou de négligence envers les enfants: blessures fréquentes et inexpliquées, incapacité de se développer, etc.
- Noter ce qui pousse le patient à vouloir changer (échecs amoureux, perte d'emploi, problèmes judiciaires, etc.).

PRIORITÉ Nº 2 – Aider le patient à assumer son comportement impulsif et sa tendance à la violence:

- Créer une relation thérapeutique infirmière-patient.
- Veiller à ce que les mêmes personnes s'occupent du patient.
- S'adresser au patient de façon franche et directe *afin de ne pas renforcer les comportements manipulateurs.*
- Aider le patient à reconnaître que ses actes de violence peuvent être une réaction à ses sentiments de dépendance ou d'impuissance, ou à sa peur (il peut avoir peur de ses propres comportements ou de ne pas se dominer).
- Écouter le patient exprimer ses sentiments, et admettre que ceux-ci sont réels et justifiés.

§ Consulter le diagnostic infirmier de perturbation de l'estime de soi.

- Faire remarquer ses paroles au patient lorsqu'il banalise sa conduite ou la situation.
- Déceler les facteurs (sentiments ou événements) qui déclenchent les comportements violents.
- Discuter avec le patient des conséquences de ses comportements sur les autres.
- Admettre que la possibilité d'un suicide ou d'un homicide est réelle. Discuter avec le patient des conséquences de ses actes si jamais il décidait de passer à l'acte. Lui demander comment il pense que cela l'aiderait à résoudre ses problèmes.
- Accepter la colère du patient sans réagir de façon émotive. Lui permettre d'exprimer sa colère de façon acceptable et lui rappeler que le personnel soignant interviendra s'il se comporte de façon déplacée.
- Rechercher avec le patient des solutions ou des comportements plus appropriés (activités motrices, exercices, etc.).

- Donner au patient des indications pour les mesures qu'il peut prendre en évitant les directives négatives comme « il ne faut pas ».

PRIORITÉ N° 3 – Aider le patient à maîtriser ses comportements :

- Établir des règles avec le patient et lui proposer des mesures visant à assurer sa sécurité et celle des autres.
- Laisser le patient prendre le plus de décisions possible tout en tenant compte des contraintes imposées par son état.
- Dire la vérité au patient en tout temps.
- Relever les réussites et les forces actuelles et passées du patient. Discuter avec lui des stratégies d'adaptation qu'il a déjà utilisées dans le passé, de leur efficacité et de la possibilité de les utiliser à nouveau pour améliorer sa situation.

§ Consulter le diagnostic infirmier de stratégies d'adaptation individuelle inefficaces.

- Amener le patient à faire la distinction entre la réalité et les hallucinations ou les idées délirantes.
- Aborder le patient de façon positive en le traitant comme une personne maîtresse d'elle-même et responsable de ses actes. **Remarque :** Il faut toutefois faire preuve de prudence, car une personne sous l'influence de drogues (y compris l'alcool) peut être incapable de se dominer.
- Garder ses distances et ne pas toucher le patient lorsqu'il ne tolère manifestement pas la proximité d'autrui (état de stress post-traumatique, par exemple).
- Rester calme et fixer des limites fermes aux comportements du patient (et à leurs conséquences).
- S'assurer que le patient demeure à la vue du personnel soignant.

- Administrer les médicaments prescrits (anxiolytiques, neuroleptiques, etc.), en prenant soin de ne pas provoquer une sédation excessive.
- Rechercher les interactions médicamenteuses possibles ou les effets cumulatifs du traitement médicamenteux (anticonvulsivants, tranquillisants, etc.).
- Féliciter le patient pour ses efforts.
- Prendre note des fantasmes de mort, le cas échéant (« ils regretteront ce qu'ils on fait quand je ne serai plus là », « ils seraient bien contents d'être débarrassés de moi », ou « la mort n'est pas définitive, je reviendrai »).

PRIORITÉ Nº 4 – Aider le patient et la personne clé dans sa vie à corriger la situation ou à y faire face :

- Adapter les interventions en fonction de la personnalité du patient, de son âge, de ses relations, etc.
- Maintenir une attitude calme, prosaïque et impartiale.
- Prendre les mesures dictées par la loi et par le code de déontologie lorsque le patient profère des menaces de mort à l'endroit d'autres personnes.
- Discuter de la situation avec la personne battue et lui fournir des informations exactes et précises sur les solutions possibles.
- Amener le patient à comprendre sa colère et sa rancune en lui expliquant que ces sentiments sont normaux dans les circonstances, qu'il doit les exprimer mais ne doit pas passer à l'acte.

§ Consulter le diagnostic infirmier de réaction post-traumatique, car les réactions psychologiques peuvent être analogues.

- Inventorier les sources d'aide disponibles (maison d'hébergement pour femmes battues, services sociaux, etc.).

PRIORITÉ N° 5 – Prendre les mesures qui s'imposent si le patient devient violent :

- Installer le patient dans un lieu calme et sûr et retirer les objets qu'il pourrait utiliser pour se mutiler ou blesser les autres.
- Rester à bonne distance du patient violent et se tenir prête à le maîtriser, au besoin.
- Demander du personnel supplémentaire ou appeler les agents de sécurité.
- Aborder le patient agressif de face, en restant hors de sa portée et en adoptant une attitude ferme, les paumes des mains vers le bas.
- Dire au patient d'arrêter. Cela peut suffire à l'amener à se dominer.
- Regarder le patient directement dans les yeux, si cela est acceptable dans sa culture.
- Parler calmement et fermement.
- Transmettre au patient l'impression que la personne qui s'en occupe a la situation bien en main *afin de lui donner un sentiment de sécurité.*
- Veiller à ce que le personnel et le patient puissent sortir rapidement et sans encombres, et rester sur le qui-vive.
- Maîtriser le patient en l'isolant ou en utilisant des contentions, jusqu'à ce qu'il se calme. Administrer les médicaments prescrits.

PRIORITÉ N° 6 – Prodiguer un enseignement visant le mieux-être du patient :

- Favoriser la participation du patient à ses soins, dans la mesure du possible, en lui permettant de répondre à ses propres critères de plaisir. **Remarque :** Dans certains cas, le patient croit qu'il n'a pas droit aux plaisirs de la vie. Il doit trouver des sources de satisfaction appropriées.
- Inciter le patient à se montrer sûr de lui plutôt qu'agressif.

- Discuter avec la personne clé dans la vie du patient des raisons expliquant son agressivité.
- Déterminer avec le patient et les personnes clé dans sa vie dans quelle mesure ils désirent entretenir leurs relations actuelles et dans quelle mesure ils veulent s'y engager.
- Élaborer des stratégies visant à enseigner aux parents des techniques d'éducation plus efficaces (cours destinés aux parents, méthodes appropriées pour faire face aux frustrations, etc.).
- Inventorier les réseaux de soutien disponibles (famille, amis, représentant religieux, etc.).
- Diriger le patient vers les services appropriés (psychothérapie individuelle ou de groupe, programme de désintoxication, services sociaux, etc.).

§ Consulter les diagnostics infirmiers suivants : perturbation dans l'exercice du rôle parental ; stratégies d'adaptation familiale inefficaces (préciser) ; réaction post-traumatique.

DONNÉES ESSENTIELLES À CONSIGNER

ÉVALUATIONS (INITIALE ET SUBSÉQUENTES)

- Inscrire les données d'évaluation, notamment la nature du problème (tendances suicidaires ou homicides, par exemple), les facteurs de risque comportementaux et le degré de maîtrise de l'impulsivité, le plan d'action et les moyens d'application prévus.
- Noter comment le patient perçoit la situation et pourquoi il désire la changer.

PLANIFICATION

- Rédiger le plan de soins et inscrire le nom de chacun des intervenants.

- Noter les contrats établis avec le patient au sujet de la violence envers soi ou envers les autres.
- Rédiger le plan d'enseignement.

APPLICATION /VÉRIFICATION DES RÉSULTATS

- Noter les mesures de sécurité adoptées, y compris le signalement des intentions du patient aux personnes visées.
- Noter les réactions du patient aux interventions et à l'enseignement, ainsi que les mesures qui ont été prises.
- Noter les objectifs atteints ou les progrès accomplis vers l'atteinte des objectifs.
- Noter les modifications apportées au plan de soins.

PLAN DE CONGÉ

- Noter les besoins à long terme du patient, les demandes de consultation et le nom des responsables des mesures à prendre.
- Noter les ressources auxquelles le patient peut recourir.

Remarque

Les informations entre crochets ont été ajoutées par les auteures afin de clarifier les diagnostics infirmiers et d'en faciliter l'utilisation.

VOLUME LIQUIDIEN, déficit de [dysfonctionnement des mécanismes de régulation]

Note des auteures: L'ANADI a combiné les deux diagnostics originaux de déficit de volume liquidien, soit dysfonctionnement des mécanismes de régulation et perte active. Étant donné que les facteurs favorisants et certaines interventions s'appliquant à ces deux diagnostics diffèrent, nous avons choisi de les traiter séparément.

Taxinomie I: Échanges (1.4.1.2.2.1)

[Division diagnostique : Circulation]

Définition

Déshydratation vasculaire, cellulaire ou intracellulaire [consécutive à un dysfonctionnement des mécanismes de régulation, lequel a provoqué une demande organique excessive ou une baisse de la capacité de remplacement].

FACTEURS FAVORISANTS

Dysfonctionnement des mécanismes de régulation [maladie surrénalienne, phase de rétablissement d'une insuffisance rénale aiguë, diabète non équilibré]

CARACTÉRISTIQUES

DONNÉE SUBJECTIVE

[Plaintes de fatigue, de nervosité, d'épuisement]

DONNÉES OBJECTIVES

Augmentation de la diurèse ; urine diluée

Brusque perte de poids

Diminution du remplissage veineux

Hémoconcentration ; modification du sodium sérique

AUTRES CARACTÉRISTIQUES POSSIBLES

DONNÉES SUJECTIVES

Soif

Faiblesse

DONNÉES OBJECTIVES

Hypotension [orthostatique]

Tachycardie ; diminution de la pression différentielle et de l'amplitude du pouls

Persistance du pli cutané

Changement dans l'état mental [confusion, etc.]

Augmentation de la température corporelle

Sécheresse de la peau et des muqueuses

[Œdème, possibilité de gain de poids]

RÉSULTATS ESCOMPTÉS (OBJECTIFS) / CRITÈRES D'ÉVALUATION

- Le patient comprend les facteurs reliés au problème et le but des interventions thérapeutiques connexes.
- Le patient adopte des mesures visant la correction du déficit liquidien, au besoin, si l'affection est chronique.
- Le volume liquidien est maintenu à un niveau fonctionnel : diurèse adéquate, signes vitaux stables, muqueuses humides, bonne turgor de la peau et résorption de l'œdème.

INTERVENTIONS INFIRMIÈRES

PRIORITÉ N° 1 – Évaluer les facteurs favorisants :

- Prendre note des problèmes médicaux susceptibles d'avoir entraîné le déficit liquidien (insuffisance rénale chronique avec déperdition sodique, traitement aux diurétiques, augmentation des pertes hydriques par les poumons secondaire à l'acidose, augmentation de la vitesse du métabolisme secondaire à la fièvre, etc.).

PRIORITÉ N° 2 – Évaluer le degré de déficit liquidien :

- Mesurer les signes vitaux et l'amplitude des pouls périphériques.
- Mesurer la densité urinaire, la pression artérielle (en position couchée, assise, debout) et les paramètres hémodynamiques d'examens effractifs (pression veineuse centrale, pression artérielle pulmonaire et pression capillaire pulmonaire), au besoin.
- Recueillir des données sur les paramètres suivants : densité urinaire, degré d'humidité des muqueuses, turgor de la peau, vitesse du remplissage capillaire, œdème.
- Noter la quantité d'urine éliminée et sa couleur.
- Étudier les résultats des examens de laboratoire (hémoglobine, hématocrite, électrolytes, protéines totales, albumine totale).

PRIORITÉ N° 3 – Rééquilibrer les pertes liquidiennes afin de contrer les mécanismes physiopathologiques :

- Estimer les besoins liquidiens de 24 heures et préciser les modes de consommation (solides, liquides ; voie orale, intraveineuse, etc.).
- Noter les préférences du patient quant aux liquides et aux aliments à forte teneur en eau.

- Administrer les solutés intraveineux prescrits.
- Équilibrer les ingesta et les excreta du patient.
- Calculer le bilan hydrique du patient sur 24 heures.
- Peser le patient tous les jours à la même heure et avec les mêmes vêtements.
- Mesurer la circonférence de l'abdomen en cas d'ascite ou d'infiltration. Rechercher les signes d'œdème périphérique.
- Espacer les bains (tous les deux jours ou plus) et utiliser un savon doux afin de prévenir la sécheresse de la peau.
- Prodiguer des soins cutanés de qualité en utilisant des produits adoucissants convenant aux besoins du patient *afin de maintenir l'intégrité de la peau.*
- Prodiguer des soins d'hygiène buccodentaire et des soins oculaires minutieux *afin de prévenir les lésions dues à la sécheresse des muqueuses.*
- Changer souvent le patient de position.
- Administrer les électrolytes, les dérivés sanguins, les succédanés du plasma ou l'albumine prescrits.
- Administrer les médicaments prescrits (hypoglycémiants, hormones antidiurétiques, antipyrétiques, etc.).
- Mettre en place des mesures de sécurité si le patient est désorienté.
- Maintenir un milieu ambiant frais, réduire le nombre de draps et de vêtements, donner des bains tièdes à l'éponge. Appliquer les mesures prescrites pour provoquer une hypothermie *afin de diminuer une fièvre grave et de ralentir un métabolisme élevé.*

§ Consulter le diagnostic infirmier d'hyperthermie.

- Collaborer au traitement de l'acidose, au besoin.

PRIORITÉ N° 4 – Prodiguer un enseignement visant le mieux-être du patient :

- Expliquer au patient les facteurs reliés au déficit, au besoin.
- Montrer au patient et à la personne clé dans sa vie comment mesurer et inscrire les ingesta et les excreta.
- Proposer au patient des mesures à prendre pour corriger les carences, le cas échéant.
- Passer en revue avec le patient les particularités reliées à la prise des médicaments prescrits (posologie, effets secondaires, etc.).
- Expliquer au patient les signes et les symptômes indiquant qu'il doit prévenir immédiatement le médecin ou qu'il a besoin d'un examen plus approfondi et d'un suivi.

DONNÉES ESSENTIELLES À CONSIGNER

ÉVALUATIONS (INITIALE ET SUBSÉQUENTES)

- Inscrire les données d'évaluation, notamment la gravité du déficit et les facteurs empêchant le patient de maintenir l'équilibre entre les pertes et les apports liquidiens.
- Enregistrer sur les feuilles prévues à cette fin le dosage des ingesta et des excreta, le bilan hydrique, les changements de poids, la densité urinaire et les signes vitaux.
- Inscrire les résultats des examens de laboratoire.

PLANIFICATION

- Rédiger le plan de soins et inscrire le nom de chacun des intervenants.
- Rédiger le plan d'enseignement.

APPLICATION /VÉRIFICATION DES RÉSULTATS

- Noter les réactions du patient au traitement et à l'enseignement, ainsi que les mesures qui ont été prises.
- Noter les objectifs atteints ou les progrès accomplis vers l'atteinte des objectifs.
- Noter les modifications apportées au plan de soins.

PLAN DE CONGÉ

- Inscrire les besoins à long terme du patient et le nom des responsables des mesures à prendre.
- Noter les demandes de consultation.

Remarque

Les informations entre crochets ont été ajoutées par les auteures afin de clarifier les diagnostics infirmiers et d'en faciliter l'utilisation.

VOLUME LIQUIDIEN, déficit de [perte active]

Note des auteures: L'ANADI a combiné les deux diagnostics originaux de déficit de volume liquidien, soit dysfonctionnement des mécanismes de régulation et perte active. Étant donné que les facteurs favorisants et certaines interventions s'appliquant à ces deux diagnostics diffèrent, nous avons choisi de les traiter séparément.

Taxinomie I: Échanges (1.4.1.2.2.1)

[Division diagnostique: Circulation]

Définition

Déshydratation vasculaire, cellulaire ou intracellulaire [consécutive à une perte active de liquides, laquelle a provoqué une demande organique excessive ou une baisse de la capacité de remplacement].

FACTEUR FAVORISANT

Perte active de liquides [brûlures, cancer à l'abdomen, hémorragie, sonde gastrique, blessures, diarrhée, fistules, utilisation d'opacifiants radiologiques hyperosmotiques]

CARACTÉRISTIQUES

DONNÉES OBJECTIVES

Diminution de la diurèse; urine concentrée

Pertes supérieures aux apports

Diminution du remplissage veineux

Brusque perte de poids

Hémoconcentration ; augmentation du sodium sérique

AUTRES CARACTÉRISTIQUES POSSIBLES

DONNÉES SUJECTIVES

Soif

Faiblesse

DONNÉES OBJECTIVES

Hypotension [orthostatique]

Tachycardie

Persistance du pli cutané

Changement dans l'état mental

Augmentation de la température corporelle

Sécheresse de la peau et des muqueuses

RÉSULTATS ESCOMPTÉS (OBJECTIFS) / CRITÈRES D'ÉVALUATION

- Le patient comprend les facteurs reliés au problème et les interventions thérapeutiques connexes.
- Le patient adopte des mesures visant la correction du déficit liquidien.
- Le volume liquidien est maintenu à un niveau fonctionnel : diurèse adéquate avec densité urinaire normale, signes vitaux stables, muqueuses humides, bonne turgor de la peau et remplissage capillaire rapide.

INTERVENTIONS INFIRMIÈRES

PRIORITÉ N° 1 – Évaluer les facteurs favorisants :

- Prendre note de toute maladie et de tout facteur susceptibles de créer un déficit liquidien (rectocolite hémorragique, brûlures, cirrhose du foie, cancer de l'abdomen ; canule à laryngectomie ou à trachéotomie, dispositifs de drainage de plaies ou de fistules, appareil d'aspiration, privation d'eau, réduction de l'apport liquidien, baisse du niveau de conscience, vomissements, hémorragie, dialyse, climat chaud et humide, effort prolongé, augmentation de la consommation de caféine, d'alcool ou de sucre, alimentation parentérale totale).

PRIORITÉ Nº 2 – Évaluer le degré de déficit liquidien :

- Estimer les pertes liquidiennes d'origine traumatique et opératoire et noter les sources possibles de pertes insensibles.
- Mesurer les signes vitaux et l'amplitude des pouls périphériques.
- Noter les signes physiques de déshydratation (urine concentrée, muqueuses sèches, remplissage capillaire ralenti, persistance du pli cutané, confusion, etc.).
- Noter les poids habituel et actuel du patient.
- Étudier les résultats des examens de laboratoire (hémoglobine, hématocrite, électrolytes, protéines totales, albumine totale, urée, créatinine).

PRIORITÉ Nº 3 – Rééquilibrer les pertes afin de contrer les mécanismes physiopathologiques :

- Collaborer au traitement visant à arrêter l'hémorragie (lavage gastrique avec un soluté physiologique frais ou à la température de la pièce, administration des médicaments prescrits, préparation à l'intervention chirurgicale, etc.).
- Estimer les besoins liquidiens de 24 heures et préciser les modes de consommation (solides, liquides ; voie orale, intraveineuse, etc.).

- Noter les préférences du patient quant aux liquides et aux aliments à forte teneur en eau.
- Inciter le patient à boire les liquides laissés à son chevet.
- Administrer les liquides intraveineux prescrits. Administrer les électrolytes, les dérivés sanguins ou les succédanés du plasma prescrits.
- Donner au patient alimenté par voie digestive suffisamment de liquides de son choix. Ajuster le titrage et le débit du gavage au besoin *afin de réduire les pertes liquidiennes intestinales.*
- Maintenir la température ambiante à 29 °C et un taux d'humidité élevé si le patient souffre de brûlures graves.
- Peser le patient tous les jours, à la même heure et avec les mêmes vêtements.
- Effectuer le dosage des ingesta et des excreta avec précision.
- Mesurer la densité urinaire, les signes vitaux (en position couchée, assise, debout) et les paramètres hémodynamiques d'examens effractifs (pression veineuse centrale, pression artérielle pulmonaire ou pression capillaire pulmonaire), au besoin.
- Changer souvent la position du patient.
- Espacer les bains (tous les deux jours ou plus) ; prodiguer des soins cutanés de qualité.
- Utiliser des mesures de bien-être.
- Prodiguer des soins d'hygiène buccodentaire et des soins oculaires minutieux *afin de prévenir les lésions dues à la sécheresse des muqueuses.*
- Administrer les médicaments prescrits (antiémétiques ou antidiarrhéiques).
- Mettre en place des mesures de sécurité si le patient est désorienté.

§ Consulter le diagnostic infirmier de diarrhée.

PRIORITÉ N° 4 – Prodiguer un enseignement visant le mieux-être du patient :

- Expliquer les facteurs reliés au du déficit.
- Montrer au patient et à la personne clé dans sa vie comment mesurer et inscrire les ingesta et les excreta.
- Proposer au patient des mesures à prendre pour corriger les carences, le cas échéant.
- Recommander au patient de diminuer sa consommation de caféine, d'alcool et d'aliments à forte teneur en sucre.
- Passer en revue avec le patient les particularités reliées à la prise des médicaments prescrits (posologie, interactions, effets secondaires, etc.).
- Relever les signes et les symptômes indiquant que le patient a besoin d'une évaluation plus approfondie et d'un suivi.

DONNÉES ESSENTIELLES À CONSIGNER

ÉVALUATIONS (INITIALE ET SUBSÉQUENTES)

- Inscrire les données d'évaluation, notamment le degré de déficit et les sources actuelles d'apport liquidien.
- Enregistrer sur les feuilles prévues à cette fin le dosage des ingesta et des excreta, le bilan hydrique, les changements de poids, la densité urinaire et les signes vitaux.

PLANIFICATION

- Rédiger le plan de soins et inscrire le nom de chacun des intervenants.
- Rédiger le plan d'enseignement.

APPLICATION /VÉRIFICATION DES RÉSULTATS

- Noter les réactions du patient aux interventions et à l'enseignement, ainsi que les mesures qui ont été prises.
- Noter les objectifs atteints ou les progrès accomplis vers l'atteinte des objectifs.
- Noter les modifications apportées au plan de soins.

PLAN DE CONGÉ

- Inscrire les besoins à long terme du patient, le plan de rééquilibration du déficit et le nom des responsables des mesures à prendre.
- Noter les demandes de consultation.

Remarque

Les informations entre crochets ont été ajoutées par les auteures afin de clarifier les diagnostics infirmiers et d'en faciliter l'utilisation.

VOLUME LIQUIDIEN, excès de

Taxinomie I : Échanges (1.4.1.2.1)

[Division diagnostique : Circulation]

Définition

Augmentation de la rétention d'eau accompagnée d'œdème.

FACTEURS FAVORISANTS

Déficience des mécanismes de régulation [syndrome de sécrétion inadéquate d'hormone antidiurétique (SIADH) ou baisse des protéines plasmatiques (malnutrition, fistules avec écoulement, brûlures, défaillance d'un organe)]

Apport excessif de liquides

Apport excessif de sodium

[Traitement médicamenteux (chlorpropamide, tolbutamide, vincristine, triptyline, carbamazépine, etc.)]

CARACTÉRISTIQUES

DONNÉES SUBJECTIVES

Essoufflement, orthopnée

Anxiété

DONNÉES OBJECTIVES

Œdème, épanchement, anasarque ; gain de poids

Apports supérieurs aux pertes ; oligurie, changements dans la densité urinaire

Présence du troisième bruit du cœur (B_3)

Bruits respiratoires anormaux, râles (craquements); congestion pulmonaire (à la radiographie thoracique)

Changement du mode respiratoire

Changement dans l'état mental; agitation

Modification de la pression artérielle

Modification de la pression veineuse centrale; turgescence des jugulaires; reflux hépatojugulaire

Modification de la pression artérielle pulmonaire

Azotémie, trouble électrolytique

Diminution de l'hémoglobine et de l'hématocrite

RÉSULTATS ESCOMPTÉS (OBJECTIFS) / CRITÈRES D'ÉVALUATION

- Le patient comprend la raison des restrictions liquidiennes et alimentaires imposées.
- Le patient effectue régulièrement un bilan de ses pertes et de ses apports liquidiens.
- Le patient adopte des comportements propices à la diminution de la rétention d'eau.
- Le patient énumère les signes nécessitant une consultation médicale.
- Le volume liquidien est stabilisé: les ingesta et les excreta sont équilibrés, les signes vitaux sont dans les limites normales du patient, le poids est stable et il n'y a pas d'œdème.

INTERVENTIONS INFIRMIÈRES

PRIORITÉ N° 1 – Évaluer les facteurs favorisants:

- Prendre note des facteurs susceptibles d'engendrer un excès de volume liquidien (insuffisance cardiaque, lésion cérébrale, insuffisance rénale ou surrénalienne, polydipsie psychogène, stress aigu, intervention chirurgicale ou anesthésie, perfusion trop abondante ou trop rapide de solutés intraveineux, diminution ou déperdition de protéines sériques).

- Noter la quantité de liquides consommés et le rythme de consommation, quelle que soit la source : voie orale, perfusion intraveineuse, ventilateur, etc.
- Prendre note de la consommation de sodium et de protéines (dans l'alimentation, les médicaments, la thérapie intraveineuse, etc.).

PRIORITÉ N° 2 – Évaluer le degré d'excès de volume liquidien :

- Comparer le poids actuel du patient avec son poids à l'arrivée au centre hospitalier et avec son poids antérieur.
- Prendre note des signes vitaux et des paramètres hémodynamiques d'examens effractifs (pression veineuse centrale, pression artérielle pulmonaire ou pression capillaire pulmonaire).
- Rechercher la présence de râles (craquements) par l'auscultation des poumons.
- Noter le moment d'apparition de la dyspnée (à l'effort, la nuit, etc.).
- Rechercher la présence de B_3 ou d'un galop ventriculaire par l'auscultation du cœur.
- Rechercher la présence d'une turgescence des veines du cou et d'un reflux hépatojugulaire.
- Noter la présence d'œdème : anasarque, œdème palpébral, œdème déclive (chevilles et pieds si le patient peut marcher ou se lever et s'asseoir, sacrum et face postérieure des cuisses si le patient est couché).
- Mesurer la circonférence de l'abdomen.
- Noter les habitudes de miction et les quantités d'urine éliminées (nycturie, oligurie, etc.).

- Recueillir des données sur l'état mental du patient *afin de déceler des changements sur le plan de sa personnalité et de son orientation dans le temps et dans l'espace.*
- Rechercher la présence de réflexes neuromusculaires.
- Recueillir des données sur la fonction de nutrition : appétit, goût, nausées, vomissement, etc.
- Noter tout changement au niveau de la peau et des muqueuses. **Remarque** : Le patient est sujet aux plaies de pression.
- Noter la présence de fièvre (risque accru d'infection).
- Étudier les résultats des radiographies thoraciques et des examens de laboratoire (urée, créatinine, hémoglobine, hématocrite, albumine sérique, protéines, électrolytes, densité urinaire, osmolalité, excrétion de sodium, etc.).

PRIORITÉ N° 3 – Favoriser la mobilisation ou l'élimination des liquides en excès :

- Restreindre l'apport de sodium et de liquides, au besoin.
- Noter avec précision les ingesta et les excreta ainsi que l'écart en plus ou en moins du bilan hydrique.
- Déterminer la quantité de liquide à donner au patient par période de 24 heures (voie orale ou intraveineuse).
- Peser le patient tous les jours ou selon un horaire régulier, à la même heure et avec les mêmes vêtements.
- Administrer les médicaments prescrits : diurétiques, corticostéroïdes (thérapie de remplacement), cardiotoniques, solutions de remplissage vasculaire (plasma ou albumine).

- Surélever les membres œdémateux.
- Changer souvent la position du patient.
- Installer le patient en position semi-Fowler si la respiration est altérée.
- Inciter le patient à faire des exercices dès que possible.
- Créer un climat de calme en réduisant les stimuli externes.
- Mettre en place des mesures de sécurité si le patient est désorienté ou affaibli.
- Collaborer aux interventions thérapeutiques, au besoin (thoracentèse, dialyse, etc.).

PRIORITÉ N° 4 – Maintenir l'intégrité de la peau et de la muqueuse buccale :

§ Consulter les diagnostics infirmiers d'atteinte à l'intégrité de la peau et de la muqueuse buccale.

PRIORITÉ N° 5 – Prodiguer un enseignement visant le mieux-être du patient :

- Passer en revue les restrictions imposées dans la diète et proposer des succédanés du sel inoffensifs (jus de citron, fines herbes telles que l'origan, etc.).
- Insister auprès du patient sur l'importance de la réduction de l'apport liquidien. **Remarque :** Il faut tenir compte des « sources cachées » de liquides dans les aliments à forte teneur en eau.
- Montrer au patient et à la personne clé dans sa vie comment mesurer ses mictions et établir un bilan des ingesta et des excreta.
- Conseiller au patient de consulter une diététicienne, au besoin.
- Proposer au patient des mesures (soins d'hygiène buccodentaire fréquents, gomme à mâcher, bonbons acidulés, baume pour les lèvres, etc.) visant à réduire la gêne entraînée par la réduction de l'apport liquidien.

- Passer en revue avec le patient les particularités du traitement médicamenteux (action des médicaments, effets secondaires, etc.).
- Insister sur la nécessité de bouger et/ou de changer souvent de position.
- Dresser une liste des manifestations à signaler immédiatement au médecin.

DONNÉES ESSENTIELLES À CONSIGNER

ÉVALUATIONS (INITIALE ET SUBSÉQUENTES)

- Inscrire les données d'évaluation, notamment le degré de rétention d'eau, les changements dans les signes vitaux, la présence d'œdèmes et leur siège, les changements de poids.
- Enregistrer sur les feuilles prévues à cette fin les ingesta et les excreta ainsi que le bilan hydrique.

PLANIFICATION

- Rédiger le plan de soins et inscrire le nom de chacun des intervenants.
- Rédiger le plan d'enseignement.

APPLICATION /VÉRIFICATION DES RÉSULTATS

- Noter la réaction du patient aux interventions et à l'enseignement, ainsi que les mesures qui ont été prises.
- Noter les objectifs atteints ou les progrès accomplis vers l'atteinte des objectifs.
- Noter les modifications apportées au plan de soins.

PLAN DE CONGÉ

- Inscrire les besoins à long terme du patient et le nom des responsables des mesures à prendre.

Remarque

Les informations entre crochets ont été ajoutées par les auteures afin de clarifier les diagnostics infirmiers et d'en faciliter l'utilisation.

VOLUME LIQUIDIEN, risque de déficit de

Taxinomie I : Échanges (1.4.1.2.2.2)

[Division diagnostique : Circulation]

Définition

Risque de déshydratation vasculaire, cellulaire ou intracellulaire.

FACTEURS DE RISQUE

Extrêmes d'âge ou de poids

Pertes de liquides par des ouvertures artificielles (sonde à demeure, etc.)

Manque de connaissances sur le rôle du volume liquidien

Facteurs agissant sur les besoins en liquides (augmentation du métabolisme de base, etc.)

Prise de médicaments (diurétiques, etc.)

Pertes excessives de liquides par les voies naturelles (diarrhée, etc.)

Anomalies empêchant le patient de se déplacer pour prendre des liquides ou entravant l'absorption des liquides (immobilisation physique, etc.)

Remarque : Il ne peut y avoir de signes ou de symptômes (caractéristiques) lorsque l'on diagnostique un risque de problème, car celui-ci n'existe pas encore ; les interventions infirmières sont donc axées sur la prévention.

RÉSULTATS ESCOMPTÉS (OBJECTIFS) / CRITÈRES D'ÉVALUATION

- Le patient connaît les facteurs de risque s'appliquant à sa situation et les mesures de prévention appropriées.
- Le patient adopte des conduites ou de nouvelles habitudes visant la prévention du déficit de volume liquidien.

INTERVENTIONS INFIRMIÈRES

PRIORITÉ N° 1 – Évaluer les facteurs de risque :

- Noter l'âge, le niveau de conscience et l'état mental du patient.
- Rechercher les autres facteurs favorisants présents (disponibilité des liquides, mobilité, fièvre, etc.).

PRIORITÉ N° 2 – Prévenir l'apparition du déficit :

- Comparer les résultats de la pesée quotidienne du patient avec ceux des pesées précédentes.
- Estimer les besoins liquidiens du patient.
- Établir un horaire de rééquilibration hydrique visant la prévention du déficit de volume liquidien.
- Inciter le patient à prendre des liquides par voie orale (lui offrir des boissons entre les repas, lui donner de l'eau à boire avec une paille, etc.).
- Fournir au patient une source complémentaire de liquides (gavage, perfusion intraveineuse), au besoin. Répartir les liquides sur une période de 24 heures.
- Effectuer un bilan des pertes et des apports liquidiens. **Remarque :** Il faut tenir compte des pertes insensibles.

- Peser le patient régulièrement, à la même heure et avec les mêmes vêtements, et suivre l'évolution du poids.
- Noter les changements dans les signes vitaux (hypotension orthostatique, tachycardie, fièvre, etc.).
- Noter le degré de turgor de la peau et des muqueuses.
- Étudier les résultats des examens de laboratoire (hémoglobine, hématocrite, électrolytes, urée, créatinine, etc.).
- Administrer les médicaments prescrits (antiémétiques, antidiarrhéiques, antipyrétiques, etc.).

PRIORITÉ N° 3 – Prodiguer un enseignement visant le mieux-être du patient :

- Expliquer les facteurs de risque ou les problèmes possibles ainsi que les mesures de prévention connexes.
- Passer en revue avec le patient les particularités du traitement médicamenteux (posologie, effets secondaires, etc.).
- Inciter le patient à tenir un carnet où il inscrit son apport liquidien et alimentaire, le nombre et le volume de ses mictions et de ses selles, etc.

§ Consulter les diagnostics infirmiers suivants : déficit de volume liquidien [perte active] et déficit de volume liquidien [dysfonctionnement des mécanismes de régulation].

DONNÉES ESSENTIELLES À CONSIGNER

ÉVALUATIONS (INITIALE ET SUBSÉQUENTES)

- Inscrire les données d'évaluation, notamment les facteurs agissant sur les besoins en liquides du patient.

- Noter le poids et les signes vitaux initiaux.
- Noter les boissons préférées du patient.

PLANIFICATION

- Rédiger le plan de soins et inscrire le nom de chacun des intervenants.
- Rédiger le plan d'enseignement.

APPLICATION /VÉRIFICATION DES RÉSULTATS

- Noter la réaction du patient aux interventions et à l'enseignement, ainsi que les mesures qui ont été prises.
- Noter les objectifs atteints ou les progrès accomplis vers l'atteinte des objectifs.
- Noter les modifications apportées au plan de soins.

PLAN DE CONGÉ

- Inscrire les besoins à long terme du patient et le nom des responsables des mesures à prendre.
- Noter les demandes de consultation.

Remarque

Les informations entre crochets ont été ajoutées par les auteures afin de clarifier les diagnostics infirmiers et d'en faciliter l'utilisation.

CHAPITRE 5

AFFECTIONS, PROBLÈMES MÉDICAUX ET DIAGNOSTICS INFIRMIERS ASSOCIÉS

Le chapitre 5 présente environ 300 affections et problèmes médicaux relevant de tous les domaines de spécialisation. Sous chacun de ces problèmes médicaux figurent les diagnostics infirmiers qui peuvent y être associés.

Chaque catégorie diagnostique est énoncée avec des facteurs favorisants ou des facteurs de risque possibles (relié à) et des manifestations possibles (se manifestant par).

Cette section facilitera la collecte, l'analyse et l'interprétation des données, et aidera l'infirmière à valider ses diagnostics. Étant donné que la démarche de soins infirmiers est un processus continu et permanent, d'autres diagnostics infirmiers peuvent s'appliquer selon l'évolution de la situation du patient. Par conséquent, l'infirmière doit continuellement recueillir des données sur le patient, déceler les nouveaux problèmes, valider ses hypothèses de diagnostics et planifier des interventions visant à résoudre les problèmes décelés. Une fois que l'infirmière a trouvé dans ce chapitre les diagnostics qui s'appliquent à la situation du patient, elle peut se reporter au chapitre 4, qui comprend les 128 diagnostics de l'ANADI, et consulter leur définition, leurs caractéristiques ainsi que leurs facteurs de risque ou facteurs favorisants afin de confirmer son hypothèse. Cette étape est nécessaire pour savoir si l'énoncé du problème traduit bien la situation du patient, si la collecte de nouvelles données s'impose ou s'il faut envisager d'utiliser un autre diagnostic.

Pour faciliter la consultation des problèmes médicaux et des diagnostics infirmiers s'y rapportant, nous avons présenté les problèmes de santé par ordre alphabétique et leur avons attribué un ou plusieurs codes pour indiquer le domaine de spécialisation auquel ils appartiennent.

MC : Médecine et chirurgie
Péd : Pédiatrie
Gyn : Gynécologie
SC : Santé communautaire
Obs : Obstétrique
Psy : Psychiatrie

Nous n'avons pas fait de catégorie particulière pour les problèmes gériatriques, car les problèmes qui affectent les personnes âgées relèvent de presque tous les domaines de spécialisation.

Abcès cérébral (aigu) **MC**

Douleur [aiguë]

Facteurs favorisants possibles : inflammation, œdème tissulaire

Manifestations possibles : plaintes de céphalées, agitation, irritabilité, gémissements

Risque d'hyperthermie

Facteurs de risque possibles : inflammation, augmentation du métabolisme, déshydratation

Confusion aiguë

Facteurs favorisants possibles : changements physiologiques (œdème cérébral ou altération de l'irrigation cérébrale, fièvre)

Manifestations possibles : fluctuation de la cognition et/ou du niveau de conscience, agitation ou nervosité accrues, hallucinations

Risque de suffocation ou de trauma

Facteurs de risque possibles : apparition d'une activité musculaire clonique ou tonique, altération de la conscience (crises convulsives)

Accident vasculaire cérébral (AVC) MC

Diminution de l'irrigation tissulaire cérébrale

Facteur favorisant possible : interruption de la circulation sanguine (affection occlusive, hémorragie, angiospasme ou œdème cérébral)

Manifestations possibles : altération de la conscience, changement dans les signes vitaux, changements dans les réactions motrices et sensorielles ; agitation ; perte de mémoire, déficiences sensorielles, intellectuelles, langagières et émotionnelles

Altération de la mobilité physique

Facteurs favorisants possibles : atteinte neuromusculaire (faiblesse, paresthésie, paralysie flasque, hypotonique ou spastique), trouble de la perception ou de la cognition

Manifestations possibles : incapacité de mouvoir volontairement les parties atteintes ou amplitude limitée des mouvements ; trouble de la coordination et/ou diminution de la force et du contrôle musculaires

Altération de la communication verbale [et/ou écrite]

Facteurs favorisants possibles : altération de la circulation cérébrale, atteinte neuromusculaire, perte du tonus et du contrôle des muscles faciaux et buccaux ; faiblesse ou fatigue généralisée

Manifestations possibles : trouble de l'élocution, incapacité ou refus de parler (dysarthie); incapacité de moduler la parole, de trouver et/ou d'utiliser les mots, de nommer les choses et/ou de comprendre la langue écrite ou parlée ; incapacité de s'exprimer par écrit

Incapacité (partielle ou totale) d'accomplir ses soins personnels [préciser]

Facteurs favorisants possibles : atteinte neuromusculaire, diminution de la force et de l'endurance, perte du contrôle ou de la coordination musculaires, trouble de la cognition ou de la perception, douleur ou malaise, dépression

Manifestations possibles : incapacité (signalée par le patient ou observée par l'infirmière) d'effectuer les activités quotidiennes, demandes d'aide, apparence débraillée, incontinence

Risque d'incapacité (partielle ou totale) d'avaler

Facteurs de risque possibles : paralysie d'un muscle, altération de la perception

Risque de négligence de l'hémicorps
Facteur de risque possible : perte d'une partie du champ visuel accompagnée de l'incapacité de percevoir la partie du corps correspondante

SC

Incapacité (partielle ou totale) d'organiser et d'entretenir le domicile
Facteurs favorisants possibles : problème de santé d'un des membres de la famille, manque d'argent, manque d'organisation ou de planification familiale, manque d'expérience dans l'utilisation des ressources existantes, dysfonctionnement des réseaux de soutien
Manifestations possibles : difficulté (signalée par la famille) à entretenir et à organiser le domicile de manière satisfaisante, demande d'aide à domicile (faite par la famille), désordre, surmenage des membres de la famille

Perturbation de l'estime de soi, perturbation de l'image corporelle ou perturbation dans l'exercice du rôle
Facteurs favorisants possibles : altération biophysique ou psychosociale, trouble de la cognition ou de la perception
Manifestations possibles : changement structurel ou fonctionnel ; changement dans les responsabilités habituelles ; diminution de la capacité physique de remplir son rôle ; réaction verbale ou non verbale au changement, réel ou imaginé

Achalasie **MC**

Incapacité (partielle ou totale) d'avaler
Facteur favorisant possible : atteinte neuromusculaire
Manifestations possibles : difficulté à avaler et régurgitations (observées par l'infirmière)

Déficit nutritionnel
Facteurs favorisants possibles : incapacité et/ou refus de maintenir un apport nutritionnel répondant aux besoins métaboliques et nutritionnels
Manifestations possibles : apport nutritionnel inadéquat (signalé par le patient ou observé par l'infirmière), perte de poids, pâleur des conjonctives et des muqueuses

Douleur [aiguë]
Facteur favorisant possible : spasme du sphincter inférieur de l'œsophage
Manifestations possibles : sensation d'oppression rétrosternale, brûlures gastriques récurrentes ou plénitude gastrique (flatulence) (signalées par le patient)

Anxiété [préciser le degré] ou peur

Facteurs favorisants possibles : douleur récurrente, sensation d'étouffement, altération de l'état de santé

Manifestations possibles : verbalisation de détresse, appréhension, agitation, insomnie

Risque d'aspiration (fausse route)

Facteurs de risque possibles : régurgitation ou débordement du contenu œsophagien

Manque de connaissances (préciser [le besoin d'apprentissage]) sur la maladie, le pronostic et les exigences du traitement

Facteur favorisant possible : manque d'informations sur le processus morbide et le traitement

Manifestations possibles : demande d'informations, propos indiquant de l'inquiétude, apparition de complications évitables

Acidocétose diabétique MC

Déficit de volume liquidien [dysfonctionnement des mécanismes de régulation]

Facteurs favorisants possibles : pertes urinaires hyperosmolaires, pertes gastriques, apport inadéquat

Manifestations possibles : augmentation du débit urinaire, urine diluée ; faiblesse, soif, brusque perte de poids, hypotension, tachycardie, diminution du remplissage capillaire, sécheresse des muqueuses, persistance du pli cutané

Déficit nutritionnel

Facteurs favorisants possibles : utilisation inadéquate des matières nutritives (carence en insuline), apport nutritionnel insuffisant, augmentation du métabolisme

Manifestations possibles : perte de poids récente, plaintes de faiblesse, manque d'intérêt pour la nourriture, sensation de plénitude gastrique ou douleur abdominale, augmentation des corps cétoniques, déséquilibre entre les taux de glucose et d'insuline

Risque d'altération de la perception sensorielle [préciser]

Facteurs de risque possibles : altération chimique endogène (déséquilibre glucose-insuline et/ou électrolytique)

Risque d'infection

Facteurs de risque possibles : glycémie élevée, diminution de la fonction leucocytaire, stase des liquides biologiques, interventions effractives, altération de la circulation

Acidose métabolique MC

(Voir Acidocétose.)

Adénoïdectomie **Péd/MC**

Anxiété [préciser le degré] ou peur

Facteurs favorisants possibles : séparation d'avec ses proches, caractère étranger du milieu de soins, peur de mourir ou d'être abandonné

Manifestations possibles : pleurs, appréhension, tremblements, stimulation sympathique (dilatation des pupilles, augmentation de la fréquence cardiaque)

Risque de dégagement inefficace des voies respiratoires

Facteurs de risque possibles : sédation, accumulation de sécrétions ou de sang dans l'arrière-gorge, vomissements

Risque de déficit de volume liquidien

Facteurs de risque possibles : traumatisme chirurgical dans une zone très vascularisée, hémorragie

Douleur [aiguë]

Facteurs favorisants possibles : traumatisme de l'ororhinopharynx, présence de mèches

Manifestations possibles : agitation, pleurs, masque de douleur

Algodystrophie sympathique **SC**

Douleur [aiguë] ou douleur chronique

Facteur favorisant possible : stimulation nerveuse continue

Manifestations possibles : plaintes, comportements de défense ou de diversion, difficulté à se concentrer, perturbation des habitudes de sommeil, difficulté à poursuivre les activités habituelles

Diminution de l'irrigation tissulaire (périphérique)

Facteur favorisant possible : diminution du débit sanguin artériel (vasoconstriction artériolaire)

Manifestations possibles : plaintes, diminution de la température corporelle, pâleur, pouls artériel diminué, enflure

Altération de la perception sensorielle (tactile)

Facteur favorisant possible : altération de la réception sensorielle (déficit neurologique, douleur)

Manifestations possibles : perturbation des réactions habituelles aux stimuli, sensibilité anormale au toucher, anxiété physiologique, irritabilité

Risque de perturbation dans l'exercice du rôle

Facteurs de risque possibles : crise situationnelle, incapacité chronique, douleur invalidante

Risque de stratégies d'adaptation familiale inefficaces (soutien compromis)

Facteurs de risque possibles : désorganisation de la famille, changements de rôles temporaires, invalidité prolongée qui épuise la capacité de soutien de la personne clé

Amputation **MC**

Risque de diminution de l'irrigation tissulaire périphérique
Facteurs de risque possibles : diminution de la circulation veineuse ou artérielle ; œdème tissulaire, formation d'un hématome ; hypovolémie

Douleur [aiguë]
Facteurs favorisants possibles : traumatisme des tissus ou des nerfs, répercussions psychologiques de l'amputation
Manifestations possibles : plaintes de douleur dans la région incisée, douleur au membre fantôme, comportement d'autoprotection, baisse de concentration, focalisation sur soi, réactions du système nerveux autonome

Altération de la mobilité physique
Facteurs favorisants possibles : perte d'un membre, altération du sens de l'équilibre, douleur ou malaise
Manifestations possibles : réticence à bouger, trouble de la coordination ; diminution de la force, de la masse et/ou du contrôle musculaires

Perturbation de l'image corporelle
Facteur favorisant possible : perte d'une partie du corps
Manifestations possibles : verbalisation d'un sentiment d'impuissance, chagrin, inquiétude face à la perte, refus de regarder ou de toucher le moignon

Amygdalectomie **Péd/MC**

(Voir Adénoïdectomie.)

Amygdalite **Péd**

Douleur [aiguë]
Facteurs favorisants possibles : inflammation des amygdales, effets des toxines circulantes
Manifestations possibles : plaintes, comportements de défense ou de diversion, peur ou refus d'avaler, focalisation sur soi, réactions du système nerveux autonome (changement dans les signes vitaux)

Hyperthermie
Facteurs favorisants possibles : processus inflammatoire ou augmentation du métabolisme de base, déshydratation
Manifestations possibles : température corporelle élevée, peau chaude et/ou rouge, tachycardie

Manque de connaissances [besoin d'apprentissage] sur la cause ou la transmission de la maladie, les exigences du traitement et les complications possibles
Facteurs favorisants possibles : manque d'informations, interprétation erronée des informations

Manifestations possibles : verbalisation du problème, questions, incapacité de suivre correctement les directives, réapparition de la maladie

Anémie **SC**

Diminution de l'irrigation tissulaire [préciser]

Facteurs favorisants possibles : problèmes d'échanges gazeux (diminution des éléments cellulaires nécessaires à l'apport d'oxygène et de nutriments aux cellules)

Manifestations possibles : palpitations, angine, pâleur, peau froide aux extrémités, changements dans la pression artérielle, incapacité de se concentrer

Intolérance à l'activité

Facteur favorisant possible : déséquilibre entre l'apport et les besoins en oxygène

Manifestations possibles : plaintes de fatigue et de faiblesse, fréquence cardiaque ou pression artérielle anormales après une activité, réduction de l'exercice ou de l'activité, malaise ou dyspnée d'effort

Manque de connaissances (préciser [le besoin d'apprentissage]) sur la maladie, le pronostic et les exigences du traitement

Facteur favorisant possible : mauvaise compréhension des besoins nutritionnels et physiologiques

Manifestations possibles : apport nutritionnel inadéquat, demande d'informations, apparition de complications évitables

Anémie à cellules falciformes (drépanocytose) MC

Perturbation des échanges gazeux

Facteurs favorisants possibles : diminution de la capacité de fixation de l'oxygène dans le sang, diminution de la durée de vie des globules rouges, globules rouges déformés, viscosité accrue du sang, prédisposition aux pneumonies bactériennes ou aux infarctus pulmonaires

Manifestations possibles : dyspnée, utilisation de la musculature respiratoire accessoire, cyanose ou signes d'hypoxie, tachycardie, agitation, altération de l'état mental

Diminution de l'irrigation tissulaire [préciser]

Facteurs favorisants possibles : stase sanguine, nature vaso-occlusive de la falciformation, réaction inflammatoire, dérivations dans la circulation pulmonaire et périphérique, lésions du myocarde (petits infarctus, dépôts de fer, fibrose)

Manifestations possibles : signes et symptômes variant selon le système ou l'appareil touché (*irrigation rénale :* diminution de la densité de l'urine et urine pâle en présence de déshydratation ; *irrigation cérébrale :* paralysie et troubles visuels ; *irrigation périphérique :* ischémie en aval de la région touchée, infarcissement des tissus, ulcérations, douleur osseuse ; *irrigation cardiopulmonaire :* angine, palpitations)

SC

Douleur [aiguë] ou douleur chronique

Facteurs favorisants possibles : falciformation intravasculaire accompagnée d'une stase vasculaire localisée, occlusion, infarcissement ou nécrose des tissus, carence en oxygène et en nutriments, accumulation de métabolites nocifs

Manifestations possibles : plaintes de douleurs articulaires migratrices et/ou de douleurs abdominales ou dorsales, généralisées ou localisées ; comportement d'autoprotection ou de diversion (gémissements, pleurs, agitation), grimaces de douleur, baisse de concentration, réactions du système nerveux autonome

Manque de connaissances (préciser [le besoin d'apprentissage]) sur la maladie, les facteurs génétiques, le pronostic et les exigences du traitement

Facteurs favorisants possibles : manque d'informations, pertes de mémoire, interprétation erronée des informations, difficulté d'accès aux sources d'information

Manifestations possibles : questions, propos indiquant de l'inquiétude ou des idées fausses, exacerbation de la maladie, incapacité de suivre correctement les directives concernant le traitement, apparition de complications évitables

Péd

Perturbation de la croissance et du développement

Facteurs favorisants possibles : effets de la maladie

Manifestations possibles : altération de la croissance physique, retard de développement, difficulté à maîtriser les habiletés propres à son groupe d'âge

Stratégies d'adaptation familiale inefficaces (soutien compromis)

Facteurs favorisants possibles : nature chronique de la maladie ou de l'invalidité, désorganisation de la famille, existence d'autres crises ou situations qui affectent les personnes clés ou les parents, restrictions imposées au mode de vie

Manifestations possibles : sentiment d'inquiétude de la part du parent ou de la personne clé face à ses propres réactions, comportements protecteurs qui sous-estiment les capacités ou le besoin d'autonomie du patient

Angine de poitrine **MC**

Douleur [aiguë]

Facteurs favorisants possibles : diminution de l'irrigation du myocarde, augmentation du travail cardiaque ou de l'utilisation d'oxygène

Manifestations possibles : baisse de concentration (signalée par le patient), comportements de diversion (agitation, gémissements), réactions du système nerveux autonome (transpiration abondante, élévation des signes vitaux)

Diminution du débit cardiaque

Facteurs favorisants possibles : changements inotropes (ischémie transitoire ou prolongée du myocarde, effets des médicaments), altération de la fréquence et du rythme cardiaques et de la conduction nerveuse

Manifestations possibles : altération des paramètres hémodynamiques, dyspnée, agitation, tolérance réduite à l'activité, fatigue, diminution des pouls périphériques, peau froide et pâle, perturbation de l'état mental, douleur thoracique continue

Anxiété [préciser le degré]

Facteurs favorisants possibles : crise situationnelle, altération de l'état de santé et/ou peur de mourir

Manifestations possibles : expression d'un sentiment d'appréhension, tension faciale, mouvements inutiles, focalisation sur soi

SC

Intolérance à l'activité

Facteur favorisant possible : déséquilibre entre les besoins et l'apport en oxygène

Manifestations possibles : dyspnée d'effort, altération de la pression artérielle ou du pouls après une activité, changements électrocardiographiques

Manque de connaissances (préciser [le besoin d'apprentissage]) sur la maladie, le pronostic et les exigences du traitement

Facteurs favorisants possibles : ignorance sur le sujet, interprétation erronée des informations, informations inexactes

Manifestations possibles : questions, demande d'informations, verbalisation du problème, incapacité de suivre correctement les directives

Risque d'incapacité de s'adapter à un changement dans l'état de santé

Facteurs de risque possibles : nécessité de suivre un traitement prolongé ou d'apporter des changements importants dans le style de vie à cause de la maladie, atteinte du concept de soi, diminution du pouvoir d'agir et de décider

Anorexie mentale **MC**

Déficit nutritionnel

Facteurs favorisants possibles : incapacité psychologique de maintenir un apport nutritionnel suffisant et/ou activité excessive, habitude de se faire vomir, consommation excessive de laxatifs

Manifestations possibles : perte de poids, persistance du pli cutané, manque de tonus musculaire, déni de la sensation de faim, tendance à entasser ou à manipuler la nourriture de façon anormale, aménorrhée, déséquilibre électrolytique, anomalies cardiaques, hypotension

Risque de déficit de volume liquidien

Facteurs de risque possibles : apport insuffisant d'aliments et de liquides, habitude de se faire vomir, utilisation chronique ou abusive de laxatifs ou de diurétiques

Psy

Perturbation de l'image corporelle ou perturbation chronique de l'estime de soi

Facteurs favorisants possibles : perception faussée de son propre corps, sentiment de ne pas être maître de certains aspects de sa vie, besoin insatisfait de dépendance envers autrui, vulnérabilité, dysfonctionnement familial

Manifestations possibles : sentiments négatifs envers son propre corps, perception déformée de son propre corps, recours au déni, sentiment d'être incapable de prévenir ou de changer les choses, sentiment de honte ou de culpabilité, conformisme, sensibilité à l'opinion des autres

Stratégies d'adaptation individuelle inefficaces

Facteurs favorisants possibles : crise de développement, désir de maîtriser l'environnement

Manifestations possibles : verbalisation du sentiment d'être incapable de faire face à la situation ou de demander de l'aide, piètre estime de soi, difficultés à remplir les exigences liées au rôle et à répondre à ses besoins fondamentaux, incapacité de résoudre des problèmes, discours manipulateur, comportement autodestructeur

Stratégies d'adaptation familiale inefficaces (absence de soutien)

Facteur favorisant possible : caractère ambivalent des relations familiales et des moyens utilisés pour s'adapter

Manifestations possibles : dynamique familiale confuse où l'individualité manque et où les différents membres parlent les uns au nom des autres, perception déformée du problème de santé du patient

Appendicite **MC**

Douleur [aiguë]

Facteur favorisant possible : inflammation

Manifestations possibles : plaintes, comportements d'autoprotection, baisse de concentration, réactions du système nerveux autonome (transpiration abondante, altération des signes vitaux)

Risque de déficit de volume liquidien

Facteurs de risque possibles : nausées, vomissements, anorexie, augmentation du métabolisme

Risque d'infection

Facteur de risque possible : passage d'agents pathogènes dans la cavité péritonéale

Arriération mentale SC

(Voir aussi Syndrome de Down.)

Altération de la communication verbale

Facteurs favorisants possibles : retard de développement ou déficit cognitif et moteur

Manifestations possibles : troubles de la phonation et de l'articulation, incapacité de moduler la parole ou de trouver les mots appropriés (selon la gravité du retard)

Risque d'incapacité (partielle ou totale) d'accomplir ses soins personnels [préciser]

Facteurs de risque possibles : déficits cognitifs ou moteurs

Risque d'excès nutritionnel

Facteurs de risque possibles : ralentissement du métabolisme combiné à un développement cognitif insuffisant, à des habitudes alimentaires dysfonctionnelles et à un mode de vie sédentaire

Perturbation des interactions sociales

Facteurs favorisants possibles : altération des opérations de la pensée, obstacles à la communication, manque de connaissances sur la façon d'engendrer une bonne réciprocité ou inaptitude à le faire

Manifestations possibles : interactions dysfonctionnelles avec les pairs, la famille et/ou les personnes clés ; malaise en société (signalé par le patient ou observé par l'infirmière)

Stratégies d'adaptation familiale inefficaces (soutien compromis)

Facteurs favorisants possibles : longue maladie ou aggravation de l'invalidité épuisant la capacité de soutien des personnes clés, crise de situation ou de croissance à laquelle la personne clé doit faire face, attentes irréalistes de la personne clé

Manifestations possibles : personne clé préoccupée par ses propres réactions, personne clé limitant au strict nécessaire ses rapports avec le patient, attitude protectrice ne correspondant pas aux capacités ou au besoin d'autonomie du patient

Incapacité (partielle ou totale) d'entretenir et d'organiser le domicile

Facteurs favorisants possibles : dysfonctionnement cognitif, manque d'argent, manque d'organisation ou de planification familiale, manque de connaissances, réseaux de soutien inadéquats

Manifestations possibles : demande d'aide, difficulté à entretenir le domicile (exprimée par la famille), désordre, surmenage des membres de la famille

Risque de dysfonctionnement sexuel

Facteurs de risque possibles : altération biopsychosociale de la sexualité, absence de modèles ou modèles inadéquats, manque d'informations ou de connaissances, absence de personne clé dans la vie du patient, difficulté à maîtriser son comportement

Arthrite de Lyme **SC/MC**

Douleur [aiguë]

Facteurs favorisants possibles : effets systémiques des toxines, éruption, urticaire, enflure ou inflammation des articulations

Manifestations possibles : plaintes, comportement de défense, réactions du système nerveux autonome, difficulté à se concentrer

Fatigue

Facteurs favorisants possibles : besoins énergétiques accrus, altération biochimique, malaise

Manifestations possibles : manque d'énergie accablant ou incapacité d'effectuer les activités habituelles (signalé par le patient), baisse du rendement, léthargie, malaise

Risque de diminution du débit cardiaque

Facteurs de risque possibles : changements dans la fréquence cardiaque, le rythme cardiaque et la conduction nerveuse

Arthroplastie **MC**

Risque d'infection

Facteurs de risque possibles : atteinte à l'intégrité des défenses primaires de l'organisme (incision chirurgicale), stase des liquides biologiques dans la région opérée, altération de la réaction inflammatoire

Risque de déficit de volume liquidien

Facteurs de risque possibles : opération, traumatisme dans un vaisseau

Altération de la mobilité physique

Facteurs favorisants possibles : diminution de la force, douleur, trouble musculosquelettique

Manifestations possibles : trouble de la coordination, réticence à faire des mouvements

Douleur [aiguë]

Facteurs favorisants possibles : traumatisme tissulaire, œdème localisé

Manifestations possibles : plaintes, baisse de concentration, mouvements de défense, réactions du système nerveux autonome (transpiration abondante, changement dans les signes vitaux)

Arthroscopie **MC**

Manque de connaissances (préciser [le besoin d'apprentissage]) sur l'intervention chirurgicale, ses résultats et les besoins en matière de soins personnels

Facteurs favorisants possibles : ignorance sur le sujet ou manque d'expérience dans l'utilisation des ressources existantes, interprétation erronée des informations

Manifestations possibles : questions, demande d'informations, idées fausses

Arthrose (arthropathie chronique dégénérative) **SC**

(Voir Polyarthrite rhumatoïde.)

(Même si l'arthrose est une affection dégénérative alors que la polyarthrite rhumatoïde est une affection inflammatoire, les interventions infirmières sont les mêmes.)

Arythmies cardiaques **MC/SC**

(Voir Dysrythmies cardiaques.)

Asthme **MC**

(Voir aussi Emphysème.)

Dégagement inefficace des voies respiratoires

Facteurs favorisants possibles : augmentation des sécrétions bronchiques, bronchospasme accru, manque d'énergie, fatigue

Manifestations possibles : respiration sifflante (wheezing), dyspnée, modification de l'amplitude ou de la fréquence respiratoires, utilisation de la musculature respiratoire accessoire, toux inefficace persistante avec ou sans expectorations

Perturbation des échanges gazeux

Facteurs favorisants possibles : altération de l'apport en oxygène, rétention d'air, destruction des alvéoles

Manifestations possibles : dyspnée, confusion, agitation, intolérance à l'activité, cyanose, altération des valeurs des gaz du sang artériel et des signes vitaux

Anxiété [préciser le degré]

Facteur favorisant possible : perception d'un risque de mort

Manifestations possibles : appréhension, expression craintive, mouvements vides de sens

SC

Intolérance à l'activité

Facteur favorisant possible : déséquilibre entre l'apport et les besoins en oxygène

Manifestations possibles : fatigue, dyspnée d'effort

Perturbation des interactions sociales

Facteurs favorisants possibles : perturbation du concept de soi, absence de création de liens d'attachement et de confiance, manque de stimulation sensorielle, réaction anormale aux stimuli sensoriels, dysfontionnement cérébral organique

Manifestations possibles : difficulté à réagir aux autres, absence de communication par le regard ou l'expression faciale, tendance à traiter les personnes comme des objets, ignorance des sentiments des autres, réaction d'indifférence ou de répugnance aux contacts physiques et aux gestes de réconfort et d'affection des autres, persistance du jeu parallèle et incapacité d'établir des liens d'amitié avec ses pairs

Altération de la communication verbale

Facteurs favorisants possibles : incapacité de faire confiance aux autres, repli sur soi, dysfonctionnement cérébral organique, manque de stimulation sensorielle, dépression anaclitique

Manifestations possibles : incapacité d'utiliser la communication interactive, non-utilisation du langage verbal et non verbal, communication non verbale inexistante ou anormale, regard fuyant ou manque d'expression faciale, troubles de l'élocution (forme, contenu ou articulation), difficulté à amorcer ou à maintenir une conversation malgré la capacité de parler

Risque d'automutilation

Facteurs de risque possibles : dysfonctionnement cérébral organique, incapacité de faire confiance aux autres, perturbation du concept de soi, insuffisance de stimulations sensorielles ou réactions anormales aux stimuli sensoriels, victime de mauvais traitements physiques ou psychologiques ou d'agression sexuelle ; incapacité de s'adapter aux exigences du traitement, prise de conscience de la gravité de son état

Pertubation de l'identité personnelle

Facteurs favorisants possibles : dysfonctionnement cérébral organique, absence de création de liens de confiance, dépression anaclitique, fixation au stade présymbiotique

Manifestations possibles : indifférence aux sentiments et à l'existence des autres, anxiété générée par les contacts physiques avec les autres, incapacité partielle ou totale d'imiter les autres ou de répéter ce qu'ils disent, intérêt persistant pour les parties d'un objet, attachement obsessif aux objets, réaction de détresse face aux changements dans l'environnement ; entêtement et ritualisme, tendance marquée à se toucher, à se balancer

Stratégies d'adaptation familiale inefficaces (soutien compromis ou absence de soutien)

Facteurs favorisants possibles : incapacité des membres de la famille d'exprimer leurs sentiments ; sentiments démesurés de culpabilité, de colère ou de blâme face à l'état de l'enfant ; relations familiales ambivalentes ou discordantes ; longue maladie épuissant la capacité de soutien chez les membres de la famille

Manifestations possibles : déni de l'existence ou de la gravité des problèmes de comportement, verbalisation de ses propres réactions émotionnelles à la situation, tendance à rationaliser et à penser que la maladie disparaîtra avec l'âge, inefficacité grandissante des interventions auprès de l'enfant, tendance à s'éloigner de l'enfant ou à le surprotéger

Avortement spontané **Obs**

Déficit de volume liquidien [perte active]

Facteur favorisant possible : perte de sang excessive

Manifestations possibles : diminution de la pression différentielle et de l'amplitude du pouls, ralentissement du remplissage capillaire ou trouble de perception

Anxiété [préciser le degré]

Facteurs favorisants possibles : altération de l'état de santé de la patiente ou du fœtus, risque de mort

Manifestations possibles : agitation, tremblements, tension faciale, focalisation sur soi, sentiment d'incertitude

Manque de connaissances (préciser [le besoin d'apprentissage]) sur la cause de l'avortement, les soins personnels, la contraception et les grossesses futures

Facteurs favorisants possibles : nouveauté des changements qui se sont produits dans son corps ou dans ses besoins en matière de soins, manque de soutien

Manifestations possibles : demande d'informations, formulation d'inquiétudes ou d'idées fausses

Chagrin (deuil) [prévu]

Facteur favorisant possible : perte du fœtus

Manifestations possibles : pleurs, expression de tristesse, perturbation des habitudes alimentaires ou des habitudes de sommeil

Risque de perturbation de la sexualité

Facteurs de risque possibles : peur de tomber enceinte et/ou de perdre encore le fœtus, perturbation des rapports avec le partenaire, doute au sujet de sa féminité

Bronchite **SC**

Dégagement inefficace des voies respiratoires

Facteurs favorisants possibles : accumulation et épaississement des sécrétions

Manifestations possibles : rhonchi, tachypnée, toux inefficace

Intolérance à l'activité

Facteur favorisant possible : déséquilibre entre l'apport et les besoins en oxygène

Manifestations possibles : plaintes de fatigue et dyspnée, modification des signes vitaux après l'activité

Douleur [aiguë]

Facteurs favorisants possibles : inflammation localisée, toux persistante, douleur continue associée à la fièvre

Manifestations possibles : plaintes de malaises, comportements de diversion, masque de douleur

Bronchopneumonie MC/SC

(Voir aussi Bronchite.)

Dégagement inefficace des voies respiratoires

Facteurs favorisants possibles : inflammation trachéobronchique, formation d'un œdème, augmentation des expectorations, douleur pleurétique, manque d'énergie, fatigue

Manifestations possibles : altération de la fréquence et de l'amplitude respiratoires, bruits respiratoires anormaux, recours à la musculature accessoire, dyspnée, cyanose, toux efficace ou inefficace avec ou sans expectorations

Perturbation des échanges gazeux

Facteurs favorisants possibles : inflammation, accumulation de sécrétions nuisant aux échanges d'oxygène alvéolocapillaires, hypoventilation

Manifestations possibles : agitation ou altération de l'état mental, dyspnée, tachycardie, pâleur, cyanose, hypoxie (à l'analyse des gaz du sang artériel ou à l'oxymétrie)

Risque d'infection (contagion)

Facteurs de risque possibles : détérioration de l'action ciliaire, accumulation de sécrétions, préexistence d'une infection

Bronchopneumopathie chronique obstructive (BPCO) SC/MC

Perturbation des échanges gazeux

Facteurs favorisants possibles : altération de l'apport en oxygène (obstructions des voies respiratoires par des sécrétions ou un bronchospasme, rétention d'air), destruction des alvéoles

Manifestations possibles : dyspnée, agitation, confusion, altération des valeurs des gaz du sang artériel, diminution de la tolérance à l'activité

Dégagement inefficace des voies respiratoires

Facteurs favorisants possibles : bronchospasme, production accrue de sécrétions tenaces, rétention de sécrétions, manque d'énergie, fatigue

Manifestations possibles : râles sibilants et crépitants, tachypnée, dyspnée, pâleur ou cyanose, anomalie des clichés radiographiques

Intolérance à l'activité

Facteurs favorisants possibles : déséquilibre entre l'apport et les besoins en oxygène, faiblesse généralisée

Manifestations possibles : plaintes de fatigue, dyspnée d'effort, signes vitaux anormaux après une activité

Déficit nutritionnel

Facteur favorisant possible : incapacité d'ingérer suffisamment d'aliments (dyspnée, fatigue, effets secondaires des médicaments, expectorations, anorexie)

Manifestations possibles : perte de poids, altération du sens du goût (signalée par le patient), diminution de la masse musculaire ou du tissu adipeux sous-cutané, faible tonus musculaire, fatigue, dégoût ou manque d'intérêt pour la nourriture

Risque d'infection

Facteurs de risque possibles : diminution de l'activité ciliaire, stase (accumulation stagnante) des sécrétions, affaiblissement ou malnutrition

Brûlure **MC/SC**

(selon la nature, le degré et la gravité de la brûlure)

Risque de déficit de volume liquidien

Facteurs de risque possibles : pertes de liquides par les plaies, atteinte capillaire, évaporation, augmentation du métabolisme de base, apport liquidien insuffisant, pertes hémorragiques

Risque d'infection

Facteurs de risque possibles : destruction de la barrière dermique, présence de tissus nécrosés ou lésés, baisse du taux d'hémoglobine, suppression de la réaction inflammatoire, exposition au milieu ambiant, interventions effractives

Douleur [aiguë]

Facteurs favorisants possibles : destruction ou traumatisme des tissus et des nerfs, formation d'un oedème, soins des lésions

Manifestations possibles : plaintes, baisse de concentration, comportements de diversion et d'autoprotection, masque de douleur, réactions du système nerveux autonome (changement dans les signes vitaux)

Risque de déficit nutritionnel

Facteurs de risque possibles : augmentation du métabolisme de base en réaction aux lésions et au stress causés par les brûlures, apport insuffisant, catabolisme des protéines

Réaction post-traumatique
Facteur favorisant possible : situation qui menace la survie
Manifestations possibles : reviviscence de l'événement, rêves ou cauchemars répétitifs, torpeur psychique ou émotionnelle, troubles du sommeil

Péd

Manque de loisirs
Facteurs favorisants possibles : séjour prolongé au centre hospitalier, traitements longs et fréquents, restrictions physiques
Manifestations possibles : plaintes d'ennui, agitation, repli sur soi, propos indiquant le besoin de se divertir

Perturbation de la croissance et du développement
Facteurs favorisants possibles : effets de l'invalidité physique, séparation d'avec les personnes clés dans sa vie, milieu peu stimulant
Manifestations possibles : perte d'habiletés déjà acquises, incapacité ou refus d'accomplir ses soins personnels

Bursite **SC**

Douleur [aiguë] ou douleur chronique
Facteur favorisant possible : inflammation de l'articulation atteinte
Manifestations possibles : plaintes, comportement d'autoprotection, baisse de concentration

Altération de la mobilité physique
Facteurs favorisants possibles : inflammation ou œdème dans la région atteinte, douleur
Manifestations possibles : amplitude réduite des mouvements, réticence à effectuer des mouvements, restriction des mouvements imposée par le traitement médical

Calcul biliaire **SC**

(Voir Cholélithiase.)

Cancer **MC**

(Voir aussi Chimiothérapie.)

Peur ou anxiété [préciser le degré]
Facteurs favorisants possibles : crise situationnelle, changement ou risque de changement dans la situation socioéconomique, dans le rôle, dans les modes d'interaction ou dans l'état de santé ; peur de mourir, séparation d'avec la famille, contagion de l'anxiété ou de la peur
Manifestations possibles : verbalisation de ses inquiétudes, sentiment d'incompétence ou d'impuissance, insomnie ; tension accrue, agitation, focalisation sur soi, stimulation sympathique

Chagrin (deuil) par anticipation

Facteurs favorisants possibles : perte possible du bien-être physique (perte d'une partie du corps ou d'une fonction), anticipation d'une séparation d'avec des personnes clés dans sa vie ou de la fin d'un certain mode de vie (décès)

Manifestations possibles : colère, tristesse, repli sur soi, sentiments refoulés, perturbation des habitudes de sommeil, des habitudes alimentaires, des activités, de la libido et des modes de communication

Douleur [aiguë]

Facteurs favorisants possibles : processus morbide (compression des tissus nerveux, infiltration dans les nerfs ou les vaisseaux les irriguant, obstruction d'une voie de transmission nerveuse, inflammation), effets secondaires du traitement

Manifestations possibles : plaintes, focalisation sur soi, baisse de concentration, perte de tonus musculaire, masque de douleur, comportements de diversion ou d'autoprotection, réactions du système nerveux autonome, agitation

Fatigue

Facteurs favorisants possibles : production diminuée d'énergie métabolique, augmentation des besoins énergétiques (augmentation du métabolisme de base), fardeau psychologique ou émotionnel accablant, altération biochimique (effets secondaires des médicaments, chimiothérapie)

Manifestations possibles : manque d'énergie constant et accablant, incapacité de poursuivre ses activités habituelles, baisse du rendement, difficulté à se concentrer, léthargie ou apathie, perte d'intérêt pour le monde extérieur

Incapacité (partielle ou totale) d'organiser et d'entretenir le domicile

Facteurs favorisants possibles : affaiblissement, manque de ressources et/ou dysfonctionnement des réseaux de soutien

Manifestations possibles : verbalisation du problème, demande d'aide, manque de matériel ou d'aides techniques

Péd

Stratégies d'adaptation familiale inefficaces (soutien compromis ou absence de soutien)

Facteurs favorisants possibles : nature chronique de la maladie et de l'invalidité, nécessité de suivre continuellement des traitements, supervision des parents, restrictions imposées au mode de vie

Manifestations possibles : déni ou désespoir, dépression, comportements protecteurs ne correspondant pas aux capacités et au besoin d'autonomie du patient

Stratégies d'adaptation familiale efficaces [potentiel de croissance]

Facteur favorisant possible : capacité de la famille de répondre aux besoins du patient de façon satisfaisante et de s'adapter efficacement, ce qui lui permet de viser des objectifs d'actualisation de soi

Manifestation possible : propos indiquant que la crise a eu des effets positifs sur les valeurs, les priorités, les objectifs ou les relations de la famille

Risque de perturbation de la dynamique familiale

Facteurs de risque possibles : périodes de transition et/ou crises situationnelles, maladie prolongée, changement de rôle, problèmes financiers, passage d'un stade de développement à un autre (perte anticipée d'un membre de la famille)

Cardiochirurgie — MC/Péd

Anxiété [préciser le degré] ou peur

Facteurs favorisants possibles : changement dans l'état de santé, risque de décès, menace à l'image de soi

Manifestations possibles : stimulation sympathique, tension accrue, appréhension

Risque de diminution du débit cardiaque

Facteurs de risque possibles : diminution de la précharge (hypovolémie), perte de contractilité du myocarde, altération de la résistance vasculaire systémique (postcharge), altération de la conduction nerveuse (arythmies)

Déficit de volume liquidien [perte active]

Facteurs favorisants possibles : pertes sanguines sans rééquilibration adéquate durant l'opération ; hémorragie due à l'usage de l'héparine, à la fibrinolyse ou à la destruction de plaquettes ; effets de déplétion du traitement diurétique pendant ou après l'opération

Manifestations possibles : augmentation de la fréquence du pouls, diminution de l'amplitude du pouls et de la pression différentielle, diminution de la diurèse, hémoconcentration

Risque de perturbation des échanges gazeux

Facteurs de risque possibles : altération de la membrane alvéolocapillaire (atélectasie), œdème intestinal, mauvais fonctionnement des drains thoraciques ou enlèvement prématuré de ces drains, diminution de la capacité de fixation de l'oxygène dans le sang

Douleur [aiguë]

Facteurs favorisants possibles : inflammation ou traumatisme des tissus, formation d'un œdème, traumatisme d'un nerf pendant l'opération, ischémie du myocarde

Manifestations possibles : plaintes de douleur ou de malaise dans la région incisée et le thorax ; paresthésie ou douleur dans la main, le bras et l'épaule ; anxiété, agitation ; irritabilité ; comportements de diversion ; réactions du système nerveux autonome

Atteinte à l'intégrité de la peau ou des tissus
Facteurs favorisants possibles : traumatisme mécanique (incision chirurgicale, orifice de ponction), œdème
Manifestation possible : rupture de la surface cutanée ou des tissus

Cataracte — SC

Altération de la perception visuelle
Facteurs favorisants possibles : altération de la réception sensorielle, déficience de l'organe de la vue, restrictions thérapeutiques (intervention chirurgicale, port d'un pansement occlusif)
Manifestations possibles : diminution de l'acuité visuelle, distorsions visuelles, changement dans les réactions habituelles aux stimuli

Risque de trauma
Facteurs de risque possibles : vision affaiblie, altération de la coordination main-œil

Anxiété [préciser le degré] ou peur
Facteurs favorisants possibles : altération de l'acuité visuelle, risque de perdre la vue et son autonomie de façon permanente
Manifestations possibles : verbalisation du problème, appréhension, sentiment d'incertitude

Manque de connaissances [besoin d'apprentissage] sur la façon de s'adapter à une altération des capacités, sur les différents traitements possibles et sur les changements à apporter dans le mode de vie
Facteurs favorisants possibles : manque d'expérience face à la situation, manque de mémoire, interprétation erronée des informations, déficit cognitif
Manifestations possibles : demande d'informations, verbalisation du problème, incapacité de suivre correctement les directives, apparition de complications évitables

Césarienne d'urgence — Obs

Manque de connaissances [besoin d'apprentissage] sur l'intervention, la physiopathologie sous-jacente et les besoins en matière de soins personnels
Facteur favorisant possible : informations incomplètes ou inadéquates

Manifestations possibles : demande d'informations, verbalisation du problème ou d'idées fausses, comportement inopportun ou excessif

Anxiété [préciser le degré]
Facteurs favorisants possibles : risques, réels ou non, que courent la mère ou le fœtus, atteinte à l'estime de soi, attentes ou besoins insatisfaits, contagion de l'anxiété
Manifestations possibles : tension accrue, appréhension, sentiment d'incompétence, stimulation sympathique, difficulté à se concentrer, agitation

Risque de perturbation situationnelle de l'estime de soi
Facteur de risque possible : impression d'« échouer » dans un domaine important

Risque de douleur [aiguë]
Facteurs de risque possibles : contractions intenses et prolongées, réaction psychologique

Risque d'infection
Facteurs de risque possibles : interventions effractives, rupture des membranes amniotiques, rupture de l'épiderme, baisse du taux d'hémoglobine, exposition à des agents pathogènes

Chimiothérapie — MC/SC

(Voir aussi Cancer.)

Risque de déficit de volume liquidien
Facteurs de risque possibles : pertes gastro-intestinales (vomissements), problèmes empêchant le patient d'avoir un apport liquidien adéquat (stomatite ou anorexie), pertes de liquide par des ouvertures artificielles (sondes à demeure, plaies, etc.) ou anormales (fistules, etc.), augmentation du métabolisme

Déficit nutritionnel
Facteur favorisant possible : incapacité d'ingérer suffisamment de matières nutritives (nausées, anorexie, stomatite ou fatigue), augmentation du métabolisme
Manifestations possibles : perte de poids (atrophie des muscles), dégoût pour la nourriture, altération du sens du goût (signalée par le patient); ulcère buccal, inflammation de la cavité buccale ; diarrhée et/ou constipation

Atteinte à l'intégrité de la muqueuse buccale
Facteurs favorisants possibles : effets secondaires des médicaments et/ou de la radiothérapie, déshydratation et malnutrition
Manifestations possibles : ulcération, leucoplasie, diminution de la sécrétion salivaire, plaintes de douleur

Perturbation de l'image corporelle

Facteurs favorisants possibles : altérations morphologiques ou anatomiques, perte de cheveux ou de poids

Manifestations possibles : sentiments négatifs envers son propre corps, inquiétude face au changement, sentiments d'impuissance et de désespoir, détérioration de la vie sociale

Choc **MC**

(Voir aussi Choc cardiogénique, Choc hémorragique.)

Diminution de l'irrigation tissulaire [préciser]

Facteur favorisant possible : altération du volume circulant et/ou du tonus vasculaire

Manifestations possibles : altération de la couleur et/ou de la température de la peau, modification de la pression différentielle, chute de la pression artérielle, perturbation de l'état mental, diminution de la diurèse

Anxiété [préciser le degré]

Facteurs favorisants possibles : changement ou risque de changement dans l'état de santé

Manifestations possibles : tension accrue, appréhension, stimulation sympathique, agitation, expression d'inquiétudes

Choc cardiogénique **MC**

Diminution du débit cardiaque

Facteurs favorisants possibles : atteinte à la structure du cœur, diminution de la contractilité du myocarde, dysrythmies

Manifestations possibles : anomalies à l'électrocardiogramme, variation des paramètres hémodynamiques, turgescence des jugulaires, peau froide et moite, diminution des pouls périphériques, diminution de la diurèse

Choc hémorragique **MC**

Déficit de volume liquidien [perte active]

Facteurs favorisants possibles : perte vasculaire excessive, apport insuffisant, remplacement inadéquat

Manifestations possibles : hypotension, tachycardie, diminution de la pression différentielle et de l'amplitude du pouls, altération de l'état mental, diurèse diminuée ou urine concentrée

Choc insulinique **MC/SC**

(Voir Hypoglycémie.)

Cholécystectomie **MC**

Douleur [aiguë]

Facteurs favorisants possibles : rupture des couches tissulaires ou cutanées suivie d'une fermeture mécanique (suture, agrafe), interventions effractives (notamment la pose d'une sonde nasogastrique)

Manifestations possibles : plaintes, comportements d'autoprotection ou de diversion, réactions du système nerveux autonome (changement dans les signes vitaux)

Mode de respiration inefficace

Facteurs favorisants possibles : diminution de l'amplitude thoracique (douleur et faiblesse musculaire), manque d'énergie, fatigue, toux inefficace

Manifestations possibles : vibrations vocales, tachypnée, diminution de l'amplitude respiratoire et de la capacité vitale

Risque de déficit de volume liquidien

Facteurs de risque possibles : aspiration nasogastrique, restriction de l'apport liquidien pour des raisons médicales, altération de la coagulation

Cholélithiase **SC**

Douleur [aiguë]

Facteurs favorisants possibles : inflammation et distension des tissus, spasme du canal biliaire

Manifestations possibles : plaintes, comportements d'autoprotection ou de diversion, réactions du système nerveux autonome (changement dans les signes vitaux)

Déficit nutritionnel

Facteurs favorisants possibles : incapacité d'ingérer des aliments ou d'absorber des matières nutritives (intolérance à la nourriture ou douleur, nausées et vomissements, anorexie)

Manifestations possibles : dégoût pour la nourriture ou diminution de l'apport nutritionnel, perte de poids

Manque de connaissances [besoin d'apprentissage] sur la physiopathologie, les traitements possibles et les besoins en matière de soins personnels

Facteurs favorisants possibles : manque d'informations, interprétation erronée des informations

Manifestations possibles : verbalisation du problème, questions, rechute

Cirrhose **MC**

Déficit nutritionnel

Facteur favorisant possible : incapacité d'ingérer des aliments et d'absorber des matières nutritives (anorexie, nausées, indigestion, fonction intestinale anormale, altération du stockage des vitamines)

Manifestations possibles : dégoût pour la nourriture, apport insuffisant (observé par l'infirmière), atrophie musculaire, perte de poids, carences nutritionnelles

Excès de volume liquidien

Facteurs favorisants possibles : altération des mécanismes de régulation (carence en protéines plasmatiques ou malnutrition, etc.), apport excessif en liquides ou en sodium

Manifestations possibles : œdème généralisé ou ascite, gain pondéral, dyspnée, changements dans la pression artérielle, reflux hépatojugulaire, altération de l'état mental, déséquilibre électrolytique, altération de la densité urinaire, épanchement pleural

Risque d'atteinte à l'intégrité de la peau

Facteurs de risque possibles : altération de la circulation ou du métabolisme, persistance du pli cutané, proéminences osseuses, présence d'œdème ou d'ascite

Risque d'altération des opérations de la pensée

Facteurs de risque possibles : altérations physiologiques (augmentation du taux sérique d'ammoniaque et incapacité du foie de détoxiquer certaines enzymes ou substances chimiques)

Perturbation de l'estime de soi ou perturbation de l'image corporelle

Facteurs favorisants possibles : changements biophysiques ou altération de l'apparence physique, pronostic incertain, changement dans les fonctions liées au rôle, vulnérabilité, comportements autodestructeurs (maladie causée par l'alcool)

Manifestations possibles : verbalisation des changements survenus dans le mode de vie, peur d'être rejeté, peur de la réaction des autres, sentiments négatifs envers son corps et envers ses capacités, perte d'espoir, sentiment d'impuissance

Risque d'accident (hémorragie)

Facteurs de risque possibles : hémogramme anormal (facteurs de coagulation anormaux), hypertension portale ou apparition de varices œsophagiennes

Coagulation intravasculaire disséminée MC

Anxiété [préciser le degré] ou peur

Facteurs favorisants possibles : changement soudain dans l'état de santé, peur de mourir, peur de la transmission ou de la contagion

Manifestations possibles : stimulation sympathique, agitation, focalisation sur soi, appréhension

Risque de déficit de volume liquidien

Facteurs de risque possibles : insuffisance des mécanismes de régulation (processus de coagulation), perte active ou hémorragie

Diminution de l'irrigation tissulaire [préciser]

Facteur favorisant possible : altération de l'irrigation artérielle ou veineuse (présence de microcaillots dans le système circulatoire et hypovolémie)

Manifestations possibles : altération de la fréquence et de l'amplitude respiratoires, perturbation de la conscience, diminution de la diurèse, apparition de cyanose dans les extrémités, gangrène en foyer

Risque de perturbation des échanges gazeux

Facteurs de risque possibles : diminution de la capacité de fixation de l'oxygène dans le sang, apparition d'acidose, dépôt de fibrine dans la microcirculation, atteinte ischémique du parenchyme pulmonaire

Douleur [aiguë]

Facteurs favorisants possibles : saignements dans les articulations ou les muscles, formation d'un hématome et ischémie tissulaire accompagnée de cyanose dans les extrémités, gangrène en foyer

Manifestations possibles : plaintes, difficulté à se concentrer, altération du tonus musculaire, comportements de diversion ou de défense, agitation, réactions du système nerveux autonome

Coccidioïdomycose (fièvre de la vallée de San Joaquin) SC

Douleur [aiguë]

Facteur favorisant possible : inflammation

Manifestations possibles : plaintes, comportements de diversion, difficulté à se concentrer

Fatigue

Facteurs favorisants possibles : diminution de la production d'énergie, malaise

Manifestations possibles : manque d'énergie accablant (signalé par le patient), incapacité de continuer à effectuer ses activités habituelles, instabilité émotionnelle ou irritabilité, difficulté à se concentrer, baisse de l'endurance, baisse de la libido

Manque de connaissances [besoin d'apprentissage] sur la nature et l'évolution de la maladie et sur les exigences du traitement

Facteur favorisant possible : manque d'informations

Manifestations possibles : verbalisation du problème, questions

Colostomie (anus artificiel) MC

Risque d'atteinte à l'intégrité de la peau

Facteurs de risque possibles : absence de sphincter dans la région de l'anus artificiel, irritation chimique causée par le contenu caustique de l'intestin, mauvais ajustement du dispositif

Risque de diarrhée ou de constipation

Facteurs de risque possibles : interruption ou altération de la fonction intestinale normale, changements dans l'apport nutritionnel et liquidien, effets des médicaments

SC

Manque de connaissances [besoin d'apprentissage] sur l'altération de la fonction physiologique, les besoins en matière de soins personnels et les exigences du traitement

Facteurs favorisants possibles : ignorance sur le sujet, manque de mémoire, interprétation erronée des informations

Manifestations possibles : questions, verbalisation du problème, difficulté à suivre correctement les directives, apparition de complications évitables

Perturbation de l'image corporelle

Facteurs favorisants possibles : altération biophysique (présence d'un anus artificiel, perte du contrôle de l'élimination intestinale), facteurs psychosociaux (altération morphologique, processus morbide et programme thérapeutique associé, cancer, colite, etc.)

Manifestations possibles : changement dans la façon de se percevoir (exprimé par le patient), sentiments négatifs envers son corps, peur d'être rejeté, peur de la réaction des autres, incapacité de toucher ou de regarder l'anus artificiel, refus de participer aux soins

Perturbation des interactions sociales

Facteur favorisant possible : peur d'être dans une situation embarrassante à cause de la perte de contrôle de l'élimination intestinale (émission de selles, odeur)

Manifestations possibles : diminution de la participation, malaise en société (exprimé par le patient ou observé par l'infirmière)

Risque de dysfonctionnement sexuel

Facteurs de risque possibles : altération structurale ou fonctionnelle, résection radicale, interventions thérapeutiques, vulnérabilité ou inquiétude quant à la réaction de la personne clé dans sa vie, perturbation des réactions sexuelles (érection difficile, etc.)

Coma diabétique — MC

(Voir Acidocétose diabétique.)

Commotion cérébrale — SC

Douleur [aiguë]

Facteurs favorisants possibles : traumatisme ou œdème dans les tissus cérébraux

Manifestations possibles : plaintes de céphalées, comportements d'autoprotection ou de diversion, difficulté à se concentrer

Risque de déficit de volume liquidien

Facteurs de risque possibles : vomissements, diminution de l'apport liquidien, augmentation du métabolisme de base (fièvre)

Manque de connaissances [besoin d'apprentissage] sur le problème de santé, les exigences du traitement, les complications possibles et les mesures de précaution à prendre

Facteurs favorisants possibles : manque de mémoire, interprétation erronée des informations, déficit cognitif

Manifestations possibles : questions, verbalisation du problème, apparition de complications évitables

Constipation SC

Constipation

Facteurs favorisants possibles : faiblesse de la musculature abdominale, lésions obstructives du tube digestif, douleur à la défécation, examens diagnostiques, grossesse

Manifestations possibles : changement dans les caractéristiques ou la fréquence des selles, sensation de plénitude ou d'oppression abdominale ou rectale, diminution des bruits intestinaux, ballonnement abdominal

Douleur [aiguë]

Facteurs favorisants possibles : sensation de plénitude ou d'oppression abdominale, besoin de forcer pour déféquer, traumatisme subi par des tissus délicats

Manifestations possibles : plaintes, réticence à déféquer, comportements de diversion

Manque de connaissances [besoin d'apprentissage] sur les besoins nutritionnels, la fonction intestinale et les effets des médicaments

Facteurs favorisants possibles : manque d'informations, idées fausses

Manifestations possibles : apparition d'un problème, verbalisation d'inquiétudes, questions

Convalescence postopératoire SC

Mode de respiration inefficace

Facteurs favorisants possibles : atteinte neuromusculaire, trouble de la perception, déficit cognitif, dilatation pulmonaire réduite, baisse d'énergie, obstruction trachéobronchique

Manifestations possibles : altération de la fréquence et de l'amplitude respiratoires, capacité vitale réduite, apnée, cyanose, respiration bruyante

Risque d'altération de la température corporelle

Facteurs de risque possibles : exposition au froid, effets des médicaments ou des anesthésiques, extrêmes d'âge ou de poids, déshydratation

Altération de la perception sensorielle [préciser] ou altération des opérations de la pensée

Facteurs favorisants possibles : altération chimique (utilisation d'agents pharmaceutiques, hypoxie), environnement limité par des restrictions thérapeutiques, stimuli sensoriels excessifs, stress psychologique

Manifestations possibles : changement dans les réactions habituelles aux stimuli, incoordination motrice ; difficulté à se concentrer, à raisonner ou à prendre des décisions ; désorientation spatiotemporelle et incapacité de reconnaître les personnes

Risque de déficit de volume liquidien

Facteurs de risque possibles : restriction de l'apport oral, pertes liquidiennes par des ouvertures artificielles (sondes, drains) ou par les voies naturelles (vomissements, atteinte à l'intégrité vasculaire, altération de la coagulation), extrêmes d'âge ou de poids

Douleur [aiguë]

Facteurs favorisants possibles : atteinte à l'intégrité de la peau, des tissus ou des muscles, traumatisme musculosquelettique ou osseux, présence de sondes ou de drains

Manifestations possibles : plaintes, altération du tonus musculaire, masque de douleur, comportements de défense ou de diversion, difficulté à se concentrer, réactions du système nerveux autonome (changements dans les signes vitaux)

Atteinte à l'intégrité de la peau ou atteinte à l'intégrité des tissus

Facteurs favorisants possibles : rupture mécanique de la peau ou des tissus, altération de la circulation, effets des médicaments, accumulation de produits de drainage et perturbation du métabolisme

Manifestations possibles : rupture de l'épiderme, des couches cutanées ou des tissus

Risque d'infection

Facteurs de risque possibles : rupture de la peau, traumatisme des tissus, stase des liquides biologiques, présence d'agents pathogènes ou de contaminants, exposition à l'air ambiant, interventions effractives

Croup — Péd/SC

Dégagement inefficace des voies respiratoires

Facteurs favorisants possibles : accumulation de mucus épais et tenace, tuméfaction ou spasme de l'épiglotte

Manifestations possibles : toux rauque ou rude, tachypnée, utilisation de la musculature accessoire, respiration sifflante

Déficit de volume liquidien [perte active]

Facteurs favorisants possibles : difficulté à avaler, peur

d'avaler, fièvre, augmentation de la perspiration insensible par les poumons
Manifestations possibles : sécheresse des muqueuses, persistance du pli cutané, urine concentrée et peu abondante

Cystite SC

Douleur [aiguë]
Facteurs favorisants possibles : inflammation, spasmes vésicaux
Manifestations possibles : plaintes, comportements de diversion, difficulté à se concentrer

Altération de l'élimination urinaire
Facteurs favorisants possibles : inflammation ou irritation de la vessie
Manifestations possibles : mictions fréquentes, nycturie et dysurie

Manque de connaissances [besoin d'apprentissage] sur la physiopathologie de la maladie, le traitement et la prévention des rechutes
Facteurs favorisants possibles : informations insuffisantes, idées fausses
Manifestations possibles : verbalisation du problème, questions ; infection récurrentes

Décollement prématuré du placenta normalement inséré Obs

Déficit de volume liquidien [perte active]
Facteur favorisant possible : perte de sang excessive
Manifestations possibles : hypotension, diminution de la pression différentielle et de l'amplitude du pouls, ralentissement du remplissage capillaire, trouble de perception

Anxiété [préciser le degré]
Facteur favorisant possible : décès possible du foetus et/ou de soi-même
Manifestations possibles : focalisation sur soi, tension faciale, agitation, sentiment d'incertitude, inquiétude

Douleur [aiguë]
Facteur favorisant possible : accumulation de sang entre la paroi utérine et le placenta
Manifestations possibles : plaintes, comportements visant à protéger l'abdomen, tension musculaire, changement dans les signes vitaux

Perturbation des échanges gazeux chez le fœtus
Facteur favorisant possible : altération des échanges d'oxygène utéroplacentaires
Manifestations possibles : modification de la fréquence cardiaque, diminution des mouvements foetaux

Décollement rétinien **MC/SC**

Altération de la perception sensorielle (visuelle)

Facteur favorisant possible : diminution de la réception sensorielle

Manifestations possibles : distorsions visuelles, réduction du champ de vision, altération de l'acuité visuelle

Manque de connaissances [besoin d'apprentissage] sur le traitement, le pronostic et les besoins en matière de soins personnels

Facteurs favorisants possibles : manque d'informations, idées fausses

Manifestations possibles : verbalisation du problème, questions

Risque d'incapacité (partielle ou totale) d'organiser et d'entretenir le domicile

Facteur de risque possible : restriction des activités après l'opération ou déficit visuel

Déhiscence (abdominale) **MC**

Atteinte à l'intégrité de la peau

Facteurs favorisants possibles : perturbation de la circulation, problème nutritionnel (obésité ou malnutrition), contrainte mécanique sur l'incision

Manifestations possibles : cicatrisation lente ou déficiente, rupture de l'épiderme ou de la suture

Risque d'infection

Facteurs de risque possibles : altération des mécanismes de défense primaires (désunion des lèvres de la plaie, traumatisme des intestins, exposition à l'air ambiant)

Risque d'atteinte à l'intégrité des tissus

Facteur de risque possible : exposition du contenu abdominal à l'air ambiant

Peur ou anxiété [grave]

Facteurs favorisants possibles : situation de crise, perception d'un risque de mort ;

Manifestations possibles : crainte, agitation, stimulation sympathique

Manque de connaissances [besoin d'apprentissage] sur la maladie, le pronostic et les exigences du traitement

Facteurs favorisants possibles : manque d'informations ou perte de mémoire, interprétation erronée des informations

Manifestations possibles : apparition de complications évitables, demande d'informations, verbalisation du problème

Delirium tremens **MC/Psy**

Altération de la perception sensorielle [préciser]

Facteurs favorisants possibles : altération chimique exogène ou endogène, privation de sommeil, stress psychologique

Manifestations possibles : désorientation, agitation, irritabilité, réactions émotionnelles exagérées, idées bizarres, distorsions ou hallucinations visuelles et auditives

Risque de déficit de volume liquidien

Facteurs de risque possibles : diminution de l'apport liquidien, transpiration abondante, agitation

Risque de trauma

Facteurs de risque possibles : perturbation de l'équilibre, manque de coordination musculaire, déficit cognitif, activité musculaire clonique ou tonique involontaire

Déficit nutritionnel

Facteurs favorisants possibles : mauvais apport nutritionnel, effets de l'alcool sur les organes participant à la digestion, difficulté à absorber et à métaboliser les nutriments et les acides aminés

Manifestations possibles : apport alimentaire insuffisant (signalé par le patient), altération du sens du goût, manque d'intérêt pour la nourriture, affaiblissement, perte de tissu adipeux sous-cutané, diminution de la masse musculaire, signes de carence en minéraux et en électrolytes (y compris des résultats de laboratoire anormaux)

Démence présénile ou sénile SC/Psy

(Voir aussi Maladie d'Alzheimer.)

Altération des opérations de la pensée

Facteurs favorisants possibles : dégénérescence neuronale cérébrale irréversible, perte de mémoire, privation de sommeil, conflits psychologiques

Manifestations possibles : problèmes de mémoire, difficulté à saisir des idées, à résoudre des problèmes ou à prendre des décisions, diminution de la durée de l'attention, désorientation, délire, comportement social inopportun, affect perturbé

Troubles de la mémoire

Facteurs favorisants possibles : pertubations neurologiques

Manifestations possibles : oublis observés par autrui, incapacité de se rappeller si un geste a été fait, incapacité d'appliquer des habilités déjà acquises, incapacité de se rappeler des informations factuelles ou des événements récents ou lointains

Risque de trauma

Facteurs de risque possibles : altération de la coordination musculaire et de l'équilibre, erreurs de jugement, crises convulsives

Risque de défaillance dans l'exercice du rôle de l'aidant naturel

Facteurs de risque possibles : gravité de la maladie de la personne soignée, durée de la période de soins, comportements déviants et bizarres de la personne soignée ; isolement de la famille et de l'aidant naturel, manque de répit et de loisirs, fait que l'aidant et la personne soignée sont conjoints

Dérivation urinaire **MC/SC**

Risque d'atteinte à l'intégrité de la peau

Facteurs de risque possibles : absence de sphincter dans la zone de l'urétérostomie, caractéristiques et débit de l'urine par l'abouchement, réaction au produit employé, dispositif mal adapté, enlèvement de l'adhésif

Perturbation de l'image corporelle ou perturbation de l'estime de soi

Facteurs favorisants possibles : facteurs biophysiques (présence d'une stomie, perte du contrôle de l'élimination urinaire), facteurs psychosociaux (altération de la structure corporelle, processus morbide ou programme thérapeutique associé [cancer])

Manifestations possibles : verbalisation d'un changement d'image corporelle, peur du rejet ou de la réaction des autres, sentiments négatifs envers son corps, incapacité de regarder ou de toucher la stomie, refus de participer aux soins

Douleur [aiguë]

Facteurs favorisants possibles : facteurs physiques (rupture de la peau ou des tissus, incision ou drain), facteurs biologiques (effets du processus morbide), facteurs psychologiques (peur, anxiété)

Manifestations possibles : plaintes, focalisation sur soi, comportements de diversion ou de défense, agitation, réactions du système nerveux autonome (changement dans les signes vitaux)

Altération de l'élimination urinaire

Facteurs favorisants possibles : dérivation chirurgicale, traumatisme tissulaire, œdème postopératoire

Manifestations possibles : incontinence, changement dans la quantité et les caractéristiques de l'urine, rétention urinaire

Déshydratation **Péd**

Déficit de volume liquidien [préciser]

Facteur favorisant possible : problème particulier du patient

Manifestations possibles : sécheresse des muqueuses, persistance du pli cutané, diminution de l'amplitude du pouls et de la pression différentielle, grande soif

Risque d'atteinte à l'intégrité de la muqueuse buccale

Facteurs de risque possibles : déshydratation, diminution de la sécrétion salivaire

Manque de connaissances [besoin d'apprentissage] sur les besoins liquidiens

Facteurs favorisants possibles : manque d'informations, interprétation erronée des informations

Manifestations possibles : questions, verbalisation du problème, incapacité de suivre correctement les directives, apparition de complications évitables

Désintoxication (dépendance, consommation excessive) Psy/SC

(Voir aussi Surdose.)

Déni non constructif ou stratégies d'adaptation individuelle inefficaces

Facteurs favorisants possibles : vulnérabilité, difficulté à faire face aux situations nouvelles, antécédents de stratégies d'adaptation inefficaces ou inadéquates avec tendance à compenser par des comportements toxicomanes, anxiété, peur

Manifestations possibles : incapacité de reconnaître le fait que la situation actuelle est causée par la toxicomanie, adoption de comportements manipulateurs pour éviter les responsabilités personnelles, altération des habitudes ou de la participation sociale, comportement inadapté, difficulté à résoudre des problèmes, problèmes professionnels, problèmes financiers importants, difficulté à surmonter le stress de la maladie ou de l'hospitalisation

Sentiment d'impuissance

Facteurs favorisants possibles : toxicomanie avec ou sans périodes d'abstinence, excès compulsifs épisodiques, tentatives d'abstinence, manque chronique d'initiative

Manifestations possibles : vaines tentatives d'abstinence, incapacité de cesser de consommer (exprimée par le patient) ou demande d'aide, tendance à penser continuellement à la drogue et/ou aux moyens de s'en procurer, altération de la vie personnelle, professionnelle et sociale

Déficit nutritionnel

Facteur favorisant possible : apport nutritionnel insuffisant par rapport aux besoins métaboliques pour des raisons psychologiques, physiologiques ou financières

Manifestations possibles : poids inférieur au poids idéal, perte de tissus adipeux sous-cutanés, diminution de la masse musculaire, altération du sens du goût, piètre tonus musculaire, ulcération ou inflamation de la cavité buccale, manque d'intérêt pour la nourriture, épreuves de laboratoire révélant des carences en protéines et/ou en vitamines

Stratégies d'adaptation familiale inefficaces (soutien compromis ou absence de soutien) ou défaillance dans l'exercice du rôle de l'aidant naturel

Facteurs favorisants possibles : vulnérabilité des différents membres de la famille, problèmes de codépendance, crise situationnelle, réseaux sociaux compromis, désorganisation de la famille ou changements de rôles, aggravation de la maladie ou maladie prolongée qui épuise la capacité de soutien des membres de la famille, personne clé éprouvant des sentiments refoulés depuis longtemps (culpabilité, colère, hostilité, désespoir)

Manifestations possibles : déni, incapacité de reconnaître que la situation actuelle est causée par l'alcool ou la drogue ou conviction que tous les problèmes sont dus à la toxicomanie, dynamique familiale très dysfonctionnelle (par exemple, violence familiale, mauvais traitements envers le conjoint ou les enfants, séparation ou divorce), problèmes financiers importants, problèmes professionnels, altération des habitudes et de la participation sociales, comportements de complicité ou de codépendance de la part d'une personne clé

Dysfonctionnement sexuel

Facteurs favorisants possibles : altération des fonctions corporelles (atteinte neurologique et effets invalidants de la toxicomanie), altération de l'apparence

Manifestation possible : apparition graduelle de problèmes sexuels (atrophie testiculaire importante, gynécomastie, impuissance ou diminution des spermatozoïdes chez les hommes ; perte de poils, peau mince ou molle, angiomes stellaires, aménorrhée, risque accru d'avortement chez les femmes)

Perturbation de la dynamique familiale : alcoolisme

Facteurs favorisants possibles : abus d'alcool, antécédents d'alcoolisme, stratégies d'adaptation inadéquates ou incapacité de résoudre efficacement ses problèmes, prédisposition génétique ou influences biochimiques

Manifestations possibles : sentiments de colère, de frustration ou de culpabilité, vulnérabilité, détérioration des relations familiales, déni, systèmes de communication fermés, instauration de relations familiales triangulaires, manipulation, blâme

Diabète sucré — SC/Péd

Manque de connaissances [besoin d'apprentissage] sur la maladie, le traitement et les besoins en matière de soins

Facteurs favorisants possibles : ignorance sur le sujet, manque de mémoire, interprétation erronée des informations

Manifestations possibles : demande d'informations, expression d'inquiétudes ou d'idées fausses, incapacité de suivre correctement les directives, apparition de complications évitables

Déficit nutritionnel

Facteur favorisant possible : incapacité d'utiliser les matières nutritives (déséquilibre entre l'apport glucidique et l'utilisation du glucose) nécessaires au métabolisme

Manifestations possibles : perte de poids, faiblesse musculaire, augmentation de la soif ou des mictions, hyperglycémie

Risque d'incapacité de s'adapter à un changement dans l'état de santé

Facteur de risque possible : besoin d'apporter au mode de vie et à l'image de soi des changements importants qui nécessitent l'observance à vie d'un programme thérapeutique et l'internalisation du pouvoir d'agir et de décider

Risque d'infection

Facteurs de risque possibles : affaiblissement de la fonction leucocytaire, perturbation de la circulation, cicatrisation lente

Stratégies d'adaptation familiale inefficaces : soutien compromis

Facteurs favorisants possibles : informations inadéquates ou erronées d'une personne clé, incompréhension de la personne clé face à la situation, crise de situation ou de croissance à laquelle la personne clé doit faire face, maladie chronique nécessitant des changements de comportements difficiles pour la famille

Manifestations possibles : confusion quant à ce qu'il faut faire (signalée par la famille), sentiment d'avoir du mal à s'adapter à la situation ; incapacité de la famille de répondre aux besoins physiques et affectifs de ses membres ; personne clé préoccupée par ses propres réactions (culpabilité, peur, etc.); attitude trop ou insuffisamment protectrice de la part d'une personne clé compte tenu des capacités ou des besoins d'autonomie du patient

Dialyse générale SC

(Voir aussi Dialyse péritonéale, Hémodialyse.)

Déficit nutritionnel

Facteurs favorisants possibles : apport alimentaire insuffisant (diète restrictive, anorexie, nausées et vomissements, stomatite), perte de protéines durant le traitement

Manifestations possibles : apport inadéquat (signalé par le patient), dégoût pour la nourriture, attération du sens du goût, manque de tonus musculaire ou faiblesse, ulcération ou inflammation buccale, pâleur des conjonctives et des muqueuses

Chagrin (deuil) par anticipation

Facteurs favorisants possibles : perte, réelle ou ressentie ; maladie chronique et/ou fatale ; réaction de contrariété face à la perte

Manifestations possibles : verbalisation d'un sentiment de détresse ou de problèmes non résolus ; déni de la perte ; perturbation des habitudes alimentaires, des habitudes de sommeil, des rêves, baisse du niveau d'activité et de la libido ; pleurs, affect instable et sentiments de tristesse, de culpabilité et de colère

Perturbation de l'image corporelle ou perturbation dans l'exercice du rôle

Facteurs favorisants possibles : crise situationnelle et maladie chronique nécessitant des changements dans les rôles habituels

Manifestations possibles : verbalisation des changements survenus dans le mode de vie, tendance à parler beaucoup de ses fonctions telles qu'elles étaient auparavant, sentiments négatifs envers son corps, sentiment d'impuissance, extension du moi à des objets (appareil de dialyse, etc.), détérioration de la vie sociale, tendance à dépendre exagérément d'autrui pour ses soins, incapacité d'assumer ses soins personnels ou de suivre correctement les directives reçues, comportements autodestructeurs

Stratégies d'adaptation individuelle inefficaces

Facteurs favorisants possibles : crise situationnelle et vulnérabilité, nombreux changements dans la vie, dysfonctionnement des réseaux de soutien, douleurs intenses, menace importante au moi

Manifestations possibles : incapacité de faire face à la situation ou de demander de l'aide (signalée par le patient), inquiétude constante, fatigue, insomnie, anxiété ou dépression, emploi inadéquat des mécanismes de défense

Sentiment d'impuissance

Facteurs favorisants possibles : maladie et milieu de soins

Manifestations possibles : sentiment de n'avoir aucun pouvoir sur la situation, dépression face à la détérioration physique, absence de participation aux soins, colère, passivité

Stratégies d'adaptation familiale inefficaces (soutien compromis ou absence de soutien)

Facteurs favorisants possibles : informations inadéquates, erronées ou mal comprises par une personne clé ; désorganisation de la famille et changements de rôles temporaires ; manque de soutien entre le patient et la personne clé ; durée de la maladie, aggravation de l'invalidité qui épuisent la capacité de soutien des personnes clés

Manifestations possibles : plaintes et inquiétude quant à l'attitude de la personne clé (exprimées par le patient), réactions inadaptées de la part de la famille à l'égard du problème de santé du patient, sentiment d'inquiétude ressenti par la personne clé face à ses propres réactions, comportements d'intolérance ou de rejet, comportements trop ou insuffisamment protecteurs compte tenu des capacités et du besoin d'autonomie du patient

Dialyse péritonéale MC/SC

(Voir aussi Dialyse générale.)

Risque d'excès de volume liquidien

Facteurs de risque possibles : mauvais gradient osmotique de la solution, rétention liquidienne (problèmes de drainage du dialysat ou mauvais gradient osmotique de la solution), apport oral ou intraveineux excessif

Douleur [aiguë]

Facteurs favorisants possibles : interventions thérapeutiques (irritation causée par le cathéter, cathéter mal installé), œdème ou distension abdominale, inflammation ou infection, perfusion trop rapide ou perfusion d'un dialysat froid ou acide

Manifestations possibles : plaintes, comportements de diversion et d'autoprotection, focalisation sur soi

Risque d'infection

Facteurs de risque possibles : contamination du cathéter ou du dialyseur, présence d'agents pathogènes sur la peau, péritonite stérile (réaction à la composition du dialysat)

Risque de mode de respiration inefficace

Facteurs de risque possibles : pression abdominale accrue accompagnée d'une excursion diaphragmatique réduite, perfusion trop rapide du dialysat, douleur ou malaises, inflammation (atélectasie, pneumonie, etc.)

Diarrhée Péd/SC

Manque de connaissances [besoin d'apprentissage] sur les facteurs d'étiologie ou d'influence et sur les exigences du traitement

Facteurs favorisants possibles : manque d'informations, idées fausses

Manifestations possibles : verbalisation du problème, questions, apparition de complications évitables

Risque de déficit de volume liquidien

Facteurs de risque possibles : pertes excessives par le tube digestif, apport liquidien insuffisant

Douleur [aiguë]
Facteurs favorisants possibles : crampes abdominales, irritation ou excoriation de la peau
Manifestations possibles : plaintes, grimaces de douleur, réactions du système nerveux autonome
Atteinte à l'intégrité de la peau
Facteurs favorisants possibles : effets des selles diarrhéiques sur des tissus délicats
Manifestations possibles : plaintes de malaise, rupture de l'épiderme, destruction des couches cutanées

Dilatation et curetage **Obs/Gyn**
(Voir aussi Avortement spontané.)

Manque de connaissances [besoin d'apprentissage] sur l'intervention chirurgicale, les complications postopératoires possibles et les exigences du traitement
Facteur favorisant possible : ignorance sur le sujet
Manifestations possibles : demande d'informations, verbalisation du problème ou d'idées fausses

Dissociation (y compris les personnalités multiples) **Psy**
Anxiété [grave, panique] ou peur
Facteurs favorisants possibles : incapacité de s'adapter qui date de l'enfance, conflit inconscient, menace au concept de soi, besoins insatisfaits, stimulus phobique
Manifestations possibles : réaction inadaptée au stress (dissociation, fragmentation de la personnalité), tension accrue, sentiment d'incompétence, focalisation sur soi, projection
Risque de violence envers soi ou envers les autres
Facteurs de risque possibles : mélancolie, personnalités contradictoires ou moi dissocié, états de panique, comportements suicidaires ou homicides
Perturbation de l'identité personnelle
Facteurs favorisants possibles : conflits psychologiques (accès de dissociation), traumatisme ou mauvais traitements dans l'enfance, menace à l'intégrité physique ou au concept de soi, moi insuffisamment développé
Manifestations possibles : perturbation de la perception ou de l'expérience du moi, perte du sens de la réalité ou du monde extérieur, limites du moi mal définies, confusion quant au sentiment de sa propre identité et quant au but ou au sens de la vie, perte de mémoire, présence de plus d'une personnalité
Stratégies d'adaptation familiale inefficaces (soutien compromis)
Facteurs favorisants possibles : agents de stress nombreux et répétés pendant un certain temps, maladie qui se prolonge

et qui épuise la capacité de soutien des personnes clés; désorganisation de la famille, changements de rôle temporaires

Manifestations possibles: propos de la personne clé ou de la famille indiquant qu'elle ne comprend pas bien la situation ou n'a pas suffisamment de connaissances pour aider et soutenir le patient, problèmes conjugaux ou interpersonnels

Diverticulite **SC**

Douleur [aiguë]

Facteurs favorisants possibles: inflammation de la muqueuse intestinale, crampes abdominales, fièvre ou frissons

Manifestations possibles: plaintes, comportements de défense ou de diversion, réactions du système nerveux autonome, difficulté à se concentrer

Diarrhée ou constipation

Facteurs favorisants possibles: altération structurale ou fonctionnelle, inflammation

Manifestations possibles: signes et symptômes inhérents au problème particulier du patient, par exemple augmentation ou diminution de la fréquence des selles et changement dans leur consistance

Manque de connaissances [besoin d'apprentissage] sur le processus morbide, les complications possibles et les exigences du traitement

Facteurs favorisants possibles: manque d'informations, idées fausses

Manifestations possibles: verbalisation du problème, demande d'informations, apparition de complications évitables

Risque de sentiment d'impuissance

Facteurs de risque possibles: nature chronique du processus morbide et réapparition du problème malgré l'observance du programme thérapeutique

Dysménorrhée **Gyn**

Douleur [aiguë]

Facteur favorisant possible: contractilité utérine excessive

Manifestations possibles: plaintes, comportements de défense ou de diversion, difficulté à se concentrer, réactions du système nerveux autonome (changement dans les signes vitaux)

Risque d'intolérance à l'activité

Facteurs de risque possibles: douleur intense, présence de symptômes secondaires (nausées, vomissements, syncope, frissons), dépression

Stratégies d'adaptation individuelle inefficaces

Facteurs favorisants possibles: nature chronique et récurrente du problème; anxiété par anticipation, stratégies d'adaptation inadéquates

Manifestations possibles : tension musculaire, céphalées, irritabilité générale, état dépressif chronique, piètre estime de soi (exprimée par la patiente) et sentiment d'être incapable de s'adapter

Dysrythmies cardiaques **MC**

Diminution du débit cardiaque
Facteurs favorisants possibles : altération de la conduction nerveuse et diminution de la contractilité du myocarde
Manifestations possibles : variation des paramètres hémodynamiques, anomalies électrocardiographiques, fatigue, dyspnée, syncope

Anxiété [préciser le degré]
Facteur favorisant possible : peur de mourir
Manifestations possibles : tension accrue, appréhension, formulation d'inquiétudes

Risque de douleur [aiguë]
Facteur de risque possible : ischémie du muscle cardiaque

Manque de connaissances [besoin d'apprentissage] sur la maladie et les exigences du traitement
Facteurs favorisants possibles : manque d'informations ou interprétation erronée des informations, difficulté d'accès aux sources d'information
Manifestations possibles : questions, formulation d'idées fausses, échec du programme thérapeutique précédent, apparition de complications évitables

Risque d'intolérance à l'activité
Facteurs de risque possibles : déséquilibre entre l'apport et les besoins en oxygène du myocarde, effets dépresseurs de certains médicaments sur le cœur (agents ß-bloquants, antiarythmiques)

Dystrophie musculaire (maladie de Duchenne) **Péd/SC**

Altération de la mobilité physique
Facteurs favorisants possibles : trouble ou faiblesse musculosquelettique
Manifestations possibles : diminution de la force, du contrôle et/ou de la masse musculaires, amplitude limitée des mouvements, trouble de la coordination

Perturbation de la croissance et du développement
Facteurs favorisants possibles : effets du handicap physique
Manifestations possibles : perturbation de la croissance et difficulté à effectuer ses soins personnels ou à maîtriser les activités propres à son groupe d'âge

Risque d'excès nutritionnel
Facteurs de risque possibles : sédentarité, habitudes alimentaires dysfonctionnelles

Stratégies d'adaptation familiale inefficaces (soutien compromis)
Facteurs favorisants possibles : crise situationnelle ou conflits émotionnels relativement à la nature héréditaire de la maladie, longueur de la maladie ou de l'invalidité qui épuise la capacité de soutien des membres de la famille
Manifestations possibles : inquiétude de la famille face à ses propres réactions à l'égard du handicap, comportements trop ou insuffisamment protecteurs par rapport aux capacités ou au besoin d'autonomie du patient

Éclampsie — Obs

(Voir Hypertension gravidique.)

Eczéma (dermite) — SC

Douleur [malaises]
Facteurs favorisants possibles : inflammation et irritation cutanées
Manifestations possibles : plaintes, irritabilité, besoin de se gratter

Risque d'infection
Facteurs de risque possibles : rupture de l'épiderme, traumatisme tissulaire

Isolement social
Facteur favorisant possible : altération de l'apparence physique
Manifestations possibles : sentiment d'être rejeté (exprimé par le patient), diminution des interactions sociales avec les pairs

Eczéma séborrhéique — SC

Atteinte à l'intégrité de la peau
Facteur favorisant possible : inflammation chronique de la peau
Manifestation possible : rupture de l'épiderme accompagnée de squames sèches ou humides, de croûtes jaunâtres, d'un érythème et de fissures

Élongation — MC

(Voir aussi Plâtre.)

Douleur [aiguë]
Facteurs favorisants possibles : traumatisme direct aux tissus ou aux os, spasmes musculaires, déplacement de fragments osseux, œdème, appareil d'élongation ou dispositif d'immobilisation, anxiété

Manifestations possibles : plaintes, comportements de défense ou de diversion, focalisation sur soi, altération du tonus musculaire et réactions du système nerveux autonome (changement dans les signes vitaux)

Altération de la mobilité physique

Facteurs favorisants possibles : trouble neuromusculaire ou squelettique, douleur, manque de motivation, restriction des mouvements imposée

Manifestations possibles : amplitude limitée des mouvements, incapacité de se mouvoir délibérément dans l'environnement, réticence à effectuer des mouvements, diminution de la force et du contrôle musculaires

Risque d'infection

Facteurs de risque possibles : interventions effractives (y compris l'introduction d'un corps étranger dans la peau ou les os), présence de tissus traumatisés, activité réduite causant une stase des liquides biologiques

Manque de loisirs

Facteurs favorisants possibles : hospitalisation prolongée, impossibilité d'effectuer toutes ses activités habituelles dans le milieu de soins

Manifestations possibles : plaintes d'ennui, agitation, irritabilité

Embolie pulmonaire — MC

Mode de respiration inefficace

Facteurs favorisants possibles : obstruction trachéobronchique (inflammation, sécrétions abondantes ou hémorragie active); dilatation pulmonaire réduite, processus inflammatoire

Manifestations possibles : altération de l'amplitude et/ou de la fréquence respiratoires, dyspnée ou utilisation de la musculature accessoire, altération des mouvements thoraciques, bruits respiratoires anormaux (craquements, respiration sifflante), toux (avec ou sans expectorations)

Perturbation des échanges gazeux

Facteurs favorisants possibles : altération du débit sanguin dans les alvéoles ou d'importants segments des poumons, altération de la membrane alvéolocapillaire (atélectasie, affaissement des voies respiratoires ou des alvéoles, œdème pulmonaire, épanchement, sécrétions trop abondantes, saignement actif)

Manifestations possibles : dyspnée intense, agitation, appréhension, somnolence, cyanose, valeurs anormales de l'oxymétrie ou des gaz du sang artériel (hypoxémie et hypercapnie)

Diminution de l'irrigation tissulaire (cardiopulmonaire)

Facteurs favorisants possibles : interruption de la circulation sanguine (artérielle ou veineuse), altération des échanges alvéolaires ou tissulaires (déplacement acidosique de la courbe de dissociation de l'hémoglobine)

Manifestations possibles : radiographies ou résultats de laboratoire révélant un déséquilibre du rapport ventilation-perfusion, dyspnée, cyanose centrale

Peur ou anxiété [préciser le degré]

Facteurs favorisants possibles : dyspnée grave, incapacité de respirer normalement, peur de mourir, changement ou risque de changement dans l'état de santé, réaction physiologique à l'hypoxémie, acidose, inquiétude quant à l'issue de la situation

Manifestations possibles : agitation, irritabilité, comportement d'attaque ou de fuite, stimulation sympathique (excitation cardiovasculaire, dilatation des pupilles, transpiration, vomissements, diarrhée), pleurs, voix tremblante, crainte d'un malheur imminent

Emphysème MC

Perturbation des échanges gazeux

Facteurs favorisants possibles : altération ou destruction de la membrane alvéolocapillaire

Manifestations possibles : dyspnée, agitation, altération de la conscience, valeurs anormales des gaz du sang artériel

Dégagement inefficace des voies respiratoires

Facteurs favorisants possibles : sécrétion accrue de mucus tenace ou incapacité d'expectorer le mucus, baisse d'énergie, atrophie musculaire

Manifestations possibles : bruits respiratoires anormaux (rhonchi), toux inefficace, changements dans la fréquence et l'amplitude respiratoires, dyspnée

Intolérance à l'activité

Facteur favorisant possible : déséquilibre entre les besoins et l'apport en oxygène

Manifestations possibles : plaintes de fatigue ou de faiblesse, dyspnée d'effort, changements dans les signes vitaux après une activité

Déficit nutritionnel

Facteur favorisant possible : incapacité d'ingérer des aliments (essoufflement, anorexie, faiblesse généralisée, effets secondaires des médicaments)

Manifestations possibles : manque d'intérêt pour la nourriture, altération du sens du goût (signalée par le patient), perte de tonus et de masse musculaires, fatigue et perte de poids

SC

Risque d'infection

Facteurs de risque possibles : altération des mécanismes de défense primaires (stase des liquides biologiques, diminution de l'activité ciliaire), nature chronique du processus morbide, malnutrition

Sentiment d'impuissance

Facteurs favorisants possibles : régime imposé par la maladie, milieu de soins

Manifestations possibles : sentiment de n'avoir aucune maîtrise sur la situation (exprimé par le patient), dépression face à la détérioration physique, non-participation au programme thérapeutique ; colère, passivité

Encéphalite **MC**

Risque de diminution de l'irrigation tissulaire (cérébrale)

Facteurs de risque possibles : œdème cérébral qui entrave ou interrompt la circulation veineuse ou artérielle dans le cerveau, hypovolémie et problèmes d'échanges au niveau cellulaire (acidose)

Hyperthermie

Facteurs favorisants possibles : augmentation du métabolisme, maladie, déshydratation

Manifestations possibles : température corporelle élevée, peau chaude et rouge, augmentation de la fréquence du pouls et de la fréquence respiratoire

Douleur [aiguë]

Facteurs favorisants possibles : inflammation ou irritation du cerveau, œdème cérébral

Manifestations possibles : plaintes de céphalées, comportements de diversion, agitation, réactions du système nerveux autonome (changement dans les signes vitaux)

Risque de trauma ou de suffocation

Facteurs de risque possibles : agitation, activité clonique ou tonique, altération de la conscience, problèmes cognitifs

Encéphalopathie infantile **Péd/SC**

Altération de la mobilité physique

Facteurs favorisants possibles : faiblesse ou hypertonie musculaire, accentuation des réflexes ostéotendineux, tendance aux contractures, sous-développement des membres atteints

Manifestations possibles : diminution de la force, du contrôle, et/ou de la masse musculaires, amplitude limitée des mouvements, trouble de la coordination

Stratégies d'adaptation familiale inefficaces (soutien compromis)

Facteurs favorisants possibles : nature permanente de la maladie, crise situationnelle, conflits émotionnels ou désorgani-

sation temporaire de la famille, manque d'informations ou de compréhension des besoins du patient
Manifestations possibles : anxiété et culpabilité face au handicap du patient (exprimées par la famille), manque de compréhension et de connaissances, comportements exagérément ou insuffisamment protecteurs ne correspondant pas aux capacités et au besoin d'autonomie du patient

Perturbation de la croissance et du développement
Facteurs favorisants possibles : effets du handicap physique
Manifestations possibles : perturbation de la croissance, retard de développement ou difficulté à maîtriser différentes habiletés (motrices, sociales) difficulté à accomplir ses soins personnels ou à maîtriser les activités propres au groupe d'âge

Endocardite MC

Risque de diminution du débit cardiaque
Facteurs de risque possibles : inflammation de la muqueuse cardiaque, altération structurale des valves valvulaires

Anxiété [préciser le degré]
Facteurs favorisants possibles : changement dans l'état de santé, peur de mourir
Manifestations possibles : appréhension, expression d'inquiétudes, focalisation sur soi

Douleur [aiguë]
Facteurs favorisants possibles : processus inflammatoire généralisé, effets du phénomène embolique
Manifestations possibles : plaintes, difficulté à se concentrer, comportements de diversion, réactions du système nerveux autonome (changement dans les signes vitaux)

Risque de diminution de l'irrigation tissulaire [préciser]
Facteur de risque possible : interruption du débit artériel par une embolie (embolisation d'un thrombus ou végétations valvulaires)

Endométriose Gyn

Douleur [aiguë] ou douleur chronique
Facteurs favorisants possibles : pression causée par des saignements dissimulés, formation d'adhérences
Manifestations possibles : plaintes (douleur entre les règles ou lors des règles), comportements de défense ou de diversion, difficulté à se concentrer

Dysfonctionnement sexuel
Facteur favorisant possible : douleur causée par les adhérences
Manifestations possibles : verbalisation du problème, perturbation des relations avec le partenaire

Manque de connaissances [besoin d'apprentissage] sur la physiopathologie de la maladie et les exigences du traitement
Facteurs favorisants possibles : manque d'informations, interprétation erronée des informations
Manifestations possibles : verbalisation du problème, idées fausses

Entérite MC/SC

(Voir Rectocolite hémorragique et Maladie de Crohn.)

Entorse de la cheville ou du pied SC

Douleur [aiguë]
Facteurs favorisants possibles : traumatisme ou enflure de l'articulation
Manifestations possibles : plaintes, comportements de défense ou de diversion, focalisation sur soi, réactions du système nerveux autonome (changements dans les signes vitaux)

Altération de la mobilité physique
Facteurs favorisants possibles : lésion musculosquelettique, douleur, traitements restrictifs
Manifestations possibles : réticence à effectuer des mouvements, amplitude réduite des mouvements

Épididymite MC

Douleur [aiguë]
Facteurs favorisants possibles : inflammation, formation d'un œdème, tension exercée sur le cordon spermatique
Manifestations possibles : plaintes, comportements de défense ou de diversion (agitation), réactions du système nerveux autonome (changement dans les signes vitaux)

Risque d'infection (transmission)
Facteurs de risque possibles : présence d'une inflammation ou d'une infection, manque de connaissances sur la prévention de l'infection

Manque de connaissances [besoin d'apprentissage] sur la physiopathologie, l'issue de la maladie et les besoins en matière de soins personnels
Facteurs favorisants possibles : manque d'informations, interprétation erronée des informations
Manifestations possibles : verbalisation du problème ou d'idées fausses, questions

Épilepsie SC

Manque de connaissances [besoin d'apprentissage] sur le trouble et son traitement médicamenteux
Facteurs favorisants possibles : manque d'informations, interprétation erronée des informations, manque d'argent

Manifestations possibles : questions, verbalisation du problème ou d'idées fausses, usage incorrect des anticonvulsivants, épilepsie non maîtrisée

Perturbation de l'estime de soi ou perturbation de l'image corporelle

Facteurs favorisants possibles : perception d'une altération des fonctions neurologiques, préjugés sociaux associés à la maladie

Manifestations possibles : sentiments négatifs à l'égard de soi et du « cerveau », détérioration de l'engagement social, sentiment d'impuissance, inquiétude face au changement ou à la perte

Perturbation des interactions sociales

Facteurs favorisants possibles : nature imprévisible du trouble, perturbation du concept de soi

Manifestations possibles : manque de confiance en soi, verbalisation du problème, malaise en société, incapacité d'éprouver ou de communiquer un sentiment d'appartenance ou de la sollicitude, retrait des activités et des relations sociales

Risque de trauma ou de suffocation

Facteurs de risque possibles : faiblesse, perturbation de l'équilibre, problèmes cognitifs ou altération de la conscience, altération de la coordination des muscles longs ou courts (durant la phase clonique)

Escarre de décubitus — SC/MC

Atteinte à l'intégrité de la peau ou atteinte à l'intégrité des tissus

Facteurs favorisants possibles : altération de la circulation, déficit nutritionnel, déséquilibre liquidien, altération de la mobilité physique, excrétions ou sécrétions corporelles irritantes, déficits sensoriels

Manifestation possible : lésion ou destruction tissulaire

Douleur [aiguë]

Facteurs favorisants possibles : destruction des couches cutanées protectrices, exposition des nerfs

Manifestations possibles : plaintes, comportements de diversion, focalisation sur soi

Risque d'infection

Facteurs de risque possibles : rupture ou traumatisme tissulaire, exposition accrue à l'air ambiant et déficit nutritionnel

État de stress post-traumatique — Psy

Réaction post-traumatique

Facteur favorisant possible : expérience d'un événement traumatisant

Manifestations possibles : reviviscence de l'événement, réactions somatiques, torpeur psychique ou émotionnelle, modification du mode de vie, perturbation du sommeil

Anxiété [grave à panique] ou peur

Facteurs favorisants possibles : souvenirs de l'événement traumatisant, menace à l'image de soi ou peur de mourir, changement dans l'environnement, monologue intérieur négatif

Manifestations possibles : tension accrue, défiance, sentiment d'impuissance, appréhension, peur, incertitude ou confusion, agitation, plaintes somatiques, crainte d'un malheur imminent, stimulation sympathique avec stimulation cardiovasculaire ou palpitations

Risque de violence envers soi ou envers les autres

Facteurs de risque possibles : réaction de sursaut, souvenir d'un événement provoquant un passage à l'acte comme si l'événement se produisait vraiment, consommation d'alcool ou d'autres drogues pour engourdir la douleur et entraîner une torpeur psychique, expression violente d'une rage refoulée, réaction à une anxiété intense ou à un état de panique, perte de la maîtrise de soi

Stratégies d'adaptation individuelle inefficaces

Facteurs favorisants possibles : vulnérabilité, réseau de soutien inadéquat, perceptions irréalistes, attentes insatisfaites, menace à l'intégrité, facteurs de stress nombreux et répétés au fil du temps

Manifestations possibles : incapacité de faire face à la situation ou difficulté à demander de l'aide (signalées par le patient), tension musculaire, céphalées, inquiétude chronique, stress émotionnel

Chagrin (deuil) dysfonctionnel

Facteurs favorisants possibles : perte réelle ou ressentie d'un objet (perte du moi qui existait avant l'événement traumatisant et autres pertes survenues pendant ou après l'événement), perte du bien-être biopsychosocial, réaction refoulée de chagrin face à une perte, réaction de chagrin antérieure non résolue

Manifestations possibles : sentiment de détresse face à la perte (exprimé par le patient); colère, tristesse, affect instable ; perturbation des habitudes alimentaires, des habitudes de sommeil, des rêves et de la libido ; reviviscence d'événements passés ; expression de culpabilité ; difficulté à se concentrer

Perturbation de la dynamique familiale

Facteur favorisant possible : crise situationnelle

Manifestations possibles : confusion quant aux mesures à prendre et difficulté à faire face à la situation (exprimées par la famille), incapacité du réseau familial de répondre aux besoins physiques, affectifs ou spirituels de ses membres, incapacité de s'adapter au changement ou de surmonter l'événement traumatisant de façon constructive, processus décisionnel inefficace au sein de la famille

Fibrose kystique **SC/Péd**

(Voir Mucoviscidose.)

Fracture **MC/SC**

(Voir aussi Plâtre.)

Risque de trauma (blessure secondaire)

Facteurs de risque possibles : préexistence d'une fracture et/ou déplacement de fragments osseux, utilisation d'un appareil d'élongation, etc.

Douleur [aiguë]

Facteurs favorisants possibles : déplacement des fragments osseux, spasmes musculaires, traumatisme ou œdème tissulaire, appareil d'élongation, dispositif d'immobilisation, stress, anxiété

Manifestations possibles : plaintes, comportements de diversion, focalisation sur soi, masque de douleur, comportements de défense ou d'autoprotection, altération du tonus musculaire, réactions du système nerveux autonome (changements dans les signes vitaux)

Altération de la mobilité physique

Facteurs favorisants possibles : atteinte neuromusculaire de l'appareil locomoteur, douleur ou malaises, traitements restrictifs (alitement, immobilisation d'un membre) et manque de motivation

Manifestations possibles : incapacité de se mouvoir délibérément dans le milieu de soins, restrictions imposées, réticence à effectuer des mouvements, amplitude limitée des mouvements, diminution de la force et du contrôle musculaires

Risque de perturbation des échanges gazeux

Facteurs de risque possibles : altération du débit sanguin, embolie graisseuse ou sanguine, altération de la membrane alvéolocapillaire (œdème interstitiel ou pulmonaire, congestion)

Manque de connaissances [besoin d'apprentissage] sur le processus de guérison, les exigences du traitement et les complications possibles

Facteur favorisant possible : manque d'informations

Manifestations possibles : verbalisation du problème, questions, idées fausses

Gale **SC**

Atteinte à l'intégrité de la peau

Facteurs favorisants possibles : infection parasitaire, apparition d'un prurit

Manifestations possibles : rupture de l'épiderme, inflammation

Manque de connaissances [besoin d'apprentissage] sur la nature contagieuse de la maladie, les complications et les besoins en matière de soins personnels

Facteurs favorisants possibles : manque d'informations, interprétation erronée des informations

Manifestations possibles : questions et inquiétude au sujet de la transmission de la maladie

Gangrène sèche **MC**

Diminution de l'irrigation tissulaire (périphérique)

Facteur favorisant possible : interruption de l'irrigation artérielle

Manifestations possibles : peau froide, changement dans la couleur de la peau (noire), atrophie de la partie atteinte, douleur

Douleur [aiguë]

Facteurs favorisants possibles : hypoxie tissulaire et processus de nécrose

Manifestations possibles : plaintes, comportements de défense ou de diversion, difficulté à se concentrer, réactions du système nerveux autonome (changement dans les signes vitaux)

Gastrite aiguë **MC**

Douleur [aiguë]

Facteurs favorisants possibles : irritation ou inflammation de la muqueuse gastrique

Manifestations possibles : plaintes, comportements de défense ou de diversion, réactions du système nerveux autonome (changement dans les signes vitaux)

Risque de déficit de volume liquidien

Facteurs de risque possibles : pertes excessives causées par les vomissements, diarrhée, hémorragie continue, réticence à ingérer des liquides, restrictions liquidiennes

Gastrite chronique **SC**

Risque de déficit nutritionnel

Facteur de risque possible : incapacité d'ingérer suffisamment d'aliments (nausées et vomissements prolongés, anorexie, douleur épigastrique)

Manque de connaissances [besoin d'apprentissage] sur la physiopathologie, les facteurs psychologiques, les exigences du traitement et les complications possibles

Facteurs favorisants possibles : manque d'informations ou interprétation erronée des informations

Manifestations possibles : verbalisation du problème, questions, idées fausses, continuation du problème

Gastro-entérite **MC**

(Voir Gastrite chronique et Entérite.)

Gelure **MC/SC**

Atteinte à l'intégrité des tissus

Facteurs favorisants possibles : perturbation de la circulation, lésion thermique

Manifestations possibles : tissus lésés ou détruits

Douleur [aiguë]

Facteurs favorisants possibles : diminution de la circulation, ischémie ou nécrose tissulaire, formation d'un œdème

Manifestations possibles : plaintes, comportements de défense ou de diversion, difficulté à se concentrer, réactions du système nerveux autonome (changement dans les signes vitaux)

Risque d'infection

Facteurs de risque possibles : traumatisme tissulaire ou destruction des tissus, perturbation de la réponse immunitaire dans la région atteinte

Glaucome **SC/MC**

Altération de la perception sensorielle (visuelle)

Facteurs favorisants possibles : altération de la réception sensorielle, déficience de l'organe de la vue (hypertension intraoculaire ou atrophie de la papille optique)

Manifestation possible : perte progressive du champ visuel

Anxiété [préciser le degré]

Facteurs favorisants possibles : changement dans l'état de santé, douleur, cécité potentielle ou actuelle, besoins insatisfaits et monologue intérieur négatif

Manifestations possibles : appréhension, incertitude et inquiétude face aux changements qui se produisent (exprimées par le patient)

Glomérulonéphrite **Péd**

Excès de volume liquidien

Facteur favorisant possible : insuffisance des mécanismes de régulation (inflammation de la membrane glomérulaire, filtration inhibitrice)

Manifestations possibles : gain pondéral, œdème, anasarque, apport supérieur aux pertes, changements dans la pression artérielle

Douleur [aiguë]

Facteurs favorisants possibles : effets des toxines circulantes, œdème, distension d'une capsule rénale

Manifestations possibles : plaintes, comportements de défense, diversion et réactions du système nerveux autonome (changement dans les signes vitaux)

Déficit nutritionnel

Facteurs favorisants possibles : anorexie, diète restrictive

Manifestations possibles : dégoût pour la nourriture, altération du sens du goût (signalée par le patient), perte de poids et diminution de l'apport alimentaire

Manque de loisirs

Facteurs favorisants possibles : modalités du traitement ou restrictions qu'il impose, fatigue, malaises

Manifestations possibles : plaintes d'ennui, agitation, irritabilité

Gonorrhée SC

(Voir aussi Maladie sexuellement transmissible.)

Risque d'infection (dissémination ou septicémie)

Facteurs de risque possibles : présence d'un processus infectieux dans une région richement vascularisée, ignorance des signes et symptômes de la maladie

Douleur [aiguë]

Facteurs favorisants possibles : irritation ou inflammation des muqueuses, effets des toxines circulantes

Manifestations possibles : plaintes d'irritation génitale ou pharyngée, douleur au périnée ou au pelvis, comportements d'autoprotection ou de diversion

Manque de connaissances [besoin d'apprentissage] sur la cause ou le mode de transmission de la maladie, le traitement et les besoins en matière de soins personnels

Facteurs favorisants possibles : manque d'informations ou interprétation erronée des informations, déni d'avoir été en contact avec un partenaire infecté

Manifestations possibles : verbalisation du problème, questions, idées fausses, incapacité de suivre correctement les directives

Goutte SC

Douleur [aiguë]

Facteur favorisant possible : inflammation d'une ou de plusieurs articulations

Manifestations possibles : plaintes, comportements de défense ou de diversion, réactions du système nerveux autonome (changement dans les signes vitaux)

Altération de la mobilité physique

Facteurs favorisants possibles : douleur ou œdème articulaire

Manifestations possibles : réticence à effectuer des mouvements, amplitude limitée des mouvements, restriction des mouvements imposée par le programme thérapeutique

Manque de connaissances [besoin d'apprentissage] sur la cause, le traitement et la prévention de la maladie

Facteurs favorisants possibles : manque d'informations, interprétation erronée des informations

Manifestations possibles : verbalisation du problème, questions, idées fausses, incapacité de suivre correctement les directives

Greffe de rein — MC

Risque d'excès de volume liquidien

Facteur de risque possible : déficience des mécanismes de régulation (transplantation d'un nouveau rein, laquelle nécessite une période d'adaptation avant que l'organe ne fonctionne de façon optimale)

Perturbation de l'image corporelle

Facteurs favorisants possibles : insuffisance organique entraînant la nécessité de remplacer une partie du corps, changement d'apparence causé par les médicaments

Manifestations possibles : inquiétude face à la perte ou au changement, sentiments négatifs envers son propre corps, focalisation sur la force ou le fonctionnement antérieurs

Peur

Facteurs favorisants possibles : rejet possible du greffon, risque d'insuffisance, peur de mourir

Manifestations possibles : tension accrue, appréhension, concentration sur la source de la peur, formulation d'inquiétudes

Risque d'infection

Facteurs de risque possibles : rupture de la peau ou traumatisme des tissus, stase des liquides biologiques, immunosuppression, interventions effractives, carences nutritionnelles, maladie chronique

Grippe (influenza) — SC

Douleur [malaises]

Facteurs favorisants possibles : inflammation, effets des toxines circulantes

Manifestations possibles : plaintes, comportements de diversion, difficulté à se concentrer

Risque de déficit de volume liquidien

Facteurs de risque possibles : pertes gastriques excessives, augmentation du métabolisme de base, apport liquidien insuffisant

Hyperthermie

Facteurs favorisants possibles : toxines circulantes, déshydratation

Manifestations possibles : température corporelle élevée, peau chaude et rouge, tachycardie

Grossesse (période prénatale) Obs/SC

Risque de déficit nutritionnel

Facteurs de risque possibles : altération de l'appétit, apport insuffisant par rapport aux besoins métaboliques accrus (nausées, vomissements, manque d'argent, manque de connaissances sur l'alimentation, augmentation de l'activité thyroïdienne associée à la croissance des tissus fœtaux et maternels)

Malaise [douleur]

Facteurs favorisants possibles : changements hormonaux, changements physiques

Manifestations possibles : plaintes (nausées, modification des seins, crampes aux jambes, hémorroïdes, congestion nasale), altération du tonus musculaire, agitation, réactions du système nerveux autonome (changement dans les signes vitaux)

Risque d'accident chez le fœtus

Facteurs de risque possibles : facteurs liés à l'environnement, facteurs héréditaires, altération du bien-être maternel pouvant nuire directement au fœtus en cours de développement (malnutrition, toxicomanie, etc.)

Diminution du débit cardiaque (compensation maximale)

Facteurs favorisants possibles : augmentation du volume liquidien, effort cardiaque maximal, effets hormonaux de la progestérone et de la relaxine (qui rendent la patiente sujette à l'hypertension et/ou au collapsus cardiovasculaire); altération de la résistance périphérique (postcharge)

Manifestations possibles : variations de la pression artérielle et du pouls, syncope, œdème pathologique

Stratégies d'adaptation familiale efficaces (potentiel de croissance)

Facteurs favorisants possibles : crise situationnelle ou de développement accompagnée de changements prévus dans la cellule familiale ou les rôles familiaux ; besoins satisfaits et travail d'adaptation réalisé avec assez d'efficacité pour que l'on puisse viser des objectifs d'actualisation de soi

Manifestations possibles : les membres de la famille s'orientent vers la recherche d'un mieux-être et d'un mode de vie enrichissant et choisissent des expériences qui favorisent leur situation ou la grossesse

Risque de constipation

Facteurs de risque possibles : changements dans l'apport alimentaire et/ou liquidien, diminution du péristaltisme, effets des médicaments (fer)

Fatigue ou perturbation des habitudes de sommeil

Facteurs favorisants possibles : augmentation du métabolisme glucidique, altération biochimique, besoin accru d'énergie pour accomplir les activités de la vie quotidienne, malaise, anxiété, inactivité

Manifestations possibles : manque d'énergie accablant ou incapacité d'effectuer les activités habituelles (signalés par la patiente), difficulté à s'endormir ou impression de ne pas être complètement reposée, sommeil interrompu, irritabilité, léthargie, bâillements fréquents

Risque de perturbation dans l'exercice du rôle

Facteurs de risque possibles : crise de croissance, stade de développement, antécédents de problèmes d'adaptation, absence de réseaux de soutien

Manque de connaissances [besoin d'apprentissage] sur les changements physiologiques et psychologiques normaux de la grossesse

Facteurs favorisants possibles : manque d'informations ou de mémoire, interprétation erronée des informations

Manifestations possibles : questions, verbalisation du problème, incapacité de suivre correctement les directives, apparition de complications évitables

Grossesse chez l'adolescente — Obs

(Voir aussi Grossesse [période prénatale].)

Perturbation de la dynamique familiale

Facteur favorisant possible : crise situationnelle ou de transition (crise financière, changement dans les rôles ou arrivée d'un nouveau membre dans la famille)

Manifestations possibles : confusion de la famille quant aux mesures à prendre, incapacité du réseau familial de répondre aux besoins physiques, affectifs ou spirituels de ses membres, incapacité de la famille de s'adapter au changement ou de surmonter un événement traumatisant de façon constructive, incapacité du réseau familial de respecter l'individualité et l'autonomie de ses membres, processus décisionnel inefficace au sein de la famille, incapacité de respecter les limites

Isolement social

Facteurs favorisants possibles : altération de l'apparence physique, sentiment que la situation est inacceptable sur le plan social, cercle social limité, stade de l'adolescence et problèmes entravant l'accomplissement des tâches développementales

Manifestations possibles : sentiment de solitude, sentiment d'être rejetée, sentiment d'être différente des autres, difficulté à communiquer, repli sur soi, regard fuyant, tendance à s'isoler, comportement inacceptable, absence de soutien des personnes clés

Perturbation de l'image corporelle ou perturbation de l'estime de soi

Facteurs favorisants possibles : crise de croissance ou de situation, changements biophysiques, peur d'échouer dans un domaine important de la vie, absence de réseaux de soutien

Manifestations possibles : autodépréciation, sentiments de honte ou de culpabilité, peur d'être rejetée, peur de la réaction des autres, hypersensibilité aux critiques, incapacité de suivre correctement les directives, non-participation aux soins prénatals

Manque de connaissances [besoin d'apprentissage] sur la grossesse, les besoins liés au développement, les besoins individuels et les perspectives d'avenir

Facteurs favorisants possibles : manque d'expérience face à la situation, interprétation erronée des informations, difficulté d'accès aux sources d'information, manque de motivation pour apprendre

Manifestations possibles : questions, verbalisation du problème, formulation d'idées fausses, sentiment de vulnérabilité, déni de la réalité, incapacité de suivre correctement les directives, apparition de complications évitables

Risque de perturbation dans l'exercice du rôle parental

Facteurs de risque possibles : âge ou stade de développement, figures parentales n'ayant pas satisfait leurs besoins sociaux, affectifs ou développementaux ; attentes irréalistes envers soi, le bébé ou le conjoint ; modèles inadéquats ; réseaux de soutien inadéquats ; manque d'identification au rôle ; présence de stress (problèmes financiers ou sociaux, par exemple)

Grossesse ectopique (extra-utérine) Obs

Douleur [aiguë]

Facteurs favorisants possibles : distension ou rupture d'une trompe de Fallope

Manifestations possibles : plaintes, comportements de défense ou de diversion, masque de douleur, réactions du système nerveux autonome (transpiration abondante, changement dans les signes vitaux)

Risque de déficit de volume liquidien
Facteurs de risque possibles : pertes hémorragiques, diminution de l'apport liquidien

Anxiété [préciser le degré]
Facteur favorisant possible : peur de mourir et de devenir stérile
Manifestations possibles : tension accrue, appréhension, stimulation sympathique, agitation, focalisation sur soi

Hémodialyse — MC/SC

(Voir aussi Dialyse générale.)

Risque d'accident (perte de l'accès vasculaire)
Facteurs de risque possibles : caillots ou thrombose, infection, débranchement de l'hémodialyseur, hémorragie

Risque de déficit de volume liquidien
Facteurs de risque possibles : perte ou déplacement excessif de liquide par ultrafiltration, hémorragie (altération de la coagulation ou débranchement de la dérivation), restriction liquidienne

Risque d'excès de volume liquidien
Facteurs de risque possibles : apport liquidien excessif, perfusion intraveineuse rapide, utilisation d'un succédané du sang ou du plasma ou d'un soluté physiologique pour maintenir la pression artérielle durant le traitement

Hémophilie — Péd

Risque de déficit de volume liquidien
Facteurs de risque possibles : altération de la coagulation, pertes hémorragiques

Risque de douleur [aiguë] ou de douleur chronique
Facteurs de risque possibles : compression des nerfs par des hématomes, lésion d'un nerf ou hémorragie intra-articulaire

Risque d'altération de la mobilité physique
Facteurs de risque possibles : hémorragie articulaire, œdème, changements dégénératifs, atrophie musculaire

Stratégies d'adaptation familiale inefficaces (soutien compromis)
Facteur favorisant possible : durée de la maladie qui épuise la capacité de soutien des personnes clés
Manifestations possibles : comportements de protection qui ne correspondent pas aux capacités et au besoin d'autonomie du patient

Hémorroïdectomie MC/SC

Douleur [aiguë]

Facteurs favorisants possibles : œdème ou tuméfaction, traumatisme tissulaire

Manifestations possibles : plaintes, comportements de défense ou de diversion, réactions du système nerveux autonome (changement dans les signes vitaux)

Risque de rétention urinaire

Facteurs de risque possibles : traumatisme périnéal, œdème ou tuméfaction, douleur

Manque de connaissances [besoin d'apprentissage] sur le programme thérapeutique et les complications possibles

Facteurs favorisants possibles : manque d'informations, idées fausses

Manifestations possibles : verbalisation du problème, questions

Hémorroïdes SC/Obs

Douleur [aiguë]

Facteurs favorisants possibles : inflammation, œdème des veines anorectales

Manifestations possibles : plaintes, comportements de défense ou de diversion

Constipation

Facteurs favorisants possibles : douleur à la défécation, réticence à déféquer

Manifestations possibles : selles dures, moulées et moins fréquentes que d'habitude

Hémothorax MC

(Voir aussi Pneumothorax.)

Risque de trauma ou de suffocation

Facteurs de risque possibles : lésions ou affections concomitantes, nécessité de dépendre d'un appareil (système de drainage thoracique), manque d'informations sur les mesures de précaution à prendre

Anxiété [préciser le degré]

Facteurs favorisants possibles : changement dans l'état de santé, peur de mourir

Manifestations possibles : tension accrue, agitation, formulation d'inquiétudes, stimulation sympathique, focalisation sur soi

Hépatite virale aiguë MC

Fatigue

Facteurs favorisants possibles : production diminuée d'énergie métabolique, altération biochimique

Manifestations possibles : plaintes de baisse d'énergie ou incapacité d'effectuer les activités habituelles, baisse du rendement, augmentation des symptômes physiques

Déficit nutritionnel
Facteurs favorisants possibles : incapacité d'ingérer suffisamment d'aliments (nausées, vomissements, anorexie); augmentation du métabolisme de base, altération de l'absorption et du métabolisme
Manifestations possibles : dégoût ou manque d'intérêt pour la nourriture, apport insuffisant (observé par l'infirmière), perte de poids

Douleur [aiguë]
Facteurs favorisants possibles : inflammation, tuméfaction du foie, arthralgie, éruptions ortiées, prurit
Manifestations possibles : plaintes, comportements de défense ou de diversion, focalisation sur soi, réactions du système nerveux autonome (changement dans les signes vitaux)

SC

Risque d'incapacité (partielle ou totale) d'organiser et d'entretenir le domicile
Facteurs de risque possibles : invalidité causée par le processus morbide, dysfonctionnement des réseaux de soutien (problèmes familiaux, manque d'argent, absence de modèle)

Manque de connaissances [besoin d'apprentissage] sur le processus morbide, la transmission de la maladie, les exigences du traitement
Facteurs favorisants possibles : manque d'informations ou de mémoire, interprétation erronée des informations, difficulté d'accès aux sources d'information
Manifestations possibles : questions, verbalisation du problème, formulation d'idées fausses, incapacité de suivre correctement les directives, apparition de complications évitables

Hernie discale — SC/MC

Douleur [aiguë] ou douleur chronique
Facteurs favorisants possibles : compression ou irritation d'un nerf, spasmes musculaires
Manifestations possibles : plaintes, comportements d'autoprotection ou de diversion, focalisation sur soi, réactions du système nerveux autonome (changement dans les signes vitaux quand la douleur est aiguë), altération du tonus ou de la fonction musculaires, changements dans les habitudes de sommeil, les habitudes alimentaires et la libido, retrait physique ou social

Altération de la mobilité physique

Facteurs favorisants possibles : douleur (spasmes musculaires), traitements restrictifs (alitement, immobilisation d'un membre), trouble musculaire, état dépressif

Manifestations possibles : plaintes lors des mouvements, réticence à effectuer des mouvements ou difficulté à se mouvoir délibérément, diminution de la force musculaire, trouble de la coordination, amplitude limitée des mouvements

Manque de loisirs

Facteurs favorisants possibles : longue période de récupération, traitements restrictifs, handicap physique, douleur et état dépressif

Manifestations possibles : plaintes d'ennui, perte d'intérêt, désœuvrement, agitation, irritabilité, repli sur soi

Hernie hiatale **SC**

Douleur chronique

Facteur favorisant possible : régurgitation du contenu gastrique acide

Manifestations possibles : plaintes, grimaces de douleur, focalisation sur soi

Manque de connaissances [besoin d'apprentissage] sur la physiopathologie et la prévention des complications

Facteurs favorisants possibles : manque d'informations ou interprétation erronée des informations

Manifestations possibles : verbalisation du problème, questions, réapparition de la maladie

Herpès simplex **SC**

Douleur [aiguë]

Facteurs favorisants possibles : inflammation localisée, lésions ouvertes

Manifestations possibles : plaintes, comportements de diversion, agitation

Risque d'infection (infection secondaire)

Facteurs de risque possibles : rupture des tissus ou traumatisme tissulaire, altération de la réponse immunitaire, infection non traitée ou échec du traitement

Risque de perturbation de la sexualité

Facteurs de risque possibles : manque de connaissances, conflit de valeurs, peur de transmettre la maladie

Hydrocéphalie **Péd/MC**

Diminution de l'irrigation tissulaire (cérébrale)

Facteur favorisant possible : diminution de l'irrigation artérielle ou veineuse (compression des tissus cérébraux)

Manifestations possibles : altération de la conscience, agitation, irritabilité, plaintes de céphalées, changements pupillaires, changement dans les signes vitaux

Altération de la perception visuelle
Facteur favorisant possible : compression des nerfs sensoriels ou moteurs
Manifestations possibles : plaintes de vision double (diplopie), apparition de strabisme, nystagmus, changements pupillaires, atrophie optique

Risque d'altération de la mobilité physique
Facteurs de risque possibles : atteinte neuromusculaire, diminution de la force musculaire, troubles de la coordination

SC

Risque d'infection
Facteurs de risque possibles : interventions effractives, présence d'une dérivation

Manque de connaissances [besoin d'apprentissage] sur la maladie, le pronostic, les exigences du traitement à long terme et le suivi médical
Facteurs favorisants possibles : manque d'informations ou interprétation erronée des informations
Manifestations possibles : questions, verbalisation du problème, demande d'informations, incapacité de suivre correctement les directives, apparition de complications évitables

Hyperaldostéronisme primaire **MC**

Déficit de volume liquidien [dysfonctionnement des mécanismes de régulation]
Facteur favorisant possible : augmentation de la diurèse
Manifestations possibles : sécheresse des muqueuses, persistance du pli cutané, urine diluée, soif excessive, perte de poids

Altération de la mobilité physique
Facteurs favorisants possibles : atteinte neuromusculaire, faiblesse, douleur
Manifestations possibles : trouble de la coordination, diminution de la force musculaire, paralysie, présence du signe de Chvostek et du phénomène de Trousseau

Risque de diminution du débit cardiaque
Facteurs de risque possibles : hypovolémie, altération de la conduction nerveuse, dysrythmies

Hyperbilirubinémie **Péd**

Risque d'accident (atteinte du système nerveux central)

Facteurs de risque possibles : prématurité, maladie hémolytique du nouveau-né, asphyxie, acidose, hyponatrémie, hypoglycémie

Risque d'accident (effets du traitement)

Facteurs de risque possibles : photothérapie (propriétés physiques et effets sur les mécanismes de régulation), intervention effractive (exsanguinotransfusion), hémogramme anormal, déséquilibres chimiques

Manque de connaissances [besoin d'apprentissage] sur la maladie, le pronostic, les exigences du traitement et les mesures de précaution à prendre

Facteurs favorisants possibles : ignorance sur le sujet ou manque de mémoire, interprétation erronée des informations

Manifestations possibles : questions, verbalisation du problème, incapacité de suivre correctement les directives, apparition de complications évitables

Hypertension **SC**

Manque de connaissances [besoin d'apprentissage] sur la maladie, le programme thérapeutique, et les complications possibles

Facteurs favorisants possibles : manque d'informations ou de mémoire, interprétation erronée des informations, déficit cognitif et/ou déni du diagnostic

Manifestations possibles : verbalisation du problème, questions, formulation d'idées fausses, incapacité de suivre correctement les directives, incapacité de stabiliser la pression artérielle

Incapacité de s'adapter à un changement dans l'état de santé

Facteurs favorisants possibles : problème nécessitant une modification du mode de vie, perte du pouvoir d'agir et de décider, impression de ne pas être malade, déni du problème

Manifestations possibles : non-acceptation du changement dans l'état de santé (exprimée par le patient), manque de désir d'autonomie

Risque de dysfonctionnement sexuel

Facteurs de risque possibles : effets secondaires de la pharmacothérapie

MC

Risque de diminution du débit cardiaque

Facteurs de risque possibles : augmentation de la postcharge (vasoconstriction), ischémie du myocarde, hypertrophie ou hypertonie ventriculaire

Douleur [aiguë]

Facteur favorisant possible : augmentation de la pression vasculaire cérébrale

Manifestations possibles : plaintes (douleur pulsatile dans la région sous-occipitale, présente au réveil et disparaissant spontanément après le lever et l'activité), réticence à bouger la tête, évitement des lumières vives et du bruit, tension musculaire accrue

Hypertension gravidique **Obs**

Déficit de volume liquidien (dysfonctionnement des mécanismes de régulation)

Facteurs favorisants possibles : perte de protéines plasmatiques, diminution de la pression oncotique causant un déplacement du volume circulant depuis le lit vasculaire jusqu'à l'espace interstitiel

Manifestations possibles : formation d'un œdème, gain pondéral soudain, hémoconcentration, nausées et vomissements, douleur épigastrique, céphalées, troubles visuels, diminution de la diurèse

Diminution de l'irrigation tissulaire (rénale)

Facteurs favorisants possibles : diminution du débit sanguin (vasoconstriction), hypovolémie relative

Manifestations possibles : diminution de la diurèse, résultats anormaux des épreuves de laboratoire sur la fonction rénale

Perturbation des échanges gazeux ou déficit nutritionnel chez le fœtus

Facteurs favorisants possibles : angiospasme des rameaux flexueux de l'artère utérine, hypovolémie relative

Manifestations possibles : altération de la fréquence cardiaque ou de l'activité du fœtus, réduction du gain pondéral et naissance prématurée

Manque de connaissances [besoin d'apprentissage] sur la physiopathologie de la maladie, le traitement, les besoins en matière de soins personnels et d'alimentation et les complications possibles

Facteurs favorisants possibles : manque d'informations ou de mémoire, interprétation erronée des informations

Manifestations possibles : verbalisation du problème, questions, formulation d'idées fausses, incapacité de suivre correctement les directives ou apparition de complications évitables

Hyperthyroïdie **SC**

(Voir aussi Thyrotoxicose.)

Fatigue

Facteurs favorisants possibles : accélération du métabolisme de base causant une augmentation des besoins énergétiques, irritabilité du système nerveux central, altération biochimique

Manifestations possibles: manque d'énergie accablant qui empêche le patient d'accomplir ses activités habituelles (signalé par le patient), baisse du rendement, instabilité émotionnelle, irritabilité, difficulté à se concentrer

Anxiété [préciser le degré]

Facteur favorisant possible: stimulation accrue du système nerveux central (augmentation du métabolisme de base, augmentation de l'activité adrénergique causée par les hormones thyroïdiennes)

Manifestations possibles: sentiment accru d'appréhension, surexcitation ou détresse, irritabilité, instabilité émotionnelle, tremblements, agitation, frémissement

Risque de déficit nutritionnel

Facteurs de risque possibles: incapacité d'ingérer suffisamment d'aliments pour répondre à l'augmentation du métabolisme de base ou de l'activité, absorption inadéquate des matières nutritives (vomissements ou diarrhée), hyperglycémie ou insuffisance insulinique relative

Risque d'atteinte à l'intégrité des tissus

Facteurs de risque possibles: altération des mécanismes de protection de l'œil reliée à l'œdème périorbitaire, difficulté à cligner des yeux , malaise ou sécheresse oculaires, apparition d'une érosion ou d'une ulcération cornéenne

Hypertrophie bénigne de la prostate SC/MC

Rétention urinaire [aiguë ou chronique]

Facteurs favorisants possibles: obstruction mécanique (hypertrophie de la prostate), décompensation du détrusor, manque de contractilité de la vessie

Manifestations possibles: mictions fréquentes, retard à la miction, incapacité de vider complètement la vessie, incontinence, fuite mictionnelle, distension vésicale, urine résiduelle

Douleur [aiguë]

Facteurs favorisants possibles: irritation des muqueuses, distension vésicale, colique, infection urinaire, radiothérapie

Manifestations possibles: plaintes (spasme vésical ou rectal), baisse de concentration, altération du tonus musculaire, grimaces de douleur, comportements de diversion, agitation, réactions du système nerveux autonome

Risque de déficit de volume liquidien

Facteurs de risque possibles: augmentation de la diurèse consécutive à la désobstruction, déséquilibres endocriniens ou électrolytiques

Peur ou anxiété [préciser le degré]

Facteurs favorisants possibles : altération de l'état de santé (possibilité d'intervention chirurgicale ou d'affection maligne), sentiment d'embarras et de perte de dignité associé à la nécessité de montrer ses parties génitales avant, pendant et après le traitement, crainte de perdre ses capacités sexuelles

Manifestations possibles : tension accrue, appréhension, souci, verbalisation d'un sentiment d'inquiétude face aux changements perçus, peur de conséquences indéterminées

Hypoglycémie **SC**

Altération des opérations de la pensée

Facteur favorisant possible : taux de glucose ne répondant pas aux besoins de la fonction cérébrale cellulaire et aux effets de l'activité hormonale endogène

Manifestations possibles : irritabilité, altération de la conscience, perte de mémoire, diminution de la durée de l'attention, instabilité émotionnelle

Risque de déficit nutritionnel

Facteurs de risque possibles : dysfonctionnement du métabolisme glucosique, déséquilibre entre les taux de glucose et d'insuline

Manque de connaissances [besoin d'apprentissage] sur la physiopathologie de la maladie, les exigences du traitement et les besoins en matière de soins personnels

Facteurs favorisants possibles : manque d'informations ou manque de mémoire, interprétation erronée des informations

Manifestations possibles : apparition d'une hypoglycémie, questions, formulation d'idées fausses

Hypoparathyroïdie (aiguë) **MC**

Risque d'accident

Facteurs de risque possibles : hyperexcitabilité neuromusculaire, tétanie, formation de calculs rénaux

Douleur [aiguë]

Facteurs favorisants possibles : spasmes musculaires récurrents, perturbation des réflexes

Manifestations possibles : plaintes, comportements de diversion, difficulté à se concentrer

Risque de dégagement inefficace des voies respiratoires

Facteur de risque possible : spasme des muscles laryngés

Hypothermie (systémique) **MC**

(Voir aussi Gelure.)

Hypothermie

Facteurs favorisants possibles : exposition au froid, vêtements inadéquats, vieillesse ou très jeune âge, lésion de l'hypothalamus, consommation d'alcool ou de médicaments vasodilatateurs

Manifestations possibles : baisse de la température corporelle au-dessous des limites de la normale, frissons, peau froide et pâle

Manque de connaissances [besoin d'apprentissage] sur les facteurs de risque, les exigences du traitement et le pronostic

Facteurs favorisants possibles : manque d'informations ou manque de mémoire, interprétation erronée des informations

Manifestations possibles : verbalisation du problème ou idées fausses, apparition du problème, apparition de complications

Hypothyroïdie — SC

Altération de la mobilité physique

Facteurs favorisants possibles : faiblesse, fatigue, douleurs musculaires, perturbation des réflexes, dépôts de mucine dans les articulations et les espaces interstitiels

Manifestations possibles : diminution de la force et du contrôle musculaires, trouble de la coordination

Fatigue

Facteur favorisant possible : diminution de la production d'énergie métabolique

Manifestations possibles : manque d'énergie persistant et accablant, incapacité de continuer à accomplir ses activités habituelles, difficulté à se concentrer, baisse de la libido, irritabilité, apathie, baisse de rendement, plaintes plus fréquentes de problèmes d'ordre physique

Altération de la perception sensorielle [préciser]

Facteurs favorisants possibles : dépôts de mucine, compression d'un nerf

Manifestations possibles : paresthésie dans les mains et les pieds, baisse de l'ouïe

Constipation

Facteur favorisant possible : diminution du péristaltisme ou de l'activité physique

Manifestations possibles : selles moins fréquentes que d'habitude ; diminution des bruits intestinaux ; selles dures et sèches ; apparition d'un fécalome

Hystérectomie — Gyn/MC

Douleur [aiguë]

Facteurs favorisants possibles : traumatisme tissulaire, incision abdominale, œdème, hématome

Manifestations possibles : plaintes, comportements de défense ou de diversion, réactions du système nerveux autonome (changement dans les signes vitaux)

Risque d'altération de l'élimination urinaire ou de rétention urinaire

Facteurs de risque possibles : traumatisme mécanique, manœuvres chirurgicales, œdème ou hématome localisé, lésion nerveuse accompagnée d'une atonie vésicale temporaire

Risque de perturbation de la sexualité ou de dysfonctionnement sexuel

Facteurs de risque possibles : inquiétude face à l'altération structurelle ou fonctionnelle, perception d'une atteinte à sa féminité, changements hormonaux, baisse de la libido, changements dans les réactions sexuelles

Iléo-colite **MC/SC**

(Voir Rectocolite hémorragique)

Iléostomie **MC/SC**

(Voir Colostomie.)

Iléus **MC**

Douleur [aiguë]

Facteurs favorisants possibles : distension ou œdème, ischémie des tissus intestinaux

Manifestations possibles : plaintes, comportements de défense ou de diversion, difficulté à se concentrer, réactions du système nerveux autonome (changement dans les signes vitaux)

Diarrhée ou constipation

Facteurs favorisants possibles : obstruction ou altération du péristaltisme

Manifestations possibles : changements dans la fréquence et la consistance des selles, absence de selles, changements dans les bruits intestinaux, douleur, crampes

Risque de déficit de volume liquidien

Facteurs de risque possibles : augmentation des pertes (vomissements et diarrhée), diminution de l'apport liquidien

Impétigo **Péd/SC**

Atteinte à l'intégrité de la peau

Facteur favorisant possible : présence d'un processus infectieux et de prurit

Manifestation possible : lésions ouvertes ou croûteuses

Douleur [aiguë]

Facteurs favorisants possibles : inflammation, prurit

Manifestations possibles : plaintes, comportement de diversion, focalisation sur soi

Risque d'infection (infection secondaire)
Facteurs de risque possibles : rupture de l'épiderme, traumatisme tissulaire, altération de la réponse immunitaire, virulence ou nature contagieuse de la maladie

Risque d'infection (transmission)
Facteurs de risque possibles : virulence de l'agent pathogène, connaissances insuffisantes sur les mesures de prévention

Inconscience (coma) MC

Risque de suffocation
Facteurs de risque possibles : altération cognitive, perte des réflexes protecteurs et des mouvements volontaires

Risque de trauma
Facteurs de risque possibles : déficit cognitif, faiblesse généralisée ou coordination diminuée, absence de mouvements volontaires

Incapacité totale d'accomplir ses soins personnels
Facteurs favorisants possibles : déficit cognitif, absence d'activité volontaire
Manifestation possible : incapacité d'effectuer les activités de la vie quotidienne

Risque de diminution de l'irrigation tissulaire (cérébrale)
Facteurs de risque possibles : diminution ou interruption de la circulation artérielle ou veineuse (lésion directe, formation d'un œdème)

Risque d'infection
Facteurs de risque possibles : stase des liquides biologiques (buccal, pulmonaire, urinaire); interventions effractives, déficits nutritionnels

Infarctus du myocarde MC

(Voir aussi Myocardite.)

Douleur [aiguë]
Facteur favorisant possible : ischémie des tissus du myocarde
Manifestations possibles : plaintes, comportements de diversion ou de défense (agitation), masque de douleur, focalisation sur soi, réactions du système nerveux autonome (transpiration abondante, changement dans les signes vitaux)

Anxiété [préciser le degré] ou peur
Facteurs favorisants possibles : peur de mourir ; risque de changement dans l'état de santé, dans l'exercice du rôle ou dans le mode de vie
Manifestations possibles : tension accrue, attitude craintive, appréhension, verbalisation du problème, sentiment d'incertitude, agitation, stimulation sympathique, plaintes somatiques

Risque de diminution du débit cardiaque
Facteurs de risque possibles : altération de la fréquence cardiaque et de la conduction nerveuse, diminution de la précharge, augmentation de la résistance vasculaire systémique, et altération de la contractilité musculaire ; effets dépresseurs de certains médicaments

Infection puerpérale **Obs**

(Voir aussi Septicémie.)

Risque d'infection (dissémination ou choc septique)
Facteurs de risque possibles : présence d'une infection, rupture de la peau ou traumatisme tissulaire, riche vascularisation de la région touchée, stase des liquides biologiques, interventions effractives ou exposition prolongée à l'air ambiant, maladie chronique (diabète, anémie, malnutrition, etc.), altération de la réponse immunitaire, effets indésirables des médicaments (infection opportuniste, surinfection, etc.)

Hyperthermie
Facteurs favorisants possibles : processus inflammatoire, augmentation du métabolisme de base
Manifestations possibles : augmentation de la température corporelle, peau chaude et/ou rouge, tachycardie

Perturbation dans l'exercice du rôle parental
Facteurs favorisants possibles : maladie physique, interruption du processus d'attachement pour des raisons médicales, situation menaçant sa propre survie
Manifestations possibles : marques d'attachement parental insuffisantes, inquiétude au sujet de la capacité d'exercer le rôle parental (exprimée par les parents)

Risque de diminution de l'irrigation tissulaire périphérique
Facteurs de risque possibles : interruption ou diminution de la circulation sanguine (présence de thrombi infectieux)

Inhalation d'un agent irritant **MC/SC**

Dégagement inefficace des voies respiratoires
Facteurs favorisants possibles : irritation ou inflammation des voies respiratoires
Manifestations possibles : toux prononcée, bruits respiratoires anormaux (sifflements), dyspnée et tachypnée

Risque de perturbation des échanges gazeux
Facteurs de risque possibles : irritation ou inflammation de la membrane alvéolaire (selon la nature de l'agent irritant et la durée de l'exposition)

Anxiété [préciser le degré]
Facteurs favorisants possibles : changement dans l'état de santé, peur de mourir

Manifestations possibles : verbalisation du problème, tension accrue, appréhension, stimulation sympathique

Insolation **MC**

Hyperthermie

Facteurs favorisants possibles : exposition prolongée à la chaleur ou activité très intense accompagnée d'une défaillance des mécanismes de régulation de l'organisme

Manifestations possibles : température corporelle élevée (supérieure à 40,6 °C), peau chaude et rouge, tachycardie, convulsions

Diminution du débit cardiaque

Facteurs favorisants possibles : stress fonctionnel causé par l'augmentation du métabolisme de base, altération du volume circulant ou du retour veineux, atteinte du myocarde directement reliée à l'hyperthermie

Manifestations possibles : diminution des pouls périphériques, dysrythmies ou tachycardie, altération de l'état mental

Insuffisance cardiaque **MC**

Diminution du débit cardiaque

Facteurs favorisants possibles : altération de la contractilité du myocarde ou changements inotropes ; altération de la fréquence cardiaque, du rythme cardiaque et de la conduction nerveuse ; changements structuraux (anomalies valvulaires, anévrisme ventriculaire)

Manifestations possibles : tachycardie ou arythmies, changements dans la pression artérielle, bruits cardiaques anormaux, diminution de la diurèse, pouls périphériques diminués, peau froide et grisâtre ; orthopnée, craquements ; œdème déclive ou généralisé, douleur thoracique

Excès de volume liquidien

Facteurs favorisants possibles : diminution du taux de filtration glomérulaire ou production accrue d'hormone antidiurétique, rétention sodique ou hydrique

Manifestations possibles : orthopnée et bruits respiratoires anormaux, présence du troisième bruit du coeur (B_3), turgescence des jugulaires, reflux hépatojugulaire, gain pondéral, hypertension, oligurie, œdème généralisé

Risque de perturbation des échanges gazeux

Facteur de risque possible : altération de la membrane alvéolo-capillaire (accumulation ou déplacement de liquide dans les espaces interstitiels ou les alvéoles)

SC

Intolérance à l'activité

Facteurs favorisants possibles : déséquilibre entre l'apport et les besoins en oxygène, faiblesse généralisée, alitement prolongé ou sédentarité

Manifestations possibles : faiblesse, fatigue (signalées par le patient ou observées par l'infirmière), changements dans les signes vitaux, dysrythmies ; dyspnée, pâleur, transpiration abondante

Manque de connaissances [besoin d'apprentissage] sur la fonction cardiaque et la maladie
Facteurs favorisants possibles : manque d'information ou idées fausses
Manifestations possibles : questions, verbalisation du problème ou d'idées fausses ; apparition de complications évitables ou exacerbation de la maladie

Insuffisance rénale aiguë MC

Excès de volume liquidien
Facteur favorisant possible : déficience des mécanismes de régulation (diminution de la fonction rénale)
Manifestations possibles : gain pondéral, œdème ou anasarque, apport supérieur aux pertes, congestion veineuse, déséquilibre électrolytique

Déficit nutritionnel
Facteurs favorisants possibles : incapacité d'ingérer suffisamment d'aliments ou de digérer suffisamment de matières nutritives (anorexie, nausées, vomissements, ulcération de la muqueuse buccale et augmentation des besoins métaboliques), diète restrictive
Manifestations possibles : manque d'intérêt ou dégoût pour la nourriture, apport alimentaire inadéquat (observé par l'infirmière), perte de poids ou diminution de la masse musculaire

Risque d'infection
Facteurs de risque possibles : inhibition des mécanismes de défense immunologique, interventions ou appareils effractifs, malnutrition ou altération de l'apport nutritionnel

Altération des opérations de la pensée
Facteurs favorisants possibles : accumulation de déchets toxiques, altération de l'irrigation cérébrale
Manifestations possibles : désorientation, perturbation de la mémoire récente, apathie, obnubilation périodique

Fatigue
Facteurs favorisants possibles : production diminuée d'énergie métabolique, diète restrictive, anémie, besoins énergétiques accrus (par exemple : fièvre ou inflammation, régénération des tissus)
Manifestations possibles : manque d'énergie accablant, incapacité de poursuivre les activités habituelles, baisse du rendement, léthargie, perte d'intérêt pour le monde extérieur

Intervention chirurgicale (en général) MC

Anxiété [préciser le degré] ou peur

Facteurs favorisants possibles : crise situationnelle, manque d'expérience du milieu de soins, changement dans l'état de santé, peur de mourir, séparation d'avec les réseaux de soutien habituels

Manifestations possibles : tension accrue, appréhension, baisse de la confiance en soi, peur qu'il arrive quelque chose, focalisation sur soi, stimulation sympathique, agitation

Manque de connaissances [besoin d'apprentissage] sur l'intervention chirurgicale et ses résultats, les soins et les traitements postopératoires habituels, et les besoins en matière de soins personnels

Facteurs favorisants possibles : manque d'informations, interprétation erronée des informations

Manifestations possibles : verbalisation du problème, questions, formulation d'idées fausses

Risque de blessure en périopératoire

Facteurs de risque possibles : désorientation, immobilisation, faiblesse musculaire, obésité ou œdème

Risque de mode de respiration inefficace

Facteurs de risque possibles : relâchement musculaire causé par des agents chimiques, trouble de la perception, déficit cognitif, baisse d'énergie, douleur au siège de l'incision

Risque de déficit de volume liquidien

Facteurs de risque possibles : restrictions liquidiennes préopératoires et postopératoires, perte de sang et pertes gastro-intestinales excessives (vomissements, aspiration gastrique)

Douleur [aiguë]

Facteurs favorisants possibles : position durant l'intervention chirurgicale, rétractions musculaires, traumatisme tissulaire, incision, présence de tubes ou de drains

Manifestations possibles : plaintes, comportements de diversion, d'autoprotection ou de défense, focalisation sur soi, altération du tonus musculaire, masque de douleur, réactions du système nerveux autonome (changement dans les signes vitaux)

Intoxication aiguë au chlorhydrate de cocaïne MC

Mode de respiration inefficace

Facteurs favorisants possibles : effets de la drogue sur le centre de la respiration du cerveau

Manifestations possibles : tachypnée, altération de l'amplitude respiratoire, essoufflement, altération des valeurs des gaz du sang artériel

Risque de diminution du débit cardiaque
Facteurs de risque possibles : effet de la drogue sur le myocarde (selon la pureté et la qualité de la drogue utilisée), altération de la fréquence cardiaque, du rythme cardiaque et de la conduction nerveuse, préexistence d'une myocardiopathie

Déficit nutritionnel
Facteurs favorisants possibles : anorexie, manque d'argent, utilisation inadéquate des ressources financières
Manifestations possibles : apport nutritionnel inadéquat (signalé par le patient), perte de poids, manque d'intérêt pour la nourriture, faible tonus musculaire, signes ou résultats de laboratoire révélant une carence en vitamines

Psy

Altération des opérations de la pensée
Facteur favorisant possible : stimulation du système nerveux par la drogue
Manifestations possibles : diminution de la durée de l'attention, désorientation, hallucinations

Stratégies d'adaptation individuelle inefficaces
Facteurs favorisants possibles : vulnérabilité, modèles négatifs ; réseaux de soutien inadéquats ; mécanismes d'adaptation inadéquats ou inefficaces compensés par la consommation de drogue
Manifestation possible : recours à des substances nocives (malgré les conséquences négatives)

Altération de la perception sensorielle [préciser]
Facteurs favorisants possibles : altération chimique exogène ; altération de la réception, de la transmission ou de l'intégration sensorielles (hallucinations), altération des organes des sens
Manifestations possibles : réactions à des stimuli internes créés par des hallucinations, idées bizarres, altération de l'acuité sensorielle (sens de l'odorat ou du goût)

Intoxication aiguë au plomb **Péd/SC**

(Voir aussi Intoxication chronique au plomb.)

Risque de trauma
Facteurs de risque possibles : perte de coordination, altération de la conscience, activité musculaire clonique ou tonique, atteinte neurologique

Risque de déficit de volume liquidien
Facteurs de risque possibles : vomissements excessifs, diarrhée, diminution de l'apport liquidien

Manque de connaissances [besoin d'apprentissage] sur les sources de plomb et la prévention de l'intoxication
Facteurs favorisants possibles : manque d'informations, interprétation erronée des informations
Manifestations possibles : verbalisation du problème, questions, formulation d'idées fausses

Intoxication chronique au plomb SC

(Voir aussi Intoxication aiguë au plomb.)

Déficit nutritionnel
Facteur favorisant possible : diminution de l'apport nutritionnel (altérations chimiques dans le tube digestif)
Manifestations possibles : anorexie, malaises abdominaux, goût de métal dans la bouche (signalé par le patient), perte de poids

Altération des opérations de la pensée
Facteur favorisant possible : dépôt de plomb dans le système nerveux central et les tissus du cerveau
Manifestations possibles : modification de la personnalité, troubles d'apprentissage, difficulté à conceptualiser et à raisonner

Douleur chronique
Facteur favorisant possible : dépôt de plomb dans les tissus mous et les os
Manifestations possibles : plaintes, comportements de diversion, focalisation sur soi

Intoxication digitalique MC/SC

Diminution du débit cardiaque
Facteurs favorisants possibles : altération de la contractilité du myocarde ou de la conduction nerveuse, propriétés de la digitale (longue demi-vie et plage thérapeutique étroite), pharmacothérapies concomitantes, âge ou état de santé précaire, déséquilibre électrolytique ou acido-basique
Manifestations possibles : altération du rythme, de la fréquence et de la conduction (apparition de dysrythmies ou exacerbation des dysrythmies); perturbation de l'état mental ; aggravation de l'insuffisance cardiaque, concentration élevée du médicament dans le sang

Risque de déficit ou d'excès de volume liquidien
Facteurs de risque possibles : pertes excessives causées par les vomissements ou la diarrhée, diminution de l'apport liquidien ou nausée, baisse du taux de protéines plasmatiques, malnutrition, administration continue de diurétiques ; excès de sodium ou rétention hydrique

Manque de connaissances [besoin d'apprentissage] sur la maladie et les exigences du traitement
Facteurs favorisants possibles : interprétation erronée des informations, manque de mémoire
Manifestations possibles : incapacité de suivre correctement les directives, apparition de complications évitables
Risque d'altération des opérations de la pensée
Facteurs de risque possibles : effets physiologiques de l'intoxication, diminution de l'irrigation cérébrale

Laminectomie (lombaire) **MC**

Risque de dysfonctionnement neurovasculaire périphérique [racine d'un nerf rachidien]
Facteurs de risque possibles : chirurgie orthopédique, traumatisme tissulaire, compression mécanique (pansement, œdème ou hématome)
Risque d'accident (lombaire)
Facteurs de risque possibles : faiblesse temporaire de la colonne vertébrale, troubles de l'équilibre, altération du tonus ou de la coordination musculaire
Douleur [aiguë]
Facteurs favorisants possibles : traumatisme tissulaire, inflammation localisée, œdème
Manifestations possibles : altération du tonus musculaire, plaintes, comportements de diversion ou de défense
Altération de la mobilité physique
Facteurs favorisants possibles : traitements restrictifs, atteinte neuromusculaire, douleur
Manifestations possibles : amplitude réduite des mouvements, diminution de la force et du contrôle musculaire, trouble de la coordination, réticence à effectuer des mouvements
Risque de rétention urinaire
Facteurs de risque possibles : douleur et enflure dans la région opérée, mobilité réduite, obligation de demeurer dans certaines positions

Laryngectomie **MC**

(Voir aussi Cancer, Chimiothérapie.)

Dégagement inefficace des voies respiratoires
Facteurs favorisants possibles : résection partielle ou totale de la glotte, passage temporaire ou permanent à la respiration par canule trachéale, formation d'un œdème, sécrétions abondantes ou épaisses
Manifestations possibles : dyspnée ou respiration difficile, modification de la fréquence et de l'amplitude respiratoires, utilisation de la musculature accessoire, toux faible ou inefficace, bruits respiratoires anormaux, cyanose

Altération de la communication verbale

Facteurs favorisants possibles : déficience anatomique (ablation des cordes vocales), obstacle physique (trachéotomie), nécessité de laisser la voix se reposer

Manifestations possibles : incapacité de parler, altération des caractéristiques de la voix, troubles de l'élocution

Atteinte à l'intégrité de la peau ou atteinte à l'intégrité des tissus

Facteurs favorisants possibles : ablation chirurgicale de tissus ou greffe, effets de la radiothérapie ou de la chimiothérapie, altération de la circulation sanguine, altération de l'état nutritionnel, formation d'un œdème, accumulation ou évacuation continue des sécrétions

Manifestations possibles : rupture de l'épiderme ou des tissus, destruction des couches cutanées ou tissulaires

Atteinte à l'intégrité de la muqueuse buccale

Facteurs favorisants possibles : déshydratation ou diète absolue (NPO), mauvaise hygiène buccodentaire, processus pathologique (cancer de la bouche), traumatisme mécanique (opération de la bouche), sécrétion salivaire diminuée, difficulté à avaler, bave, carences nutritionnelles

Manifestations possibles : xérostomie (bouche sèche), douleur à la bouche, salive épaisse ou mucoïde, diminution de la sécrétion salivaire, langue sèche et croûtée ou saburrale, inflammation des lèvres, dents ou gencives manquantes, halitose, santé dentaire déficiente

Laryngite SC/Péd

(Voir Croup.)

Laryngite pseudo-membraneuse Péd/SC

(Voir aussi Croup.)

Risque de suffocation

Facteurs de risque possibles : inflammation du larynx, formation d'une fausse membrane

Anxiété [préciser le degré] ou peur

Facteurs favorisants possibles : changement de milieu, perception d'une menace (respiration difficile), contagion de l'anxiété exprimée par les adultes de l'entourage

Manifestations possibles : agitation, tension faciale, regard inquiet, stimulation sympathique

Leucémie (aiguë) MC

(Voir aussi Chimiothérapie.)

Risque d'infection

Facteurs de risque possibles : déficience des mécanismes de défense secondaires (altération des leucocytes matures, prolifération de lymphocytes immatures, immunosuppression et suppression de la moelle osseuse), interventions effractives, malnutrition

Anxiété [préciser le degré] ou peur

Facteurs favorisants possibles : changement dans l'état de santé, peur de mourir, crise situationnelle

Manifestations possibles : stimulation sympathique, appréhension, sentiment d'impuissance, focalisation sur soi, insomnie

Intolérance à l'activité

Facteurs favorisants possibles : diminution des réserves énergétiques, accélération du métabolisme, déséquilibre entre les besoins et l'apport en oxygène, restrictions thérapeutiques (alitement) ou effets du traitement médicamenteux

Manifestations possibles : faiblesse généralisée, plaintes de fatigue, dyspnée d'effort, fréquence cardiaque ou pression artérielle anormales après l'activité

Douleur [aiguë]

Facteurs favorisants possibles : facteurs physiques (infiltration des tissus, des organes ou du système nerveux central, expansion de la moelle osseuse), facteurs chimiques (agents antileucémiques)

Manifestations possibles : plaintes (malaises abdominaux, arthralgie, douleur osseuse, céphalées), comportements de diversion, difficulté à se concentrer, réactions du système nerveux autonome (changement dans les signes vitaux)

Risque de déficit de volume liquidien

Facteurs de risque possibles : pertes excessives (vomissements, hémorragie, diarrhée), apport liquidien insuffisant (nausées, anorexie), besoins liquidiens accrus (augmentation du métabolisme de base ou fièvre)

Lithiase urinaire (calculs urinaires) MC

Douleur [aiguë]

Facteurs favorisants possibles : distension, traumatisme et œdème de tissus sensibles, ischémie cellulaire

Manifestations possibles : plaintes de douleurs soudaines et intenses, coliques, comportements d'autoprotection ou de diversion, focalisation sur soi, réactions du système nerveux autonome (changement dans les signes vitaux)

Altération de l'élimination urinaire

Facteurs favorisants possibles : formation d'un œdème, irritation ou inflammation des tissus urétraux et vésicaux

Manifestations possibles : mictions impérieuses, mictions fréquentes, rétention urinaire, hématurie

Risque de déficit de volume liquidien

Facteurs de risque possibles : stimulation des réflexes rénaux ou intestinaux causant des nausées, des vomissements et de la diarrhée ; altération de la diurèse, polyurie postopératoire ; apport liquidien réduit

Risque de rétention urinaire

Facteur de risque possible : obstruction de l'écoulement urinaire

Risque d'infection

Facteur de risque possible : stase urinaire

Manque de connaissances [besoin d'apprentissage] sur la maladie, le pronostic et les exigences du traitement

Facteurs favorisants possibles : ignorance sur le sujet, manque de mémoire, interprétation erronée des informations

Manifestations possibles : demande d'informations, verbalisation du problème, apparition ou retour de complications évitables

Lupus érythémateux disséminé SC

Douleur [aiguë]

Facteurs favorisants possibles : processus inflammatoire disséminé touchant les tissus conjonctifs, les vaisseaux sanguins, les surfaces séreuses et les muqueuses

Manifestations possibles : plaintes, comportements de défense ou de diversion, focalisation sur soi, réactions du système nerveux autonome (changement dans les signes vitaux)

Atteinte à l'intégrité de la peau ou atteinte à l'intégrité des tissus

Facteurs favorisants possibles : inflammation chronique, formation d'un œdème, altération de la circulation

Manifestations possibles : éruptions ou lésions cutanées, ulcération des muqueuses, photosensibilité

Fatigue

Facteurs favorisants possibles : besoins énergétiques accrus (inflammation chronique), altération biochimique (dont les effets de la pharmacothérapie)

Manifestations possibles : manque d'énergie accablant ou incapacité d'effectuer les activités habituelles (signalé par le patient), baisse du rendement, léthargie, malaise

Perturbation de l'image corporelle

Facteur favorisant possible : présence d'une affection chronique causant des éruptions, des lésions, des ulcères, un purpura, un érythème marbré des mains, une alopécie, une diminution de la force et un déficit fonctionnel

Manifestations possibles : dissimulation des parties touchées, sentiments négatifs envers le corps, sentiment d'impuissance, diminution de la participation à la vie sociale

Lymphoréticulose bénigne d'inoculation **SC**

Douleur [aiguë]
Facteurs favorisants possibles : effets des toxines circulantes (fièvre, céphalée et adénite)
Manifestations possibles : plaintes, comportements d'autoprotection, réactions du système nerveux autonome (changement dans les signes vitaux)

Hyperthermie
Facteur favorisant possible : inflammation
Manifestations possibles : température corporelle élevée, peau chaude et rouge, tachypnée, tachycardie

Maladie d'Addison **MC**

Déficit de volume liquidien [dysfonctionnement des mécanismes de régulation]
Facteurs favorisants possibles : vomissements, diarrhée, augmentation des pertes rénales
Manifestations possibles : ralentissement du remplissage capillaire, persistance du pli cutané, muqueuses sèches, grande soif (signalée par le patient)

Diminution du débit cardiaque
Facteurs favorisants possibles : hypovolémie, altération de la conduction nerveuse (dysrythmies) et/ou diminution de la masse musculaire cardiaque
Manifestations possibles : changement dans les signes vitaux, altération de la conscience, pouls irrégulier ou diminué

SC

Fatigue
Facteurs favorisants possibles : production diminuée d'énergie métabolique, altération biochimique (déséquilibre hydroélectrolytique et glucidique)
Manifestations possibles : manque d'énergie constant et accablant, incapacité d'effectuer ses activités habituelles, baisse de rendement, difficulté à se concentrer, léthargie, perte d'intérêt pour le monde extérieur

Perturbation de l'image corporelle
Facteurs favorisants possibles : altération de la pigmentation de la peau, altération des muqueuses, perte des poils axillaires ou pubiens
Manifestations possibles : sentiments négatifs face à son corps, détérioration de la vie sociale

Risque d'altération de la mobilité physique

Facteurs de risque possibles : atteinte neuromusculaire (atrophie ou fatigue musculaires), étourdissements, syncope

Déficit nutritionnel

Facteurs favorisants possibles : carence en glucocorticoïdes ; métabolisme anormal des lipides, des protéines et des glucides ; nausées, vomissements ; anorexie

Manifestations possibles : perte de poids, atrophie musculaire, crampes abdominales, diarrhée, hypoglycémie grave

Risque d'incapacité (partielle ou totale) d'organiser et d'entretenir le domicile

Facteurs de risque possibles : effets du processus morbide, altération de la fonction cognitive, réseaux de soutien inadéquats

Maladie d'Alzheimer SC

Risque de trauma

Facteurs de risque possibles : incapacité de reconnaître les risques environnementaux, désorientation, confusion, erreurs de jugement, faiblesse, altération de la coordination musculaire

Altération des opérations de la pensée ou confusion chronique

Facteurs favorisants possibles : altérations physiologiques (dégénérescence des neurones), manque de sommeil, conflits psychologiques

Manifestations possibles : interprétation erronée de l'environnement, troubles de la mémoire, difficulté à prendre des décisions ou à résoudre des problèmes, distractivité, désorientation, pensée inadaptée ou non fondée sur la réalité, socialisation perturbée, altération de la personnalité

Altération de la perception sensorielle [préciser]

Facteurs favorisants possibles : altération de la réception, transmission et/ou de l'intégration sensorielles (affection ou trouble neurologique), isolement social (confinement au domicile ou en établissement)

Manifestations possibles : perte de mémoire, perturbation des réactions habituelles aux stimuli, réactions émotives exagérées (anxiété, paranoïa, hallucinations)

Perturbation des habitudes de sommeil

Facteurs favorisants possibles : déficit sensoriel, changement dans les activités habituelles, stress psychologique (atteinte neurologique)

Manifestations possibles : insomnie, désorientation (inversion jour-nuit) ; tendance accrue à errer sans but, incapacité de reconnaître le besoin de dormir ou l'heure du coucher, perturbation du comportement ou du rendement, léthargie ; cernes profonds sous les yeux, bâillements fréquents

Difficulté à se maintenir en santé

Facteurs favorisants possibles : détérioration des capacités dans tous les domaines, déficit cognitif ; stratégies d'adaptation individuelle ou familiale inefficaces

Manifestations possibles : incapacité d'assumer les pratiques sanitaires de base (signalée par le patient ou observée par l'infirmière); manque de ressources financières, matérielles ou autres (signalé par le patient ou observé par l'infirmière); dysfonctionnement du réseau de soutien (signalé par le patient ou observé par l'infirmière)

Psy

Stratégies d'adaptation familiale inefficaces (soutien compromis) ou défaillance dans l'exercice du rôle de l'aidant naturel

Facteurs favorisants possibles : désorganisation de la famille, changement de rôle, isolement de la famille ou de l'aidant naturel, maladie prolongée, soins à domicile complexes et exigeants qui épuisent les ressources émotionnelles et financières de la famille

Manifestations possibles : verbalisation de frustration face aux soins quotidiens à donner, conflit (signalé par la famille), sentiment de dépression, colère ou culpabilité envers le patient, délaissement des contacts avec le patient ou l'entourage

Risque de syndrome d'inadaptation à un changement de milieu

Facteurs de risque possibles : absence ou manque de préparation au transfert dans un nouveau milieu de soins, perturbation de l'emploi du temps habituel, troubles sensoriels, détérioration de l'état physique, séparation d'avec son réseau de soutien

Maladie de Crohn **MC/SC**

(Voir aussi Entérite régionale.)

Déficit nutritionnel

Facteurs favorisants possibles : douleurs intestinales après les repas ; ralentissement du transit intestinal

Manifestations possibles : perte de poids, dégoût et manque d'intérêt pour la nourriture (observé par l'infirmière)

Diarrhée

Facteurs favorisants possibles : inflammation de l'intestin grêle, altération de l'apport alimentaire

Manifestations possibles : bruits intestinaux hyperactifs (hyperpéristaltisme), crampes, selles liquides et fréquentes

Manque de connaissances [besoin d'apprentissage] sur la physiopathologie de la maladie, les besoins nutritionnels et la prévention des rechutes

Facteurs favorisants possibles : manque d'informations ou interprétation erronée des informations

Manifestations possibles : verbalisation du problème, questions, exacerbation de la maladie

Maladie de Hodgkin SC/MC

(Voir aussi Cancer, Chimiothérapie.)

Anxiété [préciser le degré] ou peur

Facteurs favorisants possibles : menace au concept de soi, peur mourir

Manifestations possibles : appréhension, insomnie, focalisation sur soi, tension accrue

Manque de connaissances [besoin d'apprentissage] sur le diagnostic, la physiopathologie, le traitement et le pronostic

Facteurs favorisants possibles : manque d'informations ou interprétation erronée des informations

Manifestations possibles : verbalisation du problème, questions, idées fausses

Douleur [aiguë/malaises]

Facteurs favorisants possibles : réaction inflammatoire (fièvre, frissons, sueurs nocturnes), prurit

Manifestations possibles : plaintes, comportements de diversion, focalisation sur soi

Risque de mode de respiration inefficace ou de dégagement inefficace des voies respiratoires

Facteur de risque possible : obstruction trachéobronchique (tuméfaction des ganglions médiastinaux et/ou œdème des voies respiratoires)

Maladie de Kawasaki Péd

Hyperthermie

Facteurs favorisants possibles : augmentation du métabolisme, déshydratation

Manifestations possibles : température corporelle supérieure aux limites de la normale, peau rouge, augmentation de la fréquence respiratoire, tachycardie

Douleur [aiguë]

Facteurs favorisants possibles : inflammation, œdème, tuméfaction des tissus

Manifestations possibles : plaintes, agitation, comportement de défense, difficulté à se concentrer

Atteinte à l'intégrité de la peau

Facteurs favorisants possibles : processus inflammatoire, perturbation de la circulation, œdème

Manifestation possible : rupture de la surface cutanée (avec éruption maculaire, desquamation)

Atteinte à l'intégrité de la muqueuse buccale
Facteurs favorisants possibles: processus inflammatoire, déshydratation, fait que la personne respire par la bouche
Manifestations possibles: douleur, hyperémie, lèvres gercées

Risque de diminution du débit cardiaque
Facteurs de risque possibles: changements structuraux, inflammation des artères coronaires, altération de la fréquence ou du rythme cardiaques ou de la conduction nerveuse

Maladie de Parkinson SC

Altération de la mobilité physique
Facteurs favorisants possibles: atteinte neuromusculaire (faiblesse musculaire, tremblements, bradykinésie), atteinte musculosquelettique (raideur articulaire)
Manifestations possibles: diminution de la force et du contrôle musculaires, trouble de la coordination, amplitude limitée des mouvements

Incapacité (partielle ou totale) d'avaler
Facteurs favorisants possibles: atteinte neuromusculaire, faiblesse musculaire
Manifestations possibles: difficulté à avaler (signalée par le patient ou observée par l'infirmière); tendance à baver; signes d'aspiration (fausse route), comme la suffocation et la toux

Altération de la communication verbale
Facteurs favorisants possibles: faiblesse musculaire, incoordination
Manifestations possibles: difficulté à articuler, trouble de phonation, altération du rythme et de l'intonation

Maladie des inclusions cytomégaliques SC

(Voir Herpès.)

Maladie sexuellement transmissible Gyn/SC

Risque d'infection (transmission)
Facteurs de risque possibles: nature contagieuse de la maladie, ignorance des moyens permettant d'éviter l'exposition à l'agent pathogène ou de prévenir la transmission

Atteinte à l'intégrité des tissus ou atteinte à l'intégrité de la peau
Facteurs favorisants possibles: infection, irritation causée par l'agent pathogène
Manifestations possibles: rupture de la peau ou des tissus, inflammation des muqueuses

Manque de connaissances [besoin d'apprentissage] sur la physiopathologie de la maladie, son pronostic, les complications possibles, les exigences du traitement et la transmission
Facteurs favorisants possibles : manque d'informations, interprétation erronée des informations, manque d'intérêt pour apprendre
Manifestations possibles : verbalisation du problème, questions, formulation d'idées fausses, incapacité de suivre correctement les directives, apparition de complications évitables

Maladie vasculaire périphérique (athérosclérose) SC

Diminution de l'irrigation tissulaire (périphérique)
Facteurs favorisants possibles : diminution ou interruption de l'irrigation artérielle ou veineuse
Manifestations possibles : changement dans la couleur et/ou la température de la peau, arrêt de la pousse des cheveux, changement dans la pression artérielle ou le pouls au membre atteint, présence d'un souffle, claudication

Intolérance à l'activité
Facteur favorisant possible : déséquilibre entre l'apport et les besoins en oxygène
Manifestations possibles : plaintes de fatigue ou de faiblesse musculaire, malaise lors d'un effort (claudication)

Risque d'atteinte à l'intégrité des tissus
Facteurs de risque possibles : altération de la circulation causant une perte de sensation, cicatrisation difficile

Maladie vénérienne SC

(Voir Maladie sexuellement transmissible.)

Mastectomie MC

Atteinte à l'intégrité de la peau ou atteinte à l'intégrité des tissus
Facteurs favorisants possibles : ablation chirurgicale de peau et de tissus, altération de la circulation, écoulement, œdème, modifications de l'élasticité et de la sensibilité de la peau, destruction de tissus (radiothérapie)
Manifestations possibles : rupture de la surface cutanée, destruction des couches cutanées ou des tissus sous-cutanés

Altération de la mobilité physique
Facteurs favorisants possibles : atteinte neuromusculaire, douleur, formation d'un œdème
Manifestations possibles : réticence à effectuer des mouvements, amplitude réduite des mouvements, diminution de la masse ou de la force musculaires

Incapacité (partielle ou totale) de se laver/de s'habiller
Facteur favorisant possible : invalidité temporaire d'un bras ou des deux bras
Manifestation possible : incapacité d'effectuer ou de mener à terme les tâches inhérentes aux soins personnels (signalée par la patiente)

Perturbation de l'image corporelle
Facteur favorisant possible : perte d'une partie du corps éminemment féminine
Manifestations possibles : incapacité de regarder ou de toucher la partie atteinte, sentiments négatifs envers le corps, inquiétude face à la perte, altération des activités et des interactions sociales

Mastite — Obs/Gyn

Douleur [aiguë]
Facteurs favorisants possibles : érythème et œdème des tissus mammaires
Manifestations possibles : plaintes, comportements de diversion ou de défense, focalisation sur soi et réactions du système nerveux autonome (changement dans les signes vitaux)

Risque d'infection (dissémination ou formation d'un abcès)
Facteurs de risque possibles : traumatisme des tissus, stase des liquides biologiques, manque de connaissances sur la prévention des complications

Manque de connaissances [besoin d'apprentissage] sur la physiopathologie, le traitement et la prévention
Facteurs favorisants possibles : manque d'informations, interprétation erronée des informations
Manifestations possibles : verbalisation du problème, questions, formulation d'idées fausses

Mastoïdectomie — Péd/MC

Risque d'infection (dissémination)
Facteurs de risque possibles : préexistence d'une infection, traumatisme chirurgical, stase de liquides biologiques dans une zone très proche du cerveau

Douleur [aiguë]
Facteurs favorisants possibles : inflammation, traumatisme tissulaire, formation d'un œdème
Manifestations possibles : plaintes, comportements de diversion, agitation, focalisation sur soi, réactions du système nerveux autonome (changement dans les signes vitaux)

Altération de la perception sensorielle (auditive)
Facteurs favorisants possibles : présence de mèches chirurgicales, œdème, remaniement chirurgical de l'oreille moyenne
Manifestation possible : baisse de l'ouïe (signalée par le patient ou mesurée) dans l'oreille touchée

Méningite méningococcique aiguë **MC**

Risque d'infection (dissémination ou transmission)
Facteurs de risque possibles : dissémination hématogène de l'agent pathogène, stase des liquides biologiques, suppression de la réponse inflammatoire (causée par les médicaments), exposition d'autres personnes à l'agent pathogène
Risque de diminution de l'irrigation tissulaire (cérébrale)
Facteurs de risque possibles : œdème cérébral altérant ou bloquant la circulation veineuse ou artérielle au cerveau, hypovolémie, problèmes d'échanges au niveau cellulaire (acidose)
Hyperthermie
Facteurs favorisants possibles : processus infectieux (augmentation du métabolisme), déshydratation
Manifestations possibles : température corporelle élevée, peau rouge et chaude, tachycardie
Douleur [aiguë]
Facteurs favorisants possibles : inflammation ou irritation des méninges accompagnée d'un spasme des muscles extenseurs (cou, épaules et dos)
Manifestations possibles : plaintes, comportements de diversion ou de défense, difficulté à se concentrer, réactions du système nerveux autonome (changement dans les signes vitaux)
Risque de trauma ou de suffocation
Facteurs de risque possibles : altération de la conscience, apparition possible d'une activité musculaire clonique ou tonique (convulsions), faiblesse ou prostration

Méniscectomie **MC/SC**

Altération de la mobilité physique
Facteurs favorisants possibles : douleur, instabilité articulaire, restriction imposée des mouvements
Manifestations possibles : diminution de la force et du contrôle musculaires, amplitude réduite des mouvements, réticence à effectuer des mouvements
Manque de connaissances [besoin d'apprentissage] sur le déroulement postopératoire, la prévention des complications et les besoins en matière de soins personnels
Facteur favorisant possible : manque d'informations
Manifestations possibles : verbalisation du problème, questions, formulation d'idées fausses

Mononucléose infectieuse **SC**

Fatigue

Facteurs favorisants possibles : diminution de la production d'énergie, malaise, besoins énergétiques accrus (inflammation)

Manifestations possibles : manque d'énergie accablant (signalé par le patient), incapacité d'effectuer les activités habituelles, léthargie, malaise

Douleur [malaise]

Facteurs favorisants possibles : inflammation de tissus lymphoïdes et organiques, irritation de la muqueuse oropharyngée, effets des toxines circulantes

Manifestations possibles : plaintes, comportements de diversion, focalisation sur soi

Hyperthermie

Facteur favorisant possible : processus inflammatoire

Manifestations possibles : température corporelle élevée, peau chaude et rouge, tachycardie

Manque de connaissances [besoin d'apprentissage] sur la transmission de la maladie, les besoins en matière de soins personnels, le traitement médical et les complications possibles

Facteurs favorisants possibles : manque d'information, interprétation erronée des informations

Manifestations possibles : verbalisation du problème, formulation d'idées fausses, incapacité de suivre correctement les directives

Mort fœtale **Obs**

Chagrin (deuil)

Facteur favorisant possible : mort du fœtus (enfant désiré ou non)

Manifestations possibles : verbalisation de sentiments de détresse, de colère, de perte ; pleurs ; perturbation des habitudes de sommeil et des habitudes alimentaires

Perturbation situationnelle de l'estime de soi

Facteur favorisant possible : impression d'avoir échoué dans un domaine important de la vie

Manifestations possibles : autocritique déclenchée par des circonstances difficiles chez une personne qui avait auparavant une bonne opinion d'elle-même, sentiments négatifs envers soi (sentiment d'impuissance, d'incompétence), difficulté à prendre des décisions

Risque de détresse spirituelle

Facteurs de risque possibles : remise en question du système de croyances et de valeurs (la naissance est censée être le commencement de la vie et non de la mort), souffrance intense

Mucoviscidose (fibrose kystique) **SC/Péd**

Dégagement inefficace des voies respiratoires

Facteurs favorisants possibles : sécrétion excessive de mucus épais, déficience de la fonction ciliaire

Manifestations possibles : bruits respiratoires anormaux, toux inefficace, cyanose, changements dans la fréquence et l'amplitude respiratoires

Risque d'infection

Facteurs de risque possibles : stase des sécrétions bronchiques, apparition d'atélectasie

Déficit nutritionnel

Facteurs favorisants possibles : troubles de la digestion et de l'absorption des matières nutritives

Manifestations possibles : incapacité de prendre du poids, atrophie musculaire, retard de croissance

Manque de connaissances [besoin d'apprentissage] sur la physiopathologie de la maladie, le traitement médical et les ressources communautaires existantes

Facteurs favorisants possibles : manque d'informations ou idées fausses

Manifestations possibles : verbalisation du problème, questions ; incapacité de suivre correctement les directives, apparition de complications évitables

Stratégies d'adaptation familiale inefficaces (soutien compromis)

Facteurs favorisants possibles : nature chronique de la maladie ou de l'invalidité, supervision des parents et restrictions imposées au mode de vie

Manifestations possibles : comportements protecteurs ne correspondant pas aux capacités ou au besoin d'autonomie du patient

Myasthénie **MC**

Mode de respiration inefficace ou dégagement inefficace des voies respiratoires

Facteurs favorisants possibles : faiblesse neuromusculaire et manque d'énergie ou fatigue

Manifestations possibles : dyspnée, changements dans la fréquence et dans l'amplitude respiratoires, toux inefficace, bruits respiratoires anormaux

Altération de la communication verbale

Facteurs favorisants possibles : faiblesse neuromusculaire, fatigue, obstacle physique (intubation)

Manifestations possibles : faiblesse faciale, difficulté à articuler, voix rauque, incapacité de parler

Incapacité (partielle ou totale) d'avaler

Facteurs favorisants possibles : déficit neuromusculaire des muscles laryngés ou pharyngés, fatigue musculaire

Manifestations possibles : difficulté à avaler (signalée ou observée), toux ou suffocation, signes d'aspiration (fausse route)

Anxiété [préciser le degré] ou peur

Facteurs favorisants possibles : crise situationnelle ; menace à l'image de soi ; changement dans l'état de santé, dans la situation socio-économique ou dans l'exercice du rôle ; séparation d'avec les réseaux de soutien ; manque de connaissances ; incapacité de communiquer

Manifestations possibles : verbalisation du problème, tension accrue, agitation, appréhension, stimulation sympathique, pleurs, focalisation sur soi, absence de coopération, focalisation sur soi, colère, absence de communication

SC

Manque de connaissances [besoin d'apprentissage] sur la pharmacothérapie, le risque de crise (myasthénique ou cholinergique) et la gestion des soins personnels

Facteurs favorisants possibles : informations inadéquates, interprétation erronée des informations

Manifestations possibles : verbalisation du problème, questions, formulation d'idées fausses, apparition de complications évitables

Atteinte à la mobilité physique

Facteur favorisant possible : atteinte neuromusculaire

Manifestations possibles : plaintes de fatigabilité grandissante lors de l'utilisation répétée ou prolongée des muscles, troubles de la coordination, diminution de la force ou du contrôle musculaires

Altération de la perception sensorielle (visuelle)

Facteur favorisant possible : atteinte neuromusculaire

Manifestations possibles : distorsions visuelles (diplopie), incoordination motrice

Myocardite **MC**

Intolérance à l'activité

Facteurs favorisants possibles : déséquilibre entre l'apport et les besoins en oxygène (inflammation ou lésion du myocarde), effets dépresseurs de certains médicaments sur le muscle cardiaque, repos forcé

Manifestations possibles : plaintes de fatigue, dyspnée d'effort, tachycardie ou palpitations après l'activité, anomalies électrocardiographiques, dysrythmies, faiblesse généralisée

Risque de diminution du débit cardiaque
Facteur de risque possible : dégénérescence du muscle cardiaque

Manque de connaissances [besoin d'apprentissage] sur la physiopathologie et l'issue de la maladie, le traitement, les besoins en matière de soins personnels et les changements à apporter au mode de vie
Facteurs favorisants possibles : manque d'information, interprétation erronée des informations
Manifestations possibles : verbalisation du problème, formulation d'idées fausses, incapacité de suivre correctement les directives, apparition de complications évitables

Myringotomie — Péd/MC

(Voir Mastoïdectomie.)

Myxœdème — MC

(Voir aussi Hypothyroïdie.)

Perturbation de l'image corporelle
Facteur favorisant possible : altération structurelle ou fonctionnelle (perte de cheveux, épaississement de la peau, visage inexpressif, langue tuméfiée, troubles menstruels, perturbation de l'appareil génital)
Manifestations possibles : sentiments négatifs envers le corps, sentiment d'impuissance, altération de la participation à la vie sociale

Excès nutritionnel
Facteurs favorisants possibles : ralentissement du métabolisme et diminution de l'activité
Manifestation possible : poids supérieur au poids idéal selon la taille et l'ossature

Risque de diminution du débit cardiaque
Facteur de risque possible : altération de la conduction nerveuse et de la contractilité du myocarde

Néphrectomie — MC

Douleur [aiguë]
Facteurs favorisants possibles : traumatisme chirurgical des tissus, fermeture mécanique de l'incision (suture)
Manifestations possibles : plaintes, comportements de diversion ou de défense, focalisation sur soi, réactions du système nerveux autonome (changement dans les signes vitaux)

Risque de déficit de volume liquidien
Facteurs de risque possibles : pertes vasculaires excessives et apport restreint

Mode de respiration inefficace

Facteur favorisant possible : dilatation pulmonaire réduite à cause d'une douleur dans la région de l'incision

Manifestations possibles : tachypnée, vibrations vocales, altération de l'amplitude respiratoire ou de l'amplitude thoracique, valeurs anormales des gaz du sang artériel

Constipation

Facteurs favorisants possibles : apport alimentaire réduit, mobilité limitée, blocage gastro-intestinal (iléus paralytique), douleur à l'incision lors de la défécation

Manifestations possibles : diminution des bruits intestinaux, diminution de la fréquence ou de la quantité des selles, selles dures ou moulées

Néphroblastome (tumeur de Wilms) Péd

(Voir aussi Cancer, Chimiothérapie.)

Anxiété [préciser le degré] ou peur

Facteurs favorisants possibles : changement de milieu, perturbation des interactions avec les membres de la famille, risque de mort par contagion

Manifestations possibles : affect craintif ou peur, détresse, pleurs, insomnie, stimulation sympathique

Risque d'accident

Facteur de risque possible : nature de la tumeur de Wilms (vasculaire, spongieuse et recouverte d'un très mince revêtement) la rendant particulièrement susceptible de se métastasier lorsqu'elle est manipulée

Perturbation de la dynamique familiale

Facteur favorisant possible : crise situationnelle causée par une maladie pouvant être mortelle

Manifestations possibles : réseau familial ayant de la difficulté à répondre aux besoins physiques, affectifs et spirituels de ses membres ; incapacité de faire face à une expérience traumatisante de façon efficace

Manque de loisirs

Facteurs favorisants possibles : milieu de soins offrant peu d'activités qui conviennent à l'âge de l'enfant ou restriction des activités, hospitalisation et traitement prolongés

Manifestations possibles : agitation, pleurs, léthargie, passage à l'acte

Névralgie faciale (névralgie essentielle du trijumeau, tic douloureux de la face) SC

Douleur [aiguë]

Facteur favorisant possible : atteinte neuromusculaire causant des spasmes musculaires violents et soudains

Manifestations possibles : plaintes, comportements de défense ou de diversion, focalisation sur soi, réactions du système nerveux autonome (changement dans les signes vitaux)

Manque de connaissances [besoin d'apprentissage] sur la maîtrise des accès récurrents, les traitements médicaux et les besoins en matière de soins personnels
Facteurs favorisants possibles : manque d'information ou de mémoire, interprétation erronée des informations
Manifestations possibles : verbalisation du problème, questions, exacerbation du problème

Névrite **SC**

Douleur [aiguë] ou douleur chronique
Facteur favorisant possible : lésion nerveuse habituellement reliée à une dégénérescence
Manifestations possibles : plaintes, comportements de diversion ou de défense, focalisation sur soi, réactions du système nerveux autonome (changement dans les signes vitaux)

Manque de connaissances [besoin d'apprentissage] sur les facteurs favorisants, le traitement et la prévention
Facteurs favorisants possibles : manque d'informations ou interprétation erronée des informations
Manifestations possibles : verbalisation du problème, questions, formulation d'idées fausses

Nouveau-né normal **Péd**

Risque de perturbation des échanges gazeux
Facteurs de risque possibles : facteurs de stress présents avant et pendant la naissance, sécrétion excessive de mucus, agression par le froid

Risque d'altération de la température corporelle
Facteurs de risque possibles : rapport désavantageux entre la surface corporelle (grande) et la masse corporelle (petite) chez le nouveau-né, quantité limitée de graisses sous-cutanées qui protègent du froid, caractère non renouvelable de la graisse brune et faibles réserves de graisse blanche, épiderme très mince qui diminue la distance entre les vaisseaux sanguins et la surface de la peau, incapacité de frissonner, passage de la chaleur du milieu utérin à un milieu beaucoup plus froid

Risque de perturbation de l'attachement parent-enfant
Facteurs de risque possibles : période de transition (arrivée d'un nouveau membre dans la famille), anxiété associée au rôle parental, absence d'intimité

Risque de déficit nutritionnel

Facteurs de risque possibles : vitesse élevée du métabolisme, besoins énergétiques élevés, pertes hydriques insensibles par les voies cutanée et pulmonaire, fatigue, risque d'insuffisance ou d'épuisement des réserves glucosiques

Risque d'infection

Facteurs de risque possibles : altération des mécanismes de défense secondaires (immunité acquise insuffisante, par exemple une déficience des neutrophiles et de certaines immunoglobulines), altération des mécanismes de défense primaires (exposition prolongée à l'air ambiant, rupture de l'épiderme, traumatisme tissulaire, faible activité ciliaire)

Nouveau-né prématuré — Péd

Perturbation des échanges gazeux

Facteurs favorisants possibles : remaniement des membranes alvéolocapillaires (insuffisance de surfactant), altération de la circulation sanguine (immaturité de la musculature des artérioles pulmonaires), altération de l'apport en oxygène (immaturité du système nerveux central et du système neuromusculaire, obstruction trachéobronchique), capacité de fixation réduite de l'oxygène dans le sang (anémie), agression par le froid

Manifestations possibles : troubles respiratoires, oxygénation insuffisante des tissus, acidémie

Mode de respiration inefficace

Facteurs favorisants possibles : immaturité du centre de la respiration, mauvaise position, dépression médicamenteuse de la respiration, déséquilibres métaboliques, manque d'énergie ou fatigue

Manifestations possibles : dyspnée, tachypnée, accès d'apnée, battement des ailes du nez, utilisation de la musculature accessoire, cyanose, valeurs anormales des gaz du sang artériel, tachycardie

Risque de thermorégulation inefficace

Facteurs de risque possibles : immaturité du système nerveux central (du centre de régulation de la température corporelle), faible rapport entre la masse corporelle et la surface corporelle, faible quantité de tissu adipeux sous-cutané, quantité limitée de graisse brune, incapacité de frissonner ou de transpirer, faibles réserves métaboliques, incapacité de se plaindre de l'hypothermie, manipulations et interventions fréquentes de la part du personnel médical et infirmier

Risque de déficit de volume liquidien

Facteurs de risque possibles : très jeune âge, faible poids, pertes liquidiennes excessives (peau mince, quantité limitée de tissu adipeux isolant, température ambiante trop élevée, immaturité des reins, incapacité des reins de concentrer l'urine)

Risque de désorganisation comportementale chez le nourrisson

Facteurs de risque possibles : prématurité, absence de limites physiques, douleur, stimulation excessive

Obésité SC/Psy

Excès nutritionnel

Facteur favorisant possible : apport excessif par rapport aux besoins métaboliques

Manifestations possibles : poids de 20 % supérieur au poids idéal, sédentarité, habitudes alimentaires dysfonctionnelles (signalées par le patient ou observées par l'infirmière), excès de tissus adipeux (selon la mesure du pli cutané du triceps et d'autres mesures)

Perturbation de l'image corporelle

Facteurs favorisants possibles : perception de soi allant à l'encontre des valeurs généralement acceptées, famille ou milieu culturel qui incitent à la suralimentation, pessimisme face à l'avenir (relations amoureuses et sexuelles, contrôle du poids)

Manifestations possibles : sentiments négatifs envers le corps, peur du rejet ou de la réaction des autres, sentiment d'impuissance, perte d'espoir, non-observance du régime recommandé

Intolérance à l'activité

Facteurs favorisants possibles : déséquilibre entre l'apport et les besoins en oxygène, sédentarité

Manifestations possibles : fatigue ou faiblesse, malaise lors d'un effort, fréquence cardiaque ou pression artérielle anormales après une activité

Stratégies d'adaptation individuelle inefficaces

Facteurs favorisants possibles : vulnérabilité, attentes insatisfaites et stratégies d'adaptation inadéquates

Manifestations possibles : difficulté à faire face à l'anxiété et à la tension, alimentation excessive, tendance à manger pour surmonter le stress

Occlusion intestinale MC

(Voir Iléus.)

Œdème pulmonaire MC

Excès de volume liquidien

Facteurs favorisants possibles : déficience de la fonction cardiaque, apport excessif en liquides ou en sodium

Manifestations possibles : dyspnée, craquements (râles), congestion pulmonaire visible à la radiographie thoracique, agitation, anxiété, augmentation de la pression veineuse centrale

Perturbation des échanges gazeux
Facteurs favorisants possibles : altération du débit sanguin et diminution des échanges alvéolocapillaires (accumulation ou déplacement de liquide dans les espaces interstitiels ou les alvéoles)
Manifestations possibles : hypoxie, agitation, confusion

Anxiété [préciser le degré] ou peur
Facteur favorisant possible : peur de mourir (incapacité de respirer)
Manifestations possibles : réactions allant de l'appréhension à la panique, agitation, focalisation sur soi

Ophtalmie des neiges (cécité des neiges) SC

Altération de la perception sensorielle (visuelle)
Facteur favorisant possible : atteinte à l'organe de la vue (irritation des conjonctives, hyperémie)
Manifestations possibles : intolérance à la lumière (photophobie), diminution ou perte de l'acuité visuelle

Douleur [aiguë]
Facteurs favorisants possibles : irritation ou congestion vasculaire des conjonctives
Manifestations possibles : plaintes, comportements de défense ou de diversion, focalisation sur soi

Anxiété [préciser le degré]
Facteurs favorisants possibles : crise situationnelle, changement ou risque de changement dans l'état de santé
Manifestations possibles : tension accrue, appréhension, incertitude, inquiétude, agitation, focalisation sur soi

Oreillons Péd/SC

Douleur [aiguë]
Facteurs favorisants possibles : présence d'une inflammation, toxines circulantes, tuméfaction des glandes salivaires
Manifestations possibles : plaintes, comportements de défense ou de diversion, focalisation sur soi, réactions du système nerveux autonome (changement dans les signes vitaux)

Hyperthermie
Facteurs favorisants possibles : processus inflammatoire (augmentation du métabolisme), déshydratation
Manifestations possibles : température corporelle élevée, peau chaude et rouge, tachycardie

Risque de déficit de volume liquidien
Facteurs de risque possibles : augmentation du métabolisme de base, douleur à la déglutition, diminution de l'apport liquidien

Ostéomyélite **MC/SC**

Douleur [aiguë]
Facteurs favorisants possibles : inflammation et nécrose des tissus
Manifestations possibles : plaintes, comportements de défense ou de diversion, focalisation sur soi, réactions du système nerveux autonome (changements dans les signes vitaux)

Hyperthermie
Facteurs favorisants possibles : augmentation du métabolisme, processus infectieux
Manifestations possibles : température corporelle élevée, peau chaude et rouge

Diminution de l'irrigation tissulaire (osseuse)
Facteurs favorisants possibles : réaction inflammatoire accompagnée d'une thrombose des vaisseaux, destruction de tissus, œdème, formation d'un abcès
Manifestations possibles : nécrose osseuse, continuation du processus infectieux, retard de cicatrisation

Manque de connaissances [besoin d'apprentissage] sur la physiopathologie de la maladie, les exigences du traitement à long terme, la restriction de l'activité et la prévention des complications
Facteurs favorisants possibles : manque d'informations, interprétation erronée des informations
Manifestations possibles : verbalisation du problème, questions, formulation d'idées fausses, incapacité de suivre correctement les directives

Ostéoporose **SC**

Risque de trauma
Facteur de risque possible : atteinte osseuse qui augmente le risque de fracture à la moindre agression ou même sans agression

Douleur [aiguë] ou douleur chronique
Facteurs favorisants possibles : pression d'une vertèbre sur un nerf spinal, un muscle ou un ligament, fractures spontanées
Manifestations possibles : plaintes, comportements de défense ou de diversion, focalisation sur soi, altération des habitudes de sommeil

Altération de la mobilité physique
Facteurs favorisants possibles : douleur, atteinte musculosquelettique

Manifestations possibles : amplitude limitée des mouvements, réticence à effectuer des mouvements ou peur de se blesser à nouveau, restrictions imposées

Pancréatite — MC

Douleur [aiguë]

Facteurs favorisants possibles : obstruction des canaux pancréatiques et biliaires, contamination chimique des surfaces péritonéales par l'exsudat pancréatique ou autodigestion des tissus, propagation de l'inflammation au plexus nerveux rétropéritonéal

Manifestations possibles : plaintes, comportements de défense ou de diversion, focalisation sur soi, grimaces de douleur, réactions du système nerveux autonome (changement dans les signes vitaux), altération du tonus musculaire

Risque de déficit de volume liquidien

Facteurs de risque possibles : pertes gastriques excessives (vomissements, sonde nasogastrique), augmentation du lit vasculaire (vasodilatation, effets des kinines), extravasation d'exsudat hémorragique, ascite, troubles de la coagulation, pertes hémorragiques

Déficit nutritionnel

Facteurs favorisants possibles : vomissements, réduction de l'apport alimentaire, difficulté à digérer les matières nutritives (perte d'enzymes gastriques ou d'insuline)

Manifestations possibles : apport alimentaire insuffisant (signalé par le patient), dégoût pour la nourriture, altération du sens du goût (signalée par le patient), perte de poids, diminution de la masse musculaire

Risque d'infection

Facteurs de risque possibles : altération des mécanismes de défenses primaires (stase des liquides biologiques, altération du péristaltisme, altération du pH des sécrétions), immunosuppression, carences nutritionnelles, destruction de tissus, maladie chronique

Paraplégie — MC/SC

(Voir aussi Tétraplégie.)

Altération de la mobilité physique

Facteur favorisant possible : atteinte neuromusculaire (paralysie flasque ou spastique)

Manifestations possibles : perte du contrôle et de la coordination musculaires, amyotrophie ou contractures, incapacité de se mouvoir délibérément

Altération de la perception sensorielle (kinesthésique et tactile)
Facteur favorisant possible : déficit neurologique causant une perte de la réception et de la transmission sensorielles
Manifestations possibles : altération (signalée ou mesurée) de l'acuité sensorielle, perte des réactions habituelles aux stimuli

Incontinence urinaire réflexe
Facteur favorisant possible : perte de la conduction nerveuse au-dessus de l'arc réflexe
Manifestations possibles : incapacité de sentir que la vessie se remplit ou est pleine, perte de l'envie d'uriner, contraction vésicale inhibée

Perturbation de l'image corporelle ou perturbation dans l'exercice du rôle
Facteurs favorisants possibles : perte de certaines fonctions du corps, altération de la capacité physique d'exercer son rôle, impression d'avoir perdu une partie de soi-même ou de son identité
Manifestations possibles : sentiments négatifs envers son corps ou envers soi, sentiment d'impuissance, réticence à assumer la responsabilité de ses soins personnels ou à participer au traitement, détérioration de la vie sociale

Dysfonctionnement sexuel
Facteurs favorisants possibles : perte de sensation, déficit fonctionnel, vulnérabilité
Manifestations possibles : recherche d'une confirmation de son attrait sexuel, verbalisation du problème, détérioration de la relation avec la personne clé dans sa vie, modification de l'intérêt porté à soi-même et aux autres

Parathyroïdectomie MC

Douleur [aiguë]
Facteurs favorisants possibles : présence d'une incision chirurgicale, effets du déséquilibre calcique (douleur osseuse, tétanie)
Manifestations possibles : plaintes, comportements de défense ou de diversion, réactions du système nerveux autonome (changement dans les signes vitaux)

Risque d'excès de volume liquidien
Facteurs de risque possibles : atteinte rénale préopératoire, sécrétion d'hormone antidiurétique provoquée par le stress, fluctuation des taux de calcium ou d'électrolytes

Risque de dégagement inefficace des voies respiratoires
Facteurs de risque possibles : formation d'un œdème, atteinte des nerfs laryngés

Manque de connaissances [besoin d'apprentissage] sur les soins, les complications postopératoires et les besoins à long terme

Facteurs favorisants possibles : manque d'information ou de mémoire, interprétation erronée des informations

Manifestations possibles : verbalisation du problème, questions, formulation d'idées fausses

Périartérite noueuse **MC/SC**

(Voir Polyartérite noueuse.)

Péricardite **MC**

Douleur [aiguë]

Facteurs favorisants possibles : inflammation, présence d'un épanchement

Manifestations possibles : plaintes, comportements de défense ou de diversion, focalisation sur soi, réactions du système nerveux autonome (changements dans les signes vitaux)

Intolérance à l'activité

Facteur favorisant possible : déséquilibre entre l'apport et les besoins en oxygène (diminution du remplissage ou de la contraction ventriculaire, diminution du débit cardiaque)

Manifestations possibles : plaintes de faiblesse ou de fatigue, dyspnée d'effort, fréquence cardiaque ou pression artérielle anormales après une activité, signes d'insuffisance cardiaque

Risque de diminution du débit cardiaque

Facteur de risque possible : accumulation de liquide (épanchement) qui entrave le remplissage ou la contractilité du coeur

Anxiété [préciser le degré]

Facteurs favorisants possibles : changement dans l'état de santé, peur de mourir

Manifestations possibles : tension accrue, appréhension, agitation, expression d'inquiétudes

Péritonite **MC**

Risque d'infection (dissémination ou septicémie)

Facteurs de risque possibles : déficience des mécanismes de défense primaires (rupture de l'épiderme, traumatisme tissulaire, altération du péristaltisme), déficience des mécanismes de défense secondaires (immunosuppression), interventions effractives

Déficit de volume liquidien (perte active)

Facteurs favorisants possibles : passage des liquides intracellulaire, extracellulaire et intravasculaire dans le tissu intestinal et dans la cavité péritonéale, pertes gastriques

excessives (vomissements, diarrhée, sonde nasogastrique), augmentation du métabolisme de base, apport liquidien restreint
Manifestations possibles : sécheresse des muqueuses, persistance du pli cutané, retard du remplissage capillaire, pouls périphériques diminués, faible diurèse, urine foncée ou concentrée, hypotension, tachycardie

Douleur [aiguë]
Facteurs favorisants possibles : irritation chimique du péritoine pariétal, traumatisme tissulaire, accumulation de liquide dans la cavité abdominale ou péritonéale
Manifestations possibles : plaintes, comportements de défense musculaire ou douleur à la palpation appuyée, comportements de diversion, masque de douleur, focalisation sur soi, réactions du système nerveux autonome (changement dans les signes vitaux)

Risque de déficit nutritionnel
Facteurs de risque possibles : nausées ou vomissements, trouble intestinal, anomalies métaboliques, augmentation des besoins métaboliques

Personnalités multiples — Psy

(Voir Dissociation.)

Phénomène de Raynaud — SC

Douleur [aiguë] ou douleur chronique
Facteurs favorisants possibles : vasospasme, diminution de l'irrigation des tissus atteints, ischémie, destruction des tissus
Manifestations possibles : plaintes, autoprotection des régions atteintes, focalisation sur soi, agitation

Diminution de l'irrigation tissulaire (périphérique)
Facteur favorisant possible : réduction périodique du débit sanguin artériel dans les parties atteintes
Manifestations possibles : pâleur, cyanose, peau froide, engourdissement, paresthésie, cicatrisation lente

Manque de connaissances [besoin d'apprentissage] sur la physiopathologie de l'affection, les risques de complications, les besoins en matière de soins personnels et les exigences du traitement
Facteurs favorisants possibles : manque d'informations, interprétation erronée des informations
Manifestations possibles : verbalisation du problème, questions, formulation d'idées fausses, apparition de complications évitables

Phéochromocytome **MC**

Anxiété [préciser le degré]

Facteurs favorisants possibles : stimulation physiologique (hormonale) excessive du système nerveux central, crise situationnelle, changement ou risque de changement dans l'état de santé

Manifestations possibles : appréhension, tremblements, agitation, focalisation sur soi, peur, transpiration abondante, crainte d'un malheur imminent

Déficit de volume liquidien [perte active ou dysfonctionnement des mécanismes de régulation]

Facteurs favorisants possibles : pertes gastriques excessives (vomissements/diarrhée), augmentation du métabolisme de base, transpiration abondante, diurèse hyperosmolaire

Manifestations possibles : hémoconcentration, sécheresse des muqueuses, persistance du pli cutané, grande soif, perte de poids

Diminution du débit cardiaque ou diminution de l'irrigation tissulaire [préciser]

Facteurs favorisants possibles : altération de la précharge ou diminution du volume sanguin, altération de la résistance vasculaire systémique, augmentation de l'activité sympathique (sécrétion excessive de catécholamines)

Manifestations possibles : peau froide et moite, changement dans la pression artérielle (hypertension ou hypotension orthostatique), troubles visuels, céphalées intenses, angor

Manque de connaissances [besoin d'apprentissage] sur la physiopathologie et l'issue de la maladie, et sur les besoins en matière de soins préopératoires et postopératoires

Facteur favorisant possible : manque d'informations ou de mémoire

Manifestations possibles : verbalisation du problème, questions, formulation d'idées fausses

Phlébite (phlébothrombose) **SC**

(Voir Thrombophlébite.)

Phobie **Psy**

(Voir aussi Trouble anxieux.)

Peur

Facteurs favorisants possibles : réaction irrationnelle acquise face à des stimuli d'origine naturelle ou innée (stimuli phobiques), peur morbide d'une situation ou d'un objet inoffensifs

Manifestations possibles : stimulation sympathique, réactions allant de l'appréhension à la panique

Perturbation des interactions sociales

Facteurs favorisants possibles : peur intense de la chose ou de la situation, crainte, perte de maîtrise par anticipation

Manifestations possibles : changement dans les modes d'interaction et la nature des interactions, malaise en société et évitement du stimulus phobique (signalés par le patient)

Pied d'athlète SC

Atteinte à l'intégrité de la peau

Facteurs favorisants possibles : invasion fongique, excès d'humidité, sécrétions

Manifestations possibles : rupture de l'épiderme, plaintes de démangeaisons douloureuses

Risque d'infection (risque de contagion)

Facteurs de risque possibles : ruptures multiples de l'épiderme, exposition à l'humidité et à la chaleur

Placenta prævia Obs

Risque de déficit de volume liquidien

Facteurs de risque possibles : pertes vasculaires excessives (atteinte vasculaire et vasoconstriction inadéquate)

Perturbation des échanges gazeux chez le fœtus

Facteurs favorisants possibles : altération sanguine de la circulation, altération de la capacité de fixation de l'oxygène dans le sang (anémie chez la mère), rétrécissement de la zone d'échange gazeux au point d'implantation du placenta

Manifestations possibles : altération de la fréquence cardiaque et de l'activité du fœtus, excrétion de méconium

Peur

Facteur favorisant possible : danger de mort (réel ou non) pour soi ou pour le fœtus

Manifestations possibles : verbalisation d'inquiétudes particulières, tension accrue, stimulation sympathique

Risque de manque de loisirs

Facteurs de risque possibles : restriction imposée des activités, alitement

Plaie de décubitus SC

(Voir aussi Escarre de décubitus.)

Diminution de l'irrigation tissulaire (périphérique)

Facteurs favorisants possibles : diminution ou interruption de la circulation sanguine

Manifestation possible : présence de lésions enflammées et nécrosées

Manque de connaissances [besoin d'apprentissage] sur la cause et la prévention du problème et sur les complications possibles

Facteurs favorisants possibles : manque d'informations, interprétation erronée des informations

Manifestations possibles : verbalisation du problème, questions, formulation d'idées fausses, incapacité de suivre correctement les directives

Plaie par balle (selon la région atteinte, la nature et la vitesse de la balle) **MC**

Risque de déficit de volume liquidien

Facteurs de risque possibles : pertes vasculaires excessives, apport liquidien réduit, restrictions liquidiennes

Douleur [aiguë]

Facteurs favorisants possibles : destruction de tissus (notamment de tissus organiques et musculosquelettiques), réfection chirurgicale, interventions thérapeutiques

Manifestations possibles : plaintes, comportements de défense ou de diversion, focalisation sur soi, réactions du système nerveux autonome (changement dans les signes vitaux)

Risque d'infection

Facteurs de risque possibles : destruction de tissus, exposition accrue des tissus à l'air ambiant, interventions effractives, diminution de l'hémoglobine

Risque de réaction post-traumatique

Facteurs de risque possibles : nature de l'accident (catastrophe naturelle, agression, tentative de suicide), blessure ou mort d'autres victimes

Plâtre **SC/MC**

(Voir aussi Fracture.)

Risque de dysfonctionnement neurovasculaire périphérique

Facteurs de risque possibles : compression mécanique, fracture (plâtre), traumatisme tissulaire, immobilisation, obstruction vasculaire

Risque d'atteinte à l'intégrité de la peau

Facteurs de risque possibles : pression exercée par le plâtre, présence d'humidité ou de débris sous le plâtre, insertion d'un objet sous le plâtre pour soulager la démangeaison, altération de la circulation ou de la sensibilité

Incapacité (partielle ou totale) d'accomplir ses soins personnels [préciser]

Facteur favorisant possible : difficulté à accomplir certaines tâches

Manifestations possibles : demande d'aide, difficulté à effectuer les activités de la vie quotidienne (observée par l'infirmière)

Pleurésie (épanchement pleural) **SC**

Douleur [aiguë]
Facteurs favorisants possibles : inflammation ou irritation de la plèvre pariétale
Manifestations possibles : plaintes, comportements de défense ou de diversion, focalisation sur soi, réactions du système nerveux autonome (changement dans les signes vitaux)

Mode de respiration inefficace
Facteur favorisant possible : douleur à l'inspiration
Manifestations possibles : diminution de l'amplitude respiratoire, tachypnée, dyspnée

Risque d'infection (pneumonie)
Facteurs de risque possibles : stase des sécrétions bronchiques, dilatation pulmonaire réduite, toux inefficace

Pneumonie **SC/MC**

(Voir Bronchite, Bronchopneumonie.)

Pneumothorax **MC**

(Voir aussi Hémothorax.)

Mode de respiration inefficace
Facteurs favorisants possibles : dilatation pulmonaire réduite (accumulation de liquide ou d'air), douleur, inflammation
Manifestations possibles : dyspnée, tachypnée, altération des mouvements thoraciques, altération de l'amplitude respiratoire, toux, cyanose, valeurs anormales des gaz du sang artériel

Risque de diminution du débit cardiaque
Facteurs de risque possibles : compression ou déplacement des structures du cœur

Douleur [aiguë]
Facteur favorisant possible : irritation des terminaisons nerveuses dans la cavité pleurale par un corps étranger (drain thoracique)
Manifestations possibles : plainte, comportements de défense ou de diversion, focalisation sur soi, réactions du système nerveux autonome (changement dans les signes vitaux)

Polyartérite (noueuse) **MC/SC**

Diminution de l'irrigation tissulaire [préciser]
Facteurs favorisants possibles : diminution ou interruption de la circulation sanguine
Manifestations possibles : infarcissement de tissu organique, altération de la fonction organique, apparition d'une psychose organique

Hyperthermie
Facteur favorisant possible : processus inflammatoire étendu
Manifestations possibles : température corporelle élevée, peau chaude et rouge

Douleur [aiguë]
Facteurs favorisants possibles : inflammation, ischémie tissulaire, nécrose de la région atteinte
Manifestations possibles : plaintes, comportements de défense ou de diversion, focalisation sur soi, réactions du système nerveux autonome (changement dans les signes vitaux)

Chagrin (deuil) par anticipation
Facteur favorisant possible : impression d'avoir perdu une partie de soi-même
Manifestations possibles : tristesse et colère, perturbation des habitudes de sommeil ou des habitudes alimentaires, baisse de l'activité et de la libido

Polyarthrite juvénile — Péd/SC

(Voir aussi Polyarthrite rhumatoïde.)

Perturbation de la croissance et du développement
Facteurs favorisants possibles : effets de l'invalidité physique et du traitement requis
Manifestations possibles : difficulté à maîtriser les habiletés propres à son groupe d'âge, perturbation de la croissance physique

Risque d'isolement social
Facteurs de risque possibles : difficulté à accomplir les tâches développementales, altération du bien-être et de l'apparence physique

Polyarthrite rhumatoïde — SC

Douleur chronique
Facteurs favorisants possibles : inflammation articulaire ou musculaire, dégénérescence, déformation
Manifestations possibles : plaintes de douleur, baisse de concentration, comportements d'autoprotection, retrait physique et social

Altération de la mobilité physique
Facteurs favorisants possibles : déformation musculosquelettique, douleur, diminution de la force musculaire
Manifestations possibles : amplitude limitée des mouvements, trouble de la coordination, réticence à bouger, diminution de la force, du contrôle et de la masse musculaires

Incapacité (partielle ou totale) d'accomplir ses soins personnels [préciser]
Facteurs favorisants possibles : trouble musculosquelettique, diminution de la force, de l'endurance et de l'amplitude des mouvements, douleur au mouvement
Manifestation possible : difficulté à exécuter les activités quotidiennes

Perturbation de l'image corporelle
Facteurs favorisants possibles : altération structurale ou fonctionnelle du corps, problème de mobilité, incapacité d'accomplir les tâches quotidiennes ; focalisation sur la force, le fonctionnement ou l'apparence antérieurs ; changement dans le mode de vie ou les capacités physiques, dépendance envers les autres
Manifestations possibles : autodépréciation, sentiment d'impuissance, détérioration de la vie sociale

Polyglobulie primitive (maladie de Vaquez) SC

Intolérance à l'activité
Facteurs favorisants possibles : déséquilibre entre l'apport et les besoins en oxygène
Manifestations possibles : plaintes de faiblesse ou de fatigue

Diminution de l'irrigation tissulaire [préciser]
Facteurs favorisants possibles : diminution ou interruption de la circulation artérielle ou veineuse (insuffisance, thrombose ou hémorragie)
Manifestations possibles : douleur dans la région atteinte, altération des capacités mentales, troubles visuels, changement de couleur de la peau ou des muqueuses

Polyradiculonévrite MC

(Voir Syndrome de Guillain et Barré.)

Pontage coronarien MC

Diminution du débit cardiaque
Facteurs favorisants possibles : diminution de la contractilité du myocarde, diminution du volume circulant (précharge), problème de conduction nerveuse, augmentation de la résistance vasculaire systémique (postcharge)
Manifestations possibles : variation des paramètres hémodynamiques, électrocardiogramme anormal ou dysrythmies, diminution des pouls périphériques

Déficit de volume liquidien [perte active]
Facteurs favorisants possibles : pertes sanguines abondantes ou administration de diurétiques pendant l'opération

Manifestations possibles : baisse de la pression artérielle, augmentation de la concentration et de la densité de l'urine, diminution de la pression différentielle et de l'amplitude du pouls

Douleur [aiguë]

Facteurs favorisants possibles : traumatisme direct des tissus ou des os du thorax, présence de sondes ou de lignes intraveineuses, incision de la zone donneuse

Manifestations possibles : plaintes, réactions du système nerveux autonome (changements dans les signes vitaux), comportements de diversion ou agitation, irritabilité

Altération de la perception sensorielle [préciser]

Facteurs favorisants possibles : milieu peu stimulant (soins postopératoires ou aigus), privation de sommeil, effets des médicaments ; présence constante d'agitation et de bruit, stress psychologique de l'intervention chirurgicale

Manifestations possibles : désorientation, perturbation du comportement, réactions émotionnelles exagérées, distorsions visuelles ou auditives

Postpartum — Obs

Risque de perturbation de la dynamique familiale

Facteurs de risque possibles : crise de transition (arrivée d'un nouveau membre dans la famille), période transitoire de déséquilibre

Risque de déficit de volume liquidien

Facteurs de risque possibles : pertes sanguines excessives pendant l'accouchement, diminution de l'apport liquidien ou remplacement liquidien insuffisant, nausées et vomissements et/ou augmentation de la diurèse

Douleur [aiguë]

Facteurs favorisants possibles : traumatisme ou œdème des tissus, contractions musculaires, vessie pleine, épuisement physique ou psychologique

Manifestations possibles : plaintes de crampes (tranchées utérines), focalisation sur soi, altération du tonus musculaire, comportements de diversion, réactions du système nerveux autonome (changement dans les signes vitaux)

Altération de l'élimination urinaire

Facteurs favorisants possibles : changements physiologiques liés au retour à l'état normal de non-grossesse (diminution du volume sanguin circulant, élévation continue du débit plasmatique rénal), traumatisme mécanique ou œdème des tissus, effets des médicaments ou de l'anesthésie

Manifestations possibles : mictions fréquentes, dysurie, mictions impérieuses, incontinence, rétention

Constipation

Facteurs favorisants possibles : diminution du tonus musculaire associée au diastasis des muscles grands droits de l'abdomen, effets de la progestérone pendant la grossesse, déshydratation, analgésie ou anesthésie excessive, douleur (hémorroïdes, épisiotomie ou sensibilité périnéale), diarrhée avant le travail et ingesta insuffisants

Manifestations possibles : selles moins fréquentes que d'habitude, selles dures et moulées, effort à la défécation, diminution des bruits intestinaux, ballonnement abdominal

Perturbation des habitudes de sommeil

Facteurs favorisants possibles : douleur ou malaise, état d'allégresse ou d'excitation intense, anxiété, épuisement causé par le travail et l'accouchement, besoins et exigences des membres de la famille

Manifestations possibles : difficulté à s'endormir ou sentiment de ne pas être complètement reposée (signalés par la patiente), sommeil interrompu, bâillements fréquents, irritabilité, cernes profonds sous les yeux

Prostatectomie MC

Altération de l'élimination urinaire

Facteurs favorisants possibles : obstruction mécanique (caillots sanguins, œdème, traumatisme, intervention chirurgicale, pression ou irritation causée par le ballonnet ou le cathéter lui-même), perte de tonus vésical

Manifestations possibles : dysurie, mictions fréquentes, fuites d'urine, incontinence, rétention, vessie pleine, malaise sus-pubien

Risque de déficit de volume liquidien

Facteurs de risque possibles : traumatisme d'une région richement vascularisée causant des pertes vasculaires excessives, restriction de l'apport liquidien

Douleur [aiguë]

Facteurs favorisants possibles : irritation de la muqueuse vésicale, traumatisme ou œdème tissulaire

Manifestations possibles : plaintes, comportements de diversion, focalisation sur soi, réactions du système nerveux autonome (changement dans les signes vitaux)

Perturbation de l'image corporelle

Facteur favorisant possible : perception d'une menace aux fonctions physiques ou sexuelles

Manifestations possibles : inquiétude face au changement ou à la perte, sentiments négatifs envers le corps, inquiétude face à la perte fonctionnelle

Risque de dysfonctionnement sexuel

Facteurs de risque possibles : crise situationnelle (incontinence, fuites d'urine après l'enlèvement de la sonde, problème touchant les parties génitales), menace à l'image de soi, changement dans l'état de santé

Prothèse totale d'articulation (mise en place d'une) MC

Risque d'infection

Facteurs de risque possibles : déficience des mécanismes de défense primaires (rupture de la peau, dénudation de l'articulation), déficience des mécanismes de défense secondaires ou immunosuppression (corticothérapie prolongée), interventions effractives, manipulation chirurgicale, implantation d'un corps étranger, mobilité réduite

Altération de la mobilité physique

Facteurs favorisants possibles : douleur et malaise, atteinte musculosquelettique, traitements chirurgicaux ou restrictifs

Manifestations possibles : réticence à effectuer des mouvements, difficulté à se mouvoir délibérément dans l'environnement, plaintes de douleur ou de malaise lors de mouvements, amplitude limitée des mouvements, diminution de la force et du contrôle musculaires

Risque de diminution de l'irrigation tissulaire (périphérique)

Facteurs de risque possibles : diminution de la circulation artérielle ou veineuse, traumatisme direct aux vaisseaux sanguins, œdème tissulaire, position incorrecte de la prothèse ou déplacement de la prothèse, hypovolémie

Douleur [aiguë]

Facteurs favorisants possibles : facteurs physiques (traumatisme tissulaire ou intervention chirurgicale, dégénérescence articulaire, spasmes musculaires), facteurs psychologiques (anxiété, âge avancé)

Manifestations possibles : plaintes, comportements de défense ou de diversion, focalisation sur soi, réactions du système nerveux autonome (changement dans les signes vitaux)

Prurit SC

Douleur [aiguë]

Facteurs favorisants possibles : hyperesthésie et inflammation cutanées

Manifestations possibles : plaintes, comportements de diversion, focalisation sur soi

Risque d'atteinte à l'intégrité de la peau

Facteurs de risque possibles : traumatisme mécanique (grattage), apparition de vésicules ou de bulles qui peuvent se rompre

Psoriasis SC

Atteinte à l'intégrité de la peau

Facteurs favorisants possibles : prolifération accrue de cellules épidermiques, absence de couches cutanées protectrices normales

Manifestations possibles : papules, placards squameux

Perturbation de l'image corporelle

Facteurs favorisants possibles : lésions cutanées esthétiquement disgracieuses

Manifestations possibles : dissimulation des parties atteintes, sentiments négatifs envers le corps, sentiment d'impuissance, détérioration de la vie sociale

Purpura thrombopénique idiopathique SC

Risque d'accident

Facteurs de risque possibles : tableau hématologique anormal, risque d'hémorragie

Intolérance à l'activité

Facteurs favorisants possibles : diminution de la capacité de fixation de l'oxygène dans le sang, déséquilibre entre l'apport et les besoins en oxygène

Manifestations possibles : plaintes de fatigue, faiblesse

Manque de connaissances [besoin d'apprentissage] sur les choix de traitements, leurs résultats et les besoins en matière de soins personnels

Facteurs favorisants possibles : manque d'informations, interprétation erronée des informations

Manifestations possibles : verbalisation du problème, questions, formulation d'idées fausses

Pyélonéphrite MC

Douleur [aiguë]

Facteur favorisant possible : inflammation aiguë des tissus rénaux

Manifestations possibles : plaintes , comportements de défense ou de diversion, focalisation sur soi, réactions du système nerveux autonome (changements dans les signes vitaux)

Hyperthermie

Facteurs favorisants possibles : processus inflammatoire, accélération du métabolisme

Manifestations possibles : augmentation de la température corporelle, peau chaude et rouge, tachycardie, frissons

Altération de l'élimination urinaire

Facteurs favorisants possibles : inflammation ou irritation de la muqueuse vésicale

Manifestations possibles : dysurie, mictions impérieuses, mictions fréquentes

Manque de connaissances [besoin d'apprentissage] sur les exigences du traitement et la prévention
Facteurs favorisants possibles : manque d'informations, interprétation erronée des informations
Manifestations possibles : verbalisation du problème, questions, réapparition du problème

Rachitisme (ostéomalacie) **Péd**

Perturbation de la croissance et du développement
Facteurs favorisants possibles : carences ou excès alimentaires, syndrome de malabsorption, manque d'exposition au soleil
Manifestations possibles : altération de la croissance physique ou difficulté à maîtriser les habiletés motrices propres à son groupe d'âge

Manque de connaissances [besoin d'apprentissage] sur la cause et la physiopathologie de la maladie, les exigences du traitement et la prévention
Facteur favorisant possible : manque d'informations
Manifestations possibles : verbalisation du problème, questions, formulation d'idées fausses, incapacité de suivre correctement les directives

Rectocolite hémorragique **MC**

Diarrhée
Facteurs favorisants possibles : inflammation ou malabsorption intestinale, présence de toxines et/ou rétrécissement segmentaire de la lumière de l'intestin
Manifestations possibles : augmentation des borborygmes ou du péristaltisme, besoin impérieux de déféquer, augmentation de la fréquence des selles, selles molles et liquides (phase aiguë), altération de la couleur des selles, douleurs ou crampes abdominales

Douleur [aiguë]
Facteurs favorisants possibles : inflammation des intestins, hyperpéristaltisme, irritation anale ou rectale
Manifestations possibles : plaintes, comportements d'autoprotection ou de diversion

Risque de déficit de volume liquidien
Facteurs de risque possibles : pertes gastro-intestinales (diarrhée, vomissements, perte de plasma capillaire), apport liquidien insuffisant, accélération du métabolisme de base

Déficit nutritionnel
Facteurs favorisants possibles : altération de l'ingestion d'aliments ou de l'absorption de matières nutritives (apport

limité pour des raisons médicales, peur que l'apport de nourriture n'entraîne de la diarrhée), accélération du métabolisme de base

Manifestations possibles : perte de poids, diminution du tissu adipeux sous-cutané ou de la masse musculaire, faible tonus musculaire, bruits intestinaux hyperactifs, stéatorrhée, pâleur des conjonctives et des muqueuses, dégoût pour la nourriture

SC

Stratégies d'adaptation individuelle inefficaces

Facteurs favorisants possibles : nature chronique et évolution incertaine de la maladie, facteurs de stress nombreux et répétés, vulnérabilité, douleur intense, manque de sommeil, dysfonctionnement des réseaux de soutien

Manifestations possibles : incapacité de s'adapter (signalée par le patient), découragement, anxiété ; soucis à propos du corps, inquiétude chronique, tension émotionnelle ; état dépressif, exacerbation des symptômes

Risque de sentiment d'impuissance

Facteurs de risque possibles : conflits non résolus relatifs à la dépendance, sentiment d'insécurité, ressentiment, refoulement de la colère et de l'agressivité, incapacité de se maîtriser dans les situations stressantes, tendance à faire passer ses désirs en dernier, fuite devant les agressions ou les frustrations

Rétrécissement aortique **MC**

Diminution du débit cardiaque

Facteurs favorisants possibles : altération structurale des valvules cardiaques, obstruction de la chambre de chasse, altération de la postcharge (augmentation de la pression télédiastolique ventriculaire gauche et de la résistance vasculaire systémique), altération de la conduction nerveuse

Manifestations possibles : fatigue, dyspnée, changement dans les signes vitaux, syncope

SC

Risque de douleur [aiguë]

Facteur de risque possible : ischémie du muscle cardiaque

Intolérance à l'activité

Facteur favorisant possible : déséquilibre entre les besoins et l'apport en oxygène

Manifestations possibles : dyspnée d'effort, fatigue ou faiblesse (signalée par le patient), dysrythmies, altération de l'électrocardiogramme

Rétrécissement mitral **MC/SC**

Intolérance à l'activité

Facteur favorisant possible : déséquilibre entre les besoins et l'apport en oxygène

Manifestations possibles : plaintes de fatigue, faiblesse, dyspnée d'effort, tachycardie

Perturbation des échanges gazeux

Facteur favorisant possible : altération de la circulation sanguine

Manifestations possibles : agitation, hypoxie, cyanose (orthopnée ou dyspnée nocturne paroxystique)

Manque de connaissances [besoin d'apprentissage] sur la physiopathologie, les exigences du traitement et les complications possibles

Facteurs favorisants possibles : manque d'information ou de mémoire, interprétation erronée des informations

Manifestations possibles : verbalisation du problème, questions, incapacité de suivre correctement les directives, apparition de complications évitables

Rhumatisme articulaire aigu **Péd**

Douleur [aiguë]

Facteur favorisant possible : inflammation migratoire des articulations

Manifestations possibles : plaintes, comportements de diversion ou de défense, focalisation sur soi, réactions du système nerveux autonome (changements dans les signes vitaux)

Hyperthermie

Facteurs favorisants possibles : processus inflammatoire, augmentation du métabolisme de base

Manifestations possibles : température corporelle élevée, peau chaude et rouge, tachycardie

Intolérance à l'activité

Facteurs favorisants possibles : faiblesse générale, douleur articulaire, restrictions médicales ou alitement

Manifestations possibles : plaintes de fatigue, malaise lors d'un effort, fréquence cardiaque anormale après une activité

Risque de diminution du débit cardiaque

Facteurs de risque possibles : inflammation ou hypertrophie du cœur, altération de la contractilité

Rhume des foins (coryza spasmodique) **SC**

Douleur [malaises]

Facteurs favorisants possibles : irritation ou inflammation de la muqueuse des voies respiratoires supérieures et des conjonctives

Manifestations possibles : plaintes, irritabilité, agitation

Manque de connaissances [besoin d'apprentissage] sur la cause de l'affection, le traitement approprié et les changements à apporter au mode de vie
Facteur favorisant possible : manque d'informations
Manifestations possibles : verbalisation du problème, questions, idées fausses

Rougeole SC/Péd

Douleur [aiguë]
Facteurs favorisants possibles : inflammation des muqueuses et des conjonctives, présence d'une éruption cutanée étendue et prurigineuse
Manifestations possibles : plaintes, comportements de diversion, focalisation sur soi, réactions du système nerveux autonome (changement dans les signes vitaux)

Hyperthermie
Facteurs favorisants possibles : présence de toxines virales, réaction inflammatoire
Manifestations possibles : température corporelle élevée, peau chaude et rouge, tachycardie

Risque d'infection (secondaire)
Facteurs de risque possibles : altération de la réponse immunitaire, traumatisme des tissus dermiques

Manque de connaissances [besoin d'apprentissage] sur la maladie, le mode de transmission et les complications possibles
Facteurs favorisants possibles : manque d'informations ou interprétation erronée des informations
Manifestations possibles : verbalisation du problème, questions, formulation d'idées fausses, apparition de complications évitables

Rubéole Péd/SC

Douleur [aiguë] ou [malaise]
Facteurs favorisants possibles : effets de l'infection virale, présence d'une éruption squameuse
Manifestations possibles : plaintes, comportements de diversion, agitation

Manque de connaissances [besoin d'apprentissage] sur la nature contagieuse de la maladie, les complications possibles et les besoins en matière de soins personnels
Facteurs favorisants possibles : manque d'informations, interprétation erronée des informations
Manifestations possibles : verbalisation du problème, questions, incapacité de suivre correctement les directives

Rupture de l'utérus gravide **Obs**

Déficit de volume liquidien [perte active]

Facteurs favorisants possibles : pertes vasculaires excessives

Manifestations possibles : hypotension, augmentation de la fréquence du pouls, diminution du remplissage veineux, diminution de la diurèse

Diminution du débit cardiaque

Facteur favorisant possible : diminution de la précharge (hypovolémie)

Manifestations possibles : peau froide et moite, diminution des pouls périphériques, variation des paramètres hémodynamiques, tachycardie, cyanose

Douleur [aiguë]

Facteurs favorisants possibles : traumatisme tissulaire, irritation causée par l'accumulation de sang

Manifestations possibles : plaintes, comportements de défense ou de diversion, focalisation sur soi, réactions du système nerveux autonome (changement dans les signes vitaux)

Anxiété [préciser le degré]

Facteurs favorisants possibles : risque de mort de la mère ou du fœtus, contagion de l'anxiété, réaction physiologique (libération de catécholamines)

Manifestations possibles : peur ou affect craintif, stimulation sympathique, peur qu'il arrive quelque chose (exprimée par la patiente), expression d'inquiétudes

Saignement utérin anormal **Gyn/MC**

Anxiété [préciser le degré]

Facteurs favorisants possibles : perception d'un changement dans l'état de santé, ignorance de la cause du problème

Manifestations possibles : appréhension, incertitude, peur qu'il arrive quelque chose, expression d'inquiétudes, focalisation sur soi

Intolérance à l'activité

Facteurs favorisants possibles : déséquilibre entre l'apport et les besoins en oxygène, diminution de la capacité de fixation de l'oxygène dans le sang (anémie)

Manifestations possibles : plaintes de fatigue ou de faiblesse

Salpingite aiguë **Obs/Gyn/SC**

Risque d'infection (dissémination)

Facteurs de risque possibles : présence d'un processus infectieux dans des régions pelviennes très vascularisées, traitement tardif

Douleur [aiguë]

Facteurs favorisants possibles : inflammation, œdème, congestion des tissus génitaux ou pelviens

Manifestations possibles : plaintes, comportements de défense ou de diversion, focalisation sur soi et réactions du système nerveux autonome (altération des signes vitaux)

Hyperthermie

Facteurs favorisants possibles : processus inflammatoire, augmentation du métabolisme de base

Manifestations possibles : température corporelle élevée, peau chaude et rouge, tachycardie

Manque de connaissances [besoin d'apprentissage] sur la cause et les complications de l'affection, les exigences du traitement et la transmission de la maladie

Facteurs favorisants possibles : manque d'information, interprétation erronée des informations

Manifestations possibles : verbalisation du problème, questions, formulation d'idées fausses, apparition de complications évitables

Scarlatine — Péd

Hyperthermie

Facteurs favorisants possibles : effets des toxines circulantes

Manifestations possibles : température corporelle élevée, peau rouge et/ou chaude, tachycardie

Douleur [malaise]

Facteurs favorisants possibles : inflammation des muqueuses, effets des toxines circulantes (malaise, fièvre)

Manifestations possibles : plaintes, comportements de diversion, comportements de défense (difficulté à avaler), focalisation sur soi

Risque de déficit de volume liquidien

Facteurs de risque possibles : augmentation du métabolisme de base (hyperthermie), apport liquidien réduit

Schizophrénie — Psy/SC

Altération des opérations de la pensée

Facteurs favorisants possibles : désintégration des opérations de la pensée, manque de discernement, conflits psychologiques, limites du moi mal définies, troubles du sommeil, ambivalence et dépendance associée

Manifestations possibles : difficulté à raisonner ou à résoudre des problèmes, affect inopportun, délire systématisé, hallucinations auditives (perception de voix donnant des ordres), obsessions, délire de relation, discordance cognitive

Isolement social

Facteurs favorisants possibles : altération de l'état mental, méfiance envers les autres ou idées délirantes, comportements sociaux inacceptables, ressources personnelles inadéquates, incapacité d'avoir des relations personnelles satisfaisantes

Manifestations possibles : difficulté à établir des relations avec les autres ; affect plat, difficulté à communiquer ou repli sur soi, tendance à s'isoler, absence de but significatif dans la vie ou but inadéquat

Difficulté à se maintenir en santé

Facteurs favorisants possibles : difficulté à formuler une opinion délibérée et réfléchie, difficulté à communiquer, manque de ressources matérielles ou utilisation inadéquate des ressources matérielles

Manifestations possibles : incapacité d'assumer la responsabilité des pratiques d'hygiène de base touchant un ou plusieurs des modes fonctionnels de santé ; manque manifeste de comportements adaptatifs face aux changements internes ou externes

Risque de violence envers soi ou envers les autres

Facteurs de risque possibles : perturbation de la pensée ou des émotions (dépression, paranoïa, idées suicidaires), excitation catatonique ou maniaque, réactions toxiques aux médicaments (y compris l'alcool)

Stratégies d'adaptation individuelle inefficaces

Facteurs favorisants possibles : vulnérabilité, réseaux de soutien inadéquats, perceptions irréalistes, stratégies d'adaptation inadéquates, désintégration des opérations de la pensée

Manifestations possibles : altération du jugement, de la cognition et de la perception, difficulté à résoudre des problèmes ou à prendre des décisions, piètre estime de soi, anxiété chronique, dépression, incapacité de remplir les exigences de son rôle, détérioration de la vie sociale

Stratégies d'adaptation familiale inefficaces (absence de soutien)

Facteurs favorisants possibles : ambivalence dans le réseau familial ou les relations familiales, incapacité des membres de la famille de s'adapter efficacement aux comportements inadaptés du patient

Manifestations possibles : désespoir du patient face au manque de réactions ou à l'indifférence de sa famille, négligence envers le patient, déformation de la réalité concernant le problème de santé du patient (déni de son existence ou de sa gravité, ou inquiétude excessive prolongée), incapacité des membres de la famille de vivre pour eux-mêmes, affaissement du moi

Incapacité (partielle ou totale) d'accomplir ses soins personnels [préciser]

Facteurs favorisants possibles : trouble de la cognition ou de la perception, immobilité (repli sur soi, isolement, activité psychomotrice réduite), effets secondaires des psychotropes

Manifestations possibles : incapacité partielle ou totale de s'alimenter, de se laver, de se vêtir et/ou d'utiliser les toilettes, perturbation de l'élimination intestinale ou urinaire

Sciatalgie **SC**

Douleur [aiguë] ou douleur chronique
Facteur favorisant possible : compression de la racine d'un nerf périphérique
Manifestations possibles : plaintes, comportements de défense ou de diversion, focalisation sur soi

Altération de la mobilité physique
Facteurs favorisants possibles : douleur neurologique, atteinte musculaire
Manifestations possibles : réticence à effectuer des mouvements, diminution de la force ou de la masse musculaires

Sclérodermie **SC**

(Voir aussi Lupus érythémateux disséminé.)

Altération de la mobilité physique
Facteurs favorisants possibles : trouble musculosquelettique et douleur associée
Manifestations possibles : diminution de la force, amplitude réduite des mouvements, réticence à effectuer des mouvements

Diminution de l'irrigation tissulaire [préciser]
Facteur favorisant possible : diminution de la circulation artérielle (vasoconstriction artériolaire)
Manifestations possibles : altération de la température et/ou de la couleur de la peau, ulcération, dysfonctionnement organique (cardiorespiratoire, gastro-intestinal, rénal)

Déficit nutritionnel
Facteur favorisant possible : incapacité d'ingérer ou de digérer des aliments ou d'absorber des matières nutritives (sclérose tissulaire immobilisant la bouche, diminution du péristaltisme de l'œsophage ou de l'intestin grêle, atrophie du muscle lisse du côlon)
Manifestations possibles : perte de poids, apport alimentaire insuffisant, difficulté à avaler (signalée par le patient ou observée par l'infirmière)

Incapacité de s'adapter à un changement dans l'état de santé
Facteurs favorisants possibles : invalidité nécessitant un changement de mode de vie, réseau de soutien inadéquat, atteinte au concept de soi, abandon du pouvoir d'agir et de décider
Manifestations possibles : refus d'accepter le changement dans l'état de santé, absence de désir d'autonomie, incapacité d'envisager l'avenir

Perturbation de l'image corporelle

Facteurs favorisants possibles : atteinte à l'intégrité de la peau accompagnée d'une induration, d'une atrophie et d'une fibrose, perte de cheveux, contractures de la peau et des muscles

Manifestations possibles : sentiments négatifs envers son corps, focalisation sur la force, le fonctionnement ou l'apparence antérieurs, peur d'être rejeté, peur de la réaction des autres, dissimulation des parties atteintes, détérioration de la vie sociale

Sclérose en plaques — SC

Altération de la mobilité physique

Facteurs favorisants possibles : atteinte neuromusculaire, trouble de la perception, diminution de la force ou de l'endurance, fatigue, douleur ou malaise, dépression

Manifestations possibles : trouble de la coordination, diminution de la masse et du contrôle musculaires, difficulté à se mouvoir délibérément ou à accomplir des tâches courantes

Altération de la perception sensorielle (visuelle, kinesthésique et tactile)

Facteurs favorisants possibles : retard ou interruption de la transmission nerveuse

Manifestations possibles : déficit visuel, diplopie, perturbation de la pallesthésie et de la statesthésie, paresthésies, engourdissement, diminution de l'acuité sensorielle

Altération des opérations de la pensée

Facteurs favorisants possibles : remaniement physiologique, atteinte des voies corticobulbaires du contrôle émotionnel, dépression

Manifestations possibles : manque de jugement, labilité émotionnelle, baisse de la durée de l'attention

Sentiment d'impuissance ou perte d'espoir

Facteurs favorisants possibles : régime imposé par la maladie et mode de vie dénué d'initiative

Manifestations possibles : propos indiquant le sentiment de n'avoir aucune maîtrise ni influence sur la situation, dépression face à la détérioration physique qui se poursuit malgré l'observance des traitements, non-participation aux soins ou à la prise de décisions lorsque l'occasion se présente, passivité, verbalisation ou affect diminués

Incapacité (partielle ou totale) d'entretenir et d'organiser le domicile

Facteurs favorisants possibles : effets invalidants de la maladie, dysfonctionnement cognitif et/ou émotionnel, manque d'argent, réseaux de soutien inadéquats

Manifestations possibles : difficulté à s'occuper du domicile (signalée par le patient), désordre (observé par l'infirmière), mauvaises conditions d'hygiène

Stratégies d'adaptation familiale inefficaces (absence de soutien ou soutien compromis)

Facteurs favorisants possibles : désorganisation de la famille, changements de rôles temporaires, incapacité du patient d'apporter du soutien réciproque à la personne clé dans sa vie, maladie prolongée ou aggravation de l'invalidité qui épuise la capacité de soutien des personnes clés, sentiment de culpabilité, anxiété, hostilité, perte d'espoir, relations familiales très ambivalentes

Manifestations possibles : plaintes ou inquiétudes du patient face à l'attitude de la personne clé face à son problème de santé ; inquiétude de la personne clé face à ses propres réactions ; intolérance, abandon, négligence des soins, perception déformée de la maladie du patient

Sclérose latérale amyotrophique **MC**

Altération de la mobilité physique

Facteurs favorisants possibles : atrophie ou faiblesse musculaire

Manifestations possibles : trouble de la coordination, amplitude limitée des mouvements, difficulté à se mouvoir délibérément

Mode de respiration inefficace

Facteurs favorisants possibles : atteinte neuromusculaire, manque d'énergie, fatigue, obstruction trachéobronchique

Manifestations possibles : essoufflement, modification des vibrations vocales, altération de l'amplitude respiratoire et diminution de la capacité vitale

Incapacité (partielle ou totale) d'avaler

Facteurs favorisants possibles : atrophie musculaire et fatigue

Manifestations possibles : toux récurrente, étouffements, signes d'aspiration (fausse route)

Psy

Sentiment d'impuissance [préciser le degré]

Facteurs favorisants possibles : nature invalidante ou chronique [préciser le degré] de la maladie et incapacité d'en maîtriser l'issue

Manifestations possibles : expression de frustration face à l'incapacité d'être autonome, sentiment de dépression face à la détérioration physique

Chagrin (deuil) par anticipation

Facteur favorisant possible : peur de perdre sa personnalité et son bien-être biopsychosocial

Manifestations possibles : tristesse, refoulement, expression de détresse, altération des habitudes de sommeil ou des habitudes alimentaires, baisse de la libido, altération des modes de communication

SC

<u>Altération de la communication verbale</u>

Facteur favorisant possible : obstacle physique (atteinte neuromusculaire)

Manifestations possibles : difficulté à articuler, incapacité de former des phrases, emploi de signes non verbaux (expression faciale)

<u>Risque de défaillance dans l'exercice du rôle de l'aidant naturel</u>

Facteurs de risque possibles : gravité de la maladie de la personne soignée, complexité et quantité des soins à donner, fait que l'aidant et la personne soignée sont conjoints, isolement de l'aidant ou de la famille, durée du rôle d'aidant, manque de répit et de loisirs de l'aidant

Scoliose **Péd**

<u>Perturbation de l'image corporelle</u>

Facteurs favorisants possibles : altération de la structure corporelle, utilisation de dispositifs thérapeutiques, restriction de l'activité

Manifestations possibles : sentiments négatifs envers son propre corps, détérioration de la vie sociale, inquiétude au sujet de la situation ou refus de voir la réalité du problème

<u>Manque de connaissances [besoin d'apprentissage] sur la maladie, son évolution et les exigences du traitement</u>

Facteurs favorisants possibles : manque d'informations, interprétation erronée des informations

Manifestations possibles : verbalisation du problème, questions, formulation d'idées fausses, incapacité de suivre correctement les directives

<u>Incapacité de s'adapter à un changement dans l'état de santé</u>

Facteur favorisant possible : difficulté à comprendre les conséquences à long terme de son comportement

Manifestations possibles : non-observance du programme thérapeutique ou non-respect des rendez-vous, absence de progrès

Septicémie **MC**

(Voir aussi Infection puerpérale.)

<u>Diminution de l'irrigation tissulaire [préciser]</u>

Facteurs favorisants possibles : diminution de la circulation veineuse ou artérielle (vasoconstriction sélective, présence de micro-emboles), hypovolémie

Manifestations possibles : altération de la température et/ou de la couleur de la peau, modification de la pression artérielle et de la pression différentielle, perturbation de la conscience, diminution de la diurèse

Risque de déficit de volume liquidien

Facteurs de risque possibles : vasodilatation importante, déplacement de liquide des vaisseaux aux espaces interstitiels, apport liquidien réduit

Risque de diminution du débit cardiaque

Facteurs de risque possibles : diminution de la précharge (retour veineux et volume circulant); altération de la postcharge (augmentation de la résistance vasculaire systémique); effets inotropes négatifs de l'hypoxie, de l'activation du complément et de l'hydrolase lysosomiale

Sérum (maladie du) SC

Douleur [aiguë]

Facteurs favorisants possibles : inflammation des articulations, éruptions cutanées

Manifestations possibles : plaintes, comportements de défense ou de diversion, focalisation sur soi

Manque de connaissances [besoin d'apprentissage] sur la nature de la maladie, les exigences du traitement, les complications possibles et la nécessité d'éviter l'agent pathogène

Facteurs favorisants possibles : manque d'informations, interprétation erronée des informations

Manifestations possibles : verbalisation du problème, questions, formulation d'idées fausses, incapacité de suivre correctement les directives

Sida (syndrome d'immunodéficience acquise) MC

Risque d'infection évoluant vers la septicémie ou l'apparition d'une nouvelle infection opportuniste

Facteurs de risque possibles : immunosuppression, prise d'antimicrobiens, altération des mécanismes de défense primaires ; rupture de l'épiderme, traumatisme tissulaire ; malnutrition, maladie chronique

Risque de déficit de volume liquidien

Facteurs de risque possibles : pertes excessives (diarrhée abondante, transpiration profuse, vomissements, augmentation du métabolisme et fièvre) ; apport liquidien insuffisant (nausées, anorexie ; léthargie)

Douleur [aiguë] ou douleur chronique

Facteurs favorisants possibles : inflammation ou destruction des tissus (infection, lésion cutanée interne ou externe, excoriation rectale, affection maligne, nécrose), neuropathies périphériques, myalgies, arthralgies

Manifestations possibles : plaintes, focalisation sur soi, baisse de concentration, altération du tonus musculaire, paresthésies, paralysie, comportement de défense ou d'autoprotection, altération marquée des signes vitaux, réactions du système nerveux autonome, agitation

SC

Déficit nutritionnel

Facteurs favorisants possibles : incapacité d'ingérer, de digérer et/ou d'absorber les aliments (nausées ou vomissements, réflexe nauséeux hyperactif, troubles gastro-intestinaux), augmentation de l'activité métabolique ou des besoins nutritionnels (fièvre, infection)

Manifestations possibles : perte de poids, perte de tissu adipeux sous-cutané, diminution de la masse musculaire, perte d'intérêt ou dégoût pour la nourriture, altération du goût, crampes abdominales, borborygmes, diarrhée, douleurs buccales, inflammation de la cavité buccale

Fatigue

Facteurs favorisants possibles : diminution de la production d'énergie métabolique, augmentation des besoins énergétiques (augmentation du métabolisme), fardeau psychologique ou émotionnel accablant, altération biochimique (effets secondaires des médicaments, chimiothérapie)

Manifestations possibles : manque d'énergie constant et accablant, incapacité de poursuivre ses activités habituelles, baisse de rendement, difficulté à se concentrer, léthargie ou agitation, perte d'intérêt pour le monde extérieur

Psy

Isolement social

Facteurs favorisants possibles : altération de l'apparence physique ou de l'état mental, altération du bien-être, sentiment d'avoir des valeurs et/ou des comportements sexuels ou sociaux inacceptables, isolement physique, peur phobique des autres (transmission de la maladie)

Manifestations possibles : sentiment d'être rejeté, absence de soutien, délaissement des activités habituelles

Altération des opérations de la pensée ou confusion chronique

Facteurs favorisants possibles : altérations physiologiques (hypoxémie, infection du système nerveux central par le virus du sida, tumeur cérébrale maligne et/ou infection opportuniste généralisée), altération du métabolisme ou de l'excrétion des médicaments, accumulation de toxines (insuffisance rénale, déséquilibre électrolytique grave, insuffisance hépatique)

Manifestations possibles : signes cliniques d'altération organique, diminution de la durée d'attention, distractivité, troubles de mémoire, désorientation, discordances cognitives, pensées délirantes, difficulté à prendre des décisions ou à résoudre des problèmes, incapacité de suivre des directives complexes ou d'effectuer des tâches mentales complexes, difficulté à maîtriser ses impulsions, altération de la personnalité

Sinus (maladie du) **MC**

Diminution du débit cardiaque

Facteurs favorisants possibles : altération de la fréquence et du rythme cardiaques, altération de la conduction nerveuse

Manifestations possibles : dysrythmies (anomalies à l'électrocardiogramme), plaintes de palpitations ou de faiblesse, altération de l'état mental ou de la conscience, syncope

Risque de trauma

Facteur de risque possible : altération de l'irrigation cérébrale causant une perturbation de la conscience ou une perte d'équilibre

Soins de longue durée **SC**

(Voir aussi les affections pouvant entraîner l'admission dans un centre de soins de longue durée.)

Anxiété [préciser le degré] ou peur

Facteurs favorisants possibles : changement dans l'état de santé, les rôles, les modes d'interaction, la situation socio-économique et l'environnement ; besoins insatisfaits ; changements récents dans la vie ; perte d'amis ou de personnes clés

Manifestations possibles : appréhension, agitation, insomnie, questions répétitives, va-et-vient dans la pièce, gestes vides de sens, expression d'un sentiment d'inquiétude face aux changements de la vie, focalisation sur soi

Chagrin (deuil) par anticipation

Facteurs favorisants possibles : perte réelle, perçue ou possible de son bien-être biopsychosocial, de ses biens matériels ou d'une personne clé ; croyances culturelles concernant le vieillissement

Manifestations possibles : déni des sentiments, dépression, tristesse, sentiment de culpabilité, altération du niveau d'activité, perturbation des habitudes de sommeil, des habitudes alimentaires et de la libido

Risque d'intoxication (toxicité médicamenteuse)

Facteurs de risque possibles : effets du vieillissement (ralentissement du métabolisme, altération de la circulation, équilibre physiologique précaire, présence d'affections ou d'atteintes organiques multiples), utilisation de plusieurs médicaments sur ordonnance ou en vente libre

Altération des opérations de la pensée

Facteurs favorisants possibles : changements physiologiques liés au vieillissement (perte de cellules et atrophie du cerveau, diminution de l'apport sanguin), altération de la stimulation sensorielle, douleur, effets des médicaments, conflits psychologiques (perturbation du mode de vie)

Manifestations possibles : augmentation du temps de réaction, perte de mémoire, diminution de la durée de l'attention, désorientation, incapacité de suivre les directives, altération des habitudes de sommeil et de la personnalité

Perturbation des habitudes de sommeil

Facteurs favorisants possibles : facteurs intrinsèques (maladie, stress psychologique, inactivité), facteurs extrinsèques (changements environnementaux, horaires et habitudes de l'établissement)

Manifestations possibles : insomnie prédormitionnelle, dormitionnelle ou postdormitionnelle ; sentiment de ne pas être complètement reposé (exprimé par le patient); perturbation du comportement ou du rendement ; irritabilité grandissante ; apathie

Risque de perturbation de la sexualité

Facteurs de risque possibles : altération biopsychosociale de la sexualité, facteurs psychologiques ou physiques entravant le bien-être et l'image de soi, manque d'intimité, absence de personne clé

Risque de syndrome d'inadaptation à un changement de milieu

Facteurs de risque possibles : pertes multiples, sentiment d'impuissance, manque de soutien, utilisation inadéquate du réseau de soutien, altération de la santé biopsychosociale

Stagnation pondérale et staturale — Péd

Déficit nutritionnel

Facteurs favorisants possibles : incapacité d'ingérer ou de digérer des aliments ou d'absorber des matières nutritives (dysfonctionnement d'un organe ou du métabolisme, facteurs génétiques), privation physique, facteurs psychosociaux

Manifestations possibles : perte de poids ou incapacité de prendre suffisamment de poids, faible tonus musculaire, pâleur des conjonctives, épreuves de laboratoire révélant une carence nutritionnelle

Perturbation de la croissance et du développement

Facteurs favorisants possibles : mauvais traitements (négligence ou violence physique et psychologique); indifférence, réactions incohérentes, nombreux gardiens ; milieu peu stimulant

Manifestations possibles : perturbation de la croissance physique, affect plat, apathie, baisse de la réactivité ; difficulté à maîtriser les activités propres à son groupe d'âge

Risque de perturbation dans l'exercice du rôle parental

Facteurs de risque possibles : manque de connaissances, liens d'attachement insuffisants, attentes irréalistes envers soi ou envers le bébé, réactions inadéquates de l'enfant face à la relation

Manque de connaissances [besoin d'apprentissage] sur la physiopathologie de la maladie, les besoins nutritionnels, la croissance et le développement escomptés et « le rôle de parent »

Facteurs favorisants possibles : manque d'informations, informations inadéquates ou interprétation erronée des informations

Manifestations possibles : verbalisation du problème, questions, idées fausses, apparition de complications évitables

Stapédectomie — MC

Risque de trauma

Facteur de risque possible : augmentation de la pression dans l'oreille moyenne causant un déplacement de la prothèse et des problèmes d'équilibre ou des vertiges

Risque d'infection

Facteurs de risque possibles : tissus traumatisés par l'intervention chirurgicale, interventions effractives, contact avec des personnes souffrant d'une infection des voies respiratoires supérieures

Douleur [aiguë]

Facteurs favorisants possibles : traumatisme chirurgical, formation d'un œdème, présence de mèches

Manifestations possibles : plaintes, comportements de diversion ou de défense, focalisation sur soi

Surdose (dépresseurs) — MC/Psy

Mode de respiration inefficace ou perturbation des échanges gazeux

Facteurs favorisants possibles : atteinte neuromusculaire ou dépression du système nerveux central, expansion pulmonaire réduite

Manifestations possibles : changements dans la respiration, cyanose et valeurs anormales des gaz du sang artériel

Risque de trauma, de suffocation ou d'intoxication

Facteurs de risque possibles : dépression du système nerveux central, agitation, hypersensibilité aux drogues, stress psychologique

Risque de violence envers soi ou envers les autres

Facteurs de risque possibles : comportements suicidaires et/ou intoxication aux dépresseurs

Risque d'infection
Facteurs de risque possibles : technique d'injection intraveineuse de drogues, impureté des drogues injectées, traumatisme local ; malnutrition, immunosuppression

Surrénalectomie MC

Diminution de l'irrigation tissulaire [préciser]
Facteurs favorisants possibles : hypovolémie, accumulation de sang dans les vaisseaux (vasodilatation)
Manifestations possibles : diminution du pouls, pâleur, cyanose, hypotension, altération de la conscience

Risque d'infection
Facteurs de risque possibles : atteinte des mécanismes de défense primaires (incision, traumatisme des tissus), suppression de la réponse inflammatoire, interventions effractives

Manque de connaissances (préciser [le besoin d'apprentissage]) sur la maladie, le pronostic et les exigences du traitement
Facteur favorisant possible : ignorance des implications d'un traitement prolongé
Manifestations possibles : demande d'informations, propos indiquant de l'inquiétude ou des idées fausses

Syndrome d'alcoolisme fœtal Péd

Risque d'accident (d'atteinte au système nerveux central)
Facteurs de risque possibles : facteurs chimiques externes (consommation d'alcool par la mère), insuffisance placentaire, syndrome de manque du fœtus *in utero* ou au cours du postpartum, prématurité

Désorganisation comportementale chez le nourrisson
Facteurs favorisants possibles : prématurité, excès de stimuli environnementaux, manque de limites physiques
Manisfestations possibles : modification des constantes biologiques ; frémissement, sursauts, tics ; hyperextension des bras et des jambes, déficience des mécanismes d'autorégulation, réponse inadéquate aux stimuli visuels ou auditifs

Risque de perturbation dans l'exercice du rôle parental
Facteurs de risque possibles : maladie mentale et/ou physique, incapacité de la mère d'assumer la lourde responsabilité consistant à protéger l'enfant sans rien attendre en retour, situations de stress (problèmes financiers ou judiciaires), absence de modèle ou modèle inadéquat, interruption du processus d'attachement, réaction inadéquate de l'enfant à la relation

Stratégies d'adaptation individuelle inefficaces (mère)

Facteurs favorisants possibles : vulnérabilité, piètre estime de soi, stratégies d'adaptation inadéquates, facteurs de stress nombreux (et répétés pendant un certain temps)

Manifestations possibles : incapacité de répondre aux besoins fondamentaux du bébé, de remplir les exigences liées au rôle parental et de résoudre des problèmes ; consommation excessive de drogues

Stratégies d'adaptation familiale inefficaces (absence de soutien)

Facteurs favorisants possibles : absence ou manque de soutien, problème de toxicomanie de la mère, stratégies d'adaptation inadéquates, manque de stabilité familiale ou omniprésence des parents

Manifestations possibles : abandon, rejet, relations négligentes avec les membres de la famille, décisions et comportements familiaux nuisant à l'enfant

Syndrome de choc toxique staphylococcique MC

(Voir aussi Septicémie.)

Hyperthermie

Facteurs favorisants possibles : processus inflammatoire ou augmentation du métabolisme de base, déshydratation

Manifestations possibles : température corporelle élevée, peau chaude et/ou rouge, tachycardie

Déficit de volume liquidien [perte active]

Facteurs favorisants possibles : pertes gastriques accrues (diarrhée, vomissements), fièvre ou augmentation du métabolisme de base, apport liquidien réduit

Manifestations possibles : sécheresse des muqueuses, pouls accéléré, hypotension, diminution du remplissage veineux, diurèse diminuée ou urine concentrée, hémoconcentration

Douleur [aiguë]

Facteurs favorisants possibles : processus inflammatoire, effets des toxines circulantes, lésions cutanées

Manifestations possibles : plaintes, comportements de défense ou de diversion, focalisation sur soi, réactions du système nerveux autonome (changement dans les signes vitaux)

Atteinte à l'intégrité de la peau ou atteinte à l'intégrité des tissus

Facteurs favorisants possibles : effets des toxines circulantes, déshydratation

Manifestations possibles : apparition d'une éruption squameuse, hyperémie, inflammation des muqueuses

Syndrome de Conn **MC/SC**
(Voir Hyperaldostéronisme primaire.)

Syndrome de Cushing **MC**

Risque d'infection
Facteurs de risque possibles : immunosuppression de la réaction inflammatoire, fragilité de la peau et des capillaires, bilan azoté négatif

Déficit nutritionnel
Facteur favorisant possible : incapacité d'utiliser les matières nutritives (perturbation du métabolisme glucidique)
Manifestations possibles : diminution de la masse musculaire, résistance accrue à l'insuline

Incapacité (partielle ou totale) d'accomplir ses soins personnels [préciser]
Facteurs favorisants possibles : atrophie musculaire, faiblesse généralisée, fatigue, déminéralisation des os
Manifestation possible : incapacité d'effectuer ou de mener à terme les activités de la vie quotidienne (signalée par le patient ou observée par l'infirmière)

Perturbation de l'image corporelle
Facteur favorisant possible : altération d'une partie du corps ou de l'apparence physique (effets du processus morbide, de la pharmacothérapie)
Manifestations possibles : sentiments négatifs envers le corps, sentiment d'impuissance, détérioration de la vie sociale

Dysfonctionnement sexuel
Facteurs favorisants possibles : baisse de la libido, impuissance, arrêt de la menstruation
Manifestations possibles : verbalisation d'inquiétudes et/ou d'insatisfaction à l'égard de sa relation avec la personne clé dans sa vie ou perturbation de cette relation

Risque de trauma (fracture)
Facteurs de risque possibles : dégradation accrue des protéines, bilan protéique négatif, déminéralisation des os

Syndrome de détresse respiratoire (nouveau-né prématuré) **Péd**
(Voir aussi Nouveau-né prématuré.)

Perturbation des échanges gazeux
Facteurs favorisants possibles : déficience de la membrane alvéolocapillaire (insuffisance de surfactant), déficience de l'apport en oxygène (obstruction trachéobronchique, atélectasie), déficience de la circulation sanguine (immaturité de la musculature artériolaire pulmonaire), déficience de la capacité de fixation de l'oxygène dans le sang (anémie), agression par le froid

Manifestations possibles : tachypnée, utilisation de la musculature accessoire, tirage, gémissement expiratoire (« grunting »), pâleur ou cyanose, valeurs anormales des gaz du sang artériel, tachycardie

Incapacité de maintenir une respiration spontanée
Facteurs favorisants possibles : fatigue de la musculature respiratoire, facteurs métaboliques
Manifestations possibles : dyspnée, accélération du métabolisme, agitation, utilisation de la musculature accessoire, valeurs anormales des gaz du sang artériel

Risque d'infection
Facteurs de risque possibles : déficience des mécanismes de défense primaires (action ciliaire réduite, stase des liquides biologiques, traumatisme tissulaire), déficience des mécanismes de défense secondaires (insuffisance des neutrophiles et de certaines immunoglobulines), interventions effractives, malnutrition (absence de réserves en matières nutritives, besoins métaboliques accrus)

Risque de diminution de l'irrigation tissulaire (gastrointestinale)
Facteurs de risque possibles : persistance de la circulation fœtale, problèmes d'échanges

Risque de perturbation de l'attachement parent-enfant
Facteurs de risque possibles : incapacité de l'enfant prématuré ou malade d'établir efficacement le contact avec ses parents en raison de perturbations de l'organisation comportementale, séparation, barrières physiques, anxiété associée au rôle parental ou aux besoins de l'enfant

Syndrome de détresse respiratoire aiguë de l'adulte MC

Dégagement inefficace des voies respiratoires
Facteurs favorisants possibles : altération de la fonction ciliaire, augmentation des sécrétions, augmentation de la viscosité des sécrétions, augmentation de la résistance des voies aériennes
Manifestations possibles : dyspnée, modification de la fréquence et/ou de l'amplitude respiratoires, utilisation de la musculature respiratoire accessoire, râles ou craquements, toux sèche ou grasse

Perturbation des échanges gazeux
Facteurs favorisants possibles : altération de la perméabilité des capillaires pulmonaires accompagnée d'œdème, affaissement et hypoventilation des alvéoles accompagné d'un poumon de choc

Manifestations possibles : tachypnée, utilisation de la musculature respiratoire accessoire, cyanose, hypoxie (selon l'analyse des gaz du sang artériel et l'oxymétrie), anxiété, altération de la conscience

<u>Risque de déficit du volume liquidien</u>
Facteurs de risque possibles : perte active de liquides causée par l'usage de diurétiques, restriction de l'apport liquidien

<u>Risque de diminution du débit cardiaque</u>
Facteur de risque possible : altération de la précharge (hypovolémie, accumulation de sang dans les vaisseaux, traitement diurétique, augmentation de la pression intrathoracique ou de la ventilation en pression expiratoire positive)

<u>Anxiété [préciser le degré] ou peur</u>
Facteurs favorisants possibles : facteurs physiologiques (effets de l'hypoxémie), crise de situation, altération de l'état de santé, peur de mourir
Manifestations possibles : tension accrue, appréhension, agitation, stimulation sympathique, focalisation sur soi

Syndrome de Down **Péd/SC**
(Voir aussi Arriération mentale.)

<u>Perturbation de la croissance et du développement</u>
Facteurs favorisants possibles : effets de l'incapacité physique ou mentale
Manifestations possibles : perturbation de la croissance, retard de développement, incapacité d'accomplir ses soins personnels ou de maîtriser les activités et les habiletés propres à son groupe d'âge

<u>Risque de trauma</u>
Facteurs de risque possibles : problèmes cognitifs, manque de tonus musculaire ou de coordination, faiblesse

<u>Déficit nutritionnel</u>
Facteurs favorisants possibles : piètre tonus musculaire, protrusion de la langue
Manifestations possibles : succion ou déglutition faible et inefficace et apport alimentaire insuffisant (observé par l'infirmière) accompagnés d'une perte de poids ou de l'incapacité à prendre du poids

<u>Perturbation de la dynamique familiale</u>
Facteur favorisant possible : crise de situation ou de développement qui nécessite l'intégration de nouvelles habiletés dans la dynamique familiale
Manifestations possibles : confusion quant aux mesures à prendre, difficulté à s'adapter à la situation (exprimée par le parent), mythes familiaux non reconnus

Risque de chagrin (deuil) dysfonctionnel

Facteurs de risque possibles : perte de l'« enfant parfait », soins de longue durée que nécessite la maladie chronique, émotions non résolues

Risque de perturbation dans l'exercice du rôle parental

Facteurs de risque possibles : interruption ou retard de l'intégration du rôle parental ou de la création de liens d'attachement

Risque d'isolement social

Facteurs de risque possibles : délaissement des activités et des interactions sociales habituelles, prise en charge de tous les soins à donner à l'enfant, tendance à être trop indulgent envers l'enfant ou à le surprotéger

Syndrome de Guillain et Barré (polyradiculonévrite) MC

Risque de mode de respiration inefficace ou de dégagement inefficace des voies respiratoires

Facteurs de risque possibles : faiblesse ou paralysie des muscles respiratoires, altération du réflexe nauséeux et du réflexe de déglutition, baisse d'énergie, fatigue

Altération de la perception sensorielle [préciser]

Facteurs favorisants possibles : altération de la réception, de la transmission et/ou de l'intégration sensorielles (altération des organes des sens, privation de sommeil), milieu de soins restrictif, altérations chimiques endogènes (déséquilibre électrolytique, hypoxie), stress psychologique

Manifestations possibles : changement dans les réactions habituelles aux stimuli (signalé par le patient ou observé par l'infirmière), perturbation des modes de communication, changement dans les mesures de l'acuité sensorielle et de la coordination motrice

Altération de la mobilité physique

Facteurs favorisants possibles : atteinte neuromusculaire, douleur ou malaise

Manifestations possibles : trouble de la coordination, paralysie partielle ou complète, diminution de la force et du contrôle des muscles

Anxiété [préciser le degré] ou peur

Facteurs favorisants possibles : crise situationnelle, changement dans l'état de santé, peur de mourir

Manifestations possibles : tension accrue, agitation, sentiment d'impuissance, appréhension, incertitude, crainte, focalisation sur soi, stimulation sympathique

Syndrome de Mallory-Weiss **MC**

(Voir aussi Achalasie.)

Risque de déficit de volume liquidien

Facteurs de risque possibles : pertes vasculaires excessives, vomissements, diminution de l'apport liquidien

Manque de connaissances [besoin d'apprentissage] sur les facteurs favorisants, le traitement et la prévention de la maladie

Facteurs favorisants possibles : manque d'informations, interprétation erronée des informations

Manifestations possibles : verbalisation du problème, questions, réapparition du problème

Syndrome de Reye **Péd**

Déficit de volume liquidien [perte active ou dysfonctionnement des mécanismes de régulation]

Facteurs favorisants possibles : déficience des mécanismes de régulation (diabète sucré), pertes gastriques excessives (vomissements pernicieux), altération de l'apport liquidien

Manifestations possibles : diurèse accrue ou urine diluée, perte de poids soudaine, diminution du remplissage veineux, sécheresse des muqueuses, persistance du pli cutané, hypotension, tachycardie

Diminution de l'irrigation tissulaire (cérébrale)

Facteurs favorisants possibles : diminution de la circulation veineuse ou artérielle, hypovolémie

Manifestations possibles : perte de mémoire, altération de la conscience, agitation

Risque de trauma

Facteurs de risque possibles : faiblesse généralisée, perte de coordination, déficit cognitif

Mode de respiration inefficace

Facteurs favorisants possibles : baisse d'énergie et fatigue, déficit cognitif, obstruction trachéobronchique, processus inflammatoire (pneumonie par aspiration)

Manifestations possibles : tachypnée, valeurs anormales des gaz du sang artériel, toux, utilisation de la musculature accessoire

Syndrome des enfants battus (syndrome de Silverman) **Péd/Psy**

Perturbation de l'estime de soi

Facteur favorisant possible : manque d'affection et de renforcements positifs de la part des membres de la famille

Manifestations possibles : regard fuyant, refus d'entrer en relation avec les autres, tendance à ne pas tenir compte de ses propres besoins

Réaction post-traumatique
Facteurs favorisants possibles : mauvais traitements physiques ou émotionnels soutenus et récurrents
Manifestations possibles : passages à l'acte, apparition de phobies, difficulté à maîtriser ses pulsions, torpeur émotionnelle

Perturbation dans l'exercice du rôle parental
Facteurs favorisants possibles : modèle inadéquat, incapacité de s'identifier au rôle parental, attentes irréalistes, facteurs de stress, manque de soutien
Manifestations possibles : verbalisation de sentiments négatifs, difficulté à bien s'occuper de l'enfant, signes de traumatisme physique ou psychologique chez l'enfant

Stratégies d'adaptation familiale inefficaces [absence de soutien ou soutien compromis]
Facteurs favorisants possibles : crise de situation ou de développement, désorganisation de la famille
Manifestations possibles : crainte d'être incapable de faire face à la situation actuelle, comportements protecteurs qui sous-estiment les capacités ou le besoin d'autonomie de l'enfant

Syndrome du canal carpien SC/MC

Douleur [aiguë] ou douleur chronique
Facteur favorisant possible : compression du nerf médian
Manifestations possibles : plaintes, réticence à utiliser le membre atteint, comportements d'autoprotection, peur de subir un nouveau traumatisme, difficulté à poursuivre ses activités antérieures

Altération de la mobilité physique
Facteurs favorisants possibles : atteinte neuromusculaire, douleur
Manifestations possibles : diminution de la force de la main, faiblesse, amplitude limitée des mouvements, réticence à effectuer des mouvements

Risque de dysfonctionnement neurovasculaire périphérique
Facteurs de risque possibles : compression mécanique (port d'une orthèse, exécution de tâches ou de mouvements répétitifs, etc.), immobilisation

Manque de connaissances [besoin d'apprentissage] sur la maladie, le pronostic, les exigences du traitement et les mesures de précaution à prendre
Facteurs favorisants possibles : ignorance sur le sujet, manque de mémoire, interprétation erronée des informations
Manifestations possibles : questions, verbalisation du problème, demande d'informations, incapacité de suivre les directives, apparition de complications évitables

Syndrome néphrotique **MC/SC**

Excès de volume liquidien

Facteurs favorisants possibles : déficience des mécanismes de régulation causant une altération de la pression vasculaire hydrostatique ou oncotique, stimulation du système rénine-angiotensine-aldostérone

Manifestations possibles : œdème, anasarque, épanchement ou ascite, gain pondéral, apport supérieur aux pertes, changement dans la pression artérielle

Déficit nutritionnel

Facteurs favorisants possibles : perte excessive de protéines, incapacité d'ingérer suffisamment d'aliments (anorexie)

Manifestations possibles : perte de poids ou atrophie musculaire (parfois difficiles à évaluer à cause de l'œdème), manque d'intérêt pour la nourriture, apport inadéquat (observé par l'infirmière)

Risque d'infection

Facteurs de risque possibles : maladie chronique et suppression stéroïdienne de la réaction inflammatoire

Risque d'atteinte à l'intégrité de la peau

Facteurs de risque possibles : présence d'un œdème et restriction forcée de l'activité

Syndrome prémenstruel **Gyn/SC/Psy**

Douleur [aiguë] ou douleur chronique

Facteurs favorisants possibles : changements hormonaux cycliques nuisant au fonctionnement des autres systèmes et appareils (congestion, spasmes vasculaires, etc.)

Manifestations possibles : tension accrue, appréhension, nervosité, plaintes, comportements de diversion, plaintes somatiques, focalisation sur soi

Excès de volume liquidien

Facteur favorisant possible : altération anormale des taux hormonaux

Manifestations possibles : formation d'un œdème, gain pondéral, perturbation émotionnelle et irritabilité périodiques

Anxiété [préciser le degré]

Facteur favorisant possible : perturbation cyclique des œstrogènes qui nuit au fonctionnement des autres systèmes et appareils

Manifestations possibles : sentiment d'être incapable de surmonter la situation, perte de maîtrise, dépersonnalisation, tension accrue, appréhension, crainte, plaintes somatiques, difficulté à fonctionner

Manque de connaissances [besoin d'apprentissage] sur la physiopathologie du problème, les besoins en matière de soins personnels et les exigences du traitement
Facteurs favorisants possibles : manque d'informations, interprétation erronée des informations
Manifestations possibles : verbalisation du problème, questions, formulation d'idées fausses, continuation du problème

Synovite (du genou) **SC**

Douleur [aiguë]
Facteur favorisant possible : inflammation de la synoviale du genou accompagnée d'un épanchement
Manifestations possibles : plaintes, comportements de diversion ou de défense, focalisation sur soi, réactions du système nerveux autonome (changement dans les signes vitaux)
Altération de la mobilité physique
Facteurs favorisants possibles : douleur, diminution de la force de l'articulation touchée
Manifestations possibles : amplitude réduite des mouvements, réticence à effectuer des mouvements

Syphilis congénitale **Péd**

(Voir aussi Maladie sexuellement transmissible.)

Douleur [aiguë]
Facteurs favorisants possibles : processus inflammatoire, formation d'un œdème, apparition de lésions cutanées
Manifestations possibles : irritabilité ou pleurs qui peuvent s'exacerber au mouvement des membres, réactions du système nerveux autonome (changement dans les signes vitaux)
Atteinte à l'intégrité de la peau ou atteinte à l'intégrité des tissus
Facteur favorisant possible : exposition à des agents pathogènes lors d'un accouchement vaginal
Manifestations possibles : rupture de l'épiderme, rhinite
Perturbation de la croissance et du développement
Facteurs favorisants possibles : effets du processus infectieux
Manifestations possibles : altération de la croissance et retard de développement, difficulté à maîtriser les habiletés propres à son groupe d'âge
Manque de connaissances [besoin d'apprentissage] sur la physiopathologie de la maladie, la transmission de la maladie, les exigences du traitement, les résultats escomptés et les complications possibles
Facteurs favorisants possibles : manque d'informations des parents ou de la personne en charge de l'enfant, interprétation erronée des informations

Manifestations possibles : verbalisation du problème, questions, formulation d'idées fausses

Syringomyélie **MC**

Altération de la perception sensorielle (préciser)

Facteur favorisant possible : altération de la perception sensorielle (lésion neurologique)

Manifestations possibles : perturbation des réactions habituelles aux stimuli, incoordination motrice

Anxiété [préciser le degré] ou peur

Facteurs favorisants possibles : changement dans l'état de santé, risque de changement dans l'exercice du rôle et la situation socio-économique, atteinte au concept de soi

Manifestations possibles : tension accrue, appréhension, incertitude, focalisation sur soi, expression d'inquiétudes

Altération de la mobilité physique

Facteur favorisant possible : atteinte neuromusculaire et sensorielle

Manifestations possibles : diminution de la force, du contrôle et de la masse musculaires ; trouble de la coordination

Incapacité (partielle ou totale) d'accomplir ses soins personnels [préciser]

Facteur favorisant possible : atteinte neuromusculaire et sensorielle

Manifestation possible : incapacité d'effectuer les tâches inhérentes aux soins personnels (signalée par le patient)

Tay-Sachs (maladie de) **Péd**

Perturbation de la croissance et du développement

Facteurs favorisants possibles : effets du trouble physique

Manifestations possibles : perturbation de la croissance, régression, incapacité d'acquérir les habiletés propres à son groupe d'âge, affect plat, réactions diminuées

Altération de la perception sensorielle (visuelle)

Facteur favorisant possible : détérioration du nerf optique

Manifestation possible : perte d'acuité visuelle

Chagrin (deuil) par anticipation (chez la famille)

Facteur favorisant possible : perte prévue du bébé dans un proche avenir

Manifestations possibles : expression de détresse, déni, culpabilité, colère et tristesse ; refoulement, perturbation des habitudes de sommeil ou des habitudes alimentaires, baisse de la libido

Sentiment d'impuissance (chez la famille)

Facteur favorisant possible : absence de traitement pour cette maladie évolutive et fatale

Manifestations possibles : sentiment de n'avoir aucun pouvoir ni maîtrise sur la situation (exprimé par la famille), dépression face à la détérioration physique et mentale du bébé

Risque de détresse spirituelle

Facteur de risque possible : remise en question du système de valeurs et de croyances en raison de la présence d'une maladie mortelle

Stratégies d'adaptation familiale inefficaces (soutien compromis)

Facteurs favorisants possibles : crise situationnelle, période de vie temporairement centrée sur la résolution des conflits émotionnels et de la souffrance personnelle, désorganisation de la famille, maladie prolongée ou évolutive

Manifestations possibles : inquiétude face à ses propres réactions, inquiétude au sujet des réactions des autres membres de la famille, manque de soutien réciproque, altération des modes de communication

Teigne — SC

(Voir aussi Pied d'athlète.)

Atteinte à l'intégrité de la peau

Facteur favorisant possible : infection fongique du derme

Manifestations possibles : rupture de l'épiderme, présence de lésions

Manque de connaissances [besoin d'apprentissage] sur la nature infectieuse du problème, le traitement et les besoins en matière de soins personnels

Facteurs favorisants possibles : manque d'informations, informations inadéquates

Manifestations possibles : verbalisation du problème, questions, réapparition ou dissémination de l'infection

Tétraplégie — MC/SC

(Voir aussi Paraplégie.)

Mode de respiration inefficace

Facteurs favorisants possibles : atteinte neuromusculaire (diaphragme et muscles intercostaux), spasmes abdominaux réflexes, distension gastrique

Manifestations possibles : amplitude respiratoire réduite, dyspnée, cyanose, valeurs anormales des gaz du sang artériel

Risque de trauma (lésion médullaire secondaire)

Facteurs de risque possibles : faiblesse temporaire ou instabilité de la colonne vertébrale

Chagrin (deuil) par anticipation

Facteurs favorisants possibles : impression d'avoir perdu une partie de soi-même, perturbation anticipée du mode de vie et des espérances, réduction des perspectives d'avenir

Manifestations possibles : expression de détresse, de colère, de tristesse ; refoulement ; perturbation des habitudes alimentaires, des habitudes de sommeil et des modes de communication

Incapacité (partielle ou totale) d'accomplir ses soins personnels
Facteur favorisant possible : atteinte neuromusculaire
Manifestation possible : incapacité d'accomplir les tâches reliées aux soins personnels

Risque de dysréflexie
Facteurs de risque possibles : altération de la fonction nerveuse (lésion de la moelle épinière à D_6 ou au-dessus), stimulation vésicale, intestinale ou cutanée (stimulation tactile, douloureuse ou thermique)

Incapacité (partielle ou totale) d'organiser et d'entretenir le domicile
Facteurs favorisants possibles : effets permanents de la lésion, réseaux de soutien absents ou inadéquats, manque d'argent, manque d'expérience dans l'utilisation des ressources existantes
Manifestations possibles : verbalisation de difficultés, demandes d'information et d'aide, grosses dettes ou crise financière, manque de matériel et d'aides techniques

Thrombophlébite — SC/MC/Obs

Diminution de l'irrigation tissulaire (périphérique)
Facteur favorisant possible : interruption de la circulation veineuse
Manifestations possibles : altération de la couleur et/ou de la température de la peau dans la région atteinte, formation d'un œdème, pouls périphériques diminués, diminution du remplissage capillaire

Douleur [aiguë/malaise]
Facteurs favorisants possibles : inflammation ou irritation vasculaire, formation d'un oedème (accumulation d'acide lactique)
Manifestations possibles : plaintes, comportements de diversion ou de défense, focalisation sur soi

Risque d'altération de la mobilité physique
Facteurs de risque possibles : douleur et malaise, traitements ou mesures de précaution restrictifs

Manque de connaissances [besoin d'apprentissage] sur la physiopathologie de l'affection, les besoins en matière de soins personnels, les exigences du traitement et le risque d'embolie
Facteurs favorisants possibles : manque d'informations, interprétation erronée des informations

Manifestations possibles : verbalisation du problème, questions, incapacité de suivre correctement les directives, apparition de complications évitables

Thrombose veineuse **MC**

(Voir Thrombophlébite.)

Thyréotoxicose **MC**

(Voir aussi Hyperthyroïdie.)

Risque de diminution du débit cardiaque

Facteurs de risque possibles : augmentation non maîtrisée du métabolisme de base accroissant le travail cardiaque ; altération du retour veineux et de la résistance vasculaire systémique ; modification de la fréquence cardiaque, du rythme cardiaque et de la conduction nerveuse

Anxiété [préciser le degré]

Facteurs favorisants possibles : facteurs physiologiques, stimulation du système nerveux central (augmentation du métabolisme de base et accroissement de l'activité adrénergique causé par les hormones)

Manifestations possibles : sentiment accru d'appréhension, instabilité, perte de maîtrise, panique, perturbation cognitive, perception déformée des stimuli ambiants, mouvements inutiles, agitation, tremblements

Risque d'altération des opérations de la pensée

Facteurs de risque possibles : altérations physiologiques (stimulation accrue du système nerveux central, accélération de l'activité mentale) et perturbation des habitudes de sommeil

Manque de connaissances [besoin d'apprentissage] sur la maladie, les exigences du traitement et le risque de complications ou de situation de crise

Facteurs favorisants possibles : manque d'informations, manque de mémoire, interprétation erronée des informations

Manifestations possibles : verbalisation du problème, questions, formulation d'idées fausses, incapacité de suivre correctement les directives

Thyroïdectomie **MC**

(Voir aussi Hyperthyroïdie, Hypothyroïdie, Hypoparathyroïdie.)

Risque de dégagement inefficace des voies respiratoires

Facteurs de risque possibles : formation d'un hématome ou d'un œdème causant une obstruction trachéale, spasmes laryngés

Altération de la communication verbale
Facteurs favorisants possibles : œdème tissulaire, douleur ou malaise, lésion des cordes vocales ou atteinte du nerf laryngé
Manifestations possibles : trouble articulaire, incapacité ou refus de parler, utilisation d'un langage non verbal

Risque d'accident (tétanie)
Facteurs de risque possibles : déséquilibre chimique, stimulation excessive du système nerveux central

Risque de trauma (tête/cou)
Facteurs de risque possibles : incapacité de contrôler ou de soutenir les muscles, position de la ligne de suture

Douleur [aiguë]
Facteurs favorisants possibles : présence d'une incision chirurgicale, manœuvres chirurgicales, œdème postopératoire
Manifestations possibles : plaintes, comportements de défense ou de diversion, focalisation sur soi, réactions du système nerveux autonome (changement dans les signes vitaux)

Tic douloureux de la face SC

(Voir Névralgie faciale.)

Toxémie gravidique Obs

(Voir Hypertension gravidique.)

Travail, déclenchement artificiel du/stimulation du Obs

Manque de connaissances [besoin d'apprentissage] sur l'intervention, les exigences du traitement et les complications possibles
Facteurs favorisants possibles : ignorance sur le sujet ou manque de mémoire, interprétation erronée des informations, difficulté d'accès aux sources d'information
Manifestations possibles : questions, verbalisation du problème, idées fausses, comportements excessifs

Risque d'accident chez la mère
Facteurs de risque possibles : effets indésirables des interventions thérapeutiques ou réactions indésirables aux thérapeutiques

Risque de perturbation des échanges gazeux chez le fœtus
Facteurs de risque possibles : altération de l'irrigation placentaire, procidence du cordon

Douleur [aiguë]
Facteurs favorisants possibles : caractéristiques des contractions déclenchées artificiellement, inquiétude

Manifestations possibles : plaintes, tension musculaire accrue, comportements de défense ou de diversion, difficulté à se concentrer

Travail, deuxième période (expulsion) — Obs

Douleur [aiguë]

Facteurs favorisants possibles : contractions utérines intenses, étirement et dilatation des tissus, pression exercée sur certains nerfs par la présentation fœtale, distension vésicale

Manifestations possibles : plaintes, grimaces de douleur, comportements de diversion ou de défense (agitation), difficulté à se concentrer, réation du système nerveux autome (diaphorèse)

Diminution du débit cardiaque [fluctuations]

Facteurs favorisants possibles : manœuvres de Valsalva prolongées et répétées, effets de l'anesthésie ou des médicaments, décubitus dorsal qui comprime la veine cave inférieure et obstrue partiellement l'aorte (fluctuations du retour veineux), altération de la résistance vasculaire systémique

Manifestations possibles : diminution du retour veineux, changements dans les signes vitaux (pression artérielle, pouls), altération de la diurèse, bradycardie fœtale

Risque de perturbation des échanges gazeux chez le fœtus

Facteurs de risque possibles : compression mécanique de la tête ou du cordon (causant une bradycardie et une hypoxie), altération de l'irrigation placentaire provoquée par la position de la mère ou un travail prolongé, effets de l'anesthésie

Risque d'atteinte à l'intégrité de la peau ou des tissus

Facteurs de risque possibles : étirement excessif ou lacération de tissus délicats (travail précipité, contractions hypertoniques, mère adolescente, gros foetus), application de forceps

Risque de fatigue

Facteurs de risque possibles : augmentation des besoins énergétiques, exigences psychologiques ou émotionnelles très élevées de l'accouchement, douleur

Travail prématuré — Obs/SC

Intolérance à l'activité

Facteur favorisant possible : hypersensibilité musculaire et cellulaire

Manifestations possibles : irritabilité et contractions utérines continues

Risque d'intoxication

Facteurs de risque possibles : effets secondaires ou toxiques (reliés à la dose administrée) des médicaments tocolytiques

Risque d'accident chez le fœtus
Facteur de risque possible : accouchement d'un bébé prématuré

Anxiété [préciser le degré]
Facteurs favorisants possibles : crise situationnelle, menace (réelle ou perçue comme telle) pour soi ou le fœtus, manque de temps pour se préparer au travail
Manifestations possibles : tension accrue, agitation, expression d'inquiétudes, réactions du système nerveux autonome (changement dans les signes vitaux)

Manque de connaissances [besoin d'apprentissage] sur le travail prématuré et les exigences du traitement
Facteurs favorisants possibles : manque d'informations, formulation d'idées fausses, interprétation erronée des informations
Manifestations possibles : questions, verbalisation du problème, formulation d'idées fausses, incapacité de suivre correctement les directives, apparition de complications évitables

Travail, première période (phase active) Obs

Douleur [aiguë ou malaises]
Facteurs favorisants possibles : hypoxie causée par les contractions, dilatation des tissus, pression exercée sur les parties avoisinantes, stimulation des terminaisons nerveuses parasympathiques et sympathiques
Manifestations possibles : plaintes, comportements de diversion ou de défense (agitation), tension musculaire, difficulté à se concentrer

Altération de l'élimination urinaire
Facteurs favorisants possibles : diminution de l'apport liquidien, déshydratation, changements hormonaux, hémorragie, hypertension grave pendant le travail, compression mécanique de la vessie, effets de l'anesthésie régionale
Manifestations possibles : modifications du volume et de la fréquence des mictions, rétention urinaire, travail lent, diminution de la sensibilité

Risque de stratégies d'adaptation inefficaces chez la mère ou le couple
Facteurs de risque possibles : facteurs de stress présents au cours du travail, vulnérabilité, utilisation de stratégies d'adaptation inadéquates, soutien inadéquat, douleur

Risque de perturbation de l'estime de soi
Facteurs de risque possibles : utilisation de médicaments pour soulager des contractions intenses, incapacité de réaliser le désir d'accoucher sans recourir à des médicaments

Trichinose **SC**

Douleur [aiguë]

Facteurs favorisants possibles : invasion parasitaire des tissus musculaires, œdème des paupières, légères hémorragies localisées, apparition d'urticaire

Manifestations possibles : plaintes, comportements de diversion ou de défense (agitation), réactions du système nerveux autonome (changements dans les signes vitaux)

Déficit de volume liquidien [perte active]

Facteurs favorisants possibles : augmentation du métabolisme de base (fièvre, transpiration abondante), pertes gastriques excessives (vomissements, diarrhée), apport liquidien réduit, difficulté à avaler

Manifestations possibles : sécheresse des muqueuses, persistance du pli cutané, hypotension, diminution du remplissage veineux, diurèse diminuée ou urine concentrée, hémoconcentration

Mode de respiration inefficace

Facteur favorisant possible : myosite du diaphragme et des muscles intercostaux

Manifestations possibles : perturbation subséquente de l'amplitude respiratoire, tachypnée, dyspnée, anomalie dans les valeurs des gaz du sang artériel

Manque de connaissances [besoin d'apprentissage] sur la cause ou la prévention de la maladie, les exigences du traitement et les complications possibles

Facteurs favorisants possibles : manque d'informations, interprétation erronée des informations

Manifestations possibles : verbalisation du problème, questions, formulation d'idées fausses

Trouble affectif **Psy**

(Voir Trouble bipolaire, Trouble dépressif.)

Trouble anxieux (tous niveaux confondus) **Psy**

Anxiété [préciser le degré] ou sentiment d'impuissance

Facteurs favorisants possibles : menace (réelle ou perçue comme telle) à l'intégrité physique ou à l'image de soi (le patient peut ou non être capable de préciser la menace); conflit inconscient face aux valeurs, croyances et but essentiels de la vie ; besoins insatisfaits ; monologues intérieurs dévalorisants

Manifestations possibles : stimulation sympathique, mouvements inutiles (piétinements, agitation des mains et des bras, mouvements de balancement, agitation), sentiments persistants d'inquiétude et d'appréhension, sentiment d'anxiété général difficile à atténuer, regard fuyant, focalisation sur soi, dysfonctionnement, angoisse flottante

Perturbation des habitudes de sommeil

Facteurs favorisants possibles : stress psychologique, pensées répétitives

Manifestations possibles : difficulté d'endormissement ou réveil survenant plus tôt ou plus tard que désiré (signalés par le patient), sentiment de pas être complètement reposé (signalé par le patient), cernes profonds sous les yeux, bâillements fréquents

Stratégies d'adaptation individuelle inefficaces

Facteurs favorisants possibles : niveau d'anxiété, vulnérabilité, perceptions irréalistes, mécanismes d'adaptation inadéquats

Manifestations possibles : incapacité de s'adapter ou de résoudre des problèmes (signalée par le patient), comportements compulsifs excessifs (consommation exagérée de tabac, d'alcool, etc.), tension émotionnelle, dégradation de la participation sociale, fréquence élevée d'accidents

Risque de stratégies d'adaptation familiale inefficaces : soutien compromis

Facteurs de risque possibles : informations inadéquates ou erronées, incompréhension de la personne clé, changements de rôle et désorganisation familiale temporaires, longue maladie épuisant la capacité de soutien des personnes clés

Perturbation des interactions sociales ou isolement social

Facteurs favorisants possibles : piètre image de soi, ressources personnelles insuffisantes, interprétation erronée des stimuli internes ou externes

Manifestations possibles : malaise en société, repli sur soi, changement dans les interactions habituelles (signalé par le patient), interactions dysfonctionnelles ; sentiment d'être différent des autres, état d'ennui et de tristesse

Trouble bipolaire — Psy

Risque de violence envers soi ou envers les autres

Facteurs de risque possibles : irritabilité, comportements impulsifs, idées délirantes, réactions colériques devant un refus ou une réfutation ; excitation maniaque, parfois accompagnée d'autres signes (gestes ou paroles menaçants, activité motrice accrue, comportements ouvertement agressifs) ; hostilité

Déficit nutritionnel

Facteur favorisant possible : apport nutritionnel inférieur aux besoins métaboliques

Manifestations possibles : poids corporel inférieur de 20 % ou plus au poids idéal, apport alimentaire insuffisant (observé par l'infirmière), indifférence face à l'heure des repas, tendance à manger distraitement

Risque d'intoxication [au lithium]
Facteurs de risque possibles : étroite plage thérapeutique du lithium, capacité ou incapacité du patient de suivre et d'évaluer correctement sa pharmacothérapie, déni du besoin de s'informer ou de suivre un traitement

Perturbation des habitudes de sommeil
Facteurs favorisants possibles : incapacité de ressentir la fatigue ou le besoin de dormir, hyperactivité
Manifestations possibles : déni du besoin de dormir, sommeil nocturne interrompu, une ou plusieurs nuits sans sommeil, altération du comportement et du rendement, irritabilité ou agitation, cernes profonds sous les yeux

Altération de la perception sensorielle [préciser]
Facteurs favorisants possibles : diminution du seuil de sensation, altération chimique endogène, stress psychologique, manque de sommeil
Manifestations possibles : distractivité accrue, agitation, anxiété, désorientation, difficulté à se concentrer, hallucinations visuelles ou auditives, idées bizarres, manque de coordination motrice

Perturbation de la dynamique familiale
Facteurs favorisants possibles : crise situationnelle (maladie, problème financier, changement de rôles); humeur euphorique, mégalomanie, comportement manipulateur, tendance à éprouver les limites, refus d'assumer ses actes
Manifestations possibles : difficulté à s'adapter à la situation (signalée par le patient), incapacité de s'adapter au changement ou de faire face à la maladie de façon constructive, processus de décision inefficace au sein de la famille, incapacité de transmettre et de recevoir des messages clairs, manque de respect des limites

Trouble de l'humeur — Psy

(Voir Trouble dépressif.)

Trouble de l'identité sexuelle — Psy

Anxiété [préciser le degré]
Facteurs favorisants possibles : conflits conscients ou inconscients face aux valeurs ou aux croyances essentielles, menace au concept de soi, besoins insatisfaits
Manifestations possibles : tension accrue, sentiment d'impuissance, perte d'espoir, sentiment d'incompétence, incertitude, insomnie, focalisation sur soi, difficulté à accomplir les activités quotidiennes

Perturbation dans l'exercice du rôle ou perturbation de l'identité personnelle

Facteurs favorisants possibles : crise de développement au cours de laquelle le patient a de la difficulté à savoir à quel sexe il appartient ; malaise face à ses parties génitales, impression que ce ne sont pas les bonnes

Manifestations possibles : confusion quant à son sens de l'identité, quant au but ou au sens de la vie, quant à son identité ou à son orientation sexuelle ; désir ou conviction d'appartenir au sexe opposé (exprimés par le patient); changement dans la façon de percevoir son rôle et conflits de rôles

Perturbation de la sexualité

Facteurs favorisants possibles : absence de modèle ou modèles inadéquats, conflit face à l'orientation sexuelle et/ou aux préférences sexuelles

Manifestations possibles : malaise face à la sexualité (exprimé par le patient), manque d'informations sur la sexualité

Risque de stratégies d'adaptation familiale inefficaces (soutien compromis ou absence de soutien)

Facteurs de risque possibles : informations inadéquates ou inexactes, incompréhension, désorganisation de la famille et changements de rôle temporaires, incapacité d'apporter du soutien à la personne clé

Stratégies d'adaptation familiale efficaces (potentiel de croissance)

Facteur favorisant possible : capacité de la famille de répondre aux besoins de la personne de façon satisfaisante et de s'adapter efficacement, ce qui lui permet de viser des objectifs d'actualisation de soi

Manifestations possibles : description par les membres de la famille des effets positifs de la crise sur leurs valeurs, leurs priorités, leurs objectifs ou leurs relations ; orientation vers la recherche d'un mieux-être et d'un mode de vie enrichissant qui aideront le patient à trouver son identité personnelle ; capacité de choisir des expériences qui leur apportent un bien-être optimal

Trouble de la personnalité limite (borderline) Psy

Risque d'automutilation ou risque de violence envers soi ou envers les autres

Facteurs de risque possibles : recours à la projection comme principal mécanisme de défense, problèmes envahissants accompagnés de transfert négatif, sentiments de culpabilité, besoin de se « punir », concept de soi déformé, incapacité de supporter une augmentation de tension psychologique ou physiologique

Altération des opérations de la pensée

Facteurs favorisants possibles : conflits psychologiques , brefs accès psychotiques, idées délirantes, discordances cognitives, anxiété ou peur, piètre sens de la réalité

Manifestations possibles : idées de persécution (du genre « je suis une victime »), perception très déformée des événements ou refus de reconnaître leur réalité, difficulté à avoir des pensées claires et cohérentes

Anxiété [grave ou panique]

Facteurs favorisants possibles : conflits inconscients (stress extrême), perception d'une menace à l'image de soi, besoins insatisfaits

Manifestations possibles : grande susceptibilité, surconsommation d'alcool ou d'autres substances, symptômes psychotiques transitoires, comportements automutilatoires

Perturbation de l'estime de soi ou perturbation de l'identité personnelle

Facteurs favorisants possibles : manque de renforcements positifs, besoin insatisfait de dépendance envers les autres, retard de développement du moi, fixation datant d'un stade de développement antérieur

Manifestations possibles : difficulté à définir son moi ou les limites de son moi, sentiment de dépersonnalisation, sautes d'humeur extrêmes, intolérance au sentiment d'être rejeté, difficulté à rester seul, sentiment d'insatisfaction envers soi, comportements violents envers les autres, gestes autodestructeurs ritualistes, conviction de devoir se punir

Isolement social

Facteurs favorisants possibles : intérêts révélant un manque de maturité, comportement social non accepté, manque de ressources personnelles, incapacité de s'engager dans des relations personnelles satisfaisantes

Manifestations possibles : alternance de comportements d'attachement et d'éloignement, difficulté à répondre aux attentes d'autrui, sentiment d'être différent des autres, intérêts incompatibles avec l'âge ou le stade de développement, comportement rejeté par le groupe culturel dominant

Trouble dépressif, dépression grave, dysthymie — Psy

Risque de violence envers soi ou envers les autres

Facteurs de risque possibles : dépression, mépris de soi, perte d'espoir

Anxiété [modérée ou grave] ou altération des opérations de la pensée

Facteurs favorisants possibles : conflits psychologiques, conflit inconscient face aux valeurs et aux buts fondamentaux dans la vie, besoins non satisfaits, atteinte au concept de soi, privation de sommeil, contagion de l'anxiété

Manifestations possibles : nervosité ou appréhension, sentiment d'incompétence ; agitation, crise de colère ou de larmes, propos décousus, mains qui se tordent et se frottent, tremblements ; problème de mémoire ou de concentration, difficulté à saisir les idées, incapacité de prendre des décisions, plaintes somatiques nombreuses et répétées mais sans cause organique, délire de relation, hallucinations ou idées délirantes

<u>Perturbation des habitudes de sommeil</u>

Facteurs favorisants possibles : altérations biochimiques (baisse des taux de sérotonine), peurs, angoisses non résolues, inactivité

Manifestations possibles : insomnie prédormitionnelle, dormitionnelle ou postdormitionnelles ; sentiment de ne pas avoir assez dormi ; signes physiques (cernes profonds sous les yeux, bâillements fréquents, etc.)

<u>Isolement social ou perturbation des interactions sociales</u>

Facteurs favorisants possibles : altération de l'état mental ou des opérations de la pensée (humeur dépressive), ressources personnelles inadéquates, manque d'énergie ou inertie, difficulté à entrer en relation avec autrui de façon satisfaisante, mépris de soi, mauvaise image de soi, sentiment d'incompétence, absence de buts importants dans la vie, manque de connaissances et de savoir-faire au sujet des interactions sociales

Manifestations possibles : diminution des fréquentations ; sentiment d'être différent des autres ; tendance à rester à la maison, dans sa chambre ou son lit ; refus des invitations et des propositions de sortie avec d'autres ; perturbation des interactions avec autrui

<u>Perturbation de la dynamique familiale</u>

Facteurs favorisants possibles : crise situationnelle (maladie d'un proche, changement dans les rôles ou les responsabilités), crise de croissance (perte d'un membre de la famille, etc.)

Manifestations possibles : difficulté à s'adapter à la situation (signalée par le patient), incapacité du réseau familial de répondre aux besoins de ses membres, difficulté à accepter ou à recevoir de l'aide convenablement, processus de prise de décisions malsain dans la famille, incapacité de transmettre et de recevoir des messages clairs

<u>Risque d'accident [effets indésirables du traitement par électrochocs]</u>

Facteurs de risque possibles : effets des électrochocs sur le système cardiovasculaire, l'appareil respiratoire, l'appareil locomoteur et le système nerveux ; effets pharmacologiques de l'anesthésie

Troubles du comportement (enfants, adolescents) **Psy/Péd**

Stratégies d'adaptation individuelle inefficaces

Facteurs favorisants possibles : stratégies d'adaptation inadéquates, crise de développement, changements nombreux dans la vie, difficulté à maîtriser ses impulsions, vulnérabilité

Manifestations possibles : mauvaise utilisation des mécanismes de défense, incapacité de répondre aux exigences du rôle, piètre estime de soi, incapacité d'assumer la responsabilité de ses actes, consommation excessive de tabac, d'alcool, de médicaments ou de drogues

Risque de violence envers soi ou envers les autres

Facteurs de risque possibles : dysfonctionnement du réseau familial, perte de relations importantes

Incapacité de s'adapter à un changement dans l'état de santé

Facteurs favorisants possibles : incapacité de résoudre des problèmes ou d'établir des objectifs ou difficulté à le faire, pertes éprouvées lors d'événements actuels et/ou passés (perte d'estime de soi, perte d'un proche ou d'un ami), piètre rendement scolaire, changement de milieu, manque de désir d'autonomie, incapacité de restreindre ses exigences à son propre égard (tendance à trop exiger de soi-même)

Manifestations possibles : ambivalence envers ses parents, anxiété, tendance à s'accuser, colère, sentiment d'être rejeté, perception d'une atteinte à l'estime de soi, impression d'avoir perdu son pouvoir d'agir et de décider

SC

Stratégies d'adaptation familiale inefficaces (absence de soutien ou soutien compromis)

Facteurs favorisants possibles : sentiments démesurés de culpabilité et de colère des membres de la famille envers l'enfant, tendance exagérée à se reprocher son comportement ; comportements parentaux incohérents ; désaccords au sujet de la discipline, des limites admises et des mesures à prendre ; épuisement des ressources parentales (doivent faire face depuis longtemps au trouble de comportement)

Manifestations possibles : attentes irréalistes de la part des parents, rejet ou surprotection de l'enfant, sentiments excessifs de colère ou de déception face au comportement de l'enfant, perte de l'espoir que la situation puisse s'améliorer ou changer

Perturbation des interactions sociales

Facteurs favorisants possibles : développement tardif du moi, piètre estime de soi, dysfonctionnement du réseau familial, atteinte neurologique

Manifestations possibles : difficulté à attendre son tour dans des jeux ou en groupe, incapacité d'écouter ce que les autres disent, difficulté à jouer tranquillement et à demeurer attentif à la tâche ou au jeu en cours, tendance à passer constamment d'une activité à l'autre et à interrompre ou à déranger les autres

Troubles paranoïaques **Psy**

Risque de violence envers soi ou envers les autres
Facteurs de risque possibles : crainte d'un malheur imminent, anxiété accrue

Anxiété [grave]
Facteur favorisant possible : incapacité de faire confiance (ne maîtrise pas les tâches permettant d'apprendre quand faire confiance et quand se méfier)
Manifestations possibles : système de délires rigide (sert à soulager le patient du stress qui provoque les délires), peur d'autrui et de sa propre agressivité

Sentiment d'impuissance
Facteurs favorisants possibles : sentiment d'incompétence, manque d'initiative, relations interpersonnelles dysfonctionnelles (abus de pouvoir, de force ; relations marquées par la violence), estime de soi très perturbée, impression de n'avoir aucun pouvoir sur la situation
Manifestations possibles : recours à des délires paranoïdes, comportement agressif dans le but de compenser, propos indiquant que le patient reconnaît le tort que sa paranoïa lui a causé et a causé aux autres

Altération des opérations de la pensée
Facteurs favorisants possibles : conflits psychologiques, anxiété grandissante, peur
Manifestations possibles : difficultés avec les opérations et le contenu de la pensée, difficulté à penser clairement et logiquement, délires, fragmentation de la pensée, pensée autistique

Stratégies d'adaptation familiale inefficaces (soutien compromis)
Facteurs favorisants possibles : désorganisation de la famille, changements de rôles temporaires ou prolongés, aggravation du handicap qui épuise la capacité de soutien des personnes clés
Manifestations possibles : incapacité du réseau familial de répondre aux besoins physiques, affectifs ou spirituels de ses membres ; incapacité d'exprimer ou d'accepter ses émotions ou celles des autres membres de la famille ; limites mal respectées ; inquiétude des personnes clés face à leurs propres réactions

Troubles somatoformes — Psy

Stratégies d'adaptation individuelle inefficaces

Facteurs favorisants possibles : anxiété grave refoulée, vulnérabilité, besoin insatisfait de dépendance, fixation à un stade de développement antérieur, retard dans le développement du moi, stratégies d'adaptation inadéquates

Manifestations possibles : sentiment d'être incapable de s'adapter ou de résoudre ses problèmes, fréquence élevée de maladies, plaintes somatiques nombreuses datant de plusieurs années, difficulté à fonctionner en société ou au travail, hypochondrie, consultation excessive des services de santé, comportement exigeant, refus d'entreprendre des activités thérapeutiques

Douleur chronique

Facteurs favorisants possibles : anxiété grave refoulée, piètre image de soi, besoin insatisfait de dépendance, antécédent de maladie grave chez le patient ou une personne clé, plainte de douleurs intenses ou prolongées, comportements de défense ou d'autoprotection, masque de douleur, peur de se blesser à nouveau, difficulté à poursuivre ses activités antérieures, focalisation sur soi, demande de traitement ou de médicaments

Pertubation des interactions sociales

Facteurs favorisants possibles : incapacité de s'engager dans des relations personnelles satisfaisantes, tendance à se préoccuper exagérément de soi et de ses symptômes physiques, malaises, douleur chronique, rejet du patient

Manifestations possibles : focalisation sur ses pensées, affect triste ou plat, absence de soutien des personnes clés, difficulté à communiquer, repli sur soi, regard fuyant, tendance à s'isoler

Risque de violence envers soi

Facteurs de risque possibles : humeur déprimée, sentiment d'impuissance face à l'état physique, conviction d'être gravement malade, réaction hystérique à la douleur chronique

Tuberculose (pulmonaire) — SC

Risque d'infection (dissémination ou réactivation)

Facteurs de risque possibles : déficience des mécanismes de défense primaires (affaiblissement de l'action ciliaire ou stase des sécrétions, destruction tissulaire ou dissémination de l'infection), résistance diminuée ou réponse inflammatoire inhibée, malnutrition, exposition à l'air ambiant, manque de connaissances sur la façon de se protéger contre les agents pathogènes, intervention thérapeutique inadéquate

Dégagement inefficace des voies respiratoires

Facteurs favorisants possibles : sécrétions épaisses, visqueuses ou sanguinolentes, fatigue, difficulté à tousser, œdème trachéal ou pharyngien

Manifestations possibles : modification de la fréquence, du rythme et de l'amplitude de la respiration, bruits respiratoires adventices (rhonchi, sifflements), stridor, dyspnée

Risque de perturbation des échanges gazeux

Facteurs de risque possibles : diminution de la surface pulmonaire efficace, atélectasie, destruction de la membrane alvéolocapillaire, œdème bronchique, sécrétions épaisses et visqueuses

Intolérance à l'activité

Facteur favorisant possible : déséquilibre entre l'apport et les besoins en oxygène

Manifestations possibles : plaintes de fatigue, faiblesse, dyspnée d'effort

Déficit nutritionnel

Facteur favorisant possible : incapacité d'ingérer suffisamment d'aliments (anorexie, effets de la pharmacothérapie, fatigue, manque d'argent)

Manifestations possibles : perte de poids, manque d'intérêt pour la nourriture ou altération du sens du goût (signalés par le patient), faible tonus musculaire

Risque de non-observance

Facteurs de risque possibles : traitement de longue durée même après la rémission des symptômes, effets secondaires du traitement

Tumeur cérébrale MC

Douleur [aiguë]

Facteur favorisant possible : compression des tissus cérébraux

Manifestations possibles : plaintes de céphalées, masque de douleur, baisse de concentration, réactions du système nerveux autonome (changement dans les signes vitaux)

Altération des opérations de la pensée

Facteurs favorisants possibles : perturbation de l'apport sanguin au cerveau et/ou destruction de tissus cérébraux

Manifestations possibles : perte de mémoire, trouble de la personnalité, difficulté à prendre des décisions ou à conceptualiser, altération de l'état de conscience

Altération de la perception sensorielle [préciser]

Facteurs favorisants possibles : compression ou déplacement des tissus cérébraux, interruption de la conduction nerveuse

Manifestations possibles : perte d'acuité visuelle, trouble de l'équilibre ou de la démarche, paresthésie

Risque de déficit de volume liquidien
Facteurs de risque possibles : vomissements récurrents dus à l'irritation du centre pneumogastrique du bulbe rachidien, diminution de l'apport liquidien

Incapacité (partielle ou totale) d'accomplir ses soins personnels [préciser]
Facteur favorisant possible : déficit sensoriel ou neuromusculaire empêchant d'exécuter certaines tâches
Manifestations possibles : apparence débraillée ou négligée, mauvaises odeurs corporelles, incapacité d'effectuer les activités de la vie quotidienne (signalée par le patient ou observée par l'infirmière)

Tympanoplastie MC

(Voir Stapédectomie.)

Typhus (fièvre à tiques, fièvre pourprée des montagnes Rocheuses) SC/MC

Hyperthermie
Facteur favorisant possible : processus inflammatoire généralisé (vascularite)
Manifestations possibles : température corporelle élevée, peau chaude et/ou rouge, tachycardie

Douleur [aiguë]
Facteurs favorisants possibles : vascularite généralisée, formation d'un œdème
Manifestations possibles : plaintes, comportements de défense ou de diversion, focalisation sur soi, réactions du système nerveux autonome (changements dans les signes vitaux)

Diminution de l'irrigation tissulaire [préciser]
Facteurs favorisants possibles : diminution ou interruption de la circulation sanguine (vascularite généralisée ou formation de thrombi)
Manifestations possibles : plaintes de céphalées ou de douleur abdominale, perturbation de l'état mental, ulcération ou nécrose périphérique localisée

Ulcère de stress MC/SC

Déficit de volume liquidien [perte active]
Facteurs favorisants possibles : pertes vasculaires (hémorragie)
Manifestations possibles : hypotension, tachycardie, ralentissement du remplissage capillaire, altération de l'état mental, agitation, diurèse diminuée ou urine concentrée, pâleur, transpiration abondante, hémoconcentration

Risque de diminution de l'irrigation tissulaire [préciser]
Facteur de risque possible : hypovolémie

Anxiété [préciser le degré] ou peur
Facteurs favorisants possibles : changement dans l'état de santé, risque de mourir
Manifestations possibles : tension accrue, agitation, irritabilité, crainte, tremblements, tachycardie, transpiration abondante, regard fuyant, focalisation sur soi, verbalisation du problème, repli sur soi, comportement de panique ou de lutte

Douleur [aiguë]
Facteurs favorisants possibles : irritation caustique ou destruction des tissus de l'estomac
Manifestations possibles : plaintes, comportements de diversion, focalisation sur soi, réactions du système nerveux autonome (changement dans les signes vitaux)

Manque de connaissances [besoin d'apprentissage] sur la maladie, les exigences du traitement, les besoins en matière de soins personnels et les complications possibles
Facteurs favorisants possibles : manque d'informations ou de mémoire, interprétation erronée des informations
Manifestations possibles : verbalisation du problème, questions, formulation d'idées fausses, incapacité de suivre correctement les directives, réapparition du problème ou apparition de complications évitables

Vaginisme — Gyn/SC

Douleur [aiguë]
Facteurs favorisants possibles : spasmes musculaires, hyperesthésie des nerfs innervant la muqueuse vaginale
Manifestations possibles : plaintes, comportements de diversion, focalisation sur soi

Dysfonctionnement sexuel
Facteur favorisant possible : altération physique et/ou psychologique de la fonction sexuelle (spasmes marqués des muscles vaginaux)
Manifestations possibles : verbalisation du problème, incapacité d'avoir la satisfaction sexuelle désirée, détérioration de la relation avec la personne clé

Vaginite — Gyn/SC

Atteinte à l'intégrité des tissus
Facteurs favorisants possibles : irritation ou inflammation, traumatisme mécanique (grattage) de tissus sensibles
Manifestations possibles : destruction tissulaire, présence de lésions

Douleur [aiguë]
Facteurs favorisants possibles : inflammation localisée, traumatisme tissulaire
Manifestations possibles : plaintes, comportements de diversion, focalisation sur soi

Manque de connaissances [besoin d'apprentissage] sur les besoins en matière d'hygiène, les exigences du traitement, les comportements sexuels et la transmission de l'infection par voie sexuelle
Facteurs favorisants possibles : manque d'informations, interprétation erronée des informations
Manifestations possibles : verbalisation du problème, questions, formulation d'idées fausses

Varices œsophagiennes MC

(Voir aussi Ulcère de stress.)

Déficit de volume liquidien [perte active]
Facteurs favorisants possibles : pertes vasculaires excessives, apport liquidien réduit, pertes gastriques (vomissements)
Manifestations possibles : hypotension, tachycardie, diminution du remplissage veineux, diurèse diminuée ou urine concentrée

Anxiété [préciser le degré] ou peur
Facteurs favorisants possibles : changement dans l'état de santé, peur de mourir
Manifestations possibles : tension accrue, appréhension, stimulation sympathique, agitation, focalisation sur soi, expression d'inquiétudes

Veine variqueuse (varice) SC

Douleur chronique
Facteur favorisant possible : insuffisance veineuse
Manifestations possibles : plaintes

Perturbation de l'image corporelle
Facteur favorisant possible : altération morphologique (présence de veines superficielles sinueuses, foncées et tuméfiées à la jambe)
Manifestations possibles : dissimulation des parties atteintes, sentiments négatifs envers son corps

Risque d'atteinte à l'intégrité des tissus ou d'atteinte à l'intégrité de la peau
Facteurs de risque possibles : altération de la circulation ou stase veineuse, formation d'un œdème

VIH (infection par le) **SC**

(Voir aussi Syndrome d'immunodéficience acquise [sida].)

Incapacité de s'adapter à un changement dans l'état de santé

Facteurs favorisants possibles : affection qui menace la survie et entraîne le rejet social, menace à l'estime de soi, perte du pouvoir d'agir et de décider, réseaux de soutien inadéquats, chagrin non résolu, effets secondaires des médicaments (fatigue, dépression)

Manifestations possibles : non-acceptation et déni du diagnostic (exprimés par le patient), incapacité de chercher des solutions à ses problèmes ou de se fixer des objectifs, période prolongée de choc, de doute et de colère, incapacité d'envisager l'avenir

Manque de connaissances [besoin d'apprentissage] sur la maladie, le pronostic et les exigences du traitement

Facteurs favorisants possibles : ignorance du sujet ou manque de mémoire, interprétation erronée des informations, manque d'expérience dans l'utilisation des sources d'information, déficit cognitif

Manifestations possibles : formulation d'idées fausses ou demande d'informations, comportements déplacés ou excessifs (hostilité, agitation, hystérie, apathie), incapacité de suivre correctement les directives, apparition de complications évitables

Viol **Psy/SC**

Manque de connaissances [besoin d'apprentissage] sur les traitements prophylactiques pour la victime (MST, grossesse), les interventions médicales, les procédures judiciaires et les ressources ou les réseaux de soutien communautaires

Facteur favorisant possible : manque d'informations

Manifestations possibles : verbalisation du problème, questions, formulation d'idées fausses, exacerbation des symptômes

Syndrome du traumatisme de viol (phase aiguë)

Facteurs favorisants possibles : agression sexuelle ou tentative d'agression sexuelle sans consentement

Manifestations possibles : réactions émotionnelles très variées, comme l'anxiété, la peur, la colère, la gêne ; plaintes physiques concernant plusieurs systèmes et appareils

Risque d'atteinte à l'intégrité des tissus

Facteurs de risque possibles : pénétration sexuelle forcée, traumatisme de tissus délicats

Stratégies d'adaptation individuelle inefficaces

Facteurs favorisants possibles : vulnérabilité, attentes non réalisées, perceptions irréalistes, stratégies d'adaptation ou réseau de soutien inadéquats, facteurs de stress variés et répétés, menace à son intégrité

Manifestations possibles : incapacité de faire face à la situation ou de demander de l'aide, tension musculaire, céphalées, stress émotionnel, inquiétude chronique

Dysfonctionnement sexuel

Facteurs favorisants possibles : altération biopsychosociale de la sexualité (réaction post-traumatique), perte du désir sexuel, détérioration de la relation avec la personne clé

Manifestations possibles : difficulté à atteindre la satisfaction sexuelle, modification de l'intérêt porté à soi-même ou aux autres, focalisation sur soi

Vomissements de la grossesse **Obs**

Déficit de volume liquidien [perte active]

Facteurs favorisants possibles : pertes gastriques excessives, apport insuffisant

Manifestations possibles : sécheresse des muqueuses, diminution de la diurèse, urine concentrée, diminution de la pression différentielle et de l'amplitude du pouls, grande soif, hémoconcentration

Déficit nutritionnel

Facteur favorisant possible : incapacité d'ingérer et de digérer des aliments ou d'absorber des matières nutritives (vomissements prolongés)

Manifestations possibles : apport alimentaire inadéquat (signalé par la patiente), perte d'intérêt ou dégoût pour la nourriture, perte de poids

Risque de stratégies d'adaptation individuelle inefficaces

Facteur de risque possible : crise de situation ou de développement (grossesse, changement dans l'état de santé, changements de rôle prévus, inquiétude face à l'issue de la grossesse)

Zona **SC**

Douleur [aiguë]

Facteurs favorisants possibles : inflammation ou lésions locales le long de nerfs sensoriels

Manifestations possibles : plaintes, comportements de défense ou de diversion, difficulté à se concentrer, réactions du système nerveux autonome (changement dans les signes vitaux)

Manque de connaissances [besoin d'apprentissage] sur la physiopathologie, les exigences du traitement et les complications possibles

Facteurs favorisants possibles : manque d'informations ou interprétation erronée des informations

Manifestations possibles : verbalisation du problème, questions, idées faussess

APPENDICE 1

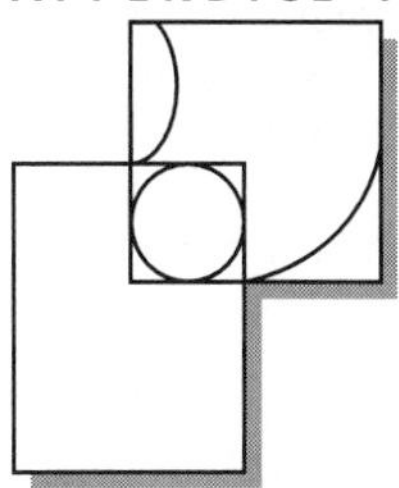

TAXINOMIE I RÉVISÉE (1992)

Note: Les mots en italique sont des éléments recommandés par le comité de taxinomie, mais pas encore répertoriés par l'ANADI.

1. **ÉCHANGES:** Mode de réaction humaine impliquant un don réciproque
   - 1.1 Nutrition
     - 1.1.2.1 Excès nutritionnel
     - 1.1.2.2 Déficit nutritionnel
     - 1.1.2.3 Risque d'excès nutritionnel
   - 1.2 *Régulation physique*
     - 1.2.1.1 Risque d'infection
     - 1.2.2 Altération de la température corporelle
       - 1.2.2.1 Risque d'altération de la température corporelle
       - 1.2.2.2 Hypothermie
       - 1.2.2.3 Hyperthermie
       - 1.2.2.4 Thermorégulation inefficace
       - 1.2.3.1 Dysréflexie
   - 1.3 *Élimination*
     - 1.3.1.1 Constipation
       - 1.3.1.1.1 Pseudo-constipation
       - 1.3.1.1.2 Constipation colique
     - 1.3.1.2 Diarrhée
     - 1.3.1.3 Incontinence fécale
     - 1.3.2 Altération de l'élimination urinaire
       - 1.3.2.1 *Incontinence urinaire*
         - 1.3.2.1.1 Incontinence urinaire à l'effort
         - 1.3.2.1.2 Incontinence urinaire réflexe

1.3.2.1.3 Incontinence urinaire par réduction du temps d'alerte
1.3.2.1.4 Incontinence urinaire fonctionnelle
1.3.2.1.5 Incontinence urinaire complète
1.3.2.2 Rétention urinaire
1.4 *Circulation*
1.4.1 *Vasculaire*
1.4.1.1 Diminution de l'irrigation tissulaire
[1.4.1.1.1] *Rénale
[1.4.1.1.2] Cérébrale
[1.4.1.1.3] Cardio-pulmonaire
[1.4.1.1.4] Gastro-intestinale
[1.4.1.1.5] Périphérique
1.4.1.2 Volume liquidien
1.4.1.2.1 Excès de volume liquidien
1.4.1.2.2.1 Déficit de volume liquidien
1.4.1.2.2.2 Risque de déficit de volume liquidien
1.4.2 *Cardiaque*
1.4.2.1 Diminution du débit cardiaque
1.5 *Oxygénation*
1.5.1 *Respiration*
1.5.1.1 Perturbation des échanges gazeux
1.5.1.2 Dégagement inefficace des voies respiratoires
1.5.1.3 Mode de respiration inefficace
1.5.1.3.1 Incapacité de maintenir une respiration spontanée
1.5.1.3.2 Intolérance au sevrage de la ventilation assistée
1.6 *Intégrité physique*
1.6.1 Risque d'accident
1.6.1.1 Risque de suffocation
1.6.1.2 Risque d'intoxication

* Les informations entre crochets ont été ajoutées par les auteures afin de clarifier les diagnostics infirmiers et d'en faciliter l'utilisation.

1.6.1.3 Risque de trauma
1.6.1.4 Risque d'aspiration (fausse route)
1.6.1.5 Risque de syndrome d'immobilité
1.6.2 Altération des mécanismes de protection
1.6.2.1 Atteinte à l'intégrité des tissus
1.6.2.1.1 Atteinte à l'intégrité de la muqueuse buccale
1.6.2.1.2.1 Atteinte à l'intégrité de la peau
1.6.2.1.2.2 Risque d'atteinte à l'intégrité de la peau
1.7.1 Diminution de la capacité adaptative intracrânienne
1.8 Perturbation du champ énergétique

2. **COMMUNICATION:** Mode de réaction humaine impliquant la transmission de messages
2.1 *Communication*
2.1.1. *Verbale*
2.1.1.1 Altération de la communication verbale

3. **RELATIONS:** Mode de réaction humaine impliquant l'établissement de liens
3.1 *Socialisation*
3.1.1 Perturbation des interactions sociales
3.1.2 Isolement social
3.1.3 Risque de sentiment de solitude
3.2 *Rôle*
3.2.1 Perturbation dans l'exercice du rôle
3.2.1.1.1 Perturbation dans l'exercice du rôle parental
3.2.1.1.2 Risque de perturbation dans l'exercice du rôle parental
3.2.1.1.2.1 Risque de perturbation de l'attachement parent-enfant

3.2.1.2 *Sexualité*
3.2.1.2.1 Dysfonctionnement sexuel
3.2.2 Perturbation de la dynamique familiale
3.2.2.1 Défaillance dans l'exercice du rôle de l'aidant naturel
3.2.2.2 Risque de défaillance dans l'exercice du rôle de l'aidant naturel
3.2.2.3.1 Perturbation de la dynamique familiale: alcoolisme
3.2.3.1 Conflit face au rôle parental
3.3 Perturbation de la sexualité

4. VALEURS: Mode de réaction humaine impliquant l'assignation d'un mérite relatif
4.1 *Spiritualité*
4.1.1 Détresse spirituelle
4.2 Bien-être spirituel : actualisation potentielle

5. CHOIX: Mode de réaction humaine impliquant une sélection entre diverses possibilités
5.1 *Adaptation*
5.1.1 *Individu*
5.1.1.1 Stratégies d'adaptation individuelle inefficaces
5.1.1.1.1 Incapacité de s'adapter à un changement dans l'état de santé
5.1.1.1.2 Stratégies d'adaptation défensives
5.1.1.1.3 Déni non constructif
5.1.2 *Famille*
5.1.2.1 *Stratégies d'adaptation familiale inefficaces*
5.1.2.1.1 Absence de soutien
5.1.2.1.2 Soutien compromis
5.1.2.2 Stratégies d'adaptation familiale efficaces: potentiel de croissance
5.1.3.1 Stratégies d'adaptation d'une collectivité: potentiel d'amélioration

5.1.3.2 Stratégies d'adaptation inefficaces d'une collectivité

5.2 *Participation*

5.2.1 Prise en charge inefficace du programme thérapeutique

5.2.1.1 Non-observance (préciser)

5.2.2 Prise en charge inefficace du programme thérapeutique par la famille

5.2.3 Prise en charge inefficace du programme thérapeutique par la collectivité

5.2.4 Prise en charge efficace du programme thérapeutique par l'individu

5.3.1.1 Conflit décisionnel (préciser)

5.4 Recherche d'un meilleur niveau de santé (préciser les comportements)

6. MOUVEMENT : Mode de réaction humaine impliquant l'activité

6.1 *Activité*

6.1.1 *Mobilité physique*

6.1.1.1 Altération de la mobilité physique

6.1.1.1.1 Risque de dysfonctionnement neurovasculaire périphérique

6.1.1.1.2 Risque de blessure en périopératoire

6.1.1.2 Intolérance à l'activité

6.1.1.2.1 Fatigue

6.1.1.3 Risque d'intolérance à l'activité

6.2 *Repos*

6.2.1 Perturbation des habitudes de sommeil

6.3 *Loisirs*

6.3.1 *Divertissement*

6.3.1.1 Manque de loisirs

6.4 *Activités de la vie quotidienne*

6.4.1 Organisation et entretien du domicile

6.4.1.1 Incapacité (partielle ou totale) d'organiser et d'entretenir le domicile

6.4.2 Difficulté à se maintenir en santé

6.5 *Soins personnels*

6.5.1 Incapacité (partielle ou totale) de s'alimenter

6.5.1.1 Incapacité (partielle ou totale) d'avaler

6.5.1.2 Allaitement maternel inefficace

6.5.1.2.1 Allaitement maternel interrompu

6.5.1.3 Allaitement maternel efficace

6.5.1.4 Mode d'alimentation inefficace chez le nourrisson

6.5.2 Incapacité (partielle ou totale) de se laver/d'effectuer ses soins d'hygiène

6.5.3 Incapacité (partielle ou totale) de se vêtir/de soigner son apparence

6.5.4 Incapacité (partielle ou totale) d'utiliser les toilettes

6.6 Perturbation de la croissance et du développement

6.7 Syndrome d'inadaptation à un changement de milieu

6.8 *Organisation comportementale chez le nourrisson*

6.8.1 Risque de désorganisation comportementale chez le nourrisson

6.8.2 Désorganisation comportementale chez le nourrisson

6.8.3 Organisation comportementale du nourrisson: potentiel d'amélioration

7. **PERCEPTIONS:** Mode de réaction humaine impliquant la réception d'informations

7.1 *Concept de soi*

7.1.1 Perturbation de l'image corporelle

7.1.2 Perturbation de l'estime de soi

7.1.2.1 Perturbation chronique de l'estime de soi

7.1.2.2 Perturbation situationnelle de l'estime de soi

7.1.3 Perturbation de l'identité personnelle
7.2 Altération de la perception sensorielle
[7.2.1] Visuelle
7.2.1.1 Négligence de l'hémicorps
[7.2.2] Auditive
[7.2.3] Kinesthésique
[7.2.4] Gustative
[7.2.5] Tactile
[7.2.6] Olfactive
7.3 *Sens de la vie*
7.3.1 Perte d'espoir
7.3.2 Sentiment d'impuissance

8. CONNAISSANCES: Mode de réaction humaine associé à l'information
8.1 *Connaissances*
8.1.1 Manque de connaissances (préciser)
8.2 *Apprentissage*
8.2.1 Syndrome d'interprétation erronée de l'environnement
8.3 Altération des opérations de la pensée
8.3.1 Troubles de la mémoire
8.3.2 Confusion aiguë
8.3.3 Confusion chronique

9. SENSATIONS ET SENTIMENTS: Mode de réaction humaine impliquant la conscience sujective de l'information
9.1 *Bien-être*
9.1.1 Douleur
9.1.1.1 Douleur chronique
[9.1.1.2 Douleur aiguë]
9.1.2 *Malaise*
9.2 *Intégrité émotionnelle*
9.2.1 *Chagrin (deuil)*
9.2.1.1 Chagrin (deuil) dysfonctionnel
9.2.1.2 Chagrin (deuil) par anticipation
9.2.2 Risque de violence envers soi ou envers les autres

9.2.2.1 Risque d'automutilation
9.2.3 Réaction post-traumatique
9.2.3.1 Syndrome du traumatisme de viol
9.2.3.1.1 Réaction mixte
9.2.3.1.2 Réaction silencieuse
9.3.1 Anxiété
9.3.2 Peur

APPENDICE 2

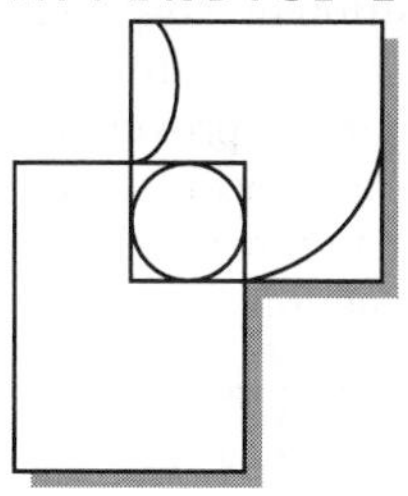

DÉFINITIONS DES MODES DE RÉACTIONS HUMAINES (ANADI, 1990)

Choix: Choisir entre diverses possibilités; action de sélectionner ou de manifester sa préférence dans un domaine où l'on peut exercer sa liberté de choix; prendre un parti; décider selon ses goûts.

Communication: Converser; communiquer ou échanger des pensées, des points de vue, des sentiments ou des informations, intérieurement ou avec autrui, verbalement ou non verbalement.

Connaissances: Reconnaître une chose ou une personne; s'approprier une chose par l'expérience ou grâce aux informations reçues; devenir conscient d'une chose par l'observation, la recherche ou l'information; être familier avec un ensemble de faits, de principes ou de modes d'action; comprendre.

Échanges: Donner, céder ou perdre quelque chose et recevoir quelque chose en retour; remplacement d'un élément par un autre; acte réciproque de donner et de recevoir.

Mouvement:	Changer la position du corps ou d'une de ses parties; mettre et/ou maintenir en marche; provoquer une excrétion ou un écoulement; besoin de bouger ou de faire quelque chose; action.
Perception:	Saisir avec l'esprit; prendre conscience de quelque chose grâce aux sens; comprendre ce qui n'est pas visible ou observable; assimiler entièrement ou adéquatement.
Relations:	Établir des liens, être en association avec une chose, une personne ou un endroit; être placé entre deux éléments.
Sensations et sentiments:	Éprouver une sensation; saisir un concept ou un sens; se sentir conscient; être touché consciemment ou émotivement par un fait, un événement ou un état.
Valeurs:	S'intéresser à quelque chose et lui accorder de la valeur; valeur ou mérite relatif d'une chose; degré d'estime qu'on accorde à une chose selon sa valeur, son utilité ou son importance réelle ou supposée; opinion que l'on se fait sur une personne ou une chose; accorder une importance équivalente.

APPENDICE 3

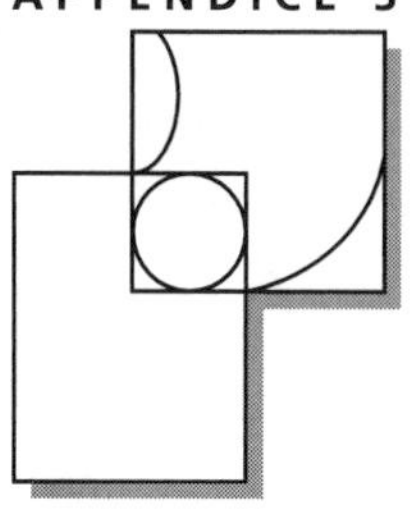

QUALIFICATIFS DES INTITULÉS DIAGNOSTIQUES
(suggérés mais non limitatifs)

Aigu ***(acute)*** Sévère mais de courte durée.

Chronique ***(chronic)*** De longue durée, récurrent, habituel, constant.

Altéré ***(altered)*** Un changement par rapport aux données de base.

Augmenté ***(increased)*** Plus grand en taille, en quantité ou en degré.

Diminué ***(decreased)*** Amoindri, taille, quantité ou degré réduit.

Déficient ***(deficient)*** Inadéquat en quantité, en qualité ou en degré, imparfait, insuffisant, incomplet.

Épuisé ***(depleted)*** Vidé totalement, ou partiellement, exténué.

Excessif ***(excessive)*** Caractérisé par une somme ou une quantité supérieure à ce qui est nécessaire, souhaitable, utile.

Dysfonctionnel ***(dysfonctional)*** Anormal, fonctionnant imparfaitement.

Perturbé ***(disturbed)*** Troublé, empêché de fonctionner normalement.

Inefficace ***(ineffective)*** Ne produisant pas l'effet désiré.

Intermittent ***(intermittent)*** S'interrompant et recommençant par intervalles, périodique, cyclique.

Potentiel d'amélioration ***(potential for enhanced)*** Utilisé avec les diagnostics centrés sur le bien-être, augmenté en qualité, rendu plus grand.

APPENDICE 4

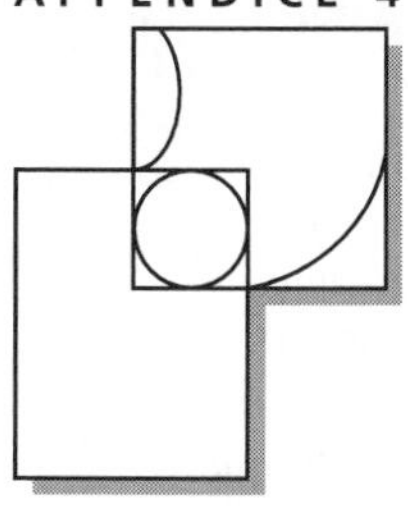

1989: PROJET DE TAXINOMIE CIM-10 DE L'ANADI

«SITUATIONS EXIGEANT DES SOINS INFIRMIERS»

MODE DE RÉACTION HUMAINE: CHOIX

Y00 **Stratégies d'adaptation familiale inefficaces**
- Y00.0 Soutien compromis
- Y00.1 Manque de soutien

Y01 **[Recherche d'un meilleur niveau de santé]**
- Y01.1-9 (Préciser les comportements)

Y02 **Stratégies d'adaptation individuelle inefficaces**
- Y02.0 Incapacité de s'adapter à un changement dans l'état de santé
- Y02.1 Conflit décisionnel
- Y02.2 Stratégies d'adaptation défensives
- Y02.3 Déni non constructif
- Y02.4 Non-observance

MODE DE RÉACTION HUMAINE: COMMUNICATION

Y10 **[Communication]**
- Y10.0 Altération de la communication verbale

MODE DE RÉACTION HUMAINE: ÉCHANGES

Y20 **[Élimination intestinale]**
- Y20.0 Incontinence fécale
- Y20.1 Constipation colique
- Y20.2 Pseudo-constipation
- Y20.3 Diarrhée

Y21 **Diminution du débit cardiaque**

Y22 **[Volume liquidien]**
- Y22.0 Déficit de volume liquidien
- Y22.1 Risque de déficit de volume liquidien
- Y22.2 Excès de volume liquidien

Y23 **Risque élevé d'accident**
- Y23.0 Risque élevé d'aspiration (fausse route)
- Y23.1 Risque de syndrome d'immobilité
- Y23.2 Risque d'intoxication
- Y23.3 Risque de suffocation
- Y23.4 Risque de trauma

Y24 **[Nutrition]**
- Y24.0 Déficit nutritionnel
- Y24.1 Excès nutritionnel
- Y24.2 Risque d'excès nutritionnel

Y25 **[Régulation physique]**
- Y25.0 Dysréflexie
- Y25.1 Hyperthermie
- Y25.2 Hypothermie
- Y25.3 Risque d'infection
- Y25.4 Thermorégulation inefficace

Y26 **[Respiration]**
- Y26.0 Dégagement inefficace des voies respiratoires
- Y26.1 Mode de respiration inefficace
- Y26.2 Perturbation des échanges gazeux

Y27 **Atteinte à l'intégrité des tissus**
- Y27.0 Atteinte à l'intégrité de la muqueuse buccale
- Y27.1 Atteinte à l'intégrité de la peau
- Y27.2 Risque d'atteinte à l'intégrité de la peau

Y28 **Diminution de l'irrigation tissulaire**
- Y28.0 Cardio-pulmonaire
- Y28.1 Cérébrale
- Y28.2 Gastro-intestinale
- Y28.3 Périphérique
- Y28.4 Rénale

Y29 **Altération de l'élimination urinaire**
- Y29.0 Incontinence urinaire fonctionnelle
- Y29.1 Incontinence urinaire réflexe
- Y29.2 Incontinence urinaire à l'effort
- Y29.3 Incontinence urinaire par réduction du temps d'alerte
- Y29.4 Incontinence urinaire complète
- Y29.5 Rétention urinaire

MODE DE RÉACTION HUMAINE: SENSATIONS ET SENTIMENTS

Y30 **Anxiété**

Y31 **[Bien-être]**
- Y31.0 Douleur [aiguë]
- Y31.1 Douleur chronique

Y32 **Peur**

Y33 **[Chagrin (deuil)]**
- Y33.0 Chagrin (deuil) par anticipation
- Y33.1 Chagrin (deuil) dysfonctionnel

Y34 **Réaction post-traumatique**
- Y34.0 Syndrome du traumatisme de viol
- Y34.1 Syndrome du traumatisme de viol: réaction mixte
- Y34.2 Syndrome du traumatisme de viol: réaction silencieuse

Y35 **Risque élevé de violence**

MODE DE RÉACTION HUMAINE: CONNAISSANCES

Y40 **[Connaissances]**

Y40.0-9 Manque de connaissances (préciser)

Y41 **Altération des opérations de la pensée**

MODE DE RÉACTION HUMAINE: MOUVEMENT

Y50 **[Activité]**

Y50.0 Intolérance à l'activité

Y50.1 Risque d'intolérance à l'activité

Y50.2 Manque de loisirs

Y50.3 Fatigue

Y50.4 Altération de la mobilité physique

Y50.5 Perturbation des habitudes de sommeil

Y51 **Incapacité (partielle ou totale) de se laver/d'effectuer ses soins d'hygiène**

Y52 **Incapacité (partielle ou totale) de se vêtir/de soigner son apparence**

Y53 **Incapacité (partielle ou totale) de s'alimenter**

Y53.0 Allaitement maternel inefficace

Y53.1 Incapacité (partielle ou totale) d'avaler

Y54 **Perturbation de la croissance et du développement**

Y55 **Difficulté à se maintenir en santé**

Y56 **Incapacité (partielle ou totale) d'organiser et d'entretenir le domicile**

Y57 **Incapacité (partielle ou totale) d'utiliser les toilettes**

MODE DE RÉACTION HUMAINE: PERCEPTIONS

Y60 **[Sens de la vie]**
- Y60.0 Perte d'espoir
- Y60.1 Sentiment d'impuissance

Y61 **[Concept de soi]**
- Y61.0 Perturbation de l'image corporelle
- Y61.1 Perturbation de l'identité personnelle
- Y61.2 Perturbation chronique de l'estime de soi
- Y61.3 Perturbation situationnelle de l'estime de soi

Y62 **[Altération de la perception sensorielle]**
- Y62.0 Auditive
- Y62.1 Gustative
- Y62.2 Kinesthésique
- Y62.3 Olfactive
- Y62.4 Tactile
- Y62.5 Visuelle
- Y62.6 Négligence de l'hémicorps

MODE DE RÉACTION HUMAINE: RELATIONS

Y70 **Perturbation de la dynamique familiale**

Y71 **Perturbation dans l'exercice du rôle**
- Y71.0 Conflit face au rôle parental
- Y71.1 Perturbation dans l'exercice du rôle parental
- Y71.2 Risque de perturbation dans l'exercice du rôle parental
- Y71.3 Dysfonctionnement sexuel

Y72 **Perturbation de la sexualité**

Y73 **[Socialisation]**
- Y73.0 Perturbation des interactions sociales
- Y73.1 Isolement social

MODE DE RÉACTION HUMAINE: VALEURS

Y80 **[Spiritualité]**

Y80.0 Détresse spirituelle

Remarque

Les mots entre crochets font partie de la liste de CIM-10, mais ne sont pas des diagnostics infirmiers approuvés par l'ANADI.

APPENDICE 5

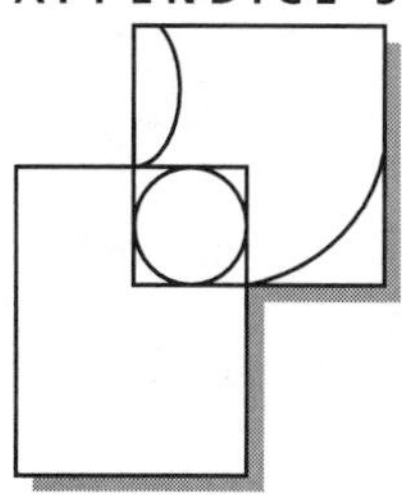

CLASSIFICATION DES DIAGNOSTICS INFIRMIERS SELON LES MODES FONCTIONNELS DE SANTÉ DE GORDON

I. Perception et gestion de la santé

Accident, risque d'
Blessure en périopératoire, risque de
Champ énergétique, perturbation du
Infection, risque d'
Intoxication, risque d'
Maintenir en santé, difficulté à se
Non-observance
Prise en charge efficace du programme thérapeutique par l'individu
Prise en charge inefficace du programme thérapeutique
Prise en charge inefficace du programme thérapeutique par la famille
Prise en charge inefficace du programme thérapeutique par une collectivité
Recherche d'un meilleur niveau de santé (préciser les comportements)
Suffocation, risque de
Trauma, risque de

II. Nutrition et métabolisme

Allaitement maternel efficace
Allaitement maternel inefficace
Allaitement maternel interrompu
Aspiration (fausse route), risque d'
Avaler, incapacité (partielle ou totale) d'
Capacité adaptative intracrânienne, diminution de la
Déficit nutritionnel

Excès nutritionnel
Excès nutritionnel, risque d'
Hyperthermie
Hypothermie
Intégrité de la muqueuse buccale, atteinte à l'
Intégrité de la peau, atteinte à l'
Intégrité de la peau, risque d'atteinte à l'
Intégrité des tissus, atteinte à l'
Mécanismes de protection, altération des
Mode d'alimentation inefficace chez le nourrisson
Température corporelle, risque d'altération de la
Thermorégulation inefficace
Volume liquidien, déficit de (1)
Volume liquidien, déficit de (2)
Volume liquidien, excès de
Volume liquidien, risque de déficit de

III. Élimination

Constipation
Constipation colique
Diarrhée
Élimination urinaire, altération de l'
Incontinence fécale
Incontinence urinaire à l'effort
Incontinence urinaire complète
Incontinence urinaire fonctionnelle
Incontinence urinaire par réduction du temps d'alerte
Incontinence urinaire réflexe
Pseudo-constipation
Rétention urinaire

IV. Activité et exercice

Alimenter, incapacité (partielle ou totale) de s'
Croissance et développement, perturbation de
Débit cardiaque, diminution du
Dégagement inefficace des voies respiratoires
Désorganisation comportementale chez le nourrisson

Désorganisation comportementale chez le nourrisson, risque de
Dysfonctionnement neurovasculaire périphérique, risque de
Dysréflexie
Échanges gazeux, perturbation des
Fatigue
Intolérance à l'activité
Intolérance à l'activité, risque d'
Irrigation tissulaire, diminution de l' (préciser) : cardio-pulmonaire, cérébrale, gastro-intestinale, périphérique, rénale
Laver/effectuer ses soins d'hygiène, incapacité (partielle ou totale) de se
Loisirs, manque de
Maintenir une respiration spontanée, incapacité de
Mobilité physique, altération de la
Mode de respiration inefficace
Organisation comportementale du nourrisson : potentiel d'amélioration
Organiser et entretenir le domicile, incapacité (partielle ou totale) d'
Sevrage de la ventilation assistée, intolérance au
Syndrome d'immobilité, risque de
Utiliser les toilettes, incapacité (partielle ou totale) d'
Vêtir/soigner son apparence, incapacité (partielle ou totale) de se

V. Sommeil et repos
Habitudes de sommeil, perturbation des

VI. Cognition et perception
Conflit décisionnel (préciser)
Confusion aiguë
Confusion chronique
Connaissances, manque de (préciser)
Douleur

Douleur chronique
Mémoire, troubles de la
Négligence de l'hémicorps
Opérations de la pensée, altération des
Perception sensorielle, altération de la (préciser) : auditive, gustative, kinesthésique, olfactive, tactile, visuelle
Syndrome d'interprétation erronée de l'environnement

VII. Perception de soi et concept de soi

Anxiété
Automutilation, risque d'
Estime de soi, perturbation chronique de l'
Estime de soi, perturbation de l'
Estime de soi, perturbation situationnelle de l'
Identité personnelle, perturbation de l'
Image corporelle, perturbation de l'
Perte d'espoir
Peur
Sentiment d'impuissance

VIII. Relation et rôle

Attachement parent-enfant, perturbation de l'
Chagrin (deuil) dysfonctionnel
Chagrin (deuil) par anticipation
Communication verbale, altération de la
Conflit face au rôle parental
Dynamique familiale, perturbation de la
Dynamique familiale : alcoolisme, perturbation de la
Exercice du rôle, perturbation dans l'
Exercice du rôle de l'aidant naturel, défaillance dans l'
Exercice du rôle de l'aidant naturel, risque de défaillance dans l'
Exercice du rôle parental, perturbation dans l'
Exercice du rôle parental, risque de perturbation dans l'

Interactions sociales, perturbation des
Isolement social
Sentiment de solitude, risque de
Syndrome d'inadaptation à un changement de milieu
Violence envers soi ou envers les autres, risque de

IX. Sexualité et reproduction
Dysfonctionnement sexuel
Sexualité, perturbation de la
Syndrome du traumatisme de viol
Syndrome du traumatisme de viol : réaction mixte
Syndrome du traumatisme de viol : réaction silencieuse

X. Adaptation et tolérance au stress
Adapter à un changement dans l'état de santé, incapacité de s'
Déni non constructif
Réaction post-traumatique
Stratégies d'adaptation défensives
Stratégies d'adaptation d'une collectivité : potentiel d'amélioration
Stratégies d'adaptation familiale efficaces : potentiel de croissance
Stratégies d'adaptation familiale inefficaces : absence de soutien
Stratégies d'adaptation familiale inefficaces : soutien compromis
Stratégies d'adaptation individuelle inefficaces
Stratégies d'adaptation inefficaces d'une collectivité

XI. Valeurs et croyances
Bien-être spirituel : actualisation potentielle
Détresse spirituelle

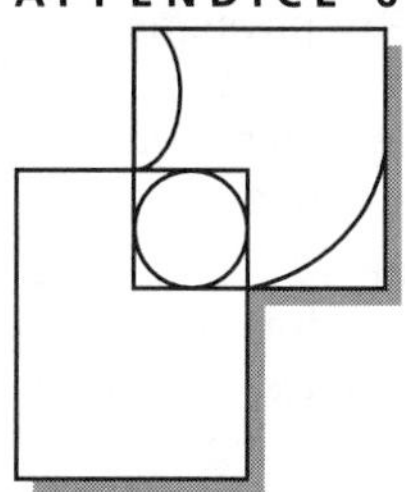

CLASSIFICATION DES INTERVENTIONS INFIRMIÈRES

1. DOMAINE PHYSIOLOGIQUE : ÉLÉMENTS DE BASE

Soins ayant pour objet le maintien des fonctions physiques.

Classes d'interventions

A. Soins relatifs à l'activité et à l'exercice
Interventions infirmières visant à mettre en œuvre un programme d'activité physique et de dépense énergétique pour la personne ou à lui fournir l'assistance dont elle a besoin pour suivre son propre programme.

B. Soins relatifs à l'élimination
Interventions infirmières visant à établir et à maintenir des habitudes d'élimination urinaire ou intestinale régulières et à traiter les complications causées par une altération des habitudes d'élimination.

C. Soins relatifs à l'immobilité
Interventions infirmières visant à pallier les limites imposées aux mouvements et à traiter les séquelles de l'immobilisation.

D. Soutien nutritionnel
Interventions infirmières visant à améliorer l'état nutritionnel ou à le maintenir à un niveau satisfaisant pour la personne.

E. Amélioration du bien-être physique
Interventions infirmières visant à améliorer le bien-être de la personne en utilisant des moyens physiques.

F. Facilitation des auto-soins
Interventions infirmières visant à effectuer pour la personne les activités de la vie quotidienne ou à aider la personne à les accomplir.

2. DOMAINE PHYSIOLOGIQUE : ÉLÉMENTS COMPLEXES

Soins ayant pour objet la régulation de l'équilibre homéostatique.

Classes d'interventions

G. Soins relatifs à l'équilibre électrolytique et acido-basique
Interventions infirmières visant à rétablir ou à préserver l'équilibre électrolytique ou acido-basique et à prévenir les complications s'y rattachant.

H. Soins relatifs à la pharmacothérapie
Interventions infirmières visant à obtenir les effets souhaités des agents pharmacologiques administrés.

I. Soins neurologiques
Interventions infirmières visant à maintenir un fonctionnement optimal des fonctions neurologiques.

J. Soins périopératoires
Interventions infirmières visant à prodiguer les soins avant, pendant et immédiatement après une intervention chirurgicale.

K. Soins respiratoires
Interventions infirmières visant à améliorer les échanges gazeux et à maintenir la liberté des voies aériennes.

L. Soins de la peau et des plaies
Interventions infirmières visant à rétablir ou à préserver l'intégrité des tissus.

M. Soins relatifs à la thermorégulation
Interventions infirmières visant à maintenir la température corporelle dans les limites de la normale.

N. Soins relatifs à l'irrigation tissulaire
Interventions infirmières visant à favoriser un apport satisfaisant de sang et de liquide aux tissus.

3. DOMAINE COMPORTEMENTAL
Soins ayant pour objet le soutien psychologique du patient et l'amélioration de son mode de vie.

Classes d'interventions

O. Thérapie comportementale
Interventions infirmières visant à renforcer ou à inculquer les comportements souhaitables ou à modifier les comportements non souhaitables.

P. Thérapie cognitivo-comportementale
Interventions infirmières visant à renforcer ou à favoriser les opérations cognitives souhaitables ou à modifier les opérations cognitives non souhaitables.

Q. Amélioration de la communication
Interventions infirmières visant à améliorer la réception et l'émission des messages verbaux ou non verbaux.

R. Aide à l'adaptation
Interventions infirmières visant à aider une personne ou un groupe de personnes à exploiter leurs forces, à s'adapter à un changement dans une fonction ou à améliorer leur niveau de fonctionnement.

S. Enseignement
Interventions infirmières visant à faciliter l'apprentissage chez une personne ou un groupe.

T. Amélioration du bien-être psychologique
Interventions infirmières visant à améliorer le bien-être de la personne en utilisant des moyens psychologiques.

4. SÉCURITÉ ET PROTECTION
Soins ayant pour objet la protection contre toute atteinte à la santé.

Classes d'interventions

U. Gestion des situations de crise
Interventions infirmières visant à apporter un soutien immédiat et à court terme à une personne en situation de crise psychologique ou physiologique.

V. Gestion des situations à risque
Interventions infirmières visant la réduction des risques au moyen d'activités appropriées et le suivi des risques au moyen d'évaluations régulières.

5. FAMILLE
Soins ayant pour objet le soutien à la cellule familiale.

Classes d'interventions

W. Soins prénatals
Interventions infirmières visant à faire comprendre à une personne et à ses proches les changements psychologiques et physiologiques inhérents à la grossesse et à les aider à s'y adapter.

X. Soins aux membres de la famille
Interventions infirmières visant à faciliter le fonctionnement de la cellule familiale

et à favoriser la santé et le bien-être des membres de la famille à tous les âges de la vie.

6. **SYSTÈME DE SANTÉ**
Soins ayant pour objet l'utilisation efficace du système de santé.

Classes d'interventions

- **Y. Liaison avec les services du système de santé**
  Interventions infirmières visant à faciliter les démarches de la personne ou de sa famille au sein du système de santé.
- **a. Gestion de la prestation des soins de santé**
  Interventions infirmières visant à faciliter la prestation de soins de qualité.
- **b. Gestion de l'information**
  Interventions infirmières visant à faciliter la communication de l'information entre les divers prestataires de soins.

EXEMPLE DE CLASSIFICATION DES INTERVENTIONS INFIRMIÈRES

DOMAINE : 3. Domaine comportemental

CLASSE : T. Amélioration du bien-être psychologique

INTERVENTIONS : 5820. Diminution de l'anxiété
5840. Training autogène
5860. Rétroaction biologique
5880. Technique d'apaisement
5900. Diversion
5920. Hypnose
5960. Méditation
6000. Imagerie guidée
6040. Thérapie par la relaxation

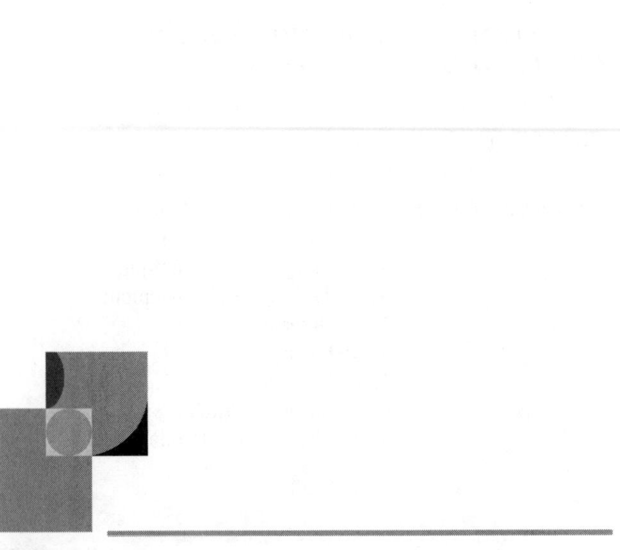

APPENDICE 7

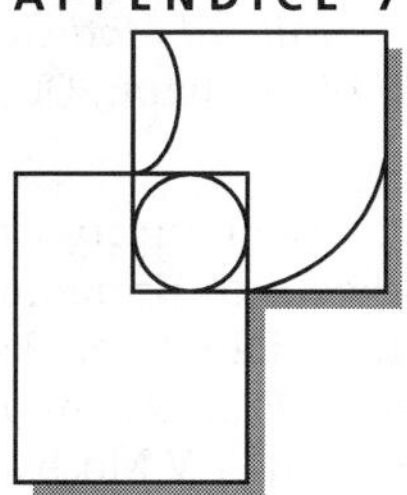

BIBLIOGRAPHIE

OUVRAGES

Balzer, JW : « The nursing process applied to family health promotion. » Dans Stanhope, M et Lancaster J : *Community Health Nursing : Process and Practice for Promoting Health,* 2e éd., CV Mosby, St Louis, 1988, p. 371-386.

Cox, H, et al : *Clinical Applications of Nursing Diagnosis : Adult, Child, Women's Psychiatric, Gerontic and Home Health Considerations,* 2e éd., Philadelphia, 1993.

Depression in Primary Care : Volume 1. *Detection and Diagnosis.* AHCPR Pub 93-0550, US Department of Health and Human Services, Public Health Service Agency for Health Care Policy and Research, Rockville, MD, avril 1993.

Depression in Primary Care : Volume 2. *Treatment of Major Depression.* AHCPR Pub 93-0551, US Department of Health and Human Services, Public Health Service Agency for Health Care Policy and Research, Rockville, MD, avril 1993.

Doenges, M, Moorhouse, M, et Geissler, A : *Nursing Care Plans : Nursing Diagnoses in Patient Care,* 3e éd., FA Davis, Philadelphia, 1993.

Doenges, M, Townsend M, et Moorhouse, M : *Psychiatric Care Plans : Guidelines for Planning and Documenting Client Care,* 2e éd., FA Davis, Philadelphia, 1995.

Fitzpatrick, FG : *Community : A Trinity of Models.* Georgetown University Press, Washington, DC, 1986.

Goeppenger, J, et Schuster, GF. « Community as client : Using the nursing process to promote health ». Dans Stanhope, M, et Lancaster, J : *Community Health Nursing : Process and Practice for Promoting Health,* 2e éd., CV Mosby, St Louis, 1988, p. 253-273.

Gordon, M : *Manual of Nursing Diagnosis.* CV Mosby, St Louis, 1993-1994.

Higgs, ZR, et Gustafson, DD : *Community as a Client : Assessment and Diagnosis.* FA Davis, Philadelphia, 1985.

Lampe, S : *Focus Charting®.* Creative Nursing Management, Inc., Minneapolis, MN, 1988.

Loveland-Cherry, C : « Issues in family health promotion ». Dans Stanhope, M, et Lancaster, J : *Community Health Nursing : Process and Practice for Promoting Health,* 2e éd., CV Mosby, St Louis, 1988, p. 387-398.

Lyon, L : *The Community in Urban Society.* The Dorsey Press, Chicago, 1987.

McCance, KL, et Huether, SE : *Pathophysiology : The Biologic Basis for Disease in Adults and Children,* 2e éd., CV Mosby, St Louis, 1994.

McCloskey, JC, et Bulechek, GM (dir.) : *Nursing Interventions Classification (NIC).* CV Mosby, St Louis, 1992.

Mentgen, J, et Bulbrook, MJT : *Healing Touch,* Level 1 Notebook. Healing Touch, Lakewood, CO, 1994.

Nicholi, AM : *The New Harvard Guide to Psychiatry.* Belknap Press of Harvard University Press, Cambridge, MA, 1988.

Pruyser, P : *The Minister as Diagnostician.* Westminster Press, Philadelphia, 1976.

Sickle Cell Disease : Screening, Diagnosis, Management, and Counseling in Newborns and Infants. AHCPR Pub 93-0562, US Department of Health and Human Services, Public Health Service Agency for Health Care Policy and Research, Rockville, MD, avril 1993.

Sparks, SM, et Taylor, CM : *Nursing Diagnoses Reference Manual.* Springhouse Corp, Springhouse, PA, 1991.

Spradley, BW : *Readings in Community Health Nursing.* Little, Brown, Boston, 1986.

Thompson, J, McFarland, GK, Hirsch, JE, et al : *Mosby's Manual of Clinical Nursing,* 2e éd., CV Mosby, St Louis, 1989.

Townsend, M : *Psychiatric Mental Health Nursing : Concepts of Care.* FA Davis, Philadelphia, 1993.

Urinary Incontinence in Adults : Clinical Practice Guideline. AHCPR Pub 92-0038, US Department of Health and Human Services, Public Health Service Agency for Health Care Policy and Research, Rockville, MD, mars 1992.

ARTICLES

Anderson, B : « Inability to sustain spontaneous ventilation. » *Nursing Diagnosis* 3(4) : 164-165, 1992.

Arbour, R : « What you can do to reduce increased i.c.p. » *Nursing 93* 23(11) : 41-47, 1993.

« Are you getting enough ? » *Harvard Women's Health Watch* 1(7) : 2-3, 1994.

Badger, JM : « Reaching out to the suicidal patient. » *American Journal of Nursing* 95(3) : 24-32, 1995.

Barkett, PA : « Obstructed airway with wired jaws. » *Nursing 91* 21(12) : 33, 1991.

Barnhouse, AH : « Relocation stress syndrome. » *Nursing Diagnosis* 3(4) : 166-168, 1992.

Barstow, DG : « Self-injury and self-mutilation : Nursing approaches. » *J Psychosoc Nurs Ment Health Serv* 33(2) : 19-22, 1995.

Bartol, GM, Moon, E, et Linton, M : « Nursing assistance for families of patients. » *J Psychosoc Nurs Ment Health Serv* 32(12) : 27-29, 1994.

Bille, DA : « Road to recovery, post-traumatic stress disorder : The hidden victim. » *J Psychosoc Nurs Ment Health Serv* 31(9) : 19-28, 1993.

Borneman, T : « Controlling pain : Using nondrug interventions to relieve pain. » *Nursing 95* 25(2) : 21, 1995.

Brewer, NW, et Warren, M : « Altered family processes related to an ill family member : A validation study. » *Nursing Diagnosis* 5(3) : 115, 1994.

Brockopp, DY, et al : « Postoperative pain : Getting a grip on the facts. » *Nursing 94* 24(6) : 49-50, 1994.

Brown, MA : « Lifting the burden of silence. » *American Journal of Nursing* 94(9) : 62, 1994.

Bulechek, GM, et al : « Report on the NIC project, nursing interventions used in practice. » *American Journal of Nursing* 94(10) : 59-64, 1994.

Burkhardt, MA : « Becoming and connecting : Elements of spirituality for women. » *Holistic Nursing Practice* 8(4) : 12-21, 1994.

Burkhardt, MA : « Spirituality : An analysis of the concept. » *Holistic Nurs Pract* 3(3) : 69-77, 1989.

Burns, C, et Archbold, P : « New diagnosis : Caregiver role strain. » *Nursing Diagnosis* 4(2) 70, 1993.

Byrne, C, et Sebastian, L : « The defining characteristics of support : Results of a research project. »

J Psychosoc Nurs Ment Health Serv 32(6) : 33-38, 1994.

Campbell, ML : « Case studies in terminal weaning from mechanical ventilation. » *Am J Crit Care* 2(5) : 354-358, 1993.

Capuano, TA, Hitchings, KS, et Johnson, S : « Respiratory nursing diagnoses : Practicing nurses' selection of defining characteristics. » *Nursing Diagnosis* 1(4) : 169-174, 1990.

Carpenito, LJ : « Speaking the language of nursing diagnosis. » *Critical Care Nursing* 13(2) : 91-97, 1993.

Carroll, P : « A med/surg nurse's guide to mechanical ventilation. » *RN* 58(2) : 26-31, 1995.

Childs-Clarke, A, et Sharpe, J : « Keeping the faith : Religion in the healing of phobic anxiety. » *J Psychosoc Nurs Ment Health Serv* 29(2) : 22, 1991.

Clark, S : « Recognition, assessment, and treatment of anxiety in the critical care setting. » *Critical Care Nursing* (suppl.) août 1994, p. 2-6.

Clochesy, JM, Daly, BJ, et Montenegro, HD : « Weaning chronically critically ill adults from mechanical ventilatory support : A descriptive study. » *Am J Crit Care* 4(2) : 93-99, 1995.

Cohen, J : « Addressing spiritual needs in the mental health setting. » Workshop sponsored by Pikes Peak Mental Health Center, Colorado Springs, CO, 1994.

Coolican, MB : « After the loss offering families something more. » *Nursing 94* 24(6) : 60-62, 1994.

DeGroot-Kosolcharoen, J : « 13 Ways to protect your patient from bacteriuria. » *Nursing 95* 25(4) : 30, 1995.

Dellasega, C : « Coping with caregiving : Stress management for caregivers of the elderly. »

J Psychosoc Nurs Ment Health Serv 28(1) : 15, 1990.

Dombeck, MTB : « Dream telling : A means of spiritual awareness. » *Holistic Nursing Practice* 9(2) : 37-47, 1995.

Doyle, DL, et Stern, PN : « Negotiating self-care in rehabilitation nursing. » *Rehabilitation Nursing* 17(6) : 319-321, 1992.

« DrugWatch. » *American Journal of Nursing* 94(9) : 50, 1994.

Eisenberg, PG : « Feeding formulas : A nurse's guide to tube feeding. » *RN* 57(12) : 46-53, 1994.

Ferrell, BR, et Rhiner, M : « Managing cancer pain : A three-step approach. » *Nursing 94* 24(7) : 56-59, 1994.

Fitchett, G : « Assessing spiritual needs : A guide for caregivers. » *Guides to Pastoral Care,* Augsburg, Minneapolis, 1993.

Gabbard, GO : « Are all psychotherapies equally effective ? » *The Menninger Letter* 3(1) : 1-2, 1995.

Gift, AG : « Therapy for dyspnea relief. » *Holistic Nursing Practice* 7(2) : 57-63, 1993.

Gomez, GE, et Gomez, EA : « The use of psychotropic drugs to treat anxiety in the elderly. » *J Psychosoc Nurs Ment Health Serv* 32(12) : 30-34, 1994.

Haddad, A : « Acute care decisions : Ethics in action. » *RN* 57(11) : 21-24, 1994.

Hancock, CK, et al : « Altered thought processes and sensory/perceptual alterations : A critique. » *Nursing Diagnosis* 5(1) : 26, 1994.

Heidt, PR : « Helping patients to rest : Clinical studies in therapeutic touch. » *Holistic Nursing Practice* 5(4) : 57-66, 1991.

Held, J : « Managing acute confusion. » *Nursing 95* 25(1) : 75, 1995.

Henrikson, ML, et al : « Interrupted breastfeeding. » *Nursing Diagnosis* 34(3) : 114-118, 1993.

Hickey, A : « Catching deep vein thrombosis in time. » *Nursing 94* 24(10) : 34-42, 1994.

Holt, J : « How to help confused patients. » *American Journal of Nursing* 93(8) : 32-36, 1993.

Irons, RR : « Addiction affects all members of family. » *The Menninger Letter* 2(12) : 3, 1994.

Ivy, SS : « A faith development : Self development model for pastoral assessment. » *Journal of Pastoral Care* 41(4) : 329-340, 1987.

Jackson, L : « Quick response to hypothermia and frostbite. » *American Journal of Nursing* 95(3) : 52, 1995.

Jacobs, BW : « Working on the right moves. » *Nursing 94* 24(10) : 58-64, 1994.

Jones, CP : « In Sam's Shop » *American Journal of Nursing* 94(3) : 50-52, 1994.

Just, G, et Lunney, M : « Analysis and commentary. » *Nursing Diagnosis* 5(3) : 133, 1994.

Keeling, A, et al : « Noncompliance revisited : A disciplinary perspective of a nursing diagnosis. » *Nursing Diagnosis* 4(3) : 91-98, 1993.

Kubsch, SM, et Wichowski, HC : « Identification and validation of a new nursing diagnosis : Sick role conflict. » *Nursing Diagnosis* 3(4) : 141-147, 1992.

Lanza, ML, et al : « Predicting violence : Nursing diagnoses versus psychiatric diagnosis. » *Nursing Diagnosis* 5(4) : 151-157, 1994.

LeMone, P : « Validation of the defining characteristics of altered sexuality patterns. » *Nursing Diagnosis* 4(2) : 56-62, 1993.

Lewis-Abney, K : « Content validation of impaired skin integrity and urinary incontinence in the home health setting. » *Nursing Diagnosis* 5(1) : 36, 1994.

Lien-Gieschen, T : « Validation of *social isolation* related to maturational age : Elderly. » *Nursing Diagnosis* 4(1) : 37-44, 1993.

Lindaman, C : « Talking to physicians about pain control. » *American Journal of Nursing* 95(1) : 36, 1995.

Logan, J, et Jenny, J : « Deriving a new nursing diagnosis through qualitative research : Dysfunctional ventilatory weaning response. » *Nurs Diagnosis* 1(1) : 37, 1990.

« Loneliness affects everyone sometime ». *The Menninger Letter* 2(6) : 5, 1994.

Mahon, SM : « Concept analysis of pain : Implications related to nursing diagnosis. » *Nursing Diagnosis* 5(1) : 14, 1994.

Mansen, TJ : « The spiritual dimension of individuals : Conceptual development. » *Nursing Diagnosis* 4(4) : 140-147, 1993.

Marshall, M : « Postoperative confusion : Helping your patient emerge from the shadows. » *Nursing 93* 23(1) : 44-47, 1993.

Martin, JT : « Updating the concepts of patient positioning during anesthesia and surgery. » *Current Reviews in Clinical Anesthesia* 12(3) : 17-28, 1991.

Mason, S : « When a ventilator patient is going home. » *RN* 55(10) : 60, 1992.

McCaffery, M : « How to use the new AHCPR cancer pain guidelines. *American Journal of Nursing* 94(7) : 41, 1994.

McIntier, T : « Nursing the family when a child dies. » *RN* 58(2) : 50-55, 1995.

« Mechanical Ventilation : Gastric pH foretells weaning outcome. » *American Journal of Nursing* 94(1) : 13, 1994.

Meehan, M : « Nursing dx : Potential for aspiration. » *RN* 55(1) : 30, 1992.

Misasi, RS, et Keyes, JL : « The pathophysiology of hypoxia. » *Critical Care Nursing* 14(4) : 55-64, 1994.

Mitchell, GJ : « Nursing diagnosis : An ethical analysis. » *Image : Journal of Nursing Scholarship* 23(2) : 99, 1991.

Moser, SA, Crawford, D, et Thomas, A : « Updated care guidelines for patients with automatic implantable cardioverter defibrillators. » *Crit Care Nurs* 13(2) : 62-73, 1993.

Nash, WA : « Myths & Facts... About Hypothermia. » *Nursing 94* 24(3) : 27, 1994.

Norris, J : « Nursing intervention for self-esteem disturbances. » *Nursing Diagnosis* 3(2) : 48-53, 1992.

Parson, A : « Acupuncture : Getting the point. » *The Harvard Mental Health Letter* 10(8) : 6-8, 1993.

« Peripheral vascular disease : Hit the road, Jack. » *The Harvard Mental Health Letter* 10(8) : 4-6, 1993.

Pierson, MA, et Irons, K : « Identification of a cluster of nursing diagnoses for a caregiver support group. » *Nursing Diagnosis* 3(1) : 36, 1992.

« Positioning the surgical patient ». *AORN Inc.,* Mils Pub, 1987.

Quinn, JF : « Holding sacred space : The nurse as healing environment. » *Holistic Nursing Practice* 6(4) : 26-36, 1992.

Quinn, JF : « The senior's therapeutic touch education program. » *Holistic Nursing Practice* 7(1) : 32-37, 1992.

Resnick, B : « Retraining the bladder after catheterization. » *American Journal of Nursing* 93(11) : 46-49, 1993.

Roberts, MF : « Diarrhea : A symptom. » *Holistic Nursing Practice* 7(2) : 73-80, 1993.

Robinson, A : « Spirituality and risk : Toward an understanding. » *Holistic Nursing Practice* 8(2) : 1-7, 1994.

Ross, L : « Spiritual aspects of nursing. » *J Adv Nurs* 19 : 439-447, 1994.

Rutter, KM : « Tension pneumothorax. » *Nursing 95* 25(4) : 33, 1995.

Sackor, AM : « Healthy or fat ? » *RN* 57(12) : 40-42, 1994.

Seley, JJ : « 10 strategies for successful patient teaching. » *American Journal of Nursing* 94(11) : 63-65, 1994.

« Sleep Disorders »-Part II. *The Harvard Mental Health Letter* 11(3) : 1-5, 1994.

Smith, JE, et al : « Validation of the defining characteristics of *potential for violence.* » *Nursing Diagnosis* 5(4) : 159-164, 1994.

Sullivan-Marx, EM : « Delirium and physical restraint in the hospitalized elderly. » *Image : Journal of Nursing Scholarship* 26(4) : 295-299, 1994.

Summers, S : « Inadvertent hypothermia : Clinical validation in postanesthesia patients. » *Nursing Diagnosis* 3(2) : 54-64, 1992.

Talbot, LA : « Coping with urinary incontinence : Development and testing of a scale. » *Nursing Diagnosis* 5(3) : 127-132, 1994.

Talton, CW : « Touch-of all kinds-is therapeutic. » *RN* 58(2) : 61-64, 1995.

Thayer, D : « How to assess and control urinary incontinence. » *American Journal of Nursing* 94(10) : 42-48, 1994.

Thomas, VM, et Howell, EV : « Caring for the person receiving ventilatory support at home : Care givers' needs and involvement. » *Heart Lung* 21(2) : 180, 1992.

Tittle, M, et McMillan, SC : « Pain and pain-related side effects in an ICU and on a surgical unit : Nurses' management. » *Am J Crit Care* 3(1) : 25-30, 1994.

Tracey, C : « The use of potential disuse syndrome in rehabilitation nursing. » Northeast Rehabilitation Hospital, New Hampshire, unpublished paper.

« Urinary incontinence in adults, quick reference guide for clinicians. » AHCPR Pub 92-0041, Agency for Health Care Policy and Research, Public Health Service, US Department of Health and Human Services, Rockville, MD, mars 1992.

Wake, MM, et Fehring, RJ : « Multinational validation of anxiety, hopelessness and ineffective airway clearance. » *Nursing Diagnosis* 2(2) : 57, 1991.

Walsh, J : « Postop effects of OR positioning », *RN* 56(2) : 50-57, 1993.

Weilitz, PB : « Weaning a patient from mechanical ventilation. *Critical Care Nursing* 13(4) : 33-41, 1993.

Weiss, RS : « Loneliness. » *The Harvard Mental Health Letter* 4(12) : 5-6, 1988.

Whitley, GG : « Original articles expert validation and differentiation of the nursing diagnoses *anxiety* and *fear*». *Nursing Diagnosis* 5(4) : 143-150, 1994.

Wichowski, HC, et Kubsch, S : « Improving your patient's compliance. » *Nursing 95* 25(1) : 66-68, 1995.

Winslow, EH : « Research for Practice. » *AJN* 94(9) : 48, 1994.

Youngblood, NM, et Hines, J : « The influence of the family's perception of disability on rehabilitation outcomes. » *Rehabilitation Nursing* 17(6) : 323-326, 1992.

Zauszneiwski, JA : « Nursing diagnosis and depressive illness. » *Nursing Diagnosis* 5(3) : 106, 1994.

INDEX

A

Abcès cérébral (aigu), 886-887
Accident, risque d', 96-102
Accident vasculaire cérébral (AVC), 887-888
Achalasie, 888-889
Acidocétose diabétique, 889
Acidose métabolique, 889
Activité, 28, 55
- Blessure en périopératoire, risque de, 172-176
- Dysfonctionnement neurovasculaire périphérique, risque de, 341-346
- Fatigue, 433-439
- Intolérance à l'activité, 547-552
- Intolérance à l'activité, risque d', 553-556
- Mobilité physique, altération de la, 616-621

Activités de la vie quotidienne, 28, 56
- Maintenir en santé, difficulté à se, 593-598
- Organiser et entretenir le domicile, incapacité d', 656-660

Adaptation, 28-29, 56
- Adapter à un changement dans l'état de santé, incapacité de s', 103-108
- Déni non constructif, 282-286
- Stratégies d'adaptation défensives, 751-755
- Stratégies d'adaptation d'une collectivité: potentiel d'amélioration, 756-760
- Stratégies d'adaptation familiale efficaces: potentiel de croissance, 761-764
- Stratégies d'adaptation familiale inefficaces: absence de soutien, 765-770
- Stratégies d'adaptation familiale inefficaces: soutien compromis, 771-776
- Stratégies d'adaptation individuelle inefficaces, 777-784
- Stratégies d'adaptation inefficaces d'une collectivité, 785-788
- Syndrome d'inadaptation à un changement du milieu, 804-809

Adapter à un changement dans l'état de santé, incapacité de s', 103-108
Adénoïdectomie, 890
Affections, problèmes médicaux et diagnostics infirmiers associés, 885-1044
Algodystrophie sympathique, 890
Alimenter, incapacité (partielle ou totale) de s', 109-115
Allaitement maternel efficace, 115-118
Allaitement maternel inefficace, 119-127
Allaitement maternel interrompu, 128-132
Amputation, 891
Amygdalectomie, 891
Amygdalite, 891-892
Anémie, 892
Anémie à cellules falciformes (drépanocytose), 892-893
Angine de poitrine, 893-894
Anorexie mentale, 894-895
Anxiété, 133-141
Appendicite, 895-896
Application de la démarche de soins infirmiers, 13-17
Arriération mentale, 896-897
Arthrite de Lyme, 897
Arthroplastie, 897
Arthroscopie, 898
Arthrose (arthropathie chronique dégénérative), 898
Arythmies cardiaques, 898
Aspiration (fausse route), risque d', 142-147
Asthme, 898
Attachement parent-enfant, risque de perturbation de l', 148-152
Autisme, 899-900
Automutilation, risque d', 153-159
Avaler, incapacité (partielle ou totale) d', 160-166
Avortement spontané, 900

B

Bien-être, 29, 52
    Douleur [aiguë], 312-318
    Douleur chronique, 319-326
Bien-être spirituel: actualisation potentielle, 167-171
Blessure en périopératoire, risque de, 172-176
Bronchite, 900-901
Bronchopneumonie, 901
Bronchopneumopathie chronique obstructive (BPCO), 901-902
Brûlure, 902-903
Bursite, 903

C

Calcul biliaire, 903
Cancer, 903-905
Capacité adaptative intracrânienne,
  diminution de la, 177-183
Cardiochirurgie, 905-906
Cataracte, 906
Césarienne d'urgence, 906-907
Chagrin (deuil) dysfonctionnel, 184-189
Chagrin (deuil) par anticipation, 190-194
Champ énergétique, perturbation du, 195-200
Chimiothérapie, 907-908
Choc, 908
Choc cardiogénique, 908
Choc hémorragique, 908
Choc insulinique, 908
Cholécystectomie, 908-909
Cholélithiase, 909
CIM-10, projet de taxinomie, 1057-1062
Circulation, 29-31, 56
  Débit cardiaque, diminution du, 255-265
  Irrigation tissulaire, diminution de l'
    (cardio-pulmonaire, cérébrale, gastro-intestinale,
      périphérique, rénale), 563-575
  Volume liquidien, déficit de [dysfonctionnement
    des mécanismes de régulation], 861-866
  Volume liquidien, déficit de [perte active], 867-872
  Volume liquidien, excès de, 873-879
  Volume liquidien, risque de déficit de, 880-883
Cirrhose, 909-910
Classification des diagnostics infirmiers
  Modes fonctionnels de Gordon, 1063-1067
  Projet de taxinomie CIM-10, 1057-1062
  Taxinomie I révisée, 1045-1052
Classification des interventions infirmières, 1069-1073
Coagulation intravasculaire disséminée, 910-911
Coccidioïdomycose (fièvre de la vallée de San Joaquin), 911
Collecte des données, modèle d'instrument pour la
  dans un contexte de soins en médecine-chirurgie, 27-45
  dans un contexte de soins obstétricaux
    soins anténatals, 49-51
    travail et accouchement, 52-54
  dans un contexte de soins psychiatriques, 46-48
Colostomie (anus artificiel), 911-912
Coma diabétique, 912
Commotion cérébrale, 912-913

Communication, 31, 56
Communication verbale, altération de la, 201-207
Concept de soi, 31-32, 46-47
    Estime de soi, perturbation chronique de l', 373-379
    Estime de soi, perturbation de l', 380-384
    Estime de soi, perturbation situationnelle de l', 385-389
    Identité personnelle, perturbation de l', 463-467
    Image corporelle, perturbation de l', 468-476
Conflit décisionnel (préciser), 208-213
Conflit face au rôle parental, 214-218
Confusion aiguë, 219-225
Confusion chronique, 226-230
Connaissances, 32, 57
Connaissances, manque de (préciser), 231-237
Constipation, 238-241, 913
Constipation colique, 242-247
Convalescence postopératoire, 913-914
Croissance et développement, 32-33, 57
    Croissance et développement, perturbation de, 248-254
    Désorganisation comportementale chez le nourrisson, 287-296
    Désorganisation comportementale chez le nourrisson, risque de, 297-298
    Organisation comportementale du nourrisson: potentiel d'amélioration, 652-655
Croup, 914-915
Cystite, 915

D

Débit cardiaque, diminution du, 255-265
Décollement prématuré du placenta normalement inséré, 915
Décollement rétinien, 916
Déficit nutritionnel, 266-274
Dégagement inefficace des voies respiratoires, 275-281
Déhiscence (abdominale), 916
Démarche de soins infirmiers, 7-12
    application, 13-17
Delirium tremens, 916-917
Démence présénile ou sénile, 917-918
Déni non constructif, 282-286
Dérivation urinaire, 918
Déshydratation, 918-919
Désintoxication (dépendance, consommation excessive), 919-920
Désorganisation comportementale chez le nourrisson, 287-296
Désorganisation comportementale chez le nourrisson, risque de, 297-298
Détresse spirituelle, 299-305

Deuil dysfonctionnel (*voir* Chagrin dysfonctionnel), 184-189
Deuil par anticipation (*voir* Chagrin par anticipation), 190-194
Diabète sucré, 920-921
    Plan de soins infirmiers, 76-85
    Profil du patient, 57-75
Diagnostics associés aux affections et
    problèmes médicaux, *voir* Affections
Diagnostics infirmiers *(liste)*, 17-22
Dialyse générale, 921-923
Dialyse péritonéale, 923
Diarrhée, 306-311, 923-924
Dilatation et curetage, 924
Dissociation (y compris les personnalités multiples), 924-925
Diverticulite, 925
Divisions diagnostiques, 55-61
    (voir aussi chaque division diagnostique)
    Activité, 28, 55
    Activités de la vie quotidienne, 28, 56
    Adaptation, 28-29, 56
    Bien-être, 29, 52, 56
    Circulation, 29-31, 56
    Communication, 31, 56
    Concept de soi, 31-32, 46-47, 57
    Connaissances, 32, 57
    Croissance et développement, 32-33 , 57
    Élimination, 33-34, 57
    Intégrité émotionnelle, 34, 58
    Intégrité physique, 34-36, 49-50, 52-54, 58
    Loisirs, 36, 58
    Nutrition, 36-37, 59
    Opérations de la pensée, 37, 59
    Oxygénation, 37-38, 59
    Participation, 38-39, 59
    Perception sensorielle, 39-40, 47-48, 60
    Régulation physique, 40, 60
    Repos, 40, 60
    Rôle, 41, 60
    Sens de la vie, 41, 61
    Sexualité, 42-43, 50-51, 61
    Socialisation, 43, 61
    Soins personnels, 43-44, 61
    Spiritualité, 44, 61
Douleur [aiguë], 312-318
Douleur chronique, 319-326
Dynamique familiale, perturbation de la, 327-332
Dynamique familiale: alcoolisme, perturbation de la, 333-340

Dysfonctionnement neurovasculaire périphérique, risque de, 341-346
Dysfonctionnement sexuel, 347-353
Dysménorrhée, 925-926
Dysréflexie, 354-358
Dysrythmies cardiaques, 926
Dystrophie musculaire (maladie de Duchenne), 926-927

E

Échanges gazeux, perturbation des, 359-365
Éclampsie, 927
Eczéma (dermite), 927
Eczéma séborrhéique, 927
Élimination, 33-34, 57
- Constipation, 238-241
- Constipation colique, 242-247
- Diarrhée, 306-311
- Élimination urinaire, altération de l', 366-372
- Incontinence fécale, 477-481
- Incontinence urinaire à l'effort, 482-486
- Incontinence urinaire complète, 487-492
- Incontinence urinaire fonctionnelle, 493-497
- Incontinence urinaire par réduction du temps d'alerte, 498-503
- Incontinence urinaire réflexe, 503-508
- Pseudo-constipation, 702-704
- Rétention urinaire [aiguë ou chronique], 719-724

Élimination urinaire, altération de l', 366-372
Élongation, 927-928
Embolie pulmonaire, 928-929
Emphysème, 929-930
Encéphalite, 930
Encéphalopathie infantile, 930-931
Endocardite, 931
Endométriose, 931-932
Entérite, 932
Entorse de la cheville ou du pied, 932
Épididymite, 932
Épilepsie, 932-933
Escarre de décubitus, 933
Estime de soi, perturbation chronique de l', 373-379
Estime de soi, perturbation de l', 380-384
Estime de soi, perturbation situationnelle de l', 385-389
État de stress post-traumatique, 933-935
Excès nutritionnel, 390-396
Excès nutritionnel, risque d', 397-402

Exercice du rôle, perturbation dans l', 403-407
Exercice du rôle de l'aidant naturel,
défaillance dans l', 408-416
Exercice du rôle de l'aidant naturel,
risque de défaillance dans l', 417-422
Exercice du rôle parental, perturbation dans l', 423-429
Exercice du rôle parental, risque de perturbation dans l', 430-432

F

Fatigue, 433-439
Fausse route, risque de (*voir* Aspiration, risque d'), 142-147
Fibrose kystique, 935
Focus, modèle d'inscription au dossier, 92-93
Fracture, 935

G

Gale, 936
Gangrène sèche, 936
Gastrite aiguë, 936
Gastrite chronique, 936-937
Gastro-entérite, 937
Gelure, 937
Glaucome, 937
Glomérulonéphrite, 937-938
Gonorrhée, 938
Gordon, classification des diagnostics infirmiers
selon les modes fonctionnels de santé de, 1063-1067
Goutte, 938-939
Greffe de rein, 939
Grippe (influenza), 939-934
Grossesse (période prénatale), 940-941
Grossesse chez l'adolescente, 941-942
Grossesse ectopique (extra-utérine), 942-943

H

Habitudes de sommeil, perturbation des, 440-447
Hémodialyse, 943
Hémophilie, 943
Hémorroïdectomie, 944
Hémorroïdes, 944
Hémothorax, 944
Hépatite virale aiguë, 944-945
Hernie discale, 945
Hernie hiatale, 946
Herpès simplex, 946
Hydrocéphalie, 946
Hyperaldostéronisme primaire, 947

Hyperbilirubinémie, 948
Hypertension, 948-949
Hypertension gravidique, 949
Hyperthermie, 448-454
Hyperthyroïdie, 949-950
Hypertrophie bénigne de la prostate, 950-951
Hypoglycémie, 951
Hypoparathyroïdie (aiguë), 951
Hypothermie, 455-462
Hypothermie (systémique), 951-952
Hypothyroïdie, 952
Hystérectomie, 952-953

I

Identité personnelle, perturbation de l', 463-467
Iléo-colite, 953
Iléostomie, 953
Iléus, 953
Image corporelle, perturbation de l', 468-476
Impétigo, 953-954
Inconscience (coma), 951
Incontinence fécale, 477-481
Incontinence urinaire à l'effort, 482-486
Incontinence urinaire complète, 487-492
Incontinence urinaire fonctionnelle, 493-497
Incontinence urinaire par réduction du temps d'alerte, 498-503
Incontinence urinaire réflexe, 504-508
Infarctus du myocarde, 954-955
Infection, risque d', 509-514
Infection puerpérale, 955
Inhalation d'un agent irritant, 955-956
Insolation, 956
Insuffisance cardiaque, 956-957
Insuffisance rénale aiguë, 957
Intégrité de la muqueuse buccale, atteinte à l', 515-520
Intégrité de la peau, atteinte à l', 521-527
Intégrité de la peau, risque d'atteinte à l', 529-532
Intégrité des tissus, atteinte à l', 533-538
Intégrité émotionnelle, 34, 58
- Anxiété, 133-141
- Automutilation, risque d', 153-159
- Chagrin (deuil) dysfonctionnel, 184-189
- Chagrin (deuil) par anticipation, 190-194
- Peur, 677-682
- Réaction post-traumatique, 705-713
- Syndrome du traumatisme de viol, 815-822
- Violence envers soi ou envers les autres, risque de, 851-860

Intégrité physique, 34-36, 49-50
Accident, risque d', 96-102
Aspiration (fausse route), risque d', 142-147
Capacité adaptative intracrânienne, diminution de la, 177-183
Champ énergétique, perturbation du, 195-200
Intégrité de la muqueuse buccale, atteinte à l', 515-520
Intégrité de la peau, atteinte à l', 521-527
Intégrité de la peau, risque d'atteinte à l', 529-532
Intégrité des tissus, atteinte à l', 533-538
Intoxication, risque d', 557-562
Mécanismes de protection, altération des, 608-610
Suffocation, risque de, 789-794
Syndrome d'immobilité, risque de, 795-803
Trauma, risque de, 831-838
Interactions sociales, perturbation des, 539-546
Intervention chirurgicale (en général), 958
Interventions infirmières, classification des, 1069-1073
Intolérance à l'activité, 547-552
Intolérance à l'activité, risque d', 553-556
Intoxication, risque d', 557-562
Intoxication aiguë au chlorhydrate de cocaïne, 958-959
Intoxication aiguë au plomb, 959-960
Intoxication chronique au plomb, 960
Intoxication digitalique, 960-961
Irrigation tissulaire, diminution de l' (cardio-pulmonaire, cérébrale, gastro-intestinale, périphérique, rénale), 563-575
Isolement social, 576-581

L

Laminectomie (lombaire), 961
Laryngectomie, 961-962
Laryngite, 962
Laryngite pseudo-membraneuse, 962
Laver/effectuer ses soins d'hygiène, incapacité (partielle ou totale) de se, 582-587
Leucémie (aiguë), 962-963
Lithiase urinaire (calculs urinaires), 963-964
Loisirs, 36, 58
Loisirs, manque de, 588-592
Lupus érythémateux disséminé, 964
Lymphoréticulose bénigne d'inoculation, 965

M

Maintenir en santé, difficulté à se, 593-598
Maintenir une respiration spontanée, incapacité de, 599-607
Maladie d'Addison, 965-966

Maladie d'Alzheimer, 966-967
Maladie de Crohn, 967-968
Maladie de Hodgkin, 968
Maladie de Kawasaki, 968
Maladie de Parkinson, 969
Maladie des inclusions cytomégaliques, 969
Maladie sexuellement transmissible, 969-970
Maladie vasculaire périphérique (athérosclérose), 970
Maladie vénérienne, 970
Mastectomie, 970-971
Mastite, 971
Mastoïdectomie, 971-972
Mécanismes de protection, altération des, 608-610
Mémoire, troubles de la, 611-615
Méningite méningococcique aiguë, 972
Méniscectomie, 972
Mobilité physique, altération de la, 616-621
Mode d'alimentation inefficace chez le nourrisson, 622-625
Mode d'emploi du Guide, 1-5
Mode de respiration inefficace, 626-631
Modèle d'instrument servant à recueillir les données
  dans un contexte de soins en médecine-chirurgie, 27-45
  dans un contexte de soins obstétricaux
    soins anténatals, 49-51
    travail et accouchement, 52-54
  dans un contexte de soins psychiatriques, 46-48
Modes de réactions humaines, définitions des, 1053-1054
Modes fonctionnels de santé de Gordon, classification des diagnostics infirmiers selon les, 1063-1067
Mononucléose infectieuse, 973
Mort fœtale, 973
Mucoviscidose (fibrose kystique), 974
Myasthénie, 974-975
Myocardite, 975-976
Myringotomie, 976
Myxœdème, 976

N

Négligence de l'hémicorps (droit ou gauche), 632-637
Néphrectomie, 976-977
Néphroblastome (tumeur de Wilms), 977
Névralgie faciale (névralgie essentielle du trijumeau, tic douloureux de la face), 977-978
Névrite, 978
Non-observance (préciser), 638-643
Nouveau-né normal, 978-979
Nouveau-né prématuré, 979-980

Nutrition, 36-37, 59
Déficit nutritionnel, 266-274
Excès nutritionnel, 390-396
Excès nutritionnel, risque d', 397-402

O

Obésité, 980
Occlusion intestinale, 980
Œdème pulmonaire, 980-981
Opérations de la pensée, 37, 59
Confusion aiguë, 219-225
Confusion chronique, 226-230
Mémoire, troubles de la, 611-615
Opérations de la pensée, altération des, 644-651
Syndrome d'interprétation erronée de l'environnement, 810-814
Ophtalmie des neiges (cécité des neiges), 981
Oreillons, 981-982
Organisation comportementale du nourrisson: potentiel d'amélioration, 652-655
Organiser et entretenir le domicile, incapacité d', 656-660
Ostéomyélite, 982
Ostéoporose, 982-983
Oxygénation, 37-38, 59
Dégagement inefficace des voies respiratoires, 275-281
Échanges gazeux, perturbation des, 359-365
Maintenir une respiration spontanée, incapacité de, 599-607
Mode de respiration inefficace, 626-631
Sevrage de la ventilation assistée, intolérance au, 737-744

P

Pancréatite, 983
Paraplégie, 983-984
Parathyroïdectomie, 984-985
Participation, 38-39, 59
Conflit décisionnel (préciser), 208-213
Non-observance (préciser), 638-643
Prise en charge efficace du programme thérapeutique par l'individu, 683-686
Prise en charge inefficace du programme thérapeutique, 687-691
Prise en charge inefficace du programme thérapeutique par la famille, 692-696
Prise en charge inefficace du programme thérapeutique par une collectivité, 697-701
Recherche d'un meilleur niveau de santé (préciser les comportements), 714-718

Perception sensorielle, 39-40, 47-48
Négligence de l'hémicorps (droit ou gauche), 632-637
Perception sensorielle, altération de la (auditive, gustative, kinesthésique, olfactive, tactile, visuelle), 661-670
Périartérite noueuse, 985
Péricardite, 985
Péritonite, 985-986
Personnalités multiples, 986
Perte d'espoir, 671-676
Peur, 677-682
Phénomène de Raynaud, 986
Phéochromocytome, 987
Phlébite (phlébothrombose), 987
Phobie, 987-988
Pied d'athlète, 988
Placenta prævia, 988
Plaie de décubitus, 988-989
Plaie par balle (selon la région atteinte, la nature et la vitesse de la balle), 989
Plan de congé, 44-45
Plan de soins infirmiers (diabète sucré), 76-86
Plâtre, 989
Pleurésie (épanchement pleural), 990
Pneumonie, 990
Pneumothorax, 990
Polyartérite (noueuse), 990-991
Polyarthrite juvénile, 991
Polyarthrite rhumatoïde, 991-992
Polyglobulie primitive (maladie de Vaquez), 992
Polyradiculonévrite, 992
Pontage coronarien, 992-993
Postpartum, 993-994
Prise en charge efficace du programme thérapeutique par l'individu, 683-686
Prise en charge inefficace du programme thérapeutique, 687-691
Prise en charge inefficace du programme thérapeutique par la famille, 692-696
Prise en charge inefficace du programme thérapeutique par une collectivité, 697-701
Problèmes médicaux et diagnostics associés, *voir* Affections
Profil du patient (diabète sucré), 62-75
Prostatectomie, 994-995
Prothèse totale d'articulation (mise en place d'une), 995
Prurit, 995
Pseudo-constipation, 702-704

Psoriasis, 996
Purpura thrombopénique idiopathique, 996
Pyélonéphrite, 996-997

R

Rachitisme (ostéomalacie), 997
Réaction post-traumatique, 705-713
Recherche d'un meilleur niveau de santé
  (préciser les comportements), 714-718
Rectocolite hémorragique, 997-998
Régulation physique, 40, 60
  Dysréflexie, 354-358
  Hyperthermie, 448-454
  Hypothermie, 455-462
  Infection, risque d', 509-514
  Température corporelle, risque d'altération de la, 823-826
  Thermorégulation inefficace, 827-830
Repos, 40, 60
  Habitudes de sommeil, perturbation des, 440-447
Rétention urinaire [aiguë ou chronique], 719-724
Rétrécissement aortique, 998
Rétrécissement mitral, 999
Rhumatisme articulaire aigu, 999
Rhume des foins (coryza spasmodique), 999-1000
Rôle, 41, 60
  Attachement parent-enfant,
    risque de perturbation de l', 148-152
  Conflit face au rôle parental, 214-218
  Dynamique familiale, perturbation de la, 327-332
  Dynamique familiale: alcoolisme, perturbation de la, 333-340
  Exercice du rôle de l'aidant naturel,
    défaillance dans l', 408-416
  Exercice du rôle de l'aidant naturel,
    risque de défaillance dans l', 417-422
  Exercice du rôle parental,
    perturbation dans l', 423-429
  Exercice du rôle parental, risque de perturbation
    dans l', 430-432
Rougeole, 1000
Rubéole, 1000
Rupture de l'utérus gravide, 1001

S

Saignement utérin anormal, 1001
Salpingite aiguë, 1001-1002
Scarlatine, 1002
Schizophrénie, 1002-1003

Sciatalgie, 1004
Sclérodermie, 1004-1005
Sclérose en plaques, 1005-1006
Sclérose latérale amyotrophique, 1006-1007
Scoliose, 1007
Sens de la vie, 41, 61
    Perte d'espoir, 671-676
    Sentiment d'impuissance, 725-731
Sentiment de solitude, risque de, 732-736
Septicémie, 1007-1008
Sérum (maladie du), 1008
Sevrage de la ventilation assistée, intolérance au, 737-744
Sexualité, 42-43, 50-51
    Dysfonctionnement sexuel, 347-353
    Sexualité, perturbation de la, 745-750
Sida (syndrome d'immunodéficience acquise), 1008-1010
Sinus (maladie du), 1010
S.O.A.P.-S.O.A.P.I.E.R., modèle d'inscription au dossier, 89-91
Socialisation, 43, 61
    Interactions sociales, perturbation des, 539-546
    Isolement social, 576-581
    Sentiment de solitude, 732-736
Soins de longue durée, 1010-1011
Soins personnels, 43-44, 61
    Alimenter, incapacité (partielle ou totale) de s', 109-114
    Allaitement maternel efficace, 115-118
    Allaitement maternel inefficace, 119-127
    Allaitement maternel interrompu, 128-132
    Avaler, incapacité (partielle ou totale) d', 160-166
    Laver/effectuer ses soins d'hygiène,
        incapacité (partielle ou totale) de se, 582-587
    Mode d'alimentation inefficace chez le nourrisson, 622-625
    Utiliser les toilettes, incapacité
        (partielle ou totale) d', 839-844
    Vêtir/soigner son apparence, incapacité
        (partielle ou totale) de se, 845-850
Spiritualité, 44, 61
    Bien-être spirituel: actualisation potentielle, 167-171
    Détresse spirituelle, 299-305
Stagnation pondérale et staturale, 1011-1012
Stapédectomie, 1012
Stratégies d'adaptation défensives, 751-755
Stratégies d'adaptation d'une collectivité:
    potentiel d'amélioration, 756-760
Stratégies d'adaptation familiale efficaces:
    potentiel de croissance, 761-764

Stratégies d'adaptation familiale inefficaces: absence de soutien, 765-770
Stratégies d'adaptation familiale inefficaces: soutien compromis, 771-776
Stratégies d'adaptation individuelle inefficaces, 777-784
Stratégies d'adaptation inefficaces d'une collectivité, 785-788
Suffocation, risque de, 789-794
Surdose (dépresseurs), 1012-1013
Surrénalectomie, 1013
Syndrome d'alcoolisme fœtal, 1013-1014
Syndrome d'immobilité, risque de, 795-803
Syndrome d'inadaptation à un changement du milieu, 804-809
Syndrome d'interprétation erronée de l'environnement, 810-814
Syndrome de choc toxique staphylococcique, 1014
Syndrome de Conn, 1015
Syndrome de Cushing, 1015
Syndrome de détresse respiratoire (nouveau-né prématuré), 1015-1016
Syndrome de détresse respiratoire aiguë de l'adulte, 1016-1017
Syndrome de Down, 1017-1018
Syndrome de Guillain et Barré (polyradiculonévrite), 1018
Syndrome de Mallory-Weiss, 1019
Syndrome de Reye, 1019
Syndrome des enfants battus (syndrome de Silverman), 1019-1020
Syndrome du canal carpien, 1020
Syndrome du traumatisme de viol, 815-822
Syndrome néphrotique, 1021
Syndrome prémenstruel, 1021-1022
Synovite (du genou), 1022
Syphilis congénitale, 1022-1023
Syringomyélie, 1023
Systèmes d'inscription au dossier, 87-93

T

Taxinomie I révisée, 1045-1052
Tay-Sachs (maladie de), 1023-1024
Teigne, 1024
Tétraplégie, 1024-1025
Température corporelle, risque d'altération de la, 823-826
Thermorégulation inefficace, 827-830
Thrombophlébite, 1025-1026
Thrombose veineuse, 1026
Thyréotoxicose, 1026
Thyroïdectomie, 1026-1027
Tic douloureux de la face, 1027
Toxémie gravidique, 1027

Trauma, risque de, 831-838
Travail, déclenchement artificiel du/stimulation du, 1027-1028
Travail, deuxième période (expulsion), 1028
Travail prématuré, 1028-1029
Travail, première période (phase active), 1029
Trichinose, 1030
Trouble affectif, 1030
Trouble anxieux (tous niveaux confondus), 1030-1031
Trouble bipolaire, 1031-1032
Trouble de l'humeur, 1032
Trouble de l'identité sexuelle, 1032-1033
Trouble de la personnalité limite (borderline), 1033-1034
Trouble dépressif, dépression grave, dysthymie, 1034-1035
Troubles du comportement (enfants, adolescents), 1036-1037
Troubles paranoïaques, 1037
Troubles somatoformes, 1038
Tuberculose (pulmonaire), 1038-1039
Tumeur cérébrale, 1039
Tympanoplastie, 1040
Typhus (fièvre à tiques,
fièvre pourprée des montagnes Rocheuses), 1040

U

Ulcère de stress, 1040-1041
Utiliser les toilettes, incapacité (partielle ou totale) d', 839-844

V

Vaginisme, 1041
Vaginite, 1041-1042
Validation des diagnostics infirmiers,
modèle d'instrument servant à recueillir les données pour la
Activité, 28
Activités de la vie quotidienne, 28
Adaptation, 28-29
Bien-être, 29
Circulation, 29-31
Communication, 31
Concept de soi, 31-32
Connaissances, 32
Croissance et développement, 32-33
Élimination, 33-34
Intégrité émotionnelle, 34
Intégrité physique, 34-36
Loisirs, 36
Nutrition, 36-37
Opérations de la pensée, 37
Oxygénation, 37-38

Participation, 38-39
Perception sensorielle, 39-40
Plan de congé, 44-45
Régulation physique, 40
Repos, 40
Rôle, 41
Sens de la vie, 41
Sexualité, 42-43
Socialisation, 43
Soins personnels, 43-44
Spiritualité, 44
Varices œsophagiennes, 1042
Veine variqueuse (varice), 1042
Vêtir/soigner son apparence, incapacité (partielle ou totale) de se, 845-850
VIH (infection par le), 1043
Viol, 1043-1044
Violence envers soi ou envers les autres, risque de, 851-860
Volume liquidien, déficit de [dysfonctionnement des mécanismes de régulation], 861-866
Volume liquidien, déficit de [perte active], 867-872
Volume liquidien, excès de, 873-879
Volume liquidien, risque de déficit de, 880-883
Vomissements de la grossesse, 1044

Z

Zona, 1044